A Guide to Chinese Bridges

中华人民共和国交通运输部
Ministry of Transport of the People's Republic of China

人民交通出版社股份有限公司
北 京

图书在版编目(CIP)数据

中国桥谱. 第二卷/中华人民共和国交通运输部编. —北京：人民交通出版社股份有限公司,2021.6
ISBN 978-7-114-15859-9

Ⅰ.①中… Ⅱ.①中… Ⅲ.①桥梁工程-建筑艺术-介绍-中国 Ⅳ.①U44

中国版本图书馆CIP数据核字(2019)第219971号

Zhongguo Qiaopu·Di-Er Juan

书　　　名：	中国桥谱·第二卷
著　作　者：	中华人民共和国交通运输部
责任编辑：	崔　建　齐黄柏盈　林春江
责任校对：	刘　芹
责任印制：	刘高彤
出版发行：	人民交通出版社股份有限公司
地　　　址：	(100011) 北京市朝阳区安定门外外馆斜街3号
网　　　址：	http://www.ccpcl.com.cn
销售电话：	(010) 59757973
总 经 销：	人民交通出版社股份有限公司发行部
经　　　销：	各地新华书店
印　　　刷：	天津融正印刷有限公司
开　　　本：	720×1000　1/6
印　　　张：	120
字　　　数：	1219千
版　　　次：	2021年6月　第1版
印　　　次：	2021年6月　第1次印刷
书　　　号：	ISBN 978-7-114-15859-9
定　　　价：	880.00元

(有印刷、装订质量问题的图书由本公司负责调换)

《中国桥谱·第二卷》组织机构及参编人员

编审委员会

主　　任：杨传堂　李小鹏
副 主 任：戴东昌　刘小明　陆东福　翁孟勇
委　　员：刘鹏飞　吴春耕　庞　松

专家工作委员会

黄镇东　胡希捷　凤懋润　周海涛　王景全　王福敏　刘自明　苏权科　杜彦良　杨　咏
李彦武　张　鸿　李守善　张喜刚　周绪红　郑皆连　赵君黎　胡建华　钟建驰　侯金龙
聂建国　高宗余　韩　敏　裴岷山　谭　鸿　欧阳效勇

编纂工作委员会

主　　任：刘鹏飞　吴春耕
副 主 任：刘文杰　孙文剑　王　太　林　强
委　　员：马国栋　王恒斌　陶汉祥　张　俭　刘传雷

编写工作组

主　　编：刘文杰
执行主编：徐德谦
编写人员：王　硕
美术设计：林　丁

奋力谱写新时代中国桥梁事业新篇章

《中国桥谱》是中国第一部记录桥梁历史和发展的大型文献，集中展示了中国古代桥梁建筑独步世界桥梁建筑舞台的风采，重点反映了20世纪90年代中国桥梁建设的快速发展和辉煌成就，将21世纪以前中国桥梁建筑发展史和技术启承脉络展示给了世人。

2000年，人类迎来了一个新千年，这是历史更迭、万象更新的一年。伴随着新千年的第一缕曙光，中国桥梁事业开启了崭新的纪元。站在中国共产党成立100周年的伟大历史坐标上，回望21世纪以来中国桥梁建设的时代成果，短短二十几年的时间，中国桥梁发展迅猛，成就辉煌。撷取这其中的精华，集结成《中国桥谱·第二卷》，就是要向世人展示中国交通的伟大变革和中国桥梁的巨大成就，感召和激励全体交通人，凝聚加快建设交通强国的强大动力。

21世纪以来，中国桥梁成就卓越。在数量上，中国是名副其实的桥梁大国，公路桥梁从27.88万座增加到85.15万座，铁路桥梁突破8万座，城市桥梁逾7万座。在技术上，中国已经跻身世界桥梁强国行列，中国桥梁工程接连斩获国际性大奖，在世界各类桥梁排名中，中国桥梁工程的"金字招牌"熠熠生辉。从江河湖海到深山峡谷，从大漠戈壁到高原冻土，从阡陌乡村到繁华都市，中国交通人秉持"逢山开路、遇水架桥"的奋斗精神，架起了一座座圆梦桥、同心桥、自信桥、复兴桥，也树起了交通人伟大的精神丰碑。

"纵观世界桥梁建设史，20世纪70年代以前要看欧美，90年代看日本，而到了21世纪，则要看中国。"新世纪的中国桥梁从自力更生、学习追赶的学步阶段进入创新引领、并跑领跑时代，随着卢浦、苏通、泰州、天兴洲、西堠门、矮寨、北盘江、港珠澳等一座座超级工程的建成，"中国桥梁"也成为靓丽的国家名片。"桥何名欤？曰奋斗。"中国现代桥梁之父茅以升这句话，始终镌刻在交通人心上，彰显着全体交通人不懈奋斗、服务人民的初心和使命。"中国桥梁"这张靓丽名片，源自交通人对初心和使命的执着追求，来自桥梁工作者的孜孜以求和矢志奋斗。

　　"时代是出卷人，我们是答卷人，人民是阅卷人。"新时代的中国桥梁辉煌需要我们共同谱写，必须要把握交通强国的历史机遇，担当加快建设交通强国的时代重任，为人民交上一份满意的答卷。中国桥梁事业的创新发展，与国家建设、社会进步、人民福祉紧密相连，浸透着全体交通人的智慧和汗水。不论昨天我们经历过多少艰辛，取得过多少成就，都是为了书写更加绚丽的中国桥梁的明天，在世界桥梁领域输出更多更有价值的中国智慧和中国方案。

　　历史的长河，激荡着昨日辉煌的浪涛；时代的琴弦，弹奏出今朝奋进的旋律。历经春华秋实，中国桥梁事业朝气蓬勃、蒸蒸日上，更需要全体交通人接续奋斗、砥砺前行，创造出让世人瞩目的更大奇迹，为全面建设社会主义现代化国家、实现中华民族伟大复兴的中国梦而努力奋斗！

杨传堂　李小鹏

2021年4月

绪论	001
中国桥梁分类图谱	015
中国现代梁桥	**017**
连续刚构梁桥	024
连续梁桥	158
钢或钢−混凝土梁桥	254
T构、简支梁及悬臂梁桥	276
中国现代拱桥	**295**
钢结构拱桥	302
钢管混凝土拱桥	326
混凝土拱桥	364
中国现代斜拉桥	**393**
双塔斜拉桥	400
高低塔斜拉桥	482
多塔斜拉桥	488
单塔斜拉桥	494

单斜塔斜拉桥	520
矮塔斜拉桥	528

中国现代悬索桥　　549

双塔悬索桥	554
独塔悬索桥	594
三塔悬索桥	602

立交桥　　605
人行桥　　629

附录　　645

长江上的桥	646
黄河上的桥	654
世界各桥型主跨前十位排名	662

增补　　665

增补－廊桥　　667

索引　　697

后记　　706

绪 论
Introduction

中国桥梁整体技术的进步

中国幅员辽阔,拥有陆地面积约960万平方公里,内海和边海水域面积约470多万平方公里。在陆地面积中,山地、高原和丘陵约占67%,盆地和平原约占33%。中国是世界上河流最多的国家之一,其中流域面积在1000平方公里以上的河流达1500多条,秦岭、淮河以南,河流密如蛛网;中国湖泊众多,共有湖泊24800多个,其中面积在1平方公里以上的天然湖泊2800多个。中国海域分布有大小岛屿7600多座,其中有居民常住的海岛近490座。

众多高山深谷、江河湖海,造就了中华大地物华天宝、钟灵毓秀,却也切割了陆地、阻碍了交通。桥梁,从古到今都是联通人类活动与交往的重要基础设施,关系着百姓福祉、经济发展、社会进步、民族繁衍和国家统一。

跨江越海
从封闭落后到21世纪的创新引领

兰州黄河铁桥

南京长江大桥

从古代、近代到现代,中国桥梁所经历的起起伏伏,不仅折射出技术发展的脉络,也从另一个侧面印证着国家的兴衰。

1840年鸦片战争之后,西方列强的坚船利炮轰开了中国的大门。1876年,英国人在淞沪铁路上建造了十余座中小桥梁。这些以钢铁材料为主的现代桥梁,改变了中国古代以天然木、石(或砖)为主材建设桥梁的历史。从1876年到1949年新中国成立之前的73年间,在中国的大地上,由中国人自主建设的现代桥梁屈指可数。中华人民共和国成立后,中国桥梁建设克服重重困难,自力更生、艰苦奋斗,初步形成现代梁、拱、斜拉及悬索桥的技术体系,在现代钢结构、混凝土结构桥梁建设上得到了长足发展。同时,传统的石拱技术也借助现代设计手段、施工在技术进步而大放异彩。双曲拱、钻孔灌注桩等技术的发展与普及,使中国铁路、公路桥梁从1953年"第一个五年计划"初期的1.42万座、3.5万座,分别增长到1978年底的2.8万座、12.82万座。改革开放以来,在引进学习世界先进技术的基础上,中国桥梁建设经历了20世纪80年代的学习与追赶、90年代的跟踪与提高阶段,进入21世纪后,正处于创新与超越发展、向交通强国迈进的新阶段。

1978年开始的改革开放,使中国桥梁的发展进入了新纪元。20世纪90年代,交通部组织实施的桥梁跨江工程,促进了公路大跨径长大桥梁的发展,悬索桥、斜拉桥建设进步显著;混凝土结构梁桥和拱桥在跨径上也一再突破世界纪录。中国首创的钢管混凝土拱桥,更是独树一帜。各类各型桥梁成为连接公路、铁路网络的纽带,发挥着带动经济社会发展的作用。截至2000年底,中国铁路、公路桥梁的数量分别达到3.91万座、27.88万座。

进入21世纪,中国的综合国力迅速增强,产业结构与布局不断完善,特别是人才和技术的培养、积淀和储备,使中国桥梁建设突飞猛进。2006年至2010年"第十一个五年计划"期间,随着高铁网络的快速延伸,铁路桥梁迅速崛起,在数量、桥型、跨径、荷载方面得到全面提升。公路、铁路两大行业形成了互相学习支持、竞争互动的良好局面,梁、拱、斜拉和悬索四大桥型均涌现出众多世界级的工程。截至2018年底,中国拥有桥梁总量突破100万座。其中,公路桥梁85.15万座,包括3万多座高铁桥梁在内,铁路桥梁达到8.30万座;城市桥梁的总量突破7万座。毫无疑问,在数量上,中国已经是名副其实的桥梁大国。

就技术而言,中国桥梁在世界上也不再是无足轻重的"配角",中国桥梁的技术进步有力推动了世界桥梁整体技术的进步。一座座蜚声中外的桥梁,成为中国公路、铁路基础设施快速发展的关键工程。而支撑起中国桥梁建设快速发展并为世界桥梁界认同的就是——科技创新。

中国桥梁，特别是以长大桥梁为代表，在基础理论、勘察设计、施工建设、运营保障、装备材料和工程管理诸多方面，都已经取得长足进步。

在基础理论方面，中国长大桥梁的设计理论、设计方法和标准规范已经跻身国际先进行列。公路桥梁可靠性设计统一标准和基于性能、基于风险、基于概率统计的极限状态法、分项系数法等全面用于公路桥梁的设计规范中，试验辅助设计方法也被更多的桥梁专项设计采用；基于精细化桥梁构件计算分析、静力和动力控制结合以及全寿命周期成本分析的桥梁设计方法也开始被公路桥梁设计规范采用。通过交通行业科研和标准规范项目，对公路桥梁汽车荷载标准进行了全国范围的调研，总结确定汽车荷载标准的4种方法，得出了全国车辆与轴重荷载谱，支持了汽车荷载标准的修编，维护了桥梁构件目标可靠指标。

在勘察设计和施工建设两个方面，从虎门大桥、江阴长大桥、苏通长江大桥、天兴洲长江大桥、大胜关长江铁路大桥，再到港珠澳大桥、广州南沙大桥、沪通长江大桥、五峰山长江大桥和平潭海峡公铁两用大桥，这些世界级长大桥梁的设计、建设，体现了中国桥的技术实力。

中国桥梁在装备制造、材料生产的许多方面，已经达到世界先进水平。中国公司为美国奥克兰海湾大桥加工制作的主桥钢箱梁和钢塔结构，标志着中国的钢桥制作水平得到了国际同行的认可。国产的高强度钢丝等钢材料产品，指标先进、质量稳定，完全能够满足大型悬索桥、斜拉桥建设的需要，例如，广州南沙大桥使用国产的抗拉强度1960兆帕的高强钢丝，标志着中国核心装备、材料的生产水平已经跃居世界前列。桥梁新材料领域中除了高强预应力拉索、缆索等，还开发了更高强度的钢板材、高性能钢材（如耐候钢等），用于桥梁工程；山区桥梁项目还因地制宜地开发了机制砂混凝土、钢管混凝土和高性能混凝土等，丰富和发展了桥梁材料。2018年底通车的港珠澳大桥沉管安装以及大型钢箱梁吊装的大型浮吊船舶等装备，在直吊重量、安装精度、自动化测控等指标上，处于世界前列。

在运营保障、建设管理等方面，中国桥梁正在向世界最高水平加快迈进。在公路桥梁风险评估领域，依托交通科技项目，开展了桥梁设计、施工和运营管理风险评估研究，确定了风险等级标准，给出了风险源列表和评估方法，支持了风险评估标准的编制，推动了全国性的桥梁风险评估工作，使得一个阶段以来公路桥梁风险事故频发的态势得到遏制，保证了桥梁安全。

广州南沙大桥

基础理论
从空白薄弱到赶上世界先进水平

桥梁基础理论研究、结构耐久性和安全性研究，是中国桥梁落后最多的环节，多年来，通过有关高等院校的科学家、有关单位工程师们的努力，逐步赶了上来，缩小了差距。

交通行业重点实验室等研发平台，在基础理论研究上卓有成效。依托桥梁结构抗风技术重点实验室，在桥梁空气动力学基本理论、桥梁抗风工程应用基础、特大跨桥梁风振精细化理论与方法、大跨度桥梁抗风设计方法与工程应用、桥梁结构设计理论与施工控制技术等领域取得了系列创新成果，系统揭示了桥梁颤振演化规律、驱动机理和控制原理，取得了特大跨桥梁抗风研究的突破；攻克了特大跨悬索桥成桥状态和施工阶段的结构和行车抗风安全难题；研发了多项桥梁颤振控制技术，支撑了国内外大跨度斜拉桥和梁式桥的工程设计和施工；探索了大跨度拱桥综合抗风性能，解决了世界上多座大跨度拱桥的抗风关键技术问题。

依托桥梁结构工程重点实验室和山区桥梁工程重点实验室，在山区桥梁结构行为与设计理论、山区桥梁灾害机理与防御技术、桥梁损伤机理与监测评估理论研究上取得丰硕成果。

依托桥梁工程结构动力学国家重点实验室，在桥梁结构抗震基础理论与应用技术、桥梁结构振动基础理论振动控制技术等方面成果显著。

在桥梁防灾减灾理论方法方面取得了积极进展，提出了桥梁三维颤振分析的状态空间法和全模态分析法、斜风作用下抖振分析法、风振概率性评价方法、基于寿命期与性能的桥梁抗震设计理论和多点平稳/非平稳随机抗震分析的虚拟激励法、基于性能的桥梁船撞设计方法，研发了数值波流水池模拟技术和自主知识产权分析软件，初步形成了涵盖风、地震、船撞、波流、车辆等作用的桥梁防灾减灾技术体系，保障了桥梁的功能实现和安全。目前，中国桥梁防灾减灾技术研究，正从单因素灾变向多灾害耦合灾变方向发展，已开展了桥梁地震—动水、风—雨、风—浪—流等耦合作用的分析理论方法、试验模拟和观测技术研究，探索了桥梁多灾害耦合作用机理，研发了千米级多塔斜拉桥纵横向静动力结构体系。

中国桥梁界的这些基础理论研究，为世界桥梁基础理论作出了贡献。

千米级多塔斜拉桥——赤石大桥

中国桥谱 之 第二卷
A Guide to Chinese Bridges

绪 论

勘察设计
从传统人工到信息化和空天地集成技术的跃升

全站仪

电子水准仪

遥感卫星

通麦大桥遥感影像

遥感卫星地面站

20世纪90年代以来，随着国家经济的快速发展，交通运输基础设施建设信息化、网络化趋势明显，中国桥梁向长大化发展的需求急剧上升。

长大桥梁建设条件复杂，作为长大桥梁建设的先导，勘察设计的技术水平直接决定着勘测设计、施工建设、运营管理的成败，对桥梁美学、景观效果的影响也至关重要。

20世纪八九十年代，为适应我国公路桥梁建设在不同地形地貌地区的建设需求，测绘技术由以经纬仪、水准仪等测量仪器辅以工程经验的传统测量技术，逐步发展到以全站仪、电子水准仪、航空摄影测量、全球定位系统等新一代测绘技术，使桥梁测绘技术逐步迈入自动化、数字化、智能化阶段。随着技术的发展，用于地质勘察的新型数字化野外勘察设备和技术也不断涌现。

20世纪90年代以后，随着计算机技术与性能的快速提升和普及，开发可视化桥梁CAD软件成为必然的发展趋势。1996年至2000年期间，中国开始桥梁设计集成CAD系统的研制开发。其最终成果是：桥梁设计集成CAD系统、公路桥梁结构设计计算系统等，能进行大量复杂的计算、分析，大大提高了工作效率，对桥梁设计的发展起到了重要的支撑作用。

21世纪以来，随着高分辨率遥感卫星、连续运行卫星定位导航服务系统、合成孔径雷达和倾斜摄影测量技术等现代测绘技术的快速发展，以及多学科之间的交叉融合发展，数据库技术和GIS技术等现代信息技术的出现，为测绘大数据的科学采集、存储和应用提供了条件，桥梁测绘技术逐渐步入到空天地一体化阶段。

遥感技术方面，通过引入微机图像处理与卫星图像等信息化手段，进一步提高了地质测绘效率；物探技术方面，逐步发展到多种物探相结合、复杂地形地质探测、配合其他探测手段相结合的综合分析；钻探技术方面，实现了钻探设备和钻探定位技术的突破；原位测试技术方面，电测式静力触探技术实现了便捷、快速、精确测量的目的；土工实验技术则实现了电子技术、自动控制等自动化技术的应用。

与此同时，中国桥梁从方案设计、初步设计到施工图设计的图样完全实现计算机化。在可行性研究阶段，对地震动参数、不良地质和特殊性岩土类型、分布及发育规律等数据均能如实掌握。在地基稳定性分析中，通过对桥梁荷载、水流波浪冲击、地震及行车动荷载等的分析，完成岸坡稳定性、地基承载力及地基形变等方面的分析计算，保证了桥梁的安全。设计计算除了通常采用的平面杆系计算外，还较多地采用了空间计算、弹塑性稳定计算、考虑大变形及拱挠度的非线形分析以及局部的分析计算等。各种桥梁构造、分析和计算方面都取得了一定的成果。

桥梁设计领域，在全面引进ANSYS、迈达斯等国外计算分析软件和开发了桥梁博士、慧加等计算分析软件的基础上，桥梁的空间计算和构件精细化计算分析水平有了明显提高，提出了抗剪配筋和拉压杆设计方法，对解决桥梁主要构件的开裂、下挠等主要病害发挥了重要作用。桥梁博士、桥梁大师等专用绘图软件，还为设计人员提供了系列化、参数化专用绘图工具，极大地提高了设计效率。近几年，建筑信息模型（BIM）技术开始引入桥梁领域并发展成为桥梁信息模型（BrIM）技术，开辟了桥梁设计、施工建造和养管维护桥梁模型与信息一体化的技术路径，为未来更好地实现桥梁全寿命周期的技术管理奠定了基础。桥梁设计理念发展迅速，在港珠澳大桥项目上提出的桥梁大型化、工厂化、标准化、装配化设计建造理念，已经成为行业新的共识，与交通行业推行钢结构桥梁的指导意见相呼应，已经在多个大型桥梁项目上得以推广和实现，极大地促进了我国桥梁设计理念的整体提升。

在桥型与结构体系方面，在学习借鉴国外先进技术的基础上，梁桥、拱桥、斜拉桥和悬索桥等主要桥型与结构体系不断创新和发展，半飘浮、全飘浮、液压缓冲、静力限位和动力阻尼组合等各种结构体系得到开发和应用。此外，矮塔斜拉桥、自锚式悬索桥、协作体系桥等桥型也陆续完成了工程应用。

2001年至2005年期间，桥梁通CAD、桥梁大师等国产软件系统得到广泛应用，形成了设计、绘图、工程量统计等自动化操作，实现了全桥的关联化、批量化、自动化设计，大大解放了勘察设计的生产力。此外，在公路中小桥工程设计中，初步形成了一套技术完善、有大量工程实践的标准图集，包括T梁、小箱梁、空心板和常见墩台基础形式等的设计，为高速发展的公路建设提供了技术支撑。2006年至2010年期间，数字三维集成CAD技术的研发，实现了道路、桥、隧、附属工程及周边环境设计的三维立体化，道路设计真正进入三维时代。2011年以来，BIM技术在铁路、公路桥梁建设中开始有所应用，为桥梁的设计、建设、监测、养护提供了新的技术支撑。

桥梁不仅是跨越江河沟壑的结构物，而且是重要的空间艺术品，是天人合一的杰作。21世纪初至今，除了工程设计自动化外，景观美学、概念设计也是桥梁设计现代化的重要标志之一。这一时期，桥梁设计软件不仅能完成设计和绘图，还能通过快速优化和仿真分析，通过虚拟现实技术的应用，可以逼真地看到桥梁建成后的外形、功能、景观效果等。同时，可以模拟实景以及地震、台风、潮汐等特殊气候条件下桥梁整体直观的视觉效果，便于对桥梁外观、景观进行决策。2010年以后，随着BIM（建筑信息模型）技术在桥梁领域的逐步推广与应用，景观设计如虎添翼。

几十年来，特别是21世纪以来，中国桥梁特别是长大桥梁的勘察设计，坚持以新理念、新标准、新技术来促进勘测技术的发展，充分结合国情和不同地域现状，在勘测理念、数字化与信息化勘测技术等方面开展了大量的基础性研究和工程实践，突破了一批勘测关键技术，实现了勘测活动的自动化、信息化、智能化、无人化。中国长大桥梁的勘察设计能力，已经从主跨百米级跨越了千米级，形成了多种结构组合、桥隧组合，形成了深山峡谷区、江河缓流区、海域岛礁区、海域软基区等不同地形地貌地区的成套勘测技术。

BIM技术为桥梁的设计、建设、检测、养护提供了新的技术支撑

施工建造
从单项、综合技术到整体工业化、智能化技术的突破

通过在施工技术上不断自主创新，中国桥梁施工技术在各个领域均取得了重大突破，逐步形成了中国桥梁建设的核心技术。这也是中国桥梁施工企业，能够在竞争激烈的国际工程市场上屡有斩获的原因所在。

20世纪80年代开始，中国现代桥梁建设在学习国外先进技术的基础上，结合自主创新，开始现代桥梁建设的探索和实践。

20世纪80年代，在桥梁基础施工中，钻孔灌注桩基础施工技术迅速普及，成为一些重要桥梁主塔、主墩重要的基础建构技术。在桥梁上部结构中采用了预应力技术，并逐步实现了国产化，推动了大跨径混凝土桥梁的发展。这一时期，梁桥和拱桥施工技术逐步完善，梁桥采用了悬臂浇筑、顶推和转体施工技术，拱桥开发了无支架法施工技术，如无支架缆索吊装法、转体法等。在预应力混凝土斜拉桥施工技术方面，也开展了积极探索，研发了支架法和滑模法索塔施工技术；开发了一系列主梁施工技术，如劲性骨架法（重庆石门大桥，1988年）、预制悬拼法（蚌埠桥，1989年；凤台淮河桥，1990年）和后锚点挂篮悬浇法（长沙湘江北大桥，1990年）等。

20世纪90年代后，为适应公路桥梁由中跨钢梁桥、混凝土梁桥、拱桥，向大跨连续梁桥、斜拉桥、悬索桥、结合梁桥、钢管拱桥发展的需求，公路桥梁技术进一步向大跨径、深水基础、桥型多样化、高科技含量方向发展，桥梁建设成套施工技术取得长足进步。

在水中桥梁基础方面，施工水深从6～8米发展到20米左右。开发了桩长超过50米的钢管桩群桩基础施工技术（上海南浦大桥，1991年）、深水双壁钢围堰钻孔基础施工技术（九江长江大桥，1993年）、钢围堰与嵌岩钻孔桩施工技术（黄石长江大桥，1995年）。在陆上大型桥梁基础方面，开发了钢筋混凝土沉井基础施工技术（九江长江大桥，1993年）、地下连续墙锚碇基础施工技术（虎门大桥，1997年）、厚覆盖层大型锚碇沉井基础施工技术（江阴长江大桥，1999年）。我国桥梁基础呈现多元化的发展趋势，为桥梁建设走向大江大海奠定了基础。

在斜拉桥施工方面，混凝土主梁、钢箱梁、钢—混凝土组合梁和钢桁梁斜拉桥都得到了发展，开发了索塔爬模施工技术（铜陵长江公路大桥，1995年）、混凝土主梁前支点挂篮悬浇施工技术（铜陵长江公路大桥，1995年）、组合梁散件拼装技术（南浦大桥，1991年）、钢桁梁散件拼装技术（芜湖长江大桥，2000年）、钢箱梁液压提升桥面吊机悬臂拼装技术（南京长江第二大桥，2001年）。斜拉桥施工控制主要采用闭环控制技术。

在悬索桥施工方面，以汕头海湾大桥（1995年）、西陵长江大桥（1996年）、厦门海沧大桥（1999年）、虎门大桥（1999年）以及江阴长江大桥（1999年）等为代表的现代化悬索桥的建成，推动了悬索桥施工技术的发展，主缆索股PPWS施工工艺日臻成熟。先导索主要采用拖轮法架设，猫道采用有抗风缆系统，索股牵引采用单线往复或双线往复牵引系统，加劲梁架设采用卷扬机式或液压缆载吊机吊装，主缆缠丝以圆形钢丝为主。

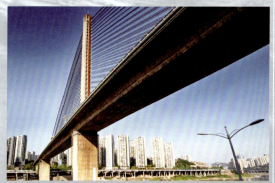

重庆石门大桥

铜陵长江公路大桥

厦门海沧大桥

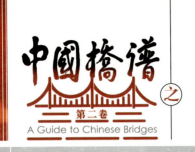

绪 论

万县长江大桥

上海卢浦大桥

润扬长江大桥

苏通长江大桥

在拱桥施工方面，通过四川旺苍河大桥（1991年）、万县长江大桥（1997年）等工程实践，在无支架技术的基础上，形成了劲性骨架拱桥施工技术、钢管混凝土拱桥施工技术。此外，还独创性地开展了平面转体施工拱桥的实践。

在梁桥施工方面，悬臂浇筑法、顶推法和转体法等施工工艺得以继续发展。特别是在转体法施工技术方面，研发了大重量转体、全方位转体（横转、竖转、横竖结合）工法，满足了跨越峡谷、河流、铁路、高速公路桥梁的工程需求，涌现出一大批典型工程。此外，还开发了移动模架法施工工艺，建成了厦门高集海峡大桥（1991年）等代表性工程。

进入21世纪，我国桥梁建设进入高峰期，建设了大量跨越江河峡湾的特大跨径桥梁，实现了施工技术的飞跃。

基础施工技术方面，因地制宜地进行了诸多创新，形成了各种大型基础施工成套技术。由双壁钢围堰和钻孔灌注桩相组合的复合基础，是目前深水基础用得最多的基础形式。武汉军山长江大桥等采用复合基础，远比沉井基础经济得多。针对润扬长江大桥（2005年）锚碇基础，研发了超深矩形地下连续墙和冻结法加排桩止水帷幕施工工法，推动了大型锚碇基础支护开挖技术的发展。在此基础上，南京长江第四大桥（2012年）建设，进一步发展了双环形地连墙施工技术（即我国首个∞形的锚碇）。上海东海大桥（2005年）建设，推动了钢管桩基础的发展，采用大型打桩船沉桩，并首次采用了混凝土套箱承台施工工法，并在青岛胶州湾大桥（2006年）进一步发展为无封底混凝土套箱技术。苏通长江大桥（2008年）主塔基础是世界上最大的深水群桩基础，桩径达到2.5米，桩长超过100米，开发的悬臂导向架沉桩技术，解决了深水激流条件下水上平台搭设难题，并首次采用多台连续千斤顶同步整体下放钢吊箱技术，形成了深水群桩基础核心技术。杭州湾跨海大桥（2008年），采用当时国内最先进的全回转打桩船"海力801"，成功实现了桩径1.6米、最大桩长82米超长螺旋钢管桩施工，促进了海上施工装备的发展。泰州长江大桥（2012年），开发了深水、大流速、厚覆盖层条件下水中沉井基础施工技术，突破了水中大型沉井的施工难题。嘉绍大桥（2013年），实现了直径3.8米桩一次性钻进成孔技术，在平潭海峡公铁两用大桥成功研制出了钻孔直径可达5米的钻机。大连星海湾大桥（2015年），首次尝试预制沉箱作为水中锚碇基础。港珠澳大桥（2018年）主桥，采用了2.5米钢管复合桩基础，开发了埋置式承台预制、安装技术，并研发了分离式柔性止水系统。

索塔方面，润扬长江大桥（2005年）率先引进了混凝土索塔液压爬模施工技术，成为后续混凝土索塔施工的标准工艺。在苏通长江大桥（2008年）建设中，研发了混凝土索塔钢锚箱制作与安装技术。在南京长江第三大桥（2005年）建设中，开发了自动升降式塔吊逐段安装架设技术。在此基础上，在泰州长江大桥（2012年）建设中，进一步研发了钢塔大节段拼装与控制技术。

斜拉桥是这一时期我国桥梁建设的亮点。在苏通长江大桥（2008年），首次实现了钢箱梁斜拉桥的千米跨越，研制了液压双桥面吊机，开发了顶推辅助合龙技术以及边跨长大节段起重船安装技术。钢—混凝土组合梁斜拉桥方面，发展了整节段、湿接缝安装工法（东海大桥，2005年），并首创了整节段胶接缝施工法（泉州湾跨海大桥，2015年），进一步提高了施工的工业化水平；钢桁梁方面，形成了整桁片架设（恩施忠建河大桥，2014年）、整节段架设（闵浦大桥，2005年）和跨跨整体提升（闵浦二桥，2010年）技术，在平潭海峡公铁两用大桥（2019年）开发的整孔制运架一体化巨型浮吊机，吊高达到110米、吊重3600吨，实现了主航道主梁大节段全焊、整节段吊装，是国内钢桁梁斜拉桥主梁制造和架设的又一次技术突破。斜拉索施工方面，开发了超长超重平行钢丝拉索架设技术（苏通长江大桥，索长577米）、超大吨位钢绞线拉索安装及控制技术（重庆千厮门嘉陵江大桥，控制索力14500千牛顿）。

西堠门大桥（2009年）、泰州长江大桥（2012年）、马鞍山长江大桥（2013）等跨越江海的钢箱梁悬索桥以及坝陵河大桥（2009年）、四渡河大桥（2009年）、矮寨大桥（2012年）等跨越峡谷的钢桁梁悬索桥的建成，标志着我国悬索桥施工能力进入了国际先进行列。

大跨径拱桥施工技术日臻完善。广州丫髻沙大桥（2000年）、上海卢浦大桥（2003年）、广州新光大桥（2006年）、重庆朝天门长江大桥（2009年）、宁波明州大桥（2010年）、广元昭化嘉陵江大桥（2011年）、杭州九堡大桥（2012年）、G93合江长江一桥（2013年）等工程的建成，标志着我国拱桥施工技术达到了国际领先水平。开发了平竖转结合转体施工技术、大跨度拱桥悬臂拼装技术、大节段整体提升技术、钢管混凝土劲性骨架施工技术，并首创了梁拱整体步履式顶推技术，丰富了大跨径拱桥的施工技术。

这一时期，大跨径梁桥施工技术也得到了长足的发展。重庆石板坡长江大桥复线桥（2006年），研发了中跨钢箱梁桥面吊机起吊技术。崇启大桥（2011年）首次开发了"整跨工厂无应力制造、整体架设、全过程实时监控"的连续钢箱梁桥施工技术。雅泸高速公路腊八斤大桥（2012年），开发了钢管混凝土墩柱施工技术和C80自密实混凝土灌注技术。贵州水盘高速公路北盘江特大桥（2013年）开发了斜拉扣挂结合移动支架现浇的组合施工技术，支撑了首创的空腹式连续刚构桥的建设。

在施工方法中，转体施工得到了全面的发展。1977年，我国运用平转法建成了四川遂宁建宁桥，为主跨70米的箱肋拱桥。21世纪以后，随着铁路、公路基础设施的快速延伸，山区、跨线桥急剧增多，为转体桥的发展带来了机遇。至2018年，我国桥梁转体施工技术已日趋成熟。此施工方法，已经涵盖了拱桥、斜拉桥以及梁桥中的连续梁桥和连续刚构等多数桥型，涵盖了从公路到铁路等众多行业，实现了从竖转到平转、竖转与平转相结合的多种复杂方式，转体重量达万吨级、超长悬臂的转体桥也越来越多。

桥梁装配化施工技术发展迅速。苏通长江大桥北引桥（2008年），大规模采用的短线匹配法节段预制拼装桥梁施工技术，在多个项目中得到了推广，并逐步实现了核心技术和装备的国产化。在上海东海大桥（2005年）开发了混凝土桥梁整跨预制安装技术，在杭州湾大桥（2008年）开发了梁上运梁整跨安装技术，在上海长江大桥（2009年）开发了组合梁桥整跨预制拼装技术。装配化桥梁施工技术提高了工程建设的速度和品质。

在施工控制技术方面，在传统变形—内力双控基础上，结合无应力状态控制理念提出了几何控制法，首创了一种用于解决桥梁分阶段施工的理论控制方法——分阶段成形无应力状态法，并提出了多构件无应力几何形态设计制造安装全过程几何控制方法，大大提高了大跨径斜拉桥施工控制精度。目前正向集计算、分析、数据收集整理、指令发出、误差判断等功能为一体的施工控制集成系统发展，基于网络的桥梁智能化、信息化施工控制技术正成为研究热点。

桥梁施工控制逐步发展成熟。自适应控制理论在各类桥型施工控制中都得到了应用，提出并建立了全过程自适应几何控制法、无应力状态控制法等控制方法及系统。同时，山区高等级公路的高墩弯桥建设技术中，取得了多项关键性的技术突破，保证了高速公路向高山深谷的延伸。这些技术突破主要有：高墩大跨径弯桥上下部结构形式、预应力设置及分析、收缩徐变和温度效应的分析、箱梁薄壁墩空间分析、全过程稳定分析、支撑布置对箱梁结构影响以及动力及地震反应三维分析、施工方法和监控方法等。

杭州湾大桥

上海东海大桥

装备材料
从无到有、从低到高再到覆盖所有桥型系列化生产的跨越

在勘察设计方面，20世纪80年代初，还处于人背肩扛、人工为主的阶段，工作效率极低。20世纪90年代以后，特别是21世纪以来，新型的技术和装备，如遥感卫星、远程雷达、激光测距、计算机等技术和设备的普及和应用，对勘测设计具有决定性的影响。其对勘测设计工作效率、准确度、可靠性的提升，无法用数字来表达。同时，装备材料的巨大进步，对桥梁的施工建设、安全保障和运营管理等意义重大。

21世纪以来，技术和装备的全方位创新，为中国桥梁建设实现全面超越提供了重要支撑。

在桥梁基础施工装备方面，已掌握大直径钻孔桩、大直径钢管桩、PHC管桩、钢管复合桩、大型群桩基础、大型沉井基础、超深地下连续墙基础等施工技术，自主研发了包括打桩船、液压打桩锤、钻机、混凝土搅拌船、双轮铣槽机等在内的桥梁基础施工装备，其中打桩船施工能力（桩径、桩长）已经超过了国外。

在超高桥塔施工装备方面，研发了混凝土桥塔液压爬模技术、混凝土超高泵送技术和钢桥塔预制吊装与高精度拼装施工技术。其中混凝土桥塔浇筑最大节段长度（6米/节）、爬模施工效率（12天/节，节高6米）、塔顶倾斜度误差（≤1/42000）、钢桥塔最大吊重提升速度（7.5米/分钟）已达到了国际领先水平；自主研发了5200吨米塔式起重机，并实现了工程应用。

在公路悬索施工技术及装备方面，建设了西堠门大桥（2009年）、泰州长江大桥（2012年）、马鞍山长江大桥（2013）等跨越江海的钢箱梁悬索桥、坝陵河大桥（2009年）、四渡河大桥（2009年）、矮寨大桥（2012年）等跨越峡谷的钢桁梁悬索桥。依托这些大桥建设，开发了直升机法、火箭牵引法、飞艇牵引法和无人机牵引法等先导索架设技术，研发了带制振系统的无抗风缆猫道结构，研发了激流海峡区钢箱梁吊装技术、千米级缆索吊装技术、桥面吊机悬臂拼装技术，并首创了峡谷地区悬索桥主梁轨索移梁技术，同时实现了缆载吊机、主缆紧缆机和主缆缠丝机的国产化。

在主梁施工装备方面，建立了钢箱梁数字化制造生产线，掌握了混凝土梁整孔预制架设技术、梁上运梁架设技术、短线匹配

泰州长江大桥

马鞍山长江大桥

绪 论

法预制拼装施工技术、钢箱梁整体吊装施工技术和使用缆载吊机、桥面吊机、顶推与滑模等主梁架设与施工技术；自主开发了浮吊、架桥机、桥面吊机、缆载吊机、大型龙门吊、滑模设备等关键装备，其中缆载吊机吊装能力(740吨/段)和转体施工技术(转体长度198米，转体重量2.24万吨)达到了国际领先水平。港珠澳大桥施工中，国产浮吊船最大吊装的钢箱梁节段已达到长132.6米、宽33.1米，重达近3000吨；而港珠澳大桥沉管标准节段长180米、宽37.95米、高11.4米，重达近8万吨，其吊装也由国产的浮吊装备完成，其测控安装精度、吊装重量、全回转能力等指标，已独步世界。

在拱肋施工装备方面，研发了斜拉扣挂悬拼悬浇、劲性骨架、钢筋混凝土拱桥转体及钢拱桥大节段提升等施工技术。其中，采用劲性骨架施工法建设的沪昆铁路北盘江特大桥，主跨达到了445米，远超国外水平(210米)；劲性骨架外包混凝土浇筑技术，采用三级连续真空辅助泵送法，使输送效率提升到每小时30.8立方米；采用斜拉扣挂悬拼架设法建设的重庆朝天门大桥主跨跨径达到了552米；拱肋转体施工法方面，平转法的最大吨位提升到了1.68万吨，并开发了上提式竖转法；大节段吊装法的最大吊重达到了2800吨；研发了大吨位缆索吊(最大吊重420吨，高度202米)等施工装备。

在缆索制造与架设装备方面，在大跨度桥梁缆索高强度钢丝生产上，从广州虎门大桥填补空白开始，中国企业生产的高强镀锌平行钢丝成品索抗拉强度达到1960兆帕，已经处于国际领先水平；

同时，在新型材料——碳纤维增强材料科学常用研究上，中国也取得了一定进展；研发了斜拉桥热挤聚乙烯防护拉索技术，攻克了热挤缆索护套成型技术工艺，提出了软、硬组合三级牵引的超长斜拉索架设技术，并广泛应用于斜拉桥、拱桥等，掌握了PPWS和AS工法的主缆架设技术。此外，在伸缩装置、支座、浮吊、混凝土泵送以及大跨度桥梁的施工装备方面，都取得了多方面的技术进步。

在混凝土耐久性、低碱混凝土设计、使用方面，取得了关键性的技术突破。在混凝土破坏机理上，搞清楚混凝土破坏最主要的原因是钢筋锈蚀，其次才是冻害和侵蚀环境下的物理化学作用，总结出导致我国钢筋混凝土结构耐久性问题的主要原因是北冻南锈。将提高钢筋混凝土耐久性的关键性因素确定为防止氯离子渗透。此后，通过江阴长江大桥、润扬长江大桥低碱水泥的使用证明，低碱水泥极大提高了混凝土的耐久性，延长了大桥的使用寿命。此项技术的推广应用，也使中国桥梁混凝土构造的耐久性大幅提升。

矮寨大桥

重庆朝天门大桥

西堠门大桥

工程管理
从经验管理到科学管理再到复杂系统工程综合集成管理的创新

20世纪80年代以前，中国桥梁等基础设施主要靠政府预算拨付来建设，政府是工程建设规划者和决策者。20世纪80年代以后，随着高等级公路的起步建设，外资引进及菲迪克条款等国际建设管理模式引入中国，从而推动了公路工程和桥梁工程建设管理体制和理念的进步，基于程序化、标准化、规范化的科学管理模式在现场得到推广。

20世纪90年代初，随着中国改革开放的推进，多元化工程融资方式对工程建设决策和建设管理提出了新的挑战。交通部不断深化交通基础设施建设制度改革，探索市场条件下公路建设管理体制，逐步确立了以"项目法人负责制、招标投标制、工程监理制和合同管理制"为主导的"四项制度"。在此基础上，2000年8月，颁布《公路建设四项制度实施办法》，四项制度在桥梁建设中普遍推行，进一步强化了市场在资源配置中的作用，促进了工程管理专业化、规范化，工程建设"三控二管一协调"的实施，确保工程建设质量、进度和成本目标的实现。

21世纪以来，以市场为导向，中国进一步完善了桥梁等交通基础设施项目的建设程序、多元化投融资体制。在此基础上，"发展理念人本化、项目管理专业化、工程施工标准化、管理手段信息化、日常管理精细化"的现代工程管理理念，在桥梁建设管理中得以实施，工程建设的环保和可持续发展也越来越得到重视，在一些长大桥梁工程建设上开始推广实施健康—安全—环保（HSE）一体化管理体系，深化了以项目法人为核心的专业化管理模式，积极引入第三方专业咨询机构，调整和优化监理模式。在桥梁设计和建造过程中，推行"模块化、标准化、预制化、装配化"，提高驻地、集中拌合站、钢筋加工厂、工程部件与构件、现场建造工艺等标准化建设程度，同时强化对长大桥梁现场控制智慧化建设，包括现场监测、自动化控制及管理一体化等。

在长大桥梁建设管理的程序化和系统化管理基础上，采用综合集成方法论来解决复杂问题已成为一套行之有效的方法，通过从定性到定量的综合集成、专家集成及人机—人网结合的方式来驾驭复杂工程物理系统。

综合集成方法论，在立项决策论证方面关注的决策主体多元化和决策过程的持续优化，如桥梁决策论证，不仅需要综合水文环境、地质条件、气象条件以及通航条件等，同时要考虑技术标准、结构设计以及施工管理等重大问题，还要考虑长大桥梁建设对区域经济的影响。在此过程中，决策主体不仅有政府部门，还要有设计单位、科研单位、咨询单位及行业专家等，在手段上综合采取了勘查、实验、试验、计算及专家经验等。

综合集成思想，在现场综合控制方面主要表现为：建立以质量管理为核心的多目标管理体系，形成了省部协调领导—专家技术支持—业主建设管理—各方参与的多层协调系统，初步构建了管理—控制—监测一体化的信息和网络体系。在技术创新方面主要表现为：构建由业主、设计单位、咨询单位及科研单位组成的技术创新平台，采取开放式自主集成创新路径，在创新产品上强化工程—行业—国家的一体化战略。

同时，依托国内大规模桥梁工程建设，中国桥梁标准化工作得到了快速发展。目前，涵盖桥梁规划、设计、施工、管养等阶段的公路桥梁、铁路桥梁及市政桥梁的标准体系基本形成，除铁路桥梁标准规范仍采用容许应力法外，均已采用现阶段国际通行的、以可靠度理论为基础的近似概率极限状态设计方法。公路桥梁标准率先完成了部分外文版的出版，在部分海外工程中得到应用，在保障桥梁质量安全、促进产业技术进步等方面发挥着重要作用。

芜湖长江大桥

广州虎门大桥

运营保障
从被动管理到主动监测预警、风险管控的提升

从20世纪80年代开始，中国关注桥梁安全保障的有效性、规范化，开始建立桥梁安全保障和运营管理的规范体系。

20世纪90年代初期，交通部提出"完成国道桥梁的定性、定类等检测工作，并采取修理、加固、改造等工程措施逐步提高桥梁荷载等级，基本消灭干线公路上的'危桥'，切实扭转'养路不养桥'的倾向"，并将之作为公路养护工作的指导目标之一。

这一时期，桥梁结构安全监测与预警技术引入中国。1995年，在国家科学技术委员会资助下，开展了"确保大型桥梁结构安全性与耐久性的综合监测系统"研究，这是中国首个国家资助下的桥梁安全监测研究项目。1997年起，香港青马大桥、广州虎门大桥等桥梁上开始采用结构安全监测与预警技术。1999年江阴长江大桥通车后，逐步摸索并建立起一套安全运营保障的流程及技术，全面提升了桥梁的技术状况。这些长大桥梁在安全保障、运营管理上的实践和技术积累，为中国长大桥梁运营管理追赶国际先进水平，奠定了基础。

20世纪90年代，在桥梁功能评定方面，"公路桥梁使用功能评价方法研究""用动力法快速检测钢筋混凝土简支梁桥使用承载力研究""旧桥承载能力评定方法"等成果，使中国公路桥梁承载力评定实现有章可循。加之桥梁管理系统（CBMS）的推广及应用，初步构建起中国公路桥梁技术状况和使用功能评价的方法与标准体系。在此期间，旧桥加固技术开始推广应用，特别是在国道干线"文明样板路"创建中，各地公路主管部门主持对沿线的桥涵进行加固，用较小的投资大幅提升了路况，取得了明显效果。

21世纪以来，中国桥梁安全保障规范体系进一步健全，风险评估、安全管理与应急处置等安全管理方法、无损检测、承载能力评定、监测预警、荷载试验和加固改造技术等安全保障技术得到了快速发展，取得了一批集成、创新成果，建立了桥梁的质量检测—检测参数评价—结构技术状况与寿命预测评价—承载能力评定—维修加固等完整的技术体系。

在安全管理技术方面，2000年以后，交通（运输）部等有关部门逐步颁布了一批国家级的养护管理工作制度、突发事件应急预案、运营管理办法等标准规范，实现了安全管理与应急处置的科学化、规范化和标准化。很多长大桥梁管养单位，如杭州湾跨海大桥（2008年）、苏通长江大桥（2008年）、润扬长江大桥（2005年）等，均制定了符合自身特点的安全管理制度与应急处置方案。此

江阴长江大桥

绪 论

外，2001年以后，中国桥梁工程界开始关注桥梁风险评估问题，通过消化吸收国外技术，并结合中国桥梁实际特点进行了再创新，于2010年和2011年先后颁布了针对桥梁建设期风险管理的《公路桥梁和隧道工程设计安全风险评估指南》和《公路桥梁和隧道工程施工安全风险评估指南》，已在长大桥梁上大量应用。同时，"在役长大桥梁运营安全风险"研究项目也正在开展。

在检测与评定技术方面，针对中国公路混凝土桥梁量大面广的特点，以混凝土强度、内部缺陷、表层损伤、电阻率、钢筋锈蚀电位、氯离子含量、碳化深度、钢筋分布和保护层厚度等为主要检测参数，在引进国外无损技术及装备的基础上，通过消化吸收再创新，实现了桥梁无损检测关键设备国产化，完善了桥梁试验测试手段和装备；通过引进消化吸收再创新和集成创新，研发了轻型可移动拼装式桥梁检测工作架等一系列测量、加载、传感装置。在役桥梁结构损伤、性能退化理论与寿命预测评价技术方面，实现了桥梁可靠性由定性评价向定量评价的跨越。桥梁技术状况评价方面，《公路桥梁技术状况评定标准》（JTG/T H21-2011）、《公路桥梁承载能力检测评定规程》（JTG/T J21-2011）的实施，使中国公路桥梁有关评定工作实现了有法可依。

在监测与预警技术方面，北斗卫星定位系统、光纤光栅传感器、无线传感器、压电薄膜传感器、形状记忆合金传感器、碳纤维和纳米粒子填料传感器等，一大批新型传感监测技术研究成果得以应用。我国相继在近200座长大桥梁上，建设完成了功能完备的安全监测与预警系统。桥梁安全评估预警方法的研究，由早期的损伤识别、模态分析、健康诊断等，逐步向服务养护的方向发展。自2011年起，随着物联网、云计算技术的发展，桥梁安全监测与预警技术的互联、共享得到发展。桥梁安全监测与预警技术也逐步向桥梁应急管理方面拓展，极大地提升了中国桥梁的应急管理与处置水平。

在养护与维修加固技术方面，目前已建立了适合中国国情的养护管理工作制度，基本形成了较完善的加固技术体系。中国桥梁养护管理贯彻"预防为主，安全至上"的工作方针，实行"统一领导，分级管理"，技术工作实行桥梁养护工程师制度。此外，通过大力推广桥梁管理系统、桥梁资产管理系统等现代管理手段，极地促进了中国桥梁养护管理水平的提升。2008年交通运输部颁布了《公路桥梁加固设计规范》（JTG/T J22-2008），随着养护与维修理念的变革，设计与管养、监测之间的关联逐步增强，完善的"全寿命周期"理念逐渐被接受。

长大桥梁的运营管理技术方面，随着制度和技术的不断创新，管理的日益规范化，保障了众多长大桥梁的安全顺利运营。1999年建成的江阴长江大桥，由江苏扬子大桥股份有限公司负责管养。该公司实行总经理负责制，实施总经理、管理部门、执行单位三级式管理。公司在大桥运营管理中，严格执行《江阴大桥维护手册》，注重"四新"技术应用，及时管养，全面提升了桥梁技术状况。截至2018年底，广州虎门大桥、江阴长江大桥分别安全运营了21年和19年，日均车流量已经突破5万辆，最高日车流量均达13万辆。近20年来，特别是21世纪以来，我国多座大型越江跨海桥梁工程的安全运营，表明我国大型桥梁已经初步确立起适合国情的运营管理制度和体系，相关检测评估和决策支持技术也日趋成熟，整体管理运营水平已经追赶上国际先进水平。

此外，在桥梁信息化建设方面，取得了积极进展。桥梁软件的自主化程度和专业水平是评价一个国家桥梁技术水平的重要指标。几十年来，中国桥梁软件在设计分析和施工控制、空间效应分析、CAD辅助设计等方面，其主要功能、计算精度、计算分析效率均已接近国外软件水平。桥梁信息化水平的提升，将促进国家级桥梁建养一体化平台的建立，实现桥梁全寿命周期内各项数据的管理和桥梁状态的实时评估，保障交通安全。BIM技术，作为提高桥梁信息化水平的有效手段，已得到国家各层面的高度重视。交通运输部在"十三五"发展规划中，将综合交通信息化作为未来研发重点，完成了《BIM技术在桥梁工程中的开发及应用调研》，正在开展BIM技术在桥梁工程的试点工作。中国国家铁路集团有限公司和中国交通建设股份有限公司开始编制桥梁BIM标准、研发桥梁BIM应用软件、开展BIM工程应用和示范。BIM技术已在试点工程中应用于桥梁三维建模、碰撞检查、施工过程模拟、施工进度管理等。

桥梁强国
从追赶梦想到迈进殿堂

自改革开放以来，特别进入21世纪以后，中国桥梁在自主建设、引进吸收的基础上，致力于创新发展，技术创新能力和水平不断提升，在桥梁勘察设计技术、施工建设技术、运营保障技术、装备材料技术和建设管理技术等方面，取得了全方位的发展，建成了一大批享誉全球的公路、铁路长大桥梁，获得了一批荣获国内外大奖的技术创新成果和荣誉，培养了一批桥梁领军人物和中青年技术专家，赢得了国际桥梁界的尊重和认可，初步完成了"建设一批国际一流的桥梁工程，取得一批国际先进的科研成果，培养一支有国际竞争力的人才队伍"的桥梁强国目标。2018年港珠澳大桥的建成，成为中国跨入桥梁强国的标志性工程。这些成果支撑了仍在进行中的跨江大桥、山区桥梁、高速铁路桥梁的建设，推动了中国桥梁"走出去"战略的实施，并将继续为交通强国建设提供有力支撑。

绪　论

中国桥梁科研项目获国家科技进步奖列表

年 份	获奖等级	项目名称	备 注
2001	二等奖	铜陵长江公路大桥设计、施工成套技术	铜陵长江公路大桥
		JQ600型下导梁架桥机	
2002	一等奖	大跨度低塔斜拉桥板桁组合结构建造技术	
2003	二等奖	多塔斜拉桥新技术研究	
2005	二等奖	铁路大跨度钢管混凝土拱桥新技术研究	
		上海卢浦大桥设计与施工关键技术研究	上海卢浦大桥
		海上长桥整孔箱梁运架技术及装备	
		大跨径钢箱梁斜拉桥关键技术研究	
2006	二等奖	国道205线滨州黄河公路大桥工程综合技术研究	滨州黄河公路大桥
		混凝土桥梁施工期和使用期安全控制的关键技术	
2007	一等奖	东海大桥（外海超长桥梁）工程关键技术与应用	上海东海跨海大桥
	二等奖	柔性桥梁非线性设计和风致振动与控制的关键技术	
		特大跨径桥梁钢塔和深水基础设计施工创新技术研究	南京长江三桥
		双层桥面无隔板预应力混凝土箱梁斜拉桥创新技术	澳门西湾大桥
2008	特等奖	青藏铁路工程	
	二等奖	润扬长江公路大桥建设关键技术研究	润扬长江公路大桥
		城市轻轨与高架桥梁抗震与减震控制研究及工程应用	
2009	一等奖	大跨、高墩桥梁抗震设计关键技术	
	二等奖	分阶段施工桥梁的无应力状态控制法与工程实践	
		公路在用桥梁检测评定与维修加固成套技术	
2010	一等奖	千米级斜拉桥结构体系、设计及施工控制关键技术	苏通长江公路大桥
2011	二等奖	大跨度铁路桥梁钢成套技术开发及应用	
		混凝土桥服役性能与剩余寿命评估方法及应用	
		大跨径桥梁钢桥面铺装成套关键技术及工程应用	武汉天兴洲长江大桥
		强潮海域跨海大桥建设关键技术	杭州湾跨海大桥
		山区拱桥建设与维护新技术研发与应用	
2012	二等奖	短线匹配法节段预制拼装体外预应力桥梁关键技术	
2013	一等奖	三索面三主桁公铁两用斜拉桥建造技术	
	二等奖	长大跨桥梁结构状态评估关键技术与应用	
2015	特等奖	京沪高速铁路工程	
2016	二等奖	高速铁路标准梁桥技术与应用	

中国桥梁科研项目获国家科技进步奖列表

年 份	获奖等级	项目名称	备 注
2017	二等奖	山区大跨度悬索桥设计与施工技术创新及应用	
2018	二等奖	大型桥梁结构健康监测数据挖掘与安全评定关键技术	
2018	二等奖	超500米跨径钢管混凝土拱桥关键技术	
2018	二等奖	大跨度缆索承重桥梁抗风关键技术与工程应用	

国家技术发明奖

年 份	获奖等级	项目名称	备 注
2006	二等奖	LB多向变位桥梁伸缩装置	

中国桥梁获国际奖项列表

颁奖机构	桥 名	年 份	奖 项
国际咨询工程师联合会（FIDIC）	苏通长江大桥	2013	FIDIC百年杰出土木工程奖
国际咨询工程师联合会（FIDIC）	天兴洲长江大桥	2013	杰出项目奖
国际咨询工程师联合会（FIDIC）	杭州湾大桥	2014	杰出项目奖
国际咨询工程师联合会（FIDIC）	泰州长江大桥	2014	杰出项目奖
国际咨询工程师联合会（FIDIC）	西堠门大桥	2015	杰出项目奖
国际咨询工程师联合会（FIDIC）	马鞍山大桥	2016	杰出项目奖
国际咨询工程师联合会（FIDIC）	甬江特大桥	2016	杰出项目奖
国际咨询工程师联合会（FIDIC）	嘉绍大桥	2017	杰出项目奖
美国土木工程师学会	苏通长江大桥	2010	杰出工程成就奖
国际桥梁与结构工程协会（IABSE）	卢浦大桥	2008	杰出结构工程奖（Winner）
国际桥梁与结构工程协会（IABSE）	苏通长江大桥	2010	杰出结构工程奖（Finalist）
国际桥梁与结构工程协会（IABSE）	昂船洲大桥	2011	杰出结构工程奖（Finalist）
国际桥梁与结构工程协会（IABSE）	西堠门大桥	2012	杰出结构工程奖（Finalist）
国际桥梁与结构工程协会（IABSE）	泰州长江大桥	2014	杰出结构工程奖（Winner）
国际桥梁与结构工程协会（IABSE）	南京大胜关长江大桥	2015	杰出结构工程奖（Finalist）
国际桥梁大会（IBC）	江阴长江大桥	2002	尤金·菲戈奖
国际桥梁大会（IBC）	上海卢浦大桥	2004	尤金·菲戈奖
国际桥梁大会（IBC）	天津大沽桥	2006	尤金·菲戈奖
国际桥梁大会（IBC）	南京长江三桥	2007	古斯塔夫·林德萨尔奖
国际桥梁大会（IBC）	苏通长江大桥	2008	乔治·理查德森奖
国际桥梁大会（IBC）	沈阳三好桥	2009	尤金·菲戈奖

绪 论

中国桥梁获国际奖项列表

颁奖机构	桥 名	年份	奖 项
国际桥梁大会（IBC）	天兴洲长江大桥	2010	乔治·理查德森奖
	西堠门大桥	2010	古斯塔夫·林德萨尔奖
	香港昂船洲大桥	2011	乔治·理查德森奖
	南京大胜关长江大桥	2012	乔治·理查德森奖
	青岛胶州湾大桥	2013	乔治·理查德森奖
	"南京眼"步行桥	2015	亚瑟·海顿奖
	马鞍山大桥	2016	乔治·理查德森奖
	嘉绍大桥	2016	古斯塔夫·林德萨尔奖
	芜湖二桥	2018	乔治·理查德森奖
	北盘江第一桥（即毕都高速北盘江大桥）	2018	古斯塔夫·林德萨尔奖
	鸭池河大桥	2018	古斯塔夫·林德萨尔奖
	张家界大峡谷玻璃桥	2018	亚瑟·海顿奖
	四川合江一桥	2019	乔治·理查德森奖
	四川大渡河兴康大桥	2019	古斯塔夫·林德萨尔奖
	杨泗港长江大桥	2020	乔治·理查德森奖
	秭归长江公路大桥	2020	古斯塔夫·林德萨尔奖
	新首钢大桥	2020	尤金·菲戈奖
	山东潭溪山人行桥	2020	亚瑟·海顿奖
	南京长江大桥	2020	铁路桥奖
	港珠澳大桥	2020	超级工程奖
英国结构工程师学会（ICE）	泰州长江大桥	2013	卓越结构奖
国际道路联合会（IRF）	沈阳三好桥	2009	全球交通设计成就奖
	矮寨大桥	2015	全球道路施工成就奖
	嘉绍大桥	2016	全球道路施工成就奖
国际结构混凝土协会（FIB）	苏通长江大桥	2010	混凝土结构杰出贡献奖

A GUIDE TO CHINESE BRIDGES

中國橋譜 第二卷
A Guide to Chinese Bridges

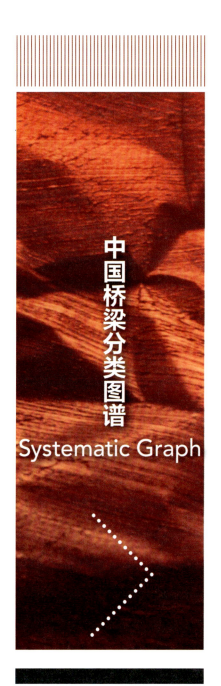

中国桥梁分类图谱
Systematic Graph

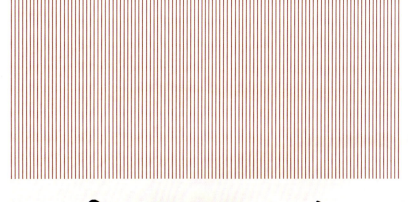

中國橋譜
第二卷
A Guide to Chinese Bridges

之

中国现代梁桥
The Modern Beam Bridges

悬臂梁桥及T构、简支梁
钢或钢—混凝土梁桥
连续梁桥
连续刚构梁桥

024　　158　　254　　276

中国现代梁桥

梁式桥是最为古老、简单、实用的桥型，也是现代中小跨径桥梁的首选桥型。现代梁桥最主要的标志性成果之一就是预应力技术的应用。

中国现代桥梁中，数量最多的就是梁桥。特别是21世纪以来，连续梁桥、连续刚构梁桥的大量建设，梁的跨径已经普遍越过百米。跨径最大的梁桥，是2006年建成的重庆石板坡长江大桥复线桥，其钢—混凝土混合梁的跨径达到330米，至今居梁桥跨径的世界第一；2013年建成的水盘高速公路北盘江大桥，为跨径290米的预应力混凝土空腹（斜腿）式连续刚构梁桥，在预应力混凝土梁中居主跨第一。

本书收录的梁桥，以连续刚构梁桥和连续梁桥为主，其次是钢梁桥，还有极少量的T形刚构、简支梁桥和悬臂梁桥。

钢梁桥

钢桁架梁桥

钢桁架梁桥，是现代钢梁桥最常见的选型。茅以升先生1937年主持建成的钱塘江大桥，分别建成于1957年、1968年的武汉长江大桥、南京长江大桥，都是钢桁架梁桥的代表作。

进入21世纪，中国钢桁架梁桥的建设水平继续发展。2002年建成的安徽蚌埠淮河铁路大桥，全长2070米，桥型与1911年建成、仍在使用的京沪铁路淮河大铁桥一致，为固定型钢桁架梁桥。2007年建成的山东滨州黄河公铁大桥、2009年建成的宁夏太中银铁路中宁黄河特大桥与江西向莆铁路东新赣江特大桥、2018年建成的济南长清黄河公路大桥，均为连续钢桁架梁桥，且赣江特大桥在国内，首次将环氧沥青混凝土应用于铁路钢桁面道砟槽防水保护层。此外，天津通南桥（2007年）、永乐桥（2008年）、吉兆桥（2013年）等，均为城市道路上的钢桁架梁桥，其中永乐桥被称作"天津之眼"，拥有世界最高的桥上摩天轮，集交通、观光旅游和商业等多种功能于一身。

从经济角度上看，桁架梁桥比实腹桥节省材料、重量较轻；从结构上看，结构稳定、受力明确、易于分析，特别是在缺乏计算工具的时代备受青睐；从施工上看，便于施工，周期短，对地基要求相对宽泛，从景观效果上看，其几何线条图案，具有一种古典的美感，也被认为是最优桥式结构。因此，在同等跨径的梁桥比选中，桁架梁桥往往成为首选。由此，在一些斜拉桥、悬索桥和拱桥中，其构成路面的梁结构也不乏桁架梁，如芜湖长江大桥、武汉天兴洲长江大桥、新疆果子沟大桥、黄冈长江公铁大桥、公安长江公铁大桥以及沪通长江大桥、五峰山长江大桥等。

钢桁架梁，一直是中国大型铁路桥梁和公铁两用桥梁的重要选择。

山东滨州黄河公铁大桥

山东济南长清黄河公路大桥

天津永乐桥

The Modern Beam Bridges

钢箱梁桥

钢箱梁,全称钢板箱形梁,顾名思义,因外形像一个箱子而得名。钢箱梁一般由顶板、底板、腹板、横隔板及纵隔板及加劲肋等部件组成,通过全焊接方式连接。其横截面具有宽幅和扁平的特点,有的高宽比达1:10,其翼缘和腹板厚度比起高度和宽度来都非常小,是典型的闭口薄壁结构。

同时,钢箱梁是现代大跨径桥梁常用的结构形式,即便不作为主要受力结构,它也是现代长大桥梁桥面、特别是悬吊桥桥面的重要组成构件。

中国钢箱梁桥发展较晚。1984年建成通车、位于广东肇庆的马房北江大桥,是中国第一座自行设计、施工的公铁两用钢箱梁桥。1986年建成的北京旧大北窑立交桥,主桥为钢栓焊结构连续箱梁桥,是北京第一座钢结构的桥梁。

21世纪以来,钢箱梁桥在我国的应用日益增多。2011年建成、主跨为4×185米的崇启大桥,是我国跨径最大的钢箱梁桥。依托该桥建设完成的"大跨径变截面连续钢箱梁桥设计与整孔架设关键技术"项目研究,荣获2012年度"中国公路学会科学技术奖"特等奖。同时,崇启大桥在稳定计算、扭转畸变等分析计算方法上有所创新,实现与国际先进理念、水平的同步。

2018年通车的港珠澳大桥,深水区非通航孔桥采用6×110米六跨连续钢箱梁桥,主梁采用整幅等截面钢箱连续梁,顶板为正交异性板结构,该桥最大的钢箱梁节段达到长132.6米、宽33.1米、高4.5米,质量近3000吨。

因钢箱梁具有易于工厂化加工、质量较易控制、材料性能稳定、重量较轻、施工安装迅速、对交通影响小等优点,在大型悬吊设备没有障碍的情况下,大型跨江、跨海、跨峡谷的桥多采用此类结构。除公路桥外,城市立交、桥线桥和高架路桥上,钢箱梁也得到大量应用,大有取代混凝土梁桥的趋势。

广东肇庆马房北江大桥

崇启大桥

混凝土梁桥

中国混凝土梁桥出现在20世纪20年代。钢筋混凝土梁桥同时具备混凝土抗压和钢筋抗拉的综合优势,混凝土与天然材料相比,更易于控制成型,因此很快成为现代桥梁的首选材料。

在实践中,钢筋混凝土梁的局限性逐步显露:一是跨径不能太大,一般超过20米时,就会出现裂缝,并会逐渐发展;二是钢筋混凝土结构开裂后,会造成钢筋锈蚀,耐久性降低,影响使用寿命。20世纪三四十年代,国外高强钢材与高强混凝土研制成功,预应力技术在20世纪四五十年代开始推广。得益于预应力技术的发展,中国混凝土梁桥得到快速发展。

在相当长一段时期内,混凝土梁桥材料的经济性明显优于钢桥,因此混凝土梁桥迅速发展。20世纪80年代后,随着公路、铁路基础设施建设的不断加速,中国建造了大量的混凝土梁桥。21世纪,随着中国钢产量、质量的大幅提升,价格下降,从桥梁全寿命周期的角度来综合考量,钢桥可能成为更好的选择。

混凝土简支梁桥

20世纪八九十年代以后,随着高速公路的加快发展,为提高简支梁桥的行车舒适性,多采用连续桥面。

21世纪以来,随着高速铁路的快速发展,简支箱梁以其受力简单、明确,抗扭刚度大,施工速度快,基础适应性强,养护工作量小等特点,在公路、铁路中小跨径桥梁中,仍得到广泛应用。2001年建成的京港澳高速公路湖北孝感府河大桥,由196孔30米跨径预应力混凝土简支T形梁构成。2003年建成的青藏铁路清水河大桥,地处多年冻土地带,冻土层厚达20多米,且含冰量高,采用1300多孔跨径8米的小跨简支梁,使之成为兼具冻土隧道和野生动物通道功能的桥梁。2010年完工的丹昆铁路特大桥,位于京沪高铁江苏段,全长164.85公里,是名副其实的"世界第一长桥"。因全线穿越经济发达地区,与长江平行,横穿阳澄湖,桥梁跨越水面宽度在20米以上的河道150多条,跨越各种道路多达180余条,出于地质、节省土地以及高速铁路行车安全平稳的考虑,所以全线采用高架简支梁桥的方案,全桥由4955孔900多吨的箱形简支梁组成,基础钻孔桩施工总长达302.5万米。2015年建成的浙江台州头门岛跨海大桥,由63孔50米跨径简支T形梁构成。

混凝土连续梁桥

钢筋混凝土连续梁,指梁体在数孔内均为连续构件,即将简支梁体在桥墩支点处连为一体,以支座支承梁体。数个桥墩与一个连续

青藏铁路清水河特大桥

丹昆铁路特大桥

沙洋汉江大桥

东海大桥辅航道连续梁桥

内蒙古包树黄河大桥

广东番禺洛溪大桥

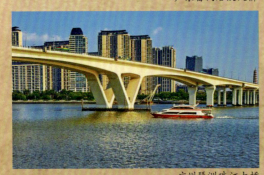

广州琶洲珠江大桥

梁体的组合称为"一联",长桥可用多联组成。这种桥型,一般用于地基较好的场所,以避免因沉降不均而引发附加应力。

预应力混凝土连续梁桥在我国始建于20世纪60年代,当时仅限于中小跨径。20世纪80年代后,预应力技术从单向预应力发展到双向、三向,并采用大吨位预应力体系,推动了梁桥的迅速发展,跨径逐步加大。1985年建成的湖北省沙洋汉江大桥,主跨首次突破100米,达到111米。之后相继建成了许多跨径100米以上的特大梁桥。2001年建成的南京长江第二大桥北汊桥,主跨达3×165米,是当时中国最大跨径的预应力混凝土连续梁桥。2005年建成的东海大桥辅航道连续梁桥,跨径布置为(90+160+160+90)米;2010年建成的内蒙古包树黄河大桥,跨径布置为(85+6×150+85)米;2013年建成的四川乐自高速公路岷江特大桥,跨径布置为(100.4+3×180+100.4)米;2018年建成的徐(州)盐(城)高速铁路跨淮徐高速公路大桥,为主跨(100+200+100)米连续梁-拱结构,结构新颖,创下国内同类桥梁的跨径纪录。

连续梁桥克服了简支梁桥整体性差、桥面接缝多、跨径小的缺点,但连续梁桥施工时,须将墩梁临时固结,完成后再解除固结,设放支座,即需做结构体系转换。同时,大吨位支座的养护特别是更换非常困难。因此,20世纪80年代后期开始,大跨径连续梁桥逐步被连续刚构桥所取代。

混凝土刚构桥

刚构桥,是指桥墩与主梁完全固结的一种结构体系,是梁桥的重要分支。

T形刚构——是最接近梁桥的刚构体系。在美国,干脆将挂梁的T形刚构桥称为"锤头墩简支梁",不仅名实相符,而且更形象地道出了T形刚构与梁桥的渊源。因接缝较多,致使高速行车很不顺畅,更不安全。为此,随着公路等级的提升,T形刚构桥逐步被混凝土连续梁桥及连续刚构桥取代。

连续刚构——顾名思义,即在T形刚构基础上,中跨完全保持连续,不用挂梁或剪力铰。这样,既保持了桥面平顺,又避免了连续梁桥的缺点。20世纪80年代后,连续刚构得到逐步发展。

中国第一座大跨径连续刚构桥,是1988年建成的广东番禺洛溪大桥,跨径布置为(65+125+180+110)米,采用柔性较大的双壁墩身。洛溪大桥的成功,使得连续刚构这种既经济又合理的桥型,迅速得到全面推广。20世纪末,随着公路建设的加快,中国高速公路桥梁建设高速发展以及技术的进步,预应力混凝土连续刚构以其线条明快、施工技术成熟、跨越能力强、行车舒适性优,在跨径100~300米的梁桥建设中占据了主导地位。

1997年建成的虎门大桥辅航道桥,主跨270米;1999年建成的重庆黄花园嘉陵江大桥,2003年建成的福建宁德下白石大桥、云南红河大桥、广州琶洲珠江大桥;2008年建成的苏通大桥辅航道桥,主跨268米;2013年建成的嘉绍大桥北岸水中区引桥等,均为连续刚构的典型桥梁。2013年建成的贵州水盘高速公路北盘江特大桥,桥跨布置为(82.5+220+290+220+82.5)米,为世界上首创的空腹(斜腿)式连续刚构桥,主跨居亚洲第一、世界第三。

连续刚构在铁路桥梁中也得到快速发展。1998年建成的南昆铁路清水河大桥,为主跨128米的连续刚构桥,创下当时铁路桥梁墩高的世界之最;2005年建成的渝怀铁路重庆井口嘉陵江特大桥,

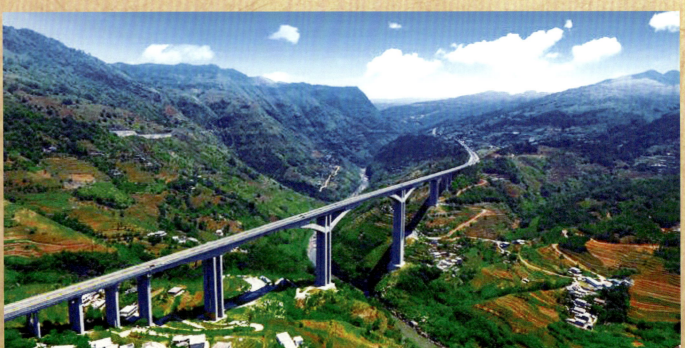

贵州水盘高速公路北盘江特大桥

主桥为跨径布置(84+144+84)米的连续刚构桥;2008年建成的温福铁路宁德田螺大桥,主桥为跨径布置(80+160+80)米的连续刚构桥;2012年建成的汉宜铁路蔡家湾汉江特大桥,主桥为跨径布置(64+120+168+120+64)米的连续刚构桥。

连续刚构需保持一定的墩身高度,以避免温度内力过大。广东广州快速干线上的华南大桥,主桥190米,墩身仅高11米,采用悬臂端施加竖向力、待合龙后再卸去竖向力的方法,这种反向调整内力的方法,使该桥顺利施工建成、安全运营。降低墩身的另一方法,就是做成V形墩并与梁固结,广州琶洲珠江大桥即是此方法的成功范例。同时,在桥梁很长时,为防止温度内力过大,可采用连续刚构与连续梁结合的组合体系。如1993年建成的山东东明黄河大桥,跨径(75+7×120+75)米,中间4个墩上墩梁固结,其他墩设支座。

柔性高墩身、预存反向内力、连续刚构和连续梁的组合,都能有效防止温度变化对刚性结构造成危害。这一问题的解决,使得连续刚构的建设高潮持续至今,使预应力连续刚构成为大跨径梁式桥的发展主流。

广州快速干线华南大桥

永蓝高速公路舜帝大桥

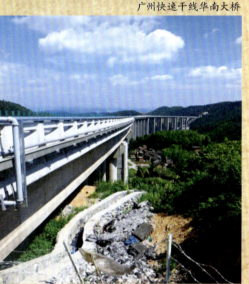

G76厦蓉高速公路黄家垄特大桥

钢—混凝土组合梁桥

钢与混凝土的结合,将钢材和混凝土的优点兼而有之,钢材受拉、混凝土受压,符合自身材料的特点,且自重较轻,施工方便。这类桥梁,在21世纪以来得到广泛应用。

组合梁桥

自20世纪60年代开始,我国将钢—混凝土组合梁应用于桥梁结构中。该结构主要通过在钢梁和混凝土翼缘板之间设置剪力连接件(栓钉、槽钢、弯筋等),抵抗两者在交界面处的掀起及相对滑移,使之成为一个整体而共同工作。

2006年建成的江苏常州新运河平陵大桥,主桥采用(71+110+71)米三跨连续钢混组合箱形梁,为我国首例大跨径组合梁桥。2009年建成的上海长江大桥,主航道桥两侧桥梁采用钢—混凝土组合连续箱梁,跨径布置为(85+5×105+90)米,采用先简支后连续的施工方法。2015年建成的天津滨海新区西外环高速公路海河特大桥,全长1640米,双向八车道,主桥采用(95+140+95)米三跨钢—混凝土组合连续桁架梁。

混合梁桥

随着预应力混凝土梁桥跨径的不断增大,自重越来越大,降低自重在总效应中的占比成为提升跨径的关键,钢—混混合梁桥应运而生。

主跨用钢梁、边跨用混凝土梁,从而形成混合梁体系的思路,兼顾了混凝土和钢结构的优点。在修建跨线桥段,尤其是跨越城市主干道、铁路线时,钢箱梁整体吊装,既可以利用交通间隙在短时间内施工而确保桥下畅通,又可以改善桥梁的造型。我国已建跨线桥多采用这种设计思路,解决了采用单一钢梁导致的钢箱梁底板和腹板厚度过大的问题,也解决了单纯采用混凝土主梁导致的自重过大引起的跨径瓶颈问题。

上海长江大桥

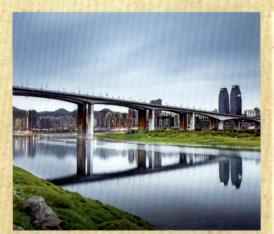

重庆石板坡长江大桥及复线桥

2006年建成的重庆石板坡长江大桥复线桥，采用长联大跨径刚构–连续混合梁桥，桥跨布置为(87.75+4×138+330+133.75)米。大桥的主跨创造性地采用钢–混凝土结合结构，有效地降低了自重，增强了连续刚构的跨越能力。至今，其330米主跨依然为梁桥主跨的世界之首。

2014年建成的浙江温州瓯越大桥，桥跨布置为(84+200+84)米。该桥跨径并不惊人，但工程条件对梁高提出苛刻的要求，通过在主跨中设置80米长钢箱梁，解决了既要满足通航净空，又要满足南岸落地位置及与江滨路连接匝道落地的要求，是混合梁桥在特殊环境条件下的成功运用。

钢管混凝土空间桁架连续刚构桥

2000年建成的湖北秭归向家坝大桥，是中国也是世界上第一座钢管混凝土空间桁架连续刚构桥，其桥跨布置为(43.3+72.2+43.3)米，为三跨钢管混凝土全焊空间桁架等截面组合连续刚构，主墩采用钢筋混凝土双肢薄壁柔性墩身配钢筋混凝土长方形空心嵌岩整体基础。其上部为钢筋混凝土空间桁架，下弦用钢管混凝土，上弦用槽钢及16厘米厚的钢筋混凝土桥面桥台，腹杆用钢管，或灌注混凝土或不灌，视受力而定，在现场焊接成桁架节段，用顶推法将桁架顶出，直至彼岸。就位后再灌注混凝土，并用混凝土将墩与桁架固结，形成刚构。

2001年建成的重庆万州大桥，跨径为(75+3×120+75)米。2012年建成的四川雅泸高速公路干海子特大桥，全长1811米，共36跨，为世界最长的钢管混凝土桁架梁公路桥。同时，此桥还具有世界上第一高钢管混凝土格构桥墩、组合桥墩、混合桥墩及同类结构中每联最长连续结构，也是第一次全面采用钢纤维钢管混凝土施工。

波形钢腹板梁桥

波形钢腹板梁，是在混凝土腹板箱梁基础上改进、发展的一种组合结构。21世纪，众多桥梁采用此技术。

2010年建成的G45大广高速公路河南濮阳跨卫河特大桥，主跨为(47+52+47)米现浇预应力混凝土波形钢腹板箱梁桥。2015年建成的山东鄄城黄河大桥，主跨为(70+11×120+70)米波形钢腹板连续梁桥。作为大跨波形钢腹板梁桥，该桥不仅自重减轻了20%，而且解决了长期以来混凝土腹板开裂的问题。2017年建成的港珠澳大桥珠海连接线前山河大桥，为(90+160+90)米波形钢腹板连续梁桥。2018年建成的宁夏叶盛黄河大桥，主桥为(64+5×120+64)米波形钢腹板连续梁桥。

浙江温州瓯越大桥

宁夏叶盛黄河公路大桥

重庆万州大桥

山东鄄城黄河大桥

四川雅泸高速公路干海子特大桥

大跨径梁桥施工技术

大跨径梁桥广泛采用的结构形式，主要包括预应力混凝土连续梁桥、连续刚构桥、钢连续梁桥、组合结构梁桥。

大跨径预应力混凝土梁桥上部结构的施工技术，起源于节段悬臂施工法，经多年发展后，逐步形成了悬臂浇筑、预制节段（悬臂、逐孔）拼装、大节段预制安装、移动模架逐孔浇筑、顶推、转体施工以及移动模架法、短线预制法等多种施工技术，应用波形钢腹板梁技术等。

我国于1974年首次在狄家河铁路桥采用顶推法施工（4×40米预应力混凝土连续梁），该桥采用单点顶推，设置30米导梁；1980年湖南氵㲼水桥（3×38+2×38）米首次采用多点顶推。1993年竣工的刘家沟桥采用的多点连续顶推新工艺，标志着我国预应力混凝土梁桥顶推施工技术已逐步走向成熟。顶推法在国内梁桥施工中广泛使用，且混凝土桥多于钢桥。

我国于1977年完成了第一座跨径为70米的钢筋混凝土箱形肋拱转体施工试验桥。此后，转体施工工艺（主要是平转法）在全国范围内得到推广应用，呈现桥型多、转体重量大、跨铁路和高速公路桥梁应用多，由中西部山区向东部平原推广等特点。转体法在梁桥施工中也广泛应用，2012年建成的江西九江共安大桥，跨越京九铁路、昌九城际铁路，上部结构采用（70.7+125+70.7）米预应力混凝土变截面连续箱梁桥，单个转体结构重1.45万吨，转体悬臂长度为61.5米，转体长度123米。2018年建成的汕昆高速公路广东英红特大桥，上跨京广铁路，采用（90+90）米全预应力混凝土变截面T构同步转体结构，转体梁体长度150米，桥面宽度31.7米，单幅转体重量达1.35万吨。

国内首次采用移动模架工法施工的梁桥，是1991年完工的厦门高集海峡大桥。该桥为42米等跨径、等截面、分离式双箱预应力混凝土连续梁桥，总长2070米。而后南京长江二桥、武汉军山大桥、润扬长江公路大桥、苏通大桥等均成功运用了该工法。

国内最早采用短线法预制的梁桥工程，是2001年建成的浏河桥和2003年建成的沪闵高架桥。大规模采用短线法预制、架桥机拼装工法的梁桥，是2003年完工的苏通大桥北引桥工程。以后又相继在上海大桥引桥、厦门集美海峡大桥、江苏崇启大桥、福建厦漳大桥引桥、太中银铁路小东川特大桥等桥梁中推广该工法，并逐步使相应核心技术实现了国产化。

现代梁桥与古代梁桥，最大差异是材料的不同，并以材料进步为基础，衍生出许多分支，丰富和充实了梁式桥的结构体系，使最古老、最质朴的梁桥变得多姿多彩。它虽然不是最惊艳的桥型，却是最具实用价值、数量最多、分支种类也最多的桥型。

狄家河铁路桥

江西九江共安大桥

广东英红特大桥

沪闵高架桥

集美大桥

中国现代梁桥 | 连续刚构梁桥

攀枝花金沙江大桥（荷花池铁路桥）

位于四川省攀枝花市，为攀枝花钢铁公司冷轧薄板厂铁路联络线跨金沙江的关键工程，于1995年建成。

该桥全长630.69米，主桥为（100+168+100）米双薄壁空心墩、三跨预应力混凝土连续刚构，为国内同类型铁路桥梁的最大跨径。其薄壁高墩、墩梁固结点以及刚构横向刚度、动力特性的设计分析及试验研究在国内处领先地位，填补了国内铁路桥梁大跨径高墩预应力混凝土连续刚构的空白。

荣获1998年国家优秀设计铜质奖，1996年铁道部科技进步三等奖。

南昆铁路喜旧溪大桥

位于南昆铁路威舍至昆明段，云贵两省交界处，于1996年建成。

该桥全长344.45米，主桥为（56+88+56）米带横联的双薄壁墩预应力混凝土连续刚构，主墩高为59.5米，其设计在国内外大跨径铁路桥梁上属首次采用。双薄壁墩设计，外形纤细美观，梁部、墩身及基础工程量均有所节省，成桥后养护工作量少。

获中国铁路工程总公司科技进步二等奖，中国土木工程学会优秀工程项目奖，1998年度中国铁路工程总公司优秀工程设计二等奖。

南昆铁路板其二号大桥

位于贵州省黔西南布依族苗族自治州册亨县，于1997年建成。

该桥全长271.58米，主桥为（44+72+44）米预应力混凝土平弯连续刚构。全桥位于曲线半径为450米和坡度为11‰的线路上，其平面布置抛弃常规的折线形中轴线结合小半径短曲线布置，采用梁部全面弯曲布置，圆顺美观，为我国第一座铁路平弯梁桥，其跨径与线路曲线半径之比居世界首位。

获铁道部科学技术进步二等奖，中国铁路工程总公司科学技术进步一等奖，铁道部优秀工程设计二等奖，中国铁路工程总公司优秀工程设计一等奖，并获评第四届全国预应力学术会议优秀工程项目。

贵毕公路六广河特大桥

位于贵州省毕节市修文县六广河风景区,是G321贵阳毕节汽车专用二级公路上跨六广河峡谷的一座特大型桥梁,于2001年9月建成通车。

六广河特大桥全长为564.2米,主桥为(145.1+240+145.1)米预应力混凝土连续刚构。桥宽12米,双向两车道。

上部结构为变截面单箱单室双悬臂箱形梁,全桥分为0号梁段、1号至28号梁段、现浇段及合龙段。箱梁顶宽13米,底宽7米。箱高0号梁段13.4米,合龙段、边跨现浇段4.1米,其余梁段从悬臂根部至端部,按半立方抛物线从13.4米变至4.1米。箱梁顶板厚除0号梁段为50厘米、梁端支承截面为102厘米外,其余均为28厘米,并设有1.5%的双向横坡。箱梁底板厚0号梁段为160厘米,悬臂根部为145厘米,合龙段为30厘米,从悬臂根部至端部,按半立方抛物线从145厘米变至30厘米。边跨现浇段底板厚从30厘米变至70厘米,其间按直线变化。腹板厚0号梁段100厘米,悬臂根部至端部按70厘米、60厘米、40厘米三种尺寸突变,边跨现浇段从40厘米到140厘米按直线渐变。

该桥基础均为扩大基础。由于两个主墩的基础分别置于两岸的悬崖陡壁上,设计时首先考虑的因素是桥墩基础处的岩层在承受桥梁荷载后的整体稳定性,其次是基岩的承载能力、施工条件等,综合考虑后决定采用明挖扩大基础。1号墩基础厚5米,2号墩基础为减少墩高设置为两层,每层5米,两个墩基均嵌入基岩中。

京港澳高速公路汉江大桥

位于湖北省武汉市蔡甸区，为G4京港澳高速公路跨越汉江的特大桥梁，1998年10月开工建设，2001年10月建成通车。

桥梁总长1607米，跨径组合为(20×30+110+180+110+20×30)米，主桥结构为预应力混凝土箱形截面连续刚构，引桥为预应力混凝土T形梁。

桥面宽28米，双向四车道，设计速度100公里/小时，设计荷载等级为公路—I级，即汽车—超20级、挂车—120。

金厂岭澜沧江大桥

位于云南省大理白族自治州永平县和保山市隆阳区交界处，跨越澜沧江，是G56杭州至瑞丽高速公路云南境内保山至龙陵段上的一座大桥。该桥于2002年2月合龙。

大桥为(130+200+85)米预应力混凝土连续刚构桥，是由大理侧一个240米的T构和保山侧一个160米的T构组成的不对称结构。主梁采用单箱单室截面，顶宽22.5米，底宽12.2米。两个主墩墩身顺桥向由两肢等截面矩形空心薄壁墩组成，顺桥向厚2.5米，横桥向宽12.2米，两肢间净距7.0米，中间设一道横系梁。大桥主梁、桥墩和系梁均采用C50混凝土。主墩采用直径1.5米的钻孔灌注桩，为了降低施工难度，在考虑冲刷深度6米和确保结构安全的前提下，减小桩长，按摩擦桩设计，两个主墩的设计桩长分别为38米和33米。

金厂岭澜沧江大桥设计荷载等级为汽车—超20级、挂车—120；设计速度60公里/小时，抗震设防烈度为Ⅶ度。桥面全宽22.5米，双向四车道。

金厂岭澜沧江大桥因两岸山势险峻，场地狭窄，在结构上采用了非对称布置形式的连续刚构，是云南省第一座大跨径不对称连续刚构桥。

镇海湾大桥

位于广东省江门市台山市,是广东西部沿海高速公路台山二段上跨镇海湾的特大桥,连接台山段及阳江段,于2000年10月完工,2002年4月28日与西部沿海高速公路新会至阳江段一起通车营运。

大桥全长2896米。该桥的跨径组合为(16×20+18×30+10×50+105+190+105+10×50+13×30+12×20)米。主跨为(105+190+105)米预应力混凝土连续刚构,其两侧各两联5×50米预应力混凝土T形梁通过墩梁固结形成的连续刚构,其余桥跨为20米、30米T梁,先简支后桥面连续形成连续结构。上部结构均按上下行两座分离式桥布置。

桥梁半幅宽13.5米,设计速度100公里/小时,设计荷载等级为汽车—超20级、挂车—120,通航净空按5000吨级通航标准设计。

马鞍石嘉陵江大桥

位于重庆市北碚区同兴镇与渝北区礼嘉镇交界处,为渝合高速公路跨嘉陵江的特大桥,于2002年6月竣工。

主桥长1237米,跨径布置为(146+3×250+146)米连续刚构,桥宽24.5米。下部结构为重力式桥台。

该桥共8墩2台,主跨为250米悬臂灌注梁,主墩为双薄臂柔性矩形墩,最大墩高70米,在当时同类型大跨径悬灌梁中规模居亚洲第三。

重庆渝澳大桥

南起重庆市渝中区牛角沱,北接江北区董家溪,与上游200米的嘉陵江牛角沱大桥组成双向过江桥梁。为迎接澳门回归,该桥于1999年12月奠基,成为重庆与澳门的友谊之桥。于2002年1月11日建成。

桥长1458.312米,主跨160米,主桥跨径组合(96+160+96)米预应力混凝土连续刚构,引桥为斜腹板预应力混凝土连续梁桥。主桥宽17.5米,车行道16米,检修道2×0.75米,北主引桥宽17.5米至25.75米,左右引桥宽13米。桥下通航净高28米,桥面高程220.39米。

杭州下沙大桥(钱江六桥)

下沙大桥是浙江杭州绕城公路东段跨越钱塘江的一座特大型桥梁。大桥位于杭州市东部钱江二桥下游约15公里。大桥北岸通过5000米的高架桥穿越杭州下沙经济技术开发区,大桥全长7920米,主桥主跨采用232米预应力混凝土连续刚构。建成于2002年12月。

大桥为六车道高速公路特大桥,设计速度120公里/小时,桥梁宽度34.5米,设计基本风速28米/秒,抗震设防烈度VI度,设三个主通航孔,通航净高24米、净宽180米。

主桥全长950米,采用(127+3×232+127)米的预应力混凝土刚构连续梁组合体系,即中间两个主墩采用墩梁固结,另两个主墩采用设置支座的铰接形式。箱梁采用左右分幅设计。

北碚嘉陵江大桥

位于重庆市北碚区,为渝合高速公路跨嘉陵江的特大桥,于2002年6月竣工。

主桥长860米,跨径布置为(135+220+135)米连续刚构,桥宽26.5米。下部结构为重力式桥台。

箱梁跨中及边跨现浇段高为3.5米,根部梁高为13米,高跨比为1/16.9,主墩为双肢薄壁墩,桩基础。重庆岸引桥为4×40米预应力混凝土T梁,先简支后桥面连续,双柱式圆柱墩,桩基础;合川岸引桥为4×40米预应力混凝土T梁+20米预应力混凝土空心板,先简支后桥面连续,双柱桥面连续,双柱式圆柱墩,桩基础。

The Modern Beam Bridges

蚌埠朝阳路淮河公路桥

位于安徽省蚌埠市G206国道（烟汕线）上，2000年1月开始建设，2002年12月建成通车。

桥梁全长1977.68米，其中主线桥梁全长1724.84米，匝道桥梁全长252.84米。主桥为(88+140+88)米预应力混凝土变截面直腹板连续刚构梁桥；南岸跨堤采用分离式双箱单室箱形截面，连续跨径布置为(39+60+3×40)米预应力混凝土直线变高度直腹板连续箱梁，全长219米；堤内引桥为(5×40+6×40)米高度连续箱梁桥，共长440米；南岸A跨线桥为四联钢筋混凝土连续板，跨径组合为(5×21+4×21+5×21+6×21)米；北岸引桥为两联钢筋混凝土连续板，跨径组合为(5×21+4×21)米。

主桥面宽度为23.5米，其中行车道20米，两侧人行道1.75×2米；跨线桥宽度为行车道14米，护栏宽度0.5×2米。

涪江三桥

位于重庆市合川区，为G75兰海高速公路重庆合川至四川武胜段跨涪江的特大桥，于2004年3月建成。

桥梁全长994.37米，左右分幅，共17跨，桥跨布置为(13×40+110+200+110+40)米。

桥梁桥面全宽27.5米，主桥采用(110+200+110)米预应力混凝土连续刚构结构，下部结构采用双薄壁实心墩，群桩基础。交界墩采用薄壁实心矩形墩，群桩基础。引桥上部结构为40米预应力混凝土简支T梁，下部结构采用柱式桥墩，嵌岩桩基础。重庆岸桥台采用肋板式桥台，桩基础；武胜岸桥台采用重力式桥台，扩大基础。

白果渡嘉陵江大桥

位于重庆市合川区,为G75兰海高速公路重庆合川至四川武胜段跨嘉陵江的特大桥,于2005年4月建成。

桥梁全长1433.8米,共计26跨,左右分幅,桥跨布置为[2×(3×40)+4×40+130+230+130+2×(4×40)+5×40]米。主桥上部结构采用(130+230+130)米预应力混凝土连续刚构,下部结构采用钻孔灌注群桩基础。引桥为预应力混凝土简支T梁,下部结构采用挖孔桩基础。桥台采用重力式U形桥台,明挖扩大基础。桥面全宽24.5米。

宁德下白石大桥

位于福建省宁德市下白石镇,是国道主干线同江(黑龙江)至三亚(海南)高速公路福建省境内福宁高速公路上的一座特大型桥梁,于2003年3月建成。

桥梁全长999.6米,主桥长810米,桥跨布置为(145+2×260+145)米四跨预应力混凝土连续刚构,引桥为4×45米。桥梁总宽24.5米,设计速度80公里/小时;设计基本风速40米/秒;抗震设防烈度Ⅵ度;通航净空为最高通航水位以上29米,净宽不小于200米。

泉州后渚大桥

位于福建省泉州市港区后渚航道上游、洛阳江入海处,地形属福建省东南沿海丘陵地区,于2001年8月10日开工,2003年6月28日竣工通车。

主桥跨径组合为(66+3×120+66)米左右两幅单箱单室变截面连续刚构箱梁,桥宽12.75米,双向四车道。主墩采用双薄壁实心矩形截面,双薄壁墩内、外肢中心距为5.3米,截面尺寸为6.5米×1.4米,边主墩高为22.5米,承台高度为3.5米,基础采用6根直径为2.0米钻孔灌注桩。引桥主滩孔采用40米跨径,边滩孔采用30米跨径,总体配合协调,水中工程数量较省,有利于施工。

本桥位于泉州湾,属典型的跨海大桥工程。通过结构防腐设计,力求使海水对桥梁结构的腐蚀程度减小到最低,以尽量延长大桥的使用寿命。

昆磨高速公路元江大桥

位于云南省玉溪市元江哈尼族彝族傣族自治县，是G85₁₁昆明至磨憨高速公路跨越红河的特大桥，于2003年3月建成通车。

大桥全长769米，桥跨布置为（58+182+265+194+70）米预应力混凝土连续刚构，主梁采用单箱单室截面，顶宽22.5米，底宽11.5米，双向四车道。主墩高122米，桥面跨水面高度163米。基层为微风化板岩，下部结构为双肢薄壁墩，桥台和1号、4号边墩采用扩大基础，2号、3号中墩采用群桩基础，承台下设20根直径2米桩。

设计荷载等级为汽车—超20级、挂车—120，设计速度60公里/小时，抗震设防烈度为Ⅶ度。

大桥2006年获得云南省优秀设计一等奖。

福建八尺门跨海大桥

是同江至三亚国道主干线福鼎至宁德高速公路跨八尺门海湾的一座跨海大桥，2003年6月建成通车。

全桥长1290米，桥跨布置为（9×30+10×50+90+2×170+90）米。其中，主桥为（90+2×170+90）米预应力混凝土连续刚构桥。设计速度80公里/小时，桥面宽24.5米，双向四车道，设计荷载等级为汽车—超20级、挂车—120，无人群荷载。

主桥下部结构为不对称的四跨（90+2×170+90）米连续刚构体系，采用纵、横、竖三向预应力结构，按全预应力混凝土设计；引桥为9×30米T梁先简支后连续刚构+（5×50+5×50）米T梁先简支后连续刚构，采用先逐孔安装预制梁（简支状态），后逐孔逐墩顺序形成连续刚构体系；引桥上部结构按预应力混凝土A类构件设计。

海中主墩采用平台施工桩基，以施工好的桩基为依托，采用吊箱围囹法施工承台；主桥上部结构采用挂篮悬浇，边跨合龙深水区域采用托架+吊架方式，靠岸侧边跨采用落地支架+吊架方式，中跨合龙采用吊架施工。

琶洲珠江大桥

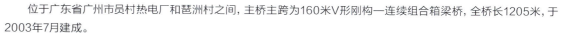

位于广东省广州市员村热电厂和琶洲村之间，主桥主跨为160米V形刚构—连续组合箱梁桥，全桥长1205米，于2003年7月建成。

琶洲珠江大桥为城市快速道路特大桥，设计速度80公里/小时；通航净空为高20米×宽120米；设计通航能力千吨级；抗震设防烈度为Ⅶ度。

主桥长570米，为V形刚构—连续组合连续箱梁，桥跨组合为（70+135+160+135+70）米；V形刚构桥墩高20米。

扬中长江二桥

位于江苏省镇江扬中市，连接扬中主岛与西来桥镇附岛，于2004年10月28日竣工通车。竣工通车后，扬中至上海、苏锡常的距离缩短了30分钟，为扬中进一步接受上海和苏南经济辐射创造了有利条件。与扬中长江一桥一样，二桥也未跨越长江主河道。

该桥含引道总长为6.5公里，其中桥长1761米，主桥长755米，桥跨组合为（12×25+9×40+55+100+120+100+55+6×40+17×25）米，主桥为连续刚构梁桥，桥宽17米，两车道。下部结构为薄壁墩台。通航净高18米。

中国现代梁桥 / 连续刚构梁桥

三福高速公路猫坑溪大桥

位于福建省三明市尤溪县洋中镇,为三福高速公路跨越猫坑溪的特大桥,于2004年2月建成。桥位区地形切割较为强烈,呈"V"字形深沟。

大桥左幅全长451.737米,右幅全长514.317米。主桥为(85+150+85)米双向(纵向和竖向)预应力混凝土悬浇箱梁。桥跨组合为:左半幅为(85+150+85)米双向(纵向和竖向)预应力混凝土悬浇箱梁(主桥)+4×30米T梁(引桥);右半幅为(85+150+85+6×30)米双向(纵向和竖向)预应力混凝土悬浇箱梁(主桥)+6×30米T梁(引桥)。设计荷载等级为汽车—超20级、挂车—120,抗震设防烈度为Ⅵ度。主桥上部结构为预应力混凝土箱梁连续刚构体系,下部结构的桥台均采用重力式U形桥台。

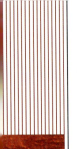

中国现代梁桥 | 连续刚构梁桥

广州海心沙大桥

位于广东省广州市中心区东南部，跨越珠江主航道，北面通过仑头立交与环城高速公路东环段相连，南面连接番禺区，是广州市仑头至龙穴岛快速路上的一座特大型桥梁，2005年1月建成通车。

大桥全长1681米，其中主桥长526米，桥跨布置为（138+250+138）米预应力混凝土连续刚构。海心沙大桥进行了全桥仿真分析，得到了全桥应力的详细分布，主要控制断面在恒载和对称及非对称活载作用下的应力增大系数，为平面计算中荷载增大系数的取值提供依据；对常见的横隔板和跨中底板顺桥向等开裂病害的机理进行深入了解，并制定相应对策，取得了良好效果；通过参数识别进行结构重分析计算、预应力的动态调整设计，尽量使调整后的新设计与实际相符；通过参数变异计算留足预应力备用束措施，有效地预防了大跨径预应力混凝土梁桥的开裂和跨中下挠过大的病害。

新建渝怀铁路重庆井口嘉陵江特大桥

位于重庆市，于2005年9月30日建成通车。

该桥长1027.56米，桥跨布置为3×24米预应力混凝土简支梁+8×32米预应力混凝土简支梁+一联（84+144+84）米预应力混凝土连续刚构+8×32米预应力混凝土简支梁+4×24米预应力混凝土简支梁。主桥上部结构为单箱单室变高度变截面箱形梁，主墩处梁高10米，跨中及边跨梁端处梁高5.2米，箱梁顶宽11米，箱底宽7米，梁体设纵向、横向、竖向三向预应力。

睦洲大桥

位于广东省江门市，系G94珠三角环线高速公路江鹤段二期上跨睦洲河的特大桥，于2005年11月建成。

桥梁全长1979.45米，为分离式双幅桥，其中右幅共90跨，左幅共91跨。上部结构梁体采用30米预应力混凝土空心板梁、（65+118+65）米预应力混凝土连续刚构、预应力混凝土连续箱梁、钢筋混凝土连续箱梁四种梁体形式。单幅桥宽12米，单向两车道。下部结构为柱式墩台，桩基础，桥面铺装为沥青混凝土结构，伸缩缝采用仿毛勒式伸缩缝，支座采用盆式橡胶支座、板式橡胶支座。设计荷载等级为汽车—超20级、挂车—120。

The Modern Beam Bridges

郁山特大桥

位于重庆市彭水苗族土家族自治县，为G319厦成公路跨后灶河的特大桥，于2004年建成。

该桥长524米，跨径布置为（94+170+94+3×40）米，主跨为170米连续刚构，主梁采用单箱单室，箱顶宽12.5米，箱底宽6.0米，单侧悬臂宽3.25米，箱梁跨中高3.0米，墩顶根部梁高9.0米，箱梁跨中底板厚度为28厘米，墩顶底板根部厚度为120厘米。箱梁采用C50混凝土挂篮对称悬臂浇筑。下部结构为双肋式柔性薄壁墩。设计速度40公里／小时，设计洪水频率1/100，抗震设防烈度Ⅶ度。

肇庆西江大桥（公路桥）

位于广东省肇庆市，自肇庆市端州区睦岗镇经端州路、跨越西江至高要区南岸镇，于2005年建成。建成后连通G80广昆高速公路、G321线、G324线，极大地改善了肇庆西江两岸交通。

桥梁全长1568.8米，全桥跨径组合为(20×32.7+30+2×34.25)米预应力混凝土T梁+(51.4+94+4×144+87)米预应力混凝土刚构—连续组合箱梁；主桥箱梁全宽12.5米，底板宽6.8米，两侧悬臂宽2.85米，梁高2.8米至8米。

按二级公路技术标准设计，设计荷载等级为汽车—超20级、挂车—120，设计速度80公里/小时，主通航孔净高18米，净宽100米，设计洪水频率1/300，抗震设防烈度为Ⅶ度。

施工中使用预应力钢筋塑料波纹管成孔技术；使用真空灌浆技术对预应管道进行灌浆施工，增加了管道混凝土的密实度、防水性；采用套筒冷挤压连接技术对钢筋进行连接，增强了接头的可靠性和抗震性，减少了环境因素对钢筋加工的影响。

The Modern Beam Bridges

西江特大桥

位于广东省中山、江门两市交界，为G94珠三角环线高速公路中江段跨西江的特大桥，于2005年9月建成。

桥梁全长2744.56米，左、右幅桥各96跨，单幅桥宽13.38米，净宽12.38米。主桥跨越西江水道，为(70+4×120+70)米预应力混凝土连续刚构，采用单箱单室的箱梁截面，箱梁下缘及底板上缘均按2次抛物线变化。下部结构主桥刚构部分采用双薄壁墩，主桥连续部分采用空心墩；引桥为预应力混凝土简支小箱梁、预应力混凝土简支空心板梁、预应力混凝土连续箱梁，采用柱式桥墩，基础为钻孔桩基础。支座采用板式橡胶支座和盆式橡胶支座。桥面铺装采用混凝土铺装。设计荷载等级为汽车—超20级、挂车—120。

韩家店1号特大桥

位于贵州省遵义市桐梓县，是G75兰州至海口高速公路贵州境内崇溪河至遵义段上的一座特大桥，于2005年12月建成通车。

大桥为(122+210+122)米预应力混凝土连续刚构，引桥为8×30米后张法预应力混凝土简支T梁桥。主梁采用单箱单室截面，顶宽22.5米，底宽11米，两侧翼缘板悬臂长5.75米，顶板设置2%的双向横坡。主梁根部梁高12.5米，现浇段和合龙段梁高均为3.5米，其间梁底下缘按1.5次抛物线变化。箱梁底板厚度除0号梁段为150厘米外，其余各梁段从根部截面的120厘米渐变至跨中和边跨支点截面的32厘米；腹板厚度从0号梁段到合龙段分别为120厘米、70厘米、60厘米、50厘米。主墩墩身采用双肢薄壁空心墩，肢身厚2.5米，两肢间的净距为7.0米。每个主墩下设置16根直径为2.3米的钻孔灌注桩。

韩家店1号特大桥设计荷载等级为汽车—超20级、挂车—120；设计速度80公里/小时，抗震设防烈度为Ⅵ度。桥面全宽22.5米，双向四车道。

青银高速公路禹城南互通立交主线特大桥

位于山东省德州市禹城市南东魏庄村东,为G20青银高速公路禹城南互通主线上的特大桥,2006年12月17日通车。该段高速公路路基宽28米,双向四车道,设计速度120公里/小时。

该桥分别与京沪铁路、山东S101线呈十字形交叉,交叉角度为74度。桥梁总长1184.04米,桥跨布置为16×30米预应力混凝土连续箱梁+(40+70+40)米连续刚构+23×20米普通混凝土连续箱梁+(27.5+33+27.5)米预应力混凝土连续箱梁;下部结构形式分别为柱式、空心式、薄壁式桥墩,肋式桥台,桩基础。

淳安千岛湖大桥

位于浙江省杭州市淳安县千岛湖景区，2002年11月开工，2005年9月通车。

全长1258米，桥跨布置为（70+7×105+70+40）米V形墩预应力连续刚构+5×60米预应力混凝土连续箱梁，桥面宽18米，桥下净空14.5米。主桥上部结构采用一联10孔、总长915米的预应力混凝土连续刚构；主桥下部结构为高桩承台柔性钢管桩混凝土嵌岩锚固桩结构，为国内首次采用。

西禹高速公路金水沟大桥

位于陕西省渭南市合阳县以南3.8公里处，为G5京昆高速公路陕西西禹段上的特大桥，于2005年11月建成。

该桥全长855米，桥跨布置为（88+5×136+78）米预应力混凝土连续刚构。全桥共有6个墩2个台，桥高105.5米，宽28米，分左右两幅，共四车道。

该桥共有三大施工难点：一是最大桩长95米，加上承台，每根桩需钻孔110米；二是墩高达93米至98米，为矩形薄壁空心墩；三是主梁最大跨径达136米。

该桥运用无支架翻模施工工艺，对设置支座的桥墩在进行悬臂浇筑前，首先锁定墩顶盆式橡胶支座并临时固结，悬浇合龙后，按设计要求分次解除临时固结，完成体系转换，从而加快了施工进度，节约了材料，提高了安全和质量水平。同时，为保证横向张拉质量，将主梁横向预应力由一端张拉改为两端张拉，保证主梁合龙时不同侧梁段高程差控制在15毫米以内。

金水沟大桥在2007年度被国家工程建设质量奖审定委员会评为国家优质工程银质奖。

东营黄河大桥

位于山东省东营市,在胜利黄河公路大桥下游4.6公里处,南岸是东营市利津县左家庄,接G25长深高速公路,北岸是东营市利津县中古店,接G18荣乌高速公路、S72$_{01}$疏港高速公路、G25$_{16}$东吕高速公路。是胶东半岛、黄河三角洲、东南沿海地区连接京津唐地区的必经通道,对于加快黄河三角洲高效生态区和山东半岛蓝色经济区发展具有十分重要的意义,于2005年5月建成。

桥全长2743.1米,由北引桥、主桥、南引桥三部分组成。主桥为(116+200+220+200+116)米连续刚构梁桥,最大跨径为220米;南引桥跨径组合为2×42米简支箱形组合梁+5×42米先简支后连续箱形组合梁;北引桥为38×42米箱形组合梁桥。桥面宽26米,双向四车道高速公路标准,设计速度100公里/小时,设计荷载等级为汽车—超20级、挂车—120,抗震设防烈度为Ⅷ度。

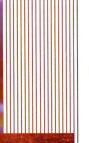

西延高速公路洛河特大桥

位于陕西省延安市洛川县，系G65包茂高速公路陕西黄延段跨越洛河峡谷的特大桥，是黄延高速公路的标志性工程，于2006年6月13日完工，2006年10月正式通车运营。

大桥全长1056米，左右幅桥跨布置均为（10×30+90+3×160+90+3×30）米。主桥跨径布置为（90+3×160+90）米预应力混凝土连续刚构，黄陵方向引桥为10×30米预应力混凝土连续箱梁，延安方向引桥为3×30米预应力混凝土连续箱梁。桥宽24.5米，主墩高达143.5米，设计荷载等级为汽车—超20级、挂车—120。桥面高达152.5米。

The Modern Beam Bridges

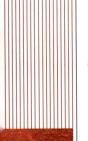

中国现代梁桥 / 连续刚构梁桥

青银高速公路卫运河特大桥

位于山东省德州市夏津县太平庄与河北省邢台市清河县后郭屯村之间,是G20青银高速公路德州段跨越卫运河的一座特大桥,于2005年12月28日建成。青银高速公路山东德州段全长88.39公里,路基宽28米,双向四车道,设计速度120公里/小时。

桥梁全长1371米,桥跨布置为(28×35+40+60+40+7×35)米。上部结构:主桥为(40+60+40)米预应力混凝土连续刚构,采用单箱双室变截面预应力混凝土现浇箱梁,箱梁宽7.5米,两侧悬臂各3.0米;引桥采用35米预应力混凝土先简支后连续斜腹板小箱梁,横断面由5片箱梁组成,梁间距2.70米。下部结构:主桥墩采用双薄壁墩,下接承台,基础采用钻孔灌注桩;引桥墩采用柱式桥墩、桩基础,柱径采用1.40米,桩径采用1.60米;桥台采用肋板台,钻孔灌注桩基础,桩径采用1.50米。

溪洛渡金沙江特大桥(桧溪)

位于四川省凉山彝族自治州雷波县渡口乡与云南省昭通市永善县桧溪镇之间,是溪洛渡工程对外交通专用公路上三个控制性工程之一,于2006年3月17日建成。

大桥全长579米,主跨为(83+158+83)米连续刚构;桥宽12.5米,双向两车道。下部结构为箱形桥墩,主墩深水基础施工深度超过100米,该墩深在国内极罕见。

柏溪金沙江大桥

位于四川省宜宾市宜宾县，为G85银昆高速公路四川宜宾至水富段跨金沙江的特大型桥梁，于2006年建成。

该桥长529米，主桥上部结构采用（140+249+140）米连续刚构，主跨249米。桥梁高度41.5米。两岸引桥：宜宾岸孔跨布置为9×47.5米简支T梁，水富岸孔跨布置为12×33米简支T梁+17×20米简支空心板梁。上部箱梁为纵向、竖向及横向三向预应力结构，采用单箱单室截面。桥宽24.5米，双向四车道。下部结构主墩采用两片薄壁组成的柔性墩和群桩基础。

该桥获2009年度四川省工程勘察设计"四优"二等奖。

镇胜高速公路孟寨特大桥

原名平寨特大桥，位于贵州省黔西南布依族苗族自治州普安县，是G60沪昆高速公路镇宁至胜境关段的重要工程，于2007年11月建成。

全桥总长1382.00米，桥梁上部结构分幅设计，左右幅孔跨布置均为8×40米先简支后连续T梁+（130+3×235+130）米预应力混凝土箱形连续刚构+2×40米先简支后连续T梁。下部结构主墩采用双薄壁空心墩，嵌岩桩；过渡墩采用矩形空心墩，嵌岩桩。桥台为重力式U形台，扩大基础。设计速度80公里／小时，设计荷载等级为汽车—超20级、挂车—120。桥面纵坡2.8%。

中国现代梁桥 | 连续刚构梁桥

The Modern Beam Bridges

三凯高速公路凯里特大桥

位于贵州省黔东南苗族侗族自治州丹寨县南皋村,是G60沪昆高速公路三凯段重要结构物,于2006年10月建成。

桥梁全长650.90米。全桥左右分幅,结构各自独立。桥面设2%的双向横坡(双幅)。桥梁主跨结构为(115+200+115)米的预应力混凝土连续刚构箱梁,采用单箱单室截面,箱宽12米,顶板悬臂长度2.75米;箱梁根部梁高11米,现浇段和合龙段高均为3.7米,箱梁高度按半立方抛物线变化。桥宽24.5米,双向四车道。采用挂篮技术施工,各梁段均一次性浇筑完成。在合龙段施工时,严格按照合龙段施工温度实施,减少了小箱梁悬臂的日照温差。

桥梁下部结构1、2、3号桥墩采用两端刚性固结的混凝土双薄壁柔性墩,壁厚3.0米,薄壁净距8米,横向与梁体同宽,墩身上端与箱梁0号梁固接,下端与基础固接。桥墩基础均采用8根直径为2.3米的挖孔桩。

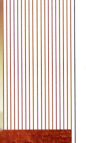

虎跳河特大桥

位于贵州省六盘水市盘县与黔西南布依族苗族自治州普安县交界，为G60沪昆高速公路镇宁至胜境关段跨虎跳河的特大桥，于2007年12月建成。

全桥总长1957.74米，主桥桥跨布置为（120+4×225+120）米六跨一联的预应力混凝土连续刚构，主墩均为薄壁墩，高度较高的6、7号桥墩下部分采用整体（双幅）箱形断面。主桥全长1140米，镇宁、胜境关两岸各设一交界墩。镇宁岸引桥为5×50米先简支后连续的预应力T梁，胜境关岸引桥为（5×50+6×50）米先简支后连续的预应力T梁。桥宽24.5米，双向四车道。

该桥采用三角刚构劲性骨架挂架翻模施工工法，技术先进，操作方便，结构体系受力明确，安全可靠，适应各种地形及施工条件，达到国际先进水平，经济效益显著，具有广泛的推广应用价值。

镇胜高速公路朱昌河特大桥

位于贵州省六盘水市盘县，为G60沪昆高速公路镇宁至胜境关段上的特大桥，于2007年12月建成。

本桥跨径总长662米，全桥长度672米，桥梁分左右两幅，主桥每幅宽12.05米，幅缝宽40厘米，引桥每幅宽12.23米，幅缝宽4厘米。东引桥为预应力混凝土T梁桥，先简支后连续，2号墩顶墩梁固结，1号墩顶设连续梁支座；西引桥为2孔50米装配式预应力混凝土T梁桥，先简支后连续，7号墩顶墩梁固结。主桥上部结构为（106+200+106）米变截面预应力混凝土箱梁，单箱单室三向预应力结构，箱梁截面平均高度由跨中的3.62米（高跨比1/55.2），渐变到梁根部的11.92米（高跨比1/16.77），梁高按1.65次抛物线变化。

江安长江大桥

位于四川省宜宾市江安县,是S308线的连接线在江安县城跨长江的特大型桥梁,桥位位于江安车渡码头下游900米的龙门口,于2007年建成。

主桥上部结构采用(146+252+146)米连续刚构,主跨252米,桥梁高度65.5米,两岸引桥分别采用3×20米连续箱梁+5×40米简支T梁+11×25米简支空心板。桥宽15.5米,双向两车道。下部结构主墩采用双薄壁柔性墩,北岸主墩基础采用明挖扩大基础。

汉江路大桥

位于湖北汉十高速公路十漫段上,中心桩号K1378+050,2004年12月开工建设,2007年12月建成通车。

桥梁总长676米,主桥结构采用预应力混凝土T梁,跨径组合为(9×30+45+2×80+45+5×30)米。桥面宽24.5米,四车道高速公路标准,设计速度80公里/小时,设计荷载等级为汽车—超20级、挂车—120。

福银高速公路汉江特大桥

位于湖北省汉十高速公路十漫段上,为G70福银高速公路湖北段跨汉江的特大桥,于2004年12月开工建设,2007年12月建成通车。

桥梁总长950米。设计速度80公里/小时,设计荷载等级为汽车—超20级、挂车—120,桥面宽24.5米,四车道高速公路桥梁。主桥结构采用预应力混凝土T梁+箱梁刚构,主桥跨径为(85+3×150+85)米。

中国现代梁桥 / 连续刚构梁桥

贵遵高速公路乌江大桥

位于贵州省遵义市播州区，是G75兰州至海口高速公路贵州境内贵阳至遵义段上的一座大桥，也是贵州省骨架公路网"二横二纵四联线"上的一座大桥。该桥于2007年12月建成。

大桥主桥为（106+2×200+106）米预应力混凝土连续刚构桥，两岸引桥为先简支后连续预应力混凝土T梁桥。用单箱单室截面，顶宽12.0米，底宽6.5米，根部梁高12.0米，跨中梁高3.5米，根部底板厚110厘米，跨中底板厚32厘米，梁高和底板厚度均按1.8次抛物线变化。箱梁顶板厚度为28厘米，设2%的横坡。箱梁腹板在根部厚70厘米，跨中厚40厘米，从根部至跨中分70厘米、55厘米和40厘米三级直线变化。主墩墩身采用钢筋混凝土双肢薄壁空心墩，最大墩高151米。为了提高桥梁横向侧弯刚度，减小横风抖振振幅，左、右半幅桥墩横向连成整体。

大桥设计荷载等级为公路—Ⅰ级，设计速度80公里／小时，抗震设防烈度为Ⅶ度。桥面全宽24.5米，双向四车道。

重庆鱼洞长江大桥

位于重庆市主城区，南连巴南区鱼洞经济开发区，北接大渡口建胜镇，为公轨两用的桥梁，上游半幅于2008年12月26日建成通车，下游半幅于2011年8月13日建成通车。

全桥长1541.6米，主桥长860米，桥跨布置为（145.32+2×260+145.32）米的预应力混凝土连续刚构。大桥实际由两座并立且结构参数一致的桥梁组成，建设过程采用分阶段施工和通车。大桥共八车道，其中两条为重庆轨道交通二号线的轨道，其余为汽车双向六车道。

主桥主梁为单箱双室断面，分上、下游双幅桥。桥面总宽41.6米，单幅宽20.3米，箱宽12.9米，最大悬臂4.8米，根部梁高15.1米，跨中梁高4.6米，箱梁高均以外腹板外侧边缘为准，箱梁高度从合龙段中心到悬臂根部按1.8次抛物线变化，边跨现浇段底板厚从合龙段到支承端按直线变化。

在施工过程中，不仅采用了180吨挂篮进行桥梁悬臂混凝土作业，成功浇筑了最重达510吨的悬臂梁段，并首次将"膏浆帷幕止水"新技术成功应用于桥梁深水基础施工，解决了复杂地质条件下围堰的渗漏水问题，同时还刷新了一次浇筑桥梁0号段1600立方米超大体积混凝土等多项国内桥梁施工的纪录。此外，全桥四个合龙段的合龙精度误差不到0.7毫米。

汤溪河特大桥

位于重庆市云阳县，为G42沪蓉高速公路重庆云阳段跨汤溪河的桥梁，于2008年建成。

桥梁全长950米，跨径组合为（4×40+3×40+130+230+130+4×40）米，主跨为（130+230+130）米连续刚构箱形梁，引桥为预应力混凝土T梁；桥宽24.5米，双向四车道。下部结构为柱式墩+薄壁空心墩，最大墩高157米。

其深水高墩大跨径的综合施工难度，在国内乃至亚洲同期同类型桥梁中均位居前列，有库区第一高桥之称。

该桥获2011年度四川省建设工程"天府杯"金奖；获2012—2013年"国家优质工程奖"。

月亮包特大桥

位于重庆市云阳县栖霞乡龙门村七组，为G42沪蓉高速公路云万段跨龙门河的特大桥梁，于2008年建成。

桥梁全长730米，主桥主跨为（110+200+110）米连续刚构梁桥，每个T构纵桥向划分为26个对称梁段；主墩高101米和104米，采用整体式钢筋混凝土空心墩；引桥为5×30米、4×40米预应力混凝土T梁；桥宽24.5米，双向四车道。下部结构为柱式墩+变截面空心墩。

杨家岭特大桥

位于重庆市忠县新生镇、望水乡，是沪蓉国道主干线支线重庆忠县至垫江段的一座连续刚构桥，于2008年10月17日建成。

桥梁总长804米，上部结构采用三向预应力混凝土结构，设计张拉最高吨位为4882.5千牛顿。桥跨组合为6×40米T梁+(112+200+112)米连续刚构+3×40米T梁，其中引桥为6×40米及3×40米预应力混凝土T梁，先简支后连续。主桥采用双悬臂挂篮逐块对称现浇施工，最高施工高度为110米，由中至边对称合龙，现浇边跨段长达11.25米，仅主桥悬臂挂篮浇筑C50混凝土方量达1.55万立方米，技术含量高、施工难度大。

设计为山岭重丘区四车道高速公路标准；设计荷载等级为汽车—超20级、挂车—120；设计速度80公里/小时；桥面宽24.5米。

沪渝高速公路龙潭河特大桥

位于湖北省宜昌市长阳土家族自治县，为G50沪渝高速公路鄂西段上的特大桥，于2008年8月建成通车。

左幅桥长1182米，桥跨布置为(5×40+106+3×200+106+4×40)米；右幅桥长1143米，桥跨布置为(4×40+106+3×200+106+4×40)米。双幅主桥均采用(106+3×200+106)米连续刚构箱梁，最高主桥墩178米；单幅桥面宽12.25米，两车道，设计速度80公里/小时，抗震设防烈度为Ⅶ度。

该桥为典型大跨高墩连续刚构桥，该桥的设计建成，对我国山区跨越深沟峡谷的连续刚构桥的设计和施工具有指导意义，将我国对这类桥的设计和施工水平提高到一个新的台阶。

针对部分已建大跨径连续刚构桥出现的跨中下挠变形大、腹板出现斜裂缝等病害，本桥上构箱梁经计算分析选择合适的梁高变化曲线和细部构造尺寸，腹板内布置下弯钢束，加强竖向预应力，在梁高大于6米的区段竖向预应力采用更有效的钢绞线，设置足够的预拱度，通过这些措施可有效减小截面的剪力和主拉应力，对预防腹板开裂和跨中下挠变形大有明显作用。

高墩连续刚构桥合理选择桥墩刚度至关重要，桥墩尺寸过大，上构箱梁因温度变化和混凝土收缩徐变产生较大的附加内力；桥墩尺寸过小，结构稳定安全度系数低。本桥下构桥墩结构尺寸合适、构造简单、刚度适中，上下部结构配合协调。

南河特大桥

位于山西省晋城市泽州县，系G55二广高速公路上的特大桥梁，于2008年12月30日建成。

该桥所处地形山体一般稳定，但泥岩极易风化，遇水易软化变形，对边坡工程不利，工程地质条件较差。桥梁设计荷载标准为公路—Ⅰ级；洪水频率为1/100，抗震设防烈度Ⅶ度。

主桥长852米，桥跨布置为（40+120+3×180+100）米，是六跨一联单箱单室斜腹板预应力混凝土连续刚构梁桥，桥宽24.5米。下部结构为钢筋混凝土矩形实体桥墩、钢筋混凝土双椭圆实体墩和空心墩，基础为钻孔灌注桩，最高桥墩达85米。

桥梁上部结构为六跨一联单箱单室斜腹板预应力混凝土连续刚构，主跨结构的施工采用双肢联体挂篮，下部结构施工中为了方便施工、增加施工安全性，对高桥墩增加劲性骨架，本着降低大体积混凝土浇筑的水化热、减少收缩裂缝的目的，承台增加冷却管，并且增加了桥梁横隔板的数量。

南河特大桥把传统分离式设计改变为整幅式，既保护了植被，又减少了占地，还提高了桥梁抗震性能。在施工技术和工艺上有新的突破，不仅方便施工，而且节约费用，降低造价。

定武高速公路沙坡头黄河特大桥

位于宁夏回族自治区中卫市沙坡头区常乐镇小湾村西侧，为G20$_{12}$上海至武威高速公路宁夏定武段中卫至孟家湾横跨黄河的唯一一座特大桥，于2008年10月建成。

该桥长1341.5米，中宁岸引桥采用9孔40米先简支后连续预应力混凝土箱梁；主桥采用（65+2×120+65）米预应力混凝土连续刚构梁；孟家湾岸采用15孔40米先简支后连续预应力混凝土箱梁。主桥墩高度达60米，是宁夏境内跨径最大、墩最高、地质异常复杂的一座特大桥，也是中宁至营盘水高速公路的控制性工程。

大桥设计荷载等级为公路—Ⅰ级，设计速度100公里／小时。桥面总宽26米，设计洪水频率1/300，通航等级Ⅴ级，抗震设防烈度Ⅶ度。

该桥定测采用了先进的测量设备及手段，放样测量采用GPS和全站仪等先进测量仪器及设备，从而保证定测资料的准确性。施工中先后克服了跨河及水上近70米高空作业、7米水深的钢套箱围堰、高墩悬臂施工、沙漠地质复杂等重重困难，创造了西北沙漠与黄河峡谷地区深基、高墩、大跨桥梁施工的新纪录。

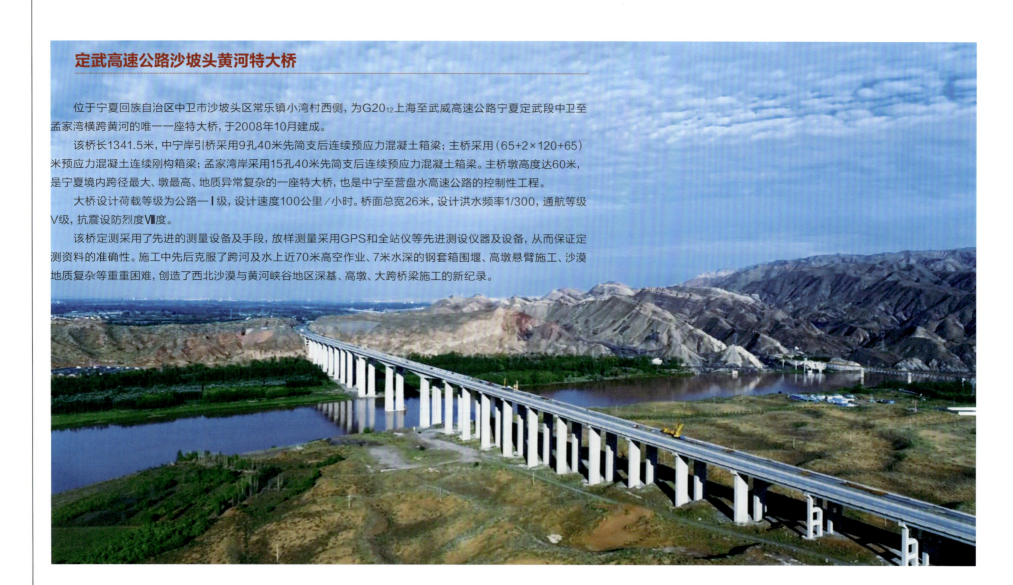

沪渝高速公路马水河特大桥

位于湖北省恩施土家族苗族自治州，为沪渝高速公路湖北宜昌至恩施段建始红岩寺至恩施线上的特大桥，于2008年5月30日建成通车。

左幅桥长865米，跨径布置为（110+3×200+110+45）米；右幅桥长993米，跨径布置为（3×40+110+3×200+110+45）米。双幅主桥结构均为钢筋混凝土T形刚构，桥面宽11.5米，两车道，设计速度80公里/小时，设计荷载等级为汽车—超20级、挂车—120。

巴阳2号特大桥

位于重庆市云阳县巴阳镇，为G42沪蓉高速公路云阳至万州段上的特大桥，于2008年12月建成。

该桥全长577米，左右分幅。主桥跨径组合为4×30米简支T梁+（100+180+100）米连续刚构+2×30米简支T梁，桥宽24.5米，主梁为预应力悬浇单箱单室变截面箱梁；下部结构为箱形墩和双薄壁墩，钻孔灌注桩基础，重力式桥台。单幅桥宽12.1米，双向四车道高速公路标准。

七甲坡3号特大桥

位于山西省晋城市泽州县，是G55二广高速公路上的特大桥梁，于2008年12月30日建成。

桥长497米，桥跨布置为（3×40+94+170+102）米斜腹板单箱单室预应力混凝土箱梁，桥宽23米。下部结构：1号至3号桥墩采用钢筋混凝土椭圆形薄壁空心墩，基础为钻孔灌注桩，最高桥墩达85米；4号和5号桥墩为主桥墩，采用钢筋混凝土双椭圆形薄壁空心墩。桥面全宽23米，设计荷载等级为汽车—Ⅰ级；洪水频率为1/100，抗震设防烈度Ⅶ度。

上部结构采用斜腹板预应力混凝土箱梁，箱梁为单箱单室断面，采用纵向、横向和竖向预应力混凝土结构。箱梁顶面、底板横坡与路线横坡一致。箱梁采用挂篮悬臂平衡浇筑施工，悬臂两端允许的不平衡重量最大不大于一个梁端的底板自重。

新建温福铁路福建田螺大桥

位于福建省宁德市,2008年12月建成通车。

该桥全长384.43米,全桥宽13米。孔跨布置为1孔32米简支箱梁+一联(88+160+88)米预应力混凝土连续刚构。

新建温福铁路白马河特大桥

位于福建省宁德市,2008年12月建成通车。

该桥全长3126.96米,是温福铁路全线的咽喉工程。桥形结构新颖、跨径大、墩身高且结构形式多,由10跨32米简支箱梁、5跨刚构连续梁、15跨64米简支箱梁、3跨连续梁和31跨32米简支箱梁组成。其中,64米简支箱梁及5跨刚构连续梁跨径均位居国内同类桥梁之首。桥址位于白马河海湾。通航1000吨级海轮,2孔通航净空均为29米×120米,最大水深20米。通航主桥为(80+3×145+80)米大跨连续刚构梁桥,一联全长596.6米;深水区引桥为64米大跨简支梁桥,两者跨径大小相宜,与墩高匹配合理。专门研制了MZ3200型造桥机,其所造梁体与造桥机质量之和达5000吨,为世界上最大吨位造桥机。

该桥获铁道部优秀工程设计一等奖。

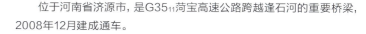

逢石河特大桥

位于河南省济源市,是G35$_{11}$菏宝高速公路跨越逢石河的重要桥梁,2008年12月建成通车。

该桥全长1499米,主桥长732米,桥宽23米,双向四车道,设计荷载等级为公路—Ⅰ级的1.3倍。桥跨组合为(4×40+3×40+4×40+66+5×120+66+4×40+4×40)米。主桥上部结构为预应力混凝土变截面连续刚构,下部结构采用矩形空心薄壁墩,桩基础。

主桥下部结构采用矩形空心薄壁墩,纵向桥宽7.00米,横向桥宽6.60米,壁厚0.90米,其中的16号高墩高度达到101米,为该桥的最高桥墩。本桥平面位于直线、L_s=110的缓和曲线和曲线和R=750米右偏圆曲线上,纵面位于R=18000的竖曲线上。直线段桥梁墩台轴线与路线设计线成90度,曲线段墩台轴线与路线设计线径向布置。

红石梁1号特大桥

位于重庆市云阳县,是G42沪蓉高速公路重庆奉节至云阳段上的特大桥梁,于2008年12月建成。

主桥长380米,跨径组合:左幅为(6×25+100+180+100+4×25+4×25)米;右幅为(4×25+3×25+100+180+100+5×25)米。主跨为(100+180+100)米连续刚构箱形梁桥,为现浇单箱单室截面混凝土箱梁,支点截面梁高10.50米,跨中截面梁高3.50米,梁高变化采用1.8次抛物线;支点截面底板厚1.20米,跨中截面底板厚0.30米,底板厚度采用1.8次抛物线变化;顶板厚0.28米;引桥为预应力混凝土T梁;桥宽24.5米,双向四车道。下部结构为柱式墩+主截面空心墩。最大墩高105米,变截面高75米。

G42₁₇都汶高速公路庙子坪岷江大桥

位于四川省成都市都江堰市,为G42₁₇都江堰至汶川高速公路跨岷江的特大桥,于2009年建成。

主桥上部结构采用(125+220+125)米连续刚构,主跨220米,桥梁高度120米。两岸引桥分别采用2×50米、17×50米预应力混凝土T形梁,桥宽22.5米,双向四车道。下部结构主桥墩采用钢筋混凝土箱形墩和群桩基础;引桥墩采用整幅式钢筋混凝土空心墩(实心墩)和群桩基础,重力式桥台。

箱梁采用整幅式断面,箱梁顶板宽22.5米,底板宽13米,两侧悬臂长4.75米,采用三向预应力结构体系;主梁采用挂篮悬臂浇筑法施工。2008年汶川地震造成主墩受损开裂,进行了水下墩柱裂缝的修复加固。

G5京昆高速公路回箐沟大桥

位于四川省攀枝花市米易县,系G5京昆高速公路西昌(黄联关)至攀枝花段跨回箐沟的特大桥,于2008年建成。

桥梁全长左幅1149.33米,右幅1152.81米,跨径组合为(23×30+95+170+95+3×30)米,桥梁高度93米。主桥上部结构采用预应力混凝土连续刚构,引桥上部结构采用30米预应力混凝土简支T梁;桥宽22.5米,双向四车道。主桥主墩采用双薄壁墩身,引桥下部结构采用分幅双柱钢筋混凝土桩柱式桥墩、肋板式桥台和桩柱式桥台。

该桥获2009年度四川省优秀设计一等奖。

磨子潭2号大桥

位于安徽省六安市霍山县,跨越山谷,两端分别与接线隧道相连,是G35济南至广州高速公路安徽境内六安至岳西段上的一座大桥,于2008年4月合龙。

大桥为(49.82+114+140+114+55.82)米预应力混凝土连续刚构桥。主梁采用单箱单室截面,顶宽11.8米,底宽6.5米,主墩根部梁高8.0米、次主墩根部梁高6.0米,跨中及端部梁高均为3.0米,其间梁底曲线按1.8次抛物线变化。主墩采用双肢薄壁空心墩,高73.78米,墩顶与主梁固结;次主墩采用空心薄壁单墩,分别高14.0米和33.0米,墩顶设盆式支座。桥墩基础均采用直径为2.0米的挖孔灌注桩,桩长6.0米至22.0米,皆为嵌岩桩。其中,每个主墩9根桩,每个次主墩6根桩。

大桥设计荷载等级为公路—I级,设计速度80公里/小时。单幅桥面全宽11.8米,行车道净宽10.8米。

沪渝高速公路魏家洲特大桥

位于湖北省宜昌市长阳土家族自治县，系G50沪渝高速公路鄂西段上的特大桥，于2009年7月建成通车。

左幅桥梁长535.82米，东岸引道长30米，西岸引道长80米，桥跨组合为（30+110+200+110+4×20）米；右幅桥梁长552米，东岸引道长40米，西岸引道长80米，桥跨组合为（2×20+110+200+110+4×20）米。主桥结构均采用连续刚构，桥面宽12.5米，单幅单向两车道，设计速度80公里/小时，设计荷载等级为汽车—超20级、挂车—120。

保阜高速公路黑崖沟2号特大桥

位于河北省，为保阜高速公路上的特大桥梁，于2009年9月建成。

大桥全长1121米，主桥跨径组合为（70+3×127+70）米预应力混凝土连续刚构，箱梁采用单箱单室直腹板截面。桥梁全幅宽27米，箱梁采用挂篮施工工艺，最高薄壁墩高度达120.5米。

黄草乌江特大桥

位于重庆市武隆区黄草乡，是G65包茂高速公路渝湘高速武（隆）彭（水）段上跨乌江及G319线的特大桥，于2009年12月建成。

该桥全长787.6米，分左右两幅，主跨布置为（113+200+113）米预应力混凝土连续刚构，采用单箱单室截面，梁顶宽12米，底宽7.6米。主墩高分别为109米和118米。主跨采用挂篮悬臂浇筑法施工。

汉源大树大渡河特大桥

位于四川省雅安市汉源县。因瀑布沟水电站工程建设，淹没了1982年建设的老悬索桥，本项目属于恢复重建公路工程，系S435线跨大渡河的特大桥，于2009年建成。

汉源大树大渡河特大桥位于瀑布沟水电站库区，属大渡河中游段，河床最低海拔高程约730米，最高海拔高程965.3米，相对高差235.3米。主桥上部结构采用（133+255+133）米连续刚构，主跨255米，桥梁高度124米；两岸引桥采用1×43米、3×43米预应力混凝土T形梁；桥宽21.5米，双向四车道。下部结构主桥墩采用钢筋混凝土空心墩和群桩基础；引桥墩采用双柱薄壁空心墩，方桩基础，重力式桥台。

依托该工程，开展了"特大跨混凝土梁式桥梁关键技术研究"等科研项目研究，对复杂地质条件超长桩基、超高桥墩、特大跨径主梁的系列设计关键技术创新，并将设计成果应用于设计文件。该桥为四川最大主跨、超长桩基连续刚构，曾获2012年度四川省优秀设计一等奖。

水土嘉陵江大桥

位于重庆市北碚区，距离北碚城区约1.5公里，为G50$_{01}$重庆绕城高速公路横跨嘉陵江的特大桥，于2009年8月建成。

桥梁分幅，单幅桥宽16.75米。主桥上部结构均为（138.5+245+138.5）米连续刚构，边跨与主跨径的比值为0.57，上部结构采用三向预应力混凝土梁，主梁采用单箱单室截面，箱梁跨中梁高4.5米，墩顶根部梁高15.3米，单T箱梁梁高从跨中至箱梁根部，箱高以半立方抛物线变化。引桥上部结构采用3×40米预应力混凝土先简支后连续T梁，每孔桥横向由7片T梁组成。

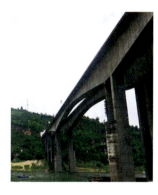

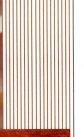

中国桥谱 之 第二卷 A Guide to Chinese Bridges | 中国现代梁桥 / 连续刚构梁桥

沪渝高速公路野三河特大桥

位于湖北省恩施土家族苗族自治州建始县高坪镇,是G50沪渝高速公路湖北宜昌至恩施段上的特大桥,2009年11月30日建成通车。

左幅桥长952米,右幅桥长982米,双幅主桥结构均为(106+200+106)米连续刚构,最大墩高151米;单幅桥面宽11.5米,两车道,设计速度80公里/小时,设计荷载等级为汽车—超20级、挂车—120。

芙蓉江特大桥

位于重庆市武隆区，是武务公路跨乌江支流芙蓉江的特大桥，于2009年建成。

该桥长539米，桥跨布置为（132+230+132+35）米，主桥为连续刚构，引桥为35米简支箱梁桥；桥宽9米。桥梁跨峡谷净高233米。下部结构武隆岸桥台为单排桩柱式，务川岸为重力式U形台。桥墩为群桩基础。设计荷载等级为公路—Ⅱ级，设计速度40公里／小时，抗震设防烈度Ⅶ度，设计洪水频率1/100。

为减少靠近中跨的内侧墩柱在恒载作用下的较大内力差，施工时采用边跨合龙前后加卸载、中跨合龙前顶推主梁等措施改善墩身受力。

狗耳峡大桥

位于重庆市武隆区，是武务公路跨三汇溪的特大桥，于2009年建成。

主桥为（105+190+105）米预应力混凝土连续刚构梁桥，桥面距峡谷净高139米。桥台为单排桩柱式，桥墩为群桩基础，桩径2.5米；墩身为双肢薄壁桥墩。桥宽9米，设计荷载等级为公路—Ⅱ级，设计速度40公里／小时，抗震设防烈度Ⅶ度。

沪渝高速公路双河口特大桥

位于湖北省宜昌市长阳土家族自治县，为G50沪渝高速公路鄂西段上的特大桥，2009年11月建成通车。

左幅桥长733.78米，其中主桥长523.78米，东岸引道长90米，西岸引道长120米，桥跨组合为（3×30+90+2×170+90+4×30）米；右幅桥长861.08米，其中主桥长531.08米，东岸引道长120米，西岸引道长210米，桥跨组合为（4×30+90+2×170+90+7×30）米。双幅主桥均采用连续刚构梁桥，桥面宽12.5米，单幅两车道，设计速度80公里／小时。

济广高速公路河东特大桥

位于安徽省安庆市岳西县响肠镇无愁村外畈组,为G35济广高速公路跨秦家河支流的桥梁,于2009年建成。

大桥全长1010米,左右分幅,主桥为(66+4×120+66)米六跨预应力混凝土连续刚构+连续箱梁;引桥黄尾侧为一联8×30米预应力混凝土连续小箱梁,潜山侧为一联5×30米预应力混凝土连续小箱梁。抗震设防烈度为Ⅵ度。

主桥箱梁采用双向预应力体系,边中跨底板束采用先长后短对称均匀张拉。主桥连续箱梁(连续刚构)采用悬臂挂篮施工,边墩为过渡墩,次边墩为连续梁体系,中墩为连续刚构体系。

主桥墩采用预应力混凝土薄壁空心墩桩基础,过渡墩采用钢筋混凝土薄壁空心墩,基础均为钻孔灌注桩。

The Modern Beam Bridges

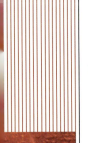 

G65包茂高速公路阿蓬江特大桥

位于重庆市黔江区，是G65包茂高速公路重庆至长沙段跨阿蓬江的特大桥梁，于2011年建成。

桥梁全长为509.12米，上部结构分两联，第一联引桥为5×30米先简支后连续预应力混凝土T梁，第二联主桥为(90+170+90)米预应力混凝土变截面连续刚构箱梁；桥面单幅宽为12.25米。主桥桥台采用重力式U形桥台配扩大基础，设D160型伸缩缝，过渡墩处设D240型伸缩缝，主桥箱梁下设GPZ(Ⅱ)3.0DX单向滑动盆式橡胶支座和GPZ(Ⅱ)3.0SX双向滑动盆式橡胶支座各一套。

主桥墩采用矩形空心等截面形式，单壁空心墩内部每30.00米设置一道横隔板，以加强墩身刚度。主桥墩采用直径为2.70米的群桩基础。主桥与引桥间的过渡墩采用矩形空心等截面形式，施工宜采用爬模或翻模。引桥下部结构采用双柱式墩，挖孔桩基础，桥台采用重力式U形台配扩大基础。

干溪沟特大桥

位于重庆市彭水苗族土家族自治县,系G65包茂高速公路重庆至长沙段上跨干溪沟的特大桥,长沙侧接蔡家堡隧道,重庆侧接大龙洞隧道,于2011年建成。

桥梁左幅桥长776米,桥跨布置为(9×30+90+170+90+5×30)米;右幅桥长775米,桥跨布置为(10×30+90+170+90+4×30)米。双幅主跨均为预应力混凝土连续刚构,采用三向预应力,纵向、横向及部分竖向预应力混凝土箱梁,单箱单室,箱顶宽12.25米,箱底宽6.50米,单侧悬臂长2.88米。引桥上部结构为跨径30米预应力混凝土先简支后连续T梁。下部结构桥台为U形重力式桥台,明挖扩大基础。

沿溪沟大桥

位于重庆市黔江区,是G65包头至茂名高速公路重庆境内黔江至彭水段的一座大桥,于2009年3月合龙。

大桥主桥为(80+150+80)米预应力混凝土连续刚构桥,引桥为先简支后刚构预应力混凝土T梁桥。主梁采用分幅的单箱单室截面,顶宽12米,底宽6.5米,悬臂长度2.75米,根部梁高9.41米,跨中梁高3.2米;根部底板厚117.1厘米,跨中底板厚32厘米,梁高和底板厚度均按2次抛物线变化。箱梁腹板根部厚70厘米,跨中厚40厘米,中间由7个箱梁节段变化。箱梁顶板厚度28厘米,设2%的单向横坡。主墩墩身采用空心矩形截面,顺桥向厚3.5米,横向宽6.5米,壁厚1.0米。由于主墩所处位置基岩埋置较浅,且强度较高,同时由于地形陡峭,考虑减少对山体的破坏和施工难度,基础采用明挖墙式基础,为3.5米×6.5米矩形截面。

沿溪沟大桥设计荷载等级为公路—Ⅰ级,设计速度80公里/小时,抗震设防烈度Ⅵ度。桥面全宽24.5米,双向四车道。

沪渝高速公路关口垭3号大桥

位于湖北省宜昌市长阳土家族自治县,为G50沪渝高速公路鄂西段上的特大桥,2009年11月建成通车。

左幅桥长318.04米,右幅桥长326.02米,主跨布置均为(82+150+82)米连续刚构;单幅桥面宽12.5米,两车道,设计速度80公里/小时。

中国现代梁桥 | 连续刚构梁桥

小沙湾黄河大桥

位于内蒙古自治区鄂尔多斯市准格尔旗,所属线路为G109北京—拉萨,跨越黄河,于2009年建成。

该桥全长820.15米,主桥长336米,跨径组合(由东向西)为:40米T梁+(88+2×160+88)米连续刚构+7×40米T梁,与道路正交。该桥桥面全宽11米,设计荷载等级为公路—Ⅰ级,设计速度60公里/小时。

上部结构:主桥主梁为四跨预应力混凝土连续刚构,主箱梁设计为单箱单室断面,箱梁顶板宽11米,底板宽6米。下部结构:主桥2号至4号桥墩采用双肢变截面空心墩;1号及5号过渡墩和引桥6号桥墩采用薄壁空心墩;引桥7号至11号桥墩采用双柱式桥墩;0号桥台采用重力式桥台;12号桥台采用肋板式桥台;0号桥台基础采用扩大基础,其余墩台采用桩基础。

图中斜拉桥为荣乌高速公路准格尔黄河特大桥(见P454)

郁江1号特大桥

位于重庆市彭水苗族土家族自治县,系G65包茂高速公路武隆至彭水段跨郁江的特大桥,于2011年建成。

全桥左右幅桥跨布置均为(2×35+90+160+90+2×35)米,主桥、引桥均为预应力混凝土连续刚构箱梁。主跨箱梁根部梁高9.6米,跨中梁高3.5米,顶板厚28厘米,底板厚从跨中至根部由30厘米变化为105厘米,腹板从跨中至根部分段采用40厘米、70厘米两种厚度,箱梁高度和底板厚度按1.8次抛物线变化。箱梁顶板横向宽12米,箱底宽6米,翼缘悬臂长3米。引桥箱梁高2.1米,顶板厚28厘米,底板厚30厘米,腹板厚50厘米。箱梁顶板横向宽12米,箱底宽6米,翼缘悬臂长3米。桥台均采用重力式U形桥台,采用明挖扩大基础。

沪渝高速公路后河特大桥

位于湖北省宜昌市长阳土家族自治县,为G50沪渝高速公路鄂西段上的桥梁,于2009年8月建成通车。

桥梁总长为645.03米,桥跨组合为(2×40+85+150+85+3×40+3×40)米,主桥采用连续刚构梁。桥面宽12.25米,设计速度80公里/小时,设计荷载等级为汽车—超20级、挂车—120。

沪渝高速公路渔泉溪特大桥

位于湖北省宜昌市长阳土家族自治县,为G50沪渝高速公路鄂西段上的桥梁,2009年8月建成通车。

左幅桥梁长410.03米,东岸引道长60米,西岸引道长90米,跨径组合为(2×30+66+120+66+3×30);右幅桥梁长530.257米,东岸引道长90米,西岸引道长180米,跨径组合为(3×30+66+120+66+6×30)米;双幅主桥结构均采用连续刚构,桥面宽12.5米,单幅单向两车道,设计速度80公里/小时。

沪渝高速公路水南大桥

位于湖北省恩施土家族苗族自治州巴东县野三关镇,是G50沪渝高速公路主线通道上的特大桥,2009年11月30日建成通车。

左幅桥长910米,主桥长670米,东岸引道长150米,西岸引道长90米,跨径布置为(3×30+60+5×110+60+5×30)米;右幅桥长940米,主桥长670米,东岸引道长180米,西岸引道长90米,跨径布置为(3×30+60+5×110+60+6×30)米。两幅主桥结构均为连续刚构,桥面宽11.5米,两车道,设计速度80公里/小时,设计荷载等级为汽车一超20级、挂车—120。

沪渝高速公路把水寺特大桥

位于湖北省恩施土家族苗族自治州利川市,为G50沪渝高速公路鄂西段上的桥梁,2009年12月建成通车。

桥梁总长791.43米,跨径布置为(55+100+55+19×30)米,主桥为连续刚构。双向四车道,设计速度80公里/小时,设计荷载等级为汽车一超20级、挂车—120。

The Modern Beam Bridges

沪渝高速公路清江源大桥

位于G50沪渝高速公路鄂西段上，2009年12月建成通车。

桥梁总长555.58米，跨径布置为（4×30+55+100+55+7×30）米，主桥为连续刚构。桥面宽24.5米，双向四车道，设计速度80公里/小时，设计荷载等级为汽车—超20级、挂车—120。

曹娥江四环特大桥

位于浙江省绍兴市上虞区，为G329舟鲁线跨越曹娥江的桥梁，于2009年建成。

桥梁总长1141米，主跨布置为（45+68+68+45）米变截面连续刚构，全宽51米，主车道净宽2×13米，副车道净宽2×7米。引桥采用预应力混凝土先简支后连续组合箱梁以及预应力混凝土简支组合箱梁；下部结构主桥采用双肢薄壁式墩及实体墩，引桥采用三柱式墩台。

泸州沱江一桥复线桥

位于四川省泸州市，是一座扩建桥，新桥位于老桥两侧之上，既满足新桥新防洪、通航标准，提供足够的车道数，又保留原来坚固、美观的老桥，并在施工期以后永久使用，于2010年2月完工。

新桥为类似拱外形的连续刚构，主桥为（90+135+90）米连续刚构桥，新桥墩与老桥孔跨对齐布置。

该桥的建设，是在旧城改造当中的一个创新的思维方式和实际工程运用，不但解决了旧桥拓宽的问题，而且在桥梁景观的新老搭配上提供了有意义的尝试。

石马河特大桥

位于重庆市巫山县，是G42沪蓉高速公路巫奉段跨石马河的特大桥梁，于2010年9月建成。

主桥长951米，跨径组合为（4×30+106+2×200+106+7×30）米，主桥为连续刚构，桥宽24.5米，双向六车道。下部结构为桩（柱）式墩台。

The Modern Beam Bridges

小沔渠江大桥

位于重庆市合川区,为小正路上跨渠江的桥梁,于2010年建成。

桥梁全长782米,主桥为(96+170+96)米连续刚构,引桥为(8×35+4×35)米预应力混凝土先简支后桥面连续T梁,每四跨一联。上部采用三向预应力混凝土箱梁,主梁采用单箱单室截面,箱梁顶板宽12.5米,箱底宽6米,单侧悬臂宽度3.25米。桥宽12.5米。

设计荷载等级为公路—Ⅰ级,设计洪水频率1/100,采用Ⅳ级航道标准,抗震设防烈度为Ⅶ度。

G93成渝地区环线高速公路犍为岷江大桥

位于四川省乐山市犍为县西北5公里,北岸起于松林山庄瓦窑湾,为G93成渝地区环线高速公路先后跨越G213线公路、岷江、犍为至石溪公路的特大桥梁,止于塘坝乡向平村,于2010年建成。

桥梁全长1438米,主跨布置为(110+200+110)米连续刚构+25×40米简支T梁。桥宽24.5米,双向四车道。下部结构主桥墩采用双薄壁柔性墩和群桩基础。

中国现代梁桥 | 连续刚构梁桥

平潭海峡大桥

位于福建省福州市平潭县，是省道S305线渡改桥工程的重要组成部分，于2010年11月建成通车。

大桥横跨福清市小山东至福州市平潭县娘宫之间的海坛海峡，桥位处海面宽约3.5公里，通航5000吨海轮。大桥长3510米，宽17米，桥跨布置为：[8×（4×50）+2×（5×50）]米预应力混凝土连续箱梁+（100+2×180+100）米预应力混凝土连续刚构梁+[5×50+2×（4×50）+（3×50+40）]米预应力混凝土连续箱梁。大桥除通航主跨外采用深水全栈桥施工，主桥（100+2×180+100）米为悬浇施工双主跨变截面预应力混凝土连续刚构梁，引桥采用移动模架现浇50米跨预应力混凝土连续梁。主桥采用自身加强和套箱消能相结合防撞设计，主桥主墩及交界墩承台采用了消能套箱围堰一体化防撞设施的新技术。

平潭海峡大桥的建设条件复杂，是福建省首座跨海峡大桥，也是我国集风浪潮及地质条件之最的跨海大桥之一。该桥获得2013年度福建省优秀工程设计一等奖。

The Modern Beam Bridges

板石沟高架桥

位于吉林省延边朝鲜族自治州珲春市，是G12珲春至乌兰浩特高速公路吉林境内珲春至图们段上的一座大桥。

主桥为（80+120+80）米预应力混凝土连续刚构桥，桥梁高度103米。主梁采用分幅的单箱单室截面，顶宽12.25米，底宽5.8米，根部梁高6.0米，跨中及边跨现浇段梁高2.8米，其间梁底曲线按1.8次抛物线变化。箱梁顶板和腹板的厚度为分段线性变化，顶板设2%的单向横坡。主桥主墩采用钢筋混凝土双肢薄壁矩形截面，最大墩高70.6米，双肢间每隔23米或25米设置一道横系梁；主桥边墩采用矩形空心截面。主桥4个桥墩均采用9根直径为1.8米的群桩基础。设计荷载等级为公路—Ⅰ级，设计速度80公里/小时，抗震设防烈度Ⅶ度。单幅桥面全宽12.25米，行车道净宽10.95米。

沪蓉高速公路观石河大桥

位于湖北省黄冈市麻城市，是G42沪蓉高速公路麻武段上的桥梁，2008年8月开工建设，2010年12月建成通车。

桥梁总长为1101.79米，跨径组合为（4×40+5×40+67+3×120+67+4×30+4×30）米。主跨采用预应力连续刚构。桥面宽23米，双向四车道，设计速度100公里/小时，设计荷载等级为公路—Ⅰ级。

兰溪衢江大桥

位于浙江省金华市兰溪市,为G330线兰溪过境公路跨越衢江的大桥,于2011年建成。

衢江大桥全长860米,最大跨径120米,是兰溪第一座可通航千吨级船舶、符合国家Ⅲ级航道通航标准的桥梁。该桥共23跨,跨径组合为(9×30+66+120+66+11×30)米。主桥采用(66+120+66)米连续刚构,引桥为30米先简支后连续小箱梁。桥面按双向四车道标准设计,桥面全宽25.5米,分成左右两幅。

桥梁的上部结构为连续刚构、连续小箱梁,下部结构为肋式桥台和扩大基础。设计荷载等级为公路—Ⅰ级,目前通行限载为55吨。

旬河特大桥

位于陕西省安康市旬阳县,系G65包茂高速公路小康段跨汉江支流旬河的特大桥,是小康段139座桥梁中高度最高且唯一采用钢结构施工工艺的桥梁,于2009年5月建成。

该桥全长1799米,净高54.4米。上行线共38跨,计32跨40米、2跨55米、4跨100米;下行线共39跨,计6跨30米、27跨40米、2跨55米、4跨100米,最小跨径30米,最大跨径100米。上下行主跨均为(55+4×100+55)米连续刚构。上部结构采用预应力混凝土箱梁和连续刚构相结合,下部结构采用薄壁空心墩与重力扩大式桩基础。

上下行分离桥面均净宽11米,双向共四车道,设计荷载等级为公路—Ⅰ级,设计速度100公里/小时。伸缩缝采用C80橡胶伸缩缝和梳齿板伸缩缝。

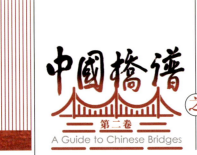

洋里特大桥

位于福建省福州市晋安区鼓山镇洋里村,是福州机场高速公路二期工程单孔跨径最大的预应力混凝土连续刚构桥。于2008年1月开工建设,2011年1月建成通车。

大桥全桥长1631.5米,斜跨温福铁路、福马公路(104国道)、外福铁路,路线法线与福马公路轴线斜交角度约为15度,路线法线与外福铁路和温福铁路轴线斜交角度约为51度。因此,从跨越能力、工程造价以及运营维护等因素综合考虑,选定了大跨径变截面连续刚构箱梁方案,跨径布置为(100+168+100)米变截面连续刚构箱梁+(42×30)米连续T梁。

桥梁主墩墩高分别为15.6米、17.3米,墩高跨径比最小为15.6/168=1:10.77,是典型的矮墩连续刚构桥。桥梁下部采用双肢薄壁墩,可有效降低桥墩的抗推刚度,减少桥墩的不利结构内力。

窟野河特大桥

位于陕西省榆林市神木市西北角，为S20神木至府谷高速公路上的特大桥梁，于2011年11月建成。大桥起于神木市石堡墕村东北，自东北向西依次跨越神杨二级公路、神木新桥、窟野河、水磨河、神延铁路桥、204省道，止于神木市乔家梁。该桥左幅长3446米，右幅长3455米，最大桥高约90米，最大墩高76.5米，是神府高速公路全线重点控制性工程，也是国内规模最大的连续刚构桥。

窟野河特大桥刚构部分长2256米，最大跨径165米，最大墩高76.5米，全桥共12联，引桥第1至第8联为30米、40米预制箱梁。第9至第11联主桥采用(88+4×165+88+69+4×130+79.5+39.5+76+4×140+76)米变截面预应力混凝土连续刚构，主墩采用薄壁空心墩，基础采用钻孔灌注桩；引桥采用预应力混凝土箱梁，引桥墩采用空心墩或柱式墩，基础采用钻孔灌注桩。第12联引桥为(3×43+50)米四跨现浇梁。

主桥分别由主跨(4×165+4×130+4×140)米三联刚构主桥串联而成，有效跨越桥下各重要控制地物。其中，跨河部分采用刚构主桥错孔反对称布置，主桥设计为刚构带辅助挂孔(39.5米)且全连续的刚构型式。

据统计，建设窟野河特大桥共用16.9万吨混凝土、2.7万吨钢材。桥梁上部悬浇采用的C55混凝土，也是陕西省公路桥梁采用的最高标号混凝土，同时选用低热或中热水泥并采用双掺技术，降低了单位水泥用量。

五里坡大桥

位于陕西省千阳县和凤翔县交界处，跨越五里坡河，是宝汉高速公路宝鸡至陕甘界段的一座大桥。该桥于2009年8月开工，2011年8月合龙。

五里坡大桥主桥为(85+4×160+85)米预应力混凝土连续刚构桥，引桥为30米预应力混凝土连续小箱梁，全长1238.0米。主梁采用单箱单室断面，顶宽12.9米，底宽7.0米，根部梁高9.5米，跨中梁高3.5米，其间梁底曲线按2次抛物线变化。箱梁顶板厚度30厘米，底板厚度由跨中32厘米，按2次抛物线变化至根部110厘米。5个主墩的墩身均采用钢筋混凝土双肢薄壁空心墩，最大墩高153米。桥墩和交界墩均采用直径为2.0米的钻孔灌注桩基础。

五里坡大桥设计荷载等级为公路—Ⅰ级，设计速度100公里/小时。

宜宾天池金沙江大桥

位于四川省宜宾市叙州区，为S206、S307宜宾市过境公路环线跨金沙江的特大桥，于2011年建成。

主桥上部结构采用(125+220+115)米连续刚构，主跨220米，桥梁高度87.8米，箱梁为三向预应力结构单箱单室箱形截面。引桥采用6×30米预应力混凝土T形梁，桥宽30.5米，双向四车道。下部结构北岸主墩（8号墩）为双薄壁墩，水中群桩基础，南岸主墩（9号墩）为双薄壁墩，岸坡基础，基础采用群桩；引桥墩采用桩柱式基础。北岸桥台（1号桥台）采用肋板式桥台，南岸桥台（10号桥台）采用重力式桥台。

G76厦蓉高速公路冷水河大桥

位于四川省泸州市叙永县，系G76厦蓉高速公路黔川界至纳溪段上跨冷水河的大桥，于2012年建成。

主桥上部结构采用(105+200+105)米连续刚构，主跨200米，桥梁高度164米。两岸引桥采用7×40米、3×40米预应力混凝土T形梁；桥宽24.5米，双向四车道。下部结构主桥墩采用钢筋混凝土空心墩和群桩基础；引桥墩采用分离式钢筋混凝土空(实)心墩，方桩基础，重力式桥台。

G75兰海高速公路苍溪嘉陵江大桥

位于四川省广元市苍溪县陵江镇回水坝附近,系G75兰州至海口高速公路四川广元至南充段跨嘉陵江的特大桥,于2011年建成。

主桥上部结构采用(105+200+105)米连续刚构,主跨200米,桥梁高度113米。两岸引桥跨径组合分别采用(8×30+5×50)米预应力简支T梁、(5×50+6×30)米预应力简支T梁;桥宽27.5米,双向四车道。下部结构主墩采用钢筋混凝土空心墩和群桩基础;交界墩采用双柱薄壁空心墩;引桥墩采用独柱式矩形截面的钢筋混凝土墩,基础采用承台群桩、挖(钻)孔灌注方桩,肋板式桥台。

共和乌江特大桥

位于重庆市彭水苗族土家族自治县高谷镇共和村附近,为G65包茂高速公路跨乌江的特大桥,于2011年建成。

该桥分左右线,全桥分为左右幅,左幅桥跨布置为(4×50+3×50+113+200+113+3×50+3×50)米,右幅桥跨布置:(2×40+2×50+3×50+113+200+113+3×50+3×40)米,主跨为(113+200+113)米单箱单室变截面连续刚构,引桥为先简支后连续T梁桥。桥宽25米,双向四车道。下部结构为空心墩。

汕昆高速公路者告河特大桥

位于贵州省黔西南布依族苗族自治州册亨县和安龙县之间,为G78汕昆高速公路跨者告河的特大桥,于2011年12月建成。

者告河特大桥桥跨布置为(5×30+115+215+175+75+5×30)米,全长886米,单幅桥面净宽12.25米,全幅桥面净宽24.5米。其中(115+215+175+75)米主桥采用四跨预应力混凝土连续刚构,引桥采用预应力混凝土T梁。该桥最高主墩158米,桥面距者告河高差190米,是当时贵州省在建工程同类桥梁中的"第一高墩柱",墩柱施工采用了先进的自动滑模施工技术。

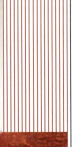

拉会高架大桥

位于广西壮族自治区河池市金城江区,为G75兰海高速公路六寨至河池段上的特大桥,于2012年7月建成通车。

桥幅为分离式,桥梁左幅全长865.503米,桥梁右幅全长1020.273米。左幅桥跨布置为(10×30+60+2×110+60+5×40)米;右幅结构为(10×30+60+2×110+60+4×40+7×30)米。主桥为预应力混凝土连续刚构,引桥为后张法预应力钢筋混凝土先简支后连续T梁。桥面全宽24.50米,双向四车道。主桥采用盆式橡胶支座,引桥采用板式橡胶支座。下部中桥采用U形桥台、桩基础;主桥墩采用双薄壁空心墩、桩基础;引桥墩采用双柱式墩、薄壁墩、桩基础。

大桥最大亮点是大桥主墩为空心薄壁墩,最大墩高110.40米,桥面至地面最大高度达138米。

闽江特大桥

位于福建省福州市闽侯县竹岐乡和荆溪镇之间,为福州公路西北段上跨闽江航道和闽侯江滨路的特大桥,于2012年3月建成。

本桥起点接白龙互通,终点接荆溪互通,桥长1555米。上部结构主桥采用(70+4×110+70)米变截面连续刚构箱梁,引桥采用(4×35+5×35+4×35)米预应力混凝土连续T梁+(3×40+3×40+3×40+4×40)米预应力混凝土连续T梁,下部结构主桥采用箱墩,钻孔灌注桩基础;主桥27号和31号墩处设GPZ盆式支座,28号至30号主墩与主梁固结刚构,引桥采用柱式墩、钻孔群桩或单排桩基础。设计洪水频率为1/300,大桥位于Ⅶ度震区,抗震设防烈度为Ⅷ度,设计中特别重视抗震设防要求,采用迈达斯桥梁系列软件对各墩柱、支座进行详细计算,均满足了抗震要求。

巫山龙洞河大桥

位于重庆市巫山县骡坪镇龙河村,为G42沪蓉高速公路跨越渝黔交界的龙洞河的特大桥,于2012年12月31日建成。

该桥为左右分幅,大桥全长1300米,主桥为(95+180+95)米预应力混凝土连续刚构。平面位于R=3400米的右偏圆曲线上,箱梁采用单箱单室截面,箱梁顶宽12.25米,底宽6.5米,两侧悬臂长2.88米。

翠溪2号特大桥

位于福建省南平市政和县杨源乡黄淡坑村北向,上跨山间河沟及S202线,是宁德至武夷山高速公路上的控制性桥梁,于2012年10月建成。

翠溪2号特大桥主桥采用(85+155+85)米预应力混凝土变截面连续刚构箱梁,引桥采用连续刚构T梁,主桥下部采用钢筋混凝土箱形空心墩,与引桥交界墩处采用钢筋混凝土薄壁墩。大桥全长512米,桥面宽度为2×12米。

主桥采用单箱单室变截面连续刚构箱梁,控制断面梁高,中间支点处9.5米,边跨直线段及主跨跨中处3.5米,其高跨比分别为1/16.3和1/44.3。本桥位于R=950米的缓和曲线及直线段上,箱梁通过平曲线内外侧箱梁长度差,实现平曲线,墩台基础均为径向布置。

主桥连续刚构形式使墩、梁、基础三者固结为一个整体共同受力。活载引起的跨中正弯矩较连续梁要小,因而降低了跨中区域的梁高,并使恒载的内力进一步降低,结构上符合连续刚构箱梁的受力曲线特征,线性上给人一种轻盈流畅的视觉效果。

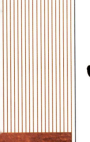

九龙江大桥

位于福建省漳州市龙海市九龙江下游入海口附近,沿途经漳州龙海市角美镇、紫泥镇、海澄镇,跨越九龙江北港、中港和南港,是厦漳高速公路扩建工程的控制性工程,于2012年5月建成。

本桥包含北港特大桥、紫泥互通主线桥及南港特大桥,桥梁全长8432.5米,是福建省高速公路上最长的桥梁。主桥采用(85+150+85)米大跨径变截面连续刚构箱梁跨越九龙江南港主航道,采用40米连续T梁跨越九龙江北港、中港,采用(45+75+45)米变截面连续箱梁跨越龙海市人民路,采用(45+60+45)米变截面连续箱梁跨越龙海市环城二路。

主桥为满足通航净空需要,设置为(85+150+85)米跨径组合,但桥墩高度仅为15.7米。为了保证桥梁上部结构的稳定性,避免大吨位支座的养护难题,桥梁主墩与上部结构采用墩梁固结的形式连接。选用了抗推刚度较小的双肢薄壁墩,有效避免了桥墩刚度对结构的不利影响,同时也让桥梁在视觉上更通透美观,有利于船舶通航。

新建武汉至宜昌铁路蔡家湾汉江特大桥

位于湖北省武汉市东西湖区与蔡甸区交界处，2012年6月建成通车。

该桥全长为9208.67米，为双线一级铁路桥梁，大多采用混凝土梁连续梁和混凝土T形标准梁，跨越汉江主桥采用一联（64+120+168+120+56）米预应力混凝土连续刚构，耐久性混凝土，使用寿命为100年。全桥272个墩台，墩身为圆端形，桥台为空心桥台；基础为直径1.0米、1.25米、2.0米、2.5米钻孔灌注桩或扩大基础，全桥钻孔桩2530根，是汉宜高速铁路的重点工程和控制工程。

龙河特大桥

位于重庆市丰都县，是G50S沪渝南线涪丰石高速公路的三大控制性工程之一，地处龙河与长江交汇处，于2012年9月27日建成。

桥梁全长1181米，最大墩高117米。主桥上部结构为（127+240+127）米变截面预应力混凝土连续刚构箱梁，引桥上部结构为40米后张预应力混凝土先简支后连续T梁，东岸70片，西岸100片。

栗子坪伊河特大桥

位于河南省洛阳市,是S96洛(阳)栾(川)高速公路跨越伊河的重要桥梁,2012年12月建成通车。

该桥全桥长368.12米,主桥长359.88米,桥宽2×11.38米,双向四车道,设计荷载等级为公路—I级的1.3倍。主桥上部结构为(95+170+95)米预应力混凝土变截面连续刚构箱梁,下部结构为双肢薄壁空心墩,墩台均为桩基础。

该桥预应力混凝土变截面箱梁连续刚构采用挂篮施工工艺,鉴于目前国内在建刚构桥中跨合龙时,多次出现跨中底板混凝土崩裂现象,设计时底板内设置纵向闭合箍筋,以加强底板上下层横向钢筋共同受力,达到防止底板分层崩裂的目的。

露水河特大桥

位于河南省安阳市林州市,是S22南林高速公路跨越主槽宽约160米露水河的重要桥梁,2012年11月建成通车。

该桥全桥长596米,主桥长350米,桥全宽22.5米,分离式双向六车道,设计荷载等级为公路—I级的1.3倍。桥跨组合为($5\times30+90+170+90+3\times30$)米。主桥上部结构为预应力混凝土连续刚构箱梁,下部结构为双薄壁墩,连接墩为空心墩,灌注桩基础;引桥上部结构为预应力混凝土组合箱梁,下部结构为柱式墩、桩基础,桥台为U形台、扩大基础。

该桥位于R=800米和R=1100米曲线、纵坡2.97%、超高横坡4%的路段上,桥面到河底高度130米,属国内罕见的特殊桥型,设计和施工难度大。因地处山区,冬季气温低,桥面易结冰,容易诱发交通事故,为减缓冬季路面结冰,引进欧洲先进技术,在桥面沥青混凝土内掺加了路丽美防冰材料等,桥梁自通车至今,效果显著。

该桥的"提升滑模施工墩身线性质量技术"曾获河南省工程建设优秀质量管理二等奖、全国工程建设优秀质量管理小组三等奖。

大铁沟特大桥

位于河南省洛阳市，是S97洛卢高速公路跨越大铁沟沟谷的重要桥梁，2012年12月建成通车。

该桥全桥长856.48米，主桥长330米，桥宽24.5米，双向四车道，设计荷载等级为公路—I级的1.3倍。桥跨组合为（4×40+4×40+85+160+85+5×40）米。主桥上部结构为预应力混凝土连续刚构，下部结构为双柱式、双薄壁空心墩。

该桥预应力混凝土连续刚构最大跨径160米，最高主墩约为120米。为了保证桥墩的稳定性，对桥墩进行了高墩整体屈曲稳定性、薄壁局部屈曲稳定性及高墩低频风振对施工、运营阶段安全性影响的稳定分析。

小铁沟特大桥

位于河南省洛阳市，是S97洛卢高速公路跨越沟谷的重要桥梁，2012年12月建成通车。

该桥全桥长675.48米，主桥长330米，桥宽24.5米，双向四车道，设计荷载等级为公路—I级的1.3倍。桥跨组合为（3×30+4×40+85+160+85+3×30）米。主桥上部结构为预应力混凝土连续刚构，下部结构为等截面空心墩。

该桥最高主墩约为102米。为了保证桥墩的稳定性，对桥墩进行了高墩整体屈曲稳定性、薄壁局部屈曲稳定性及高墩低频风振对施工、运营阶段安全性影响的稳定分析。为了满足高墩墩身受力需要和确保钢筋稳定，设置劲性骨架，竖向角钢嵌入承台深度不小于2米。

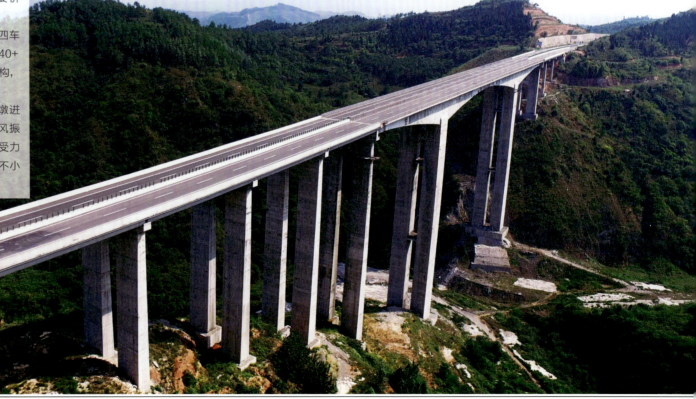

渝利铁路蔡家沟双线特大桥

位于重庆市涪陵区，2012年12月建成通车。

该桥全长2057.40米，为双线铁路桥。主桥为(80+3×144+80)米刚构—连续组合梁，全桥共有41个桥墩，平均墩高56米，最高的139米，最矮的8米。主墩采用A形墩，由于墩身太高，首次采用A形墩形式，增大桥墩横向刚度。A形墩采用劲性骨架+液压爬模施工工艺，上部主梁采用挂篮施工工艺。该桥墩的建成刷新了世界双线铁路第一高墩的纪录。

白水峪大桥

位于河南省三门峡市，是G59呼北高速公路跨越沟谷的桥梁，2012年12月建成通车。

全桥长781米、主桥长490米，桥宽25米，双向四车道，设计荷载等级为公路—Ⅰ级。桥跨组合为(4×40+65+3×120+65+3×40)米。主桥上部结构为变截面预应力混凝土连续刚构箱梁，下部结构为双肢等截面矩形实体薄壁墩、群桩基础。

该桥连续梁线形控制采用了全结构仿真分析技术，提高了桥梁结构的整体施工质量，最大限度地保证了桥梁线形的平顺度。

在混凝土中同时掺用高性能外加剂和磨细矿物掺和料的"双掺"技术，改善了混凝土和易性，减少了离析及坍落度损失，提高了可泵性，在节省水泥、提高工效和工程质量、综合利用工业废料等方面具有显著的经济效益和社会效益，值得全面推广应用。

该桥于2014年被河南省交通运输厅评为"省级分项样板工程"。

中国现代梁桥 / 连续刚构梁桥

金沙特大桥

位于贵州省毕节市金沙县县城附近，为G56杭瑞高速公路遵毕段跨越西洛河的特大桥，于2012年建成。

主桥长1781.08米，上部主跨为(86+160+86)米三跨预应力混凝土变截面连续刚构箱梁，采用分离的上、下行独立的两座桥，单幅单箱单室截面，箱梁高度从跨中为3.3米，至距主墩中心6.0米处按1.8次抛物线变化为9.5米。(86+160+86)米预应力混凝土箱梁主要采用挂篮悬浇施工工艺。主桥分2个T单元，设计按2个T单元同时施工考虑。

主桥基础均采用钻孔灌注桩，引桥桩尖高程系根据地质钻探资料确定。

The Modern Beam Bridges

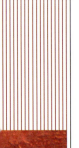

永蓝高速公路舜帝大桥

位于湖南省永州市宁远县，系G55二广高速公路湖南永州至蓝山段上的特大桥，施工建设阶段命名为荷叶塘特大桥。2012年12月建成后，宁远县政府为了宣传当地"舜帝"旅游文化，申请更名为舜帝大桥。

该桥全长1037.5米，桥梁上部结构分两联，第一联为（66+3×110+66）米刚构—连续组合梁；第二联为（66+4×110+66）米刚构—连续组合梁。分幅桥宽12.75米，共双向四车道。桥梁下部结构1号、10号为实体矩形墩身；2号至4号、6号至9号桥墩采用双肢薄壁空心矩形墩，最小墩身高78米，最大墩身81.5米；5号墩为过渡墩，采用单肢薄壁空心矩形墩，墩高83.5米。桥梁80米以上高墩柱施工采用"RIM悬臂模板塔吊机助升爬模"技术施工，经济和社会效益显著。

G76厦蓉高速公路黄家垄特大桥

位于湖南省郴州市苏仙区，为G76厦蓉高速公路汝郴段上的特大桥，于2012年12月建成。

该桥左右分幅，左幅桥长1370米，桥跨布置为（17×40+45+5×80+45+5×40）米，右幅桥长1336米，桥跨布置为（17×40+45+5×80+45+4×40）米，主跨为（45+5×80+45）米连续刚构梁。桥宽24.5米，双向四车道。下部结构为双壁墩。

渝利铁路新桥双线特大桥

位于重庆市涪陵区，2012年12月建成通车。

该桥全长1712.90米，为双线铁路桥。主桥为（52+7×96+52）米连续刚构，主墩采用A形墩，最大墩高116米，是连续跨数最多、最长的铁路桥刚构桥。墩身采用劲性骨架+液压爬模施工，主梁采用挂篮施工工艺。

G76厦蓉高速公路赤水河特大桥

位于四川省泸州市叙永县，为G76厦蓉高速公路黔川界至纳溪段跨赤水河的特大桥，于2012年建成。

主桥上部结构采用（130+248+130）米连续刚构，主跨248米，桥梁高度190米。两岸引桥采用3×30米、12×30米预应力混凝土T梁。桥宽28米，双向四车道。下部结构主桥墩采用钢筋混凝土空心墩和群桩基础；引桥墩采用分离式钢筋混凝土空（实）心墩，方桩基础，重力式桥台。

主桥箱梁为三向预应力结构，设置体内、体外混合预应力钢束，为防止主桥在运营期下挠过大，箱梁内体外束可进行再次张拉，采用挂篮悬臂浇筑施工工艺。

G5京昆高速公路黑石沟特大桥

位于四川省雅安市荥经县凰仪乡，为G5京昆高速公路四川雅安至西昌段跨越黑石沟的特大桥，于2012年建成。

主桥上部结构采用（55+120+200+105）米连续刚构，主跨200米，桥梁高度246米，最大墩高156米。西昌岸引桥采用8×40米预应力混凝土T梁。桥宽24.5米，双向四车道。下部结构主桥墩采用钢管混凝土叠合柱和群桩基础；引桥墩采用钢管混凝土叠合柱、分离式钢筋混凝土实心墩、群桩基础，两岸为复合式桥台。

依托该项目的《高烈度大高差梯级山区高速公路建设支撑技术》获2014年四川省科技进步一等奖；《超高墩大跨预应力混凝土连续刚构桥梁设计与控制关键技术》获2012年四川省科技进步三等奖。

G5京昆高速公路腊八斤特大桥

位于四川省雅安市荥经县凰仪乡，为G5京昆高速公路雅安至西昌段跨腊八斤溪沟的特大桥，于2012年建成。

主桥上部结构为（105+2×200+105）米连续刚构，主跨长200米，桥梁高度271米，最大墩高182.5米，采用钢管混凝土组合墩，桥梁领域首次采用C80高强混凝土材料。雅安岸引桥采用8×40米（左幅）和7×40米（右幅）预应力混凝土T梁；西昌岸引桥采用5×40米（左幅）和4×40米（右幅）预应力混凝土T梁。桥宽24.5米，双向四车道。下部结构主桥墩采用钢管混凝土叠合柱和群桩基础；引桥墩采用钢管混凝土叠合柱、分离式钢筋混凝土实心墩、群桩基础，雅安岸为复合式桥台，西昌岸为重力式桥台。

该桥所获成果如下：

被授权发明专利："钢管混凝土组合桥墩"1项。

被授权实用新型专利："箱型组合截面桥墩构造""组合桥墩钢管与承台锚固连接构造""钢管混凝土组合桥墩主立柱与腹板连接构造""组合桥墩钢管与主梁锚固连接构造"4项。

《高烈度大高差梯级山区高速公路建设支撑技术》，获2014年四川省科技进步一等奖。

《超高墩大跨预应力混凝土连续刚构桥梁设计与控制关键技术》，获2012年四川省科技进步三等奖。

金华夹溪特大桥

位于浙江省金华市磐安县，为X602磐新线跨越夹溪的特大桥，于2010年12月建成。

大桥全长386米，主桥为（80+155+80）米连续箱梁桥，桥宽10.5米，双向两车道。下部结构为薄壁墩，重力式桥台。最大墩高163米，为浙江省第一高桥。

东江特大桥

位于广东省惠州市博罗县龙溪街道苏村与潼湖镇交界,为G4ᴇ武深高速公路博深段跨东江的特大桥,于2013年1月建成。

大桥左右分幅,左幅桥采用10×25米小箱梁+(43+75+43)米跨河堤连续梁+(16×25+7×30)米小箱梁+(95+170+95)米连续刚构+(6×30+4×25)米小箱梁+(43+75+43)米连续梁跨S120线+34×25米小箱梁,全长2679米;右幅桥采用10×25米小箱梁+(43+75+43)米跨河堤连续梁+(16×25+7×30)米小箱梁+(95+170+95)米连续刚构+(6×30+3×25)米小箱梁+(43+75+43)米连续梁跨S120线+34×25米小箱梁,全长2654米。除深水区的30米跨小箱梁采用墩梁固结外,其余小箱梁均结构连续。

主桥为(95+170+95)米连续刚构,采用变截面箱梁,单箱单室截面。主桥箱梁4个T构同时施工,采用4对挂篮对称悬浇施工。

小江河大桥

位于贵州省铜仁市,为G56杭瑞高速公路贵州大兴至思南段上跨小江河、S201省道和渝怀铁路的大桥,于2013年7月建成。

该桥左幅长842.22米,右幅长813.89米,主桥为(85+3×160+85)米预应力混凝土连续刚构,引桥为30米先简支后连续小箱梁或简支小箱梁。主梁采用单箱单室截面,顶宽12.25米,底宽6.5米,翼缘悬臂板长2.88米,根部梁高10.0米,跨中梁高3.2米,梁底曲线按1.6次抛物线变化。主墩采用双肢薄壁实心矩形截面,最大墩高102米。单幅桥面净宽11.25米,设计速度80公里/小时,设计荷载等级为公路—Ⅰ级,抗震设防烈度为Ⅶ度。

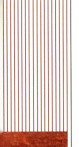

中国现代梁桥 | 连续刚构梁桥

毕威高速公路赫章特大桥

位于贵州省毕节市赫章县，为贵州S20毕节至威宁高速公路上的特大桥，于2010年1月开工建设，于2013年6月建成。

赫章特大桥全长1074米，主桥布置为(96+2×180+96)米预应力混凝土连续刚构。设计速度80公里/小时，双向四车道，路基标准横断面宽21.5米。

大桥首次提出195米超高墩采用变截面空心独墩构造，左右幅主梁共用超高墩，具有抗震、抗风、稳定性能好等特点。针对超高墩连续刚构桥中采用的4种桥墩型式，推导了双薄壁截面尺寸拟定公式和组合式桥墩弹性临界力计算公式。

基于稳定理论和钢筋混凝土非线性分析方法，得到了赫章特大桥195米高墩垂直度限值应控制在6.5厘米以内的结论。利用抗推刚度等效原理，推导了变截面独墩和组合式桥墩等效刚度计算公式，利用抗推刚度近似计算临界欧拉荷载。运用结构力学中的位移法，推导了三跨、四跨和五跨连续刚构桥主梁根部与跨中弯矩、梁端转角位移以及桥墩顶、底截面的弯矩值计算公式，分析了墩梁线刚度、边跨中之比对连续刚构桥内力与变形影响，提出了较为合理的布孔方案。

该桥获得2015年贵州省科学技术进步奖。

省道101线呼图壁石门水电站库区大桥

位于新疆维吾尔自治区昌吉回族自治州呼图壁县石门水电站库区，为S101线跨越石门水库的重要节点控制性工程，于2012年建成。

大桥上部结构采用（90+150+90）米预应力混凝土连续刚构，箱梁采用单箱单室直腹板断面。其中箱宽5.4米，标准段翼缘板悬臂宽2.3米，采用悬臂现浇施工。标准段桥宽10.0米，边跨部分进入缓和曲线段，桥面逐步加宽，最宽处为10.464米，双向两车道。主墩采用实心双薄壁墩，主墩承台采用整体性承台，基础采用6根直径2.2米的摩擦桩。

竹林坳大桥

位于贵州省铜仁市印江土家族苗族自治县，系G56杭瑞高速公路贵州大兴至思南段上的大桥，也是贵州省高速公路网规划"六横七纵八联"中第二横铜仁至宣威的重要组成部分，于2013年建成。

该桥左幅长1016.8米、右幅长1020.4米，主桥为（98+180+98）米预应力混凝土连续刚构，引桥为40米预应力混凝土T梁。主梁单箱单室截面，顶宽12.0米，底宽6.5米，根部梁高11.0米，跨中梁高4.0米，梁底曲线按1.6次抛物线变化。主墩为双肢矩形薄壁墩。桥面全宽24.5米，双向四车道，设计速度80公里/小时，设计荷载等级为公路—Ⅰ级。

思剑高速公路乌江特大桥

位于贵州省铜仁市思南县双龙村，是贵州思南至剑河高速公路跨越乌江的控制工程，于2013年12月建成。

主桥采用（116+220+116）米变截面预应力混凝土连续刚构箱梁，主墩墩高121米。

大桥设计主要创新点包括：动态优化法进行梁高选择；多因素均衡法主梁节段构造设计；内力调节法控制主梁长期下挠。

该桥获2014—2015年度中国建设工程"鲁班奖"。

大思高速公路乌江特大桥

位于贵州省铜仁市思南县，为G56杭瑞高速公路贵州大兴至思南段跨乌江的特大桥，也是贵州省高速公路网规划"六横七纵八联"中第二横铜仁至宣威的重要组成部分，于2013年建成。

该桥右幅全长1540米、左幅全长1541.6米，主桥为（108+3×200+108）米预应力混凝土连续刚构，引桥为40米预应力混凝土T梁。主梁单箱单室截面，顶宽14.5米，底宽7.5米，根部梁高12.2米，跨中梁高4.4米。主墩为双肢薄壁空心墩，最大墩高146米。桥面全宽29.5米，双向四车道，设计速度80公里／小时，设计荷载等级公路—Ⅰ级。

The Modern Beam Bridges

梨香溪特大桥

位于重庆市涪陵区,为重庆沿江高速公路重庆主城至涪陵段跨越梨香溪的特大桥,于2013年8月建成。

该桥全长976米,主桥采用(95.4+180+95.4)米三向预应力混凝土连续刚构,主墩采用双肢薄壁空心墩。两端引桥分别为9×40米、6×40米预应力混凝土连续T梁。

水盘高速公路北盘江特大桥

位于贵州省六盘水市水城县发耳乡和营盘乡交界处，为贵州省S77威板高速公路水盘段上跨北盘江的特大桥，于2009年8月开工建设，2013年5月31日主体工程完工。

大桥全长1261米，最大墩高170米，最大跨径290米。主桥为（82.5+220+290+220+82.5）米预应力混凝土斜腿空腹式连续刚构，引桥为（5×30+3×30+4×30）米先简支后连续预应力混凝土T梁。主墩采用空心薄壁墩，最大墩高176米（承台至桥面），最大跨径290米，跨越号称"世界大峡谷"的北盘江峡谷。

大桥主跨采用290米的预应力混凝土斜腿空腹式连续刚构，是国内首次建造、世界上首创的空腹式连续刚构，建成伊始跨径为亚洲第一、世界上排名第三的预应力混凝土连续刚构桥。大桥主桥的高墩身、大跨径、长斜腿在同类桥梁中极其罕见，技术上具有挑战性和创造性。特别是在工程实施中，攻克了斜腿连续刚构桥诸多的技术难点和复杂工艺，是目前世界上斜腿连续刚构桥中科技含量最高、技术难点最多、施工工艺最为复杂的特大型桥梁。

该桥获2016—2017年中国建设工程"鲁班奖"、第十四届中国土木工程"詹天佑奖"。

The Modern Beam Bridges

江城大桥

位于吉林省吉林市丰满区松花江上游，北起吉林大街（吉丰东路）跨越滨江南路、松花江，南与瑷大公路相接。大桥于2011年开工建设，2013年底竣工通车。

主桥长340米，为（50+3×80+50）米连续刚构；引桥长432米，为8×30米简支转连续箱梁、3×30米简支转连续箱梁、（31.5+39+31.5）米连续梁；引堤长227.06米。

江城大桥桥宽34米，桥面为双向六车道，桥两侧设单向人行道。

G42₁₆丽攀高速公路倮果金沙江大桥

位于四川省攀枝花市东区银江镇，为G42₁₆丽攀高速公路上跨越金沙江的特大桥，于2014年建成。

主桥上部结构采用（120+230+120）米连续刚构梁，主跨230米，桥梁高度108米。两岸引桥分别采用（4×50+39）米、（3×39+20）米预应力混凝土T梁和现浇梁，桥宽24米，双向四车道。下部结构主桥墩采用钢筋混凝土箱形墩和群桩基础；引桥墩采用分离式钢筋混凝土空心墩、群桩基础和独柱式实心矩形墩，重力式桥台。

G42₁₆丽攀高速公路大水井金沙江大桥

位于四川省攀枝花市西区格里坪镇，系G42₁₆丽攀高速公路上跨越金沙江的特大桥，于2014年建成。

桥长475米，左右分幅，主桥上部结构采用（125+230+120）米连续刚构，主跨230米，桥梁高度83米。左幅引桥采用30米预应力混凝土T梁。桥宽24米，双向四车道。下部结构主桥墩采用钢筋混凝土箱形墩和群桩基础，桩柱式、肋板式桥台。

The Modern Beam Bridges

南沟大桥

位于内蒙古自治区鄂尔多斯市准格尔旗，所属线路为S24兴巴高速公路，于2013年建成通车。

桥梁全长368米，跨径组合为(95+168+95)米预应力混凝土变截面连续刚构。桥梁宽度为33.5米。桥梁设计荷载等级为公路—Ⅰ级，设计速度100公里/小时。

上部箱梁为变截面单箱单室箱梁，根据本桥桥墩较高的特点，下部结构桥墩均采用矩形双薄壁空心截面，主墩基础采用整体式承台。

渝怀铁路黄草乌江大桥

位于重庆市武隆区黄草乡，于2013年建成。

该桥全长410.65米，主桥采用(96+168+96)米预应力混凝土连续刚构，在目前国内同类铁路双线桥梁中跨径最大。其复杂水文地质条件下大体积基础施工、双线大跨径预应力混凝土连续刚构的线性控制等技术被列为科技攻关课题研究项目。

获2007年度中国建筑工程"鲁班奖"。

洣水河特大桥

位于湖南省株洲市炎陵县，为湖南省S11炎汝高速公路跨洣水河的特大桥，于2013年建成。

该桥左右分幅，左幅全长541米，右幅全长518米。整体结构设计一致，左幅上部结构为(2×41+96+150+106+2×41)米，右幅上部结构为(2×35+96+150+126+2×35)米，主跨均为150米连续刚构。下部结构为薄壁墩。单幅桥面宽12米，共双向四车道。设计荷载等级为公路—Ⅰ级。

韩江特大桥

位于广东省梅州市大埔县大麻镇附麻村,为S12梅龙高速公路跨韩江的特大桥,于2014年10月建成。

桥梁左右分幅,左线全长634米,桥跨布置为(3×32+3×35+85+160+85+3×32)米;右线全长562米,桥跨布置为(5×32+85+160+85+2×32)米。主桥上部采用预应力混凝土连续刚构,主墩墩身上部(25米段)采用双薄壁实心墩,下部采用单箱单室空心薄壁墩,基础采用钻孔灌注桩基础。引桥上部采用预应力混凝土连续T梁,桥墩采用空心薄壁墩、双柱式圆形墩,基础采用桩基础。桥台采用柱式台、桩基础。单幅桥宽12.25米,主墩最高为61.4米。

凤凰堤溪沱江大桥

位于湖南省湘西土家族苗族自治州凤凰县城西北侧，为G354线南昌至兴义公路凤凰至大兴铜仁机场公路跨越沱江的大桥，于2013年建成。

大桥全长354.20米，上部结构采用预应力混凝土现浇箱梁，箱梁为单箱单室断面，采用三向预应力混凝土结构，跨径布置为（47.34+3×83+47.34）米五孔预应力混凝土连续刚构—连续梁组合体系；桥宽16米。下部结构主墩采用单柱式箱形截面空心薄壁墩；0号桥台采用桩柱式桥台，5号桥台采用U形桥台、扩大基础。

按双向两车道二级公路标准建设，设计汽车荷载等级为公路—Ⅱ级，设计速度80公里／小时，设计洪水频率1/100。

滹沱河特大桥

位于山西省阳泉市盂县梁家寨乡西北，上跨S345公路和滹沱河，于2014年10月建成。

主桥左幅长1218.61米，右幅长1221.61米。桥宽25米，双向四车道。跨径组合为9×50米装配式预应力混凝土连续T梁+(80+3×150+80)米预应力混凝土刚构+5×30米装配式预应力混凝土连续箱梁。设计荷载等级为公路—I级，抗震设防烈度为Ⅶ度，设计洪水频率1/300。

桥梁刚构主墩采用双薄壁空心墩与空心薄壁墩的组合形式。墩顶52米段为双薄壁空心墩，纵桥向宽3.0米，横桥向宽7.0米，横、纵桥向壁厚均为0.60米，其中10号、13号墩其余部分为纵桥向10.0米，横桥向7.0米的等截面空心墩，墩高分别为102.5米、107.5米；11号、12号墩其余部分为变截面空心墩，墩高116米。

肇花高速公路北江特大桥

位于广东省肇庆市芦苞镇，为G94珠三角环线高速公路肇花段跨越北江的特大桥，于2014年建成。

全桥长4182.56米。桥梁起点至北江西岸大堤采用25米跨简支小箱梁，桥面由16.75米变宽至20.75米；跨越西岸大堤（又称安乐围）及右汊辅航道，设计采用(52+2×85+52)米刚构—连续组合结构；跨越中汊主航道采用(125+210+125)米连续刚构；中汊与右汊航道间引桥采用40米、42米跨连续小箱梁；跨越左汊主航道及东岸北江大堤、南北大道（S269）采用(65+4×100+62.5+35)米刚构—连续组合结构；中汊与左汊之间桥跨采用2×65米T形刚构过渡；东岸引桥除桥宽变化剧烈段采用现浇连续箱梁外，均采用23米至27米跨的简支小箱梁。主桥宽38米，双向六车道。

三水河特大桥

位于陕西省咸阳市旬邑县,是G69银百高速公路陕西咸旬段的重点、难点和控制性工程,于2014年12月3日建成。

大桥全长1688米,桥面宽24.5米,主桥采用(98+5×185+98)米七跨变截面预应力混凝土连续刚构,最大跨径185米,分24个悬臂浇筑节段。

设计过程中,开展超高墩抗震设计研究,从地震动输入方式对结构影响、抗震构造措施设计与分析方法三方面入手,最后确定了结构尺寸及配筋方式,填补了国内空白。

开展超高墩稳定性研究,结合桥墩形式及结构尺寸详细的分析计算结果,提出上部结构不连接、桥墩左右幅通过横向预应力系梁连接、整体式群桩基础的设计方案,有效解决了高墩失稳问题。

鉴于三水河特大桥最大墩高为183米,开展高墩大跨桥梁抗风稳定性研究,为以后同类型桥梁提供了技术支撑。

在施工阶段,采用深海专用设备——泥浆净化处理装置进行清孔,清孔效率大幅提高;主墩施工在陕西省首次使用液压自动爬模技术,节省了施工时间,提高了质量可靠度。

The Modern Beam Bridges

娄怀高速公路新溆段两江特大桥

位于湖南省怀化市溆浦县两江乡,为湖南S70娄怀高速公路新溆段跨越善溪江的特大桥,于2014年12月建成。

该桥右幅全长1172米,主桥为(90+2×170+90)米连续刚构,引桥为(3×30+4×30+12×30)米、3×40米连续T梁,桥宽11.75米,单向两车道。

G42₁₆丽攀高速公路庄上金沙江大桥

位于四川省攀枝花市西区格里坪镇金堂村及太平乡灰噶村交界,是G42₁₆丽江至攀枝花高速公路跨金沙江的大桥,于2014年建成。

主桥上部结构采用(95+180+95)米连续刚构,主跨180米,桥梁高度54.0米。两岸引桥分别采用1×30米、2×30米预应力混凝土T形梁。桥宽24米,双向四车道。下部结构主桥墩采用双薄壁墩,基础为承台+群桩;引桥墩采用双柱式圆形墩,圆桩基础。丽江岸采用桩柱式桥台,金江岸采用肋板式桥台。

台州大竹山跨海特大桥

台州中心港区(临海)疏港公路一期白沙至头门段工程，是浙江省台州市临海港区三大工程之一，工程起点为临海市上盘镇白沙村附近，与现有的东海大道相平交，经白沙、麂晴山、大竹山至路线终点头门岛，路线全长15.608公里。其中，大竹山跨海特大桥全长2.545公里，于2014年9月建成。

桥梁上部结构为[4×(2×16)+3×16]米预应力混凝土刚架+5×(6×50)米预应力混凝土连续箱梁+(95+170+95)米预应力混凝土连续刚构+2×(5×50)米预应力混凝土连续箱梁；下部结构采用矩形截面花瓶式实体墩，圆形承台钢管桩基础及矩形承台钻孔灌注桩基础，通航孔主墩为八边形承台钻孔灌注桩基础。主桥为(95+170+95)米预应力混凝土连续刚构。

桥梁宽12米，设计速度80公里/小时。桥涵设计洪水频率为1/300，结构设计基准期为100年，抗震设防烈度为Ⅵ度。

丹灶特大桥

位于广东省佛山市，为广东S5广州番禺至佛山高明高速公路跨越顺德水道的特大桥，于2014年建成。

大桥主桥长430米，主跨布置为(115+200+115)米连续刚构，桥宽33.5米，双向六车道。在深水承台施工中，采用钢套箱围堰具有可靠的整体性和良好的防水性，侧模能够分块拼装重复使用，材料周转利用率高。

沮河特大桥

位于陕西省铜川市耀州区，为G65包茂高速公路陕西黄陵至铜川段跨沮河的特大桥，于2013年建成。

该桥主桥为（85+3×160+85）米预应力混凝土连续刚构，引桥分别为30米、40米简支变连续小箱梁。主梁采用单箱单室截面，顶宽16.65米，底宽8.65米，根部梁高9.8米，跨中梁高3.5米，梁底曲线按1.8次抛物线变化。中间两主墩采用矩形薄壁空心截面，桥面距谷底159米。桥面全宽33.5米，双向六车道，设计速度100公里/小时，设计荷载等级为公路—Ⅰ级。

鱼鲊金沙江大桥

位于四川省凉山彝族自治州会理县与攀枝花市仁和区之间，是G108线上跨金沙江、连接会理县鱼鲊乡鱼鲊村和仁和区大龙潭彝族乡拉鲊村的桥梁，于2015年4月24日建成。

桥梁总长1013米，主桥长378米，引桥长635米，主桥采用（99+180+99）米连续刚构。桥梁宽18.5米，双向四车道。下部结构为双肢薄壁桥墩，基础为承台+群桩基础，桩径为2.5米。该桥建成通车，结束了108国道会理县依靠轮渡过江的历史。

武曲特大桥

位于福建省宁德市寿宁县，系溧宁高速公路跨越晓汾溪的特大桥，于2015年建成。

主桥长1222米，左幅桥跨布置为[4×40+4×30+2×（5×30）+4×30+3×40+5×30+2×（4×30）]米，右幅桥跨布置为[5×40+4×（4×30）+3×40+2×（5×30）+4×30]米。上部结构为预应力混凝土连续T梁、预应力混凝土连续刚构T梁。桥宽24.5米，双向四车道。下部结构为柱式墩配桩基础，柱台、肋台及板凳台配桩基础。

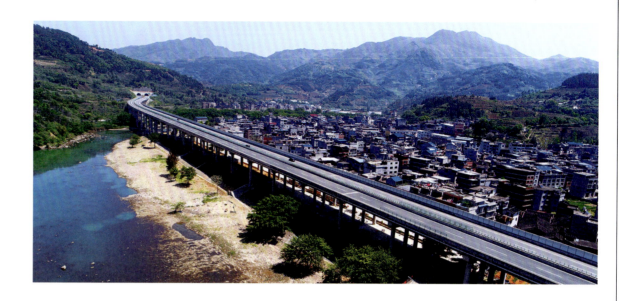

G85银昆高速公路牛家沟大桥

位于云南省昭通市大关县，系G85银川至昆明高速公路云南麻柳湾至昭通段上的特大桥，于2015年10月建成。

该桥总长556米，主桥为（95+180+95）米预应力混凝土连续刚构梁桥；麻柳湾岸引桥采用2×30米预应力混凝土简支T梁，昭通岸引桥采用4×30米简支变连续组合T梁。主墩采用双肢变截面矩形空心薄壁墩，钻孔灌注桩基础。该桥单幅桥宽12米，设计荷载等级为公路—I级，设计速度80公里/小时。

蕲河二桥

位于湖北省黄冈市蕲春县赤东镇、横车镇，是省道黄标公路清水河至千鱼咀段改建工程项目的第三标段，2015年10月30日通车。

桥梁全长808米，共计22跨，分两幅，桥跨布置为（3×30+4×30+60+110+60+4×30+4×30+4×30）米，主跨为（60+110+60）米变截面预应力混凝土连续刚构，采用桁架式贝雷片挂篮悬浇施工工艺，引桥采用30米后张法预制预应力混凝土小箱梁。主桥主墩采用双肢薄壁墩，引桥墩为双柱式桥墩。桥梁单幅宽12米，双幅净间距50厘米，设计速度80公里/小时，设计荷载等级为公路—I级。

中国现代梁桥 | 连续刚构梁桥

G76厦蓉高速公路清织段三岔河特大桥

位于贵州省毕节市织金县，为G76厦蓉高速公路清织段横跨三岔河的特大桥，于2012年5月开工建设，2015年2月建成。

三岔河特大桥是贵州省清镇至织金高速公路第四合同段内一座控制性桥梁，大桥全长1576.137米，桥跨布置为12×30米预应力混凝土T梁+（122+3×230+122）米预应力混凝土箱形梁连续刚构+6×40米预应力混凝土T梁。设计速度80公里/小时，双向四车道，路基标准横断面宽24.5米。

主跨230米连续刚构上部箱梁为变截面单箱单室断面，箱顶宽12.0米，底宽6.5米；箱梁高度（梁高以裸箱梁低侧腹板处箱梁顶面到箱梁底面的距离计）在各墩与箱梁相接的根部断面梁高为14.5米，现浇段和合龙段梁高均为4.5米，其余梁底下缘按1.6次抛物线变化，0号梁段总长18米，在与墩身对应的16米范围内等梁高（为14.5米），两边各1米范围内位于抛物线上。主墩均为两端刚性固接的钢筋混凝土薄壁空心墩，左右幅整体设计，为双肢单箱三室。

The Modern Beam Bridges

凯峡河大桥

位于贵州省铜仁市石阡县,为贵州江口至瓮安高速公路上的一座特大型桥梁,于2015年12月建成通车。

主桥跨径为(118+220+160+58)米预应力混凝土连续刚构,设计速度80公里/小时,桥宽整体式路基21.5米,抗震设防烈度为Ⅵ度。

A、B区段箱梁根部梁高为14.0米,C区段箱梁根部梁高为8.0米,三个区段跨中梁高均为4.0米,顶板厚28厘米;A、B区段底板厚从跨中至根部由32厘米变化为160厘米,C区段底板厚从跨中至根部由32厘米变化为75厘米;A、B区段腹板从跨中至根部分三段采用45厘米、65厘米、80厘米三种厚度,C区段腹板从跨中至根部分两段采用45厘米、70厘米两种厚度;A、B区段箱梁高度和底板厚度按1.8次抛物线变化,C区段箱梁高度和底板厚度按2.0次抛物线变化。

贺坪峡大桥

位于河北省邢台市,是G25 16东营至吕梁高速公路河北境内邢台至冀晋界段上的一座大桥。该桥于2011年开工,2015年12月通车。

大桥采用分幅设计,左幅主桥为(80+150+80)米预应力混凝土连续刚构;右幅主桥为(80+140+75)米预应力混凝土连续刚构。左幅箱梁顶宽14.13米,底宽7.5米,翼缘悬臂长3.32米,根部梁高9.2米,跨中梁高3.3米。标准顶板厚28厘米,根部顶板加厚至50厘米;底板厚度从跨中至根部由32厘米变化为110厘米;腹板从根部至跨中分三段采用85厘米、65厘米和50厘米三种厚度;箱梁高度和底板厚度均按2.0次抛物线变化。主墩采用双肢薄壁墩,单肢截面尺寸7.5米×2.0米,肢间净距7米。基础采用9根直径为2.2米的钻(挖)孔灌注桩,纵、横向均按三排布置。

The Modern Beam Bridges

龙瑞高速公路老团坡特大桥

位于云南省德宏傣族景颇族自治州芒市镇象滚塘村,系G56杭瑞高速公路云南龙陵至瑞丽段跨越菁沟的特大桥,于2015年12月31日建成。

老团坡特大桥跨越高黎贡山深谷——菁沟,是龙瑞高速公路控制性工程之一。主桥为(90+160+90)米预应力混凝土连续刚构桥,引桥为预应力混凝土连续T梁桥。箱梁顶宽为12米,底宽为6.5米,箱梁为单箱单室断面。箱梁根部梁高为10米,跨中梁高为3.5米,腹板厚度分别为0.7米和0.5米,底板厚度由中部的0.32米按1.6次抛物线变化至根部的1.2米。梁桥分左右两幅,桥面宽各为12米,横坡2%,纵坡-2.5%,按高速公路标准建设,设计速度80公里/小时。

主墩为3号、4号墩,设计采用H形双肢空心薄壁,单肢平面尺寸为6.5米×2.5米。承台尺寸为13.2米×11.2米×5米,桩基础采用9根直径2米钻孔灌注桩。

中国现代梁桥 | 连续刚构梁桥

交溪特大桥

位于福建省宁德市福安市，是沈海高速公路复线柘荣至福安段跨越交溪的特大桥，于2015年12月建成。

该桥分左右两幅，右幅为5×30米连续T梁+（85+155+85）米连续刚构+5×30米连续T梁；左幅为5×30米连续T梁+（85+155+85）米连续刚构+4×30米连续T梁。桥宽24米，双向四车道。下部结构为箱形墩、柱式墩、桩基础。

The Modern Beam Bridges

西长凤高速公路泾河特大桥

位于甘肃省平凉市泾川县与庆阳市宁县间,为西长凤高速公路横跨泾河和西平铁路的特大桥,于2015年12月4日建成。

该桥全长1723米,北连董志塬,南接长武塬,被誉为"陇东第一桥"。泾河特大桥桥墩最高为79米,桥面最高处达89米,建设时是甘肃省公路第一高桥。桥梁主桥桥跨布置为(87+5×162+87)米七跨变截面预应力混凝土刚构箱梁,引桥第一、第三、第四联分别为(35+4×50)米、4×50米、2×50米装配式预应力混凝土T形连续梁,引桥第五、第六联分别为(30+35+35)米、(35+35+30)米预应力现浇混凝土连续箱梁,连接互通立交。主桥基础为群桩加整体式承台结构,桩深最大为55米,直径为2.5米,墩身为矩形薄壁墩,墩身最高为79米。整个泾河特大桥的结构设计和施工技术难度为甘肃公路桥梁建设史之最。

施工期间,建设单位通过细化组织实施方案,不断优化施工工艺和混凝土施工配合比,杜绝桥梁通病的发生;积极采用新技术新工艺,墩身选用悬臂爬升维萨木模板,结构物变形控制有了极大的保证;在甘肃桥梁建设中,在高强度混凝土中首次使用高效羧酸减水剂、掺加粉煤灰等优化措施,确保混凝土泵送和易性,降低大体积混凝土水化热。此外,为保证泾河特大桥建设的顺利推进,还委托具有一定科研水平的兰州交大、北京交科大对本桥进行施工监控和关键技术研究,及时解决重大技术难题。同时,通过远程互联网技术对大桥进行实时在线监控,确保施工安全。

该桥为2010年度甘肃省公路水运工程"平安工地"建设示范合同段,荣获2013年度甘肃省建设工程"飞天奖"。

高沁高速公路里必沁水河特大桥

高平至沁水高速公路是山西省高速公路网规划"三纵十二横十二环"中第十一横的重要组成部分,项目的建设对完善山西省高速公路网络,形成煤炭运输的快速通道,发展地方经济具有重要意义。

里必沁水河特大桥位于山西省晋城市沁水县,是S80陵侯高速公路上横跨侯月双线铁路和省道S331及沁水河的22跨双线特大桥。于2015年12月建成。

左幅桥梁全长1347米,跨径组合为3×30米装配式预应力混凝土连续箱梁+(80+3×150+80)米预应力混凝土连续刚构+8×30米装配式预应力混凝土连续箱梁+(80+150+80)米预应力混凝土刚构+3×30米装配式预应力混凝土连续箱梁。全桥共分六联,桥墩采用钢筋混凝土柱式墩、实体墩、空心墩,灌注桩基础;桥台采用柱式台,灌注桩基础。该桥采用上、下行分离的四车道高速公路设计标准,标准桥面净宽11米,设计速度80公里/小时。

该桥由于跨径大,跨径长短不同,桥梁伸缩缝采用了560型、320型、160型和80型单元式多向变位梳形板伸缩装置,安装间隙尺寸根据施工时的有效温度进行调整。通车运营后,大桥行车舒适性、平稳性得到一致好评。

新兴江特大桥

位于广东省云浮市新兴县新城镇至坪上村开阔地带,系G25$_{18}$深岑高速公路上跨新兴江的特大桥,于2015年12月建成。

大桥左幅长1470.56米,右幅长1420.56米,主桥为(45+70+45)米变截面现浇连续刚构,其余部分为25米小箱梁、30米现浇箱梁;单幅桥宽17.25米,单向三车道。

昭会高速公路牛栏江特大桥

位于云南省曲靖市会泽县与昭通市鲁甸县交界处，系G85银昆高速公路云南昭通至会泽段上的特大桥，于2015年建成。

主桥为(102+190+102)米预应力混凝土连续刚构，两岸引桥为30米先简支后刚构T梁。主梁采用单箱单室断面，顶宽12.0米，底宽6.5米，根部梁高11.7米，跨中梁高4.2米。主墩采用双肢变截面矩形空心墩，最大墩高130米，钻孔灌注桩基础。桥面宽12米，设计荷载等级为公路—Ⅰ级，设计速度80公里／小时。

法朗沟特大桥

位于贵州省毕节市，系G76厦蓉高速公路贵州段的一座特大桥，于2015年建成。

该桥主桥为(125+225+125)米预应力混凝土连续刚构，主梁采用单箱单室截面，顶宽12.0米，底宽6.0米，根部梁高13.5米，现浇段和合龙段梁高均为5.0米，梁底下缘按1.8次抛物线变化。主墩为双肢薄壁空心墩，桥面跨沟底223米。桥面全宽24.0米，双向四车道，设计速度80公里／小时，设计荷载等级为公路—Ⅰ级。

塘屋岭特大桥

位于广西壮族自治区桂林市灌阳县，系G76厦蓉高速公路广西段跨新富江的特大桥，于2015年11月15日建成。

该桥全长784.08米，采用分幅式，桥跨组合为（5×40+92+2×172+92+40）米，主桥为预应力混凝土连续刚构，引桥永安关侧为5×40米、凤凰侧为40米先简支后连续后张法预应力混凝土T梁，主桥主墩为空心薄壁墩，整体式承台接群桩基础；引桥墩根据高度不同分别采用空心墩或柱式墩，基础为钻孔桩，桥台为U形桥台，采用扩大基础。

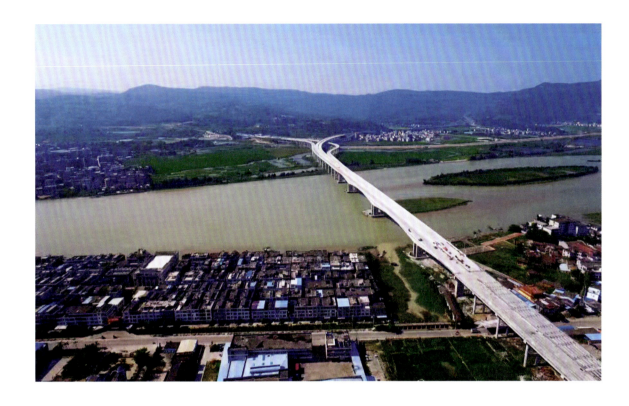

东岱特大桥（浦口枢纽互通M主线桥）

位于福建省福州市连江县东岱镇，上跨敖江入海口河段长门窄口，隶属福州绕城公路东南段浦口枢纽互通，主线桥两端连接浦口镇和东岱镇，于2015年12月合龙。

大桥全长1587米，主桥采用（90+160+160+90）米预应力混凝土变截面连续刚构箱梁。主桥上跨航道，航道为Ⅵ级航道，通航净空为79.5×16.15米，主桥桥面宽2×16.5米。主桥下部采用双肢薄壁墩，墩位上两个相互平行的墩壁与主梁固结，增加桥墩的刚度。

该桥处于敖江入海口，耐久性对本桥显得尤为关键。下部结构处于海水环境的桥墩、盖梁、墩柱、承台及桩基均采用C50海工混凝土，主墩顶5米范围内采用C55海工混凝土。

重庆丰都龙河新桥

位于重庆市丰都县沙湾四环路，终点与丰都龙河东组团B区市政干道A线道路接顺，为S205线上跨龙河的桥梁，于2016年建成。

桥梁全长337米，左右分幅设计，主桥跨径布置为（85+152+85）米连续刚构，单幅横断面采用单箱单室截面，三向预应力结构，纵横两向预应力均为钢绞线，竖向预应力采用精轧螺纹钢筋。箱梁顶宽14米，底宽7米，翼缘悬挑3.5米。变截面连续刚构梁高从9米变化到3米，底板厚度按1.8次抛物线渐变。顶板厚度为28厘米，底板厚度为32厘米至100厘米，腹板厚度45厘米至90厘米。在墩柱设置两个横隔板，端部设置一个横隔板。桥面总宽29米，单幅宽14米，双向六车道，按城市主干道Ⅲ级标准进行控制。下部结构采用重力式U形台及双薄壁墩。

主桥采用挂篮对称悬臂浇筑的方式，边跨直线段及边跨合龙段采用满堂支架浇筑。

中国现代梁桥 | 连续刚构梁桥

鹤大高速公路二道松花江特大桥

位于吉林省延边朝鲜族自治州敦化市大蒲柴河镇松江河村附近,为鹤大高速公路跨越二道松花江的特大桥,于2016年10月建成。

桥梁全长1260米,桥跨布置为(3×40+3×40+4×40)米预制T梁+(66+120+66)米连续刚构+(4×40+4×40)米预制T梁,桥宽23米,双向四车道。下部结构为柱式墩、空心墩、肋板台、桩基础。设计荷载等级为公路—Ⅰ级,设计洪水频率为1/300。

The Modern Beam Bridges

凤台淮河公路二桥

位于安徽省淮南市凤台县，是G237线跨越淮河的特大桥，于2016年建成。

桥梁工程全长5.25公里，起于凤台城市道路南湖大道，向东南跨越省道S102，穿越淮河后，经李冲回族乡魏台、民族两村，止于李冲回族乡医院北侧，再次与省道S102相接。其中大桥长4.447公里，全线新建；主桥为（97+176+97）米三跨连续刚构梁桥，跨堤引桥为（37.5+60+37.5）米三跨变截面连续梁桥，堤内引桥为40米预制T梁，堤外引桥为30米预制T梁。桥面全宽32米，规划标准为双向六车道，一级公路技术标准，同时考虑3米慢行系统，设计速度80公里/小时。

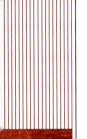

古龙山大桥

位于广西壮族自治区百色市靖西县湖润镇新灵村新桥屯，系S60合那高速公路崇左至靖西段跨越国家AAAA级风景区——靖西古龙山的特大桥，于2016年5月30日建成。古龙山大桥与景区环境协调，成为景区的一道靓丽风景线。

桥梁起点崇左端位于山体鞍部，跨越古龙山大峡谷漂流区，终点靖西端位于半山腰，与新灵隧道进口相接。左右幅桥长分别为930米、970米，主桥桥跨布置为（65+3×120+65）米，采用五跨预应力混凝土连续刚构箱梁。左幅桥崇左侧引桥为（2×40+4×40）米先简支后连续预应力混凝土T梁（后张），靖西侧引桥为5×40米先简支后连续预应力混凝土T梁（后张）；右幅桥崇左侧引桥为（3×40+4×40）米先简支后连续预应力混凝土T梁（后张），靖西侧引桥为5×40米先简支后连续预应力混凝土T梁（后张）。

主桥最高墩身107米，为钢筋混凝土双肢薄壁空心墩，是广西少有的超百米高墩桥梁之一。建设过程中采用先进的套筒跟进技术，尽量减少了对风景区的污染；在高墩施工中采用先进的爬模施工工艺，既加快了施工进度，又确保了施工安全。

中国现代梁桥 | 连续刚构梁桥

铜西河特大桥

位于重庆市酉阳土家族苗族自治县，为S26酉沿高速公路上跨铜西河的特大桥，于2016年6月15日建成。

该桥为分离式双幅桥，均为3联，跨径总长696米，跨径布置均为（3×40+98+180+98+5×40）米，全桥上部结构主桥为（98+180+98）米预应力混凝土连续刚构，引桥为预应力混凝土先简支后连续T梁。下部结构：左线桥台采用U形桥台，桥墩采用薄壁墩、柱式墩，桥墩采用桩基础；右线0号桥台采用柱式台，11号桥台采用U形桥台，桥墩采用薄壁墩、柱式墩，桥墩采用桩基础，桥台采用扩大基础。

左右线除3号桥墩采用钻孔桩外，其余桥墩桩基均采用人工挖孔桩。预应力混凝土连续刚构桥上部结构采用双悬臂挂篮逐块对称现浇施工工艺。下部结构主墩为矩形空心墩，最大墩高为112米。

磨石溪特大桥

位于重庆市酉阳土家族苗族自治县，为S26酉沿高速公路上跨磨石溪溪沟的特大桥，于2016年6月15日建成。

该桥为分离式双幅桥，左幅总长816米，分4联，跨径布置为（5×40+98+180+98+3×40+3×40）米；右幅总长776米，分3联，跨径布置为（5×40+98+180+98+5×40）米，桥梁全长782米。主桥上部结构均为（98+180+98）米预应力混凝土连续刚构，引桥为预应力混凝土先简支后连续T梁。下部结构：主桥墩为空心薄壁墩，引桥墩为薄壁墩、柱式墩；桥台采用柱式台，桥墩及桥台基础采用桩基础（挖孔桩）。预应力混凝土连续刚构桥上部结构采用双悬臂挂篮逐块对称现浇施工工艺。下部结构主墩为矩形空心墩，最大墩高124.5米。

小河特大桥

位于重庆市酉阳土家族苗族自治县小河镇与贵州省铜仁市沿河土家族自治县沙子街道（原沙子镇）交界处，跨越甘龙河，是贵州沿（河）德（江）高速公路和重庆S26沿（河）酉（阳）高速公路的连接桥，于2016年6月15日建成。

该桥全长617米，桥梁跨径组成为4×40米预应力混凝土T梁+（98+180+98）米连续刚构+2×40米预应力混凝土T梁；桥宽10.625米，为左右幅分离式桥，单箱单室断面（直腹板）。主桥箱梁根部梁高11.5米，跨中梁高4米，中间梁高按1.6次抛物线变化。主墩采用双空心薄壁墩，过渡墩采用空心薄壁墩，主墩墩高分别为99.38米、106.98米，过渡墩墩高分别为70米、40米。基础采用挖孔灌注桩群桩基础；引桥上部采用预应力混凝土连续T梁，引桥墩采用圆柱式桥墩。

甘龙河为贵州省与重庆市界河，交通极为不便，物资材料供应困难，缺少河砂，只能考虑采用机制砂混凝土。本桥刚构离地面高度约150米，采用泵送混凝土工艺。与一般混凝土相比，本桥刚构混凝土不仅要考虑满足设计的C55高强度、耐久性，更要考虑到良好的工作性及可泵性。

土槽湾綦江大桥

位于重庆市綦江区，系重庆三环高速公路江津至綦江段跨越綦江河及老川黔公路（G210线）的桥梁，于2016年9月建成。

主桥为（82+150+82）米连续刚构桥；桥宽24米，双向四车道。主桥下部采用双薄壁式桥墩，桩基础。主桥箱梁采用挂篮悬臂浇筑，当主桥墩完成后，墩顶0号块在墩顶预埋牛腿支撑的托架上施工，用挂篮依次悬臂浇筑其余梁段。

采用了竖向预应力筋二次张拉，克服了因竖向预应力不足而导致大跨径预应力混凝土梁桥在施工过程或使用阶段出现混凝土开裂、下挠等病害，达到短索低回缩高效锚固的效果。

下平川特大桥

位于贵州省六盘水市盘县水塘镇下平川村,为S77威板高速公路盘兴段跨越下平川峡谷及村道的特大桥,于2016年建成。

大桥左右幅桥桥长均为697.5米,最大桥高为179米,设计荷载等级为公路—I级,分离式四车道,桥面宽12.25米。左右线桥跨布置均为3×30米预应力混凝土连续刚构T梁+(85+160+85)米预应力混凝土连续刚构箱梁+4×30米预应力混凝土连续刚构T梁+5×30米预应力混凝土连续T梁。主桥上部箱梁为变截面单箱单室断面,箱梁顶宽12.25米,底宽6.75米,顶板悬臂长度2.75米。

红岩溪特大桥

位于湖南省湘西土家族苗族自治州龙山县,为S99龙永高速公路跨越洗车河的特大桥,于2016年建成。

该桥全长1092米,桥跨布置为4×40米连续T梁+(116+220+116)米连续刚构+12×40米连续T梁,桥宽24.5米,双向四车道。下部结构为双柱式桥墩、薄壁空心墩。

中国桥谱 之 中国现代梁桥 | 连续刚构梁桥

尕玛羊曲黄河特大桥

位于青海省海南藏族自治州兴海县和贵南县交界，系G572贵南至乌兰公路跨越黄河的特大桥梁，于2016年10月建成。

该桥全长2418米，跨径组合为25×40米连续箱梁+（65+5×120+65）米预应力混凝土变截面刚构—连续梁组合+17×40米连续箱梁，最大桥高124米，最大墩高111.0米。主梁采用直腹板单箱单室截面，箱梁采用直腹板。主梁采用三向预应力混凝土结构。主桥下部均采用薄壁空心墩，引桥下部根据墩高分别采用空心薄壁墩(墩高大于35米)或双柱式墩(墩高小于35米)；桥台采用肋板式和柱式桥台、桩基础。

该桥主墩最高达111米，墩身施工选用爬模施工工艺，采用塔吊整体提升模板架体，节段施工过程中使用的工具可以随模板提升，节省大量人力物力。连续刚构主梁0号块托架预压采取了千斤顶反拉技术，安全高效，而且大大缩短了托架预压时间。

盘兴高速公路夹马石特大桥

位于贵州省六盘水市盘州市夹马石村,为S77威板高速公路盘兴段跨越多条小冲沟下游沟道及沟口段的特大桥,于2016年12月建成。

桥梁为双向四车道,全长1415.35米,全宽为12.25米。跨径布置:左线桥为(4×30)米预应力混凝土连续T梁+2×(4×30)米预应力混凝土连续刚构T梁+2×(4×30)米预应力混凝土连续T梁+2×(4×30)米预应力混凝土连续刚构T梁+(3×30)米预应力混凝土连续T梁+(3×30+4×30)米预应力混凝土连续刚构T梁+3×(3×30)米预应力混凝土连续T梁,右线桥为(4×30)米预应力混凝土连续T梁+2×(4×30)米预应力混凝土连续刚构T梁+2×(4×30)米预应力混凝土连续T梁+2×(4×30)米预应力混凝土连续刚构T梁+(3×30)米预应力混凝土连续T梁+(3×30+4×30)米预应力混凝土连续刚构T梁+3×(3×30)米预应力混凝土连续T梁。上部结构为30米后张预应力混凝土T梁,先简支后连续刚构。桥墩采用双柱式墩,钻孔桩基础。除左线终点侧采用U台、扩基,其余台均采用明台、扩基。

桥址区地处岩溶溶蚀中高山区斜坡地带,桥位区部分段落为灰岩,岩溶发育,根据地勘钻孔资料部分钻孔发现溶洞,桩基施工中,机械成孔遇到溶洞时采取灌入C20片石混凝土回填溶洞使溶洞区域段落封闭后,再进行冲孔施工;采用人工挖孔桩基施工时,小型溶洞可采取回填碎石土,大型溶洞可采取回填C20片石混凝土,待回填沉降稳定后重新挖孔施工,护壁采用C25钢筋混凝土。

合江赤水河特大桥

位于四川省泸州市合江县，系S308线合江至泸州一级公路上跨赤水河的特大桥，于2016年建成。

主桥上部结构采用（105+200+105）米连续刚构，主跨200米，桥梁高度82.4米。两岸引桥分别采用4×40米、40米预应力混凝土T梁。桥宽29米，双向四车道。下部结构主桥墩采用钢筋混凝土双薄壁柔性墩和钻孔灌注桩；引桥墩采用分幅双柱矩形墩和挖孔方桩，两岸均采用桩柱式桥台。

赤望高速公路耳海河特大桥

位于贵州省毕节市黔西县，为贵州S55赤水至望谟高速公路白腊坎至黔西段控制性工程。2014年10月开工建设，2016年12月建成。

耳海河特大桥全长1420米，桥跨布置为3×40米T梁+（102+4×190+102）米连续刚构+8×40米T梁，主桥采用预应力混凝土变高度连续箱梁，最大墩高175米。设计速度80公里/小时，双向四车道，路基标准横断面宽24.5米。

该桥主墩、次边墩、边主墩墩身高大，且各主墩高差达73米，主墩间刚度协调困难，采用分设不同道数永久系梁、永久系梁结合临时系梁、变宽截面结合等截面墩身设计，并对永久系梁位置进行局部优化，不仅使各墩刚度协调、统一，满足施工、使用不同状态，更兼顾了全桥整体景观要求。

G85银昆高速公路渠江特大桥

位于四川省广安市岳池县中和镇与罗渡镇之间，是G85银昆高速公路巴中至广安段跨越渠江的一座特大桥，于2016年建成。

主桥上部结构采用（85+160+85）米连续刚构，主跨160米，桥梁高度85.4米，两岸引桥分别采用3×30米、3×30米预应力混凝土T形梁；桥宽28米，双向四车道。下部结构主桥墩采用双薄壁墩和钻孔灌注桩基础；引桥墩采用空心薄壁墩和嵌岩方桩基础。桥台为整幅式桥台，均采用重力式桥台。

连云港海滨大道跨海大桥

位于江苏省连云港市，起自高公岛，止于烧香河闸南，跨越海州湾，是海滨大道的重要组成部分，于2016年4月建成。

桥梁全长4752米，大桥左幅共114跨，右幅共112跨，由北引桥、主通航孔桥、中引桥、辅通航孔桥、南引桥五部分组成。跨径布置为（70+125+70）米，主通航孔为主跨125米的现浇箱梁，通航高度32.5米，桥宽34米，双向六车道，设计速度60公里/小时。下部结构为圆端形双薄壁墩。

该桥共申报了5项"实用新型专利"，其中已有3项取得了国家专利授权证书，即《一种锁口钢管桩围堰》《一种跨海大桥宽大墩身钢筋笼整体预制胎架》《一种用于水中淤泥层中深基坑施工的围堰》。

中国现代梁桥 | 连续刚构梁桥

金银峡綦江大桥

位于重庆市江津区,系重庆三环高速公路江津至綦江段跨綦江河的特大桥,于2016年9月建成。

该桥全长440米,跨径组合为3×30米简支T梁+(72+130+72)米连续刚构+2×30米先简支后连续T梁。桥宽24米,双向四车道。主桥下部采用双壁式桥墩,桩基础。

The Modern Beam Bridges

新昌新林特大桥

位于浙江省绍兴市新昌县,为S309线江拔公路跨越钦寸水库的桥梁,于2016年建成。

桥梁全长695米,桥跨布置为(25+86+3×155+86+25)米。主跨为155米的变截面连续刚构,桥宽15米,双向两车道。下部结构为薄壁墩。

清远伦洲大桥

伦洲大桥及引道工程项目路线起点位于广东省清远市学贤路,经蟠龙隧道,向南跨越东城大道、院南路,在东城大塱村跨过北江至洲心沥头村,向南跨越北江东路,与人民东路相交,终点接迎宾大道起点,于2017年2月建成。

该工程全长4.45公里,伦洲大桥桥址位于凤城大桥上游约4.5公里处的伦洲岛西侧,桥长1426.6米,跨径组合为:(10×30+6×45+65+2×110+65+3×45+2×45+3×34.8+25.5+25.5+37.5+27.5+2×28.5)米。主桥采用主跨2×110米预应力混凝土刚构—连续组合梁,标准段引桥采用30米、45米跨预制小箱梁,北江互通范围内引桥采用预应力混凝土现浇箱梁。

伦洲大桥及引道工程是清远市中心城区扩容提质首批重点项目之一,是清远市燕湖新城的核心基建项目,是连接北江两岸的重要交通节点。大桥设计充分考虑了复杂岩溶对桥梁结构及施工的影响。

江都高速公路温泉特大桥

位于贵州省贵阳市息烽县温泉镇，横跨两条冲沟，两岸桥台位于斜坡上，系贵州S30江口至都格高速公路开阳至息烽段上的特大桥，于2017年建成。

桥梁全长945.6米，孔跨布置为5×40米预应力混凝土先简支后连续T梁+（86+3×160+86）米预应力混凝土箱形梁连续刚构+2×40米预应力混凝土先简支后连续T梁。

主桥箱梁为变截面单箱单室断面，箱顶宽12.0米，底宽6.5米。箱梁顶面设单向2.0％横坡。0号梁段梁高10.0米，现浇段和合龙段梁高均为3.2米，其间梁底下缘曲线按1.6次抛物线变化。桥宽24.5米，双向四车道。设计荷载等级为公路—I级，设计速度80公里／小时。

桥区附近海拔763.4米至1005.0米，相对高差241.6米。主桥墩为矩形空心薄壁墩、箱墩，承台桩基础；引桥墩为圆形双柱式桥墩、矩形空心薄壁墩，桩基础，桥台采用U形台桩基。

下保田特大桥

位于贵州省六盘水市盘州市保田镇下保田村。桥梁跨越盘南工业园，为S77威板高速公路盘兴段上的特大桥，于2016年建成。

全桥长1207.35米，左右幅桥跨布置均为3×40米预应力混凝土连续T梁+7×(3×40)米预应力混凝土连续刚构T梁+2×(3×40)米预应力混凝土连续T梁。

大桥部分桥位处纵横坡坡度较陡，地形地质条件复杂，设计采用桩基为嵌岩桩时，桩基有效嵌岩深度应保证不小于设计值。施工中结合地形、地貌，对照详勘资料和基础开挖情况进行认真判断，确保基础埋置深度满足嵌岩和承载力要求。

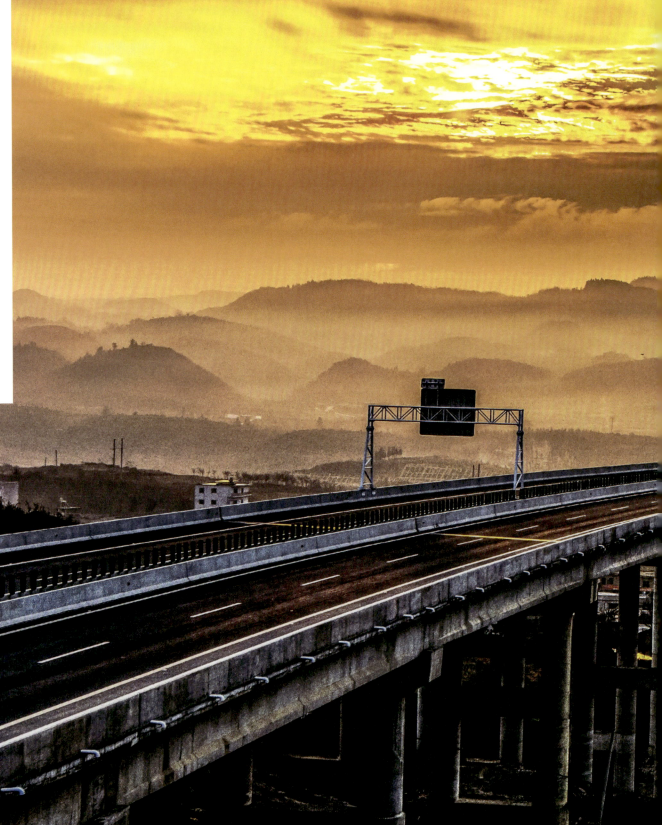

The Modern Beam Bridges

塘库融江特大桥

位于广西壮族自治区柳州市三江侗族自治县塘库村，为S31三北高速公路跨融江的特大桥，于2017年建成。

桥梁跨径组合为[2×（3×50）+4×40+66+120+66+4×（4×40+3×40）]米。主桥上部采用（66+120+66）米预应力混凝土变截面连续刚构，引桥上部采用50米和40米装配式预应力混凝土先简支后连续T梁。桥宽26米，双向四车道。主桥下部结构11号、12号主墩采用钢筋混凝土双墙式桥墩，采用钻孔灌注桩基础，基桩按嵌岩桩设计，承台厚度3.0米。引桥下部结构为双柱式桥墩，基桩为钻孔灌注桩基础。桥台均采用桩柱式桥台。箱梁采用挂篮悬臂施工工艺。

土坎乌江特大桥

位于重庆市武隆区，起于武隆区羊角镇鹅岭村1组与既有319国道相接，跨越乌江经过土坎镇，沿既有巷土公路，到达终点与巷双路相接，于2017年5月建成。

该工程全长2.78公里，由长528米乌江大桥和2254.5米引道路基组成，其中桥梁跨径组合为2×25米T梁+（96+180+96）米连续刚构+3×30米T梁，主梁采用变截面单箱单室截面，箱梁顶板宽度达到19.5米，底板宽度为11米。

工程运用了数控钢筋弯曲机、智能张拉设备、高强高性能混凝土、纤维混凝土、混凝土裂缝控制、钢筋焊接网、大直径钢筋直螺纹连接、无黏结预应力技术、组拼式大模板技术、挂篮悬臂施工技术等3大项10小项新技术。针对工程实际，通过对土坎乌江特大桥包括箱梁开裂控制在内的大跨径宽箱室高强混凝土连续刚构桥施工质量的研究，对其施工阶段的线形、应力及结构混凝土开裂进行控制，达到梁体线形美观，无开裂。

赤望高速公路黑土特大桥

位于贵州省毕节市织金县黑土乡附近，为S55赤水至望谟高速公路织金至普定段跨越一乡村公路及蒙坝河的特大桥。于2014年3月开工建设，2017年12月建成。

黑土特大桥全长1070米，桥跨布置为6×40米先简支后连续预应力混凝土T梁+（81+2×150+81）米预应力混凝土箱形梁连续刚构+9×40米先简支后连续预应力混凝土T梁。

针对桥区不良地质特点，设计采取"避、排、堵、穿"原则，桥梁桩基施工中，除提前设置瓦斯泄压孔外，通过调整冲钻泥浆密度、提高孔口泥浆标高，达到增加孔内压强、外逼孔内瓦斯；必要时插入钢护筒至煤层底标高，隔绝桩周瓦斯等措施。避免因高瓦斯气体窜入浇筑而尚未凝固的桩基混凝土中，导致桩基混凝土密实度下降，在桩内形成瓦斯排放通道，地下水持续腐蚀桥梁桩基结构。

通过对黑土特大桥桥区不良地质对桥梁结构影响的全面分析，设计、施工中提出针对性措施，改善了桥梁下部桩基、承台施工环境与条件，达到了在特殊地质环境条件下提高桩基混凝土质量的目的，对类似山区桥梁不良地质的设计、施工有一定的借鉴意义。

定海大桥

位于海南省定安县北面，为定安、海口、澄迈三市县的交通枢纽工程，于2017年12月建成。

主桥为（55+100+55）米预应力混凝土分幅式V形墩连续刚构。V墩斜腿为实体墙板式预应力混凝土结构，斜腿两肢间交角分别为75.9度、79.8度，上端与0号块横梁固结，下端与承台固结，腿高13.1米至14.1米，横向与箱梁根部底同宽7.5米，斜腿根部厚2.0米，与梁固结处厚1.6米。桥梁全宽29.5米，单幅桥宽14.5米，双向六车道，两侧设非机动车道、人行道。设计荷载等级为公路—Ⅰ级。

定海大桥采用V形刚构连续梁，具有结构尺寸小、稳定性强和桥下净空大等特点，是海南省首批使用此类结构建设的桥梁，大桥建设完美地适应定海沿岸景观和谐一致、一桥一景的沿河景观要求。

龙驹特大桥

位于重庆市万州区龙驹镇，是重庆万州至湖北利川高速公路重庆段的控制性工程，于2017年建成。

该桥全长760米，左右分幅，其中主桥为（116+220+116）米预应力混凝土连续刚构桥，设计有25个悬浇梁段，根部梁高13.7米，跨中梁高4.2米，梁底按2.0次抛物线变化，顶板梁宽12米，底板宽6.5米，墩身最大高度为133米；引桥分别为2×30米、6×40米和5×40米预应力混凝土T梁桥。桥宽10.75米，单向两车道。

在主墩施工过程中，采用了辊模施工新工艺，利用外模框架滑升及外模内衬板翻升的方式，充分结合滑模的施工速度及翻模的外观质量，达到内实外美的效果，同时确保了施工进度。在边跨现浇段施工过程中，采用导梁法，利用挂篮底篮搭设边跨现浇段施工平台，在确保安全、高效的同时，为后续连续刚构桥设计加大边跨现浇段长度、完善连续刚构桥边中跨比、减少连续刚构桥跨中下挠提供了施工实践支持资料。

中国桥谱 之 | 中国现代梁桥 | 连续刚构梁桥

锦江大桥

位于广东省韶关市仁化县，系G4ₑ武深高速公路跨锦江的一座分离式桥梁，于2017年建成。

该桥左右分幅，左线桥长466.4米，孔跨布置为（30+2×30+80+150+80+2×30）米；右线桥长586.4米，孔跨布置为（30+2×30+80+150+80+4×30+2×30）米。主跨采用（80+150+80）米预应力混凝土连续刚构，主墩墩身采用等截面箱形空心墩，基础采用群桩基础+矩形承台。引桥为30米先简支后连续箱梁，主桥、引桥过渡墩墩身采用等截面矩形空心薄壁墩，基础采用群桩基础+矩形承台。

该桥桥址处高山深壑，地势陡峭，施工便道修建困难，人员、材料、机械运输困难。

晋蒙黄河大桥

位于山西省忻州市河曲县，项目起点接已建成的神池至河曲高速公路，路线跨越黄河后至内蒙古自治区准格尔旗，与规划的大饭铺至龙口高速公路相接，是山西与内蒙古两省（区）高速公路路网联通的重要通道，于2018年9月建成。

项目路线全长4.87公里，全线采用六车道高速公路标准建设，设计速度80公里／小时，设计荷载等级为公路—Ⅰ级，路基宽32米。主要构造物包括：特大桥2133米/1座、大桥644米/2座、天桥1座、通道4道、涵洞2道、主线收费站1处、省界治超站1处，桥梁比57％。

晋蒙黄河大桥全长2.133公里，桥面净宽2×14.75米。上部结构主桥采用(83+4×152+83+83+3×152+83)米预应力混凝土连续刚构，山西侧引桥采用8×50米预应力混凝土装配式先简支后连续T梁，内蒙古侧引桥采用11×30米预应力混凝土装配式先简支后连续T梁；下部结构主墩采用薄壁空心墩，引桥墩采用柱式墩、矩形墩、矩形空心墩，桥台采用柱式、肋板式桥台，桩基础采用钻孔灌注桩。

为避免黄河冰凌冲刷，晋蒙黄河大桥主桥河道中主墩均设计了破冰体。根据结构动力分析，主桥连续墩墩顶设置了速度锁定装置，地震来临时连续墩被锁定，参与地震力分配，刚构墩弯矩减小，安全储备提高。

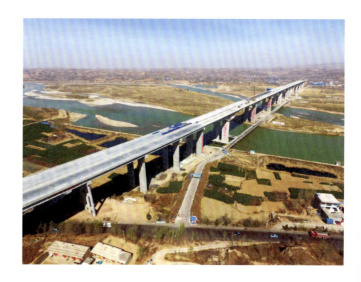

中国现代梁桥 | 连续刚构梁桥

英德北江特大桥

位于广东省清远市英德市英红镇白石窑水电站下游约1.5公里处，为G78汕昆高速公路广东龙川至怀集段跨越北江的特大桥，于2018年12月建成。

该桥桥长1545.4米，左右分幅，桥跨布置为（19×30+108+190+108+6×30+40+5×30+33+40+30+3×30）米。主桥采用（108+190+108）米连续刚构，上部结构为单箱单室预应力混凝土箱梁，采用挂篮悬臂浇筑施工工艺，主墩为矩形实体墩；引桥上部结构采用30米预应力混凝土简支小箱梁+40米预应力混凝土简支T梁+（33+40+30）米预应力混凝土现浇连续箱梁，桥墩采用圆柱墩，桥台采用肋板式桥台，基础均采用桩基础。单幅桥宽12.5米，共双向四车道，设计荷载等级为公路—Ⅰ级。

长临高速公路旧县2号特大桥

位于山西省忻州市河曲县旧县乡，为长治至临汾高速公路跨越瓦日铁路及X540古北线公路的桥梁，于2018年建成。

桥梁全长1108.64米，主桥采用（73.32+3×135+73.32）米预应力混凝土连续刚构，小桩号引桥采用5×30米先简支后连续预应力混凝土箱梁，大桩号引桥采用10×40米先简支后连续预应力混凝土T梁。主桥墩采用双薄壁空心墩，过渡墩采用薄壁空心墩，引桥墩采用柱式墩、矩形墩。

旧县2号特大桥桩基施工工艺采用旋挖钻和冲击钻钻孔施工工艺；承台采用定型钢模板施工；主桥5A至9号墩采用CB240爬升模板施工，引桥墩身采用定型钢模翻模施工工艺，1号、18号柱式墩采用定型圆钢模；主桥上部采用菱形挂篮施工工艺，引桥预制梁板采用架桥机架设；桥面铺装采用三辊轴辅助浇筑。

The Modern Beam Bridges

大埔河大桥

位于广东省河源市连平县，系G78汕昆高速公路广东龙川至怀集段跨越东江二级支流大埔河的特大桥，于2017年建成。

大桥主桥设计跨径布置为（82+150+82）米连续刚构，主墩高75.47米，箱形断面，并优化了墩身横隔板设置。边跨现浇段优化为5.88米，全桥边中跨比0.55，以减少边跨支架规模，降低施工风险。

考虑到该桥与大埔河夹角较小，设计采用分幅错孔布置，以实现桥梁与环境的较好融合，最大限度减小开挖量、最大限度地保护生态环境。大桥按照上下行分幅布置，桥宽12.5米。

南防铁路茅岭江大桥

位于广西壮族自治区钦州市,是南(宁)防(城港)铁路跨越茅岭江的一座单线铁路桥梁,1987年5月建成通车。

该桥采用铁路、公路两桥结构分离、并建分修方案。铁路桥全长746.1米,主跨采用(48+80+48)米三向预应力钢筋混凝土变高度、变截面、箱形连续梁,为我国铁路大桥预应力混凝土梁80米跨径首座大桥。

荣获1989年铁道部优秀工程设计一等奖、1989年铁道部科技进步三等奖、1992年国家科技大会优秀成果奖。

泰和赣江特大桥

位于江西省吉安市泰和县,系京九线两跨赣江的第二座赣江桥,于1994年建成。

该桥全长1900.2米,主桥为(48+4×80+48)米预应力混凝土连续箱梁桥。作为双线铁路,其跨径之大、六孔一联之长,在国内同期桥梁中属先进水平,并且首次在铁路上采用了扁锚新技术,减少了箱梁顶板厚度。

侯月铁路海子沟大桥

位于山西省临汾市翼城县,1993年建成。

该桥全长370.32米,主跨结构为(63+2×84+63)米预应力混凝土连续箱梁。该桥最大墩高81米,主跨84米,墩高和跨径为当时铁路同类桥梁之最。空心高墩活动翻模施工、箱梁临时支座用静态爆破和控制爆破拆除为路内首次采用。

The Modern Beam Bridge

京九铁路黄沙尾特大桥

位于京九铁路赣龙段广东省河源市和平县，于1995年建成。
该桥全长528.28米，主桥为(40+3×72+40)米部分预应力混凝土连续箱梁，跨越桥址处80余米深峡谷。下部结构采用薄壁钢筋混凝土圆形空心墩。主跨最大墩身高72米，系京九铁路上的第一高墩。

扬中长江一桥

位于江苏省镇江市扬中市，连接扬中岛与镇江新区。所属路线为S328镇常线。它的建成结束了扬中岛与外界无桥相连的历史。于1992年5月正式开工，1994年10月建成通车。此桥并非真正意义上的跨越长江的"长江大桥"。

该桥全长1172米，主桥长360米，宽15米，两车道。桥跨组合为（50+80+100+80+50）米，是主跨100米的五跨一联混凝土连续箱梁桥。下部结构为重力式墩台。

中国现代梁桥 | 连续梁桥

南昆铁路八渡南盘江特大桥

位于南昆铁路广西壮族自治区与贵州省交界处，于1996年建成。

该桥全长530.18米，主桥采用（54+2×90+54）米部分预应力混凝土V形撑连续梁。该桥是世界上第一个V形支撑最高桥，建筑高度为105米，在近80米的高墩上修建23米高的V形支撑结构，代表我国在桥梁施工领域达到世界先进施工水平。

1999年获铁道部科技进步奖，2000年获国家科技进步奖。

沪渝高速公路蕲河大桥

位于湖北省黄冈市蕲春县，是G50沪渝高速公路上跨蕲河的桥梁，于1998年12月建成通车。

桥梁总长为715.70米，跨径组合为（8×30+40+2×60+40+9×30）米，主桥采用连续箱梁；桥梁全宽24.5米，桥面宽22米，双向四车道，设计速度100公里/小时，设计荷载等级为汽车—超20级。

包兰铁路三道坎黄河特大桥

位于内蒙古自治区乌海市，跨越黄河，于1999年建成。

该桥全长615.83米，主桥为（64+104+64）米预应力混凝土连续箱梁桥，主跨104米跨径为当时铁路双线连续梁最大跨径，也是我国第一座单孔跨径超百米的铁路混凝土梁桥。该桥在桥墩上设计了专门的破冰设施，一劳永逸地解决了该桥的防洪和防凌问题。

1999年获铁道部优质工程二等奖。

长沙浏阳天马大桥

位于湖南省长沙市浏阳市，为G319线横跨浏阳河、连接浏阳市市区与天马隧道的特大桥，于2000年建成。

大桥全长1041.24米，桥跨布置为（18×16+3×22+43+70+43+3×22+20×16+2×22+6×16）米。主桥上部结构为（43+70+43）米预应力连续梁，多柱式墩台，桥台采用混凝土重力式桥台；引桥为16米至22米现浇部分预应力简支多室箱梁。桥面总宽25.5米，行车道宽15米。

京港澳高速公路陆水河大桥

位于湖北省咸宁市赤壁市，为G4京港澳高速公路跨陆水河的桥梁，2000年1月开工建设，2001年12月建成通车。

桥梁总长1441.72米，跨径组合为（18×30+80+3×125+80+2×30）米。主桥结构为预应力混凝土箱形截面连续梁，引桥为预应力混凝土T形梁。桥面宽28米，双向四车道，设计荷载等级为公路—I级，设计速度100公里/小时。

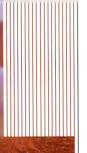

内昆铁路李子沟特大桥

位于贵州省威宁彝族回族苗族自治县，跨越李子沟大峡谷，于2001年建成。

该桥全长1031.86米，主桥为(72+3×128+72)米预应力混凝土刚构－连续组合梁桥，这一结构形式为铁路桥梁第一次采用。主桥4个主墩墩高分别为72米、94.5米、107米和103米，大桥集高墩、群桩、深基、大跨、长联于一体。

该桥被评为2003年度中国建筑工程"鲁班奖"。

台州椒江大桥

位于浙江省台州市椒江区椒江下游，距入海口约11公里。椒江大桥工程是国家交通战备补助项目、省重点建设项目和台州市重大工程项目。连接省道75、82和83线，进而接通104国道和甬台温高速公路，构建成台州沿海通道的基本框架。1998年8月19日，大桥工程动工建设，2001年6月29日大桥合龙，10月竣工通车。

大桥全长2587.30米，主桥跨布置为(62.65+100+104.7+100+62.65)米五跨预应力混凝土连续梁，总宽19米，净宽18米，两岸接线公路长1538米。设计荷载等级为汽车—20级，挂车—100。

主桥上部结构为三向预应力变截面连续箱梁，主墩墩身为预应力空心墩身，主墩承台采用26.5米(长)×12.3米(宽)的矩形承台，承台高2.5米，为双向预应力混凝土结构，基础采用18根直径1.8米钻孔桩，桩长60米至70米。引桥上部结构分别为30米和50米的预应力T梁，墩盖梁也均为预应力混凝土结构；下部结构采用桩柱式结构，不设承台，墩柱间用系梁连接。

内昆铁路花土坡特大桥

位于贵州省威宁彝族回族苗族自治县,跨越花土坡大峡谷,于2001年建成。

该桥全长678.55米,共有15个墩台。其中8号主墩高110米,为亚洲第一,世界第二,仅次于墩高148米的奥地利欧罗巴大桥。主桥为两跨104米和两跨64米预应力混凝土连续悬臂浇筑梁,是我国当时连续梁跨径最大的铁路桥。大桥地处大断层和滑坡体上,地质复杂;又处在峡谷风口,常年9级以上大风不断,施工环境恶劣。

1999年获铁道部优质工程二等奖。

京哈高速公路松花江特大桥

位于吉林省松原市扶余市陶赖昭镇,是G1京哈高速公路跨越第二松花江的一座特大桥,2002年9月投入运营。

桥梁全长1597米,上部为预应力混凝土变截面半刚构—连续箱形梁,跨径组成为(65+5×100+65)米,桥宽13.5米,双向四车道。主桥采用七孔一联的预应力混凝土半刚构—连续箱梁,引桥采用装配式预应力混凝土简支箱梁,主桥上部箱梁采用棱形挂篮悬臂浇筑施工。全桥两幅,共分12个T构,每个T构两侧对称施工,边孔设一段有支架现浇段,最后现浇合龙。下部采用钻孔灌注桩基础,双薄壁墩,横向为两幅分离式单箱单室断面。

哈尔滨岸和长春岸引桥分别为5×40米和19×40米装配式预应力混凝土简支箱梁。主桥主墩采用双薄壁墩,主桥边墩采用方柱墩,引桥均采用柱式墩,桥台为肋板式桥台,基础全部采用钻孔灌注桩基础。

石中高速公路吴忠黄河大桥

位于宁夏回族自治区吴忠市利通区,为G6丹拉线宁夏石中高速公路跨越黄河的特大桥,于2002年11月建成。

该桥全长1225米,孔跨布置为(14×30+54+4×90+54+12×30)米。主桥主跨为变截面预应力混凝土连续箱形梁,引桥为先简支后连续箱梁;下部结构为钻孔灌注桩基础,混凝土箱形主墩,双薄壁中墩,三柱式边墩,肋板式桥台,桩基最大深度52米。桥宽34.5米,设计荷载等级为汽车—超20级、挂车—120,抗震设防烈度为Ⅷ度,通航标准Ⅴ级,设计洪水频率1/300。

竹埠港湘江大桥

位于湖南省湘潭市岳塘区荷塘乡，为G60沪昆高速公路上的特大桥，从右岸大庆塘仰天湖防洪大堤上跨湘江至左岸湘潭和平大堤，于2002年3月建成。

桥梁全长1179米，桥跨布置为（6×42+8×42+54+3×98+54+9×20）米，主跨为（54+3×98+54）米连续箱梁，桥宽26米，双向四车道。

设计荷载等级为汽车—超20级、挂车—120，抗震设防烈度为Ⅶ度，航道等级为Ⅲ级，满足三孔通航；设计洪水频率1/300，江堤防洪标准1/100。

G6官厅湖特大桥

位于河北省张家口市怀来县四营村与小古城村之间，横跨官厅水库，距官厅水库大坝14公里，距现有京包铁路新建妫水河特大桥垂直距离约1.6公里，是京张高速公路（G6）的控制性工程，于2002年12月竣工。

官厅湖特大桥由主桥和两岸引桥构成，全长1846米。主桥上部结构为一联12孔钢筋混凝土连续箱形梁，跨径布置为（65+10×110+65）米，横断面由两个独立的单箱单室箱梁构成，全桥仅在支点处设有横隔板，箱梁顶板根据桥面横坡的需要做成2%的坡度。基础为钻孔灌注桩，分离式承台，圆端实体墩身。两岸引桥上部结构均为10×30米预应力混凝土先简支后连续T梁，双幅每孔10片。基础为钻孔灌注桩，桩径1.5米，双幅分体桩柱式刚架墩，肋板式桥台。桥面总宽27米；设计荷载等级为汽车—超20级、挂车—120。

技术特色方面，该桥所在地区自然条件较差，大风多，冰冻期长，因此施工结构设计时考虑抗风问题，走行设备及高大结构物采用安装止轮器、缆风等措施抗风。在抗冰冻措施方面，采用了以下措施：在施工结构物周围布置通风管路，靠高压风在水中吹泡翻浪，使其周围形成活水圈而不结冰；人工破冰，即在建筑物周围凿开0.6米至1.0米宽的活水圈；破冰船破冰，在桥中线以外各200米范围内巡游破冰；护筒内加盐降低冰点，内侧放稻草、海绵抵消冰胀力。

旧镇特大桥

位于福建省漳州市漳浦县，是同江至三亚国道主干线福建漳州至诏安高速公路跨越旧镇港航道的特大桥，于1999年10月完成设计并开工建设，2003年2月建成通车。

主桥为跨径（70+120+70）米悬浇预应力混凝土连续箱梁，主墩为4.5米×6.5米空心墩。桥宽12.75米，双向四车道。

该桥为当时福建最大跨径变截面预应力混凝土连续箱梁桥，有较大设计技术风险和难度，采用了当时先进的QCS杆系预应力分析程序对结构进行了全面受力分析，为设计顺利完成奠定了基础。

旧镇特大桥位于闽南Ⅶ度震区，抗震设防烈度为Ⅶ度，其支座的抗震设防为福建省内类似桥梁设计开了成功先例。为加强临海河口桥梁下部的抗腐蚀性、提高结构耐久性，该桥下部结构在福建省内高速公路大型桥梁结构中首次采用粉煤灰混凝土，并取得成功。

岳阳湘阴湘江大桥

位于湖南省岳阳市湘阴县，是省道S308线跨越湘江下游东支河段的一座特大桥，于2003年9月28日建成。

桥梁全长1175.18米，东岸引桥为16米预应力混凝土现浇异形板梁桥，主桥为（65+3×100+65+50+7×50）米预应力混凝土连续箱梁桥，西岸引桥为20×16米预应力混凝土空心板梁桥；桥宽16米。设计荷载等级为汽车—20级、挂车—100，设计洪水频率为1/100，抗震设防烈度为Ⅶ度。

主跨采用挂篮悬浇施工工艺，箱梁高度、底板厚度均按2.0次抛物线变化。

福银高速公路仙人渡特大桥

位于湖北省襄阳市谷城县，在G70福银高速公路汉十段1274.58公里处，2003年12月建成通车。

桥梁总长5346.0米，桥跨布置为（43×30+25×40+100+3×150+100+80×30）米。主桥上部结构为预应力变截面连续箱梁，引桥为预应力T梁。桥面宽度26米，双向四车道，设计速度100公里/小时，设计荷载等级为公路—Ⅰ级。

中国现代梁桥 | 连续梁桥

S103线辅道银川黄河特大桥

也称银川黄河二桥，位于宁夏回族自治区银川市断陷盆地东缘，位于G20青银高速公路银古段黄河大桥下游420米处，是银川城区至滨河新区一条重要的交通要道，于2003年建成。

该桥全长1254.43米，主桥为（60+5×90+60）米七跨预应力混凝土连续箱梁桥；西岸引桥毗邻主桥段，为10×30米预应力混凝土简支转连续箱梁桥，西段为18×16米预应力简支空心板先简支后连续结构；东岸引桥为3×30米预应力混凝土简支转连续箱梁桥。桥面宽度为12米，设计荷载等级为汽车—20级、挂车—100，设计洪水频率1/100，设计河道通航等级为V级。

主桥桩基和承台施工时整体钢模一次浇筑成型。预应力连续箱梁采用挂篮法悬浇施工。30米预应力箱梁采用后张法集中预制，16米预应力空心板采用先张法集中预制。

益阳白沙大桥

位于湖南省益阳市沅江市，是湖南S204线白沙渡口改渡为桥的大型桥梁，于2002年4月通车。

大桥长1577.04米，跨径布置为10×30米预应力混凝土简支T梁+11×50米预应力混凝土顶推连续梁+（90+150+90）米预应力混凝土变截面连续梁+13×30米预应力混凝土简支T梁。桥面净宽13米。全桥基础为钻孔灌注摩擦桩基础，最大桩径2.2米，最大桩深72米。设计荷载等级为汽车—20级、挂车—100，通航标准Ⅲ级，通航净空70米×16米，设计洪水频率1/300，抗震设防烈度为Ⅵ度。

涂山淮河特大桥

位于安徽省蚌埠市禹会区,为G3京台高速公路合徐段跨越淮河的特大桥,桥址处河床大致平顺,上游3公里处有涡河汇入,于1998年11月8日开工建设,2004年1月竣工。

涂山淮河特大桥总长1629.06米,采用分离双幅形式,主桥跨径布置为(45+90+130+90+45)米五跨预应力混凝土变高度直腹板单箱单室连续箱梁。桥宽28米,双向四车道。主桥下部各墩为钢筋混凝土独柱实体式桥墩,基础采用直径1.5米钻孔灌注群桩基础,按照嵌岩桩设计施工。

南岸引桥为双幅三联(5×40+5×40+6×40)米预应力混凝土等高度直腹板单箱单室连续箱梁,梁高2.2米。北岸引桥跨堤部分为双幅一联(3×40+60+3×40)米预应力混凝土变高度直腹板连续箱梁。

沪蓉高速公路府河大桥

位于湖北省武汉市,为G42沪蓉高速公路武汉绕城段跨越府河的桥梁,于2000年2月开工,2004年12月建成通车。

桥梁总长1916.5米,主桥跨径布置为(39×30+45+80+45+19×30)米,先简支后连续T梁。桥面宽28米,双向四车道,设计速度120公里/小时,设计荷载等级为公路—Ⅰ级。

磴口黄河特大桥

位于内蒙古自治区巴彦淖尔市磴口县,为G6京藏高速公路跨越黄河的特大桥,于2004年6月建成。

大桥总长1579米,由左右两幅桥组成。下部为钻孔灌注桩基础,主桥部分为实体墩,引桥部分为柱式墩、肋式桥台。上部结构为(4×35+55+3×100+55+5×50+22×35)米,由变截面预应力连续箱梁主桥和预应力组合连续箱梁引桥组成。

桥梁主线为高速公路标准,设计速度100公里/小时,桥面宽25.5米,双向四车道。设计荷载等级为汽车—超20级、挂车—120,设计洪水频率1/300。

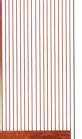

中国现代梁桥 / 连续梁桥

桃木岭高架桥

位于江西省抚州市黎川县，所属线路为G70福银高速公路中温家圳至沙塘隘段，跨越连续V形山谷，于2004年9月竣工。

该桥全长808米，宽24.5米，双向四车道。桥梁上部结构为(7×40+13×40)米预应力混凝土刚构—连续箱梁，下部结构为钻孔灌注桩基础、实体(空心)桥墩、肋(柱)式桥台。

桃木岭高架桥系典型的山区斜弯坡桥，受复杂地形制约，其技术难点是小半径、大纵坡、大超高、特高桥墩、无施工场地、地面高差大，是该线路施工的控制性重难点工程。

桃木岭高架桥是江西高速公路上首次设计的墩高86米(包括梁高)的特高墩高架桥，也是江西首次采用移动式钢模架逐孔现浇箱形连续梁。桥型方案的选择充分考虑了该路段线平、纵设计的限制和施工的便利性。桥梁外观线形简洁、流畅，800余米长的斜弯坡桥跨中仅设一条伸缩缝，行车舒适、平顺。在高桥墩区域的墩梁固结体系，有效防止了单向斜坡桥梁在长期荷载作用下的爬移，是一个与地形、地貌、路线设计和施工方法结合得较好的实用、经济的桥梁设计。

桥梁上部采用无支架施工、高桥墩采用滑模施工，环保、经济、安全，本桥的设计理念及技术已在景婺黄(常)、武吉等山区高速公路设计中得到推广应用，为山区高速公路高墩桥梁积累了设计、建设经验，取得了良好的社会经济效益。

该桥梁获奖情况有：江西省十二次勘察设计优秀工程设计一等奖、江西省科学技术进步三等奖、中国测绘协会优秀测绘铜奖。

西矿街特大桥

位于山西省太原市万柏林区，系G20$_{01}$太原绕城高速公路西北环段上的特大桥，于2004年11月建成。

桥梁全长1137.2米，跨径组合为（19×30+37.5+65+37.5+14×30）米，主跨径65米。主桥采用预应力混凝土连续箱梁，箱梁顶宽12米，底宽6.6米，梁高按抛物线变化，为单箱单室截面；下部结构为空心薄壁墩，钻孔桩基础。引桥采用装配式部分预应力混凝土连续箱梁，箱梁采用单独预制、简支装

配、现浇连续接头的先简支后连续结构体系；下部结构为双柱式墩，钻孔桩基础。

为了减轻安装重量和增加横向整体性，在各箱之间设横向湿接缝。伸缩端横梁部分与箱梁同时预制，端横梁间的连接采用现浇方式与现浇桥面板同时浇筑；连续端横隔梁采用现浇，箱内堵头块采用单独预制。

桥梁部分桥段位于平曲线上，桥墩均径向布置，桥梁内外侧的跨径与设计跨径有所差异，此差异在现浇箱梁接头处调整。箱梁采用满堂支架现场浇筑施工，箱梁竖向、纵向采用一次浇筑。

沪蓉高速公路东西湖D匝道桥

位于湖北省武汉市，为G42沪蓉高速公路武汉市绕城段东西湖互通D匝道的互通立交设施，2000年2月开工建设，2004年12月建成通车。

匝道桥总长893米，主桥跨径布置为（20×20+30+45+30+4×20+42.5+60+42.5+8×20）米，为箱梁—连续梁结构。桥面宽13.5米，单车道，设计速度80公里／小时，设计荷载等级为公路一—Ⅰ级。

柳州双冲大桥

位于广西壮族自治区柳州市西北方向环城路上，跨柳江，连接柳北区和柳南区，2002年3月开工，2004年8月建成。

桥梁全长4088米，双向六车道。主桥为（65+3×95+65）米变高度预应力混凝土连续箱梁桥。

该桥获2005年度中国建筑工程"鲁班奖"。

高明二桥、高明三桥

两桥均位于广东省佛山市高明区,为S113广州至茂名公路上跨西江、连接南海区的特大桥,于2005年4月建成。作为旧高明大桥的扩建工程,二桥(三桥)承担了几乎全部的重车荷载,为高明区的经济发展起到重要作用。

两座桥梁全长均为1331.28米,桥跨布置为(45.38+5×79+2×110+4×82.6+45.38)米预应力混凝土连续梁,下部结构为双壁墩。桥面宽25米,双向四车道,设计荷载等级为汽车一超20级、挂车一120,设计速度80公里/小时,两个主通航孔净宽90米、净高22米,抗震设防烈度为Ⅶ度,设计洪水频率1/300。

江西丰城电厂二期工程铁路专用线赣江桥

位于江西省宜春丰城市,2006年6月30日建成通车。

丰城电厂二期工程铁路专用线总长5.45公里,桥长3.773公里,大桥共2个桥台和106个桥墩,余下部分为路基段。其中,87号墩至107号台,全长940.89米,属特大桥主体部分。上部桥式结构为64米预应力简支箱梁+9×32米预应力简支梁+一联(68+2×120+68)米预应力连续梁+6×32米预应力简支梁。基础分别采用直径1.25米、直径1.5米和直径2.0米钻孔桩。

兰新线兰武铁路二线河口黄河特大桥

位于甘肃省兰州市，2005年9月建成通车。

该桥全长1006.14米，是新建的单线铁路特大桥。桥跨布置为4×32米预应力混凝土T梁+32米低高度预应力混凝土T梁+32米预应力混凝土梁+24米预应力混凝土梁+2×32米预应力混凝土梁+一联（41+4×56+41）米连续弯箱梁+4×32米预应力混凝土简支弯箱梁+8×32米预应力混凝土T梁。下部结构采用圆端形桥墩、T形桥台。

福银高速公路府河特大桥

位于湖北省孝感市安陆市，系G70福银高速公路跨越府河的特大桥，2005年10月建成通车。

桥梁总长778.78米，桥跨布置为(30+40+2×60+40+17×30)米，主桥为四跨一联预应力混凝土变截面连续箱形梁桥。桥面宽24米，双向四车道，设计速度120公里/小时，设计荷载等级为汽车—超20级、挂车—120。

内蒙古乌海黄河大桥

位于内蒙古自治区乌海市黄河段，系G6丹拉高速公路内蒙古自治区新地至麻黄沟段跨越黄河的大桥，2003年开始建设，2005年9月建成交工，2007年9月竣工验收。

乌海黄河大桥设计为主跨130米预应力混凝土连续梁桥方案，桥跨布置为(2×40+75+130+75+6×40)米，桥梁长度607.5米。主桥上部为预应力混凝土连续梁，主桥下部3号主墩(固定支座)为钢筋混凝土墩，基础为12根直径1.5米钻孔桩基础(半幅桥)，上游侧主墩设破冰凌，4号主墩(非固定支座)为钢筋混凝土墩，基础为9根直径1.5米钻孔桩基础(半幅桥)，上游侧主墩设破冰凌；主引桥过渡墩采用墙式墩，设4根直径1.5米钻孔桩基础(半幅桥)，桥梁主墩采用了新型减隔振支座。

引桥上部采用40米预应力混凝土组合箱形连续梁，下部采用墙式墩，基础采用半幅桥4根直径1.5米钻孔桩基础。桥墩上游设破冰凌。全桥由两幅桥组成，双向四车道高速公路技术标准，宽26米。

该桥获得中国公路勘察设计协会优秀设计二等奖。

内蒙古海勃湾大桥

位于内蒙古自治区乌海市海勃湾区，为G6丹拉高速公路内蒙古自治区新地至麻黄沟段跨乌海段黄河的桥梁，2003年开始建设，2005年建成交工，2007年竣工验收。

海勃湾大桥跨越海公线、平沟矿区线、焦化厂站台线三条铁路(共四道铁轨)和察汉德力素沟，桥梁起点位于铁路边的台地上，终点位于海拉汽车二级专用公路与河沟之间的台地上。由于路线和铁路交叉角度较小(约55度)，在跨越铁路时要求桥梁跨径较大，察汉德力素沟较宽约600米，和主线交角55度。桥跨布置为23×40米预应力混凝土组合箱形连续梁，桥梁基础采用直径1.8米柱式墩、直径1.5米桩基础。全桥由两幅桥组成，双向四车道高速公路技术标准，宽26米。

The Modern Beam Bridge

海生卜浪黄河特大桥

位于内蒙古自治区呼和浩特市托克托县，所属路线为S31呼准高速公路，跨越黄河，于2006年11月建成。

大桥位于引黄入呼工程提水厂下游1.2公里处，桥梁全长1682.2米，由左右两幅组成。桥跨组合为[4×30+2×(5×50)+80+145+80+2×(5×50)+8×30]米。主桥上部结构为(80+145+80)米三跨预应力混凝土变截面单箱单室连续箱梁。主桥和50米箱梁下部结构均为钢筋混凝土实体墩，钻孔灌注桩基础；30米箱梁下部结构为钢筋混凝土双柱式墩，钻孔灌注桩基础。

该桥为跨黄河大桥，主跨145米，是当时内蒙古自治区单跨最大的桥梁，是内蒙古桥梁建设史上的里程碑，因此为了将该桥建设成样板工程，在施工中采取了一些先进的施工工艺。主桥悬浇段采用改装挂篮新工艺，施工速度明显加快。由于传统的压浆工艺导致许多工程实例存在浆体不密实和不饱满现象，预应力筋得不到有效保护，降低了结构的耐久性。黄河大桥设计中纵向预应力采用的欧维姆（OVM）真空辅助灌浆技术，具有以下特点：通过提高浆体的流动性、降低水灰比、排除管道内的空气，从而增强了浆体的密实度和饱满度，使预应力筋得到有效保护；具有良好的密封性能和足够的强度；施工安装方便；塑料波纹管具有摩阻力小、密封性好、耐腐蚀、弯曲韧性好、强度高等特点。

拦路港桥

位于上海市西部，是G50沪渝高速公路上海段西段最大的一座桥梁。该桥于2004年5月开工建设，2006年初建成，拦路港桥的建成极大地方便了上海与江苏的交通。

大桥位于G50高速公路青浦区域，跨越拦路港，东西走向，全桥共71跨，桥梁全长1540米。按双向六车道高速公路标准设计，该桥两幅双向桥，单幅桥桥面车行道净宽15米。大桥分为主桥和引桥，主桥上部结构为(65+102+65)米三跨变截面单箱单室预应力连续箱梁；引桥为16米至22米的预应力混凝土空心板梁；下部结构为埋置式桥台、桩柱式墩柱。主桥采用盆式橡胶支座，引桥采用板式橡胶支座；桥台后设长8米的钢筋混凝土搭板；桥面采用沥青混凝土面层。大桥设计荷载等级为汽车—超20级、挂车—120，按Ⅲ级航道设计，抗震设防烈度为Ⅵ度。

S301线平罗黄河特大桥

位于宁夏回族自治区石嘴山市平罗县,为S301线跨越黄河的特大桥梁,于2006年6月建成通车。

桥梁全长1776米,主桥为(60+5×90+60)米七跨变截面预应力混凝土连续箱梁桥,引桥上部结构为30米后张预应力先简支后连续T梁,由6片梁组成。桥面宽14米,净宽13米,双向两车道。引桥下部结构基础为钻孔灌注摩擦桩,桩径1.5米;桥墩为柱式墩,桥台采用肋式桥台。

大桥设计运营期100年,设计荷载等级为汽车—超20级、挂车—120,抗震设防烈度为Ⅶ度,通航标准V-2级,设计洪水频率1/100。

平罗黄河特大桥主墩基础形式为低桩承台,采用了钢套箱下部增设钢吊底(有底双壁钢套箱围堰)的施工工艺,既可有效防止黄河水对围堰河床的冲刷,又能抵抗冬末春初冰凌对围堰的破坏。

平罗黄河特大桥的建成,解决了因黄河淤积严重、河床深浅变化较大、渡船航线及码头经常改变严重影响运输安全的问题,对改善宁夏北部交通运输条件、对大桥周边地区的社会经济发展产生巨大推动作用。

The Modern Beam Bridge

丹洲营特大桥

位于内蒙古自治区乌兰察布市丰镇市丹洲营村,于2007年1月1日通车试运行。

桥长1190米,上部结构为(3×50+4×40+5×40+4×40+4×40+3×50+3×50)米预应力混凝土连续T梁;桥墩为矩形板式墩,悬臂帽梁,桥墩正交布置;桥台为肋板式桥台。该桥连续跨越丰镇至一七○厂专用铁路、省道102线、丰镇至省道102线公路、丰镇至准格尔煤田电气化铁路、丹洲营村与附近民办石材厂。为高速公路标准,设计速度100公里/小时,左右桥分幅设置,每幅桥宽12.25米,总宽25.5米。设计荷载等级为汽车—超20级,挂车—120;抗震设防烈度Ⅶ度;土壤最大冻结深度1.9米。

松浦二桥

位于上海市松江区,为G15沈海高速公路跨越黄浦江的桥梁,于2004年9月开工建设,2007年2月建成通车。

松浦二桥全桥共35跨,桥梁总长1045.68米。该桥按双向六车道高速公路标准设计,分上下行两幅桥(上行为西幅,下行为东幅),单幅桥面宽均为16米,车行道宽15米。桥梁分为主桥和引桥,由北向南跨径组合为(22.42+14×22)米(北引桥)+(69+120+120+69)米(主桥)+(22.66+9×22+18.6+18+17.55+22+17.79)米(南引桥)。桥梁设计荷载等级为公路—Ⅰ级,主跨通航桥孔按Ⅰ级航道设计。

桥梁上部结构主桥为4跨预应力混凝土单箱单室连续箱梁,引桥为31跨预应力混凝土空心板梁,单幅横向布置均为15片空心板梁。桥梁下部结构为轻型桥台,多柱式桥墩。主桥箱梁下方设置球形钢支座,引桥板梁下方设置板式橡胶支座。

沪渝高速公路漳河特大桥

位于安徽省芜湖市弋江区,为G50沪渝高速公路跨越漳河的特大桥,于2007年6月建成。

桥梁全长1539米,分主桥和引桥两大部分。主桥长570米,上部结构形式采用(40+7×70+40)米预应力钢筋混凝土现浇变截面连续箱梁,桥宽27米,双向四车道。下部结构采用薄壁墩身,实体承台,钻孔灌注桩基础,桩径为1.8米。

引桥上部结构形式采用预应力混凝土先简支后连续小箱梁,东岸引桥跨径组合为(5×30+5×30)米,西岸引桥跨径组合为(6×30+6×30+5×30+5×30)米;下部结构采用双柱桥墩、U形桥台、肋板式桥台,均采用钻孔灌注桩基础。通航标准为Ⅵ级航道,抗震设防烈度Ⅶ度。

银盘大桥

位于重庆武隆区江口镇,系银盘电站厂区跨乌江的桥梁,建成后也作为Y049线耳下公路的跨江桥,于2006年9月建成。

主跨布置为(72+130+72)米预应力混凝土变截面连续刚构;桥面全宽11米,双向两车道。设计荷载等级为公路—Ⅰ级,设计速度40公里/小时,抗震设防烈度Ⅶ度,设计洪水频率1/100。

仪陇新政嘉陵江大桥

位于四川省南充市仪陇县,为滢马路上跨嘉陵江的特大桥,于2007年建成。

主桥上部结构采用(90+162+90)米连续梁,主跨162米,桥梁高度33.1米;箱梁为三向预应力结构,采用单箱单室箱形截面;桥宽20米,双向四车道。两岸引桥分别采用9×31.8米、5×31.8米预应力混凝土T梁。下部结构主桥墩采用单箱双室空心薄壁墩和钻孔灌注桩;引桥墩采用T形盖梁和双柱式桩基础。

中国现代梁桥 | 连续梁桥

二广高速公路虎渡河大桥

位于湖北省荆州市公安县夹竹园镇，为G55二广高速公路跨越虎渡河的特大桥，2006年9月建成通车。

桥梁总长1490米，桥跨布置为（20×30+47+70+47+24×30）米，主桥结构为（47+70+47）米变高度连续箱梁，引桥为连续T梁。桥面宽26米，双向四车道，设计速度100公里/小时，设计荷载等级为汽车—超20级、挂车—120。

随岳高速公路汉江特大桥

位于湖北省天门市岳口镇与仙桃市交界的汉江上，也称岳口汉江二桥，是G04$_{21}$许广高速公路湖北随岳段跨汉江的特大桥，2007年12月建成通车。

桥梁总长9171米，包括北引桥、主桥、滩桥、跨南岸堤桥和南引桥。上部结构：北引桥采用57×30米预应力混凝土先简支后连续T梁，主桥采用（73+112+150+150+90）米预应力连续箱梁，滩桥采用25×40米先简支后连续T梁，跨南岸堤桥采用（50+80+50）米连续箱梁，南引桥采用190×30米预应力混凝土先简支后连续T梁。桥面宽26米，双向四车道，设计速度110公里／小时，设计荷载等级为公路一Ⅰ级。

中国现代梁桥 | 连续梁桥

荷沙连接线汉北河大桥

位于湖北省天门市侨乡开发区，2007年12月建成通车。

桥梁总长496.23米，主跨采用（55+80+55）米预应力混凝土变截面连续箱梁，引桥采用15×20米预应力混凝土先简支后连续T梁；桥面宽12米，两车道，二级公路标准，设计速度60公里／小时，设计荷载等级为公路—Ⅰ级。

寿阳淮河特大桥

位于安徽省淮南市寿县，为S12滁新高速公路跨越淮河的特大桥，于2008年6月建成。

大桥全长15570米，其中主桥长666米，为（96+3×160+90）米变截面预应力混凝土连续箱梁。引桥上部结构为预应力混凝土连续箱梁，桥宽28米，双向四车道；下部结构为双柱式墩、埋置式台、桩基础。

铜九铁路湖口鄱阳湖大桥

位于江西省九江市，2008年6月建成通车。

该桥全长5500米，为双线铁路桥。主跨布置为4×120米连续钢桁梁，其余均为32米、40米预应力混凝土双线或连续或简支箱梁、T梁。

集美大桥

位于福建省厦门市北部海域,跨海连接厦门本岛与集美区,于2006年12月开工,2008年7月建成。

大桥全长8438米,其中,跨海主桥长3820米,主跨为(55+2×100+55)米单箱单室预应力混凝土连续现浇箱梁。桥面宽36米,双向八车道,为疏导交通和分解桥梁压力,将一座桥分为三座桥梁建设,整体看上去就像由三座桥拼接而成。海上箱梁施工采用了先进的"短线匹配法节段预制悬拼"工艺,大大加快了建桥速度。

龙华松花江特大桥

位于吉林省松原市,所属国高网G45大广高速公路,也是国道203线雅达虹至炼油厂段一级公路的重要组成部分,跨越第二松花江,于2004年9月正式开工建设,2008年10月投入运营。

桥梁全长2158米,双幅宽23.5米,双向四车道,跨径组合为(32×40+65+5×100+65+6×40)米,主桥采用七孔一联的预应力混凝土半刚构—连续箱梁,引桥采用装配式预应力混凝土简支转连续T梁,主桥主墩采用双薄壁式墩,引桥采用柱式墩,桥台为肋板式台,基础全部采用钻孔灌注桩基础。

武康铁路二线老河口汉江特大桥

位于湖北省襄阳市老河口市，2008年11月30日建成通车。

武康铁路增建二线襄樊至胡家营段，工程全长235公里。老河口汉江特大桥全长3288.02米。桥跨布置为33×32米简支梁+（68+2×112+68）米连续梁+18×32米简支梁+5×24米简支梁+34×32米简支梁。主桥为一联（68+2×112+68）米变高度变截面预应力混凝土箱梁，总长362.1米。

福州湾边特大桥

位于福建省福州市西南,跨越闽江南港,于2008年12月建成。

主桥为(45+90+106+90+45)米单肋拱加劲V形撑连续刚构梁桥。以V形墩刚构—连续梁桥为受力主体,在106米主孔和两个90米次边孔的横向中轴线上各设一单肋加劲钢管拱,通过双吊杆和横梁将加劲拱与箱梁联合起来,形成梁拱组合受力体系。

大桥是国内首次采用钢管混凝土单肋拱加劲的分离式双箱组合体系宽桥,结构综合了梁与拱的优点。桥宽达34米,双向六车道。主梁采用分离的双箱结构,两箱之间只在横梁及V形撑处连接。顺桥向在中央分隔带位置设置一大两小三片拱肋,以中拱为中心表现出左右均衡的对称感。高低三拱的组合,造型美观,在寓意上与福州"三山"遥相呼应。

S82南渡江大桥

位于海南省海口市,系S82线海口机场延长线跨越南渡江的特大桥,于2008年8月建成。

该桥全长1178米,桥跨布置为(15×30+4×30+20×30)米预应力混凝土连续箱梁,下部结构为摩擦桩基础及多柱墩。桥宽35米,设计荷载等级为公路—Ⅰ级,抗震设防烈度Ⅶ度,结构设计使用年限100年。

肇庆大桥

位于广东省肇庆市,自肇庆市端州区黄岗镇跨越西江至高要市白土镇,南接广肇高速公路,为紫云大道连接线上跨西江的特大桥,于2001年8月建成。

桥梁全长2529米,桥跨组合为:北引桥Ⅰ(10×20+11×20)米部分预应力混凝土连续箱梁+北引桥Ⅱ(5×40+6×40+6×40)米部分预应力混凝土简支T梁+主桥(86+4×136+86)米预应力混凝土连续箱梁+南引桥(6×30+5×30+10×20+9×20)米部分预应力混凝土连续箱梁。桥梁宽17米、22米,双向四车道。

按平丘一级公路标准设计,设计荷载等级为汽车—超20级、挂车—120,设计速度60公里/小时,主通航孔净高18米、净宽100米,抗震设防烈度Ⅶ度。

该项目在主桥单箱单室大悬臂箱梁截面形式上做了有益探索,并积极采用了大直径钻孔桩等新技术,荣获2007年度广东省优秀工程设计一等奖,为广东同类大桥设计和施工积累了宝贵经验。

新建福州至厦门铁路站前工程乌龙江特大桥

位于福建省福州市，2008年12月建成通车。

乌龙江特大桥全长868.178米，主桥为(80+3×144+80)米连续梁，其余均为32米铁路简支箱梁。设计速度200公里／小时，采用了相应的客运专线施工指南和相应的验收标准，技术标准高，要求混凝土具有耐久性，主体结构质量责任期100年。

新建温福铁路宁德特大桥

位于福建省宁德市，2008年12月建成通车。

该桥全长8496.28米，全桥共236孔，跨越宁德海湾金马海堤，采用一联(40+64+40)米预应力混凝连续梁；跨越宁德海湾南岸海堤及罗宁高速公路，采用一联(48+80+48)米预应力混凝土连续梁；其余均为24米、32米简支箱梁，合计236孔。

益阳赤山大桥

位于湖南省益阳市沅江市，西起赤山岛与湖南S204线相接，主桥跨越赤磊洪道，引桥跨宪成坑、八形汊内河达共华镇，于2008年12月建成。

大桥桥长2967.96米，桥跨布置为5×30米预应力混凝土简支T梁+(62+5×105+62)米预应力混凝土变截面连续箱梁+90×20米预应力混凝土简支空心板+12×30米预应力混凝土简支T梁。桥宽10米，双向两车道。全桥基础为钻孔灌注摩擦桩，其中主桥6个墩采用群桩基础。

设计荷载等级为公路—Ⅱ级，通航标准Ⅲ级，通航净空75米×10米，设计洪水频率1/100。

汉寿仓儿总沅水大桥

位于湖南省常德市汉寿县,为S205线省道津市至武潭公路跨沅水的大桥,于2008年11月建成。

主桥桥长2226米,桥跨布置为:12×20米先张法简支空心板+18米先张法简支空心板+15×5米预应力钢筋混凝土简支T梁+(58+6×100+58)米预应力钢筋混凝土悬浇连续梁+5×50米预应力钢筋混凝土简支T梁+13×20米先张法简支空心板。南岸高架桥长4999.52米,为250孔20米先张法简支空心板。桥净宽15米,双向两车道。

设计荷载等级为公路—Ⅱ级,设计洪水频率1/100,通航等级Ⅲ级。

S28机场专用高速公路渭河特大桥

位于陕西省西安市未央区,属S28西咸阳国际机场专用高速公路跨渭河的特大桥,于2009年7月建成。

桥总长6911.4米,桥跨布置为:(141×30+7×40+18×50+20×28+7×30.5+6×27.5+3×25.5+2×60+2×45+2×27+2×24+25.86+44.14+32+29+36)米,桥宽42米。桥面大面积采用OGFC透水性排水路面铺装,在国内尚属首次。

为大幅度缩短桥梁桩基长度,桥梁桩基采用后压浆技术,大幅度节约工程造价。桥梁腹板采用S形整体钢模,喷涂固化脱模剂,底板采用高品质镜面竹胶板,通过模板设计革新,实现了特大现浇桥梁外观质量跨越新台阶。采用抛丸技术对桥面混凝土浮浆进行打毛,更好地起到防水黏结作用;采用橡胶沥青碎石封层替代桥面防水材料;为了让行驶更加安全与舒适,桥梁伸缩缝采用了单元式多向变位梳形板伸缩装置。

在大桥上每隔35米设置一对路灯杆,路基上每隔45米设置一对路灯杆,每个灯杆的下方均安装了LED雾灯,是陕西省高速公路中唯一一条全线照明的高速公路。

因渭河特大桥南岸位于西安市北郊经济开发区内,考虑到城市区域的景观效果,上部结构采用30米跨径为主的现浇箱梁,并将边腹板设计成流线形,与顶、底板的交叉处设大圆弧贴角。

滁新高速公路颍河特大桥

位于安徽省阜阳市颍上县,为S12滁新高速公路跨越淮河支流——颍河的特大桥,于2007年12月建成。

该桥总长1338.4米,主跨布置为(60+100+60)米三跨混凝土变截面连续箱梁,桥宽24米,双向四车道。下部结构采用矩形薄壁墩,直径1.8米钻孔灌注多排桩基础。设计荷载等级为公路—Ⅰ级,设计速度120公里/小时,通航等级为Ⅵ级,设计洪水频率为1/300。

怀北滑雪场大桥

位于北京市怀柔区,为G111线跨越白河的桥梁,于2010年7月20日建成。

主桥长1702.3米,桥宽10.5米,两车道,主跨径45米。桥梁上部结构为18联55孔预应力混凝土现浇连续弯箱梁。桥梁下部结构中,桥墩采用C40钢筋混凝土扇形变宽式板墩。桥台采用C30普通钢筋混凝土浇筑。墩台不同型号抗震支座的设计,配合抗震设施,提高了桥梁抗震性能。

该桥的设计施工难点主要体现在:上部共分4种不同跨径现浇连续箱梁,梁高各不相同,较小半径弯箱梁对预应力的设计施工要求都很高;桥体位于不同的竖曲线及平曲线内,桥上纵坡、横坡为变化值,对施工提出了较严格的控制要求。

军庄桥

位于北京市门头沟区,为109国道跨越军庄排洪沟、军庄铁路的桥梁,于2009年12月10日建成。

该立交连接六环路、109国道及军温路,并为规划109国道预留条件。主桥长1698.8米,桥宽28.5米,双向四车道,主跨径65米。上跨地方道路,垂直净空5.0米。桥梁上部结构分为左右两幅桥,正常段单幅桥宽为13.75米。异型段桥宽为变值。结构形式为预应力混凝土连续箱梁。桥位处于道路圆曲线及缓和曲线段,圆曲线半径为1000米和700米。由于桥位处地质较均匀,表层土下为卵石层,因此下部结构基础以扩大基础形式为主,局部为桩基础。

中国现代梁桥 | 连续梁桥

德胜泰黄河特大桥

位于内蒙古自治区鄂尔多斯市达拉特旗，系X642树林召至东兴公路跨越黄河的特大桥梁，于2009年9月26日建成。

主桥长1010米，桥跨布置为（55+9×100+55）米预应力混凝土变截面连续梁，桥宽12.5米。下部结构为钢筋混凝土实体墩。

主桥上部结构分别采用两套平面杆系有限元桥梁综合程序进行了成桥状态下恒载、活载、预应力、混凝土收缩、徐变、支座强迫位移、温度变化、风荷载等作用的计算，两个程序计算结果相符。计算中考虑了5种工况的组合。

沪蓉高速公路汉北河1号特大桥

位于湖北省武汉市东西湖区辛安渡农场，是G42沪蓉高速公路武荆段的跨河桥梁，2006年9月开工建设，2009年12月建成通车。

桥梁总长1116米，主桥跨径组合：左幅为（4×31.25+5×30+4×31.25+30+2×40+55+100+55+3×40+9×30）米，右幅为（4×31.25+4×30+5×30+3×40+55+100+55+2×40+4×31.25+6×30）米。主跨为（55+100+55）米预应力混凝土连续箱梁。桥面宽26米，双向四车道，设计速度120公里／小时，设计荷载等级为公路—I级。

济广高速公路淮河特大桥

位于安徽省阜阳市颍上县、六安市霍邱县，为G35济广高速公路跨越淮河的特大桥梁，于2009年12月建成。

该桥全长7898米，主跨采用（59+100+59）米预应力混凝土连续箱梁，跨淮河III级航道。桥宽28米，双向四车道。下部结构为空心薄壁墩、双柱墩，桩基础。

中国现代梁桥 | 连续梁桥

松浦三桥

位于上海市松江区车墩镇、叶榭镇，又名松卫大桥，是松卫公路跨黄浦江的大桥，于2010年6月30日通车。

该桥为一座南北走向的27跨钢筋混凝土梁桥，其中桥梁部分长923米。上部结构第12至第15跨主桥为（80+140+140+80）米变截面预应力连续箱梁桥，引桥分别为11×21米、12×21米简支预应力混凝土空心板梁桥。下部结构采用轻型桥台、桩桩式桥墩。桥面总宽26.5米。

济广高速公路颍河特大桥

位于安徽省阜阳市颍州区,为G35济广高速公路阜阳段跨颍河的特大桥,于2009年12月建成。

颍河特大桥总长3082米,上部结构跨径组合为[2×(5×30)+35+60+35+3×(5×30)+6×30+(45+80+45)+4×(7×30)+4×(6×30)+35+60+35+5×30]米。主桥上部结构双幅均为(45+80+45)米三跨预应力混凝土变高度直腹板单箱单室连续箱梁。为满足水利、航道规划及跨堤的要求,跨河主桥主跨采用80米,跨堤主桥主跨采用60米。设计荷载等级为汽车—超20级,挂车—120;设计速度120公里/小时。下部结构:桥墩为双柱墩、椭圆墩、桩基础,桥台为箱形台、桩基础。

武荆高速公路汉江特大桥

位于湖北省荆门市钟祥市柴湖镇,是武荆高速公路的跨河桥梁,2006年9月开工建设,2009年12月建成通车。

桥梁总长2440米,主桥结构采用跨径组合为(20×40+62+10×100+62+17×30)米预应力混凝土连续箱梁方案。设计速度120公里/小时,设计荷载等级为公路—I级,桥面宽26米,双向四车道。

皂市河特大桥

位于湖北省天门市皂市镇,是武荆高速公路的跨河桥梁,2006年9月开工建设,2009年12月建成通车。

桥梁总长1002米,跨径布置为(25×30+47+47+65+47+47)米,主桥结构采用预应力混凝土变截面连续箱梁方案。设计速度120公里/小时,设计荷载等级为公路一Ⅰ级,桥面宽26米,双向四车道。

兰溪河大桥

位于湖北省黄冈市浠水县,为G45大广高速公路跨越兰溪河的桥梁,为原江北路一级公路利用段桥梁改建,2009年4月建成通车。

桥梁总长597米,桥跨布置为(6×30+40+2×60+40+7×30)米,上部结构采用T梁、连续箱梁。桥面宽26米,双向四车道,设计速度100公里/小时,设计荷载等级为公路一Ⅰ级。

大广高速公路巴河大桥

位于湖北省黄冈市黄州区,是G45大广高速公路跨越巴河的桥梁,2009年4月建成通车。

桥梁总长1146.56米,主桥跨径布置为(5×30+50+2×80+50+11×30+20×20)米,采用预应力混凝土连续T梁、悬浇预应力混凝土连续箱梁,延伸段上部结构为预应力连续空心板梁。桥面宽26米,双向四车道,设计速度100公里/小时,设计荷载等级为公路一Ⅰ级。

此桥跨越地方主要河流(巴河),采取加固防撞栏、收集桥面径流及设置应急处理装置等方式,防止运输危险品的车辆发生突发事故对水体造成污染。

武汉新港铁路滠水河特大桥

位于湖北省武汉市黄陂区滠口镇,为武汉新港铁路下行单线桥,2010年7月开工建设,2013年3月建成通车。

大桥跨越滠水,下穿京广高铁郑武段,上跨既有阳逻电厂专用线,全长3127.6米,宽7.0米,共92墩2台93孔,采用T形桥台、圆端形桥墩、钻孔桩基础。采用主跨96米钢桁梁跨滠水河主航道,采用(32+48+32)米连续梁跨滠水西支,采用48米槽形梁分别跨两岸河堤及既有阳逻电厂专用线,其余孔跨采用24米、32米预应力钢筋混凝土简支T梁。

大桥的建成,对武汉新港铁路开通运营,实现铁水联运,加快推进武汉新港区域经济发展具有重要意义。

双流国际机场飞机滑行道桥

位于四川省成都市,为成都双流国际机场二跑道工程上跨大件公路的滑行道桥,于2009年建成。

该滑行道桥长度为112米,为(22+28+28+22)米预应力混凝土连续箱梁桥,工程设计荷载为特大超重特殊荷载。同时,为上跨大件公路,桥梁净空高度达9.5米。桥墩在横桥向断面设计为哑铃形,桥墩基础为桩基。桥台为重力式+桩基承台基础形式。

该桥荣获2011年度四川省工程勘察设计"四优"三等奖。

上海至杭州客运专线横潦泾特大桥

位于上海市松江区，2010年4月建成通车。

横潦泾特大桥全长15.3公里，主桥在黄浦江上游的横潦泾河处为四跨连续梁，跨径布置为(75+135+135+75)米，两中跨以62度斜交角与横潦泾河斜交。3个主墩墩身均为7米直径圆形墩，墩帽有横向预应力；2个边墩为圆端形桥墩，墩上部为高低墩结构。

上部结构主梁采用悬臂浇筑施工，连续梁0号块长29米、高10米，11个悬浇节段，节段质量205吨至300吨。两边跨现浇直线段，长度7.25米。边跨及中跨设合龙段，全桥共设4个合龙段，高5.83米、长2米。

独贵塔拉奎素黄河大桥

独贵塔拉奎素黄河大桥是内蒙古自治区"十一五"公路规划确定的重点建设项目，位于内蒙古自治区鄂尔多斯市杭锦旗，是连接国道110线和国道109线的重要控制工程。大桥起于鄂尔多斯市杭锦旗奎素村北侧，接省道215线，跨黄河后经巴彦淖尔市乌拉特前旗三湖河口，止于乌拉山镇接110线，于2010年10月建成。

大桥参照BOT（建设—经营—转让）方式投资建设，全长1845米，连接线全长12.9公里，其中黄河南岸鄂尔多斯市境内长4.2公里，北岸巴彦淖尔市境内长为8.7公里。全线按一级公路标准定线，二级公路标准建设，设计速度80公里/小时，主桥宽为净11米+2×0.5米，连接线路基宽12米，路面宽10.5米，采用沥青混凝土路面，设计荷载等级为公路—Ⅰ级，设计洪水频率1/100。主桥采用7跨孔100米连续箱梁，边孔配跨采用59.7米设计，全桥自西向东共设10道伸缩缝，横向采用BM15-3预应力钢绞线钢束，竖向预应力采用JL25毫米高强精轧螺纹粗钢筋，并使用了高标号混凝土，可以抗击Ⅷ级地震。

杏河特大桥

位于山西省晋城市沁水县，为S80陵侯高速公路跨越杏河、侯月铁路的特大桥，于2010年10月建成。

桥梁总长2803米，桥跨布置为（40×35+4×59+34×35）米先简支后连续箱梁+T梁，桥宽23米，双向四车道。下部结构为双柱式墩、桩柱式桥台、钻孔灌注桩基础。

全桥位于1.3%、-0.3%的坡段及半径1500米、800米、950米的圆曲线上，跨越杏河，跨铁路处采用50米梁，以桥梁下部和箱梁安装为主控工程。

X323线吴忠黄河公路特大桥

位于宁夏回族自治区吴忠市，为宁夏X323线跨越黄河的公路特大桥，于2010年10月建成通车，成为吴忠市最长的黄河公路大桥。

桥梁全长1819.36米，主桥为（55+5×92+60）米七跨变截面预应力混凝土连续箱梁桥，引桥上部结构为40米后张预应力先简支后连续箱梁，引桥每跨为7片箱梁。桥面宽20.5米，双向四车道，行车道宽3.5米。引桥墩为柱式墩、主桥墩为空心薄壁墩，桥台采用肋板式桥台，基础为钻孔灌注摩擦桩基础。设计荷载等级为公路—I级，地震动峰值加速系数0.2。

濮阳卫河特大桥

位于河南省濮阳市南乐县,是G45大广高速公路跨越卫河的桥梁,2010年11月建成通车。

该桥全桥长1413.96米,桥跨组合为(24×30+47+52+47+18×30)米。上部结构为装配式部分预应力混凝土连续箱梁+现浇预应力混凝土波形钢腹板箱梁,下部结构采用肋板式桥台、桩柱式桥墩。桥宽34.5米,双向六车道,设计荷载等级为公路—Ⅰ级。

该桥波形钢腹板内、外表面防腐涂装体系的设计,采用了"电弧热喷铝/富锌底漆+环氧中间漆+脂肪族聚氨酯面漆"的涂装体系,这种组合在重防腐蚀涂料体系中是最优秀的涂料防腐蚀体系之一。该桥"一箱多室波形钢腹板PC组合箱梁结构分析与建造技术项目"获河南省交通运输科学技术一等奖。取得具有自主知识产权国家专利3项:一种波形钢腹板预应力混凝土连续箱梁;一种有加强肋增强的波形钢腹板;一种波形钢腹板预应力混凝土工字梁。

新建武汉至广州客运专线铁路株洲西湘江特大桥

位于湖南省株洲市,2010年12月建成通车。

该桥全长1763.86米,主桥结构为一联(60+5×100+60)米预应力混凝土连续梁,其余为24米、32米铁路简支箱梁。

获2008年度全国工程建设优秀质量管理小组二等奖。

泾洋河2号特大桥

位于陕西省汉中市西乡县,为G70₁₁十天高速公路西略段跨泾洋河的特大桥,于2010年12月建成。

桥梁全长1488.7米,桥宽12.25米。上部结构采用[3×30+4×(4×40)+3×40+4×(4×30)+5×30]米预应力混凝土箱梁,先简支后连续,全桥共11联。下部结构为柱式墩、桩基础,薄壁空心式墩、桩基础;肋板台、桩基础,桩柱台、桩基础。设计荷载等级为公路—Ⅰ级。

G65包茂高速公路黄河特大桥

位于内蒙古自治区鄂尔多斯市,为G65包茂高速公路跨越黄河的特大桥,于2011年6月建成。

大桥起点位于包头市沙尔沁镇官地村,终点位于鄂尔多斯市达拉特旗德胜泰乡。大桥全长5657米,桥跨布置为(7×40+2×30+2×40+2×30+3×40+40+70+40+85+6×150+85+89×40+40+70+40+3×40)米。主桥长1070米,上部采用(85+6×150+85)米变截面预应力混凝土连续箱梁跨越黄河主河槽;40米连续小箱梁跨越民生渠、萨包公路、滩涂;(40+70+40)米变截面预应力混凝土连续箱梁跨越南、北大堤。下部分别采用薄壁空心墩、薄壁墩、薄壁T形墩和桩基础。

桥宽28米,双向四车道,设计速度100公里/小时,设计荷载等级为公路—Ⅰ级,设计洪水频率1/300,抗震设防烈度Ⅶ度。

中国桥谱 第二卷 A Guide to Chinese Bridges 之 中国现代梁桥 / 连续梁桥

合川涪江一桥

位于重庆市合川区，于2011年6月完工。

在原有位置上代替老桥，新桥结构型式是部分上承式拱桥和部分梁桥组合而成的桥梁，满足通航和造价的前提下，也满足了老桥拱桥在视觉上的传承，是旧城改造的一个成功案例。

该桥正桥为（85+135+88）米创新型混凝土拱式梁桥。

内蒙古大城西黄河大桥

位于内蒙古自治区包头市土默特右旗，为X064公积板至大城西段跨越黄河的特大桥，于2011年9月建成。

该桥全长1530米，桥跨布置为（12×60+10×100+60）米，主跨采用10×100米预应力混凝土连续箱形梁，主梁为变截面单箱单室悬臂梁。桥宽12米，机动车道宽9米，采用二级公路标准。

罕台川特大桥

位于内蒙古自治区鄂尔多斯市达拉特旗，为鄂尔多斯市S24兴巴高速公路树林召至独贵塔拉段上的一座特大桥，于2011年建成。

桥梁采用正交径向布置，桥梁全长2248米。主桥跨径布置为（4×40+45+70+45+23×40+45+70+45+21×40）米。桥梁上部结构主跨为（45+70+45）米预应力混凝土变高度连续箱梁，引桥为40米预制预应力混凝土先简支后连续T梁；主桥下部结构采用空心墩，承台接钻孔灌注桩基础，引桥下部结构均采用框架墩，承台接钻孔灌注桩基础，桥台采用承台分离式台，钻孔灌注桩基础。

中国现代梁桥 | 连续梁桥

金溪湖特大桥

位于江西省南昌市南昌县、进贤县，所属线路为G60N杭长高速公路德兴至南昌段，为跨越鄱阳湖支流——金溪湖的特大桥，是江西省最长的公路桥，于2011年9月竣工。

该桥全长9178.5米，宽25.3米，双向四车道。桥梁上部结构采用61×40米装配式预应力混凝土T梁+（45+2×70+45）米预应力混凝土变截面箱梁+95×40米装配式预应力混凝土T梁+90×30米装配式预应力混凝土T梁。下部结构采用钻孔灌注桩基础、柱式桥墩、肋式桥台。

该桥在建设规模上创造了当时江西桥梁史上的"三个之最"：建设长度居全省之最，建设投资居全省之最，施工期搭建的钢便桥长度居全省之最。同时，在设计特色上创造了江西桥梁安全设计的"四项创新"：一是首次设立了风光互补供电防雾系统，针对湖区雨雾天气频繁的情况，项目建设单位在路线左右幅外侧防撞墙每隔50米设置一处防雾灯，利用鄱阳湖区丰富的风力和阳光资源，为防雾灯提供经济和清洁的能源；二是首次对中央防眩板处采取了黄绿色间隔配置的措施，有效防止驾乘人员视觉疲劳；三是首次采用了桥梁平纵面合理的线形组合，避免长直线线形引起视觉疲劳，同时也有效地控制了工程造价，增加了大桥的美感；四是首次采用了全桥SMA沥青混凝土路面结构，提高了桥梁路面的安全性能。

鄱阳湖国家级自然保护区是候鸟的天堂，每年有大量候鸟迁徙至此，金溪湖也是保护区最佳候鸟观赏点之一。桥梁穿行于湖区腹地，在车辆行驶中可近距离观看候鸟，呈现出"飞时遮尽云和日，落时不见湖边草"的壮丽景观。桥上风光互补发电与发光警示标志，彰显项目环保、节能理念和安全至上的建设理念。

The Modern Beam Bridge

梅花渡涟水特大桥

位于湖南省湘潭市湘潭县，为潭衡西高速公路上跨涟水河的特大桥，于2011年建成。

该桥主桥长1278米，跨径布置为(19×20+3×43+3×50+4×43+22×20)米，上部结构：主桥为10跨共计1联(3×43+3×50+4×43)米连续T梁，其余部分为20米连续空心板，共4联39孔；桥宽24.5米。桥台采用座板式桥台，配4个直径150厘米钻孔灌注摩擦桩，均采用双柱墩。

天津外环北路北延线跨永定新河大桥

天津外环北路北延线跨永定新河大桥，在现状京津塘高速公路西侧跨越永定新河，于2012年12月建成通车。

桥梁全长1228米，由主桥、南北引桥和引路组成，主桥跨径为(40+4×50+5×50+40)米，上部结构采用变截面预应力钢筋混凝土连续梁，下部结构采用薄壁式墩柱。桥梁全宽41.0米，采用双向六车道标准，桥梁上、下行双幅桥布置。

大桥跨越"两河三堤"，地形地貌复杂，设计结构新颖、造型独特。施工中首次采用满堂红支架一次浇筑全部"吨构"混凝土，分段张拉、浇筑合龙段，完成体系转换，减少了施工阶段，成功控制了整体线形及合龙精度，该成果获发明专利；国内首次创新使用智能张拉设备完成现浇连续箱梁预应力施工；在天津市桥梁工程中首次应用钢筋数控立式弯曲设备，精确加工2814种尺寸各异的钢筋，保证了桥梁结构耐久性；首次应用承插型盘扣式钢管支架及新型塑料模板，增强了支架整体刚度，提高了混凝土外观品质。

向家坝水电站金沙江大桥

位于四川省宜宾市叙州区和云南省昭通市水富市境内的金沙江下游河段，距金沙江向家坝水电站坝址约1.8公里。大桥不仅在金沙江向家坝水电站工程施工期间，作为连接下游左右两岸的交通要道，而且工程建成后成为金沙江下游连接左右两岸交通的主要通道，于2011年建成。

桥梁全长438米，受通航及两岸接线限制，主桥采用（70+170+90）米不对称连续梁；全桥孔跨布置为：15米刚架+（70+170+90）米预应力混凝土连续梁+（3×18+2×18）米钢筋混凝土连续箱梁。桥面宽15米，双向两车道。全桥承受的活荷载考虑水电站的需求，达到650吨，主梁结构进行了特殊设计。

果子沟展线桥

位于新疆维吾尔自治区伊犁哈萨克自治州霍城县，桥址位于G30连霍高速公路4170.05公里处，于2011年9月30日建成。

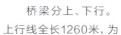

桥梁分上、下行。上行线全长1260米，为[7×(4×40)+4×35]米共32跨的预应力钢筋混凝土连续箱梁桥；下行线全长1194米，为[6×(4×40)+3×40+3×38]米共30跨的预应力钢筋混凝土连续箱梁桥。

上下行设计均为高速公路标准，桥梁设计荷载等级为公路—Ⅰ级，全宽11.75米。上部结构采用预应力钢筋混凝土连续箱梁，下部结构采用柱式墩，墙式桥台，基础采用扩大基础。

中国桥谱之 | 中国现代梁桥 | 连续梁桥

The Modern Beam Bridge

塔哈拉川特大桥

位于内蒙古自治区鄂尔多斯市准格尔旗,是S103线城壕至大饭铺段高速公路的一座特大桥,于2012年1月建成。

大桥分左右两幅桥设计,桥全长1049米,桥型结构为26×40米先简支后连续预应力混凝土T形梁桥。

太临高速公路汾河特大桥

位于山西省忻州市静乐县丰润镇和太原市娄烦县之间,是S50太临高速公路跨汾河的特大桥梁,于2010年12月建成。

大桥跨径布置为:左幅(65×30+17×25)米,右幅(60×30+23×25)米,均为预应力混凝土连续箱梁桥,桥宽24米,双向四车道。下部结构为柱式墩、桩基础、肋板台。

桥型结构设计以"技术可行、安全、适用、经济合理、造型美观、利于环保"为原则,结合路线平纵指标、地形、地质、施工条件,并兼顾美观与周围景观协调。该桥采用组合分体箱梁能有效缩短施工吊装周期及减少上构预制场地,而且可以通过调整分体箱梁湿接缝宽度适应桥面变宽,分体箱梁适应性较强。

该桥上部结构主要采用25米、30米预应力混凝土分体式箱梁,先简支后连续。力求标准化、装配化,以方便施工、缩短工期、降低投资。该桥桥墩采用技术成熟、便于施工、受力明确的双圆柱式桥墩,部分墩高大于30米桥墩采用空心薄壁墩。并根据跨径、墩高等确定合理的结构尺寸。

壶口黄河特大桥

位于山西省临汾市吉县,是G22青兰高速公路跨黄河的特大桥,于2012年8月建成。

主桥长757米,桥跨布置为(120+3×175+96)米装配式预应力混凝土连续T梁。桥宽24.5米,双向四车道。下部结构为柱式台、桩基础。

该桥横跨309国道及秦晋大峡谷之间的黄河,连接山西省吉县与陕西省宜川县。大桥3号主墩高146米,为山西省黄河沿线公路线上的最高桥墩。

永定新河特大桥

连接天津市滨海新区北塘经济区和中新生态城,为中央大道跨越永定新河的一座特大型连续梁桥,于2012年竣工,为当时华北地区最大跨径的连续梁桥。

桥梁全长1367米,主桥跨径为(100+160+100)米,上部结构采用变截面预应力混凝土连续梁,下部结构采用钻孔灌注桩接承台基础。桥面全宽39.5米,采用双向八车道标准,桥梁面积共4.82万平方米。

永定新河特大桥在设计中应用多项新技术:大吨位E型钢弹塑性阻尼器技术解决高震区抗震问题;超长、大吨位预应力钢束在大跨径连续梁桥中的应用技术,为满足主桥、引桥同步施工的要求,主桥边孔正弯矩束采用梁内单端张拉锚固的方式;在桥头高填土路段采用薄壁管桩处理地基,其工程造价相对于传统的旋喷桩更低,是天津滨海新区对此种新工艺的尝试;在路基填筑中采用了固化土的路基填筑材料,土壤固化土比传统做法的石灰土具有更好的水稳性,适应中央大道在盐田内修路,在后期使用过程中不致因地下水的侵蚀而降低强度,具有显著的优势。

松花江特大桥

位于黑龙江省哈尔滨市,为国道主干线哈尔滨绕城公路东北段秦家至东风工程跨越松花江的特大桥,于2009年建成。大桥全长2324.92米,其中主桥长595米,引桥长1729.92米。桥跨布置为[4×40+10×(3×40)]米预应力混凝土T梁+(90.5+3×138+90.5)米预应力混凝土连续箱梁+(2×40+3×40+4×40)米预应力混凝土T梁。桥宽28米,双向四车道。下部结构主墩及过渡墩墩身为钢筋混凝土实体墩,引桥墩墩身为柱式墩,桥台为肋板式,基础为钻孔灌注桩基础。

施工技术方面,桥梁采用大悬臂过冬施工技术。大悬臂过冬是一个全新的课题,也是科技开发的一大难点。经过多方验算,确定了最优的支护方案、监控方案及相关预警机制。大桥的大悬臂过冬取得了重大的突破,打破了寒冷地区不能施工大跨径桥梁的限制。另外,大桥还采用了轻型三角挂篮施工技术。设计时对三角挂篮进行了最完善的精简设计,在相同条件下的挂篮设计中,创下了一个最轻便(其三角挂篮体系自重与梁段自重系数不到0.3)的纪录。

该桥获得2009年度黑龙江省建设工程质量"龙江杯"奖和2010年度火车头优质工程奖。

共安大桥

位于江西省九江市德安县,所属线路为市政道路,跨越京九铁路、昌九城际铁路,2012年10月竣工。

该桥全长1120米,宽28米,双向六车道。桥梁上部结构采用(70.7+125+70.7)米预应力混凝土变截面连续箱梁,下部结构采用钻孔灌注桩基础。

根据共安大桥所处环境以及大吨位、大跨径双幅曲线连续梁桥的特点,经过方案比选和优化,确定了主梁先于铁路线路两侧挂篮悬臂浇筑形成两T构后,再平转到位,最后合龙成桥的施工方法。单个转体结构质量为1.45万吨,转体悬臂长度为61.5米,转体长度123米,是江西省首座跨铁路旋转体施工桥梁。

作为国内首座双幅曲线连续梁桥在同一球铰上转体,上、下转盘采用了砂箱与刚性支撑相结合的双向临时固结方法,并依托该工程开展技术研究。通过转体前的称重试验,确定纵、横双向不平衡力矩及配重方案,保证了曲线梁桥转体的顺利实施。共安大桥的建成丰富了我国转体桥梁施工经验,标志着中国混凝土桥梁转体施工技术走在世界前列。

该桥梁获奖情况如下:

依托共安大桥形成的《大吨位曲线连续梁跨越多线电气化铁路转体施工技术》科技成果获得了2013年度中国铁道建筑总公司科学技术二等奖、获得2013年度中国施工企业管理协会科学技术奖科技创新成果一等奖。

依托共安大桥形成的《大吨位小半径曲线双幅连续梁跨越多线电气化铁路平转施工工法》荣获2014年度中国铁建股份有限公司优秀工法,研究成果达到国际先进水平。

获得2015年度"中国铁建杯"优质工程。

京密高架桥

位于北京市怀柔区，是S35京密高速公路上的高架桥梁，于2012年10月10日建成。

主桥长3529米，桥宽13.8米，六车道，主跨径54米。京密路主线高架桥左右半幅均为十七联桥梁，其中第七联均为连续钢箱梁，其余均为现浇预应力混凝土连续箱梁。桥梁跨径均为道路定测中线长度，分跨线均垂直于道路定测线。

G98₁₁海南中线高速公路南渡江大桥

位于海南省海口市，为G98₁₁海南中线高速公路跨海南省第一大江——南渡江的重要桥梁，于2012年11月建成。

桥跨布置为35×30米先简支后连续预应力混凝土箱梁，梁高1.6米，采用C50混凝土。大桥分左右两幅，每幅宽13米，全宽26米，每幅为4片箱梁。支座采用普通圆形板式橡胶支座。下部结构采用圆截面桩柱式桥墩。设计荷载等级为公路—Ⅰ级，抗震设防烈度Ⅶ度，结构设计使用年限100年。

古青高速公路青铜峡黄河公路大桥

位于宁夏回族自治区吴忠市青铜峡市,为宁夏S12古青高速公路跨越黄河的大桥,于2012年11月建成通车。

该桥全长1778.16米,桥跨布置为(3×40+45+65+45+ 3×40+65+5×110+65+3×40+3×40+4×40+45+2×65+45+3×40)米。主桥为(65+5×110+65)米七跨变截面预应力混凝土连续箱梁桥;引桥上部结构为40米后张预应力先简支后连续箱梁,跨越滨河大道,东岸为(45+65+45)米变截面连续箱梁,西岸为(45+2×65+45)米变截面连续预应力混凝土箱梁。引桥每跨为4片箱梁。桥面宽26米,净宽11.75米,双向四车道,行车道宽3.75米。基础为钻孔灌注摩擦桩;引桥墩为柱式墩、主桥墩为空心薄壁墩,桥台采用肋板式桥台。设计荷载等级为公路—Ⅰ级。

新建南宁至广州铁路逢远河特大桥

位于广东省云浮市,2012年12月建成通车。

该桥全长2489.67米,桥式布置除一联(40+64+40)米预应力混凝土连续梁、一联(48+80+48)米预应力混凝土连续梁外,其余均为24米、32米铁路标准梁,全桥共73孔。

怀雁路高架桥

位于北京市怀柔区，为S233怀雁路上的桥梁，于2012年12月10日建成。

主桥长3609米，桥宽24.5米，四车道，主跨径55米。桥梁标准横断面为两幅路。结构形式采用预应力混凝土连续箱梁形式。桥梁上部结构主要采用后张预应力混凝土连续小箱梁，具有整体性好、耐久性强、受力简单明确、桥梁外形简洁优美、线条流畅等特点。桥梁下部墩柱的形式与上部结构采用相同的建筑风格，在满足使用功能的前提下尽量体现轻巧、通透的原则。

新建杭州至长沙铁路客运专线金华江特大桥

位于浙江省金华市，于2012年建成。

该桥全长11.4公里，其中，跨金华江（75+4×135+75）米悬臂连续梁，是同期国内在建高铁中跨径最长、连续跨数最多的连续梁，为同期国内CRTS Ⅱ型板式无砟轨道桥梁跨径之最。

荣获2016—2017年中国建设工程"鲁班奖"。

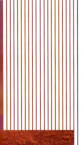

中国现代梁桥 | 连续梁桥

G5京昆高速公路干海子大桥

位于四川省雅安市石棉县，是G5京昆高速公路四川雅（安）泸（沽）段上的一座特大桥，于2012年建成。

桥长1800米，桥跨布置为（25×44.5+11×62.5）米连续梁。由于桥位处地形复杂、地质条件差，桥墩高差大、桩基埋深长，设计采用了44.5米、62.5米两种主要跨径，其余跨径为总体布置边跨和设置伸缩缝需要，全桥共计36跨，共分三联设计。桥宽24.5米，双向四车道。下部结构采用钢管混凝土格构桥墩和钢筋混凝土柱墩，钢管混凝土格构桥墩由墩身与承台、桩基础组成。

该桥创造了多项世界第一：第一座最长全钢管混凝土桁架梁桥；第一座最高的钢管混凝土格构桥墩、组合桥墩、混合桥墩，同类结构中每联最长的连续结构；第一次全面采用钢纤维钢管混凝土施工。

该桥的科研成果主要有4项：一是提出了适合于中等跨径的钢管混凝土桁式组合梁与钢管混凝土组合桥墩相结合的新型墩梁结构，为山区桥梁建设提供了一种新桥型；二是研发了高墩长联、阻尼支座与桥墩刚度匹配设计等系列新技术，提高了高墩长联结构整体刚度，达到了承载能力高、抗震能力强、材料用量省的效果；三是通过构件本构关系、节点疲劳、桁式主梁与桥墩整体模型静动力试验，提出了钢管混凝土桁架连续梁桥的设计计算方法，经实桥荷载试验验证了计算方法和结构构造的可靠性；四是提出了主梁分段拖拉施工的新工艺，解决了高墩、小半径、复合曲线、大纵坡、多孔跨的主梁架设技术难题。

获得实用新型专利5项：钢管混凝土高墩墩柱与钢筋混凝土腹板连接构造；钢管混凝土混合桥墩；钢管混凝土组合桥主立柱与腹板连接构造；桥梁阻尼限位抗震橡胶支座；组合桥墩钢管与主梁锚固连接构造。

获得发明专利1项：钢—混凝土组合箱形结构桥墩。

临河黄河公路大桥

位于内蒙古自治区巴彦淖尔市临河区与鄂尔多斯市杭锦旗交界处的上游黄河段上，所属路线为G242，跨越黄河，于2012年建成。

大桥总长为4187.2米，主桥长1219.4米，桥宽12米，两车道。全桥分联情况（临河至鄂尔多斯方向）为：14联4×40米预应力混凝土连续小箱梁+1联（59.7+11×100+59.7）米预应力混凝土连续箱梁+2联5×40米预应力混凝土连续小箱梁+2联4×40米预应力混凝土连续小箱梁。主梁采用单箱单室变截面预应力箱梁；主桥基础均采用钻孔灌注桩群桩基础，桩径1.8米。抗震设防烈度Ⅶ度，属高震区。

针对黄河游荡性河段主流摆动剧烈、主河槽变化范围大的特点，临河黄河公路大桥跨主河槽的主桥孔跨布置，需考虑设计洪水能顺畅下泄，避免河床产生不利变形，保证桥墩有足够的稳定性，同时还需考虑黄河防凌及通航要求。最终主桥选择（59.7+11×100+59.7）米超长联大跨连续梁的桥型跨越黄河。

通过对临河黄河公路大桥主桥超长联大跨连续梁桥的减隔震设计、抗震措施设计、合拢工艺设计等方面深入、系统研究，形成了适合于严寒地区、高烈度场地条件下建设超长联大跨连续梁桥的创新性技术。大桥的设计，成功解决了桥梁长联抗震、长联施工合龙工艺，有效地缩短了施工周期、减少了工程投资，在同类型工程中处于先进水平。

泰来嫩江特大桥

位于黑龙江省齐齐哈尔市泰来县，是嫩泰高速公路齐泰段的重要组成部分，于2013年4月建成。

该桥全长1432.52米，引桥上部采用预应力混凝土简支转连续箱梁结构，主跨采用3×128米预应力混凝土连续箱梁结构。桥宽26米，双向四车道。

该桥桥跨布置为[2×(5×30)+4×30+5×30]米预应力混凝土简支转连续箱梁+(85+3×128+85)米预应力混凝土连续箱梁+(5×30+5×30)米预应力混凝土简支转连续箱梁。

大桥为一级公路，设计速度为100公里/小时，设计洪水频率1/300。

The Modern Beam Bridge

松铜高速公路龙生特大桥

位于贵州省铜仁市万山区，为S15松铜高速公路铜大段上的特大桥，于2012建成通车。

该桥左幅全长1044.52米，右幅全长1055.54米，左右幅跨径组合为[3×40+4×(5×40)+3×40]米先简支后连续T梁。单幅桥面宽12.25米，桥面净宽11.00米。设计荷载等级为公路—I级。

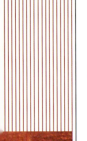

中国现代梁桥 | 连续梁桥

江苏345省道灌河大桥

位于江苏省连云港市灌南县田楼镇与三口镇交界处，于2012年建成。

桥梁总长1017.24米，跨径组合为（4×30+6×28+3×28+58+103+58+5×28+5×28+5×28）米，共分七联布置，14号、15号桥墩之间设置通航孔，为（58+103+58）米的三跨变截面连续箱梁。桥面由双幅组成，单幅桥宽11.75米，桥梁总宽度为24.5米。桥梁设计荷载等级为公路一Ⅰ级，桥面纵坡2.5%。主桥主墩墩身采用矩形空心墩，基础均采用钻孔灌注桩。桥梁跨灌河，与河道的交角为90度，灌河为Ⅲ级航道，通航净空90米×7米，最高通航水位4.09米，最低通航水位0.59米。桥址处河口宽约420米，最深处高水位时水深约12米。

为克服海水对结构物耐久性的影响，灌河大桥主墩承台水中钻孔桩和水下承台施工添加阻锈剂；为克服传统预应力张拉和压浆不饱满、不密实现象，引进了智能张拉和循环压降设备，有效提升了大桥的施工质量。

二广高速公路襄樊汉江四桥

位于湖北省襄阳市，在汉十高速公路襄荆连接线1558.97公里处，2003年12月建成通车。

桥梁总长4618.0米，跨径布置为（29.93+34×30+75+5×120+75+40×30+30×30+22+22×30+29.93）米，主跨上部结构为预应力变截面连续箱梁，引桥为预应力混凝土T梁。桥面宽度24.5米，双向四车道，设计速度100公里／小时，设计荷载等级为公路一Ⅰ级。

大治河桥

位于上海市浦东新区。两港公路（大治河—拱极路）大治河桥工程，是上海市连接浦东机场和洋山深水港的快速连接通道，为一级公路标准，于2013年建成。

大桥全长744米，桥跨布置为（30×2+36+28.5+47+92+158+92+18+32.5+30×6）米，主跨为（92+158+92）米三跨预应力混凝土鱼脊式连续梁。整幅桥宽35米，八车道。

鱼脊布置采用中央单片形式，外形采用抛物线线形，最高处在桥面以上20米。该桥形式新颖，是国内首座特大型宽桥面混凝土鱼脊连续梁桥。鱼脊式的立墙作为桥梁的主要构件，不但为大跨径桥梁提供了结构刚度，也承担着桥梁的景观功能。全混凝土具有下承式结构特点的鱼脊梁桥型在突破现有桥型的技术瓶颈方面具有技术及经济的优势。本工程的成功示范应用，标志着中国特大跨新式预应力混凝土梁式桥型建造技术由此跻身国际前列，耐久的预应力混凝土连续结构桥获得了新的发展动力。

该桥荣获上海市科技进步奖二等奖、华夏建设科学技术奖二等奖、英国结构工程师协会结构奖的区域集团奖提名奖、上海市建筑学会创作奖佳作奖、上海市优秀工程勘察设计二等奖、上海市优秀工程咨询成果奖二等奖，入选上海市建筑设计作品年鉴。

芝川特大桥

位于陕西省渭南市韩城市芝川镇黄河高漫滩，是G5京昆高速公路陕西禹阎段上跨澽水河的一座特大桥，也是该公路的咽喉工程，于2005年11月建成。

主桥上部结构为48×50米预应力混凝土连续T梁+21×30米预应力混凝土连续箱梁。全桥共有桩基1106根，桩径1.5米的900根，桩长60米，桩径1.2米的206根，桩长54米，承台136个，墩台140个，盖梁136个，T梁576片，箱梁168片。下部结构为薄壁空心墩、柱式墩、柱式台、桩基础。设计荷载等级为汽车—超20级、挂车—120。

芝川特大桥在施工过程中有四大施工难点：一是主桥桥址湿陷性黄土由于多年水泡、沉积，呈胶泥状；二是桥墩高，作业难度较大；三是每片T梁质量达180吨，架设难度较大；四是C05合同段在深路基上预制梁，路基窄，纵坡2.93%，又在曲线上，场地小，预制梁比较困难。

施工中，该桥创新性采用高泵程混凝土施工技术，发挥了速度快、质量高、占地少等特点，通过对泵送混凝土集料的优选，并选择适宜的坍落度、砂率，使泵送混凝土具有良好的可泵性，混凝土施工得以顺利进行，取得了良好的技术经济效果。

芝川特大桥获得2009年度陕西省建设工程"长安杯"奖（省优质工程）。

武罐高速公路洛塘河双层高架特大桥

位于甘肃省陇南市南部峡谷山区，系G75兰海高速公路甘肃武罐段跨越洛塘河的特大桥，于2013年12月18日建成。

桥位处沟谷狭窄、地层破碎，地形、地质构造复杂，地震活动频繁且强度大，生态环境脆弱，以滑坡、泥石流为主的地质灾害极为发育且危害严重，是甘肃省地形条件和地质构造最为复杂的地区。为此，该桥设计为双层高架桥，采用上下双向四车道高速公路标准，桥梁宽12.25米，设计速度80公里／小时，设计荷载等级公路—Ⅰ级。

大桥左线桥梁总长1500米、右线桥梁总长1200米，双层高架桥梁部分长960米，其余部分为分离式桥梁。左线为上层桥梁，左右墩柱高度差别较大，上下层桥梁均采用跨径为30米的预应力混凝土简支转连续小箱梁，分离式桥梁部分采用双柱式桥墩、矩形截面，上下叠置部分桥梁为双层框架式桥墩，2处独柱式桥墩、钻孔灌注嵌岩桩基础，重力式U形桥台，扩大基础。

洛塘河双层高架特大桥，位于地震烈度Ⅷ度区，桥墩抗震要求高，相对于单层桥墩，双层高架墩在遭受横向地震作用时，受力非常复杂，在结构达到延性能力之前有可能先发生结构整体稳定问题。其抗震设计在总结吸取汶川地震桥梁震害经验教训的基础上，结合国内外抗震设计的最新成果，采用能力保护设计理念，以拟静力试验为主结合数值仿真模拟分析的复合手段研究双层高架桥梁的受力特点，采用多种抗震设防措施和减隔震措施，保证了结构的抗震性能。

该桥结构形式新颖独特，为全国高速公路首座双层高架桥梁，其设计获得2015年甘肃省优秀设计奖一等奖。

依托该桥完成的主要科研成果有：《甘肃南部峡谷地区高速公路双层高架桥梁应用技术研究》科研鉴定为国内领先；《武罐高速公路抗震优化设计及灾害防治技术研究》为西部交通建设科技项目，双层桥抗震设计和震害防治技术为其中重要组成部分；《武罐高速公路洛塘河双层高架特大桥新型护栏结构及安全性能评价研究》成果效益显著，成功申请专利1项。

228国道（原临海高等级公路）圩子口特大桥

228国道（原临海高等级公路）圩子口大桥，起点位于江苏省连云港市连云区复堆河北，向南跨越复堆河、圩子河，终点位于与海堤路平交往南200米处，于2013年建成。

圩子口特大桥项目桥梁长2245.48米，桥梁两侧引道长255米。桥跨布置为（15×25+54+90+54+5×25+4×35+6×25+10×35+36×25）米，桥梁全宽26米。下部结构主桥中墩采用直立式墩，过渡墩采用双柱式矩形墩，钻孔灌注桩基础；引桥采用双柱式墩，钻孔灌注桩基础。

乐山岷江特大桥

位于四川省乐山市，系S66乐山至自贡高速公路上跨岷江的特大桥，于2013年建成。

该桥长740.8米。以岷江为界，桥区乐山岸为构造剥蚀深切单斜状丘陵，自贡岸为构造剥蚀中切宽谷丘陵。主桥上部结构采用（100.4+3×180+100.4）米预应力混凝土五跨变截面连续梁，主跨3×180米，桥梁高度30.4米；两岸引桥分别为（10×40+10×38+11×40+8×50）米和（4×50+10×38+8×40）米预应力混凝土T梁。桥宽27.5米，双向四车道。下部结构主桥墩为空心薄壁墩和钻孔灌注桩；引桥墩为双柱式墩及桩基础，两岸桥台分别采用重力式U形和轻型桥台。

该桥获2014年度四川省优秀设计一等奖。

杭瑞高速公路把总湾特大桥

位于湖南省湘西土家族苗族自治州凤凰县都里乡把总湾村东侧，是G56杭瑞高速公路凤凰至贵州大兴段上的主线桥，于2013年建成。

大桥全长2166米，共54跨。桥梁跨径布置为54×40米预应力混凝土T梁，单幅桥梁片数为5片，共540片T梁，其中中跨中梁156片，中跨边梁104片，边跨中梁168片，边跨边梁112片。梁间跨2.40米，预制梁长中跨为39.20米，边跨为39.52米，预制梁高2.5米。主桥上部采用预应力混凝土连续T梁，先简支后连续，按全预应力构件设计。桥宽2×12米，双向四车道。

邢临高速公路南澧河大桥

位于河北省邢台市邢临高速公路K13+177.00处，2005年随邢临高速公路一起通车。

全长880米，桥梁与河道交角110度，单幅桥面宽度11.5+2×0.5米；设计荷载等级为汽车—超20级，挂车—120；上部结构为29×30米预应力混凝土先简支后连续斜腹板小箱梁，下部采用双柱式墩，肋板台，钻孔灌注桩基础。

南澧河大桥上部结构5孔一联，共分为6联，桥面铺装原设计为10厘米厚，基于解决沥青混凝土桥面铺装普遍存在的早期破坏问题，探讨合理的桥面铺装结构，经计算、实验，借鉴已有多座大桥的桥面铺装方案，并多方征求专家意见，反复研究论证，最后课题组变更为2厘米改性沥青混凝土+18厘米厚水泥混凝土组合结构；并研究了水泥混凝土桥面铺装的放水问题、水泥混凝土与沥青混凝土桥面黏接问题、高强沥青混凝土技术性能及施工工艺等。

以南澧河大桥为载体开展的超薄沥青混凝土桥面铺装科研课题：《超薄沥青混凝土桥面铺装技术研究》于2007年12月获得河北省科技进步三等奖。通车运营使用十余年时间，南澧河大桥采用的超薄沥青混凝土桥面铺装技术实际效果很好，沥青路面性能良好，平整无坑槽，养护方面没有进行过挖补和维修，处于一个良好的使用运营状态。

The Modern Beam Bridge

克拉苏河特大桥

位于新疆维吾尔自治区克拉玛依市乌尔禾区，系G30₁₄奎阿高速公路克拉玛依至乌尔禾段跨越克拉苏河的特大桥，于2013年建成。著名的魔鬼城风景区即位于乌尔禾区。

桥梁全长1178米，上部结构采用39×30米装配式预应力混凝土连续箱梁；下部结构桥墩采用双圆柱桥墩，桩基础，桩柱式桥台。

该项目共获得国家级QC二等奖1个、三等奖3个，分别为：应力T梁外观质量控制、提高桥台处路面平整度QC小组、混凝土墙身钢筋保护层控制、利用数显张拉设备提高预制梁张拉精度。

S202线中卫黄河特大桥

位于宁夏回族自治区中卫市沙坡头区南部迎宾大道和滨河大道交会处，系S202线跨越黄河的特大桥，过桥后与G20$_{12}$线定武高速公路和S202线相连，于2014年1月竣工。

中卫黄河特大桥全长1117米，建于原桥上游2米处，上部采用12×30米装配式预应力混凝土连续箱梁+（60+6×90+60）米预应力混凝土变截面连续箱梁+3×30米装配式预应力混凝土连续箱梁，桥宽24.5米。主桥下部采用实体板式墩、桩基础，引桥采用柱式墩、柱式台、桩基础。设计洪水频率1/300，通航等级为V级。

在施工中，为了防止箱体表面出现裂纹、裂缝，在混凝土中添加了腈纶纤维；为了使墩身表面混凝土达到镜面效果，采用了模板漆，使墩身表面光洁照人；采用桁架式整平机和座椅式收面机，提高了桥面的平整度和桥面的密实性。在路基新老结合部分的施工中，采购了小型液压夯进行夯实，有效防止了新老路基结合部分的沉降。

荫营河特大桥

位于山西省阳泉市郊区，为S45天黎高速公路跨越子牙河（海河水系）的大桥，于2010年10月建成。

跨径组合为：左幅（16×40+35+2×39.6+35+35+2×39.6+35+12×39.6）米，右幅（16×40+35+2×40+35+35+2×40+35+12×40）米。上部结构采用装配式预应力混凝土连续T梁，下部结构0号台桥台采用盖梁接扩大基础，36号台采用肋板台和桩基础，桥墩采用实体墩、变截面空心墩，桥墩采用桩基础。

浦坝港特大桥

位于浙江省台州市三门县，系G228线跨越浦坝港的特大桥，于2014年1月建成。

大桥全长2212米，桥跨布置为（9×30+16+40+68+120）米预应力混凝土连续箱梁桥，桥宽24米。下部结构为双柱墩。

本桥为跨海大桥，桥址所在下部结构大部分处于潮汐影响范围，特别是南岸引桥桩基几乎全部受大潮影响，根据现场勘查，南岸施工区域主要分为两种：一种是滩涂地区，采用换填宕渣碾压后形成施工便道；另一种是海岸区域，该区域每日受潮汐影响严重，从经济和安全方面考虑最终采用了贝雷架栈桥。

该桥曾获2015年度浙江省建设工程"钱江杯"奖（优质工程）、2015年度华东地区优质工程奖。

吉珲高铁桥

东团山铁路桥始建于1926年6月，1927年8月完工。如今在老桥上游新建了两座铁路桥，三桥间距不到10米，新建铁路桥为吉珲高铁桥、吉舒铁路桥。吉珲高铁桥于2011年3月开工，2014年8月建成。

吉珲高铁桥是吉图珲客运专线全线重点控制性工程，为四线桥，双线高铁、双线普速。大桥全长3386.68米，其中跨松花江桥长304米，跨径布置为（56+96+96+56）米连续梁，为全线最大跨度连续梁，使用挂篮悬浇法施工，主墩承台为全线最大承台，48米简支梁为全线单跨最大简支梁。

京拉公路中宁黄河特大桥

位于宁夏回族自治区中卫市中宁县北主城与石空镇之间，系G109京拉公路跨越黄河的特大桥梁，于2014年1月竣工。该桥是G109线宁夏境内重要控制点，是沟通宁夏北部沿黄经济区黄河两岸最主要的过河通道和交通咽喉，同时承担重要的战略保障任务。

桥梁是在原有中宁黄河大桥下游2米外新建的跨越黄河的特大桥梁，全长1128米，上部采用4×40米装配式预应力混凝土连续T梁+（40+8×80+40）米预应力混凝土变截面连续箱梁+6×40米装配式预应力混凝土连续T梁，桥宽32米。下部采用实体板式墩、桩基础，引桥采用柱式墩、助板式台、柱式台、桩基础。设计洪水频率1/300，通航等级V级。

主桥采用挂篮分段悬臂浇筑，全线控制测量采用GPS全球定位系统，地形测绘采用全野外数据采集。

秀水大桥

位于吉林省吉林市,是跨越松花江连接昌邑区和龙潭区的桥梁,于2014年建成通车。

大桥全长1097米,主桥为(40+2×70+40)米预应力混凝土变截面连续梁桥,引桥为(23.2+26+3×30+25+22.77+2×27+26+25+26+29+2×26+29+25.5+20+21+27+2×30+26.6)米连续箱梁桥。桥面宽29.5米,双向四车道。

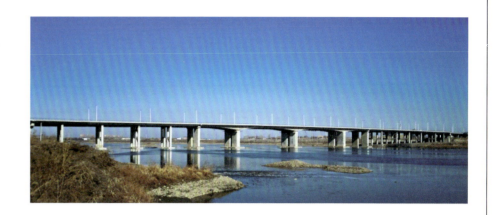

松铜高速公路龙井特大桥

位于贵州省铜仁市松桃苗族自治县,为整幅桥,系S15松铜高速公路跨越迓(驾)大(兴)二级公路、松桃花鼓大道和沟谷而设,于2014年8月建成。

桥梁全长1173米,桥梁跨径布置为29×40米混凝土连续T梁桥。桥梁平面分别位于缓和曲线、圆曲线、缓和曲线上。桥梁下部结构在墩高40米以上采用墙式墩+承台桩基础,其余采用双柱式圆柱墩+桩基础设计;上部构造采用T梁,机械安装架设。

中国现代梁桥 | 连续梁桥

西河大桥

位于江西省赣州市,所属线路为市政道路,跨越赣江水系的章江,2012年1月竣工。

该桥全长267米,宽32.5米,按双向六车道城市主干道、大型城市桥梁标准建设。上部结构采用(30+5×40+30)米单箱三室等截面连续梁;下部结构采用钻孔灌注桩基础、花瓶式桥墩、埋置式桥台。

该桥主要技术特色有三点:一是箱梁截面优选边腹板与底板夹角达147度箱梁,减小了翼板悬臂长度、不需设置横向预应力,既方便施工又节省造价;同时在满足桥面宽度的情况下可尽量缩小箱梁底板宽度,进而减少桥墩宽度,节省下部结构工程数量。二是增大箱梁边腹板倾斜度,增加了箱体宽度,使箱梁截面特性值调整到最佳值,进而增加箱梁整体刚度,使结构受力更加合理。三是由于边腹板倾斜适度加大,箱梁外侧斜腹板边线增长,在板与斜腹板相交处设计较长圆弧连线,有利于箱梁造型美观。

本项目获得2013年度江西省优秀工程勘察设计行业奖、优秀市政公用工程设计项目二等奖。

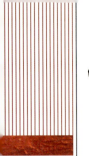

常德澧州大桥

位于湖南省常德市澧县,为S224线上跨澧水的桥梁,于2014年12月建成。

桥梁全长1222.92米,桥跨布置:北岸澧县县城侧引桥为5×20米后张法预应力混凝土空心板+40米T梁,跨澧水主桥为(56+4×90+56)米预应力混凝土变截面连续箱梁+5×45米预应力混凝土T梁;南岸引桥为19×20米后张法预应力混凝土空心板梁,空心板及T梁皆为先简支后桥面连续。桥宽15米,双向两车道。主墩基础及下部结构为群桩及大体积深水承台。

载荷标准为城市A级,设计洪水频率1/100,抗震设防烈度Ⅶ度。

神岢高速公路阎家坪特大桥

呼北高速公路神池至岢岚段,起点位于山西省忻州市神池县东湖乡西北,接神池至河曲高速公路东湖枢纽,经五寨、岢岚,终点位于忻州市岢岚县高家会乡西会村,接岢岚至临县高速公路岢岚枢纽。

路线全长63.9公里,四车道,设计速度100公里/小时,路基宽26米。特大桥2713米/2座;大桥5443米/23座;中桥967米/14座;小桥307米/12座;涵洞/通道249道;天桥23座;框架桥2座;互通式立体交叉3处(虎鼻互通、五寨互通、三井互通);服务区1处(五寨服务区)等。

阎家坪特大桥全长1327米,桥面净宽2×11.75米,设计荷载等级为公路—Ⅰ级。上部结构主桥采用先简支后连续预应力箱梁+T梁板桥结构,跨径布置为(25×30+3×40+5×30+6×50)米。下部结构采用柱式墩、矩形墩、柱式台和钻孔灌注桩基础。于2015年11月建成。

施工时,为避免跨铁路线将来进入运营期的维护费用降低问题,一次性投入不锈钢模板施工工艺,降低桥梁维修危险系数,同时提高桥梁的安全储备。

富锦松花江公路大桥

位于黑龙江省佳木斯市富锦市与鹤岗市绥滨县之间,是省道前锋农场至嫩江公路(横二线)上跨越松花江的控制性工程,是黑龙江省骨架公路的重要组成部分,于2011年建成。该桥是目前黑龙江省桥体最长、单孔跨径最大的公路大桥,也是黑龙江省"二环、七射、三横、六纵"公路骨架网中横二线的重要节点,在区域交通中占有十分重要的战略地位。

该桥南端与同三公路相接,北端与省道绥滨至嘉荫公路相连。主桥全长1070米,引桥全长2357.7米,跨径布置为34×40米预应力混凝土简支转连续T梁+(85+6×150+85)米预应力混凝土连续箱梁+34×40米预应力混凝土简支转连续T梁。大桥路基宽23米,采用双向四车道一级公路标准建设。下部结构为柱式墩。

桥梁设计荷载等级为公路—I级,设计速度60公里/小时,设计洪水频率为1/300。

中国现代梁桥 | 连续梁桥

合肥绕城高速公路南淝河特大桥

位于安徽省合肥市，为G40$_{01}$合肥绕城高速公路跨越南淝河的特大桥，于2016年10月建成。

桥总长1101.2米，分为左右两幅桥。主桥跨径组合均为（45+75+45）米预应力混凝土变截面连续箱梁。桥宽26.5米，双向四车道。主跨桥墩顺应河流斜向错孔布置，桥下通航净空满足60米×8米，主桥采用挂篮悬浇的施工方法。

引桥下部结构均采用柱式墩，主跨下部结构采用锥形圆柱式墩，过渡墩采用柱式墩，桥台均采用承台分离式桥台，基础均为桩基础。

铜陵顺安河特大桥

位于安徽省铜陵市义安区,为省道S335跨越顺安河的特大桥,于2015年建成。

桥梁长1368米,主跨为(73+130+76)米预应力混凝土直腹板变截面连续箱梁,采用三向预应力,全桥桥面宽32米,双向六车道,左右幅分离。主墩采用钢筋混凝土花瓶形墩,群桩基础。过渡墩采用双柱式墩,群桩基础。引桥上部结构采用预应力混凝土组合箱梁,下部采用桩柱式基础。设计荷载等级为公路—Ⅰ级,设计速度80公里/小时,设计洪水频率1/100。

共青特大桥

位于江西省九江市共青城市,所属线路为昌九发展大道,跨越鄱阳湖水系的南湖,2016年9月竣工。

该桥全长3204米,宽32米,双向六车道,一级公路同时兼顾城市道路功能。桥梁上部结构为[5×35+9×(4×35)]米装配式预应力混凝土小箱梁+(42+66+42)米V形刚构+[9×(4×35)+2×(5×35)]米装配式预应力混凝土小箱梁。下部结构采用钻孔灌注桩基础、V形板式结构、立柱桥墩。

共青特大桥位于鄱阳湖保护区,环境保护对大桥的施工工艺提出了较高的要求。为使共青特大桥与南湖湿地景观相协调,桥梁平面设计采用直线和圆曲线相结合,圆曲线半径$R=8000$米;桥梁纵断为人字形纵坡,纵坡坡度为±0.3%,竖曲线半径$R=50000$米。共青城既是建设鄱阳湖生态经济区的重要抓手和切入点,也将成为昌九一体化的一个重要支撑和支点。共青特大桥的建成通车直接破除了共青城东部的交通瓶颈问题,将金湖镇、南部的南湖地区直接连接起来,拓展了共青城发展空间,能够更好地助推赣江新区共青组团发展。

中国现代梁桥 | 连续梁桥

抚长高速公路松花江大桥

位于吉林省白山市，为S26线抚长高速公路跨白山水库库区的大桥，于2015年9月建成。

桥梁全长1568.90米，为39×40米简支转连续预应力混凝土T梁桥，全桥共十联，桥宽31米，双向四车道。下部结构桥墩采用圆形双柱式墩，单排钻孔灌注桩基础；桥台均采用重力式U形台。

天潜高速公路滁河特大桥

位于安徽省滁州市全椒县，为S22天潜高速公路跨越滁河的特大桥，于2015年12月建成。

该桥全长1160米，主跨布置为（75+125+75）米预应力混凝土现浇连续箱梁，桥宽27米，双向四车道。下部结构采用圆端形实体墩，桩基采用摩擦桩，过渡墩采用等截面圆柱形墩。引桥上部结构采用装配式预应力混凝土连续箱梁和T梁，下部结构桥墩采用双柱式桥墩、桩基础，柱顶设置盖梁，桩顶设置系梁；桥台采用肋式台、桩基础，墩台桩均使用摩擦桩。

德上高速公路涡河特大桥

位于安徽省亳州市涡阳县，属于G3w德州至上饶高速公路安徽段跨省道S307及涡河的特大桥，2015年12月建成通车。

桥梁全长1335米，上部标准段及加宽段均采用先简支后连续预应力小箱梁，分两幅，主跨采用（75+120+75）米预应力混凝土变截面连续箱梁，桥宽26.5米，双向四车道。

主桥下部采用空心矩形墩，群桩基础；引桥下部采用双柱式墩，桩基，肋板式桥台，基础采用钻孔灌注桩基础。

鄄城黄河大桥

位于山东省菏泽市鄄城县北部,为德商高速公路跨越黄河的特大桥,北接德商高速公路范县段,南接德商高速公路鄄城至菏泽段,于2015年12月建成。

大桥全桥共65跨,主桥部分13跨,桥跨布置为(70+11×120+70)米连续梁。主梁为国内首创的波形钢腹板梁,引桥部分采用折线配筋的预应力先张T梁,在国内也属先进的桥梁技术。

采用了波形钢腹板之后,上部结构自重减轻了20%。波形钢腹板属弹性体,不仅比传统的桥梁抗震性能要好得多,而且便于维护。波形钢腹板在长期运营过程中,从根本上杜绝了腹板开裂的病害。

天潜高速公路得胜河特大桥

位于安徽省马鞍山市和县西埠镇,是S22天潜高速公路跨越得胜河的特大桥,于2015年12月建成。

桥梁全长1397米,主桥平面位于直线上,部分引桥位于圆曲线及缓和曲线上。主桥长220米,为(60+100+60)米单箱单室预应力混凝土连续箱梁。桥宽28米,双向六车道。下部结构主墩为圆柱墩。设计荷载等级为公路—Ⅰ级。

天潜高速公路驷马河特大桥

位于安徽省马鞍山市和县,为S22天潜高速公路跨越驷马河的特大桥,于2015年12月建成。

该桥全长1322米。主桥位于圆曲线上,部分引桥位于圆曲线及缓和曲线上。主桥上部结构主梁采用(60+90+60)米单箱单室预应力混凝土连续箱梁。桥宽28米,双向六车道。

下部结构主墩为圆柱墩,桥墩直径4.5米,承台下为9根直径1.8米钻孔灌注桩基础,按摩擦桩设计;引桥采用30米先简支后连续组合小箱梁,单幅横向设置4片箱梁,下部结构桥墩采用桩柱式墩,墩柱直径1.4米,桩基直径1.6米,桥台采用肋板式台。桥面铺装由10厘米沥青混凝土+防水层+8厘米C40防水混凝土组成。设计荷载等级为公路—Ⅰ级。

天潜高速公路清流河特大桥

位于安徽省滁州市南谯区，为S22天潜高速公路跨越清流河的特大桥，于2015年12月建成。

桥梁全长1335米，主跨为（45+80+45）米预应力混凝土现浇连续箱梁，桥宽27米，双向四车道；下部结构主墩为带盖梁的圆柱墩，下接承台及群桩基础，主墩及过渡墩桩基均为摩擦桩。引桥上部结构采用30米装配式预应力混凝土连续箱梁；桥台采用肋式台、桩基础，桥台桩基均按摩擦桩设计。

宣铜高速公路水阳江特大桥

位于安徽省宣城市营盘山，为S32宣铜高速公路上的特大桥，2015年12月建成通车。

桥梁左幅全长6708米，右幅全长6720米。主桥为（40+4×70+40）米预应力混凝土变截面直腹板连续箱梁；下部结构为桩柱式桥墩，钻孔灌注桩基础。引桥上部结构为多孔一联的24米和30米先简支后连续小箱梁，下部结构主墩采用双柱式桥墩，基础为钻孔灌注桩。桥台为肋板式桥台，钻孔灌注桩基础。桥面全宽28米，设计荷载等级为公路—Ⅰ级，设计速度100公里/小时，通航等级为Ⅵ级。

合铜公路杭埠河大桥

位于安徽省合肥市肥西、庐江两县交界,为S103线合铜公路横跨杭埠河水道的特大桥,桥位在杭埠河与丰乐河交汇处下游约200米处,于2015年建成。

杭埠河大桥全长1575米,分左右两幅,其中主桥跨径布置为(80+140+80)米变截面连续梁;引桥为先简支后连续小箱梁。桥宽28米,引桥宽25米,双向四车道。

主桥主墩位于杭埠河水道内,为空心薄壁墩,基础为承台接桩基;过渡墩为矩形实体墩,基础为承台接桩基。引桥下部结构为柱式墩、桩柱式桥台,桩基础。

京拉公路新石嘴山黄河公路大桥

位于宁夏回族自治区石嘴山市惠农区,系G109京拉公路跨越黄河的大桥,于2016年12月建成。

大桥紧靠现有G109线石嘴山黄河桥上游侧布设,桥梁全长589米。主桥为(60+4×90+60)米六跨预应力混凝土变截面连续梁桥,引桥为(30+40+23)米三跨预应力混凝土等截面连续梁桥,桥面宽24.5米,双向五车道。下部结构主桥、引桥墩身均采用变截面薄壁实心墩,桥台采用带承台的桩基U形桥台。

大桥设计运营期100年,设计荷载等级为公路—Ⅰ级,抗震设防烈度Ⅷ度,通航标准Ⅴ级,受石嘴山方向桥头引道及桥位位于城区的制约,设计速度60公里/小时。

石嘴山黄河公路大桥是G109线重要控制点,是连接内蒙古乌海市和宁夏石嘴山市的重要通道。新桥建成,缓解了老桥交通拥堵的状况,降低了物流成本,也减轻了下游浮桥的运输压力,更好地促进了宁夏、内蒙古经济的发展和物资的交流,方便了黄河两岸群众的生活。

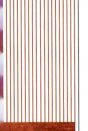

中国现代梁桥 | 连续梁桥

罗源湾特大桥

位于福建省福州市罗源县松山镇迹头村西侧海域,跨越罗源湾水域,于2015年12月建成通车。

右幅采用12×30米连续T梁+(28+28+29)米现浇连续箱梁+2×25米连续T梁+(37+50+37)米现浇连续箱梁+(86×30+4×30.5+4×29.5)米连续T梁;左幅采用17×30米连续T梁+(37+50+37)米现浇连续箱梁+(2×30+3×25+89×30)米连续T梁,桥梁全长3446.0米。针对本桥桥长、处于内湾水域无通航要求的特点,选取了标准化程度高的预制预应力混凝土连续T梁为主要结构,位于互通区部分则根据匝道布置要求,采用现浇连续箱梁以适应桥宽变化,总体桥跨布置经济合理。

跨水域部分桥梁排水采用纵向集水管引入处理池,处理池为事故池和初期雨水两用系统,雨天时作为初期雨水收集处理系统,事故污染发生时该系统转变为事故池。处理系统设在大桥的桥墩下,采用无动力自动控制,无电力电缆,既满足环保要求,又方便运营管理。

观音店綦江特大桥

位于重庆市江津区，系重庆三环高速公路江津至綦江段跨綦江河的特大桥，于2016年9月建成。

该桥全长558.70米，主跨为（95+176+95）米预应力混凝土连续箱梁，引桥为6×30米先简支后连续预应力混凝土T梁。桥宽26.5米，双向四车道。主墩采用空心薄壁矩形墩，交界墩采用双柱式实心墩，主墩基础采用钻孔灌注桩承台基础。引桥下部采用双柱式桥墩，桩基础。

在悬臂箱梁的临时固结解除施工中，采用绳锯对钢筋混凝土进行整体切割，避免了传统人工凿除施工时间长、速度慢的缺点，成功对全桥进行了体系转换。

巢庐路裕溪河特大桥

位于安徽省合肥市巢湖市，为G346巢湖至庐江公路改建工程市政段跨越巢湖下游裕溪河航道的特大桥，于2016年9月建成。

该桥桥跨布置为（5×25+4×30+23.4+4×25+9×25+75+130+75+23×25）米。主桥长280米，上部结构主梁采用（75+130+75）米单箱双室预应力混凝土连续箱梁。桥面宽41米，双向六车道。下部结构主墩为空心薄壁矩形桥墩，下接承台及群桩基础。设计速度80公里/小时，设计荷载等级为公路一I级，设计洪水频率为1/300。

高鹰大桥

位于湖南省张家界市永定区，为S249线邢家巷至大坪公路上的大桥，于2016年12月建成。

大桥跨径布置为（6×30+13×40）米，上部结构采用预应力混凝土连续T梁，共分为6联。桥宽12.5米，双向两车道。

下部结构：0号、19号台采用桩柱式桥台，基础采用桩基础；1号至8号和18号桥墩采用圆柱式墩，基础采用桩基础；5号至14号桥墩墩高为55米至100米，采用空心墩。基础采用群桩+承台基础。

树木沟2号特大桥

位于湖南省湘西土家族苗族自治州永顺县，为S99龙永高速公路上的特大桥，于2015年建成。

该桥分上行、下行两幅。上行桥长1280米，桥跨布置为32×40米；下行桥长1240米，桥跨布置为31×40米，桥型均为预应力混凝土连续T梁。桥宽24.5米，双向四车道。下部结构为双柱式墩。

茨淮新河特大桥

位于安徽省淮南市凤台县，属于G3w德州至上饶高速公路安徽段上跨S308省道及茨淮新河的特大桥，于2016年12月建成通车。

桥梁全长1447.5米，主桥采用(45+80+4×85+80+45)米现浇连续箱梁，引桥上部采用先简支后连续预应力小箱梁，桥宽27米，双向四车道。为方便两岸居民沟通，在主桥箱梁之间设置人行通道，通道净宽3米，净高2.2米，总长370米。

主桥下部采用空心矩形墩，群桩基础；引桥下部采用双柱式墩，桩基、肋板式桥台，基础采用钻孔灌注桩基础。

石人子沟特大桥

位于新疆维吾尔自治区乌鲁木齐市水磨沟区，系G30$_{01}$乌鲁木齐绕城高速公路（东线）跨石人子沟河谷的一座控制性桥梁，起于石人子沟隧道出口，桥尾端结合桥头引道设置石人子沟互通，实现绕城高速公路与石人子沟周边地方公路的交通转换，于2017年8月建成。为新疆目前建成的最长公路桥梁。

桥梁全长2567.7米，最大墩高75.5米，仅次于果子沟大桥，位居全疆第二。左线桥梁全长2537.78米，上部结构采用38×50米先简支后连续预应力混凝土T梁+21×30米现浇预应力混凝土连续箱梁；右线桥梁全长2567.78米，上部结构采用38×50米先简支后连续预应力混凝土T梁+22×30米现浇预应力混凝土连续箱梁。下部结构采用薄壁墩、柱式桥墩、肋式桥台，桩基础。

石人子沟因众多雕于元代的石人而得名，沟内有草甸灌木、石人遗址、蝴蝶沟景区，景色宜人。宏伟的大桥宛如一条蛟龙穿梭在群山沟谷之间，与远处的天山主峰——博格达峰交相辉映，雄伟壮观，与周围景色相得益彰。

盘兴高速公路泥溪特大桥

位于贵州省黔西南布依族苗族自治州兴义市，属贵州西南部高原丘陵，为S77威板高速公路上的特大桥，于2016年建成。

桥址地势总体北高南低，相对高差143.7米。桥梁长1331米，孔跨布置为33×40米先简支后连续T梁。上部结构采用多跨直梁折线布置，曲线上桥梁通过加大T梁悬臂翼缘长度或者湿接缝宽度以实现其包络路线平曲线，各片T梁采用不等长预制以适应平面变化。盖梁为钢筋混凝土结构，在横桥向设有防止落梁的防震挡块。桥宽24.5米，双向四车道。

为贯彻落实绿色低碳的理念，施工时尽量减少对环境的破坏，确保公路施工与环保要求相适应。施工场地的废弃土(石)方、干泥和结硬水泥人工收集后就地填埋或运至低洼处填埋。对于工程施工占地工程中需迁移的树木，根据相关部门的要求移植，等工程恢复后再移回，确保生态环境破坏程度最小。

修河大桥

位于江西省九江市永修县,为昌九发展大道跨越修河的桥梁,2016年9月竣工。

该桥全长999米、宽32米,双向六车道,一级公路同时兼顾城市道路功能。桥梁上部结构为5×35米装配式预应力混凝土小箱梁+(40+2×70+40)米预应力混凝土变高度连续箱梁+[3×(4×35)+5×35]米装配式预应力混凝土小箱梁。下部结构采用钻孔灌注桩基础、方柱式桥墩。

修河大桥要满足Ⅳ级航道要求,主桥上部梁体采用挂篮悬臂浇筑法施工,桩基础采用栈桥+桩基施工平台的方法施工,承台采用钢板桩围堰施工。为与修河两岸环境相协调,桥梁平面设计采用直线,桥梁纵断为人字形纵坡,竖曲线半径4500米。

中国现代梁桥 | 连续梁桥

三冒山特大桥

位于贵州省黔西南布依族苗族自治州兴义市马岭镇，桥位跨越河流、公路和耕地，系S77威板高速公路盘兴段上的特大桥，于2016年建成。

该桥孔跨布置为34×40米先简支后连续预应力混凝土T梁，最大墩高78.0米。桥墩采用双柱式圆形桥墩、墙式实心墩、空心薄壁墩，基础采用桩基础和承台桩基础，桥台为重力式U形桥台，明挖扩大基础。

金清港大桥

位于浙江省台州市,系G228线跨越金清港的特大桥,于2017年1月建成。

大桥全长1926米,横跨金清港,是连接温岭路桥的一座特大箱式梁桥。桥跨组合为[6×30+4×(5×30)+60+100+60+2×(5×30)+2×(4×25)+2×(5×30)+4×30]米,共61跨。其中,主桥为(60+100+60)米三跨变截面预应力混凝土连续箱梁,下部采用矩形空心墩,钻孔灌注桩基础;引桥采用装配式部分预应力混凝土连续箱梁,下部采用桩柱式桥墩、柱式台,钻孔灌注桩基础。

在设计施工中,金清港大桥三跨主桥是其中的难点工程,也是关键性工程,具有地质情况复杂及主桥跨径大的特点,因此,采用了悬臂挂篮施工工艺。

中朝圈河至元汀界河公路大桥

位于吉林省延边朝鲜族自治州珲春市圈河中朝边境口岸，珲春市图们江下游与圈河交汇处，与朝鲜罗先元汀边境口岸相接，是连接中国珲春圈河—朝鲜罗先元汀口岸的唯一一座公路桥梁，跨越两国界河图们江。距离珲春市42公里，距离朝鲜罗先特别市罗津港51公里。大桥于2017年6月建成。

大桥位于原有圈河口岸大桥上游，距图们江入海口约36公里，新老桥梁间距30米。项目起于圈河口岸互市贸易区门口，终于朝鲜境内新建海关联检楼西侧，采用设计速度60公里/小时的四车道一级公路标准。路线全长0.84公里，引道路基宽23米，桥梁全长549米，采用上下行分幅设计，两幅桥间隔0.5米，桥净宽2×10.25米。主桥长260米，上部结构为(70+120+70)米预应力混凝土悬臂现浇连续箱梁，下部结构为实体墩，基础为钻孔灌注桩；引桥上部结构为7×40米装配式预应力混凝土先简支后连续T梁，下部结构为肋式台、柱式墩，基础为钻孔灌注桩基础。大桥全宽23米，设计荷载等级为公路—Ⅰ级，大桥设计洪水频率1/100。

杆子坪大桥

位于湖南省张家界市永定区，为S249线邢家巷至大坪公路上跨岩板溪的大桥，于2017年5月建成。

桥梁上部结构采用预应力混凝土连续T梁，5联桥跨径布置为：（3×40+3×40+4×40+4×40+4×40）米。桥宽12.5米，双向两车道。

下部结构0号台采用桩柱式桥台，基础采用桩基础；18号台采用肋板台，基础采用群桩+承台基础。1号至4号和15号至17号桥墩采用圆柱式墩，基础采用桩基础；5号至14号桥墩墩高55米至100米，采用空心墩，基础采用群桩+承台基础。

S221线渭河特大桥

位于陕西省渭南市大荔县和华阴市交界处，为S221线沿黄观光路跨渭河的特大桥，于2017年3月建成。

桥梁总长4709.68米，桥跨布置为13×20米箱梁+（52+75+52）米连续梁+76×50米T梁+（50+90+50）米连续梁+14×20米箱梁。桥宽11米，双向两车道。下部结构为柱式墩及空心墩、钻孔灌注桩基础，桥台采用肋式台、钻孔灌注桩基础。

练江特大桥

位于广东省汕头市，为揭惠高速公路上跨越练江、连接潮阳区与潮南区的特大桥，于2017年建成。

大桥跨越练江河段为规划Ⅵ级航道，单孔双向通航净空40米×6.0米。主桥为（47+4×75+47）米的连续箱梁桥，联长394米，跨越练江河道及两侧规划河堤。主墩采用薄壁墩，过渡墩采用柱式墩，基础均采用钻孔灌注桩基础。

中国现代梁桥 | 连续梁桥

晓起二大桥

位于江西省上饶市婺源县，所属线路为G56杭瑞高速公路景婺黄（常）段，半幅依山、半幅傍水，2006年11月竣工。

该桥桥型为梁桥，左幅长578.06米，右幅长698.12米，宽24.5米，双向四车道。上部结构：左幅为（7×30+7×30+5×30）米预应力混凝土连续T梁；右幅为（8×30+8×30+7×30）米预应力混凝土现浇连续箱梁。桥梁下部结构采用钻孔灌注桩基础、薄壁墩、桩基础、柱式台和肋式台。

该桥坐落在享有"中国茶文化第一村"与"国家级生态示范村"之美誉的江湾镇晓起村附近。为避免大面积开挖，保护植被、河道，维系原生态环境，设计者始终坚持"安全、环保、舒适、和谐、耐久"的理念，通过地质、地形、环保和安全选线，反复调整，尽量使路线走向与山川、河流、大地的走势相吻合。设计融入大自然中，将右幅桥梁采用现浇连续箱梁，左幅靠山侧采用预制梁，减少了搭设支架对山体的破坏，保住了半面青山。大桥建成后，山林翠绿依旧，河流清澈如前。

景婺黄（常）高速公路是全国首批生态环保示范路，也是江西省最早获得中国土木工程建设领域最高奖项——"詹天佑奖"殊荣的工程项目。

The Modern Beam Bridge

前山河特大桥

位于广东省珠海市香洲区，系港珠澳大桥珠海连接线工程跨前山河的特大桥，于2017年建成。为目前世界已建成的最大跨径波形钢腹板连续梁桥。

桥梁全长1777米，主桥上部结构为（90+160+90）米波形钢腹板连续梁。主梁为单箱单室截面，顶板宽15.75米，翼缘3.38米，箱室宽9米，中墩支点梁高9.5米，边墩支点及跨中梁高4米，梁高按1.8次抛物线变化。波形钢腹板采用1600型Q435C钢板模压成型，与顶板混凝土采用双PBL键+栓钉连接，与底板混凝土采用角钢剪力键连接。分幅设计，标准段单幅宽为15.75米；设计速度80公里/小时。

与预应力混凝土箱梁桥相比，波形钢腹板预应力混凝土组合梁桥的混凝土数量减少约20%，纵向预应力钢索减少约10%，普通钢筋减少约20%，桥梁下部混凝土数量减少约20%。采用波形钢腹板PC组合桥梁，工程总造价可减低约5%至15%。

本桥设计主要技术创新是：完善了钢—混凝土组合腹板设计理论，提出了带加劲肋的新型波形钢腹板构造方案，优化了波形钢腹板箱梁桥横隔板间距，为推进同类结构桥梁在国内的快速推广奠定了良好基础。

南茅运河特大桥

位于湖南省益阳市南县,为南益高速公路跨南茅运河的特大桥,于2017年12月建成。

桥梁全长5231米,跨径布置为(163×25+45+60+45+40×25)米。主跨为(45+60+45)米预应力混凝土悬浇连续箱梁,采用挂篮悬浇施工;其余全部设计为25米预应力混凝土T梁,梁板共计2030片,预制完成后采用架桥机架设,然后进行桥面系施工。主墩下部结构设计为花瓶形双柱式桥墩,采用橡胶护舷进行防撞保护,基础为群桩基础,承台高度为3.0米,承台底部为钻孔灌注桩。

昌化江6号特大桥

位于海南省乐东黎族自治县抱由镇，北岸（小桩号侧）位于乐东县抱由镇红水村以东约400米，南岸位于乐东县山荣农场医院以西约200米，系海南琼中至乐东高速公路五指山至乐东段跨越昌化江的桥梁，于2018年1月18日建成。

桥梁全长1836.4米，采用主线上跨方式与省道S314交叉，跨径布置为61×30米先简支后连续预应力混凝土小箱梁；跨江段26号至32号墩采用整幅式方柱墩+整幅式预应力盖梁，方柱墩高33米。桥梁全宽26米，双向四车道，设计速度100公里／小时。

The Modern Beam Bridge

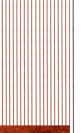

中国现代梁桥 | 连续梁桥

英红特大桥

位于广东省清远市英德市英红镇红旗社区7组附近，为汕昆高速公路龙川至怀集段上的桥梁，于2018年12月建成。

主桥分幅，均采用（90+90）米全预应力混凝土变截面T构同步转体结构，墩梁固结。单幅桥宽15.6米，双向四车道。主墩采用双肢薄壁矩形墩身，墩底设4米高实体段；墩身横桥向宽度与主梁箱底同宽，为9.6米，纵桥向总宽6.5米，每肢宽度为1.5米，两肢净距3.5米。

叶盛黄河公路大桥

位于宁夏回族自治区吴忠市青铜峡市与灵武市交界,为西接G6京藏高速公路、东连G85银昆高速公路宁夏银西段的连接线上跨越黄河的特大桥,是黄河西岸青铜峡市与黄河东岸灵武市重要的过河通道,于2017年10月底通车。

叶盛黄河公路大桥全长10.5公里。其中,大桥桥长1357米,共4联,由西向东分别为西岸跨堤引桥(3×40+70+2×40)米、主桥(64+5×120+64)米、滩地引桥3×40米、东岸跨堤引桥(40+70+3×40)米。上部结构为波形钢腹板体外预应力混凝土连续箱梁,桥梁全宽31.5米,双向六车道;下部结构为实体式墩+钻孔灌注桩基础。

这是宁夏首座采用波形钢腹板建设的黄河大桥,由12毫米至25毫米厚的波形钢腹板代替混凝土腹板。此桥型具有质量轻、抗震性能好、避免混凝土腹板开裂、耐久性能好以及造型美观等多重优势。同时,该桥也是宁夏首座施加体外预应力的连续梁桥,以"易安装、可检查、可维修、可更换"为出发点进行设计,并采用了有效的防腐措施,能够方便地进行单孔换束,能够对钢束进行多次补张拉等操作。

内宜铁路安边金沙江大桥

位于四川省宜宾市叙州区安边镇，1960年3月建成通车。

该桥全长376.76米，桥式结构为4×23.8米预应力混凝土梁+128米下承式钢桁梁+6×23.8米预应力混凝土梁，钢梁质量为698吨。

成昆铁路宜珙支线宜宾金沙江桥

位于四川省宜宾市，1968年10月建成通车。

该桥长1053.5米，桥式结构为引桥25×23.8米预应力梁+32米钢板梁+正桥（112+176+112）米连续铆接钢桁梁。其中，引桥25孔预应力梁，12孔在直线上，13孔位于半径350米的圆曲线及缓和曲线上。全桥30个墩台，基础形式有四种，明挖基础、35厘米方桩基础、直径55厘米管桩基础和直径7.4米沉井基础。工程为成昆线宜珙支线跨金沙江单线铁路桥。

该桥是我国第一座采用两岸伸臂架设、跨中合龙法施工的单线铆接钢桁梁铁路桥。铁路引桥预应力梁均为工地制造，并自行设计制造了80吨桁式架桥机架设。

成昆铁路三堆子金沙江桥

位于四川省攀枝花市（当时称渡口市），1969年10月建成通车。

该桥全长403.851米，其中正桥192.005米；引桥成都侧长131.999米，昆明侧长66.447米。桥式结构为4×32米铆接钢板梁+192米铆接钢桁梁+2×32米铆接钢板梁。

工程为成昆线跨金沙江铁路单线铁路桥，主跨192米铆接钢桁梁是当时最大跨度的简支铆接钢桁梁。

焦枝铁路襄樊汉水桥

位于湖北省襄阳市（原名襄樊市），1970年5月建成通车。

该桥铁路全长892.13米，公路桥全长662.888米，正桥513.72米。桥式结构：公路从南起为4×12米铆接钢桁梁+9×16米混凝土T梁；铁路从南起为4×128米铆接钢桁梁+22×16米混凝土T梁。

襄渝铁路北碚嘉陵江桥

位于重庆市（当时属四川省）北碚区，1970年8月11日建成通车。

该桥全长346.19米，桥式结构为(96+144+96)米字形铆接连续钢桁梁。工程为襄渝线跨嘉陵江单线铁路桥。

成昆铁路渡口支线渡口雅砻江桥

位于四川省攀枝花市（当时称渡口市），1971年1月1日建成通车。

该桥全长297.2米，桥式结构为2×32米铆接钢板梁+176米铆接钢桁梁+32米铆接钢板梁（渡口）。工程为成昆线渡口支线跨雅砻江双线铁路桥。

侯西铁路禹门口黄河桥

位于山西省运城市河津市和陕西省渭南市韩城市交界处，1973年7月建成通车。

该桥全长495.009米，主桥为144米铆接简支钢桁梁；明挖基础，钢桁梁桁高20米，宽10米。

京山线永定新河大桥

位于天津市塘沽区，1981年2月19日建成通车。

该桥长532米，桥式结构为31.7米预应力T梁+3×144米双线栓焊钢桁梁+2×31.7米预应力T梁。全桥墩台均为沉井基础。

工程为京山线跨永定新河双线铁路桥。主跨为3×144米连续钢桁梁，为当时建成的最大跨度栓焊梁，主桁材质采用了国产60公斤级新钢种15MnVNq，最大板厚40毫米。

京沪铁路济南黄河大桥

位于山东省德州市齐河县，1982年5月建成通车。

济南黄河大桥为双线铁路桥，桥梁全长5698.30米，共163跨。建成时为黄河上最长的一座桥梁。正桥桥长530.65米。正桥钢梁共5孔，由四跨（112+120+120+112）米连续及64米简支的铆接桁梁组成。第一孔112米采用平衡梁、半伸臂安装；第二、第三、第四孔采用吊索法全伸臂安装；第五孔64米采用半伸臂安装。两岸引桥为跨度31.7米预应力混凝土梁，全部采用龙门吊机架设。

阜合铁路淮南淮河大桥

位于安徽省淮南市潘集区，是淮河上第一座最长的公路、铁路两用桥，1982年7月建成通车。

该桥铁路桥全长3428.5米，其上层公路桥全长3195.7米。正桥共6孔，上部结构为两联3×96米的平弦三角形桁梁连续结构，共长579.6米。铁路引桥，南端61孔，北端26孔，每孔跨径32.7米。公路引桥，南端61孔，北端19孔，每孔跨径32.7米。正桥均为钻孔灌注桩基础，预应力钢筋混凝土桥墩。两岸引桥为31.7米预应力混凝土T梁，门架式双层桥墩。钢梁质量为8122吨，由援越的红河桥3×112米梁改制。

新菏铁路长东黄河特大桥

位于山东省荷泽市东明县与河南省新乡市长垣市交界处，1985年9月建成通车。

该桥由东、西引桥和正桥组成，大桥全长10282.75米，共计256孔。桥式结构为121×32米预应力T梁+100×40米栓焊钢板梁+9×96米简支栓焊钢桁梁+3×108米连续栓焊钢桁梁+4×108米连续栓焊钢桁梁+19×32米预应力T梁。另外，在W0106至W0138墩并列设置站线桥，桥式为32×32米预应力T梁。主孔上部结构为单线栓焊钢桁梁，桁宽5.75米。基础采用钻孔桩基础和沉井基础两种，共有墩台296个，钻孔桩分为直径1.5米的280根、直径1.2米的975根；墩身均为实体圆柱形。钢桁梁16孔/7398吨，钢板梁100孔/8649吨。

长东黄河特大桥是新荷线上重点工程，是中国首座在桥上设有会让站的铁路桥。1984年2月分别在东、西两岸开工，1985年9月全桥架通，工期不足20个月，创造了我国建桥史上高速优质建桥的新纪录。本桥是当时亚洲最长桥梁，居世界第八位。

108米梁先用KH180-2塔式履带吊安装第一孔作第二孔悬臂安装的平衡孔，再在第一孔上安装吊机采用半悬臂法依次拼装。

96米梁在鹰架上拼第一孔，然后全伸臂拼装。100孔板梁和预应力梁用300吨架桥机架设。仅用了20个月建成了一座10.28公里长的特大桥，相当于月成桥500米，创造了当时高速建桥的新纪录。按铁道部颁"验标"，全桥共576个单位工程中合格率100%，优良率99.13%。

荣获铁道部优质工程(甲级)奖、铁道部优质工程一等奖。

衡广铁路复线江村南桥、江村北桥

位于广东省，1987年10月建成通车。

江村南桥、江村北桥均为双线铁路桥梁，桥式布置：南桥从南至北为40米预应力混凝土梁+32米预应力混凝土梁+128米简支钢桁梁+32米预应力混凝土梁。北桥从南至北为128米简支钢桁梁+20米低高度混凝土梁。基础形式除北桥0号台和1号墩为直径1.1米钻孔桩外，其余为混凝土沉井。

京九铁路孙口黄河大桥

位于河南省濮阳市台前县与山东省济宁市梁山县交界处,1995年5月建成通车。

京九铁路孙口黄河大桥工程由金堤河大桥、梁庙沟大桥、黄河大桥北引桥、主河道正桥、黄河大桥南引桥五段桥梁和各段间填土路基组成,桥梁全长6829.6米。

主河道正桥长3563米,由20×40米预应力混凝土简支梁+四联4×108米连续钢桁梁+31×32米预应力混凝土简支梁组成。

金堤河大桥为13×24米部分预应力混凝土超低高度简支梁桥,长321.2米。桥墩为尖端实体墩,耳式桥台,墩台基础均为钻孔桩基础。

梁庙沟大桥为12×24米部分预应力混凝土超低高度简支梁桥,长296.4米。其墩台结构和基础同金堤河大桥。

北引桥为48×32米预应力混凝土简支梁桥,长1569.7米;南引桥为33×32米预应力混凝土简支梁桥,长1079.2米。

1996年8月,孙口黄河大桥通过铁道部初验并被评为部优工程。

京包铁路妫水河大桥

位于河北省张家口市怀来县,1997年12月建成通车。

该桥长832.78米,其中主桥长646.35米。桥式结构从南至北为5×20米低高度预应力混凝土简支梁+5×128米栓焊式简支钢桁梁+4×20米低高度预应力混凝土简支梁。抗震设防烈度Ⅶ度。

该桥1999年被中国铁路工程总公司评选为优质工程项目。

津浦铁路济南泺口黄河铁路大桥

位于山东省济南市,1999年7月建成通车。

该桥最早由德国人于1912年建造而成,上部钢梁共12孔,采用华伦式铆接钢桁梁,跨径布置为8×91.5米简支钢桁梁+128.1米锚孔+164.7米挂孔+128.1米锚孔+91.5米简支钢桁梁,全长1256.4米。从邯郸岸0号台至8号墩为6.67‰上坡,8号墩至11号墩为平坡,11号墩至济南2号台为6.67‰下坡。简支梁桁高11米,桁宽9.4米。桥梁上部按单线设计,在桥中央铺设单线轨道,设计载重为E—35级。其中主河道3孔(128.1+164.7+128.1)米钢桁梁于1938年被日寇炸毁,又由日寇按原尺寸修复。设计载重L—20级,挂孔所有杆件均由日本运来。当时为抢进度,边通车边铆接,不仅未设上拱度,还造成了死挠度,其最大处为240毫米。为了保持桥面平整,在纵梁上加焊工形钢垫,并用特大桥枕垫平,以维持通车。至今仍保持原状。

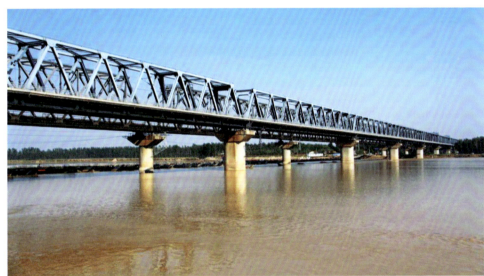

新菏铁路增建二线长东黄河桥

位于河南省新乡市长垣市与山东省菏泽市东明县交界处,1999年10月15日建成通车。

该工程设计范围内总长为13013.03米,主桥由9×96米简支钢桁梁、一联4×108米连续钢桁梁、一联3×108米连续钢桁梁组成,与1985年建成通车的新菏铁路长东黄河桥对应。

该桥获2000年度中国建筑工程"鲁班奖"。

通南桥

位于天津市南开区，是南马路跨越海河的一座自锚式桁吊组合钢结构桥，于2007年10月建成通车。

该桥全长180米，跨径布置为（26+128+26）米，桥面宽度为30.7米，采用双向四车道标准。

桥梁造型独特，兼有连续梁、桁架及拱桥的受力特点，以单片树形（倒三角）竖杆支撑与吊杆组合代替常规的两片及多片支撑形式，突破了以往的桥梁体系，是一种新型的空间组合桥梁体系——自锚式桁吊组合结构钢桥。上纵梁在边跨部分以抛物线形式至桥面，桥梁整体为独特的"飞鱼"造型。

桥梁的设计有以下几个特点：该桥扭转效应明显，因此将下弦结构设计为钢箱梁，提高桥梁横向刚度，并作为桥梁的行车道梁；竖杆、斜杆与上下弦相交，形成上下节点，且所有节点均为空间全焊结构，受力复杂，结构设计难度高；两条平行的上弦通过下弯段横向相交于一点，与下弦钢箱形成锚固，造型新颖，下弯段上弦为变截面钢箱结构，设计及加工难度大；因该桥为全焊钢结构桥，多由空间异型杆件构成，大量的构件需要在现场焊接安装，且多为厚钢板（最厚65毫米），所以对钢结构的加工、组装、焊接工艺以及精度要求均非常高；上、下节点构造复杂，杆件受力集中，在使用有限元软件进行分析的基础上，特别对其进行了1:1的实体模型试验，单杆最大顶力为2000吨。

通南桥是海河综合开发改造启动区一项重要工程，该桥建成后成为海河上又一道亮丽的景观。

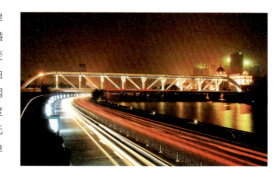

西长铁路衙门口特大桥

位于北京市,是北京西站西长线上的桥梁,于1996年建成。

该桥上部结构采用2×24米一联型钢混凝土连续梁结构,施工时以型钢组成的钢梁作为支承,悬吊模板,绑扎钢筋,然后浇筑梁体混凝土,为我国铁路第一座型钢混凝土连续梁桥,其科研、设计、施工具有一定的先进性。

荣获1989年铁道部优秀工程设计一等奖,1989年铁道部科技进步三等奖,1992年国家科技大会优秀成果奖。

滨州黄河公铁大桥(三桥)

位于山东省滨州市,桥址处于205国道滨州黄河公路大桥下游3.3公里处,南岸起于山东省滨州市博兴县蔡寨村,北岸是滨州市滨城区梁才乡。大桥公路部分于2007年8月20日通车,铁路部分于2009年9月29日试运行。

大桥全长7000米,跨越黄河主河槽的主桥长781.5米,桥跨布置为(120+3×180+120)米,南北两跨各为120米,中间三跨各为180米,5孔一联。主桥分为上下两层,上层为公路,下层为铁路。主桥结构为五跨一联的平弦连续钢桁梁,主桁高18米,桁宽11米,节间长10米;主桁弦杆截面全部采用箱形断面,腹杆采用箱形和"H"形两种断面形式,最大杆件质量约为27吨;主桁杆件在节点处用高强度螺栓拼接。其主跨180米的跨径,刷新了同类桥型的世界纪录,被誉为"黄河公铁第一桥"。

桥面宽19米,双向四车道一级公路标准。

重庆石板坡长江大桥复线桥

又名重庆长江大桥复线桥,位于重庆主城区,与石板坡大桥(重庆长江大桥)相距仅5米,于2006年9月建成。

桥全长1103.5米,跨径布置为(87.75+4×138+330+133.75)米,主跨为330米钢—混凝土混合梁桥。桥宽19米,单向四车道。

建桥过程中,考虑到三峡通航能力,为保障万吨船舶的通行,将6号桥墩去除,这样,5号和7号墩的主跨就达到330米。为解决梁桥大跨的难题,在330米主跨中间创造性地采用108米钢箱梁。钢箱梁两端各有2.5米钢—混凝土结合段,与中间103米钢箱梁组合,从而有效解决了混凝土梁自重过大的问题。钢—混凝土混合连续刚构方案不但有效降低了自重,增强了连续刚构的跨越能力,减少了施工风险,也大大加快了施工速度。

该桥获2008年度全国优秀工程勘察设计一等奖、2009年第九届中国土木工程"詹天佑奖"。

宁启铁路京杭大运河特大桥

位于江苏省扬州市，2004年3月建成通车。

京杭大运河特大桥跨越三条河流，从南京往启东方向依次为京杭大运河、新河、凤凰河，均属淮河水系。工程全长1648.17米。全桥孔跨布置为27×16米先张梁+5×32米后张梁+112米钢桁梁+28×32米后张梁。

渝怀铁路长寿长江大桥

位于重庆市长寿区，2005年5月建成通车。

该桥全长898.36米，桥跨布置为2×24米预应力混凝土简支梁+3×32米预应力混凝土简支梁+(144+2×192+144)米下承式连续钢桁梁+2×32米预应力混凝土简支梁。大桥共12个墩台，主桥墩为圆端形空心墩，采用3米的大直径钻孔桩基础，施工水深达32米，采用双壁钢吊箱围堰施工。引桥墩均为明挖扩大基础，墩身高9米至30米。主桥结构为(144+2×192+144)米下承式连续钢桁梁，采用单层吊塔架辅助安装，除第一孔采用半伸臂拼装外，其余均采用全伸臂拼装，最大悬拼跨度为192米，为国内第一。

长寿长江大桥是一座双线铁路桥（预留双线位置）。

永乐桥

永乐桥被称为"天津之眼",位于天津市河北区三岔河口,横跨子牙河,连接五马路和红桥区三条石横街,是世界上首座将桥梁和摩天轮建造在一起的建筑物,集交通、商业、游乐和观光等为一体。该桥于2008年建成通车,建成后成为天津市新地标和新十大建筑。

桥梁全长603米,主桥采用长204米的双层桥,主桥跨径组合为(24.47+45+24.47)米,桥梁全宽35米,采用双向六车道标准。设计方案将桥梁和摩天轮结合在一起。摩天轮直径为110米,相当于35层楼高,超过英国泰晤士河畔的伦敦之眼跃居世界第一,被中国世界纪录协会收录为世界最高的桥上摩天轮。

永乐桥采用双层桁架结构,上层桥通行机动车,下层桥除设置行人通道和自行车道以满足交通功能外,还设置了摩天轮登轮站台、登轮等候室、8座商铺,充分实现社会效益和经济效益的双赢。该桥成功解决桥、轮整体动力响应耦合问题,使永乐桥在车辆、摩天轮风载、驱动装置运转、行人步履激励多种振源耦合下,满足结构振动安全性、行人舒适度要求。

摩天轮旋转一周为30分钟,到达最高处时,人们可欣赏到海河全景及方圆40公里的街景,晴空万里时,甚至可以看到天津港。是名副其实的"天津之眼",更是构成天津璀璨海河夜景的重要组成部分。

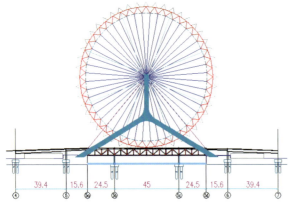

永乐桥桥梁立面示意图(永乐桥将桥梁主体、摩天轮和商业设施融为一体,从而实现了独一无二的"轮桥合一"风格)

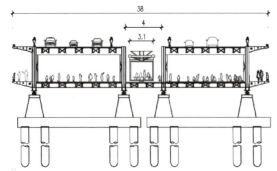

永乐桥横断面布置图(永乐桥分为上下两层。上层主桥为双向六车道的机动车道,下层两侧除各设置一条3米宽的人行道外,还设置了摩天轮登轮站台、登轮等候室、8座商铺等)

The Modern Beam Bridge

东江大桥

位于广东省东莞市石碣镇，是G94珠三角环线高速公路莞深段三期跨越东江南支流的特大型城市双层桥梁，于2009年建成。

桥梁全长1499米，上层为莞深高速公路，下层为东莞市五环路；按结构类型分主桥和南北引桥。主桥长432米，跨径组合为（112+208+112）米双层刚性悬索加劲三跨连续钢桁梁。

主桁立面采用有竖杆的华伦式桁架，上加劲弦采用二次抛物线，上弦与上加劲弦之间用吊杆连接。主桁横向采用三桁结构，桁高10米，桁间距2×18米，中间支点处上加劲弦中心到上弦中心高度28米，上加劲弦与上弦在跨中合成上弦；节间长度8米。主桁杆件为箱形截面整体节点结构，杆件之间采用高强度螺栓连接。南北引桥均为双层等截面预应力连续箱梁桥。南引桥3联9跨，全长280米；北引桥4联15跨，全长460米。

主桥结构新颖，为国内同类公路桥梁首创，采用多项关键技术及科学创新：

首次采用双层桥面的三片主桁刚性悬索加劲钢桁梁创新桥型。不仅节约桥位和土地资源，而且合理利用桥位处高压线走廊，减少了拆迁，为合理利用桥位资源和节约土地资源提供了城市建设新思路和可行的工程实例。

首次采用纵横梁支承的连续混凝土行车道板新结构。

首次创新设计箱形特大压力杆件。相应的"钢桥箱形特大压力杆件新型加劲构造及其施工方法"已取得国家知识产权局授予的发明专利。

首次采用新型的焊接整体节点。

首次通过横向预拱及横向支点强迫位移调整内力。

主桥联结系简化和创新。

主桥钢桁梁安装方案和合龙措施创新。主桥钢桁梁安装采用先平弦再加劲弦、跨中设临时墩的合龙方案，合龙口不设临时铰。以往的钢桁梁合龙均在合龙口设置了合龙临时铰，东江大桥的平弦和加劲弦的合龙均不设临时铰，采用正式的螺栓孔和普通冲钉实现精确合龙。

特制QBD600全回转吊机新设备，并首次将吊机走道设置在上层桥面系纵梁上，有效地减小了吊机底盘的横向跨距，减轻了吊机自重，节省了投资。

双层预应力混凝土连续梁创新设计。下层混凝土箱梁分幅布置，支承于三柱式框架墩的横梁上，上层混凝土箱梁在支点处设置横梁连成整体，横梁与墩柱间设置铅芯阻尼减震支座，既解决了双层框架墩需要增加上层桥面高程，导致投资增加的难题，又很好地解决了下部结构的受力问题，节省了工程投资。

该桥获得2016—2017年度国家优质工程奖、2013年度广东省科学技术奖二等奖、2013年度中国铁建杯优质工程奖、2010年度中国钢结构协会科学技术奖二等奖、2010年度中国公路学会科学技术奖二等奖。

东江大桥上弦合龙口

The Modern Beam Bridge

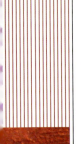

海河开启桥

位于天津市滨海新区，是坨场南道跨越海河的一座竖转开启式悬臂梁桥，是连接响螺湾商务区和于家堡金融自贸区的重要跨河通道，具有公路交通和水上通航的双重功能。2010年8月9日完成竣工验收。

桥梁全长868.8米，由东、西引桥和主桥三部分组成，主桥结构设计为立转式钢结构悬臂梁，跨度96米，由两个半桥组成。每个半桥转动半径38米，梁端转动角度为0至85度。主桥宽20米，采用双向四车道标准。桥下通航净宽68米，净空大于7米（非开启），全桥配重达1200吨，可通过5000吨级的海轮。

该桥梁集土建、机械、液压、电气、智能化控制及监控景观于一体，在国内乃至亚洲的同类桥梁中规模及跨径最大，在世界上也属于跨径第四的竖转式开启桥，开辟了我国桥梁史的先河。设计单位积极借鉴国内外先进的设计理念，在竖转开启桥开启状态的稳定性、主桥主墩的防撞设计、防渗设计、防裂设计等技术方面取得了新突破，并对跨径长度、巨型桥墩外形、灯光配置等方面做了精细设计，将开启桥打造成景观与功能均具有国内领先水平的现代化大跨径桥梁。

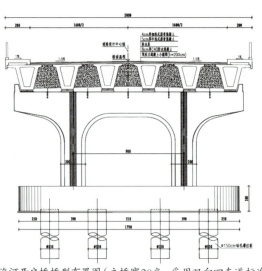

海河开启桥桥型布置图（主桥宽20米，采用双向四车道标准）

崇启大桥

崇启大桥起自上海市崇明区，终于江苏省南通市启东市。全线设计双向六车道，全长54公里，其中上海段接线道路长28.52公里，长江大桥长2.48公里，江苏段长江大桥长4.67公里，接线道路长18.52公里。是中国国家高速公路网中上沪陕高速公路的一部分，与宁启高速公路相接。于2011年12月24日建成。

北桥主桥为（102+4×185+102）米连续钢箱梁桥；南引桥为（9×30+50+52+42+28×50+90+150+90+3×50)米连续箱梁桥。

该桥采用了五大技术创新。一是首次采用"整跨工厂无应力制造、滚装装船、整体无合龙段架设、全过程实时监控"，实现最长185米、起吊质量最大2700吨的整跨钢箱梁制造安装。二是首次采用两艘起重船联合抬吊整跨钢箱梁，并创造性地在两艘起重船间布置垫挡船，保证了钢箱梁吊装过程中起重船移动的同步性。三是首次采用自平衡体系的吊索具系统及定位架系统，实现了吊具和吊点的受力均衡，保证了钢箱梁吊装的安全性和可控性，两项系统均获得国家专利。四是首次在跨江大桥钢箱梁设置调谐质量阻尼器（TMD）减振装置，针对崇启大桥主梁结构频率、阻尼特点和成桥风洞试验结果，开展了TMD质量比、频率和阻尼比等参数分析优化，为我国大型桥梁抑振探索出一套有效的TMD系统减振设计方法。五是首次大规模采用短线匹配预制逐跨悬挂拼装的施工工艺，并研制了TP50型专用架桥机，跨径创国内之最；研制了液压模板系统，用于50米混凝土箱梁的短线匹配预制，并形成《节段梁全悬挂施工工法》省级工法一套。

吉兆桥

吉兆桥是一座跨越海河中游的钢桁架结构梁桥，连接天津雪莲南路和吉兆路，于2013年11月建成通车。

桥梁全长923米，由主桥和南北两侧引桥组成，主桥为 (55+90+55) 米三跨钢桁架连续梁桥，引桥桥梁型式为现浇预应力箱梁。桥面宽40米，采用双向六车道标准。

该桥为三跨连续钢—混凝土组合桁架桥，采用部分组合、双重组合技术解决负弯矩区混凝土桥板面易开裂、下悬杆易失稳的难题。同时，设计中采用混合耗能减隔震装置降低桥梁地震力，采用柔性阻挡装置实现对结构的柔性阻挡，提高大震下的防落梁性能。

该桥在施工中，合理使用材料，充分发挥材料潜能，从而降低钢量，减小结构高度，减轻自重，改善下部结构的受力状况，获得良好的经济效益；提高结构的整体稳定性，有效减少杆件的接头，减少主桁架根数和之间的纵梁、横梁；提高结构刚度，改善结构动力性能，改善了路面行车条件；使混凝土板和钢桁架形成稳定的空间结构，具有优越的抗扭能力，使结构更具大跨越条件。

新建向塘至莆田铁路东新赣江特大桥

位于江西省南昌市生米镇，2010年8月建成通车。

该桥全长27.3公里，主桥采用(126+196+126)米下承式变高度连续钢桁梁，主桥长448米；其余桥跨分别为三联(44+80+44)米预应力混凝土连续梁、四联(32+48+32)米预应力混凝土连续梁、一联(40+64+40)米预应力混凝土连续梁及32米、24米铁路标准梁，全桥共811孔。

吉林（江南）大桥

吉林大桥始建于1940年，竣工于1943年。当时桥宽仅为9米，桥长是448米。这座大桥由吉林市富商王百川投资兴建。1974年，吉林市人民政府决定扩建大桥。扩建后，吉林大桥的宽度增加到22.5米。

吉林大桥于2008年大修，2013年吉林市启动吉林大桥改造工程，在老桥两侧各建一幅新桥，先建后拆，老桥拆除后作为远期快速高架桥桥位。新建桥梁于2014年通车，桥梁通航桥孔采用2×63米钢箱梁结构，其余桥孔为简支转连续箱梁。单幅桥梁宽度为17.5米。

胶州湾三河入海口岸线保护工程跃进河桥

位于山东省青岛市胶州开发区海堤道路上跨跃进河路段，于2016年8月建成。

桥跨布置为（28.4+42+27.25+25.1）米，上部结构含混凝土部分和钢结构部分，混凝土桥梁为（28.4+42+27.25）米等截面预应力混凝土连续梁，主梁截面为箱形，梁高2.2米；钢结构桥梁为25.1米等截面开启桥，主梁截面为箱形，梁高1.7米。桥宽38米。

瓯越大桥

位于浙江省温州市永嘉县，跨越瓯江，位于S26诸永高速公路温州段延伸线上，于2014年12月建成。

大桥为钢－混凝土组合连续钢构桥，总长4735米。主桥长368米，桥跨组合为（84+200+84）米，按照设计速度80公里／小时的高速公路标准建设。上部结构为钢－混凝土组合连续钢构，下部结构为双薄壁墩、板式墩、钻孔灌注桩。瓯越大桥南段设置全封闭和半封闭声屏障，主桥钢桥面铺装采用SMA浇筑式沥青混凝土。

该桥荣获2015年中国公路学会科学技术奖二等奖。

The Modern Beam Bridge

济南长清黄河公路大桥

该桥起自山东省济南市长清区老城西北角中川街,止于德州市齐河县孔官庄西,2018年6月建成通车。

项目全长8800米,桥梁长度为6014米,引道长2786米,黄河主桥跨径采用(102+4×168+102)米六跨一联变高度下承式钢桁梁,两片桁整幅布置,桁间距27米。桥梁宽度、平纵面线性指标均等同于高速公路双向四车道标准,桥梁宽26.0米,设计速度100公里/小时。

主跨长168米、主桁宽27米、六跨一联变高度下承式钢桁梁主桥,在国内已建公路同类钢桁梁桥中居首位,其科技创新成果为我国桥梁建设技术水平的提升做出了贡献。

新建同江中俄铁路同江特大桥

大桥及相关工程位于黑龙江省佳木斯市同江市与俄罗斯列宁斯阔耶市交界处,2018年11月建设完成。

同江中俄铁路特大工程全长约16.313公里。同江特大桥全桥长6735.91米(中方境内6407.34米),其中主桥长2215.02米,包含中方16×108米简支钢桁梁+144米简支钢桁梁;俄方132米简支钢桁梁+108米简支钢桁梁+60米简支钢桁梁。引桥长4520.89米,含中方138×32米预应力混凝土简支箱梁。

新建成都至贵阳铁路菜坝岷江特大桥

位于四川省宜宾市,于2018年12月完工。

该桥全长1186.95米,主桥为(140+224+140)米下承式钢桁连续梁。

汶马高速公路克枯大桥

位于四川省阿坝藏族羌族自治州汶川县，系G24$_{17}$汶川至马尔康高速公路跨越杂谷脑河的特大桥，于2018年建成。

克枯大桥斜跨G317线及杂谷脑河，由主线右幅桥、主线左幅桥、互通匝道桥组成；桥长2809米，全桥共12联，孔跨布置为（2×30+15×40+18×30+7×40+7×30+5×40+3×30+13×40+5×30+3×40+1×30）米。

该桥设计为左右线分幅，为跨度30米、40米的预应力钢管混凝土简支桁梁连续梁桥。30米跨度的钢管混凝土简支桁梁主梁总高度为3.5米，桥墩主要采用钢管混凝土双柱式结构，桩基直径为1.4米，钢管混凝土墩柱直径为1.1米；40米跨度的钢管混凝土简支桁梁主梁总高度为4.2米，桩基直径为1.6米，钢管混凝土墩柱直径为1.3米；桥墩布置均采用沿路线径向设计，桩柱式桥台采用钢筋混凝土柱式结构。单幅桥宽12.25米，两车道。

因位于汶川附近，地震烈度高，为提高该桥抗震性能，结构的上部和下部全部采用钢管混凝土构件形成结构体系，并使用变刚度支座，将既有抗震设计理念"大震不倒"提升为"大震可修"。钢管混凝土组合桁梁桥采用钢筋混凝土基础、钢管混凝土桥墩、钢箱混凝土盖梁和带钢底板的钢管混凝土桁式组合梁，桥墩、盖梁和主梁不需要一块模板，便可完成安装、架设和混凝土浇筑成型。与传统钢筋混凝土简支桥梁相比，钢管混凝土组合桁梁桥减轻自重约50%，减少混凝土用量约60%，而钢材用量相当。

葛洲坝三江公路大桥

位于湖北省宜昌市西陵区，葛洲坝水利枢纽下游1.9公里，是长江葛洲坝水电枢纽工程的配套跨江桥梁，1981年5月建成通车。

桥梁总长762.61米，其中主桥长346米、引桥长416.61米。主桥为（94+158+94）米双箱单室T形刚构桥，桥面宽15米，行车道宽12米，为双向两车道城市主干道标准，设计速度40公里／小时，设计荷载等级为汽车—36级。

下部结构采用钢筋混凝土空心墩，桥高52.67米；上部T形刚构采用三向预应力箱形结构，施工采用对称悬浇施工工艺。

项目连接长江北岸和江中的西坝岛，在葛洲坝工程建设和运营中作用显著。该桥曾获国家优秀工程设计银奖。

祁临高速公路仁义沟特大桥

位于山西省晋中市灵石县南关镇东约13公里处。工程于2002年9月正式开工，2003年9月全部完工。

仁义沟特大桥全长1146.5米，主桥长1106.5米，桥宽12.5米，两车道。

该桥上部结构为预应力钢筋混凝土T形梁，斜交角度90度，净宽11.50米，桥墩类型为多柱式墩。桥跨组合为：左幅（5×40+80+4×145+80+4×50）米，右幅（4×40+80+4×145+80+4×50）米。设计荷载等级为汽车—超20级、挂车—120，抗震设防烈度Ⅶ度，设计洪水频率1/300。

该桥位于基岩低中山区，跨越仁义河，为上、下行分离的两座独立桥，且分别与隧道相接，为祁临高速公路跨度最大、高度最高的桥梁。

桂林雉山漓江大桥

位于广西壮族自治区桂林市象鼻山下游约800米处，1984年12月开工，1988年1月建成。

全长263.46米，桥跨布置自西向东为（67.5+95+67.5）米三跨预应力V形刚构主跨+9.7米预应力混凝土板梁。中孔95米系采用由两端边孔锚跨分别伸臂27.5米的伸臂梁并配以40米挂孔梁组成。主梁系两个单室单箱组成，两箱间桥面板预留高度0.6米，用现浇混凝土连接成整体。大桥桥面宽18.5米，其中车行道宽14米，两侧人行道各宽2.25米。

The Modern Beam Bridge

渭富公路渭河特大桥

位于陕西省渭南市城区，为国道G108主线（省道S107线）上跨越渭河的特大桥梁，2006年9月20日竣工通车。

大桥全长2346.8米，上部结构采用预应力混凝土组合T梁及箱梁：1至50跨为跨径30米箱梁、50至53跨为50米T梁、54至76跨为30米箱梁。采用二级公路技术标准，设计荷载等级为汽车一超20级、挂车—120；桥面宽26米，双向六车道。下部结构采用桩柱式墩、肋板式台、钻孔灌注桩基础。

中国现代梁桥 / T构、简支梁及悬臂梁桥

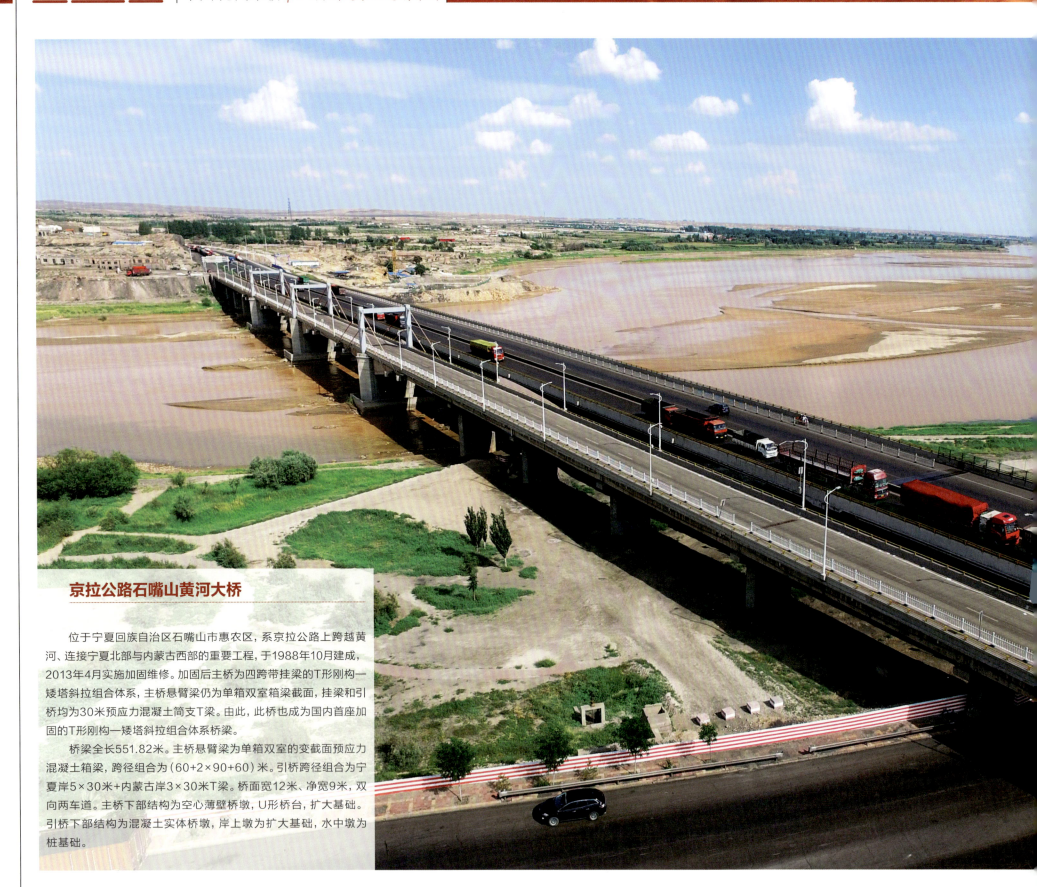

京拉公路石嘴山黄河大桥

位于宁夏回族自治区石嘴山市惠农区,系京拉公路上跨越黄河、连接宁夏北部与内蒙古西部的重要工程,于1988年10月建成,2013年4月实施加固维修。加固后主桥为四跨带挂梁的T形刚构—矮塔斜拉组合体系,主桥悬臂梁仍为单箱双室箱梁截面,挂梁和引桥均为30米预应力混凝土简支T梁。由此,此桥也成为国内首座加固的T形刚构—矮塔斜拉组合体系桥梁。

桥梁全长551.82米。主桥悬臂梁为单箱双室的变截面预应力混凝土箱梁,跨径组合为(60+2×90+60)米。引桥跨径组合为宁夏岸5×30米+内蒙古岸3×30米T梁。桥面宽12米、净宽9米,双向两车道。主桥下部结构为空心薄壁桥墩,U形桥台,扩大基础。引桥下部结构为混凝土实体桥墩,岸上墩为扩大基础,水中墩为桩基础。

雅西高速公路唐家湾大桥

位于四川省雅安市汉源县,为G5京昆高速公路雅安至西昌段上的一座特大桥,于2012年建成。

主桥上部结构采用(114+114)米T形刚构桥,主跨114米,桥梁高度91.5米;两岸引桥分别采用8×30米、2×30米(左幅)和5×30米(右幅)预应力混凝土T梁。桥宽24.5米,双向四车道。下部结构主桥墩采用钢管混凝土叠合柱和群桩基础;引桥墩采用分离式钢筋混凝土实心墩、群桩基础,重力式桥台。

渭蒲公路渭河大桥

位于陕西省渭南市城区，为S108省道上跨越渭河的桥梁，2006年9月20日建成通车，2008年5月16日竣工验收。

大桥全长2377.08米，上部结构为74×30米预应力箱梁+3×50米预应力T梁，桥宽18米，双向四车道。下部结构为1.5米至1.8米桩径的钻孔灌注基础和1.2米桩径肋板式桥台基础。

采用二级公路技术标准，设计速度80公里/小时，设计荷载等级为汽车—超20级、挂车—120，抗震设防烈度Ⅶ度，设计洪水频率1/300，通航要求Ⅵ级。

南澳特大桥

位于福建省宁德市寿宁县,其施工名为下马岭特大桥,系溧宁高速公路跨越晓汾溪的特大桥,于2015年建成。

该桥主桥长722米,桥跨布置为2×30米预应力混凝土连续T梁+(85+155+85)米预应力混凝土变高度刚构箱梁+3×30米预应力混凝土刚构T梁+4×30米预应力混凝土刚构T梁+5×30米预应力混凝土连续T梁。桥宽24.5米,双向四车道。下部结构为钢筋混凝土空心主墩配钢筋混凝土群桩,柱式墩配桩基础,柱台配桩基础。

棉花渡大桥

位于贵州省贵阳市开阳县棉花渡口,跨越清水河,于2016年5月建成。

棉花渡大桥为(32+51.2+32)米钢桁斜腿刚构桥,全长122.4米,全宽8.8米,桥面净宽6米,设计荷载等级为公路—Ⅱ级,设计速度20公里/小时。钢桁采用整幅断面,桁高4.6米,由钢桁架和钢桥面板组成,杆件采用高强螺栓连接。桥台按U形台设计,基桩采用倾斜的独桩基础,主墩为钢管混凝土结构,节段拼装。

宜居河大桥

位于重庆市酉阳土家族苗族自治县,是重庆酉阳至贵州沿河高速公路重庆段上的一座大桥,于2016年6月建成。

宜居河大桥主桥为2×115米的单T刚构桥,主墩设置在宜居河中。主梁为分幅设置的单箱单室截面,顶宽11.0米,底宽6.6米,翼缘悬臂长2.2米。箱梁合龙段及边跨现浇段梁高4.5米,根部梁高15.5米,其间梁底曲线按2次抛物线变化。主墩采用矩形空心墩。

宜居河大桥设计荷载等级为公路—Ⅰ级,设计速度80公里／小时,抗震设防烈度Ⅶ度,设计基准风速24米／秒。单幅桥面全宽11米,行车道净宽10米。

本桥采用的沟心设墩、一墩两跨的结构形式与山西仙神河大桥是一致的。这种方式既可以避免在陡坡上"动土"和布置桥墩的困难,又可以起到保护自然环境的作用,同时还可提高施工安全,减少边坡防护,降低诱发地质灾害的概率。

茂湛铁路跨线桥

位于广东省湛江市吴川市,系广东省高速公路规划网"第二横"汕(头)湛(江)高速公路云浮至湛江段及支线工程上跨越塘缀河的桥梁,于2017年建成。

该桥桥长2043米,左右分幅,左幅桥跨组合为(56×25+3×37.5+2×37.5+2×75+12×25)米,右幅桥跨组合为(56×25+3×37.5+2×75+2×37.5+12×25)米。上部结构为等宽+变宽预应力混凝土先简支后连续箱梁及2×75米转体T构;下部结构桥墩采用等宽双柱墩+变宽多柱墩,桥台采用柱式桥台及座板式桥台,桩基础均为钻孔灌注桩基础。该桥左幅62跨、63跨,右幅60跨、61跨为施工难点——双T构转体,与铁路中线交角为83.6度,采用双幅(75+75)米T形刚构桥,双幅同步转体施工,是广东省高速公路建设史上的首座转体桥。

灵武铁路支线黄河特大桥

位于宁夏回族自治区银川市灵武市，1995年建成。

该桥全长1576.3米，结构布置为24×32米预应力混凝土简支梁+10×46米预应力混凝土简支梁+9×32米预应力混凝土简支梁。预应力混凝土简支箱梁采用"移动支架造桥机"施工，该方法是国内首次采用，解决了铁路中等跨度桥梁设计的技术难题，推动了我国铁路桥梁施工技术的进步和大跨度简支梁的应用和发展。

该桥获1997年度中国建筑工程"鲁班奖"。

广深铁路深圳市高架桥

位于广东省深圳市，是广深铁路穿越深圳市并与深圳火车站相连的桥梁，1987年建成通车。

该桥全长860.52米，包括2条正线和1条长137.19米的站内机务整备线，为双线铁路桥。每线由独立的单线梁及墩台组成，共用部分预应力简支梁158孔，4联4跨连续梁桥一座。

该桥因受火车站轨面高程及道路运输净空要求，采用超低高度部分预应力混凝土梁，也是我国第一座部分预应力铁路桥，8米与10米简支梁采用梯形实心板式，板厚0.6米，连续梁跨中梁高0.6米。

荣获国家优质工程特等奖、铁道部科技进步奖三等奖、铁道部优秀设计二等奖。

京港澳高速公路府河大桥

位于湖北省孝感市东南方向，为G4京港澳高速公路跨越府河、沦河及东风垸分蓄洪区的桥梁，1998年12月开始建设，2001年11月建成通车。

桥梁总长5947.04米，为跨径组合196×30米的预应力混凝土T形梁。桥面宽28米，双向四车道，设计荷载等级为公路—Ⅰ级，即汽车—超20级、挂车—120，设计速度100公里/小时，为高速公路桥梁。

青藏铁路清水河特大桥

位于青海省玉树藏族自治州曲麻莱县，横跨可可西里的清水河，于2003年建成。

该桥全长11.7公里，处于可可西里高原多年冻土地段，这里的冻土厚度达20多米，且含冰量高，分布范围广。清水河特大桥是青藏铁路最长的大桥，同时又是兼具冻土隧道和野生动物通道两种功能于一身的"环保桥"。为野生动物开辟专门的"绿色通道"，在中国铁路建设史上也是第一次。

福银高速公路华阳河大桥

位于湖北省襄阳市枣阳市，在G70福银高速公路汉十段1155公里处，2005年9月竣工通车。

桥梁总长1267.68米，为跨径布置42×30米的预应力T梁桥；桥面宽28米，双向四车道，设计速度110公里／小时，设计荷载等级为汽车一超20级。

华阳河大桥采用预制拼装后张法预应力混凝土T形梁，具有结构简单、受力明确、节省材料、架设安装方便、跨越能力较大等优点。预应力体系采用高强、低松弛钢绞线群锚；采用工形梁，减少接缝，改善行车舒适度，在桥面现浇混凝土中布置负弯矩钢束，形成比桥面连续更进一步的"准连续"结构。

洛阳黄河特大桥

位于河南省洛阳市,是G55二广高速公路跨越黄河的重要桥梁,2005年9月建成通车。

该桥全桥长4011.86米,主桥长1200米,桥宽24米,双向四车道,设计荷载等级为汽车—超20级、挂车—120。桥跨组合为[3×50+4×50+7×(5×50)+2×(12×50)+2×(5×50)+4×50]米。主桥上部结构为单箱单室箱形梁,下部结构为单排双柱式墩身、钻孔灌注桩基础。

主桥采用外形较为美观且轻盈的斜腹板,底板宽6.0米,翼板长3.0米,梁中心高度为2.7米,以腹板高度变化适应桥面2.0%的横坡;顶板、底板及腹板厚度的确定在考虑受力及结构要求的同时,重视混凝土结构耐久性的要求。设计中考虑抗震设防要求及美观效果,同时兼顾上部结构的外形、尺寸,下部墩身采用花瓶形实体墙式墩,墩身纵桥向宽1.8米,横桥向下宽4.0米、上宽5.6米,用圆弧过渡,圆弧的变化与上部斜腹板的变化一致,使上下部结构在视觉效果上协调、流畅。

沪蓉高速公路民乐渠特大桥

位于湖北省孝感市汉川市刘家隔镇刘隔村,是G42沪蓉高速公路武荆段的跨渠桥梁,2006年9月开工建设,2009年12月建成通车。

桥梁总长1039.08米。跨径组合:左幅为(7×30+47+47+65+47+47+2×40+12×30+40+3×30)米,右幅为(4×30+2×40+47+47+65+47+47+3×40+8×30+40+6×30)米。主桥采用预应力混凝土T梁;桥面宽26米,双向四车道,设计速度120公里/小时,设计荷载等级为公路—I级。

石门河特大桥

位于山西省临汾市翼城县,是S80陵侯高速公路跨越汾河支流石门河的桥梁,于2007年10月31日建成。

主桥长1057.5米,桥宽23米,两车道。桥跨布置为21×50米预应力混凝土T梁;下部结构为薄壁墩。桥址位于黄土丘陵区,连续跨越两条大型黄土冲沟,谷底跨分别为100米至200米,深约12米至35米,表面为Q1卵石、黄土状黏性土。两侧谷坡地势较平缓,发育小型黄土冲沟,坡面均为Q3黄土覆盖。桥址地层主要由Q1卵石、黄土状黏性土,Q3黄土、卵石,Q2亚黏土及砾卵构成。石门河属汾河二级支流,地下水位高程为644.4米至648.5米,埋深为0.4米至14.5米。此桥址地基稳定性较好。

东白驹特大桥

位于山西省临汾市翼城县,系S80陵侯高速公路上的桥梁,于2007年10月31日建成。

桥梁总长1158米,桥跨布置为23×50米预应力混凝土T梁。桥宽23米,两车道。下部结构为薄壁墩。

沪渝高速公路贺家坪7号桥

位于湖北省宜昌市长阳土家族自治县,为G50沪渝高速公路鄂西段上的特大桥,于2009年10月建成通车。

桥梁总长5108.82米,桥跨组合为(123×30+11×40+22×30+3×40+6×30)米,主桥采用简支T梁。桥面宽12.5米,两车道,设计速度80公里/小时,设计荷载等级为汽车—超20级、挂车—120。

瑞安飞云江大桥姐妹桥

飞云江大桥即104国道飞云江大桥，位于浙江省温州市瑞安市，跨架飞云江下游南北两岸。全长1720.836米，宽12.5米。大桥共设37个桥孔，设计高程17米，通航高水位5.15米，桥面车道10米，两侧人行道各1.5米，设计荷载等级为汽车—20级、挂车—100。于1989年1月1日通车。

2000年后，飞云江大桥作为104国道上浙南闽北的交通咽喉，成为该路段明显的卡脖子"瓶颈"路段。2008年，浙江省交通厅批复同意沿104国道飞云江大桥东侧新建拼宽桥梁，并对飞云江大桥老桥进行大修。

飞云江大桥拼宽新桥位于老桥东侧并与老桥形成"姐妹桥"。具体位置是104国道K1942+133（中心桩号）处即老桥东侧13.5米，起点桩号K1940+771.82，终点桩号为K1944+257.146，线路沿104国道瑞安高架桥两侧向南前进，于老桥东侧跨越飞云江，南岸沿104国道向前，终点位于104国道与新56省道的交叉口以南约100米处，桥长1799.94米，宽13.75米，比老桥略高、略宽、略长，2008年12月18日开工建设，2011年6月28日建成通车。2011年8月3日老桥进行封闭大修，2012年5月29日实现"姐妹桥"双向通车。"姐妹桥"同时运行，双向六车道，设计速度60公里/小时，提高了104国道飞云江大桥的通行能力，极大地缓解了飞云江城区段南北交通硬"瓶颈"。

沪蓉高速公路七里峡1号桥

位于湖北省宜昌市夷陵区七里峡,属G42沪蓉高速公路,2009年8月开工建设,2011年12月建成通车。

桥梁总长为584米,其中主桥长580米,引道长4米,跨径布置为(4×35+3×40+9×35)米,主桥采用预应力混凝土T梁;桥面宽22米,双向四车道,设计速度80公里/小时,设计荷载等级为公路—Ⅰ级。

德上高速公路跨京九铁路特大桥

位于山东省菏泽市鄄城县,是G3w德上高速公路郓菏段上跨京九铁路的特大桥,于2015年12月建成。

郓菏段是山东德州至河南商丘干线公路的重要路段,也是高等级公路网规划"五纵连四横、一环绕山东"中最西端的"一纵",也是"一环"的重要组成部分,促进鲁西地区与华北、华中各省的经济及文化交流,同时对国家的政治、经济、军事等各方面具有重要的战略意义。

桥梁全长1109.4米,双幅分离,左幅跨径布置为:[2×(4×25)+2×(5×25)+37+40+2×(5×25)+2×(4×25)+5×25]米;右幅跨径布置为:[5×(4×25)+40+37+4×(4×25)+5×25]米,主跨采用40米预应力混凝土简支T梁跨越京九铁路线,与京九铁路夹角为51度;25米跨径为箱梁。下部结构为柱式墩、桩基础、肋板式桥台。桥宽28米,双向四车道,设计速度120公里/小时。

福银高速公路(G70)马西坡特大桥

位于宁夏回族自治区固原市泾源县,系G70福银高速公路上的特大桥,于2011年10月建成通车。

桥梁上下行分幅,上行线长1299.75米,下行线长1302.34米。跨径组合为65×20米预应力空心板简支梁。桥面宽12米,机动两车道7.5米,中间安全富余宽度和紧急停车道宽4米,两侧防撞墙2×0.5米。下部采用双柱式墩台,基础为钻孔灌注摩擦桩,桩径1.5米。

马西坡特大桥为跨越软弱地基旱桥,本着安全、实用、经济、美观、因地制宜、便于施工、养护等原则,上部采用跨径20米的装配式部分预应力混凝土空心板结构,下部采用柱式桥墩、桥台,基础采用钻孔灌注桩。最大纵坡3.919%,平曲线半径1250米,线形流畅。设计荷载等级为汽车—超20级、挂车—120,设计洪水频率1/300,抗震设防烈度Ⅶ度。

桥址位于泾源县城以南20公里的马西坡村,和堡子山隧道相连,桥梁独特的观景台设计和优美的桥梁线形吸引着过往的旅客,成为经过六盘山区旅游的一道靓丽风景线。

桐峪特大桥

位于山西省晋中市左权县桐峪镇桐峪村东,为天黎高速公路跨越季节性桐峪河的桥梁。于2016年5月19日建成。

桥宽25米,四车道。大桥左幅位于S45左权至黎城高速公路K41+478处,全长1627米,跨径为[4×30+3×30+10×(3×40)+3×40+4×30]米,共12联;右幅中心桩号为K41+493,全长1657米,跨径为[4×30+3×30+10×(3×40)+3×30+2×30+3×30]米,共12联,全桥上部结构采用预应力混凝土T梁及装配式小箱梁,下部结构采用承台分离式桥台、柱式台、柱式墩、矩形墩、空心墩、桩基础。

桐峪特大桥施工中采用两项新技术新工艺:一、桥面铺装采用D10冷轧焊接钢筋网片,钢筋网较绑扎钢筋网强度高1.8倍,直径小,能有效控制裂缝,施工铺设便捷高效;桥面铺装混凝土采用C50钢纤维混凝土(钢纤维含量20千克/立方米混凝土),有效地避免了铺装裂缝,提高了混凝土强度,比普通混凝土抗拉、抗剪等力学性能有较大幅度提高,有优良的抗冻、耐磨性能,对后期营运、养护有利。二、采用等厚度预埋钢板代替楔形钢板调平预制梁梁底,避免了楔形钢板加工复杂繁琐的弊端,箱梁预制时,预埋为梁安装所需纵横坡或采用环氧砂浆整平的施工工艺。

台州头门岛跨海特大桥

台州中心港区(临海)疏港公路一期白沙至头门段工程,是浙江省台州市临海港区三大工程之一,工程起点为临海市上盘镇白沙村附近,与现有的东海大道相平交,经白沙、麂晴山、大竹山至路线终点头门岛,路线全长15.608公里。其中头门岛跨海特大桥全长3.17公里,于2015年建成。

桥梁宽12米,设计速度80公里/小时,桥涵设计洪水频率为1/300,结构设计基准期为100年,抗震设防烈度为Ⅵ度。

大桥上部结构为63×50米预应力混凝土简支T梁,下部结构采用现浇花瓶形实体墩,圆形承台钢管桩基础和矩形承台钻孔灌注桩基础。水中施工是本工程的重点,且受潮水影响较大,地形、工程地质条件比较复杂,工程建设技术、质量和进度管理难度较大。

石洞子北1桥（进京）2号桥

位于北京市怀柔区喇叭沟门满族乡石洞子村北侧，为G111京加线上的特大桥，于2014年12月建成。

主桥长1226.9米，桥宽13.8米，主跨径40米，两车道。该桥斜跨汤河支流，分左右两幅而建，桥位两端地势高，中间跨越沟谷。

G3京台高速公路大汶河特大桥

位于山东省泰安市宁阳县,为G3京台高速公路山东泰安至曲阜段跨越大汶河的特大桥,于2001年10月建成。

桥梁全长1270.56米,上部结构为42×30米预应力混凝土简支T梁,盆式橡胶支座、板式橡胶支座;下部结构为钢筋混凝土实心双柱式墩,钢筋混凝土钻孔灌注桩,钢筋混凝土埋置式桥台,浆砌片石U形桥台,钢筋混凝土明挖扩大基础。

桥面为沥青混凝土铺装,路基宽28米,双向四车道,设计速度120公里/小时。

渭南阳村渭河特大桥

位于陕西省渭南市大荔县和华阴市交界处,是省道202线大(荔)华(阴)二级公路阳村段上跨渭河的重要桥梁,于2006年9月20日改扩建通车。

大桥全长1745.38米,跨越渭河部分共87孔,跨径20米,上部结构为钢筋混凝土T梁,下部结构为钻孔灌注桩基础,双桩式墩。桥面行车道宽9米,两边人行道各宽0.5米。设计荷载等级为汽车—20级,挂车—100。

2003年,防洪堤内侧公路上桥引道路堤严重阻碍排洪被冲毁,致使交通中断。2006年改扩建,将大桥加长至南、北两边防洪堤以外,加长桥梁1525.5米,改建后桥梁总全长3280米(163孔),宽10米。大桥上部结构为20米跨径预应力钢筋混凝土空心板,下部结构为1.2米直径、6米高双柱式墩。

中國橋譜 第二卷
A Guide to Chinese Bridges

之

中国现代拱桥
The Modern Arch Bridges

混凝土拱桥 —— 364

钢管混凝土拱桥 —— 326

钢结构拱桥 —— 302

中国现代拱桥

拱桥，如"初月出云，长虹饮涧"（语出《隋唐嘉话·朝野佥载》），在中国至少有两千年以上的建造历史，其技术巧夺天工，形制赏心悦目，特别受国人喜爱。

在中国，拱桥是大跨径桥梁的主要桥型之一。改革开放以来，随着科学技术的进步和国家基础设施建设规模的不断扩大，中国拱桥建设得到迅猛发展。20世纪90年代，用料省、造价低、施工简便的钢管混凝土拱桥开始兴起，并在全国各地迅速推广，同时还创造出利用钢管混凝土拱为劲性骨架，再立模浇筑钢筋混凝土的箱形拱桥，并成功建造了主跨420米的重庆万州长江大桥。21世纪以来，钢拱桥也开始兴起，并连续刷新拱桥主跨的世界纪录。

拱桥一般以主拱圈的结构和材料命名，主梁和桥面系则包含了多种样式和材料。大跨径现代拱桥分类，主要包括钢筋混凝土拱桥、钢管混凝土拱桥、钢箱拱桥、钢桁拱桥等。

拱桥的桥面结构型式和其位置关系较大，并按桥面位置可将拱桥划分为下承式、中承式和上承式拱桥。桥面可以由位于拱圈上的立柱支承桥面系结构，也可以由吊杆（吊索）将拱圈和桥面系结构连接。桥面系结构一般包括纵梁、横梁和桥面板等，是直接承受汽车荷载并实现和拱圈之间有效传力的关键结构。

2001年至2018年底，中国建成的主跨300米以上的拱桥31座，其中400米以上的15座，最大主跨拱桥为552米的重庆朝天门大桥。

石拱桥

我国为多山国家，石料资源丰富，因此石拱桥样式之多、数量之大，曾经是各种桥型之冠。

2000年建成的山西晋城至新乡高速公路新丹河大桥，为跨径组合（2×30+146+5×30）米空腹无铰悬链线石拱桥，净矢高32.44米，其146米的主跨径，至今为止仍雄居石拱桥的世界第一，也让中国石拱桥建筑技术持续保持世界领先。

尽管技术成熟度高，取材方便，数量巨大，但21世纪以来，大跨径石拱桥却并未随着高速公路的延伸而快速发展，相反由于施工速度慢、工艺要求高，不便于机械化、工厂化加工等诸多原因，大跨径石拱桥的数量迅速减少，新丹河大桥几乎成为孤例。

山西晋城至河南新乡高速公路新丹河大桥

钢混拱桥

钢混拱桥，主要包括钢筋混凝土拱和钢管混凝土拱。作为钢材料和混凝土两种材料结合的拱桥，既可将两种材料的性能各自发挥到极致，又能取得最优的性能和造价之比，这是此类拱桥大量存在的客观原因。

钢筋混凝土拱桥

钢筋混凝土拱桥拱圈的截面形式包括：板拱桥、肋拱桥、箱形拱桥、刚架拱桥、双曲拱桥等。

20世纪六七十年代，钢混拱桥的主导桥型是双曲拱桥。21世纪以来，双曲拱桥仍有建设的实例，如2005年建成、主跨70米的江西S312省道新干赣江大桥，2008年建成、主跨30米的湖北洪湖新滩东荆河大桥，均为双曲拱桥。

1997年建成的重庆万县长江大桥（现名万州长江大桥），采用了420米单孔上承式箱形拱，施工中采用钢管混凝土劲性骨架和钢绞线斜拉扣est等多项新技术。1999年建成的云南昆（明）磨（憨）高速公路化皮冲大桥，为主跨180米的劲性骨架箱肋拱桥。2012年建成的四川甘孜索子沟大桥，为主跨160米上承式钢筋混凝土箱形拱桥。2015年建成的四川叙（永）古（蔺）高速公路泸州磨刀溪大桥，为主跨径266米的劲性骨架钢筋混凝土箱形拱桥。2015年建成的贵州沿榕高速公路和沿德高速公路共用的铜仁马蹄河大桥，为净跨180米的钢筋混凝土箱形拱桥。2016年通车的沪昆铁路客运专线北盘江特大桥，为主跨445米的上承式劲性骨架钢筋混凝土箱形拱桥，时速350公里的高铁列车通过北盘江特大桥仅需6秒。445米的主跨径，打破了万州长江公路大桥保持近20年的钢筋混凝土拱桥主跨径的世界纪录。

在修建箱形拱的同时，各地还修建了一些矩形和工字形截面的钢筋混凝土肋拱桥。这两种拱桥自重轻，用料少，特别适用于大、中桥。1996年建成的重庆合川涪江二桥，主跨120米，2016年改建完成的四川宜宾金沙江南门大桥，主跨达到243.37米，均为钢筋混凝土肋拱桥。

钢筋混凝土拱桥修建的时间，主要集中在20世纪80年代到90年代中期，跨径主要集中在200米以下。

钢管混凝土拱桥

20世纪90年代，随着中国钢管混凝土结构研究水平的提高和有关设计标准的颁布，钢管混凝土拱桥得到迅速推广。

所谓钢管混凝土，就是在薄壁钢管内填充混凝土，使两者共同工作的一种组合材料。其管内混凝土受到钢管的约束，处于三向受压的状态，从而具有比普通混凝土大得多的承载能力和抗变形能力，而薄的钢管壁受到管内混凝土的约束，其稳定性也大大增强。

修建钢管混凝土拱桥时，先制作和安装重量较轻的钢管拱，然后用混凝土泵充填管内混凝土，形成拱肋全断面。钢管同时发挥施工时的拱架、灌注混凝土用的模板和建成后参与管内混凝土共同受力的三种作用，因此施工十分简便。钢管混凝土拱桥，较好地协调了修建桥梁所要求的用料省、安装重量轻、施工简便、承载能力大等诸多矛盾，其钢管还可涂刷颜色鲜艳的保护漆，以增加景观效果。综合来看，钢管混凝土拱是大跨径拱桥的一种比较理想的形式。

1991年4月，四川广元旺苍建成了主跨115米的中国第一座钢管混凝土拱桥，其主拱就是两根哑铃形拱肋，两桥墩间设置系杆承受拱肋的水平推力。由于各种原因，此桥于2014年被拆除。20世纪90年代至今，钢管混凝土拱桥得到迅速发展。截至2018年底，在中国已经建设的400多座钢管混凝土拱桥中，跨径超过200米的有55座，超过300米的10余座，跨径400米以上的7座。最大跨径为2013年建成的、主跨530米的四川合江长江一桥。

1998年建成的跨径270米的广西三岸邕江大桥，为中承式钢管混凝土桁架式肋拱桥。2000年建成的跨径360米的广州丫髻沙珠江大桥，为中承式钢管混凝土系杆拱桥，并首次选用六管式桁架肋拱；2001年建成的重庆巫山长江公路大桥，为中承式钢管混凝土桁架双肋拱桥，主跨达到460米。

21世纪以来，随着高速公路向西部延伸，钢管混凝土拱桥也得到很大发展。如G50沪渝高速公路湖北段，2009年建成的湖北支井河大桥、小河大桥，分别为主跨430米、338米的上承式钢管混凝土拱桥。此外，同类桥型还有，2010年建成、主跨260米的山西北深沟大桥，2014年建成、主跨268米的湖北龙桥大桥，2015年建成、主跨360米的贵州总溪河大桥等。

此时期，随着高速铁路的快速发展，钢管混凝土铁路拱桥也得以快速发展。2008年建成的武广客运专线胡家湾特大桥，为孔跨112米的钢管混凝土提篮系杆拱桥；2010年建成的京沪高铁蕴藻浜特大桥，孔跨128米，为钢管混凝土提篮拱桥。上述三座钢管混凝土拱桥，全部采用先梁后拱的施工方法，最大限度减少了对运线交通的影响。2010年建成的京沪高速铁路跨京开高速公路主桥，为跨径布置（32+108+32）米的中承式钢箱混凝土系杆拱桥，采用转体施工法。

2017年建成的朔（州）准（格尔）铁路黄河特大桥，为主跨380米上承式钢管混凝土拱桥，其跨径创下了铁路同类桥型的全国纪录。

四川叙（永）古（蔺）高速公路泸州磨刀溪大桥

四川宜宾金沙江南门大桥

重庆巫山长江公路大桥

朔（州）准（格尔）铁路黄河特大桥

贵州总溪河大桥

中国现代拱桥

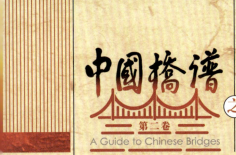

宜万铁路万州长江大桥

南京大胜关长江大桥

钢拱桥

根据结构形式，钢拱桥主要有钢桁架拱、钢箱拱，此外还有一些特殊型式的钢拱桥。21世纪以前，中国修建的钢拱桥数量极少。21世纪，随着经济的发展，钢拱桥在中国开始逐步增多，跨径也迅速增大。

钢桁架拱桥

钢桁架拱桥，顾名思义，就是以钢桁架为拱肋主要结构形式建成的拱桥。这种桥受力合理，可节省材料，减小自重，适用于地基较差的地区。

2004年建成通车的宜万铁路万州长江大桥，为主跨360米三跨连续钢桁架拱—桁架梁组合结构桥，是目前世界上同类型桥梁中跨径最大的重载铁路桥梁。2008年建成的武广客运专线跨广州环城高速公路特大桥主桥，为跨径布置(99+242+99)米中承式钢桁梁拱桥。2009年通车的重庆朝天门长江大桥，为跨径布置(190+552+190)米的公轨两用中承式钢桁架系杆拱桥，也是目前主跨居世界第一的拱桥，总用钢量逾4.9万吨。2010年建成的南京大胜关长江大桥，为京沪高铁和沪汉蓉铁路的共用桥梁，同时承载了南京双线地铁，主拱跨径布置为(108+192+2×336+192+108)米连续中承式钢桁梁拱桥，这是目前国际上设计时速300公里级别中最大跨径的高铁桥梁，其主拱肋用重要部位采用Q420qE的高强度、高韧性与良好焊接性能的新型钢材，在结构、装备、工艺等方面均有所创新。2011年建成的南钦铁路三岸邕江特大桥，为跨径布置(132+276+132)米连续钢桁梁桥。

钢箱拱桥

钢箱拱桥，即以箱型截面钢结构为拱肋主要结构形式的拱桥。

2003年通车的上海卢浦大桥，横跨黄浦江，为主跨550米的中承式钢箱系杆拱桥，也是世界首座完全采用焊接工艺连接的大型钢拱桥，现场焊缝的总长度达4万余米，主桥用钢量逾3.5万吨。2011年建成的浙江宁波跨甬江的明州大桥，主桥为跨径布置(100+450+100)米中承式双肢钢箱提篮系杆拱桥，采用全钢、全焊接工艺结构。2012年建成的辽宁大连普湾新区跨海大桥，主桥为跨径布置(50+170+200+170+50)米五跨提篮钢箱系杆拱桥，节段间板肋采用高强度螺栓连接，其余为焊接，主桥总用钢量逾2万吨。

钢箱拱桥，在高速铁路建设中也大显身手。2008年建成的武广客运专线汀泗河特大桥，为主跨140米下承式钢箱系杆拱桥，桥面采用钢箱混凝土结合梁；2009年建成的甬台温铁路雁荡山特大桥，为跨径布置(90+90)米的连续钢箱三拱叠合结构；2010年建成的京沪高速铁路跨济兖公路特大桥，为跨径布置(2×96)米的下承式简支变截面钢箱拱桥；2010年建成的哈大客运专线吉林新开河特大桥，为跨径138米的双层钢箱叠拱桥，其上拱肋计算跨径140米，下拱肋计算跨径135米，这是中国首次进行钢箱叠拱桥整体受力、变形行为的研究；2010年建成的福厦铁路木兰溪、丘后特大桥，均采用主跨128米下承式钢箱系杆拱桥，采用适用于高速铁路的H形钢吊杆、密布横梁槽形正交异性整体钢桥面。

2004年建成的杭州复兴桥，主桥跨径组合为(2×85+190+5×85+190+2×85)米，为双层钢管混凝土系杆拱桥，共11孔拱，其中2孔190米拱为下承与中承拱的组合，桥型方案新颖独特，为国内外首例。2018年建成通车的成(都)贵(阳)铁路四川宜宾金沙江公铁两用特大桥，主桥336米，为钢箱拱桥，是世界上首次采用铁路桥在上、公路桥面在下的桥式，铁路、公路桥面相距32米。该桥几乎包括了拱桥和梁桥所有的结构形式：钢箱平行拱桥和提篮式混凝土拱两种桥形，涵盖上承拱、中承拱和下承拱三种拱结构，使用了钢箱梁、连续刚构、连续梁和简支梁四种梁体。

上海卢浦大桥

杭州复兴桥

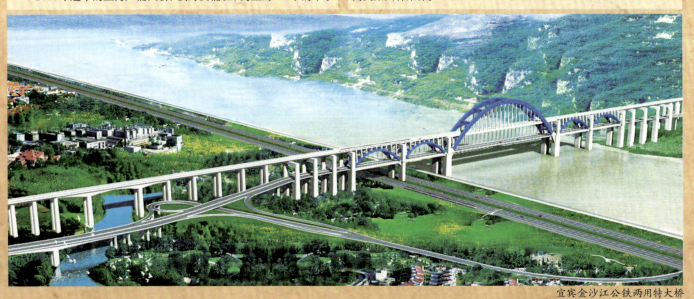
宜宾金沙江公铁两用特大桥

梁拱组合体系桥梁

2010年以来，随着中国高速铁路的快速发展，对桥梁刚度及结构稳定性的要求更加严苛，梁拱组合体系桥梁开始逐步增多。

这类桥，是将两种不同结构体系有机结合为整体，由此形成了众多的组合体系桥式。组合恰当，不仅可创造出外形优美的桥式，而且能充分发挥不同结构体系的受力优点，极大方便了施工和运营养护。其中，梁拱结合的主要有混凝土梁拱、钢桁梁拱等。

混凝土梁钢拱桥

混凝土梁与钢拱类型的组合结构，在提高混凝土桥梁跨越能力的同时，也充分保留了混凝土结构的优点，特别是刚度大、动力性能优、经济指标好等，这类结构适合高速铁路桥梁的要求，在我国高速铁路建设中得到广泛应用。

近年来，连续刚构拱和连续梁拱，由于其较大跨越能力、较小的结构高度、优美的外形，且施工时对桥下道路、航道通行影响较小，成为高速铁路跨越高等级公路、重要航道的重点桥型之一，在高速铁路桥梁中得到广泛应用，显现出强大的生命力。

2010年通车的宜万铁路宜昌长江大桥，主桥为预应力混凝土连续刚构与钢管混凝土拱桥的组合，连续刚构部分主跨275米。

2010年通车的广珠城际铁路小榄特大桥，主桥采用(100+220+100)米V形刚构拱组合结构。一方面，通过拱及吊杆在跨中的加强作用，减小梁高和边跨跨径，改善了组合结构整体长期变形和受力状态；另一方面，通过调整V形外侧斜腿的倾角来平衡拱脚巨大的水平推力；同时，V形结构改善了拱的抗疲劳性能、抗震性和稳定性。

2008年建成的京津城际铁路跨北京四环路主桥，采用(60+128+60)米预应力混凝土连续梁拱组合结构；2009年完工的温福铁路昆阳特大桥，采用(64+136+64)米预应力混凝土梁钢管拱组

宜万铁路宜昌长江大桥

合结构；2010年建成的京沪高速铁路镇江京杭运河特大桥，采用(90+180+90)米预应力混凝土连续梁拱组合结构；2010年建成的昌九城际铁路永修特大桥，采用(32+128+32)米钢箱拱肋刚架系杆拱组合结构。

钢桁架梁拱桥

钢桁架梁拱组合桥梁体系，发挥了钢材的优点，也发挥梁、拱两种结构受力的优点，可以取得比混凝土梁拱体系更大的跨径，既保证了结构的轻巧美观，也保证桥梁的刚度，是高速铁路桥梁主要选择的桥型之一。

2010年建成的京沪高速铁路济南黄河大桥，全桥长5143.4米，主桥采用(113+3×168+113)米拱加劲连续钢桁梁组合结构，主梁采用等高度的钢桁梁，主跨采用柔性拱肋加劲，不仅有效提高了钢梁的竖向刚度，同时使腹杆的长度减小，杆件受力更加合理。钢桁梁桥面为连续结构，提高了轨道的平顺性和列车运营时的舒适性，更适合高速行车。2012年建成的沪汉蓉快速铁路合肥南环线经开区特大桥，采用(115+230+115)米连续钢桁梁柔性拱。主桁采用有竖杆N形三角桁式，拱肋采用圆曲线，矢跨比为1/4.5。

广珠城际铁路小榄特大桥

昌九城际铁路永修特大桥

沪汉蓉快速铁路合肥南环线经开区特大桥

京沪高速铁路济南黄河大桥

大跨径拱桥施工技术

中国大跨径拱桥建设成就,与施工技术进步密不可分。

目前拱桥拱肋架设方法多样,总体上可分为有支架施工和无支架施工两大类。有支架施工法,就是在桥位先按拱肋的设计线形和预留拱度值,拼装好支架,在支架上就位拼装、焊接成拱的施工方法。有支架法大都应用于较小跨径、不通航或通航要求不高、水深较浅等条件,现今的大跨拱桥中已较少采用。2001年建成的主跨220米的河南许沟大桥,为中国采用支架法施工的最大跨径钢筋混凝土拱桥。

大跨径拱桥则基本上采用无支架施工。无支架施工包括:悬臂架设法、缆索吊装法、劲性骨架法、整体顶推法、转体施工法和大节段吊装法(浮吊架设或整体提升)等。

悬臂架设法

钢筋混凝土拱桥施工中,悬臂法通常可分为悬臂浇筑法和悬臂拼装法两种。其中悬臂浇筑法又分为:

一是斜拉扣挂悬臂浇筑法。拱肋由挂篮进行现场悬臂浇筑,每浇筑一段便利用临时扣索锚固悬臂端头,达到支撑固定的目的,临时扣索另一端锚固在交界墩或者临时扣塔上。

钢拱桥施工方法通常有支架法、行走吊机架设法、浮吊架设法、悬臂架设法、缆索吊装架设法、斜拉扣挂架设。国内外大跨钢拱桥一般以悬臂施工为主,其中斜拉扣挂悬臂法在大跨径钢拱桥施工中广泛使用。如2003年建成的上海卢浦大桥,2009年建成的重庆朝天门大桥,均采用斜拉扣挂悬臂架设法施工。

这种方法在钢混拱桥中也大量应用。2007年我国首次采用斜拉扣挂悬臂浇筑法建成四川攀枝花高速公路白沙沟1号桥,主跨150米。2012年建成的贵州木蓬特大桥,为主跨165米钢筋混凝土箱形拱桥。2013年建成的攀枝花新密地大桥,为主跨182米钢筋混凝土箱形截面拱桥。

二是桁架斜拉悬臂浇筑法。在施工过程中,拱圈和上部结构同时施工,形成由拱肋、拱上立柱、刚性梁、斜杆等组成的衍生结构受力体系,直至浇筑到合龙时全桥施工完毕。1995年建成的贵州江界大桥采用此法,目前这种方法已经很少采用。

缆索吊装法

国内缆索吊装施工始于20世纪60年代,近年来我国采用缆索吊装法修建了一大批大跨径钢筋混凝土拱桥、钢箱拱桥、钢管混凝土拱桥,积累了丰富的施工经验。1979年建成的四川宜宾马鸣溪大桥,为主跨150米钢筋混凝土箱形拱桥;2004年建成的巫山长江大桥,为主跨460米钢管混凝土拱桥;2007年建成的重庆菜园坝大桥,为主跨420米钢箱拱桥;2010年建成的宁波明州大桥,为主跨450米钢箱拱桥;2008年建成的重庆巫山大宁河特大桥,为主跨400米上承式钢桁拱桥;2013年建成的四川泸州波司登长江大桥,为主跨530米钢管混凝土拱桥,均采用缆索吊装法施工。

据统计,自20世纪60年代以来,在全国各地用缆索吊装施工方法施工的拱桥从数量几乎占拱桥总数的60%以上。缆索吊装施工拱桥,一般是结合"斜拉扣挂方法"进行拱肋的安装。施工控制的核心内容是安装拱肋时扣索的布置及张拉控制力计算,确保施工过程中结构的安全,同时使拱肋的成桥线形和内力满足设计要求。缆索吊装施工方法中,分别将修建斜拉桥、悬索桥的技术应用到拱桥的施工之中,使大跨径高吨位拱段吊装的精确控制变得可行。

劲性骨架法

劲性骨架法有两个发展方向,一是钢管混凝土拱桥,二是钢管混凝土劲性骨架拱桥。

钢管混凝土拱桥,其钢管内填充混凝土,钢管表面外露,与核心混凝土共同作为结构的主要受力组成部分,同时也作为施工时的劲性骨架,设计以正常使用阶段控制。

钢管混凝土劲性骨架拱桥,其钢管内填外包混凝土,钢管表面不外露,钢管混凝土主要作为施工的劲性骨架,先浇筑管内混凝土成钢管混凝土后,再挂模板外包混凝土形成断面,钢管材料参与成桥后的

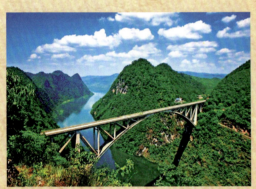
贵州江界河大桥

四川宜宾马鸣溪大桥

宁波明州大桥

重庆朝天门大桥

受力，它是以施工阶段荷载为控制。

这两种从施工方法来说基本相同，都是首先利用钢管骨架成拱，再进行内灌和外包混凝土施工。它们都属于劲性骨架混凝土拱桥。

我国从20世纪80年代开始，探索半劲性骨架施工法，但因整体刚度小、可靠性差，随后开始采用强劲性骨架施工法施工拱桥。该方法加大了型钢或钢管桁架钢骨架截面的高度，把混凝土拱圈截面分成几环，并沿纵向再分成若干个节段，次一节段的混凝土在前一节段混凝土硬化后浇筑，使骨架能和混凝土形成组合断面，拱肋刚度逐步加强。1997年建成的主跨420米的重庆万县长江大桥，为钢管混凝土劲性骨架拱桥的代表作，它以钢管混凝土为劲性骨架，充分发挥钢管质轻高强作用，使其作为骨架支架，用于挂设模板浇筑拱圈混凝土。2011年修建了广元昭化嘉陵江大桥，提出了强劲钢管混凝土劲性骨架新思路，进一步强化了钢管骨架的作用，简化了施工工序，降低了施工风险。

20世纪90年代，中国钢管混凝土拱桥开始盛行。1990年建成第一座钢管混凝土拱桥——四川旺苍大桥。其拱肋截面为哑铃形，采用缆索吊分五段拼装合龙后，其内逐注混凝土形成钢—混凝土组合结构。2005年建成主跨460主的重庆巫山巫峡长江大桥，为中承式钢管混凝土拱桥，劲性骨架采用缆索吊装架设。目前跨径最大的钢管混凝土拱桥为跨径为530米的合江长江一桥。拱肋采用缆索吊斜拉扣挂法施工，其扣塔立柱也为钢管混凝土结构。此桥首次应用了真空辅助三级连续顶升灌注施工技术，保证了管内混凝土灌注密实性。

整体顶推法

整体顶推法施工，具有占用场地少、对桥下通航及交通干扰小、设备简单、施工安全、造价低等优点，被国内外广泛采用。随着现代有限元仿真技术、施工控制技术的发展，顶推法越来越多地运用于现代大跨径梁桥的施工。目前桥梁顶推方法多种多样，顶推结构越来越复杂。

杭州九堡大桥和福元路湘江大桥工程，均为（3×210）米三跨梁拱组合桥，顶推工艺和结构受力十分复杂，通过采用步履式顶推平移顶推设备系统，成功实现了三跨梁拱整体顶推。杭州九堡大桥梁拱组合桥顶推技术，代表了顶推施工技术和设备的研发达到了国内外最高水平。

转体施工法

转体施工法，包括平转法、竖转法和平转竖转相结合的方法。

20世纪70年代末80年代初，我国平转施工的拱桥，跨径均在100米以下，且均为有平衡重转体施工。1988年建成的主跨200米的四川涪陵乌江大桥，采用双箱对称同步转体施工法。1993年，采用竖转与平转相结合的转体施工工艺，建成了主跨150米的安阳钢管混凝土拱桥。1999年广西梧州完成跨径170米钢管混凝土拱桥竖转施工。2000年建成的广州丫髻沙大桥，采用竖转与平转相结合的转体施工工艺，转体重量达1.37万吨。2001年建成的水柏铁路北盘江大桥，其铰转体重量达1.04万吨。2008年建成的宜万铁路宜昌长江大桥，其竖转跨径达到264米，创造了同类桥型竖转施工的跨径纪录。

大节段吊装法

随着大型桥梁施工装备的迅速发展，利用大型浮吊或大型液压同步提升系统，进行桥梁大节段整体吊装施工的工艺，逐渐应用在桥梁建设当中。

2006年建成的广东广州新光大桥，主跨为（177+428+177）米三跨连续飞雁式刚架钢桁系杆拱桥。主拱中段采用液压同步提升系统整体吊装，吊装重量3078吨，为世界同类桥梁施工吊重第一。浮运就位耗时8小时，主拱肋的吊耳安装、系杆张拉共耗时6小时。在落潮时提升力已达到设计提升力的80%。脱架耗时3.5小时。广州新光大桥主拱提升采用了基于实时网络的计算机控制液压同步提升系统，主要由提升油缸、液压泵站和计算机控制系统三部分组成。提升系统主控计算机通过传感器、智能模块采集现场信息，与设定的数据相比较，通过电磁阀和比例阀控制液压油缸形成闭合控制回路，并通过实时网络系统将数据传输给远处指挥台的控制计算机，进行远程监控、指挥。

2013年建成的广东中山横四涌大桥，为主跨125米的上承式钢箱拱桥，整体重量1200吨，采用工厂预制拼装整体浮运吊装施工工艺。

杭州九堡大桥

水柏铁路北盘江大桥

广州新光大桥

合江长江一桥

中国拱桥历史悠久，式样绚丽多姿，精彩纷呈。如今，新材料、新工艺的不断突破，使拱桥的结构形式和建造方法更加丰富多彩，让古老的拱桥焕发了新生，更为世界所瞩目。中国人建造拱桥的精湛技艺，来源于中国人对拱的理解和灵感，来源于中国人对大自然的感悟和理解，更来自于对美的不懈追求。技术、经验以及文化的有效传承，基础理论和工程实践的不断积累，是中国拱桥建设技术水平始终处在世界前列的主要原因。

中国现代拱桥 | 钢结构拱桥

上海卢浦大桥

上海卢浦大桥总投资22亿余元，全长3900米，其中主桥长750米，为全钢结构。是当今世界跨度第二长的钢结构拱桥，也是世界上首座完全采用焊接工艺连接的大型拱桥（除合龙接口采用栓接外），现场焊接焊缝总长度达3万多米。建成于2003年6月28日。

桥梁总长8722米，其中主桥长750米，主跨为550米钢结构拱。主桥按六车道设计，引桥按六车道、四车道设计，设计航道净空为46米，通航净宽为340米。主拱截面为9米高、5米宽，桥下可通过7万吨级的轮船。卢浦大桥在设计上融入了斜拉桥、拱桥和悬索桥三种不同类型桥梁设计工艺。卢浦大桥以全焊接连接代替螺栓连接，其难度在造桥史上是空前的。

卢浦大桥荣获了国家优秀工程设计银奖、2005年度建设部优秀勘察设计一等奖、2005年度上海市优秀工程设计一等奖、国际桥梁大会2002年度"尤金·菲戈"奖、国际桥梁与结构工程协会2008年度杰出结构工程奖。

厦门五缘大桥

位于福建省厦门岛东北部围海造地形成的内湖出海口五缘湾，两端接环岛路道路工程五通造地区和墩上造地区。于2003年1月开工，2004年6月建成。

桥长810米，主桥为(58+258+58)米三跨中承式钢箱提篮式拱桥。主梁为栓焊结合的钢—混凝土叠合梁，宽34.9米。为城市一级主干道，双向六车道。

宜万铁路万州长江大桥

宜万铁路万州长江大桥位于重庆市万州区红溪沟港区，是宜万铁路与达万铁路相联结的重要跨江控制节点工程，于2005年8月建成通车。

该桥全长1106.30米。自万州城区端起，桥式布置为左边孔一联(40.6+46+50+51.3)米预应力混凝土连续箱梁、主孔(168.7+360+168.7)米单拱连续钢桁梁及右边孔一联(43.6+3×42.7+43.3)米预应力混凝土连续箱梁。大桥共13个墩台。桥墩多为高墩，最高达80米。桥墩采用矩形薄壁空心墩和矩形实体墩两种形式。右岸黑盘石上桥墩为嵌岩扩大基础，其余采用直径2.0米、3.0米钻孔桩基础。两岸桥台分别采用扩大基础和钻孔桩基础。

大桥主孔采用三跨连续钢桁梁，其中主跨为360米刚性拱柔性梁的钢桁拱桥。这种结构体系为国内首次采用，也是世界上最大跨度的铁路钢桁拱桥。由于拱肋桁架各节间杆件倾角各不相同，主桁节点中70%均为特殊节点，每个节点的平联都是特殊构造，技术难度大，复杂程度高。施工中采用中铁大桥局集团自行设计制造的国内首台大吨位BWQ-35型拱形爬坡架梁吊机，辅以双层吊索塔架架设钢梁。

采用上承式移动模架系统和搭设鹰架现浇的组合方案，有效解决了两端左右边孔跨数较少，跨度及截面不同，施工场地狭小的困难。

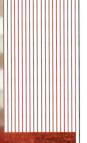

中国现代拱桥 | 钢结构拱桥

舟山新城大桥

位于浙江省舟山市，为长岙线上的跨海大桥，起于舟山本岛临长路与海天大道交叉口，沿现状临长路，经担峙岛，终于长峙岛临长路与桃源路交叉口，为改扩建工程。建成于2005年10月。

该桥主桥长1394米，主跨为148米的中承式钢箱系杆拱桥，引桥为预应力T梁桥，桥宽16.4米。

佛山东平大桥

位于广东省佛山市禅城区南部，跨越东平河，建成于2006年9月。该桥工程全长1427米，主桥为跨径布置（43.5+95.5+300+95.5+43.5）米连续梁钢拱协作体系桥。主拱肋为净矢跨比1/4.55的悬链线，副拱肋线形为直线—圆曲线的组合线形，拱肋为箱形截面。主桥、副拱、边拱组成自平衡组合体系。桥面系由三道主纵梁（即钢系杆）、次纵梁、主横梁、次横梁组成格子桥面梁，钢—混凝土组合桥面板，桥面铺装为5厘米厚的改性沥青。道路等级为城市一级主干道，双向八车道。

大沽桥

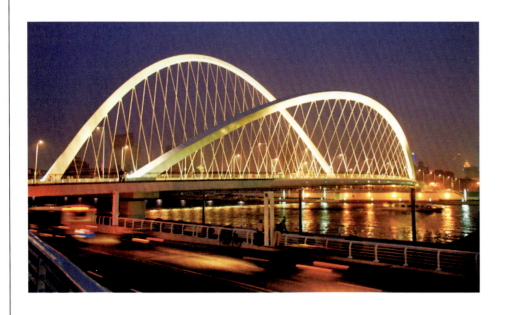

大沽桥是一座跨越海河的钢箱系杆拱桥，连接天津市河北区五经路与和平区大沽北路，于2005年11月建成通车。

桥梁全长243米，全桥三跨，跨径组合为（24+106+24）米，桥面宽30~59米，机动车道宽24米，采用双向六车道标准。

大沽桥是一座中跨为大小拱空间四索面吊杆下承式系杆拱桥，边跨钢梁与中跨拱梁结构刚性连接，形成三跨连续结构。主桥拱肋平面向外侧倾斜并且两条拱肋高度不同，设计构思为"日月拱"，由两个不对称的拱圈构成，大拱圈拱高39米，弧长140米，向外倾斜18度，面向东方，象征太阳；小拱圈拱高19米，弧长116米，向外倾斜22度，面向西方，象征月亮。两拱共由88根吊杆系于桥的两侧，与桥外伸出的半圆观景平台相对。这种全称为"不对称外飘式联合梁系杆拱桥"的设计理念，至今在世界上也是独一无二的。"日月双辉"的两个拱圈，也预示天津美好的未来与日月同辉。除了美观之外，拱圈上的88根吊杆还承载着106米主跨桥面的所有重量。这个独特的设计把普通桥梁水面桥墩的支撑力变为吊杆的拉力，省去了河中的桥墩，真正打造出了"横跨"海河的壮观桥景。

在施工设计上，大沽桥的桥面铺装采用了高科技含量的环氧沥青混凝土，有效解决了钢结构桥面与沥青混凝土难以紧密有机结合的难题。当时，这一技术在我国北方还属首次应用，填补了一项国内技术空白。

2006年7月，大沽桥获"尤金·菲戈"奖。颁奖嘉宾这样评价大沽桥："中国天津的大沽桥以想象和创新，在桥梁工程界取得了杰出的成就，并成为了当地的标志性建筑。"

The Modern Arch Bridges

广州新光大桥

位于广东省广州市,距离上游洛溪大桥2.5公里,距离下游番禺大桥1.5公里,连接海珠区南洲街道与番禺区洛溪街道,是广州新光快速路上跨珠江沥滘水道的控制性工程,也是世界上第一座由钢拱与V形刚构组合而成的三跨"飞雁式"中承连续刚构钢箱桁系杆拱桥,其造型优美独特,是广州具有标志性的桥梁之一,建成于2006年9月。

大桥主桥全长1083.20米,广州新光大桥跨径组合为(3×50+177+428+177+3×50)米,引桥为3×50米预应力混凝土连续箱梁,主桥为(177+428+177)米三跨连续刚架钢桁拱,拱肋为平行拱,共设置114根吊杆,边跨吊杆间距为8米,主跨吊杆间距为12米。大桥主跨由钢横梁、钢纵梁、钢筋混凝土桥面板组成,为半漂浮式桥面结构体系。边跨桥面横梁为预应力混凝土结构,纵梁为钢筋混凝土结构。桥宽37.62米,桥面按双向六车道一级公路标准建设,设计速度80公里/小时,通航净高为34米。

大桥设计方案突破传统,大胆创新,主桥采用三角刚架主墩,充分利用了三角刚架刚度大、重心低、动力和抗震性能好的特点,减少了结构防腐及维护费用。同时,三角刚架提高了施工过程中抗不平衡内力作用的能力,减少了施工环节的转换,主拱、边拱在活载作用下相互影响小。

为了释放加劲梁结构温度变形可能产生的巨大水平力,新光大桥将主桥中跨的加劲梁结构设计成沿桥纵向可移动的半飘浮结构体系,既充分发挥了三角刚架的优良性能,又释放了主跨加劲梁可能产生的巨大水平温度应力。

大桥主跨系杆为柔性系杆,解决了钢箱系杆温度应力过大的问题,以及由于主跨的竖曲线造成钢箱系杆为空间曲线导致受力不够合理的问题,并大幅度减少了用钢量,降低了造价。系杆两端锚固于三角刚架处拱肋端部上弦杆外侧,可在不中断交通的条件下逐根更换系杆索体。

中国现代拱桥 | 钢结构拱桥

The Modern Arch Bridges

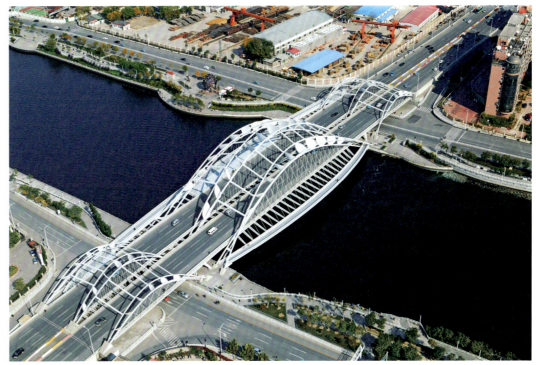

奉化桥

奉化桥跨越海河，连接河东区大直沽西路和河西区奉化道，是天津市首座中承式全钢结构拱桥，也是当时海河上长度最长的一座桥梁。于2007年1月建成通车。

奉化桥全长257.3米，主跨138米，桥梁最大宽度58.5米，采用双向六车道标准。该桥共分三跨，每跨由三道独立的拱组成。

奉化桥位于海河带状公园内，在桥型设计上与周边景观相结合，采用了造型舒展、轻盈美观的三跨连续中承式无推力拱结构。主拱和边拱线形为花瓣边缘拟合曲线，拱肋之间采用"花瓣"构件连接，组成共同受力结构，该桥又称为"花瓣桥"。桥梁横向共分三大部分，中央部分为主桥，通行机动车；两侧在河中宽度范围内，在主桥边部悬挑大型观景平台，并设置与平台衔接的人行桥。全桥有27道飞跨拱、68片钢结构"花瓣"和296根吊杆。每三道拱形成一组跨，夹在三道拱之间的就是花瓣状的钢结构，每片"花瓣"由两个钢制"三角形"组成，工程人员将它们戏称为"钢锅盖"。整个奉化桥的用钢总量近9000吨，成为天津市用钢量最大的跨海河大桥。

由于设计独特且技术含量高，奉化桥的施工难度也堪称"世界第一"。为了保证桥梁的景观效果，奉化桥从拼装到焊接，每一步都严格按照坐标点上的精确度来操作，任何一点误差都可能影响整体效果。为了保证桥梁的安全，在钢结构的制造和结点的处理上也层层把关，并且在拼装和焊接时同时使用多项特殊工艺，使桥梁结构更加坚固。

该桥通过全国建筑业新技术应用示范工程验收，达到国际先进水平，荣获国家优质工程银质奖和天津市建设工程"金奖海河杯"。

中国现代拱桥 | 钢结构拱桥

菜园坝长江大桥

位于重庆市渝中半岛南部，连接渝中菜园坝和南岸，是公共交通与城市轻轨两用的大跨拱桥，大桥于2003年12月28日开工，2007年10月通车。

主桥采用主跨420米中承式无推力钢构—系杆拱桥，是集钢箱拱、钢箱梁、钢桁架梁各种新型桥梁结构于一身的现代化桥梁。该桥型为世界首创。全长1866米，主桥长800米。主桥采用双层设计，上层为双向六车道公路桥，下层为双线轻轨桥。

2009年获中国土木工"詹天佑奖"、全国优秀勘察设计铜奖，2011年获重庆市科技进步二等奖。

新建福州至厦门铁路站前工程闽江特大桥

新建铁路福州至厦门铁路站前工程闽江特大桥位于福建省福州市境内，于2008年12月建成通车。

该桥全长2692.23米，主桥为（99+198+99）米连续钢桁拱，设计速度160公里／小时，要求混凝土具有耐久性，主体结构质量责任期100年。

京沪高速铁路南京大胜关长江大桥

京沪高速铁路南京大胜关长江大桥位于江苏省南京市，于2011年3月建成通车。

大胜关长江大桥是沪汉蓉铁路跨越长江的通道，也是京沪铁路客运专线的越江通道，应南京市规划部门的要求同时搭载双线地铁。全桥长9.273公里，其中长江水域主桥1.615公里，南岸合建区引桥0.856公里，北岸合建区引桥1.202公里，北岸高速铁路引桥5.599公里。大桥按六线设计，即京沪高速铁路双线、沪汉蓉铁路双线、南京地铁双线，预留南京地铁接线条件。主桥跨径布置为两联（84+84）米连续钢桁梁、（108+192+336+336+192+108）米六跨连续钢桁拱桥。其特点如下：

设计速度高。京沪高速铁路设计速度目标值为每小时300公里，处于世界先进水平。

设计荷载大。六线轨道交通是目前世界上设计荷载最大的高速铁路桥梁。

主桥跨度大。主桥最大跨度为336米，是目前国际上设计速度300公里／小时级别中最大跨度的高速铁路桥梁。

新材料。主桥拱肋重要部位采用牌号及质量等级为Q420qE的高强度、高韧性与良好焊接性能的新型钢材。

新结构。主桥为采用三片主桁承重的桁架拱桥，采用钢正交异性板整体桥面、板桁组合结构、变截面杆件以及整体节点等新型结构。

新设备。主桥采用伸缩量1000毫米的桥梁轨道温度调节器和伸缩量800毫米的梁端伸缩装置，18000吨的大吨位球型支座，400吨全回转浮吊，以及70吨变坡度爬行吊机。

新工艺。主桥深水基础采用无导向船重锚定位的双壁自浮式围堰作为施工平台，利用大型吊装设备实施重型构件安装，采用吊索塔架进行钢桁拱架设和合龙，整体桥面工厂分块制造、工地栓焊拼装。

中国现代拱桥 | 钢结构拱桥

重庆朝天门大桥

位于长江上游重庆市主城区中央商务区，西连江北五里店，东接南岸弹子石，地处嘉陵江与长江交汇口——朝天门下游约2.4公里的长江王家沱河段，在重庆主城区向外辐射的东西向快速干道上，于2006年3月动工，2009年4月29日通车。

大桥桥位所处江面河床宽570米，水深18米。大桥全长1741米，主桥为主跨（190+552+190）米的三跨连续钢桁架公轨两用系杆拱桥。大桥为双层桥面，上层桥面为双向六车道，下层桥面为2个预留车道和重庆轨道交通环线过江通道。设计速度60公里／小时；抗震基本烈度为Ⅵ度，结构物按Ⅶ度设防；通航净高18米，通航净宽不小于242.1米。

该桥打破国际惯例一座桥梁用一种钢材的做法，而是使用了强度不一的Q420、Q370和Q345QD三种钢材。拱桥的弧形流畅，设计和施工难度都大。本桥采用架梁吊机、斜拉扣挂技术，结合抬高梁体高程使主桥转动的思路，实现先拱后梁零应力合龙模式，为世界首例，成桥线形易于保证。

解放碑和朝天门，这两张重庆的城市名片，在大桥上实现了巧妙的融合。"大桥的两个主墩，被设计成解放碑的样子，一剖两半，分成四个柱子，托起大桥。"该方案定名为"城市之门"，已获得重庆市政府批准。"解放碑"桥墩上都有观景台，将成为观赏朝天门两江汇流和山城夜景的绝佳位置。白天，大桥除桥墩外通体红色；入夜，大桥华灯齐放，倒映在江面上。

The Modern Arch Bridges

广州白沙河大桥

广州白沙河大桥，是广东省广州市地铁6号线的标志性工程。于2009年12月完工。

正桥长310米，主跨为桥跨布置（40+150+40）米的Y形刚构—钢箱系杆拱组合体系轨道专用桥。

宁波东外环明州大桥

宁波东外环明州大桥，是浙江省宁波市跨甬江的重要过江桥梁工程，位于北高教园区和宁波高新区之间，是一座中承式双肋钢箱拱桥。2008年2月13日，大桥举行开工典礼。2010年10月19日，大桥全线贯通。2011年5月5日，大桥正式通车。

桥梁总长1250米。主桥分为三跨，两边跨径均为100米，主跨跨径达450米；主桥采用全钢、全焊接结构，主体结构钢量达3万余吨。桥面总宽45.80米，按机动车双向八车道加非机动车道和人行道混行标准建设，设计速度80公里/小时。

桥梁建设过程中，融合斜拉桥、拱桥、悬索桥等三种不同类型的桥梁施工工艺。

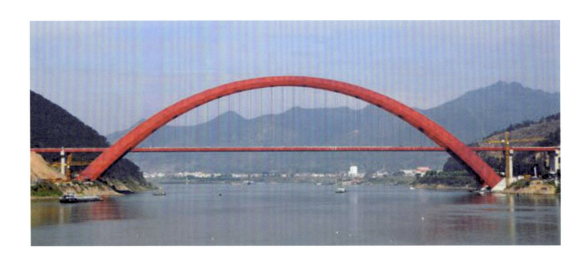

新建南宁至广州铁路肇庆西江特大桥

新建南宁至广州铁路肇庆西江特大桥位于广东省肇庆市，于2012年12月建成通车。

该桥全长618.3米，桥跨布置为（41.2+486+49.1）米中承式提篮拱桥及1孔32米预应力混凝土简支梁。中承式钢箱提篮拱桥，为半飘浮式桥面结构体系，主跨跨径450米，矢跨比为1/4，桥面距拱顶71.7米，拱脚处拱肋横向中心间距为34.0米，拱顶处为15.7米。拱肋为钢箱结构，两拱肋之间通过"K"形横撑和"一"字形横撑使其连成整体。全桥共4个拱座，拱座宽12米、高23.4米、长26.597米。拱座下设挖井桩基础，挖井桩基础截面为14米×5米。桥面系由钢横梁、钢主纵梁、钢次纵梁、钢筋混凝土桥面板组成。

新世纪大桥

位于江西省赣州市，所属线路为赣州至南康连接线，跨越章江，于2016年6月竣工。

该桥全长1195.5米，宽41米，采用双向六车道城市主干道标准。主桥上部结构采用（50+168+50）米中承式钢桁架系杆拱；下部结构采用端承桩基础、轻型桥台、"米"形门式桥墩。主梁为纵、横钢梁与混凝土桥面板组合体系，组合梁中钢与混凝土之间采用连接件，在整个桥梁中的受力分布情况较为复杂。主桥的桁架拱肋下弦杆件在桥面以下采用了矩形的组合构件，构件的外表面采用了钢板、内部填充混凝土，并在钢与混凝土间设置连接件。拱脚处有主跨和边跨桁架拱肋与桥墩交会，形成钢结构与混凝土结构的组合结构节点，锚固构造和受力极其复杂。另外，系杆与主梁的锚固连接是系杆拱桥中的关键结构之一，大桥采用钢锚箱结构承受强大的集中索力作用，锚箱构造复杂。

以本项目为依托编制的"钢桁拱桥组合结构与关键节点受力性能研究"，获中国公路学会科学技术奖三等奖。

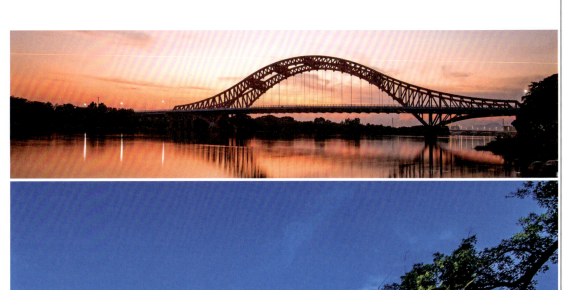

中国现代拱桥 | 钢结构拱桥

北碚朝阳桥

又名嘉陵江朝阳复建桥，位于重庆市北碚区乌海至江津路上，建成于2011年7月。

朝阳复建桥长1001米，主桥跨径布置为（56.5+274+45.5）米，主跨为274米中承式钢箱提篮拱，拱轴线为悬链线，矢跨比1/4.4，矢高62.3米，主拱肋内倾角为9度，拱肋为箱形截面，尺寸从拱顶到拱座由（2.4×3.5）米渐变为（2.4×8.1）米；桥宽22.5米，双向四车道，其中行车道宽17.5米，人行道宽2.5米，设计荷载公路—I级，设计速度60公里/小时，引道道路等级为公路二级，北碚岸引道路基宽12米，东阳岸引道路基宽8.5米，引道及平面交叉设计速度60公里/小时。

泉州田安大桥

位于福建省泉州市丰泽区，介于泉州大桥与刺桐大桥之间。建成于2012年12月。

主线道路全长2888.025米，其中桥梁总长度2382米。全线包括一座跨越晋江的主桥和两座全互通立交（江滨北路互通、江滨南路互通），及北连接线立交工程。大桥设计为双向六车道，城市I级主干路，设计速度60公里/小时，标准道路宽度为47米，标准桥梁宽度为36.5米。

主桥为上承式梁拱组合桥梁，桥跨布置为（50+160+50）米。上部结构采用双幅分离、三跨连续结构体系，为钢结构系统，通过主梁与拱面组合整体承载。主桥上部结构双幅分离，两幅桥面距1米，单幅桥宽为17.75米，全桥总宽度为36.5米。上部结构按构造类型分为三部分，即拱面范围部分、跨中部分及过渡墩旁部分。拱面范围部分和跨中部分的主梁为双箱双室钢梁，过渡墩部分的主梁为单箱三室钢梁。

江滨北路互通A、C匝道桥钢结构部分，分别为A匝道桥第二联，里程桩号为AK0+130.2～AK0+166.200；C匝道桥第六联，里程桩号为CK0+354.513～CK0+390.513。两联均采用36米跨简支钢箱梁结构。

国泰桥

国泰桥位于天津市国泰道与民安路交会处,横跨海河东、西两岸,于2012年建成通车。

该桥主桥长度172.38米,采用桁式拱肋与钢主梁组合成三跨中承式拱梁结构形式,跨径组合为(13.17+146.0+13.21)米,桥宽31.5米,采用双向四车道标准。

主拱采用两片平行的钢桁架拱肋,相距为24.5米,两片拱肋之间用风撑连接;桥面中心以上主拱圈高度为26.38米,桥面中心至中跨拱脚高度为8.071米。钢主梁采用焊接箱型断面,钢桥面采用正交异型板桥面。引桥采用预应力混凝土连续梁桥结构,上部结构采用预应力混凝土箱梁结构。结合海河两岸地质情况,采用了无推力的拱梁组合体系,设计在拱脚两侧设置斜撑,通过斜撑将力传递至主系梁内,转换为主梁拉力,同时释放一侧拱脚水平方向约束,解决了基础的水平推力。主梁内设置水平拉索,结构受力更为明确,构造更加简化。

国泰桥造型优雅庄重,拱曲线与周围环境融洽协调,用桁拱的曲线与主梁简洁的线条进行了衔接。不仅改善了海河两岸交通状况,而且美化了海河周边环境,成为点缀海河风景的一座美丽桥梁。

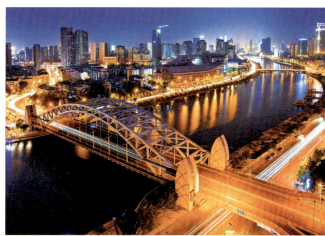

新建郑州至焦作城际铁路郑州黄河特大桥

新建郑州至焦作城际铁路郑州黄河特大桥,于2013年3月14日建成通车。

新建郑州至焦作城际铁路郑州黄河大桥包括郑州至焦作铁路正线(简称"郑焦线")和京广铁路改线(简称"京广线")。郑焦线全长9.63公里,京广线全长11.28公里,两线主河槽共用一座11联(2×100)米下承式连续钢桁梁桥;郑焦线上1孔120米系杆拱桥,其余孔跨均由24米、32米铁路标准简支梁及主跨64米标准连续梁组成。

龙桥特大桥

位于湖北省恩施市宣恩县晓关乡龙沟村,是G6911安康至来凤高速公路湖北恩黔段宣恩至咸丰(鄂渝界)线上的特大桥,于2014年12月26日建成通车。

该桥主桥左幅长472米,跨径总长460米,右幅长504米,跨径总长490米;双幅主桥均采用跨径268米的上承式钢管混凝土拱桥,拱肋中心矢高53.6米,矢跨比1/5,拱轴系数1.9。拱肋拱脚高10米、拱顶高6米;引桥上部结构采用20米预应力混凝土分体梁,先简支后结构连续;桥面宽24.5米,双向四车道,设计速度80公里/小时。

该桥主要创新点:采用大节段拱肋,提高拱肋质量及施工效率;优化钢管混凝土灌注顺序,降低拱肋应力水平。

中国桥谱 第二卷
中国现代拱桥 | 钢结构拱桥

杭州九堡大桥

杭州九堡大桥是浙江省杭州市境内连接萧山区和江干区的过江通道，位于钱塘江水道之上，为杭州通城高架路及东湖高架路组成部分之一。大桥于2009年3月16日动工兴建，2012年7月2日正式通车运营。

杭州九堡大桥线路全长1855米，主航道桥长650米，采用跨径组合：北侧引桥（55+2×85+90）米＋主航道桥3×210米＋南侧引桥（90+9×85+55）米；其中，主桥上部支承跨径为（188+22+188+22+188）米。桥面宽度31.5米，桥面为双向六车道城市快速路，设计速度80公里／小时。是国内第一座采用"整体顶推施工"的钢混拱桥，采用了新型组合结构桥梁形式，创新了顶推施工工法，体现了全寿命经济性理念。

获2011年度杭州市建设工程西湖杯奖（优秀勘察设计）、2012年度全国市政金杯示范工程、2012—2013年中国建设工程"鲁班奖"（国家优质工程）、2013年第十一届中国土木工程"詹天佑奖"。

The Modern Arch Bridges

连云港汇海路大桥

位于江苏省连云港市,建成于2012年。

正桥长306米,主跨布置为(40+100+40)米下承式钢箱系杆拱桥。大桥采用两片开敞式系杆拱,拱肋采用梯形钢箱截面,每片拱肋两幅吊索,三维索面布置提高了拱的横向刚度。

武汉至广州客运专线铁路东平水道特大桥

武汉至广州客运专线东平水道特大桥位于广东省广州市,于2009年12月26日开通。

该桥全长442米,主桥为(99+242+99)米连续钢桁拱,是武广全线最大跨度的桥梁。钢桁拱节间长度11米,边跨9个节间,中跨22个节间,边跨与中跨之比为0.409;中跨平行弦桁高14米,拱桁高9米,加劲弦高20米,拱肋采用二次抛物线,下拱圈矢跨比1/4,最大吊杆长度40.5米。

该桥为四线铁路桥梁,桥面为道砟桥面。其中两线为客运专线,线间距5.0米;另外两线为广茂线,线间距4.6米。客运专线与广茂线之间线间距9.2米。主桁采用整体节点,弦杆、拱肋、吊杆均采用箱形截面,腹杆多采用H形截面。

贵广南广铁路广州枢纽工程跨东平水道钢桁拱桥

贵广南广铁路广州枢纽工程跨东平水道钢桁拱桥位于广东省广州市荔湾区，于2009年12月开工，2012年5月18日合龙，2014年12月26日全线建成通车。

该桥钢梁全长457.5米，为贵广南广铁路跨东平水道双线铁路桥，主桥孔跨布置为（85.75+286+85.75）米连续钢桁架拱，采用正交异性板整体桥面。共计42个节间，边跨16个节间，中跨26个节间。全桥结构采用两片主桁，桁间距15米，线间距5.3米。钢梁架设采用2台55吨拱上全回转吊机，从两侧往跨中双向架设，最后跨中合龙的总体方案，两边跨钢梁利用55吨门吊进行临时支墩半伸臂拼装。合龙采用先拱后系杆的方法，通过钢梁整体纵移、墩顶钢梁预落及必要的塔架索力调整，先合龙上弦杆，后系杆合龙。

成都市红星路南延线府河大桥

位于四川省成都市世纪城新国际会展中心与中和镇之间，为成都市红星路南延线跨越府河河道的桥梁工程，是联系成都高新片区和中和片区的重要通道，建成于2014年。

桥梁全长264.65米，主桥孔跨布置为（44+150+55）米，主跨采用150米曲线梁非对称外倾钢箱拱桥。主跨位于R=600米平曲线内，南北两条独自向外倾斜的拱肋，分别位于各自的倾斜平面内，且外倾角度不同，北拱平面与水平面成60度，南拱平面与水平面成72度，拱肋间没有任何横向联系，两条拱肋于主梁下交会，于拱顶遥相分隔，通过倾斜的吊索支承主梁。本桥按城市快速路标准设计，双向12车道，桥宽69米，设计速度60公里/小时。

主梁采用双纵箱+格子梁结构形式，为三跨连续全钢结构，在两岸桥台位置设置伸缩缝。拱肋由混凝土拱脚段和钢箱拱肋段组成，混凝土拱肋与P1和P2桥墩连为一体。桥墩采用板式墩，桥台采用重力式台。除A3号桥台斜交布置外，其余桥墩和桥台均径向布置，均采用承台群桩基础。

该桥以其独特的艺术造型和视觉效果使得桥梁与环境较相辉映，充分发挥了桥梁在城市景观中的时代性、标志性和对环境美化的作用。依托"三跨连续超宽曲线梁非对称外倾拱桥"开展科研工作，取得如下成果：

"一种外倾式钢箱拱安装方法""采用高压旋喷桩机进行深基坑止水帷幕施工的方法"，获发明专利；"曲线、超宽钢梁快速安装施工工法""用于钢梁安装的运输调整一体机和运输车"，获实用新型专利；"复杂钢结构与混凝土连接段施工工法""外倾式钢箱拱少支架安装工法""曲线、超宽钢梁快速施工安装工法"，被评为四川省省级工法。

林织铁路纳界河特大桥

林织铁路纳界河特大桥，位于贵州省清镇市与织金县交界处，横跨乌江天险，于2015年建成。

该桥全长810米，主跨352米，在桥址处，轨顶至水面高差约320米。该桥跨度为目前世界上单线铁路同类桥型之最。

该桥荣获2017年"鲁班奖"。

环巢湖旅游大道派河大桥

环巢湖旅游大道派河大桥位于安徽省合肥市，为S601线跨越派河的桥梁，于2015年7月建成。

桥梁全长844米，其中主桥长238米，跨径布置为(54+130+54)米三跨梁拱组合体系钢箱拱桥，主拱圈、边跨主梁及系梁均为钢箱结构，中跨桥面系为正交异性钢桥面板。

该桥属于创新型桥型，主桥全桥构成三跨连续梁受力体系，其中，主跨本身为下承式系杆拱桥，系杆为刚性与柔性组合系杆。总体上来说，本桥属于梁拱组合体系桥梁。环巢湖旅游大道派河大桥的结构受力体系，是连续梁拱组合式结构体系的继承与发展，为安徽省内首创。全桥由三跨组成，其中边跨根据弯矩分布特点采用变截面梁结构形式，而中跨由拱圈与刚性系杆构成的受力体系，则是常规三跨式变截面连续梁的一种变化形式，以钢拱钢梁来替代梁高较高的中跨。同时，由于本桥拱圈自身刚度较大，桥面体系为∏形结构，即两侧钢纵梁主要用于承担拱圈传来的轴向力，而桥面行车道部分则采用正交异性钢桥面板结构。拱圈采用钢箱结构，拱圈下缘线为二次抛物线形，矢跨比为1:4。

该桥作为环巢湖旅游大道的一部分，获得2016年度安徽交通优质工程奖。

孔李大桥

孔李大桥位于安徽省淮南市潘集，为S235线跨越淮河的特大桥，于2016年12月通车。

孔李大桥全长10.281公里，其中桥梁全长5.32公里，为一级公路双向六车道。主航道桥跨径布置为(110+180+110)米下承式钢箱系杆拱梁桥，上部结构为半刚性悬浮体系柔性结构，最大跨度180米，总重量约13000多吨，施工过程中成功应用了步履式多点同步顶推施工综合技术，保证了成桥线形及受力要求。下部结构主墩位于淮河超深水位、复杂地质结构的航道中，钻孔桩采用了综合成孔技术，保证了成桩质量；承台采用了双壁钢围堰下沉施工技术，保证了施工安全，下沉迅速及偏位满足要求。

G206线徐州大吴桥

G206线徐州大吴桥位于江苏省徐州市贾汪区大吴镇，跨越京杭大运河。桥梁建成于20世纪90年代，T形刚构带挂梁结构，于2016年8月5日重建通车。

该桥主桥为一跨164米下承式钢箱提篮拱桥，引桥为25米组合箱梁，桥梁跨径组成：3×25米+164米+3×25米，桥梁全长321.64米，桥面全宽24米，下部结构为柱式墩台，钻孔灌注桩基础。主桥跨径在江苏省普通国省道同类桥型中最大。

The Modern Arch Bridges

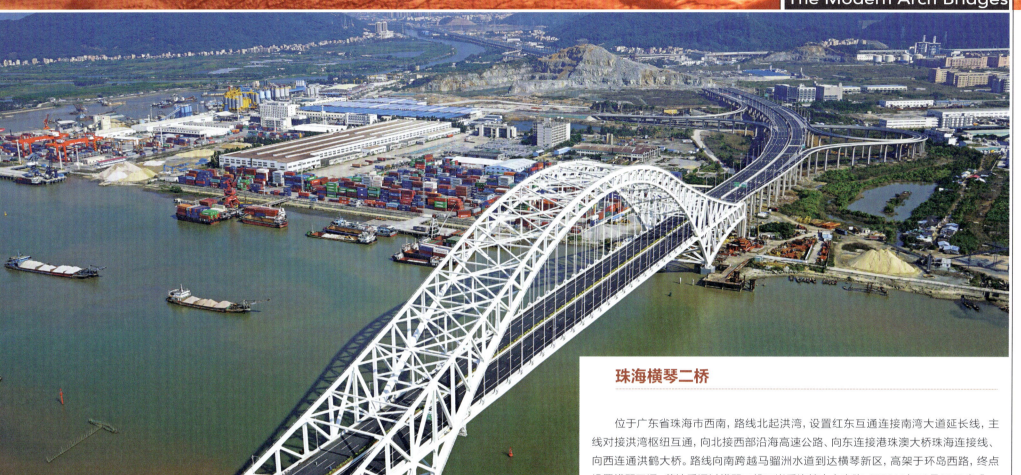

珠海横琴二桥

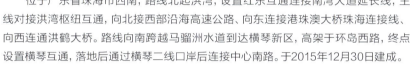

位于广东省珠海市西南，路线北起洪湾，设置红东互通连接南湾大道延长线，主线对接洪湾枢纽互通，向北接西部沿海高速公路、向东连接港珠澳大桥珠海连接线、向西连通洪鹤大桥。路线向南跨越马骝洲水道到达横琴新区，高架于环岛西路，终点设置横琴互通，落地后通过横琴二线口岸后连接中心南路。于2015年12月30日建成。

珠海横琴二桥全长6.81公里，分为马骝洲水道主桥、北引桥、南引桥、红东互通、横琴互通五部分，主桥采用主跨（100+400+100）米的钢桁架拱，为目前国内强台风区跨度最大、桥面最宽的公路钢桁架拱桥，跨越的洪湾水道为通航3000吨海轮的内河级航道；双向六车道高速公路标准，设计速度100公里/小时，沥青混凝土路面。

北引桥主线分幅设置，以预制小箱梁为主，跨路口和红东互通内的变宽主线桥采用现浇连续梁，桥墩采用板式、双柱式或三柱式花瓶形桥墩，桩基础均为摩擦桩。

南引桥主线桥整幅设置，全部采用大挑臂展翅现浇箱梁。主梁采用等高度预应力混凝土连续箱梁，整幅布置；截面采用单箱双室大悬臂斜腹板构造。箱梁采用斜腹板，挑梁端部沿纵向设小纵梁，以增强箱梁翼缘的抗扭作用。挑梁间下缘弧形板采用椭圆形曲线，全联弧形板曲线线形一致，板厚和挑梁下翼缘相同。主梁变宽处截面通过横坡延长实现，其构造同标准截面，仅箱内加宽，保证了路线中心线处梁高和挑梁长度不变；墩柱采用门式花瓶形板式桥墩，基础采用钻孔桩桩基础，承台采用工字形承台。

该桥采用新型桥面系结构形式，解决了桥面系参与主桁受力的技术难题，开创性地在大跨度钢桁桥拱桥上采用部分预应力混凝土桥面系结构，节省了用钢量，且合适的桥面重量保证了抗风稳定性及行车的舒适性；刚性系杆与柔性系杆组合的系杆在保证结构可靠性的同时，主动优化了主桁结构受力，节省了系杆及主桁结构用钢量；创造性地采用无临时系杆合龙技术，既节省了材料方面的直接投资，又最大限度地降低了对航道的影响，减少了航道维护费用，保证了航道的正常通行；首次在国内大跨度桥梁上采用绿色环保的冷喷锌防腐技术，提高了主体结构的耐腐性，保证了沿海腐蚀性环境下的耐久性；采用新型E型钢支座与速度锁定器组成的组合约束体系，保证了在沿海深厚软土、高烈度地区该桥型方案的顺利实施，节省了大量的下部结构。

中国现代拱桥 | 钢结构拱桥

柳州官塘大桥

位于广西壮族自治区柳州市东北方向的柳东新区，为柳州城市快速路上跨柳江的特大桥，西接莲花大道，连接柳北片区、河东片区，东连柳州汽车城东环大道及大学西路，于2018年11月27日通车。

整桥主线全长1155.5米，水中不设桥墩，主跨为457米中承式有推力钢箱提篮拱桥，拱轴线为悬链线，拱肋净跨径450米，净矢高100米，净矢跨比1/4.5，拱平面与竖直平面的夹角为10度。拱肋由混凝土拱肋段和钢箱拱肋段组成，拱脚段混凝土拱肋为预应力钢筋混凝土箱形结构，钢箱拱肋为等宽变高的单箱单室截面钢箱形结构，全桥钢箱拱肋共由58个节段及10个横撑组成，节段最小重量47.3吨，最大重量304.1吨。中拱段提升是官塘大桥施工的最大重点和难点，具有67.27米的整体提升高度、262米的拱肋跨径、5885吨的整体重量。桥面由148根吊索与上方的两道拱肋相连。主梁为单箱单室扁平流线型全焊钢箱梁，共划分为44个节段，吊索区宽44.5米，无索区宽39.5米，中心高3.5米，最大吊重245吨。桥梁有效宽度39.5米，双向六车道，设计速度80公里/小时，设双向六车道。

该桥基础采用钢筋混凝土结构扩大基础，拱座采用分离式钢筋混凝土拱座，拱座要分别承受高达175000千牛顿的水平推力，为世界第一大推力的钢箱拱桥。

依托该桥建设开发以下关键技术：透水性地质大型有推力钢箱拱桥基础施工技术；大跨度内倾式钢箱拱肋安装技术；扁平流线型全焊钢箱梁安装技术。

The Modern Arch Bridges

晓天河大桥

位于安徽省六安市舒城县万佛湖湖畔，计划于2018年底建成。

全长531米，全桥跨径（3+5×25+45+80+80+45+6×25+3）米。主桥跨径布置为（45+80+80+45）米，是拱梁组合体系，上部结构采用单箱三室预应力混凝土连续箱梁，箱梁顶板宽25米，底板宽15~17.52米。

该桥引桥上部为预制装配式25米预应力混凝土小箱梁，引桥桥宽25.5米。半幅布置4片小箱梁。与主桥相邻的两跨引桥中间分别设置一跨钢箱拱肋。

新建成都至贵阳铁路金沙江特大桥

位于四川省宜宾市，于2018年12月完工。

金沙江特大桥为公铁两用桥，主桥部分共建，上层为铁路，下层为公路。公路主桥由1×116米混凝土简支系杆拱+1×120米混凝土简支系杆拱+1×336米钢箱系杆拱桥+1×120米混凝土简支系杆拱+1×116米混凝土简支系杆拱组成，桥长808米；公路主桥由1×118米混凝土简支系杆拱+1×120米混凝土简支系杆拱+1×336米钢箱系杆拱桥+1×120米混凝土简支系杆拱+1×118米混凝土简支系杆拱组成，桥长810米。

新建成都至贵阳铁路鸭池河特大桥

位于贵州省贵阳市，于2018年12月完工。

该桥全长971米，跨径布置为5.8米+9×32.7米简支箱梁+（61.75+61.75）米T构+336米拱上段+（61.75+61.75）米T构梁+1×32.7米简支箱梁+2×24.7米简支箱梁+5.8米。主桥为436米中承式钢—混凝土结合拱桥。

The Modern Arch Bridges

襄阳六两河大桥

位于湖北省襄阳市东津新区,跨越唐白河,于2015年9月开工,2019年3月建成通车,已成为襄阳市地标性建筑。

路线全长1.95公里,主桥采用(70+240+70)米下承式钢桁架刚性系杆拱桥,主桁采用N型桁架,拱架矢高54米,矢跨比1/4.44,下弦拱轴线采用二次抛物线,上弦拱轴线部分采用二次抛物线,与边跨上弦之间采用半径280米以及半径300米的反向圆曲线进行过渡,拱架跨中桁高7米,中支点桁高20.56米。大桥造型优美,线条简洁、明快,主桥桥宽43.9米,采用双向八车道城市主干路标准建设,设计速度50公里/小时。

作为目前国内最宽的钢桁架拱桥,其主要创新点包括:整体式大节段拱架制造、吊装;板梁分离式桥面系,提高桥面系耐久性;采用刚性系杆,避免后期系杆更换;优化施工过程,寻求合理成桥状态等。

中国现代拱桥 | 钢管混凝土拱桥

桃源沅水大桥

位于湖南省常德市桃源县城沿江上游3公里处，跨越沅水，东连G319线，西接湖南S1848线，是湖南省"九五计划"重点建设项目，是桃源县城通往长沙至吉首高速公路的重要通道，于1999年3月建成通车，于2002年底完成第一次加固维修，于2017年完成维修加固及亮化工程。

桥梁全长1199.5米，共19跨，主桥为2×100米中承式钢管混凝土拱桥，引桥为1×9米预制空心板+16×54米的上承式箱肋拱。两主跨为通航孔。

主桥为中承式无风撑钢管拱，矢跨比1/3，截面采用集束式钢管结构，采用厚度约2毫米的防腐玻璃钢防护。引桥为箱肋拱，净跨径54米，矢跨比1/7，横向由4根肋拱组成，箱肋拱采用三段预制缆索吊装。立柱、盖梁采用现浇施工。其中，10号、13号和16号墩为活载制动墩。主跨拱桥全宽19.80米，箱肋拱桥全宽16.00米，双向两车道。

武汉晴川桥

又名江汉三桥，位于湖北省武汉市汉阳南岸嘴长江、汉江的交汇点附近，连接汉口商业区与汉阳晴川旅游景点，是跨越汉江的一座特大型桥梁，于2001年1月竣工通车。

桥梁全长1167米（包括匝道桥）。主桥长302.93米，为净跨280米的钢管混凝土下承式系杆无铰拱，主桥拱轴线为悬链线，拱轴系数1.54，净矢跨比1/5，拱肋为等截面钢管混凝土桁架结构；汉阳岸引桥为6×16米预应力混凝土连续空心板+4×17.83米钢筋混凝土连续变宽箱梁；汉口岸引桥为（2×25+24+27.5+27）米预应力混凝土连续箱梁+（8×16+4×18+3×16）米钢筋混凝土连续、变宽弯箱梁；2座匝道桥桥孔布置均为10米×16米钢筋混凝土连续弯箱梁。主桥桥面宽度20米，双向四车道，两侧设人行道，荷载标准为汽车—20级、挂车—100，抗震按Ⅶ度设防。

该桥在国内首次采用滚珠轴承支撑系杆，为系杆的张拉、变形及更换创造了便利的条件。

水柏铁路北盘江大桥

位于云贵高原中部北盘江大峡谷上，2001年建成。

该桥全长468.20米，桥高280米，主跨236米采用提篮上承式钢管混凝土拱结构，居当时世界同类型桥梁之首，大桥主跨达236米，为当时国内第二大跨度铁路钢管拱桥。钢管拱采用转体法施工，铰转体重量达10.4万千牛顿，居当时世界同类转体首位。获2003年度建筑工程"鲁班奖"和第四届土木工程"詹天佑奖"。

台州健跳大桥

位于浙江省台州市三门县，为G228线跨越健跳港的特大桥，于2001年12月30日建成。

台州健跳大桥主桥长501米，为主跨245米的中承式钢管混凝土拱桥，桥宽22.2米，下部结构为多柱墩。

台州健跳大桥跨越深水海港，为改渡建桥项目，桥位选择在健跳港道的隘口处，大桥轴线呈近南北向，两岸为两岩石出露的小山嘴，该处水面最窄，约230米，但水深（40余米）、流急、风大。港底岩石裸露，倾斜度大。由于深水基础造价高、技术难度大、施工不可预见因素多，经综合分析，为避开深水基础，采用单孔跨越港面的大跨度桥型方案，虽然在技术上有一定挑战性，但经济和后期使用效果上却有明显优势，是合理可行的。

健跳桥主拱肋共分九段拼装，每段重量43~63吨，长度27~34.5米。钢骨架悬拼采用千斤顶斜拉扣挂悬拼架设法，分为缆索吊装系统和斜拉扣挂系统。

周家沟Ⅱ号桥

位于河北省下花园，为G6线上的桥梁，于2001年建成通车。

该桥全长421.0米、双幅全宽（2×13+1）米分隔带，桥跨组合为（40+40+2×108+40+40+40）米，跨越天然冲沟。主桥为2孔108米上承式S形钢管混凝土拱桥，下部为混凝土拱座。两侧引桥为预应力混凝土梁桥，下部结构采用矩形墩台，桩基础。桥面铺装为沥青混凝土铺装层。引桥支座采用橡胶支座。设计荷载为汽车—超20级、挂车—120。

技术特色方面，根据该桥现场地形情况，拱肋与地面高差不大，用支架施工不受周围地形限制，且有利于钢管拱的安装、防腐、压注混凝土等一系列作业，施工质量及施工过程中的操作安全容易保证，因此采用支架施工。拱肋的施工用缆索吊，分7段吊装，考虑安装稳定问题拱脚段长10米左右，其他各段均在17~20米之间，合龙段较长。这样每段的安装重量均在20吨左右，从加工、运输、安装等方面考虑均无问题，而且比较经济。

钢管拱在工厂内分段制造完成后进行平面预拼装，以检验加工精度，并为安装提供可靠的数据。防腐在工厂内完成第一步，其他部分在拱肋施工完毕后进行。按安装顺序要求，首先保证拱脚段到场，以便于墩帽施工。钢管安装、拱焊接完成后压注混凝土。

双牌天子山大桥

位于湖南省永州市双牌县,是永连公路上跨天子山峡谷的桥梁,于2002年建成通车。

天子山大桥主跨为125米钢管混凝土桁式组合拱桥,矢高25米,矢跨比1/5。桥面至谷底高101米。桥梁全宽12米。两岸桥台位于离谷底深约75米陡坡上,两岸台墩均以中风化粉砂质板岩层及中风化石英砂岩层作为持力层。永州岸桥台因中风化基岩层埋藏较深,采用桩基础;永远岸桥台岩层较浅,采用明挖扩大基础。

该桥创造湖南省建桥史上三个第一:第一座桁式组合桥;第一座斜杆采用直径85毫米、7根平行高强钢丝束的桥梁;湖南省同类桥梁中从谷底到桥面高度最高(101米)。

益阳资江三桥

位于湖南省益阳市赫山区,上距资江一桥2800米,下距资江二桥1050米;既是G319线的交通桥,又是沟通益阳南北中心城区内环线上的大桥,于2002年4月10日交工验收后即通车运行。

桥梁长度1135.52米,主桥主孔采用(96+108+96)米三跨不等高不等跨中承式钢管混凝土拱,副孔为4×55米上承式箱肋拱,拱轴线均为二次抛物线;南北引桥分别采用11×20米、17×20米连续箱形桥梁,箱梁断面为单箱五室。基础及下部结构:主桥11号、18号墩为两个单项推力墩,设计为沉井和桩基础结合的组合式基础;12~17号墩采用高桩承台群桩基础,桩基础用两排共10根桩径2米的嵌岩桩,桥墩均采用实体墩。

桥梁全宽24.5米(钢管拱部分27.1米),其中人行道宽2×2.25米,车行道宽20米;设计荷载为汽车—超20级、挂车—120,设计洪水频率1/300,通航等级Ⅲ(2)级,通航孔径70米×10米,抗震烈度Ⅶ度。

The Modern Arch Bridges

恩施南里渡特大桥

位于湖北省恩施土家族苗族自治州，具体位于沪聂公路1567.16公里处，于2002年10月1日建成通车。

桥梁总长334米，跨径组合（2×20+220+2×20）米，主跨为220米钢管混凝土桁架拱。桥面全宽13米，净宽12米；人行道宽1米，设计荷载为公路—Ⅱ级，挂车—100；下部为重力式埋置桥台。

东阳中山大桥

位于浙江省金华市东阳市，为X502东小线跨越东阳江的特大桥，于2002年12月建成。

该桥主桥长195米，为主跨160米中承式钢管混凝土桁架肋拱桥，桥宽31.5米。下部结构采用明挖扩大浅基础，桥墩采用钢筋混凝土排架墩结构，桥台采用重力式桥台。

梅溪河大桥

位于重庆市奉节县原梅溪河上游约170米处，距梅溪河长江入口约1.3公里，为G242线巫恩公路上跨梅溪河的大桥，建成于2002年。

全桥长491米，主桥上部为净跨288米上承式钢管混凝土拱；拱肋为变高等宽的钢管混凝土桁架结构，失跨比1/5，矢高57.60米，肋轴线设计拱轴系数1.50。拱上建筑及引桥上部结构采用22×21.70米预应力混凝土简支T梁，采用40号混凝土。引桥下部结构采用双柱式桥墩。桥宽17.50米。桥梁设计荷载汽车—20级、挂车—120；地震烈度Ⅵ级，按Ⅶ级设防。

该桥采用一种新型主拱接头，为主拱的架设和安装提供了方便，实现了多节段快速安装，为同类型桥梁设计起到了指导作用。采用了"斜拉扣挂"施工工艺，拱圈桁架的安装采用缆索吊装、斜拉索扣拉拱肋节段的方法。利用交界墩盖梁作交换梁、利用引桥和桥台的重量作锚碇，安装主拱钢管节段，省去了扣挂系统中的地锚和交换梁，节约了大量的施工费用。

该桥获四川省优秀工程设计二等奖；其"钢管混凝土拱圈钢管节段拼装接头"技术，获实用新型专利。

邳州京杭运河大桥

邳州京杭运河大桥是连云港—徐州高速公路跨越邳州京杭运河上的一座大桥，位于江苏省邳州市南侧，主桥跨越河槽航道及彭河，于2002年10月建成。

桥梁全长2577米，主桥主跨采用235米三跨连续自平衡中承式钢管混凝土拱桥。为六车道高速公路特大桥，设计速度120公里/小时，桥梁宽度（不含吊索锚固区宽度及检修道宽度）为28米，地震基本烈度Ⅶ度，通航净空：65米×7米。

主桥长350米，主桥跨径组合为57.5米+235米+57.5米=350米，结构体系采用三跨自平衡中承钢管混凝土"提篮"式系杆拱桥，桥面全宽33米（含检修道）。该桥成功解决了在软土地区采用中承大跨度提篮式钢管混凝土拱桥的钢拱肋制造、运输和安装，施工过程中运河的通航、空间拱肋的拼装、主拱肋的转体施工及控制，微膨胀钢管拱肋混凝土施工、空间吊索的横梁吊装、超长系杆索的吊装及张拉及施工控制等关键技术，使我国大跨度中承钢管混凝土提篮拱桥的设计和施工技术再上一个新的台阶。该桥获詹天佑土木工程大奖、全国优秀工程设计银质奖。

琼州大桥

位于海南省海口市美兰区,是S111线海口至文昌高速公路跨南渡江的特大桥,于2003年5月建成。

主桥长1397米,桥跨布置为(6×32.83+9×30+88+98+108+98+88+15×30)米,主跨为(88+98+108+98+88)米五孔连跨下承式钢管混凝土系杆拱桥;桥宽23米,双向四车道。

琼州大桥使用的桥梁钢管拱矢跨比达1:4.5,制造技术难度大。除此之外,琼州大桥在钢管拱的制作煨弯对接方面有技术突破,同时由于南渡江涨潮会导致海水倒灌,因此桥墩施工使用了适合海洋环境的防腐抗渗混凝土。

琼州大桥是连接海口市中心和江东自由贸易区的重要交通要道,也是海口一个旅游景点,造型新颖,桥梁主跨采用五孔钢管混凝土拱,与周边环境和谐统一。

浙江淳安千岛湖南浦大桥

位于浙江省杭州市淳安县千岛湖北湖区,于2003年8月建成。

该桥为中承式钢管混凝土拱桥,桥长330米,净跨径307.94米、净矢高55.99米,桥面宽度为净9米+2×1.5米人行道,设计荷载为汽车—20级、挂车—100。

上部构造:净矢跨比为1/5.5,拱轴系数为$m=1.167$的悬链线拱轴,拱肋上下弦钢管中距5.2米,内外桁片中距2.55米,桁片间用缀管联接,拱肋间共设13道横撑,拱肋钢管材料主要为Q345、Q235钢材,上、下弦拱肋灌注C50微膨胀流态混凝土。全桥共56根吊杆,选用PES(C)7-055索,配PESM7-055冷铸头锚吊杆体系。28根吊杆横梁,为C50预应力钢筋混凝土结构。

下部结构:主拱桥台为主体分体式,上、下游侧拱座通过横系梁和帽梁连接。基础为多棱体结构。

桥址区最大风速为20米/秒,瞬时最大风速为34米/秒。主拱肋钢管拱节段采用塔架斜拉索扣挂拼装系统和无支架缆索吊装系统安装,悬拼扣挂的斜拉索用预应力钢绞线。

古丈芙蓉镇大桥

位于湖南省湘西土家族苗族自治州古丈县芙蓉镇，原名王村大桥，为G352线横跨酉水河的大桥，对接永顺王村镇与古丈河西镇，于2003年建成。

大桥全长302.30米，上部结构采用2×13米钢筋混凝土空心板+200米钢管混凝土中承式钢管混凝土肋拱+5×13米钢筋混凝土空心板，拱肋断面为横向哑铃形桁式，拱肋采用7段吊装。桥宽13米，双向二车道。下部结构：引桥桥墩采用嵌岩桩，桥台采用实体扩大基础，主桥两主墩均采用扩大基础。

采用二级公路标准建设，设计荷载为汽车—20级、挂车—100，设计洪水频率1/100，抗震烈度Ⅵ度。

那莫右江特大桥

位于广西壮族自治区南宁西乡塘区，为G80广昆高速公路跨越右江的特大桥，于2003年12月建成。

全桥长349米，跨径组合为(4×20+190+3×20)米，主桥上部结构为主跨190米中承式钢管混凝土桁架拱，净矢跨比1/4.5，主拱轴线为无铰悬链线，拱轴系数1.17。拱肋为等截面钢管混凝土桁架结构。引桥为先张法预应力混凝土连续空心梁。

钢管填芯混凝土采用顶压法，连续浇筑钢管混凝土。大型钢管泵送填芯高强免振自密实混凝土技术是随桁架拱建设出现的新技术。该项技术难度大，科技含量高。要求组成的材料必须经过严格选择，特别是减水剂和膨胀剂的选用非常关键；采用热喷涂铝防腐技术，有效阻止因多雨、湿热、昼夜温差大导致的钢管表面锈蚀；钢管拱肋吊装，采用千斤顶钢绞线斜拉扣挂缆索吊装法，是广西独创的施工方法。

黑石铺湘江特大桥

位于湖南省长沙市岳麓区，是长沙国道绕城高速公路西南段跨越湘江的特大桥，于2004年5月建成。

该桥全长3068米，东起长沙市天心区大托铺，与107国道相接，西至望城县坪塘镇，与319国道相连。主桥长1182米，桥跨布置为(5×80+144+162+144+3×80)米，主跨为(144+162+144)米三跨中承式钢桁架拱桥，桥全宽29米，车道宽26米。全拱分18节段，最长节段为25米，最大吊重56吨。在主拱两侧还各有引桥和若干个拱桥：东岸5拱、西岸3拱；东引桥长360米，西引桥长270米。

黑石铺湘江特大桥建成，将使国道绕城高速公路西南、西北段与京珠高速公路相连，构成长沙三环线，又使长常高速公路与京珠高速公路互相连接，将极大缓解长沙市城区交通压力。

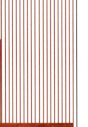

中国桥谱 之 第二卷 / A Guide to Chinese Bridges / 中国现代拱桥 | 钢管混凝土拱桥

The Modern Arch Bridges

巫山长江大桥

位于重庆市巫山县，是S201线城巫公路跨越长江的特大桥，于2004年4月28日建成。

该桥长612米，桥跨布置为（6×12+460+3×12）米，主跨为460米的中承式钢管混凝土拱；桥宽21米，双向四车道。下部结构为排架墩。

该桥首次在大跨钢管混凝土拱桥设计中，计入钢管桁架腹杆对抗弯刚度的影响，采用钢管混凝土统一理论，采用钢管混凝土桁式拱圈节点承载力和疲劳计算方法等，完善了钢管混凝土拱桥的设计方法。

该桥获重庆市科技进步一等奖一项；中国公路学会科技进步二、三等奖各一项；国家专利两项；"大跨径钢管混凝土拱桥无支架吊装斜拉"被评为国家级工法一项，四川省"天府杯"金奖、国家优质工程银质奖，重庆市交通委员会优秀设计一等奖。

此桥位于绮丽幽深的巫峡入口处，被称为"渝东第一桥"，粉红色的桥身，加之精心打造的七彩灯饰，与峡长谷深、奇峰突兀、层峦叠嶂、云腾雾绕、江流曲折、百转千回的巫峡相得益彰，加之"姊妹桥"新龙门大桥的遥相呼应，船行其间，宛若进入秀丽的画廊，充满诗情画意。在靠近大桥一处观景台上，门楣式浮雕造型别致，为三峡再添了一处胜景。

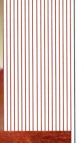

中国现代拱桥 | 钢管混凝土拱桥

郑州黄河二桥

位于河南省郑州市、新乡市，是G4京港澳高速公路跨越黄河的重要桥梁，2004年10月建成通车。

全桥长9848.16米，主桥长800米，桥宽2×19.48米，双向八车道，设计荷载等级为公路—I级。桥跨组合为[5×35+16×(7×35)+2×(5×35)+13×(5×50)+4×(4×50)+4×(2×100)+3×(9×20)]米。主桥上部结构为8孔100米下承式钢管混凝土刚性系杆拱桥，下部结构为空心墩，群桩基础。

主桥采用结构新颖，建设规模大，系杆采用预应力混凝土箱梁结构，抗变形能力强，采用节段预制拼装工艺，有利于保证施工进度和质量。

采用两孔一联，为国内首创；采用钢管混凝土结构作为拱肋，充分发挥材料性能，提高结构承载能力；中间设置一道"一"字形和两边各一道K形横撑联系拱肋，形成稳定的空间结构；吊杆采用双层PE保护，冷铸镦头锚，在半幅断行的情况下，若去掉一根吊索进行换索，桥跨仍比较安全，提高了运营安全可靠性。

江湾大桥

江湾大桥左岸接吉林省吉林市东昌街，右岸接南山街跨越松花江。于2002年3月18日开工建设，2004年6月27日通过全面验收，并于同年8月3日正式通车。

江湾大桥主桥全长643米、宽度为31米，为中承式钢管混凝土三跨系杆拱桥，桥跨布置为(25+100+120+100+25)米。

无锡华清大桥

位于江苏省无锡市南郊,横跨京杭大运河,是我国第一座下承式哑铃形侧倾系杆提篮拱桥。

大桥为一座12跨桥梁,主桥为提篮式系杆拱桥,引桥为预应力混凝土连续梁桥。桥梁全长481.3米,跨径组合为:东引桥(28.0+34.0+30.9+30.0)米+主桥132.0米+西引桥(33.4+3×34.0+3×25.0)米。该桥主桥上部结构为跨径132.0米,净矢高33.0米的钢管混凝土下承式提篮拱桥,系杆为柔性系杆。横梁采用钢箱梁,高1.8米,桥面板采用5.0米预制混凝土Π形板,先简支后连续的方式。主拱肋采用等截面哑铃形钢管混凝土结构,高4.0米,宽1.5米。

该桥首次采用侧倾施工建成的钢管混凝土提篮拱桥,其工法"大跨度钢管混凝土平行拱侧倾转化提篮拱"获住房和城乡建设部国家级工法,可供同类桥梁设计与施工时参考。获得国家市政"金杯奖"。

宜宾戎州金沙江大桥

位于四川省宜宾市城区,北起涌泉街口,南接戎州路,横跨长江一级支流——金沙江,距金沙江、岷江汇合口300米,上游距金沙江南门大桥约480米,于2004年建成。

桥梁全长501米,桥跨组合为引桥(22+28+22)米连续梁+主桥284米中承式钢管混凝土拱+引桥6×22米连续梁,矢跨比为1/4.5、拱轴系数1.4。

该项目获2007年度四川省优秀设计二等奖。

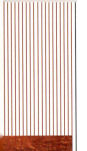

中国现代拱桥 | 钢管混凝土拱桥

钱江四桥（复兴大桥）

位于钱江一桥和钱江三桥中间，距两桥各约4.3公里，是连接浙江省杭州市中心与江南滨江新区的最便捷通道，于2004年10月建成。

大桥为公轨两用的双层钢管混凝土系杆拱桥，全长1376米。上层六车道，为快车道；下层为轻轨、公交专用道和人行道。设计速度80公里/小时；轻轨按《城市快速轨道交通工程项目建设标准》（试行本）的正线标准，最大编组数6节。地震基本烈度Ⅵ度，按Ⅶ度设防。通航标准为净高10米、净宽大于80米。

主桥跨径组合为（2×85+190+5×85+190+2×85）米，双层钢管混凝土系杆拱桥，共11孔拱，其中2孔190米拱为下承与中承拱的组合，全宽32米，矢跨比为1/4；9孔85米拱为上承与下承拱的组合，全宽26.4米，矢跨比1/7。

该桥桥型方案新颖独特，为国内外首例。主桥采用双层双主拱的钢管混凝土拱桥，全桥包含了上承、中承、下承三种拱桥结构形式。结构受力体系为刚拱刚梁外部简支的静定体系。

该桥获"鲁班奖"和"詹天佑奖"。

青藏铁路拉萨河特大桥

位于西藏自治区拉萨市，是青藏铁路标志性工程之一，于2003年10月建成通车。

该桥全长940.85米，主跨108米。主桥采用五跨连续桥梁和中间三跨连续钢管混凝土叠拱连续梁组合体系，引桥采用预应力混凝土连续箱梁形式。

该桥于2008年获"鲁班奖"。

宣杭铁路增建第二线东苕溪特大桥

位于浙江省湖州市德清县，于2005年8月30日建成通车。

该桥全长1171.13米。主跨1孔112米下承式提篮拱，其余均为24米、32米铁路简支标准梁。

攀枝花法拉大桥

原名陶家渡大桥，位于四川省攀枝花市西区，横跨金沙江连接陶家渡中路和陶家渡东路，于2005年3月通车。该桥全长252.24米，桥跨纵向布置4×6米简支板+190米中承式双肋钢管混凝土拱+4×6米简支板；主拱矢跨比1/4.5，拱轴线为悬链线，拱轴系数1.76。拱肋由4根直径750毫米钢管，分为上下弦管，用钢管及缀板连接构成，桥面以上拱肋段，钢管内填充C40微膨胀混凝土；在主拱圈与桥面相交部位的拱肋为钢筋混凝土实心截面，其间填充C50混凝土；桥面系至拱脚段，为防止拱肋锈蚀和防止漂浮物冲击，外包C50混凝土，为空心箱形截面。桥面设置29对PE防护套高强平行钢丝束镦头锚吊杆，吊杆间距5.1米，吊杆横梁采用预应力混凝土结构。桥面板为跨径6.0米及5.1米钢筋混凝土面板。桥面宽24.1米，双向四车道。

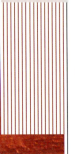

南昌生米大桥

位于江西省南昌市，所属线路为南外环快速路，跨越赣江，于2006年4月建成。

该桥全长3880米，宽35米，为双向八车道城市快速路标准。桥梁上部结构采用：主桥为70米预应力混凝土T构+（75+228+288+75）米中承式钢管混凝土系杆拱+70米预应力混凝土T构，引桥为20米、30米、50米预应力连续箱梁。下部结构采用钻孔灌注桩基础、分离式拱座、TD-F大型浮护舷防撞桥墩。

南昌生米大桥在建设过程中，有多项技术创新：

"四个全国第一"：连续2跨228米钢管拱桥，宽17.5米、长118米移动模架施工，采用大型龙门吊架设钢管拱，主桥水下承台大型单壁有底钢套箱施工均列全国第一。

"一项专利技术"：门吊半拱整体吊装钢管拱施工工艺。

"填补江西省空白"：采用自应力平衡试验检测主桥5400吨桩基承载力，填补了省内无法检测1500吨以上桩基承载力的空白。

南昌生米大桥先后获得"南昌市十大新建筑""江西省优质建设工程杜鹃花奖""南昌市优良工程奖""江西省第十二次勘察设计'四优'工程""全国建筑业新技术应用示范工程""中国市政金杯示范工程"等多种奖项，被建设部列入推广十项新技术示范工程。此外，"自平衡桩基检测技术"获得2006年度江西省科技进步奖三等奖，"南昌生米大桥大跨度钢管拱半拱整体吊装施工技术研究与应用"获得2007年度江西省科技进步奖一等奖，"大跨双联钢管拱桥结构特性和施工控制及仿真研究"获得2008年度江西省科技进步奖三等奖。

吉安阳明大桥

位于江西省吉安市老城区，主桥采用三跨连续中承式钢管混凝土拱桥，孔跨布置为：36米混凝土箱梁+（138+188+138）米中承式钢管混凝土拱+36米混凝土箱梁，拱肋采用三管形成，横断面为三角形。

于2002年11月开工，2006年3月建成。2006年获中国建筑工程"鲁班奖"。

杭新景高速公路千岛湖支线金竹牌大桥

位于浙江省杭新景高速公路千岛湖支线——杭千高速公路淳安段上，于2006年建成。

该桥全长1343米，主跨为252米的上承式钢管混凝土桁肋拱桥，其净矢高38.77米，矢跨比1/6.5，拱肋为横哑铃形桁式。这是钢管拱技术在浙江高速公路建设中的首次使用。其252米的主跨度，也创下浙江高速公路桥梁之最，被誉为"浙江高速第一跨"。

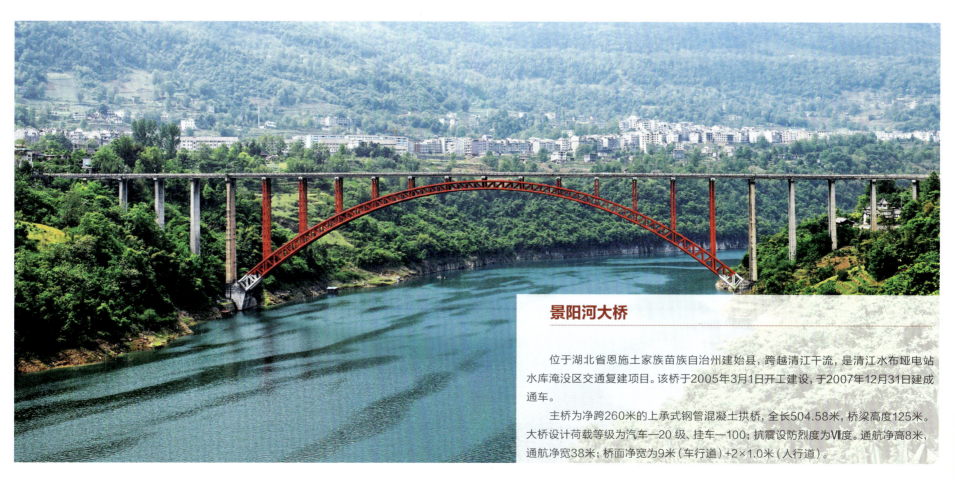

景阳河大桥

位于湖北省恩施土家族苗族自治州建始县，跨越清江干流，是清江水布垭电站水库淹没区交通复建项目。该桥于2005年3月1日开工建设，于2007年12月31日建成通车。

主桥为净跨260米的上承式钢管混凝土拱桥，全长504.58米，桥梁高度125米。大桥设计荷载等级为汽车—20级、挂车—100；抗震设防烈度为Ⅶ度。通航净高8米，通航净宽38米；桥面净宽为9米（车行道）+2×1.0米（人行道）。

益阳茅草街大桥

位于湖南省益阳市南县,工程分两期实施,一期工程为藕池西支桥、南茅运河桥、长春桥及大桥接线工程,于2004年12月竣工;二期工程为淞澧洪道主桥和南汉垸高架桥及匝道桥工程,于2006年12月竣工。

该工程线路全长11.22公里,其中桥梁长度3009.42米,其中淞澧洪道主桥桥跨布置为(4×45+80+368+80+6×45)米,主桥为自锚中承式钢管混凝土系杆拱桥,边跨、主跨拱脚均固结于拱座,边跨曲梁与边墩之间设置轴向活动盆式支座,在两边跨端部之间设置钢绞线系杆,通过边拱拱肋平衡主拱拱肋所产生的水平推力。为了尽量避免或减少钢管与混凝土脱空,益阳茅草街大桥进行了一系列试验,如混凝土配合比优化试验(包括泌水试验、水化热试验、膨胀率试验)、混凝土收缩变形试验、钢管混凝土足尺模型试验,发现在一定的配合比并掺加膨胀剂、防泌水外加剂等条件下,泌水量可减为零,在8个多月的龄期时,收缩量可减小二分之一,水化热造成的钢管内混凝土的温升小于25摄氏度,钢管内外温差小于15摄氏度。日照温差等的影响也在进一步的研究中。

桥梁全宽16米,车道宽15米。设计荷载:汽车—20级,挂车—100。通航等级:淞澧洪道为Ⅳ(1)级,其余为Ⅶ(3)级。

The Modern Arch Bridges

湖南湘潭湘江四桥（莲城大桥）

又名莲城大桥，位于湖南省湘潭市，西起北二环与富洲路交会处，东接107国道，建成于2007年。

大桥西起二环线与沪瑞高速公路连接线交点，东接G107国道，全长4.7公里，总投资规模在5亿元以上。跨湘江主桥长1.4公里，主桥采用了（120+400+120）米斜拉飞燕式系杆钢管混凝土拱，边跨与主跨跨度比为0.3。主拱拱肋采用中承式双肋无铰平行拱，两拱拱肋中心距34米，计算跨径为388米，拱肋轴线理论矢高为74.7米，折线起拱。设计上采用以拱结构受力为主，辅以斜拉索受力的组合结构体系，这种结构形式的钢管拱为国内首创。桥宽27米，两端引道宽63米，双向六车道。

宜万铁路宜昌长江大桥

位于湖北省宜昌市葛洲坝下游，距上游的夷陵长江大桥5公里，是宜昌万州铁路越江通道。大桥于2004年2月开工，于2008年4月建成。

主桥为预应力混凝土连续刚构与钢管混凝土柔性拱桥组合结构，主梁连续刚构跨径达275米，在同类铁路桥中位居全国第一。大桥全长2446.82米，桥跨布置为：10×49.2米预应力混凝土简支梁+（130+2×275+130）米连续刚构及钢管混凝土柔性拱+14×48.2米预应力混凝土简支梁+（56+108+56）米连续梁+9×32米简支梁，为双线铁路桥。主桥钢管拱竖转跨度264米，是国内迄今为止同类型桥梁最大的竖转跨度，具有结构新颖、技术复杂、施工难度大、科技含量高的特点。

2011年获中国铁路工程总公司科技进步一等奖，2012年获中国施工企业管理协会科技创新成果一等奖。

新建温福铁路浙江段昆阳特大桥

位于浙江省温州市平阳县，于2008年12月建成通车。

该桥全长3308.89米，共98跨，99个墩台。主桥为（64+136+64）米梁拱组合桥，其余均为24米、32米铁路简支梁。

中国现代拱桥 | 钢管混凝土拱桥

银川绕城高速公路（G06₀₁）阅海大桥

原名大西湖特大桥，是宁夏回族自治区首座大跨度钢管拱桥。位于银川市贺兰县，地处银川绕城高速公路西北环段，是G06₀₁线银川绕城高速公路跨越阅海湖的桥梁，于2008年8月建成通车。

桥梁全长1146.08米，主桥采用（30+3×80+30）米5孔中承式钢管混凝土系杆拱，主孔跨径80米，桥面总宽26米。主墩基础为群桩基础。该桥引桥上部结构为30米部分预应力混凝土先简支后连续预支小箱梁，下部结构为双柱式桥墩。桥台为肋板式桥台，墩台基础均为钻孔灌注桩基础。

拱肋为钢管混凝土，截面形式为哑铃形。拱肋采用三道，中央分隔带处设一道，使得道路上、下行线位于中肋两侧。中孔、次中孔和边孔矢跨比分别为1/2.5、1/3、1/5，拱轴线形为二次抛物线。主桥中墩拱座、承台采用钢筋混凝土，承台顶面设四棱台拱座。

The Modern Arch Bridges

中国现代拱桥 | 钢管混凝土拱桥

宁波长丰桥

位于浙江省宁波市海曙区和鄞州区，南起鄞奉路，跨奉化江接新典路，北至灵桥路，于2008年12月建成。

宁波长丰桥分主桥和引桥两部分，主桥长226米，宽41.2米，桥跨分布为（47+132+47）米，主跨为132米下承式连续梁系杆拱桥。拱圈是由横撑、斜撑和三根钢管组成的组合式异型拱圈，钢管内填充微膨胀C50混凝土，三根钢管线形均为抛物线，其直径1.8米的主拱位于竖向平面内，矢跨比1/5.5，两根直径1.5米的副拱由竖直平面向两侧旋转22.7度，拱平面内矢跨比为1/4.25。主跨加劲梁为全封闭钢混结合梁。三根拱肋间形成鸟翅状，寓意宁波"三江并流"的城市地理特征，是中国大陆首座倒三角式系杆拱桥。

该桥设计为城市主干道，行车速度50公里/小时，洪水频率为1/100。

祁家黄河大桥

位于甘肃省临夏回族自治州永靖县，是G213线跨越刘家峡水库的特大桥，于2009年9月建成。该桥是甘肃省第一座钢管混凝土公路桥梁，也是甘肃省国省干线公路上最后一座渡改桥工程，结束了自1973年以来靠祁家黄河渡口摆渡连通213国道的历史。

桥梁全长248.06米，桥址河流深切基岩达180米，水深72米，岸壁陡峭，为典型的高山峡谷区。大桥采用净跨180米无铰推力式拱，净矢跨比1/5。钢管混凝土拱圈截面由横哑铃形桁式双肋组成。每肋由4根直径700毫米、壁厚12毫米的钢管组成，内灌混凝土作为弦杆。拱肋肋高3.5米，肋宽1.7米，两肋中心距7.0米。

祁家黄河大桥设计时，首次在国内大跨度拱桥中引入桥梁频率、振动加速度和振动感觉指标等动力参数，考虑桥面粗糙度和车桥耦合效应，对大桥的舒适度进行了评价。双肋整体缆索吊装、混凝土一次压注成形，盖梁预制吊装、型钢连接的施工工艺分别获得省、部级工法。由于这些突出的成就，2009年，祁家黄河大桥被评为甘肃省建设科技示范工程，获2010年甘肃省建设领域最高奖项"飞天奖"，获2011年度甘肃省优秀勘察设计一等奖。

新龙门大桥

位于重庆市巫山县，是G348线武汉至大理公路重庆巫山段跨越大宁河的特大桥，于2009年4月1日建成。

该桥全长386米，桥跨布置为（3×16+240+5×14）米，主跨采用240米中承式钢管混凝土拱，共两拱肋，每肋13节段，11道横撑，采用缆索无支架吊装成拱；桥宽12米，双向二车道，下部结构为多柱墩。

施工控制引入最优化计算理论和扣索索力的计算过程，经迭代优化得到的索力和预抬值，既能控制线形，又可兼顾结构的内力状况。

该桥位于巫山大宁河小三峡龙门峡入口处，两岸山势雄伟，绝壁高耸，两山对峙形似大门，门前就是两江环抱处形成的约12平方公里湖面。该桥具有粉红色拱梁，与巫山长江大桥遥相呼应，被人们称为"姊妹桥"，成为巫山"5A级景区"小小三峡一道亮丽的风景线。

贵阳花溪一号特大桥

位于贵州省贵阳市花溪区,是S01贵阳环城高速公路南环线跨越花溪水库的特大桥,于2009年9月开通营运。这是贵阳市第一座中承式拱桥。

桥梁全长282.75米,由牛郎关侧引桥和主桥组成,上部结构跨径组合为2×40米+(12+175+12)米,全桥分2联,其中牛郎关侧引桥为2×40米预应力混凝土连续箱梁,主桥为(12+175+12)米中承式钢管混凝土有推力平行拱桥,拱轴线为悬链线,拱轴系数为2.2,拱肋轴线理论矢高40米,矢跨比1/4.38;桥面系为钢梁—混凝土桥面板组合结构;桥宽24米。

根据桥址区地质条件,该桥主墩基础在贵州省首次采用了挖井基础,具有开挖作业面大、施工速度快、发现岩溶容易处理等优点,有效缩短了拱座基础工程的工期。采用自密实高性能混凝土新工艺,保证了拱肋钢管内混凝土的灌注质量。

该桥获2010年北京市优秀设计二等奖。

蒲山特大桥

位于河南省南阳市,是S81商南高速公路跨越南水北调工程、焦枝铁路的重要桥梁,于2009年9月建成通车。

该桥全桥长1703.2米,主桥长225米,桥面宽38.8米,双向六车道,桥跨组合为18×30米+225米+31×30米。主桥上部结构为下承式钢管混凝土刚性系杆桁架拱结构,下部结构为刚构式桥墩,群桩基础。

该桥跨径的布置主要受限于下穿焦枝铁路的南水北调总干渠,经南水北调办公室同意,在加大水位水面内不得设置超过过水断面面积5%的建筑物;另外,为避免主墩产生过大的偏心,引桥与主桥的联系采取将引桥梁部搁置在主桥端横梁外伸的牛腿上的方法。

该桥紧邻玉文化的发祥地、道教文化名胜——南阳市独山,雄壮的橘红色主拱与突兀高耸、青翠秀丽的独山交相呼应。

中国现代拱桥 | 钢管混凝土拱桥

长春四环路跨伊通河大桥

位于吉林省长春市南四环路上，跨越伊通河。于2009年10月建成。

该桥主桥为三跨飞燕式异型拱桥，引桥为预应力混凝土连续箱梁，引桥横向均分为南、北两幅，其中东端引桥为六跨（两联）预应力混凝土连续箱梁桥，西端引桥为三跨（一联）预应力混凝土连续箱梁桥。

桥梁总长620.6米，其中主桥总长为260米，东端引桥为240米，西端引桥为120米，跨径组合（由东向西）为6×40米（东端引桥）+51.0米（主桥东边跨）+158米（主桥主跨）+51.0米（主桥西边跨）+ 3×40米（西端引桥）。桥宽36米，双向八车道，设计荷载等级为城—A级。

伊通河大桥为全国范围内首次采用的桥型，主拱肋为三根钢管捆绑形成，桥梁外形轻盈美观、视觉通透，如天上弯月，彰显桥梁的景观效果。桥梁结构耐久性设计；首次在钢桥面上铺筑浇筑式沥青混凝土，提高了钢桥面混凝土的使用年限。

该桥获得吉林省住房和城乡建设厅颁发吉林省建设工程优秀勘察设计一等奖、全国市政行业市政工程科学技术三等奖、全国市政行业2011年度市政工程科学技术奖技术开发类三等奖。

支井河特大桥

位于湖北省恩施土家族苗族自治州巴东县野三关镇支井河村，为G50沪渝高速公路上跨越支井河峡谷的特大桥，于2009年11月30日通车。

桥梁全长545.54米，主跨为430米上承式钢管混凝土拱；桥面宽24.5米，双向四车道，设计速度80公里/小时，设计荷载为汽车超一20级、挂车—120。

全桥钢结构件总重8200吨，需预制混凝土箱梁192片。在初期设计中对悬索桥、钢管混凝土拱桥两种方案进行了比较，钢管混凝土拱桥方案具有耐久、适用、投资较少的优点。其主要创新点在于：

采用可反复组拼的钢管拱肋拼装设计技术，通过采用节点板焊接与杆件栓结相结合的这种新型连接方式有效降低了节点二次应力，提高了节点的抗疲劳强度，同时保证了拱肋节段多次组拼技术的实施；在设计中首次采用"先栓后焊、栓焊结合"的拱肋大段接头拼接设计技术，即在拱肋大段拼装时先用高强度螺栓连接，栓接强度满足悬臂拼装的要求，主钢管环向焊接可以滞后几个节段完成，从而大大缩短了拱肋悬拼时间；设计中第一次对400米以上的上承式钢管混凝土拱桥开展了详细的稳定性分析，确定了二类失稳的计算准则，详细分析了各种工况下的失稳状况，掌握了400米以上大跨径钢管混凝土拱桥的稳定性能，并通过改善传统的拱肋间横撑的结构形式和连接方法，有效提高了大桥的稳定性。

该桥获2011年"鲁班奖"。

小河特大桥

位于湖北省恩施土家族苗族自治州白果坝镇两河口村，为G50沪渝高速公路鄂西段上的特大桥，于2009年12月通车。

桥梁总长501.35米，主跨为338米上承式钢管混凝土拱桥，交界墩位于拱座顶面，拱上桥跨布置为一联18×20米共360米连续小箱梁结构，桥面结构分幅设计：恩施岸侧引桥长64米，桥跨布置为4×16米连续空心板结构；重庆岸侧引桥长60米，桥跨布置为3×20米连续小箱梁结构；全桥设2%的单向纵坡及2%的双向横坡；桥面宽12.25米，双向四车道，设计速度80公里/小时，设计荷载汽车一超20级、挂车—120。

北深沟特大桥

位于山西省晋城市沁水县，是S80陵侯高速公路上的桥梁，于2010年10月建成。

主桥长683米，跨径布置为（6×40+260+4×40）米，主跨为260米中承式钢管混凝土拱，引桥为跨径40米的装配式预应力混凝土连续T梁；桥宽23米，双向四车道。下部结构为拱柱。

主桥主要工艺为拱肋制作、拱肋吊装、钢管混凝土浇筑、吊杆施工、拱座施工、防护工程；引桥主要采用T梁施工工艺。

武汉长丰桥

位于湖北省武汉市舵落口与黄金口间，是武汉三环线西段跨越汉江的特大桥，于2010年建成。

长丰桥全长1130米，其中主桥为跨径252米带半拱边跨的中承式钢管混凝土系杆拱，边拱跨径60米；桥宽27米，设双向六车道，主桥采用整体外形如同"飞雁"，造型独特、生动，极富美感。

太平湖特大桥

位于安徽省黄山市黄山区太平湖柳家梁峡谷风景区，是G3京台高速公路安徽铜陵至汤口高速公路跨越太平湖的重要桥梁，于2011年4月建成。

桥梁全长504米，桥跨布置为6米桥台+4×20米小箱梁+352米钢管混凝土拱+3×20米小箱梁+6米桥台，宽30.8米。设计荷载为汽车超—20级、挂车—120。每条主拱拱肋划分为22个安装段和1个拱顶合龙段。

太平湖大桥主桥为中承式钢管混凝土提篮拱桥，拱肋采用空间变截面桁架式钢管混凝土组合体系，拱肋在竖直面内倾10.008度形成提篮式，主桥桥面系为整体飘浮体系。

2009年，太平湖特大桥荣获公路交通优质工程奖一等奖。施工过程中采用了无支护便道出渣法深基坑开挖技术、箱梁预制防渗漏技术、拱肋单吊扣安装技术、太平湖大桥泵送顶升法浇筑钢管混凝土技术等新技术、新工艺。

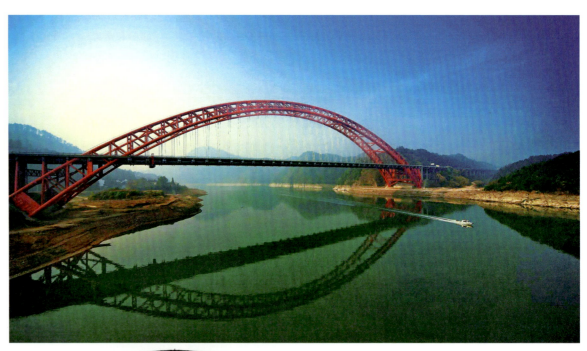

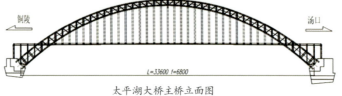

太平湖大桥主桥立面图

广安奎阁大桥

位于四川省广安市广安区邓家码头附近，是S304线经广安区境内上跨渠江的特大桥，于2011年建成。

该桥全长610米，跨径组合为（6×30+62+256+62+30）米。主跨为256米中承式钢管混凝土系杆拱，主拱矢跨比1/4.5，边跨矢跨比1/5.86。采用变高等宽的钢管混凝土桁构拱肋，肋总高4.5~6.5米，单肋宽2.78米。吊杆采用环氧喷涂钢绞线、立柱横梁采用预应力混凝土，间距分为8米和12米两种。桥面为钢筋混凝土Π形连续梁。引桥为30米预应力简支T梁，桥面连续。主桥桥面全宽27.5米，引桥桥面宽21米。

兰新铁路第二线乌鲁木齐河特大桥

位于新疆维吾尔自治区乌鲁木齐市，于2012年6月建成通车。

该桥全长2663.86米，全部桥跨布置含一联（40+56+40）米连续梁、一孔128米钢管混凝土简支拱桥、一联（40+64+80+64+40）米连续梁、一联（48+80+48）米连续梁，其余为24米、32米铁路标准简支梁。

郧县汉江公路二桥

位于湖北省十堰市郧阳区，是丹江口库区南水北调中线工程淹没后的替代项目，于2012年5月28日通车。

该桥全长2098.3米。主桥为跨径（65+200+65）米中承式钢管混凝土系杆拱桥，引桥第1至10联为跨径4×40米先简支后结构连续T梁，引桥第11联为4×40米变宽先简支后桥面连续T梁。主拱拱肋采用中承式双肋悬链线无铰拱，计算跨径200米，计算矢高45米，矢跨比l/4.44，拱轴系数1.6；边拱拱肋采用上承式双肋悬链线半拱，计算跨径6米，计算矢高为19米，矢跨比为1/3.42，拱轴系数1.6。

该桥2015年荣获国家优质工程奖。

细沙河特大桥

位于重庆市酉阳土家族苗族自治县，为G65包茂高速公路重庆至长沙段上跨细沙河的特大桥，于2009年建成。

桥梁全长为381.10米，主桥采用净跨190米中承式钢管混凝土桁架拱，净矢跨比1/4.5，主拱轴线为悬链线，拱轴系数1.35，拱肋为等截面钢管混凝土桁架结构。拱肋断面采用直径850毫米钢管组成拱肋上、下弦杆，截面高4米、宽2米。两道拱肋之间设有7道横撑，其中拱顶设一道钢管桁架"米"字形横撑，桥面至拱顶之间共设4道钢管桁架K字撑，桥面与拱肋相交处共设2道钢桥道横梁。

汉阳河大桥

位于湖北省宜昌市五峰县渔洋关镇松林坪朱家码头，是陆渔一级公路延伸段新建工程横跨汉阳河的控制性工程，于2014年建成。

该桥的最大地面高程311.58米，最低地面高程215.68米，相对高差95.89米，桥跨布置为4×30米+171米+3×30米，主跨为171米上承式钢管混凝土桁架拱桥，拱肋为变截面悬链线无铰拱，矢高为33米，矢跨比1/5.18，拱轴系数为1.65。两侧引桥为30米先简支后连续预应力混凝土T梁。

汉阳河大桥的施工重点和难点主要为拱座施工、交界墩及主拱圈施工。主桥拱座采用整体钢筋混凝土结构，底部设计成阶梯形。交界墩分设在两岸墩座中，分别为33.76米和38.84米，采用分阶段模筑混凝土施工方案。

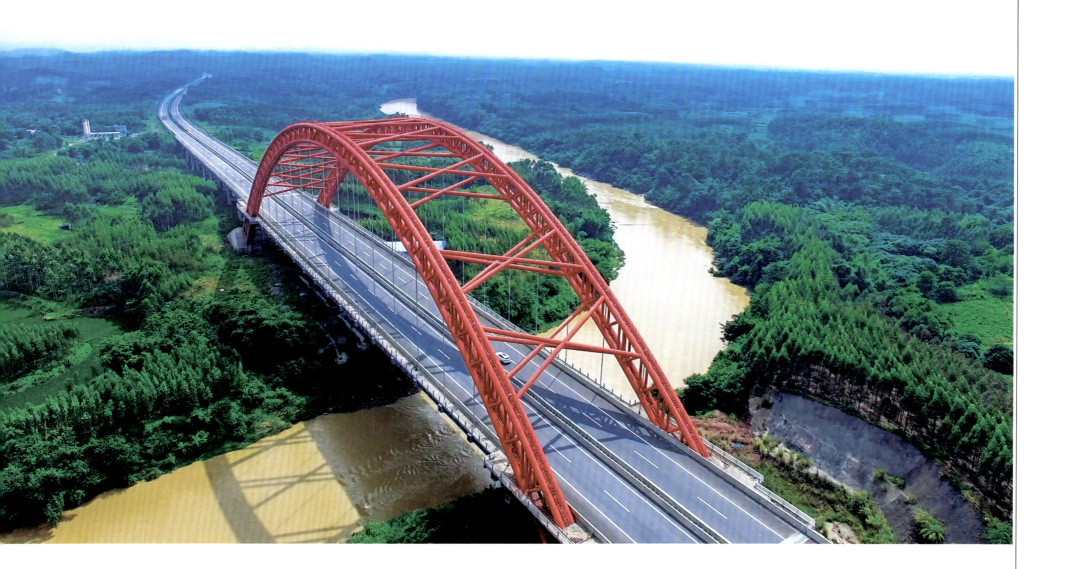

钦江特大桥

位于广西壮族自治区钦州市灵山县，是S43六钦路上跨钦江的特大桥，于2013年建成。

桥梁全长1079米，桥跨布置为（16×30米+5.5+258+5.5+11×30）米，主跨为269米中承式钢管混凝土拱桥，主桥标准吊杆间距12米。桥宽33米，双向四车道。主墩为复合基础。

主桥钢管混凝土拱肋采用变高的钢管混凝土桁架结构，主拱肋矢高63米，矢跨比1/4，拱轴线采用悬链线，拱轴系数1.17。全桥共设两片拱肋，横桥向中心间距为31.4米，横向联系采用X形撑横联，全桥共设22道X形撑横联。横联钢管直径920毫米，管壁厚16毫米。横向联系钢管均为空钢管。桥面系在广西大跨径桥梁中，首次采用钢混结合桥面结构。

钢管混凝土配合比设计：参照四川泸州长江波司登大桥的经验，在钢管混凝土中掺入硅粉，经过反复对比、筛选，确定最佳配合比，以保证施工的可操作性和混凝土质量。同时，钢管混凝土灌注采用抽真空灌注工艺，加快灌注速度和提高混凝土的密实度，使钢管拱肋的钢—混凝土结合紧密，保证结构性能。

G93合江长江一桥

又名波司登大桥，位于四川省泸州市合江县榕山镇，为G93成渝地区环线上跨泰安人特大桥，于2012年建成。

桥区属构造剥蚀河谷地貌。桥址区地基持力层为砂岩、泥岩。桥位位于长江深切河谷，两岸陡崖形成宽缓对称的U形河谷，江面宽约380米，桥位处最大水深47.5米。全桥长840.9米，跨径组合为（10×20＋530＋4×20）米，主跨为钢管混凝土中承式拱桥，桥面梁为"工"形格子梁，桥面板为钢—混凝土组合桥面板，主桥吊杆间距为14.3米；引桥长311.8米，为预应力钢筋混凝土带翼小箱梁。

主拱采用钢管混凝土桁式结构，桁宽4米，桁高8米（拱顶）和16米（拱脚），主拱主管直径1320毫米、支管直径660毫米。吊索间距14.3米，吊索最长97米，采用环氧喷涂整束挤压钢绞线成品索和隔离式整束挤压防腐式锚固的锚具。

依托该桥建设，建立了"容限脱空钢管混凝土统一理论"设计方法；首次在桥梁工程中提出采用弯矩能量最小法，进行主拱拱轴系数优化设计，保证了主拱全截面弯矩峰值最小，控制截面安全储备系数高；根据对我国近400座钢管混凝土拱桥施工误差统计分析，建立了钢管混凝土拱桥几何非线性计算模型。

依托该桥开展的"500米级钢管混凝土拱桥建造核心技术"项目，获广西壮族自治区2014年科技进步一等奖；项目获2014年度四川省工程勘察设计"四优"一等奖，获2016—2017年四川省建设工程"天府杯"金奖。

授权国家发明专利：大型钢管混凝土结构管内混凝土真空辅助灌注方法及灌注系统。

授权国家实用新型专利：钢管混凝土矩形拱肋内横隔构造；组合式锚碇构造；组合式钢管混凝土肋间横撑构造；拱桥吊杆抗风减震构造。

该桥2018年获得国家科技进步二等奖，2019年获得中国土木工程学会詹天佑奖、建筑工程鲁班奖及国际桥梁大会乔治·理查德森奖。

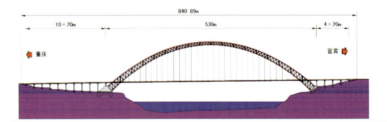 

G93合江长江一桥桥跨总体布置图

大宁河特大桥

位于重庆市巫山县巫峡镇白水村,为G42沪蓉高速公路重庆巫奉段上跨大宁河的特大桥,于2012年12月31日建成。

主桥长682米,跨径组合为3×30米预应力混凝土T梁+400米上承式钢桁架拱+5×30米预应力混凝土T梁;桥面全宽24.50米,双向六车道,设计速度80公里/小时;下部结构为拱座、柱式墩、桩基础;设计荷载公路—I级。

在所有的上承式钢桁拱桥中,主跨400米的大宁河特大桥在世界同类型桥梁中排在美国新河峡大桥(主跨518米)之后,为世界第二,中国第一。

桥主跨采用全焊接施工,是国内首座全焊式特大钢桁拱桥,即杆和梁芯由工厂焊接和制造,副梁芯部分现场输送、抬升和焊接。解决了栓接或栓焊结合结构安装精度较差的问题。杆件全焊式连接具有安装精度高、后期不变形、焊缝塑性及冲击韧性高于栓接的优点。

该桥采用钢混多跨连续梁桥面系统,结构复杂新颖,显著改善了拱肋和桥基的受力状况,从而更好地实现了整体经济效益。施工采用大型无支架缆索吊装系统。

该桥2015年获评为"重庆首届十大最美桥梁"。

贵港东环路郁江特大桥

位于广西壮族自治区贵港市区东部,为贵港市东环路跨越郁江的特大桥,于2016年12月建成。

郁江特大桥全长862米,跨径布置为(5×25+10×30+280+5×30)米,主桥为280米钢管混凝土中承式无铰拱桥,引桥为预应力混凝土小箱梁。设计荷载公路—I级,设计速度100公里/小时。

本桥钢结构施工采用计算机三维放样、管材加工数据自动提取技术,通过门式数控等离子切割机进行精密切割,下料尺寸精度误差不足1毫米。

信丰桃江大桥

位于江西省赣州市信丰县，所属线路为南山东路，跨越桃江、贡江支流，于2015年6月竣工。

该桥全长296.04米，宽22米，双向四车道，为兼具城市桥梁功能的大型公路桥梁。桥梁上部结构采用36.46米箱梁+（39+139+39）米中承式钢管混凝土拱桥+36.46米箱梁。下部结构采用钻孔灌注桩基础、梯形实体墩、花瓶式薄壁实体墩。大桥与周边环境融为一体，达到了桥梁与自然的和谐统一，已成为信丰县的标志性景观建筑和城市的一道靓丽风景线。

本项目获得2017年度江西省优秀工程勘察设计行业奖优秀市政公用工程设计项目一等奖。

The Modern Arch Bridges

总溪河大桥

位于贵州省毕节市纳雍县，为G56杭瑞高速公路毕都段跨越总溪河的特大桥，于2012年6月开工建设，2015年1月1日建成。

总溪河特大桥全长924.5米，桥跨布置为：（4×30+5×30+5×30+15×25.2+360+4×30）米，钢材用量5800余吨，加上大桥立柱，整座大桥钢材用量近1万吨。其中主桥为跨径360米的上承式钢管混凝土桁架拱，拱轴线采用悬链线，拱轴线系数$m=1.3$，矢高$h=69$米，矢跨比$f=1/5.217$。主桥桥面系采用跨径15×25.2米的钢—混凝土组合梁；引桥采用预应力混凝土T梁，先简支后桥面连续或先简支后结构连续。设计速度80公里/小时，双向四车道，路基标准横断面宽24.5米。

作为贵州省首座位于深山峡谷的特大跨度上承式钢管混凝土拱桥，该项目提出了公路钢管混凝土拱桥新型节点合理构造形式，通过1:2模型节点静载及屈曲试验，建立了新型节点的计算方法，解决了深山峡谷钢管混凝土拱桥的构件运输与拼装难题；提出在钢管混凝土桁拱节点部位设置内栓钉的构造措施及界面抗剪承载力的理论计算方法，解决了节点处的传力问题；研究了石灰岩机制砂微膨胀自密实混凝土，提出了由主拱圈1/4(3/4)跨处"下填上顶"的施工工艺，保证了钢管内混凝土的灌注质量。

该桥获得2016—2017年"李春奖"。

遂昌乌溪江大桥

位于浙江省丽水市遂昌县西部乌溪江库区（湖南镇水库），主要功能为拆渡建桥，沟通水库两岸交通，是远期规划S323省道温岭到常山公路（遂昌湖山至黄沙腰段）重要组成部分。于2018年8月建成。

该桥工程路线全长1.32公里，采用二级公路双向二车道的技术标准，设计速度60公里/小时，桥宽为12米，核定概算投资11464.31万元。

遂昌乌溪江大桥全长376米，分为主桥和引桥，上部结构均为预应力混凝土T梁，全桥共23孔，跨径布置为（14+16+18+17×16+18+16+14）米；主桥设计为主跨260米的上承式钢管混凝土拱桥，主桥拱座基础为扩大基础，拱座为实心大体积钢筋混凝土结构。

猛洞河特大桥

位于湖南省湘西土家族苗族自治州永顺县猛洞河，为张花高速公路关键控制性工程之一，于2017年建成。

该桥两侧为240米高的峡谷，两岸至河底落差400米。猛洞河特大桥为主跨268米的上承式钢管混凝土拱桥，矢高70.53米，矢跨比1/3.8，拱轴系数1.65，主拱圈内的劲性骨架采用钢管混凝土桁架，骨架沿拱轴线长共分8节桁架段，工厂制作桁片，运至花垣岸工作平台焊接成桁架节段，在工作平台上起吊安装。拱上建筑采用梁式建筑，立柱采用双柱式矩形实体截面。桥面距水面高230米，宽24.5米，双向四车道，设计荷载为公路—Ⅰ级，设计速度80公里/小时。

苏龙珠黄河大桥

位于青海省海东市化隆回族自治县与循化撒拉族自治县交界，为G310线循化至隆务峡公路上跨黄河的特大桥，于2017年建成。

该桥全长320米，主跨220米，为左右幅分离式钢管拱结构，净矢跨比为1/5.5，拱轴线采用悬链线，拱轴系数2.2，拱顶距离水面约60米，主桥为装配式普通混凝土Π形梁，引桥为装配式预应力混凝土箱梁。桥宽12米，采用双向四车道高速公路，设计速度80公里/小时，设计荷载公路—Ⅰ级，环境类别Ⅱ类，桥梁抗震设防烈度为Ⅶ度。

桥址位于V形峡谷，坡高山陡，部分坡面近似直立，桥址处无路通行，桥下河面宽约200米，水深60~90米。

施工单位通过自建船舶，用水运解决了大桥人员、物资运输难题，开创了船舶辅助高速公路建设的案例。主桥拱肋节段采用船舶与运输车结合的方式运至桥位下方水域，利用船舶水中牵引定位技术，结合斜拉扣挂系统，成功实现了主拱圈高精度合龙。针对常规缆索吊装系统无法直接实现立柱从主拱圈下方起吊安装定位的缺陷，首次提出了针对适用于上承式钢管混凝土拱桥的基于缆索起重机的二级起重方法，成功实现了立柱整体吊装，缩短了立柱安装时间，取得了显著的经济效益。

香火岩特大桥

位于贵州省贵阳市开阳县禾丰乡,是贵遵高速公路复线横跨香火岩峡谷的特大桥,于2015年10月开工建设,于2017年10月30日建成。

香火岩特大桥全长839米,桥跨布置为:3×30米T梁+300米上承式钢管混凝土拱+14×30米T梁。主桥为净跨300米的上承式钢管混凝土变截面桁架拱,主拱净矢高54.55米,矢跨比1/5.5,拱轴系数m=1.54。遵义岸引桥为3×30米T梁,贵阳岸引桥为14×30米T梁。设计速度100公里/小时,双向六车道,路基标准横断面宽33.5米。

该桥拱肋为主要受力构件,主要承受轴向压力,且大跨度拱桥要求结构的纵向和横向的刚度大,以保证施工和使用阶段的安全性;为了减轻拱肋的结构自重,增加其承载能力,提高结构刚度,拱肋采用空腹桁架结构。按设计技术标准本桥全宽33.5米,单幅宽16.75米,为少见的宽幅公路桥梁,从减小拱肋直径、增加横向刚度、减小双幅桥之间的横联尺寸各方面综合考虑,确定拱肋采用六肢格构形断面。腹杆采用两种断面形式,即钢箱断面和工字钢断面,拱脚至跨中8个节段采用钢箱断面,第9节段至跨中采用工字钢断面。

全桥设一套缆索吊装系统,采用无支架斜拉扣挂缆索吊装系统施工,施工跨径布置为(190+410+360)米,两岸塔顶高程不等,额定起吊净吊重为130吨。

兖州泗河兴隆大桥

位于山东省兖州市泗河生态休闲景观区南端，距兖州著名景点鲁国石虹（俗称"南大桥"）下游约240米，南接兴隆大道，与崇文大道贯通。于2012年8月建成。

工程全长1.70公里，主线桥长886米。主桥为（30+120+30）米钢筋混凝土复合式提篮拱桥，由主拱、副拱及边孔的V形刚构组成。主拱跨120米，拱高37米，主拱肋位于铅直面内，轴线由1.9次和2.0次抛物线复合而成，计算矢跨比1/3.85；副拱肋位于与铅直面夹角为9度的斜平面内，斜平面内副拱肋轴线由1.9次和2.0次抛物线复合而成，计算矢跨比1/3.80。全宽41~55米，行车道桥度28米，双向六车道，两侧设人行道和观景台，设计荷载公路—Ⅰ级及城—A级。

大桥设计特点如下：大桥为首座无推力复式组合拱桥，结合本桥景观特点，创造性地提出复式组合拱的形式，边孔设置V构斜腿，使系杆移至桥面处，通过系杆在水平方向形成自平衡的无推力结构，创造出一种新的复式组合拱桥型体系，有效解决了景观要求与结构构造之间的矛盾。首座复合拱轴线复式组合拱桥，经过多曲线优化，最终选定了以2次抛物线和1.9次抛物线两种曲线组合而成的复合拱轴线，在满足结构受力合理、结构经济的情况下，尽量减少拱轴线的复杂性，降低施工难度。首座内力多重可调复式组合拱桥，通过调整主、副拱吊杆的拉力可以调整横梁内力的分布，同时调整主、副拱轴力的大小，形成了横梁、吊杆、拱肋、系杆内力分布多重调节体系。

南宁六景郁江大桥

位于广西壮族自治区南宁市横县，是泉州至南宁高速公路柳州（鹿寨）至南宁段改扩建项目横跨郁江的控制性工程，于2018年5月建成通车。

桥梁全长1120米，主桥为280米下承式钢管混凝土拱桥，计算矢高58.89米，矢跨比1/4.5，拱轴系数1.352。主桥拱肋与基础采用固结体系，通过在拱脚间张拉系杆平衡拱肋水平推力。主桥桥面系采用半飘浮体系，端部设置竖向支座，桥面系与主墩间设置纵向阻尼器，以抵抗地震效应及汽车纵向制动荷载。两岸引桥为跨径30米的先简支后结构连续小箱梁。

新建南宁六景郁江特大桥与旧南宁六景郁江大桥相互配合，新桥承载南宁往柳州方向车流，旧桥承载柳州至南宁方向车流，南宁六景郁江特大桥桥面宽35.05米，为单向四车道高速公路特大桥，设计速度120公里/小时，设计荷载公路—Ⅰ级，抗震烈度Ⅶ度。

大桥跨越郁江的钢管混凝土拱肋采用大节段拱肋、缆索吊装施工，提高拱肋质量及施工效率；格构式组合梁桥面系，工厂化预制，提高桥面系整体受力性能，大幅缩短工期；取消临时系杆，提高施工效率。南宁六景郁江特大桥系杆设计中充分结合了系杆空间布设位置及施工工序，采用永久系杆替代了临时系杆，节省了临时系杆安装、拆除工期，提高了工作效率。

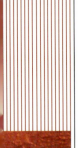

中國橋譜 之 第二卷 A Guide to Chinese Bridges | 中国现代拱桥 | 钢管混凝土拱桥

石门水库特大桥

位于陕西省汉中市,是G85银昆高速公路陕西宝汉段跨越石门水库的特大桥,于2017年底建成。

该桥左、右线主桥均采用中承式有推力钢管混凝土拱桥结构,主跨径262米,计算矢高比1/4,拱轴系数1.5。主桥拱肋与桥道系相交部位桥梁全宽18.8米,桥道系全宽16米。引桥部分,单幅桥面横向布置为16米。单侧吊杆采用双吊杆设计,吊杆安全度取值在2.7以上。

石门水库特大桥在西北地区同类桥型中具有代表性,建设过程中主拱肋合龙采用的是瞬时合龙构造,合龙时长短,合龙精度容易保证,对外部环境条件要求较低,容易达到;拱肋制作加工采用的是直管冷弯技术,大大减少了拱肋主管对接的环向焊缝,降低了焊接工作量,提高了钢结构的整体安全性。

汉中岸采用缆索吊机主锚与扣挂安装扣锚合一的隧道式锚锭系统,通过刚锚梁、锚墙等结构,将主索大部分拉力直接传递给周围山体基岩,锚洞外设转向装置,主索通过转向后跨越石门水库进入宝鸡岸索塔,扣索转向后进入拱肋扣点锚箱,汉中岸洞室均开挖到达中风化岩层内,并根据围岩情况对洞室长度适当加长。优点是大大降低施工成本,减少了大部分施工工序,节约了施工工期。

The Modern Arch Bridges

新建武汉至十堰铁路安陆府河特大桥

位于湖北省孝感市，于2019年5月完工。

该桥全长380米，主桥为跨径（90+200+90）米连续刚构拱桥。

新建武汉至十堰铁路崔家营汉江特大桥

位于湖北省襄阳市，于2019年5月完工。

该桥跨汉江通航孔采用跨径（135+2×300+135）米连续刚构拱结构，桥长870米，主墩为双薄壁墩或矩形空心墩；深水区引桥采用跨径（79+6×135+79）米连续梁，桥长968米，主墩采用圆端形实体墩。

贵州大小井特大桥

位于贵州省黔南布依族苗族自治州罗甸县董当乡，是贵州S62平塘至罗甸高速公路上的特大桥梁，2016年6月开工，于2018年6月合龙。

该桥全长1.5公里，桥跨布置为9×40米T梁+474米上承钢桁架式钢管混凝土拱+16×40米T梁；主跨为474米上承式钢管混凝土拱，共58个吊装节段，节段最大净吊重达160吨，施工中，将各节段吊到200多米的高空再精确移动到位合龙；引桥为40米先简支后连续预应力混凝土T梁；桥面系采用∏形钢－混凝土组合梁，钢梁为焊接工字钢，桥面板工厂内预制，桥上联合。

该桥为目前世界最大跨径上承式钢管混凝土拱桥，具有以下特点：提出适宜于山区散件拼装、横向刚度大、经济性好的拱桁结构；采用竖V形双剪力撑，大幅降低拱肋横撑施工难度，剪力撑杆件自身强度要求低，减少了横撑材料用量；采用平缀管格构式立柱，提高立柱自身稳定性，减轻拱上建筑结构自重，降低峡谷风荷载对结构的影响；嵌入整体式钢帽梁，钢帽梁与立柱按照整体式在钢结构加工厂内完成，作为立柱的一个非标准段进行现场组装，简化了施工工序；桥面系选择双主梁+预制桥面板组合梁，优化了结构布局，经济性突出。墩顶负弯矩处预制板施加预应力，减少桥面开裂风险；桥面组合梁采用预留暗槽剪力钉连接，简化施工工序，降低高空作业风险，提高施工效率。

The Modern Arch Bridges

仙仁大桥

位于湖南省湘西土家族苗族自治州保靖县，是保靖（仙仁）至古丈（断龙）公路上的主要桥梁，也是保靖县与枝柳铁路衔接公路里程最短线路上的控制性工程。该桥于1986年12月20日开工，1988年10月7日合龙，1989年5月竣工，历时30个月。

大桥为净跨径80米的刚架拱桥，总长140米。主拱由三片刚架拱片组成。刚架拱片采用工字形截面，由弦杆、拱腿、斜撑和实腹段等组成。下部结构采用前倾值为5:1的前倾式桥台，采用强度不低于600号的粗料石（块石）浆砌而成。主孔两端各设净跨10米的石拱桥作为引桥。

仙仁大桥设计荷载等级为汽车—15级、挂车—80。桥面净宽7米，两侧各设净宽0.5米的安全带。该桥采用平衡配重转体施工工艺，是当时国内最大的一座转体施工的刚架拱桥。

享堂大桥

位于青海省海东市民和县，为G109线上跨大通河的桥梁，于1989年建成。在当时的施工条件下，该桥创造了青海桥梁建设中的许多第一，在服役30年来，为青海经济发展做出了卓越贡献。

该桥全长223.21米，主桥为3×60米的箱形拱桥，矢跨比1/6，桥宽13米，下部结构为重力式桥墩，U形桥台。设计荷载为汽车—20级、挂车—100。

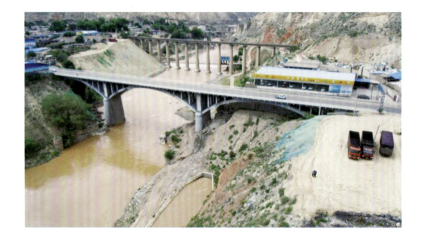

涪江二桥

位于重庆市合川区，为G212线兰渝公路合川城郊段的桥梁，在距涪江注入嘉陵江汇合口约1公里处跨越涪江，于1996年6月竣工通车。

总体设计时，原选择一跨跨过枯水期涪江主河槽，由于桥面高程与河滩地高差较大，后考虑3跨120米主跨跨过主河槽，两边跨为60米。采用无支架缆吊装，对工期和质量都有一定保证。

该桥主桥长550米，主孔拱圈采用等截面悬链线钢筋混凝土箱形肋拱，3孔均净跨120米，净矢高20米，矢跨比1/6，拱轴系数1.54。拱圈横桥方向由4肋8片拱箱组成，每片拱箱宽1.45米、箱高2.2米。

为汽车专用一级公路特大桥，设计荷载为汽车—超20级、挂车—120。桥面总宽26米，按六级航道要求布置。

许沟特大桥

位于河南省三门峡市，是G30连霍高速公路跨越三门峡市义马市许沟的重要桥梁，于2001年12月建成通车。

主桥桥型为单孔等截面悬链线箱形钢筋混凝土无铰桁架拱桥。全桥长493.14米、主桥净跨220米，桥宽为2×（净11米+2×0.5米），分离式双向四车道，设计荷载等级为汽车—超20级、挂车—120。桥跨组合为（9×20+220+4×20）米，主跨为等截面悬链线箱形钢筋混凝土无铰桁架拱，截面为三室箱，重力式拱座基础；东西引桥上部结构为20米预应力混凝土空心板、桥面连续，下部结构为双柱式排架立柱，钻孔灌注嵌岩桩基础。

该桥是连霍高速公路人文景观中集美观与实用为一体的一座高技术公路大桥，横跨义马市景区青龙山口，风景绚丽，气势恢宏，是连霍高速公路上一道亮丽的风景。

该桥获2013年"鲁班奖"。

长阳三洞水大桥

位于湖北省宜昌市长阳土家族自治县大堰乡三洞水村,是长阳清江库区还建桥,于1993年8月1日建成通车。

桥梁总长179米,为主拱净跨100米上承式钢筋混凝土空腹箱型拱桥,桥面宽净7米,荷载等级为汽车—20级,挂车—100。

无源洞大桥

位于湖北省恩施土家族苗族自治州巴东县,跨越无源沟,是Y078巴东至秭归南线淹没段复建工程的大桥,于1999年1月28日建成。

大桥为净跨160米的上承式劲性骨架钢筋混凝土拱桥,净矢高26.67米,矢跨比为1/6,拱轴系数1.54,主拱圈采用单箱三室截面,高2.8米,宽9.05米。设计荷载为汽车—20级、挂车—100。桥面宽12米。大桥集劲性骨架法和转体施工法于一身,在峡谷两壁与桥轴线呈160度方向上平整场地,设置劲性骨架拱台及支架,按整体坐标放样,将钢管及型钢焊接成两个半拱骨架,之后两岸同不平转对接合龙。

The Modern Arch Bridges

213国道金沙江大桥

位于四川省宜宾市屏山县与云南昭通绥江县交界,为213国道上跨金沙江的桥梁,于2001年建成。

桥梁总长310米,主桥为跨径150米上承式钢筋混凝土箱形拱桥;下部结构为重力式拱座;桥宽9.5米,双向两车道。

宣恩平地坝大桥

位于湖北省恩施土家族苗族自治州宣恩县晓关乡,为省道椒石线上的大桥,于2003年12月18日建成通车。

桥梁总长183.5米,主跨为132米的上承式钢筋混凝土箱形拱,采用同步对称平面转体法施工;拱圈选用等截面悬链线单箱三室薄壁结构,宽7.4米,高2.2米,壁厚0.2米;拱上结构由10孔跨度10米工字形组合简支梁以及44米长的拱顶实腹段组成;桥面宽7米,双向二车道,设计速度40公里/小时,全宽9米,设计荷载公路—Ⅱ级。

云泉特大桥

位于贵州省凯里市区,横跨凯里市金山大道,是G60沪昆高速公路凯麻段的控制性工程,于2001年12月31日建成。

桥梁全长459.14米,全桥左右分幅,结构各自独立。桥宽21米,双向四车道。上部结构左幅为4×20米预应力混凝土空心板+160米钢筋混凝土箱型拱+4×20米预应力混凝土空心板;右幅为4×20米预应力混凝土空心板+160米钢筋混凝土箱型拱+9×20米预应力混凝土空心板。每幅桥面宽11.25米,桥梁平面位于直线段内,纵坡-1.37%。主拱圈采用单箱三室截面,箱宽9.5米,拱上排架采用单幅四柱式,该桥为单孔大跨径拱桥。

主桥拱座基础为扩大基础。主桥主跨160米箱形拱圈采用支架现浇施工,为贵州省内跨径最大的支架现浇拱桥。

恩施云南庄大桥

位于湖北省恩施土家族苗族自治州鹤峰县,是湖北S325线鸦来公路上的大桥,于2005年10月建成通车。

桥梁总长135.6米,主桥为98米钢筋混凝土箱形拱,沥青混凝土桥面;下部构造为钢筋混凝土重力式墩、U形桥台;桥面净宽9米,荷载等级为公路—Ⅱ级。

金阳通阳金沙江大桥

位于四川省凉山州金阳县茅坪子和云南七家县田家营之间,跨越金沙江,连接凉山州金阳县和云南省昭通地区昭通市,为四川省道S210线连接云南国道G213线的关键工程,于2005年建成。

该桥主桥为净跨188米钢筋混凝土箱形拱桥,桥高93米。主拱圈为等截面悬链线无铰拱,矢跨比1/4,拱轴系数2.10,拱圈由5片拱箱预制组成。四川岸引桥采用5×25米预应力混凝土空心板桥,云南岸引桥采用7×25米预应力混凝土空心板桥。桥宽10米,双向两车道。两岸主桥拱座及墩身基础为混凝土圬工结构。引桥桥墩采用双柱式桥墩,挖孔桩。四川岸桥台为钢筋混凝土桩柱式轻型桥台;云南岸桥台为混凝土重力式桥台。

石棉新大渡河大桥

位于四川省雅安市石棉县,是G108线在石棉县上跨大渡河的桥梁,于2003年建成。

主桥为净跨122米的钢筋混凝土等截面悬链线无铰箱板拱,矢跨比为1/8,拱轴系数2.4。拱圈由7片拱箱组成,每片拱箱高2.0米(预制拱箱高度1.9米)、宽1.6米,拱圈全宽为11.2米。行车道板宽13米,双向两车道。主跨下部结构由拱座、雅安岸横墙及石棉岸横墙组成。

黄陵洞大桥

位于湖北省宜昌市长阳土家族自治县，东岸桥台为西竹湾，西岸桥台为票沟，于2005年6月建成。

该桥全长280米，桥跨布置为（4×20+152+20）米，主跨为152米上承式劲性骨架混凝土箱形拱桥，主拱圈为单箱三室等截面悬链线箱形拱，净矢高23.29米，净矢跨比1/6.5，拱轴系数3.14，采用水平转体施工；桥全宽9.5米，行车道宽7.0米，双向两车道山岭重丘区二级公路标准，设计荷载为汽车—20级、挂车—100。

该桥建成时，是当时世界上跨径最大的小管径钢管混凝土劲性骨架转体拱桥，在投入极小的情况下顺利建成，标志着劲性骨架混凝土转体施工技术具有较大的优势和潜力。

攀枝花新雅江桥

位于四川省攀枝花市，又名攀枝花雅砻江桥，在原雅江桥上游雅砻江汇入金沙江处，S214线和S310线在此桥交会，于2005年11月建成。

该桥长330米，主跨为176米上承式钢筋混凝土箱形拱桥，矢跨比1/6.8；引桥为20米、26米预应力混凝土简支空心板；拱箱采用缆索吊装施工。主桥下部构造为重力式桥墩、明挖扩大基础；引桥下部构造为柱式墩、盖梁、明挖扩大基础、重力式U形桥台。桥宽22米，双向四车道，设计速度60公里/小时，设计荷载为汽车—超20级、挂车—120。

中国现代拱桥 / 混凝土拱桥

北安桥

北安桥是一座跨越海河的钢筋混凝土拱桥，位于天津市和平区与河北区交界处，连接福安大街和胜利路。

全桥长289.6米，全桥三跨，跨径组合为（24+45+24）米。桥梁上部结构为简支单悬臂梁中间带挂梁的变截面预应力箱梁。2004年，按照海河综合开发改造规划和通航要求，对该桥梁进行了抬升改造。改造后原桥抬升1.55米，原桥两侧各加宽9米，在原桥台两侧各加跨4米的亲水平台，同时进行总体的建筑景观装饰。改造后桥梁宽度达到39.2米，采用双向六车道标准。

北安桥改造设计借鉴了法国巴黎亚历山大三世桥的风格，将海河传统文化孕育其中，其造型高贵典雅，别具特色。北安桥的抬升改造采用同步顶升方法，分五步进行，称重、试顶升、正式顶升、钢管混凝土支承垫石和落梁就位。采用这种技术既能不损坏现有桥梁结构，也对交通的影响范围比较小，可以大大缓解交通带来的压力。同时，在改造的过程中，针对原桥的实际情况，对薄弱部位进行了强化施工，如增加了抗震减震措施，增加了桥面防水等，延长了老桥的使用寿命。

The Modern Arch Bridges

攀枝花新渡口大桥

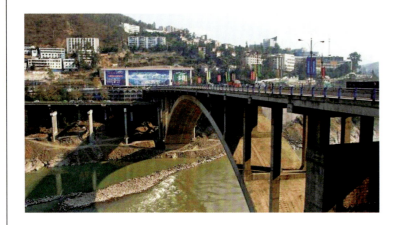

位于四川省攀枝花市市东区，为上跨金沙江、连通两岸市区道路的特大桥，于2005年建成。

攀枝花新渡口大桥桥长285.88米，桥跨布置为(17.3+18.7)米简支空心板无铰拱＋净跨170米拱桥＋(18.7+2×17.3)米简支空心板，桥高约46米，主桥主孔净矢跨比为1/5，拱轴系数1.6，为等截面悬链线无铰拱。主拱圈为箱板拱，拱圈由12片拱箱组成，每片拱箱高2.6米（预制拱箱高度2.5米）、宽1.5米，拱圈全宽18米。拱圈分为七段吊装合龙，每段长度相等。桥宽26.5米，双向四车道。

原桥无桥台，仅由一小拱与主跨相接。建新桥时拆除原小拱，修建U形重力式桥台。桥台侧墙与广场挡墙相连接。

该桥获2006年四川省优秀设计三等奖。

新干赣江大桥

位于江西省吉安市新干县，为S312省道跨越赣江的桥梁，于2005年建成。

桥长2780米，其中主桥长1982米，桥跨布置为（12×70+6×40+59.45）米，是主跨为12×70米的双曲拱桥。

岭兜特大桥

位于福建省宁德市，为省道S303线宁德八都桥头至屏南城关公路蕉城段第二期工程的控制性工程，桥梁跨越八都溪，两岸地形陡峻，大桥横跨V形河谷。于2007年11月建成。

桥跨总体布置为：3×30米预应力混凝土T梁＋1×160米上承式钢筋混凝土箱形拱桥＋2×30米预应力混凝土T梁，桥长329.5米，桥面宽度10米。主桥跨径160米，单片拱肋宽跨比达1/85，拱肋合龙时横向稳定问题突出，根据施工技术规范要求应采用双基肋合龙技术。但双基肋合龙存在两套缆吊系统布置困难、工期较长等问题，从经济性和加快工期综合考虑，确定采用单基肋合龙，并制定有效措施，保障单基肋安全合龙。该方案通过外部加强风缆来保证横向稳定性，受力明确，吊装可靠，具有突破性。

该桥还摒弃传统的计算方法，将主拱圈及拱上建筑作为整体进行计算、分析，计算模拟了支座、立柱、拱座及拱圈刚度，合理考虑了拱上建筑对拱圈受力的有利影响，有效优化立柱截面尺寸，减轻立柱重量，同时将立柱截面形式优化为矩形实心断面。拱上建筑的优化减少了自身工程数量，同时也有效减小了主拱圈截面尺寸，减轻了吊装重量，方便施工，经济效益显著。大桥的设计与建成为福建省同类桥梁的一次有益尝试和突破，对福建省山区公路桥梁建设有着重要借鉴作用，获2009年度福建省优秀工程设计二等奖。

The Modern Arch Bridges

巫溪汾水河大桥

位于重庆市巫溪县，是G347南京至德令哈公路重庆巫溪段上跨汾水河的特大桥，于2007年9月建成。

全桥长210米，主跨为158米预应力混凝土箱形拱桥，净矢高26.333，矢跨比1/6，拱轴系数2.24；拱圈由5个拱箱组成；桥宽11米，双向两车道；下部结构：重庆岸桥台为实体台，巫溪岸为U形台，基础为扩大基础；设计荷载为汽车—20级、挂车—100。

珍珠大桥

位于贵州省遵义市务川县，是X350务川至彭水公路贵州段跨越落差110米洋冈河山谷的一座大桥，于2007年底建成。

珍珠大桥全长135.2米，为主跨120米的钢筋混凝土上承式箱形拱桥，净矢高17.14米，拱轴系数1.76。主拱圈采用等高度单箱三室截面，高2.1米、宽10米，腹板厚度均为30厘米。

设计荷载为汽车—20级、挂车—100，设计速度30公里／小时，桥面宽12.5米。

珍珠大桥是采用负角度竖转施工工艺修建的大桥，创造了我国桥梁建设史上的两项纪录：转体桥梁重量之最、转体角度之最。

羊角乌江特大桥

位于重庆市武隆区,是石艳公路上跨乌江的特大桥,于2008年6月建成。

桥长301米,跨径布置为(4×20+170+20)米,主桥为跨径170米的空腹式箱形拱桥,主拱圈高2.8米,主桥桥面板每跨横向由7块10.6米长的空心板组成;引桥为简支空心板,横向布置9片。桥宽9.5米,双向两车道。下部结构为重力式桥台,桩柱式桥墩。

设计荷载公路—Ⅱ级;设计速度40公里/小时,抗震烈度Ⅶ度,设计洪水频率1/100。

G5白沙沟1号大桥

位于四川省攀枝花市盐边县,为G5京昆高速公路西昌黄联关至攀枝花段跨越白沙沟的特大桥,于2008年建成。

大桥分幅,其孔跨布置为4×14.2米引桥＋150米钢筋混凝土箱型拱＋3×14.2米引桥,桥梁高度98米。主桥采用等高度悬链线钢筋混凝土箱形截面拱桥,净跨径150米,矢跨比1/5,拱轴系数1.97,桥宽22.5米,双向四车道。拱座设计为左右幅分离式,每个拱座设置两根斜桩及两根竖桩。

该桥获得成果有:交通部西部交通建设科技项目——山区大跨径钢筋混凝土箱型拱桥的设计及施工技术研究,获2007年中国公路学会科技进步一等奖,2008年四川省科技进步二等奖,2009年四川省优秀设计一等奖。

授权实用新型专利2项:"悬浇拱桥的侧桁式挂篮""双重调索低应力夹片锚固系统"。

国家级工法:大跨径钢筋混凝土箱形拱桥拱圈悬浇施工工法。

武隆油盆大桥

位于重庆市武隆区,又名石桥水库大桥,为S204线上跨石桥水库的桥梁,于2009年6月建成。

该桥主跨为150米上承式钢筋混凝土箱形拱桥,矢高25米,矢跨比1/6,拱轴系数1.17。主拱圈拱脚至第一根立柱顶底板均为32厘米,其余顶底板为25厘米。拱上立柱15根,最外侧拱上立柱距拱脚距离为5米,其余拱上立柱间距为10米。上部结构采用预制空心板。

花天河大桥

位于湖北省恩施土家族苗族自治州巴东县野三关镇花天河村，是G50沪渝高速公路湖北段主线上的桥梁，于2009年11月30日建成通车。

大桥左右分幅，为主跨120米上承式钢筋混凝土箱板拱桥；单幅桥面宽11.5米，两车道，设计速度80公里/小时，设计荷载为汽车超—20级、挂车—120。

彭水乌江四桥

位于重庆市彭水苗族土家族自治县，是S313线石务公路上跨乌江的特大桥，于2009年建成。

桥跨布置为：（4×11.2+163+4×11.2）米，主跨为163米的空腹式悬链线混凝土箱形拱桥，净矢高25.0米，矢跨比1/6，主拱圈厚2.2米；桥宽12米；下部结构为双柱式桥墩；设计速度40公里/小时，设计洪水频率1/300。

南宁大桥

位于广西壮族自治区南宁市青秀山风景区西侧，北起青山路延长线，南接良庆区的蟠龙新区，连接良庆区的五象新区与邕宁区的龙岗新区，是南宁市"136"重点工程之一，建成于2009年9月。

南宁大桥路线设计总长1314.77米，桥梁总长734.50米，两岸引道580.271米，是最大跨度300米曲线梁非对称性外倾拱桥；桥面及路基宽度均为35米，双向六车道，设计速度50公里/小时，荷载为城市—A级，标准抗震烈度Ⅶ度。

南宁大桥是世界首座大跨径、曲线梁、非对称外倾拱桥，设计定位为南宁市的标志性建筑。桥身两边呈圆曲状的拱形，以不同的倾角向外倾斜，各用10根拉索相连，远看像两个对接的竖琴横跨邕江两岸。桥面总宽35米，主桥吊索采用横向双索体系，全桥共设置26对，每对吊索左右侧各布置2根，拱肋由钢箱拱肋段、钢混过渡段及混凝土拱肋段组成，上下游两拱肋向外倾斜，拱肋采用等宽变高的单箱单室截面，主桥钢箱梁采用单箱单室扁平流线型全焊钢箱梁，主桥下部结构采用承台桩基础，桥面铺装采用70毫米厚沥青混凝土。

罗岩桥

位于重庆市彭水苗族土家族自治县，是S313石务公路跨越芙蓉江支流冬瓜溪的桥梁，于2009年建成。

主桥长276米，为跨径布置：（2×20+140+4×20）米，主跨140米空腹式悬链线混凝土箱形拱桥，主拱圈为140米预制开口箱钢筋混凝土箱形拱，净矢高28.0米，矢跨比1/5，主拱圈厚2.2米；拱上结构立柱采用1米×1米钢筋混凝土方柱，桥面板为15米×10米钢筋混凝土简支空心板；引桥为简支空心板桥，上部结构为6米×20米预应力钢筋混凝土空心板；下部结构桥墩采用钢筋混凝土双柱式桥墩，桥台采用一字形重力式桥台；桥面铺装为沥青混凝土；桥宽9米，下部结构为双柱式桥墩；设计速度40公里/小时，设计洪水频率1/100，抗震烈度Ⅶ度。

海螺沟青杠坪大桥

位于四川省甘孜藏族自治州磨西镇，为S434线磨西镇至海螺沟旅游专线上跨燕子河的一座桥梁，于2009年建成。

主桥采用净跨径130米钢筋混凝土箱形拱桥，矢跨比1/5，拱轴系数1.6，主拱拱圈由5片拱箱组成，桥梁高度68米。两岸引桥分别采用2米×6米和1米×16米预应力混凝土空心板梁。桥宽12.5米，双向二车道。下部构造拱座基础采用斜桩和竖桩；引桥墩采用双柱式钢筋混凝土墩和桩基础，重力式桥台、桩柱式桥台。

该桥获2013年度四川省优秀设计二等奖。

The Modern Arch Bridges

通山黄金大桥

位于湖北省咸宁市通山县慈口乡，是黄石阳新县富池至咸宁通山县通羊公路上跨富水水库的大桥，于2011年5月建成通车。

桥梁总长174.5米，主跨为120米的悬链线钢筋混凝土箱形无铰拱，净矢高15米，矢跨比1/8，拱轴系数1.35；主拱圈由5片闭合拱箱组成，每片拱箱高1.9米，拱箱底宽1.46米，拱上建筑及引桥均采用标准跨径10米的钢筋混凝土空心板；桥全宽10米，设计速度40公里/小时，设计荷载为公路—Ⅱ级，桥面宽9米，双向两车道。

通山牛鼻孔大桥

位于湖北省咸宁市通山县燕厦乡，是湖北重点扶贫公路项目，横跨富水水库中游，东端引线与G316线、G106线交会处相接，西端与G106线相连，于2011年5月建成通车。

桥梁总长159米，主跨为100米的钢筋混凝土箱形拱；桥面宽9米，双向两车道，设计速度40公里/小时，设计荷载公路—Ⅱ级，桥面宽9米。

天池特大桥

位于福建省宁德市蕉城G237线（原S303）K43+768处，于2005年6月动工，2007年10月通过交工验收。

大桥全长408.2米，全宽10米，行车道宽9米，设计荷载为汽超—20级、挂车—120，设计洪水频率为1/100。

桥梁上部结构采用主跨205米钢筋混凝土箱形拱结构，由钢筋混凝土箱形拱、拱上立柱、桥面构造（包括预制空心板、桥面铺装层及人行道栏杆）等组成。下部结构桥墩采用混凝土实心墩+明挖扩大基础，桥台采用扩大基础+现浇混凝土台身。

花江大桥

位于贵州省安顺市关岭布依族苗族自治县,是董箐水电站库区淹没花江老桥和省道210线部分路段的重要复建工程,是关岭与贞丰两县的重要交通要道,于2010年4月建成。

大桥全长242.5米,为主跨140米上承式单箱三室混凝土箱形拱,拱轴系数2.00,矢跨比1/5,矢高28米,拱圈截面高2.3米、宽7.55米,拱圈为等截面圆弧箱形无铰拱。

主拱圈采用有平衡重平面转体施工,设计转体重量为3800余吨,贞丰岸按顺时针方向转180度,关岭岸按逆时针方向转90度后合龙成拱。基于配平衡重平转桥梁转动体系受力特点,提出了一种方便实用的半跨转动体系重心计算与配重调整方法——弹性支撑法。

该桥跨越贵州省著名旅游景点"花江大峡谷",融入自然景观中,成为蜿蜒峡谷中一缕灵动的丝带。

该桥获2012年贵州公路学会科学技术二等奖。

新建向莆铁路尤溪大桥

位于福建省三明市，于2012年3月31日建成通车。

该桥全长222.2米，桥梁孔跨布置为1孔24米简支T梁、1孔140米拱桥及1孔32米简支T梁。140米双线铁路上承式钢筋混凝土拱桥，拱肋为劲性骨架钢筋混凝土X形拱。

泸定索子沟大桥

位于四川省甘孜藏族自治州泸定县大渡河长河坝水电站库区，是S211线复建公路上的特大桥，于2012年9月通车。

该桥主桥为净跨径160米的上承式钢筋混凝土箱形拱，净矢高32米，矢跨比1/5，拱轴系数1.89，主拱圈采用等高箱形截面，截面高2.6米，宽9.5米，横向由5片拱箱组成，每片分为7个节段吊装合龙。拱上建筑为钢筋混凝土排架和跨径12.7米的钢筋混凝土简支空心板。两岸引孔为20米钢筋混凝土简支空心板。桥面宽8.5米，荷载等级为公路—Ⅱ级，洪水频率1/100。

昭化嘉陵江大桥

位于四川省广元市昭化镇，为G75兰海高速公路广元至南充段上跨嘉陵江的特大桥，于2012年建成。

主桥采用364米上承式钢筋混凝土拱桥，主桥净跨径350米，净矢高83.33米，矢跨比1/4.2，桥梁距江面高约120米，采用钢管混凝土强劲骨架法施工，引桥采用16×30米预应力混凝土带翼小箱梁，桥宽27.5米，双向四车道。下部构造采用钢筋混凝土空心薄壁墩或实心墩，挖孔桩基础，重力式桥台。

该桥的主要创新点包括：提出了分离式双箱四室的主拱结构，改善了大跨度箱形拱桥宽拱圈受力，构造简洁、合理可靠；提出的强劲骨架构造，既增大了承载能力，又减少了外包混凝土的施工环节，综合效益显著；首次在钢管混凝土拱桥中采用C80高强、高性能钢管混凝土，外包混凝土采用了C55高性能混凝土；提出的移动吊架法外包主拱混凝土施工工艺，具有简便、安全的特点。

依托该工程开展的"基于强劲骨架的特大跨钢筋混凝土拱桥关键技术"科研项目，获2012年中国公路学会科学技术奖一等奖；开展的"特大跨钢管混凝土叠合拱桥成套技术"科研项目，获2012年四川省科学技术二等奖。

授权发明专利：钢—混凝土组合箱形结构桥墩。授权实用新型专利：吊挂法外包主拱混凝土装置。

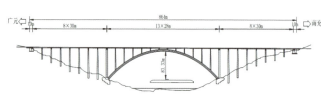

四川—昭化嘉陵江大桥立面布置图

攀枝花新密地大桥

位于四川省攀枝花市东区密地村，主桥横跨金沙江；桥北岸引桥跨越省道310线宁南至华坪公路，与倮密路衔接；桥南岸引桥跨越滨江大道，与S214线渡口至金江公路相连，于2013年建成。

大桥桥跨布置为(27.5+22.55)米简支小箱梁+净跨182米上承式钢筋混凝土箱形拱桥+(22.55+27.5)米简支小箱梁。主拱圈净矢跨比1/6，拱轴系数1.99，为高3.5米等高截面悬链线无铰拱，采用挂篮悬臂浇筑法施工。

该桥为当时国内采用挂篮悬臂浇筑法施工的最大跨径钢筋混凝土箱形拱桥。

木蓬特大桥

位于贵州省铜仁市石阡县坪山乡，是S25沿榕高速公路思南至剑河段上的特大桥梁，于2009年12月开工建设，2013年11月建成通车。是贵州省第一座采用挂篮节段悬臂浇筑方案施工的拱桥。

木蓬特大桥孔跨布置为2×30米T梁+165米钢筋混凝土单箱双室箱形拱+4×30米T梁；主拱净矢高30米，矢跨比1/5.5，拱轴系数1.99。主拱圈为等高度箱形截面，宽7.5米、高2.8米。整桥行车道宽度19米，设计荷载公路—Ⅰ级，设计速度80公里/小时，洪水频率为1/300，设计基准期为100年，桥梁高程由路线控制，不受洪水位控制。

节段悬臂浇筑箱形拱桥具有良好的整体性，避免了传统箱形拱桥大量的接缝后期病害，提高了箱形拱桥的耐久性，充分发挥了混凝土受压能力强的特性；拱桥方案跨越了不良地质段，避免了梁桥方案高墩和处置高耸陡斜坡不良地质处理困难，适应U形沟谷，减小了对环境的破坏；经设计优化分析，通过合理的构造和扣索角度，在施工过程中，实现了不调索力满足结构安全、成桥内力合理，避免施工过程中调整扣锚索索力的不安全风险。

该桥2016年获贵州省科技进步二等奖。

海马大桥

位于贵州省贵阳市修文县与毕节市金沙县两县交界处，是贵州省骨架公路网规划中"二纵"和"一横"之间黔北联络线X186上的一座大桥。海马大桥建成后，成为金沙煤炭资源运往贵阳的主要通道，也是促进修文县、金沙县发展区域经济的一座重要桥梁。该桥于2010年7月开工建设，2015年12月建成。

海马大桥跨越乌江干流，桥面距水面高度132米。主桥为净跨径180米钢筋混凝土箱形拱桥。

海马大桥设计荷载等级为公路—Ⅰ级，设计速度40公里/小时。桥面宽度11.5米，双向两车道。

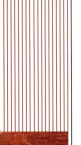

中国现代拱桥 | 混凝土拱桥

马蹄河大桥

位于贵州省铜仁市沿河县,为贵州沿德高速公路斜跨乌江支流马蹄河的特大桥,于2015年12月建成。

马蹄河特大桥全桥长327.60米,桥跨布置为2×30米预制T梁+净跨180米钢筋混凝土箱形拱(15×13米空心板)+2×30米预制T梁,主拱净矢高32米,净矢跨比1/5.63,拱轴系数1.76,为等高截面悬链线拱。桥梁位于曲线部分的桥墩或桥台(包括拱上立柱)采用平行布置,均平行于直线段桥墩设置。

行车道宽19.25米,设计速度80公里/小时,设计荷载公路—Ⅰ级,设计洪水频率1/300,设计基准期为100年。

该桥获2017年"鲁班奖"。

S26叙古高速公路磨刀溪大桥

位于四川省泸州市古蔺县,是S26叙永至古蔺高速公路在古蔺县厂坝咀村跨越磨刀溪、省道S309线、县道X014的特大桥,于2015年建成。

跨径组合为11×28米简支小箱梁+280米拱桥+8×28米简支小箱梁。主桥设计为上承式劲性骨架单箱双室钢筋混凝土拱桥,主拱采用等截面悬链线无铰拱,拱轴系数2.2,净跨径266米,净矢跨比1/3.7,桥梁高度164米。主桥拱座采用扩大基础;引桥下部构造根据墩高设为独柱薄壁空心墩或实心墩或双柱圆墩,基础采用挖孔桩,重力式桥台。

四川盐边鳡鱼大桥

位于四川省攀枝花市盐边县渔门镇,地处县道盐择路与柏观路的交会处,跨越二滩水电站库区鳡鱼河,于2015年建成。

桥位处为深切峡谷地形,二滩库区蓄水期,最大水深超过100米,河面宽约230米。临河坡顶高出河面超过300米。

主桥采用净跨径200米钢筋混凝土箱形拱桥,矢跨比1/7,主拱采用单箱双室截面,桥梁高度67.5米,两岸引桥均采用2×12.5米预应力混凝土小箱梁,桥宽12米,双向两车道。引桥墩采用双柱式钢筋混凝土墩和方桩基础,重力式桥台,下部构造拱座采用桩基础。

宜宾金沙江南门大桥

位于四川省宜宾市,为主城区跨越金沙江的一座特大桥,距金沙江与岷江汇合处约100米,是宜宾市城区标志性建筑之一,于1990年7月建成通车,2016年对该桥进行了技术改造,更换了全桥吊杆和主梁,行车道拓宽成四车道。

主桥为中承式劲性骨架钢筋混凝土肋拱桥,主跨243.37米,拱肋净矢高48米,矢跨比为1/5,主拱拱轴线为悬链线,拱轴系数为1.756,桥面总宽24.6米(含人行道)。主拱结构为两条分离式平行拱肋无铰拱,两拱肋用K撑和X撑连接。主梁采用纵横格子梁组合结构桥道系,钢—混凝土组合桥面板。桥面布置为:2×净4米(2米人行道+2米非机动车道)+4×净3.0米(车行道)。设计荷载为公路—Ⅱ级,抗震烈度为Ⅶ度。

改造施工,解决了吊索结构简支桥面体系的安全可靠度问题:采用连续结构桥面体系提高其安全性能,并解决吊杆变形协调性、可检性,增强桥面系的连续性、强健性,防止吊杆失效的桥面系坠落或垮塌,并对其他部位进行耐久性维修。通过采用钢混组合桥面板,减轻桥面自重,减轻主桥主梁重量,提高主桥承载能力。

龙塘河大桥

位于贵州省遵义市务川仡佬族苗族自治县,跨越石丫子水库库区龙塘河,是乡道Y014都濡镇至大坪镇上的一座大桥。该桥于2014年开工建设,2016年建成通车。

龙塘河大桥为净跨径125米的钢筋混凝土箱形拱桥。主拱圈采用单箱双室截面,截面高2.2米,宽7.0米,腹板厚35厘米,顶、底板厚25厘米。在立柱下方及两立柱中间处的拱箱内均沿拱圈径向设置横隔板,板厚30厘米。主拱圈采用悬拼拱架现浇法施工。拱上立柱为三柱式钢筋混凝土排架结构,均为1.0米×0.8米的矩形实心截面,柱间中心距3.05米。拱脚附近最高的两个立柱排架柱间设2道0.8米×0.8米的横系梁,第二高的两个立柱排架柱间设1道0.8米×0.8米的横系梁。盖梁标准断面1.2米×1.2米。桥面系布置13×10.2米的钢筋混凝土简支空心板,两岸边跨均为16米预应力混凝土空心板。

龙塘河大桥设计荷载等级为公路—Ⅰ级,桥面全宽9.5米,行车道净宽7.0米。

那厘右江特大桥

位于广西壮族自治区百色平果县果化镇,为S52武平高速公路上跨云桂铁路、南昆铁路、平果铝专用铁路、南宁至百色G324国道及右江的特大桥,于2015年建成。

桥梁全长为1504.82米,单幅共11联,桥跨布置:(3×30+4×30)米T梁+(45+65+45)米预应力混凝土箱梁+(4×30.35+4×45+4×45+4×30.38+3×30.38)米T梁+160米钢筋混凝土箱形拱+(4×30+4×30)米T梁。桥宽29米,双向四车道。所跨右江为Ⅲ级航道。

主桥为上承式钢筋混凝土悬链线箱形拱桥结构,矢跨比为1/6.5,拱轴系数1.76。拱上结构为立柱及盖梁,10米简支钢筋混凝土空心板。主拱截面由7个拱箱组成,中箱宽1.56米,边箱宽1.48米,拱圈横断面全宽11米;单箱预制高度为2.7米,拱背设置10厘米厚现浇层。

主拱圈采用预制吊装法施工,单箱分7个节段预制吊装,全桥共分为98个预制吊装节段。拱箱节段最大净设计重量为78.5吨,拱箱节段全部吊装、接头焊接完成后,浇筑纵横向接缝及拱背现浇层混凝土,整体化拱圈。

广安官盛渠江特大桥

位于四川省广安市,连接护安镇(渠江北岸)与官盛镇(渠江南岸),是广安环城公路东南端跨渠江的一座特大型桥梁,于2019年2月2日建成。

该桥全桥长793米,主桥长320米,主孔净跨300米过江。引桥长(338+135)米,跨径组合为11×30米(引桥)+320米(主桥)+4×30米(引桥)。主跨为钢筋混凝土中承式拱桥,桥面梁为"工"形格子梁,桥面板为钢混结合桥面板,主桥吊杆间距为12.8米。引桥为预应力钢筋混凝土简支T梁。拱肋为钢筋混凝土单箱单室截面,主孔为变截面悬链线无铰拱,净矢跨比为1/4,拱轴系数为1.5。吊杆和拱上立柱间距为12.8米,吊杆处设厚55厘米的横隔板,拱圈由C100钢管混凝土劲性骨架外包C50混凝土形成。

主拱采用变截面混凝土肋拱结构,两拱拱肋横桥向中心距达到26米;拱肋混凝土采用劲性骨架外包施工,骨架钢管内灌C100高强度等级混凝土;近30米长的肋间横撑(横梁)混凝土采用无支架一次外包。

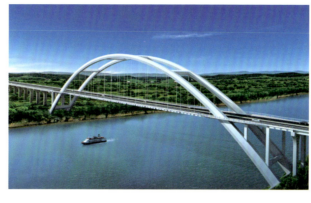

四川—广安官盛渠江特大桥桥跨总体布置图(尺寸单位:m)

金阳对坪金沙江大桥

位于四川省凉山彝族自治州金阳县对坪镇与云南昭通市巧家县交界,上跨金沙江,属国务院扶贫办、交通运输部"溜索改桥"项目中的一座桥梁,用于代替原对坪镇一村西营组溜索,解决四川、云南两岸居民的出行问题,于2018年建成。

桥位处分水岭山脊海拔多在2700米左右,相对高差大于1000米。场地为深切峡谷地形,水位与库区最高回水位相差约30米,现最大水深60~70米,河面宽150~300米。主桥上部构造采用295.1米钢筋混凝土拱桥,主桥净跨径280米,净矢高46.67米,矢跨比1/6,桥梁距江面高约100米,采用钢管混凝土强劲骨架法施工。引桥采用4×22.7米预应力混凝土带翼小箱梁;下部构造采用钢筋混凝土空心薄壁墩或实心墩,挖孔桩基础,重力式桥台。

贵州六圭河大桥（洪家渡电站库区复建工程）

位于贵州省毕节市大方县与织金县之间，是S210线复建工程上跨洪家渡电站的重要桥梁，于2015年12月建成。

桥梁全长255.76米，桥宽12米。桥面系由11片跨径为10米普通钢筋混凝土标准简支板梁组成，简支板梁与主拱圈之间通过盖梁和立柱连接。桥梁跨度组成为（20+11.45+197.09+11.45）米，主跨采用净跨径197米上承式箱型拱桥，主拱圈截面采用宽8米、高3.2米的单箱三室断面形式，其中标准段边箱宽2.5米，竖腹板厚度为35厘米，顶、底板厚度均为25厘米，拱脚根部段设置拱箱内加厚过渡段。桥宽12米，双向两车道山岭重丘区三级公路标准，设计速度40公里/小时，荷载为汽车—20级、挂车—100。

该桥主拱箱采用无支架缆索吊装，钢绞线斜拉扣挂，千斤顶调整扣索索力并控制拱肋线形，预应力锚具锚固，横向设缆风就位稳定，先上游侧拱肋后下游拱肋，分次合龙的施工方案。主拱箱吊装借鉴了拱桥的吊装工艺和斜拉桥的施工控制方法，在施工中的扣挂体系的实质就是临时的斜拉桥。

The Modern Arch Bridges

贵州夜郎湖大桥

位于贵州省安顺市普定县夜郎湖，距县城7公里，为S55贵州赤望高速公路织（金）普（定）段上跨三岔河上游的控制工程，于2018年7月建成。

该桥全长391米，桥跨布置为（2×30+210+3×30）米，主跨为210米悬链线钢筋混凝土拱，净矢高42米，矢跨比1/5，拱轴系数1.67，主拱圈为单箱单室截面，采用悬臂浇筑，跨中采用24.65米劲性骨架合龙。桥宽21.5米，双向四车道，设计速度80公里／小时。

该桥是国内第一座采用单箱单室截面的大跨钢筋混凝土拱桥，也是第一座大跨劲性骨架合龙悬浇拱桥，合龙段劲性骨架达到24.65米，采用外包混凝土施工过程中，弦杆与混凝土结合受力复杂，由于钢混结构刚度的变化，弦杆传力过程中引发局部应力集中，导致型钢与混凝土结合面开裂，因此，在弦杆内外侧设置剪力钉，作为钢—混凝土结合面抗剪的一项加强措施，避免钢—混凝土结合面开裂。

该桥获2018年度贵州省"黄果树杯"优质工程奖。

布拖冯家坪金沙江大桥

位于四川省凉山彝族自治州布拖县与云南省昭通市巧家县交界，上跨金沙江，属国务院扶贫办、交通运输部"溜索改桥"项目中的一座，代替原冯家坪溜索（云南境称之为"鹦哥溜索"），解决四川、云南两岸居民的出行问题，于2018年建成。

桥位处分水岭山脊海拔多在2700米左右，相对高差大于1000米，桥位位于雷波溪洛渡库区回水范围，现最大水深约80米，河面宽约150米。临河坡顶高出河面超过200米，两岸谷坡基本对称，岩石多裸露。河面宽150～300米。大桥持力层为灰岩、花岗岩。

主桥上部构造采用275.6米钢筋混凝土拱桥，主桥净跨径260米，净矢高50米，矢跨比1/5.2，桥梁距江面高约200米，采用钢管混凝土强劲骨架法施工。四川岸引桥采用3×21.2米预应力混凝土带翼小箱梁；云南岸引桥采用跨径35米现浇预应力混凝土简支箱梁。下部构造采用钢筋混凝土空心薄壁墩或实心墩，挖孔桩基础，重力式桥台。

本桥采用提高骨架含钢量的方法来提高骨架强度和刚度，骨架采用ϕ508毫米的大直径钢管和高强自密实混凝土等级（C60）构成的钢管混凝土弦杆。

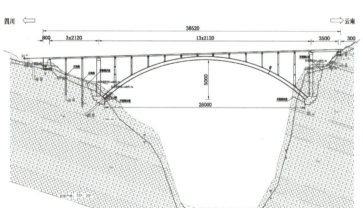

布拖冯家坪金沙江大桥立面布置图（尺寸单位：cm）

The Modern Arch Bridges

沙坨大桥

位于贵州省铜仁市沿河县淇滩镇，为X540线上跨乌江沙坨水电站主库区的特大桥，跨越位置在电站大坝上游约800米处，于2018年9月合龙。该桥是国内目前建设的悬臂浇筑施工跨径最大的拱桥。

该桥全长627米，为主跨240米悬臂浇筑钢筋混凝土拱桥。矢高40米，矢跨比1/6，拱轴系数1.85，主拱圈为单箱双室箱形截面，宽10米、高4.5米。沙坨电站正常蓄水位为365米，拱座底设计高程为352米，拱座底位于正常水位下，施工期间采用围堰施工。

该桥施工中，首创设计了"黔式挂篮"，提出"主桁下置，行走上置，主桁与底篮合二为一"的技术理念并改进了挂篮的局部构造，在提高系统刚度的同时减轻了自重，增大了施工操作空间；通过在横梁上配置滚轮系统提升了挂篮行走的稳定性；通过优化底篮系统建立了"以曲代曲"的行进方式，改变了长期以来"以直代曲"的施工设计理念，提高了拱圈的施工精度；提出一种施工过程中混凝土拉应力控制新方法；在国内首次提出"曲梁节段钢筋整体安装+混凝土悬臂浇筑"施工新工艺。

该桥共申报专利56项（其中发明专利25项），已获授权34项。

中國橋譜

第二卷

A Guide to Chinese Bridges

之

中国现代斜拉桥

The Modern Cable-Stayed Bridges

双塔斜拉桥	高低塔斜拉桥	多塔斜拉桥	单塔斜拉桥	单斜塔斜拉桥	矮塔斜拉桥
400	482	488	494	520	528

中国现代斜拉桥

20世纪六七十年代，现代斜拉桥在世界范围内得到应用。中国的斜拉桥建设始于20世纪70年代中期，到90年代开始迅速发展，2008年建成的苏通大桥是中国人自主设计建设、也是世界上首座跨径突破1000米的斜拉桥。斜拉桥的跨径，覆盖了从200米至1200米的范围，具有独塔、双塔和多塔的多种选择，加之斜拉桥在刚度、抗风能力、无需锚碇以及施工简便、拉索可更换等方面具有优势，促使悬索桥向更大跨径发展。这种发展速度，是梁桥和拱桥难以企及的。结构分析的进步、高强材料、施工方法以及防腐技术的发展，对大跨径斜拉桥的发展起到了关键性作用。

从2001年至2018年底，中国建成的主跨600米以上的斜拉桥达到24座，400米以上的80座。据统计，目前在建的仅跨越长江的千米以上斜拉桥就有6座。斜拉桥已经成为中国铁路、公路或公铁两用大跨径、重荷载桥梁的首选桥型。

斜拉桥主要由主梁、桥塔和拉索三部分组成。这三个部分不同结构的组合，构成了斜拉桥的不同类型。斜拉桥除主梁不同外，还有独塔至多塔、钢塔或混凝土塔等多种选择。各种不同形式的组合，形成了斜拉桥的多种姿态，使这一桥型精彩纷呈。为叙述方便，以下按主梁材料和结构的不同，对斜拉桥分类叙述。

混凝土斜拉桥

三台涪江桥

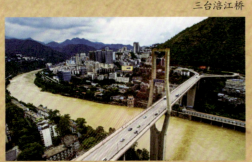
攀枝花炳草岗金沙江大桥

1981年四川三台县建成跨径128米的预应力混凝土斜拉桥——三台涪江桥，这是中国大陆第一座实用性质的混凝土斜拉桥。同年，辽宁省建成了长兴岛大桥，跨径达176米。紧接着，上海市泖港桥和山东省济南黄河桥的建成，跨径突破了200米。

20世纪90年代以来，斜拉桥在中国开启了大发展阶段。由于混凝土斜拉桥具有造价低、性价比高的优点，在中国得到了优先发展，由此中国也成为了混凝土斜拉桥最多的国家。尤其是1995年安徽铜陵长江大桥、武汉长江二桥的建成，标志着我国混凝土斜拉桥的建造技术达到了世界先进水平，同时也预示着我国斜拉桥开启了轻量化时代。

由于数量众多，将混凝土斜拉桥按独塔斜拉桥至四塔斜拉桥分别叙述。

独塔斜拉桥。 自1983年浙江省章镇桥修建以来，因地形所需，中国修建了多座独塔斜拉桥，1999年建成的广东金马大桥，为跨径布置（60+2×283+60）米的独塔斜拉桥，全桥采用斜拉与T形刚构的协作体系；1999年，台湾省建成了跨径（180+330）米的高屏溪大桥，2001年建成的宁波招宝山大桥，为主跨（258+102）米独塔双索面预应力混凝土斜拉桥；2004年建成的四川攀枝花炳草岗金沙江大桥，为主跨（149+200）米独塔双索面预应力混凝土双纵肋梁斜拉桥；2008年建成的广东东沙大桥，为主跨338米单塔斜拉桥；2008年建成的广州珠江黄埔大桥北汊桥和济南黄河三桥，主跨分别达到383米、386米。

双塔斜拉桥。 由于双塔斜拉桥的主跨跨径较大，是斜拉桥常用的形式。中国的此类斜拉桥，主要有：1995年建成的安徽铜陵长江公路大桥，为主跨432米双塔双索面预应力混凝土斜拉桥，这是安徽省也是中国第一座跨长江的公路斜拉桥；2001年建成的重庆大佛寺长江大桥，主跨达450米；2002年建成的湖北省鄂黄长江公路桥，主跨达到480米；2002年建成的荆州长江公路桥，主跨达到了500米；2012年建成的内蒙古鄂尔多斯乌兰木伦河大桥，为跨径布置（40+2×42+51+450+51+2×42+40）米双塔双索面钢筋混凝土箱形梁斜拉桥。2016年建成的贵州鸭池河大桥、2017年建成的安徽芜湖长江公路二桥、2018年建成的安徽池州长江大桥，均为双塔斜拉桥，主跨分别达到800米、806米、828米。2018年合龙的乐清湾港区铁路支线温州瓯江特大桥，为主跨300米的混凝土梁斜拉桥。

三塔斜拉桥。 其设计难度比双塔斜拉桥大。近年来，中国建成了几座三塔斜拉桥，大跨径的有2000年建成的湖南岳阳洞庭湖大桥，主跨（2×310）米；2001年建成的湖北省宜昌夷陵长江大桥，主跨（2×348）米；2004年建成的滨博高速公路滨州黄河大桥，主跨300米；2010年建成的济南建邦黄河大桥，主跨300米；2011年建成的武汉二七长江大桥，为主跨2×616米的三塔斜拉桥；2013年建成的马鞍山长江大桥右汊桥，为主跨260米的拱形三塔斜拉桥。

四塔斜拉桥。厦（门）蓉（成都）高速公路湖南汝（城）郴（州）段赤石大桥，为跨径布置(165+3×380+165)米的四塔双索面预应力混凝土斜拉桥，采用边塔支承、中塔塔墩梁固结体系。该桥路面距地面高182米，索塔最大高度288米。该桥具有高墩、大跨、多塔和大桩径等特点，科技含量高，结构新颖，为主跨跨径世界第一的多塔混凝土斜拉桥。为提高索塔整体刚度，4座主塔塔形设计为双面双曲线收腰的"S"形，为世界首创。

厦（门）蓉（成都）高速公路湖南汝（城）郴（州）段赤石大桥

钢斜拉桥

20世纪90年代以后，在混凝土斜拉桥大量修建的同时，随着跨越大江大河或海湾海峡更大跨径的需要高涨，以及建桥速度和质量的要求提升，中国钢斜拉桥取得了令人瞩目的发展成就。

1987年建成的山东东营胜利黄河大桥，为了开采油田而建，要求缩短建桥周期，于是采用建设速度较快的钢板梁斜拉桥方案，这是我国第一座钢梁斜拉桥，主跨288米。

2001年建成通车的南京长江第二公路大桥南汊桥，是我国第一座大跨径钢箱梁斜拉桥，为跨径布置(58.5+246.5+628+246.5+58.5)米的双塔双索面钢箱梁斜拉桥。2005年建成的南京长江三桥，为跨径布置(63+257+648+257+63)米的双钢塔双索面钢箱梁斜拉桥，这也是中国第一座钢塔斜拉桥。2008年建成的苏通长江公路大桥，为主跨1088米的双塔双索面钢箱梁斜拉桥，创造了包括斜拉桥主跨第一在内的多项世界纪录，在国际上首创了静力限位与动力阻尼组合的新型桥梁结构体系及关键装置与设计方法，是世界上首次建成的主跨突破千米级的斜拉桥。

2011年建成的上海闵浦大桥，为跨径布置(4×63+708+4×63)米的双塔双索面钢箱梁双层公路斜拉桥，上层桥面为宽43.8米、设计速度120公里/小时的八车道高速公路，下层桥面为宽28米的双向六车道普通公路。2011年建成的连霍高速公路新疆赛里木湖至果子沟段果子沟特大桥，为双塔双索面钢箱梁斜拉桥。该桥所处果子沟景区，地形复杂，气候多变，生态脆弱，景观要求高。建成后，该桥成为景区著名的景点。

2013年建成的浙江嘉绍大桥，为独柱六塔分幅四面索钢箱梁斜拉桥，在世界上独创的了双排支座与刚性铰(DSH)结构体系，适应了当地复杂的水文、地质情况，其独特的造型、首创的技术及建设管理中取得的成就，于2017年获得了国际咨询工程师联合会(FIDIC)颁发的"杰出项目奖"。

2013年建成的重庆两江大桥——东水门长江大桥和千厮门嘉陵江大桥，分别是目前国内公轨两用双索面和独塔钢桁梁斜拉桥的最大跨径纪录保持者，且因设计成中央双索面，其钢绞线斜拉索索力也达到世界之最——控制索力14500千牛顿。2018年建成的港珠澳大桥有三大通航孔桥，两座为钢箱梁斜拉桥。其中，青洲航道桥为跨径布置(110+126+458+126+110)米的双塔双索面钢箱梁斜拉桥；江海直达船航道桥，为跨径布置(110+129+258+258+129+110)米的独柱形三塔整幅钢箱梁斜拉桥。

21世纪以来，大跨径斜拉桥在铁路桥梁中逐步得到应用。2000年建成的安徽芜湖长江大桥，是一座钢桁架结合梁公铁两用斜拉桥，跨径312米。该桥的建成，为铁路斜拉桥刚度限值的确定、斜拉桥在铁路桥梁建设中的应用奠定了基础。2009年建成的武广客运专线武汉天兴洲长江大桥，为主跨布置(98+196+504+196+98)米的连续钢桁梁斜拉桥，其承载达到2万吨，截至2018年底，仍是世界荷载最大、跨径最大的公铁两用斜拉桥；2011年建成的渝利铁路韩家沱长江双线铁路特大桥，为跨径布置(81+135+432+135+81)米的钢桁梁斜拉桥；2012年建成的石武客运专线郑州黄河公铁两用桥，为跨径布置(120+5×168+120)米的连续钢桁结合梁斜拉桥；2013年建成的湖北黄冈长江公铁两用大桥，为跨径布置(81+243+567+243+81)米的双塔双索面钢桁梁斜拉桥。2013年开工的平潭海峡公铁两用大桥，其元洪航道、鼓屿门水道和大小练岛水道，分别为主跨532米、364米和336米的双塔钢桁梁斜拉桥；2014年开工，2019年9月合龙的沪通长江大桥，为主跨1092米双塔三索面钢桁梁斜拉桥，为世界最大跨径的公铁两用斜拉桥。

上海闵浦大桥

港珠澳大桥青洲航道桥

天兴洲长江大桥

钢-混凝土结合梁斜拉桥

上海南浦大桥

武汉二七长江大桥

结合梁斜拉桥,由钢梁和混凝土桥面板结合而成;具有钢梁吊装重量轻、施工方便的特点,钢筋混凝土桥面板又具有刚度大、耐久性好、易于路面铺装等优点,因此得到了广泛应用。

1991年建成的上海南浦大桥,为主跨423米的双塔双索面钢-混凝土结合梁斜拉桥,使中国的斜拉桥跨径一举突破了400米大关,成为中国斜拉桥建设的一个标志,为中国斜拉桥的建设积累了大量的经验。就是从上海南浦大桥开始,中国斜拉桥技术不断发展和成熟,跨径迅速增大,创造了一项又一项的世界纪录。

1993年建成的上海杨浦大桥,为跨径布置(45+99+144+602+144+99+45)米的倒Y形双塔双索面结合梁斜拉桥,其主跨突破600米。

2001年建成福建青洲闽江桥,为主跨605米的钢-混凝土结合梁斜拉桥。2010年建成的鄂东长江公路大桥,为主跨926米的钢-混凝土结合梁斜拉桥。该桥首次将"全寿命"理念应用于特大型桥梁设计、建设、运营的整个寿命周期,系统提出了大桥全寿命周期成本构成和计算方法等,为中国长大桥梁工程全寿命设计及成本分析提供了指导和范例。2011年建成的武汉二七长江大桥,为跨径布置(90+160+2×616+160+90)米的三塔六跨钢混凝土结合梁斜拉桥。2016年建成的安徽省望东长江公路大桥,为跨径布置(78+228+638+228+78)米的五跨双塔双索面分离式双箱钢混凝土结合梁斜拉桥;2017年建成的贵州六广河特大桥,为跨径布置(243+580+243)米的双塔双索面钢混凝土结合梁斜拉桥。2018年建成的港珠澳大桥九洲航道桥,为跨径布置(85+127.5+268+127.5+85)米的双塔单索面五跨连续钢结合梁斜拉桥。该桥塔柱为风帆造型,塔顶高程120米,下塔柱、上塔柱分步安装,上塔柱首次使用整体竖转方法。

此外,2015年建成的南昌朝阳大桥,采用的是波形钢腹板预应力混凝土主梁形式,也可视为一种钢-混凝土结合梁的形式。

混合梁斜拉桥

武汉白沙洲长江大桥

湖北荆岳长江公路大桥

随着桥梁跨径的增大,边跨、主跨比例的减小,为了求得恒载平衡,开始出现边跨、主跨采用不同材料的斜拉桥,称之为混合梁斜拉桥。

主跨结合梁、边跨混凝土梁的混合梁斜拉桥。第一座此类桥型是1996年建成的上海徐浦大桥,主跨为590米的A形双塔双索面钢-混凝土结合梁斜拉桥,边跨为混凝土梁。上海徐浦大桥也是首次使用国产STE355钢板,代替进口桥梁钢板加工制作构件的大桥。

主跨钢梁、边跨混凝土梁的混合梁斜拉桥也不鲜见。2000年台湾省建成的高屏溪大桥,为主跨330米钢箱梁、边跨188米混凝土箱梁的独塔斜拉桥;2000年建成的武汉白沙洲长江大桥(又称武汉长三桥),为跨径布置(50+180+618+180+50)米的双塔双索面栓焊结构钢箱梁与预应力混凝土箱梁混合梁斜拉桥。

2006年通车的舟山连岛工程桃夭门大桥,为跨径布置(2×48+50+580+50+2×48)米的双塔双索面混合梁斜拉桥,主跨为扁平流线形钢箱梁、边跨为混凝土箱梁。2008年建成的济南绕城高速公路黄河公路大桥(也称济南黄河三桥),为跨径布置(60+60+160+386)米的主跨钢箱梁、边跨预应力混凝土梁独塔双索面斜拉桥。

2010年建成、主跨816米的湖北荆岳长江公路大桥,2013年建成、主跨818米的江西九江长江公路大桥,2016年建成、主跨800米的贵州鸭池河大桥,2017年建成、主跨720米的杭瑞高速公路贵州北盘江大桥,2018年建成的安徽池州长江大桥等,均为混合梁斜拉桥。

同时,中国还建成主梁为钢管混凝土空间桁架结构的斜拉桥,如1997年建成的广东南海紫洞大桥和2001年建成的重庆万安大桥,均属此类。

贵州北盘江大桥

贵州鸭池河大桥

The Modern Cable-Stayed Bridges

矮塔斜拉桥

也称为部分斜拉桥,是一种新型的桥梁结构体系。虽然外型与斜拉桥接近,但其实质上是梁桥与斜拉桥的组合体系,其受力介于梁桥和斜拉桥之间。

此类桥型,其整体刚度主要由梁体提供,拉索的刚度仅起加强作用,因此拉索应力变幅较小,整体刚度比普通斜拉桥要好,因而在铁路、公铁两用桥梁及公路桥梁上都有较多应用。其主要部由塔、墩、梁和索组成。同时,此类桥型也由于主塔高度较低、拉索的强度要求不太高,除了跨径难以做到很大外,具有技术难度较低,工程投资省,安全系数较高,后期运营管理费用比较节省,视觉景观效果良好等特点。因此,矮塔斜拉桥也成为未来斜拉桥的发展趋势之一,特别适合建设对刚度要求很高的大跨高铁或公铁、公轨两用桥梁。

2000年建成的安徽芜湖长江大桥,是一座钢桁架梁公铁两用斜拉桥,也是一座矮塔斜拉桥。该桥主跨312米,以双层桥面钢桁架为主要受力结构,以部分斜拉的索为辅助,成功解决了杆件内力和挠度过大的问题。2011年建成的京沪高速铁路津沪联络线特大桥,为跨径布置 (64.6+2×115+64.6) 米的预应力混凝土梁矮塔斜拉桥。

2006年建成的阿(荣)旗(深)圳高速公路河南开封黄河公路大桥,为跨径布置 (85+6×140+85) 米的七塔八跨的预应力混凝土双索面矮塔斜拉桥。2006年建成的大(庆)广(州)高速公路北京潮白河大桥,为跨径布置 (72+2×120+72) 米的预应力混凝土箱形梁三跨矮塔斜拉桥。2012年建成的大(庆)广(州)高速公路吉林松原宁江松花江特大桥,为跨径布置 (95+3×150+95) 米的四塔单索面预应力混凝土矮塔斜拉桥。2014年建成的辽宁大连长海县长山大桥,为主跨260米双塔双索面三跨预应力混凝土矮塔斜拉桥。2015年建成的武汉三官汉江公路大桥(也称中法友谊大桥),主桥为跨径布置 (120+190+120) 米的预应力混凝土梁双塔双索面矮塔斜拉桥。2016年建成通车的内蒙古乌海市乌海湖大桥,为跨径布置 (80+5×120+80) 米的混凝土梁六塔七跨矮塔斜拉桥,桥宽达37米。2018年5月31日合龙、10月建成的湖南常德西南环线沅水四桥,为湖南省首座五塔斜拉桥,也是一座矮塔斜拉桥。

安徽芜湖长江大桥

开封黄河特大桥

大跨径斜拉桥施工

大跨径斜拉桥施工建设过程中,以索塔、主梁和斜拉索架设安装技术最为关键。

——索塔施工

索塔是大跨径斜拉桥的重要组成部分,主要由塔座、塔肢和横梁组成,按照建造材料可以分为两大类:钢筋混凝土索塔、钢塔。目前,国内大跨径斜拉桥大多采用钢筋混凝土索塔,国外大多采用钢塔。

混凝土塔。 混凝土索塔通常由基础、承台、塔柱、横梁、上塔柱拉索锚固区等组成。混凝土索塔塔柱一般采用支架法、滑模法、爬模法、翻模法分段施工,施工节段大小划分与塔柱构造、施工设备性能、施工方法、施工环境条件等多方面因素有关。

支架法不需要特殊的施工机械设备,但支架材料用量大,挡风面积大,施工速度慢,在大跨径斜拉桥或悬索桥中常用于塔柱根部起始节段的混凝土浇筑。

滑模法最早用于高桥墩施工,其施工工艺要求严格,施工控制复杂,容易污染且修补困难,还须日夜连续作业,施工强度及管理难度均较大。

爬模法是大跨径斜拉桥中应用最为广泛的施工方法。早期的爬模为无爬架爬模,施工要求用塔吊等起重设备进行提升,仅靠模板系统自身不能完成提升作业。在铜陵长江公路大桥的索塔施工中,中国第一次成功开发应用了此工艺。随后南京长江二桥,采用了四面爬架倒链提升模施工工艺,在广东虎门大桥采用了电动爬架爬模施工工艺。中交第二航务工程局有限公司在润扬长江大桥悬索桥率先引进、吸收、创新了液压爬模法施工桥塔工法,并在全国迅速得到推广,在苏通长江大桥进一步完善。

翻模法应用较早,其特点是施工操作简便,但单块模板尺寸和重量大,起重工作量大,不利于在沿海或峡谷等风环境恶劣地区施工。另外,塔柱倾斜度较大时,模板的提升和安装较为困难,影响施工进度和施工质量。

在高空进行大跨径、大断面现浇预应力混凝土横梁施工难度大,通常采用落地支架法、托架法等进行横梁施工。根据横梁结构和混凝土浇筑能力的不同,横梁可整体或分次浇筑。在索塔施工中,由于塔柱的倾斜,自重会使塔柱横桥向侧产生拉应力,需要在施工过程中在两塔柱间设置横向水平支撑。

随着桥梁跨径增加,塔柱越来越高,受日照、风等因素影响,索塔线形控制和抗风稳定安全成为近年来重点关注的问题。以针对苏通长江大桥300米超高索塔研发的"随动修正控制技术"为依托,确保了索塔精度,提高了施工效率,也突破了塔梁同步施工的技术瓶颈。

钢塔。 20世纪末以后,中国建设的悬索桥和斜拉桥,出于经济考虑大都采用钢筋混凝土桥塔,2003年建成的南京长江三桥,为主跨648米斜拉桥,首次采用钢塔。2018年建成的港珠澳大桥九州航道桥,

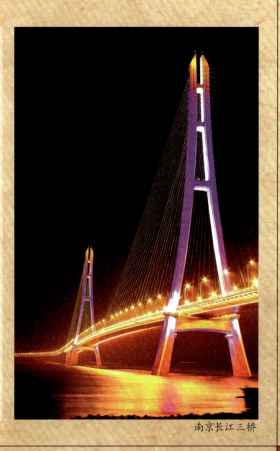

南京长江三桥

采用了凤帆式钢塔。

早期钢塔施工方法主要有自立式吊机逐段安装法、爬升式吊机架设法。随着装备技术的发展，开始采用自动升降式塔吊。南京长江三桥的钢塔，就采用该方法施工。

——主梁施工

20世纪中期，节段悬臂施工法、移动托架拼装法的出现，促进了桥梁向大跨径方向发展。目前大跨径斜拉桥施工，均采用这两种技术。钢箱梁斜拉桥采用移动吊机悬拼，混凝土斜拉桥采用挂篮悬浇或移动吊机悬拼。

钢箱梁。 目前，跨径在500米以上的钢梁斜拉桥，都采用悬臂拼装法施工，最具代表性的有：白沙洲大桥、南京长江三桥、苏通长江大桥等。悬臂拼装法，即把钢吊架安装并锚固在架好的梁上，由塔顶的辅助钢束保持平衡，钢架上安装与吊杆相连的千斤顶，当驳船将预制块件运至桥下时，吊杆与预制梁段铰接，通过千斤顶起吊，使杆件缓缓提升到桥面高程就位。

混凝土箱梁。 我国自1975年开始修建斜拉桥，即以混凝土斜拉桥为主，是建造混凝土斜拉桥最多的国家，迄今为止，全国斜拉桥90%以上皆为混凝土梁。混凝土斜拉桥的施工方法包括挂篮悬浇法、预制悬拼法、顶推法、转体法、劲性骨架法、支架法和整体竖向提升法等，其中以悬臂浇筑法和悬臂拼装法为主。

1995年建成的铜陵长江大桥，主跨432米，是当时为世界最大的肋板式混凝土斜拉桥，也是国内首次研制并成功使用前支点挂篮悬浇施工工艺。此后，湖北武汉江汉四桥、武汉长江二桥、南昌新八一大桥、湖北荆沙长江公路大桥的主梁施工中，均采用了先进的前支点挂篮工艺。2001年建成的重庆大佛寺长江大桥，主跨为450米；2002年建成的湖北鄂黄长江公路桥，主跨为480米，同年建成的荆州长江公路大桥，主跨更是达到了500米。

钢－混凝土结合梁。 结合梁斜拉桥的发展与组合结构的发展密不可分，是两者均发展到一定阶段后相互结合的产物。

1991年，上海市建成的南浦大桥是我国第一座钢－混凝土结合梁斜拉桥。其后，上海杨浦大桥、青洲闽江大桥、哈尔滨四方台大桥、重庆观音岩长江大桥、武汉二七长江大桥等均采用开口截面组合梁，采用了杆件悬臂拼装，逐节段现场结合桥面板。

2012年通车的武汉二七长江公路大桥为三塔斜拉桥，双主孔跨径为(2×616)米，主梁采用与上海杨浦大桥类似的开口截面结合梁，在施工中开发了两节段循环施工新工艺，采用起重船安装钢主梁，起重吊机安装混凝土面板，现场合成结合梁的方案。

箱形截面结合梁可弥补开口截面结合梁的不足，东海大桥主航道桥最先采用箱形截面结合梁，建成了主跨420米斜拉桥，采用工厂预制成整节段，现场整节段吊装，现场仅浇筑一道湿接缝。2014年建成的椒江二桥主航道斜拉桥主梁采用分离式半封闭钢箱组合梁，其跨径为480米，采用"先组合、后整体吊装"的施工方法以及"两节段同时浇筑湿接缝"的新工艺。

苏通长江大桥

铜陵长江大桥

上海杨浦大桥

重庆永川长江大桥

望东长江公路大桥为主跨638米钢混组合梁斜拉桥，采用整节段预制、现场湿接缝施工方法。

为取消现场浇筑湿接缝，提高施工效率和质量，2014年建成的泉州湾跨海大桥首次提出胶接缝连接工艺，采用长线法预制组合梁节段，现场匹配后，连接面涂抹结构胶实现结合，每节段安装周期仅为4天。

钢－混凝土混合梁。 我国在混合梁斜拉桥建设方面起步较晚，但发展速度并不慢。国内首座混合梁斜拉桥是1996年建成通车的上海徐浦大桥，其主跨为590米。武汉白沙洲长江大桥的主跨为618米，于2000年建成，一举成为当时国内同类型桥梁之最。2001年舟山桃夭门大桥顺利建成，主跨为580米，其结合段的细节构造不同于汕头礐石大桥、白沙洲长江大桥。2010年以后建成的主跨926米的鄂东长江公路大桥、416米的福州淮安大桥、608米的重庆永川长江大桥、700米的广东江顺大桥、430米的西藏迫龙沟大桥、800米的贵州鸭池河大桥、828米的安徽池州长江大桥，均为钢－混凝土混合梁桥。

钢－混凝土混合梁施工多种多样，有所创新。江顺大桥主梁钢－混凝土结合段，增设PBL钢板、剪力钉，采用抗裂纤维混凝土施工。安装采用墩顶三向固结、首创浅滩区钢箱梁节段滑移上岸及中跨顶推配切技术，实现了精确合龙。迫龙沟大桥创新性地采用了边跨混凝土梁挂篮悬臂浇筑、中跨组合梁悬臂拼装的不对称悬臂施工法，为国内外首创。鸭池河大桥主梁施工，采用在场地内拼装成标准16米节段后平移至塔下，用缆索吊装，是斜拉桥施工的有益尝试。

钢桁梁。 2000年中国建成的芜湖长江大桥(主跨312米)，为双层结构公铁两用桥，主梁采用桁架结构与钢筋混凝土桥面板的组合体系，主要施工方法为杆件散拼。2009年建成的武汉天兴洲长江大桥，为国内首座公铁两用大跨径钢桁梁斜拉桥，主桥跨径504米，主梁为3片主桁组成的板桁结合钢桁梁，节间长度14米，桁高15.2米，且标准节段创新性地采用了整节段架设技术，包括公路钢正交异性板，一个节间最大吊重达到700吨。

2009建成的上海闵浦大桥，为国内首座双层公路钢桁梁斜拉桥，主跨708米，主梁也采用了类似武汉天兴洲长江大桥的整节段架设技术，标准节段起重量达500吨。此外，其边跨创新采用了"地面拼装、整体提升、高空滑移"的施工工艺，边跨全长263米，单跨整体提升重量达1000吨。2010年建成通车的新疆果子沟特大桥，为国内首座钢桁梁公路斜拉桥，桥跨组成为(170+360+170)米，全长700米。主桁为N形桁架，两片主桁，桁高6米，节间长度6米，桁架标准节段采用30吨全回转桥面吊机散件拼装工艺。

2010年建成的国内首座公轨两用钢桁梁斜拉桥——上海闵浦二桥，为独塔双索面连续钢板桁组合梁斜拉桥，跨径组合为(251.4+147+38.25)米，其主梁为全焊接结构，主梁施工采用工厂整节段预制，现场整节段安装的方法。塔旁支架起始段采用1200吨浮吊安装，标准段采用260吨步履式桥面吊机安装，钢梁节段在工地用对接焊接施工。

2010年建成的郑州黄河公铁两用桥，跨径布置为(120+5×168+120)米，该桥应用了"多点同步顶推"技术，在顶推最大跨径、总长度和总重量方面均创"世界之最"。

2010年以后，国内又建成了多座钢桁梁斜拉桥——黄冈长江公铁两用大桥、安庆长江大桥和铜陵公铁两用长江大桥等。其中，铜陵公铁两用长江大桥，其主桥钢梁采用全焊桁片式组拼结构，并创新采用了桁片拼装施工技术。

2014年建成的忠建河大桥是目前最大跨径的公路钢桁梁斜拉桥，其跨径布置为(46+134+400+134+46)米，主桁采用焊接整体节点结构形式，主梁采用了桁片拼装施工技术。

——斜拉索施工

斜拉索是一种柔性拉杆，是斜拉桥的重要组成部分。斜拉桥梁体重量和桥面荷载主要由拉索传递至塔、墩，再传至地基基础。当今，国内外各类斜拉桥所用的斜拉索，主要是经多种防腐处理制作的高强平行钢丝斜拉索和平行钢绞线拉索。

平行钢丝斜拉索。1986年我国在广东九江大桥2×160米主跨的独塔斜拉桥上，采用自主研制的我国第一根热挤聚乙烯（PE）防护扭绞型平行钢丝拉索（简称PWS索），为我国在这一领域的开拓和发展奠定了基础。如今，我国拉索的设计和生产跻身国际先进行列。2001年建成的南京长江二桥最长拉索为330米，重30吨。2008年建成的千米级斜拉桥——苏通长江大桥，主跨径1088米，首次开发具有自主知识产权的拉索用有直径7毫米、1770兆帕高强度、低松弛、具有良好扭转性能的镀锌钢丝。开发设计寿命达到50年的耐久型拉索体系，并首次成功制造出长度为577米的高精度斜拉索。研发出一套系统的长、重索架设的三级组合牵引施工工艺，以及与之配套的关键设备系统，有效解决了千米级斜拉桥超长斜拉索的架设技术难题。

钢绞线拉索。1980年，在广西红水河修建的主跨96米的铁路桥，首次采用了钢绞线拉索。钢绞线斜拉索的防护有两种形式：一种是有黏结刚性防护，即将整根拉索传入一根外套管中，外套管与钢绞线之间压注水泥浆，因其防护效果欠佳，且不便换索，目前已很少采用，另一种是无黏结柔性防护，是将每一根钢绞线束外涂防锈油脂或镀锌或喷铝后挤裹PE护套，再将若干根带有护套的钢绞线束组装成一根拉索，在拉索外再套一层高密度聚乙烯（HDPE）套管，形成无黏结柔性拉索，这种防护形式的拉索目前应用较为普遍。

西藏迫龙沟特大桥

斜拉索耐久性技术

斜拉索是斜拉桥主要传力构件，截面尺寸小、承受拉力大，处于高应力状态，对外界影响非常敏感，即使局部轻微受损，也会加快索的损坏，且换索需要耗费大量人力、物力。因此如何增强斜拉索耐久性，是提高斜拉桥耐久性的核心课题，涉及索体防腐、锚具防护、索体与锚具结合部防腐、索塔与梁锚固区防护等多项研究。

斜拉索减振技术研究同样十分重要。斜拉索在外界因素的作用下，会发生不同机制的振动，有涡激共振、尾流驰振、风雨激振、抖振及参数共振五大主要类型。这些振动会降低斜拉索的耐久性。较简单的减振方法是，通过改变拉索的外形来改变拉索的空气动力特性，如索表面粗糙处理对减少风雨激振有一定帮助。采用较多的办法是：用黏弹性高阻尼材料在斜拉索端部钢导管的入口设置一个附加阻尼支点。当斜拉索稍有振动，阻尼衬套就会受到挤压并吸收能量，发挥减振作用。设置外置式减振器或辅助索，减震效果会更明显有效。

斜拉索抗疲劳性能，也是设计的重要指标。在规定的应力变幅下，拉索在承受200万次的荷载循环后，其强度应不小于原来强度的95%。斜拉索锚具处疲劳破坏，是斜拉索疲劳破坏最可能的因素，应在结构和材料方面采取一定防护措施。虽然增强斜拉索耐久性不是新的课题，但因非常重要，必须从防腐、减振等方面，对减弱其耐久性的因素进行详尽分析，采取相应措施，全力增强斜拉索耐久性。

南京长江二桥

斜拉桥景观设计

与梁桥相比，由于增加了塔与索的构造，协调了梁桥水平方向单维突出的构图比例，可以创造出更丰富的斜拉桥景观形象。在构造特征方面，因拉索的位置、跨径大小及分割、塔的型式、主梁断面形状、支撑方式、材料使用及灯光使用等有多种选择，设计的自由度大大增加，有利于设计人员大胆创新，独具巧思，以利于体现设计的风格与个性。

通过斜拉桥的梁、索、塔的线形特征及几何构图，可以营造出明快、力量、流畅、简洁等现代感，具备功能与形式统一的良好形象。大跨径斜拉桥，往往桥塔高耸、拉索壮观，近观远望都会与周围环境形成全新的景观。竣工之日，桥梁往往成为该地的地标式建筑，成为游览的热门景点，对经济发展和环境改善有重大作用。

中国斜拉桥的快速发展，不论是数量还是技术，都在国际上居于前列，很多斜拉桥的技术指标还保持了同型桥的世界第一，中国已经成为名副其实的斜拉桥强国。

中国现代斜拉桥 / 双塔斜拉桥

武汉军山长江大桥

位于湖北省武汉市西南郊、武汉关上游28公里处，北岸是蔡甸区军山镇，南岸为江夏区金水乡，是京港澳高速公路与沪渝高速公路在武汉交汇并共线跨越长江的一座特大桥梁，于1998年12月开工建设，2001年11月建成通车。

工程全长4881.18米，桥梁长2847米，北岸引道长1571.5米，南岸引道长462.678米；主桥跨径布置为(48+204+460+204+48)米，为五跨连续双塔双索面钢箱梁斜拉桥，引桥为等截面连续箱梁；桥面宽33.5米，双向六车道高速公路桥梁，设计荷载为公路一Ⅰ级，汽车—超20级、挂车—120，设计速度120公里／小时。

武汉军山长江大桥钢箱梁成桥施工中采用全断面焊接技术，其成桥工法为国内首例。此外，在建设中解决了一批现行规范尚需完善的前沿技术问题，包括：主桥斜拉索塔锚固区采用横桥向布置小半径环向预应力、自校正法实施施工监控提高成桥精度、大型异形双壁钢围堰施工特宽桥梁深水基础、单侧导向船精确定位大型异形钢围堰等，在新技术、新工艺、新材料、新设备广泛研究和成功应用的支撑下，该桥建造质量得到了保证，被交通部评为"全国十大优秀建设项目"。

重庆大佛寺长江大桥

位于重庆市朝天门码头下游约5公里处，是国家重点工程渝黔高速公路上跨长江的控制性工程，于1997年11月开工，于2002年1月建成通车。

该桥总长1168米，主桥为跨径(198+450+198)米的双塔双索面预应力混凝土梁斜拉桥。主墩塔最大高度206.68米，每塔双面55对斜拉索。引桥为预应力钢筋混凝土T形简支梁桥。桥面宽30.6米，双向六车道。主桥梁段采用牵索挂篮悬臂浇筑。

该桥是主城区下游的第一座长江大桥，其主要技术创新点包括：

硅粉混凝土的成功应用，是该桥项目部技术创新的一大亮点。硅粉混凝土具有易浇筑、密实、不离析、长期稳定和高早期强度、高耐久性的特性。其创新运用，既保证了大桥的施工质量和结构耐久性，又填补了西南地区桥梁施工史上的一项空白。在大型斜拉桥中采用了大吨位（压力为22000千牛顿、抗拉力为3000千牛顿、位移量达到1120毫米的拉压支座。采用了一次调索的设计方法。首次在特大型斜拉桥中采用了大长度双悬臂施工，双悬臂最大长度为191.2米，为当时同类型桥中最大。首次采用尾部梁段固结模型的边跨合龙设计。

首次采用了无凿平层的8厘米SMA铺装层设计方法。该方法在保证施工质量的前提下，减少了施工环节，缩短了施工工期。

马桑溪长江大桥

位于重庆市大渡口区马桑溪与巴南区花溪镇之间,是重庆主城外环高速公路跨越长江的公路桥梁,于1998年10月开工,2001年12月竣工。

桥型为(179+360+179)米双塔双索面预应力混凝土梁斜拉桥,采用平行钢绞线斜拉索体系。全桥长1104.23米,桥宽30.6米。

该桥于2003年获"鲁班奖"。

崖门大桥

位于广东省新会市,东接金门立交、西接猫山隧道,是S32西部沿海高速公路新会段上跨潭江入海口——崖门水道的特大桥,于2002年4月建成。

大桥全长1288米,主桥为跨径布置(165+338+165)米的双塔单索面塔墩梁固结预应力混凝土斜拉桥,其中在边跨距端部50米处设置一辅墩,采用塔、墩、梁固结体系。

主梁采用单箱五室箱梁,梁高3.4米,箱宽26.8米,高跨比1:100,高宽比1:7.9,宽跨比1:12.6。桥面以上塔柱高73.5米,高跨比1:4.6,塔柱采用矩形空心断面。主墩采用双薄壁矩形柔性墩,横向宽12米,双壁之间中心距6米,墩高47.6米。斜拉索采用扭绞形平行钢丝斜拉索,由直径7毫米高强平行钢丝组成。

建管单位通过与华南理工大学交通科学研究所合作,最后确定在桥面铺装中采用FAC和SMA双层结构,成功解决了沥青路面抗滑构造深度和透水性之间的矛盾,取得了良好的效果。

该桥2006年获第六届中国土木工程"詹天佑奖"。

荆州长江公路大桥

位于湖北省荆州市沙市区与公安县之间，是G55二广高速公路和G207线共用的跨江通道，于1998年3月开工建设，2002年9月建成通车。

桥梁总长8841.6米，其中长江大桥长4397.6米，引道长4444米；北汊主桥结构采用主跨500米双塔三跨预应力混凝土斜拉桥，跨径组合为(200+500+200)米，南汊主桥结构采用主跨300米的双塔三跨预应力混凝土斜拉桥，跨径组合为(160+300+97)米；桥面宽24.5米，四车道，城市、公路两用桥梁，设计速度80公里/小时，设计荷载为汽车一超20级。

因地制宜，根据桥位地形、河道、通航等条件，成功应用了主跨300米高、低塔不对称预应力混凝土斜拉桥。

该桥获2005年度中国公路学会科技进步二等奖。

鄂黄长江公路大桥

位于长江中游，连接湖北省黄冈市、鄂州市，是G106线跨越长江的特大型桥梁，于2002年9月建成。

桥梁总长3245米，其中长江大桥长2670米、引道长575米，主桥为(55+200+480+200+55)米五跨连续双塔双索面预应力混凝土斜拉桥，黄冈岸引桥、副主桥分别由20×30米和2×50米T梁组成，鄂州岸引桥、副主桥分别由26×30米和4×50米T梁组成。桥面宽度24.5米，双向四车道，两侧设人行道，荷载标准为汽车一超20级、挂车—120。

该桥主要特点如下：主跨480米的预应力混凝土斜拉桥的建成，使我国大跨径预应力混凝土斜拉桥设计施工水平跃居世界先进行列；首次在主塔墩桩基础设计中改常规"梅花形"为"平行式"桩基布置，提高了顺桥向和横桥向总体抗弯刚度，使桩受力均匀，便于搭设施工平台，为一个枯水期完成全桥下部结构施工奠定了坚实基础；首次在主塔斜拉索锚固区环向预应力钢束的设计中采用横桥向布置，改善了斜拉索锚固区受力性能；在国内率先采用带开口底板的双肋板式主梁截面，改善了主梁受力，方便了施工；自行开发了桥梁结构设计与施工控制软件系统，提出了大跨径预应力混凝土斜拉桥施工监测与控制技术；首创三向定位船稳桩施工方案，成功解决了深水、大流速、浅覆盖层条件下钻孔平台搭设的难题；首次提出护筒二次复打施工方案，成功解决了浅覆盖层、基岩面高差大，穿越裂隙、溶洞等不良地层钻孔成桩的难题，为钻孔桩基础施工开辟了一条新路；在国内首次采用有底双壁钢吊箱散拼和钻孔桩同步施工方案；采用清华大学研制的斜拉索体外减振器，减振效果良好。

The Modern Cable-Stayed Bridges

福州青洲闽江大桥

位于福建省福州市马尾区与长乐市之间,坐落在闽江金三角经济区和长乐机场的中央。北连国道104线通往北京,南连国道324线直达广州、香港,西可通过高速路与316线相通,是全国沿海大通道"同三线"跨越闽江的大桥,纳入福建省高速公路统一管理。该桥于1998年8月开工,2002年12月28日正式通车。

该桥主桥全长1193.41米,跨径布置为(40+250+605+250+40)米,是主跨为605米的结合梁斜拉桥。该跨度创造了当时斜拉桥跨度的世界纪录。大桥主桥宽29米,四车道。设计荷载采用汽车—20级、挂车—120,设计速度80公里／小时,净空43米,通航标准为2.5万吨级,设计洪水频率为1/300。

该桥上部结构采用双塔双索面结合梁斜拉桥方案。下部结构0、1号墩采用高桩承台钻孔桩方案,2号墩采用钢管桩,3号墩采用双壁围堰钻孔桩,4号墩、5号墩采用明挖扩大基础。主梁为钢主梁和钢筋混凝土桥面板共同受力的结合梁,主梁和横梁均采用焊接"工"字形钢;斜拉索采用空间扇形索面的布置方案,斜拉索为平行钢绞线组合索;主塔为A字形钢筋混凝土结构,塔高175米。

2004年,福州青洲闽江大桥在上海召开的世界桥梁会议中被列入当时中国最有代表性的20座桥梁之一。

天津滨海大桥

位于天津市津南区葛沽镇，是长深高速公路横跨海河的一座特大型预应力钢筋混凝土双塔斜拉桥。该桥于2003年11月底建成通车。

桥梁全长2838米，由主桥和南、北引桥三部分组成。主桥为双塔双索面斜拉桥，长度为668米，跨径组合为（152+364+152）米。桥宽27.5米，采用双向四车道标准。

桥梁主塔设计为钻石形结构，呈倒Y形，塔高140米，下塔柱向外倾斜，中塔柱向内倾斜，采用下、中、上三道横梁连系。从两座主塔中横梁和上横梁之间的H形塔柱上各放射出25对共104根斜拉钢索，组成4个优美的扇形，犹如4把展开的折扇悬挂在天穹间。主梁采用预应力混凝土结构。引桥采用T形结构，先简支后连续，跨径分为30米、35米、40米三种。

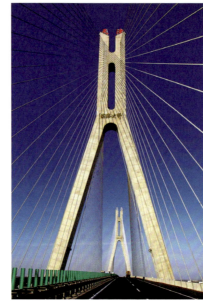

沈阳富民桥

位于辽宁省沈阳市城区南侧，上跨浑河，连接市区与浑南高新技术开发区。于2002年4月开工，2003年12月建成。

该桥全长600米，主桥为（89+242+89）米的折线形双塔独柱式单索面预应力混凝土箱梁斜拉桥，加劲梁采用近似三角形截面，单箱三室；引桥为3×30米预应力混凝土连续刚构，全桥双向六车道。

该桥获2005年"鲁班奖"。

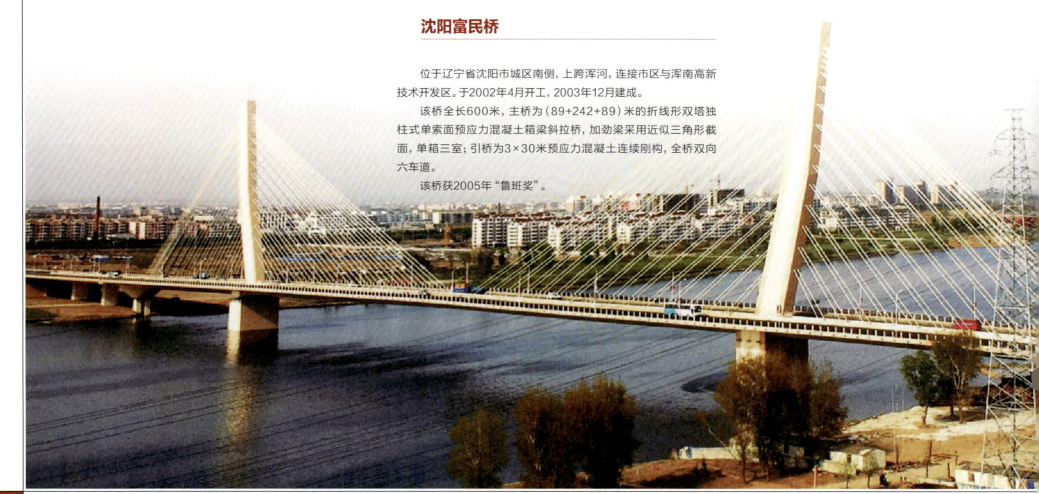

The Modern Cable-Stayed Bridges

巴东长江公路大桥

位于长江上游湖北省恩施土家族苗族自治州巴东县新城,是G209线和交通部规划的临汾至三亚高等级公路在巴东跨越长江的特大型桥梁,上距巫峡口2.5公里,下距三峡大坝72公里,北起国际旅游景点神农溪入江口的太矶头,南接巴东新县城沿江大道,于2004年7月1日通车试运营。

桥梁全长900.6米,主桥为(40+130+388+130+40)米的五跨连续双塔双索面预应力混凝土漂浮体系斜拉桥,北岸引桥为4×40米的预应力简支T梁桥,两端引道及接线共633.379米,桥梁与两岸接线道路按平面交叉形式连接。桥面净宽19米,双向四车道二级公路标准,设计速度40公里/小时,荷载为汽车—超20级、挂车—120,通航标准为内河I(2)级航道,抗震烈度VII度。

该桥于2008年12月21日被国家工程建设质量奖评审委员会评定为2008年度国家优质工程银奖。

江津地维长江大桥

位于重庆市西郊大渡口区跳蹬镇白沙沱与江津市珞璜镇之间,在长江上游航道里程706.4公里处,是长江上第一座完全由企业自筹资金投资修建的长江公路大桥,于2004年8月建成。

大桥全长734.8米,为跨径布置(141+345+141)米的双塔双索面预应力混凝土梁斜拉桥,中孔双向通航,倒Y形索塔高148.89米,全桥设168根钢绞线斜拉索和4根0号索。桥总宽15米,二车道,设计速度40公里/小时,设计荷载为汽车—20级、挂车—120。

大桥设计为双向两车道,桥面宽15米,全长737米,双塔各高130.89米,呈花瓶形,抗震设防烈度7级,最高通航水位202.17米,设计风速27米/秒。

该桥有以下特点及创新点:企业投资,保证大桥资金控制在8000万元以内;合同书要求设计单位与业主一起对大桥建设进行全过程管理,包含技术管理和施工管理;桥梁的主要功能是为水泥厂运输矿石,年运输量达到400万吨,要求采用特殊荷载设计;该桥位于1.5%的单向纵坡上,重车自上而下单向行驶,斜拉桥限制飘浮的体系结构复杂。

安庆长江大桥

安庆长江大桥位于安徽省安庆市迎江区、宜秀区,为G50沪渝高速公路跨越长江的特大桥。于2001年11月18日正式开工建设,历时3年,2004年12月26日提前一年正式建成通车。

大桥全长5646米,主桥部分长1040米,为(50+215+510+215+50)米的五跨连续双塔双索面钢箱梁斜拉桥,四车道桥面标准宽度26米,钢箱梁宽度30米。

The Modern Cable-Stayed Bridges

澳门西湾大桥

北起澳门半岛融和门，南至氹仔码头，是连接澳门半岛与氹仔岛的第三座跨海大桥，该桥于2002年10月8日开工，2004年12月19日建成。

大桥全长1825米，主桥为(110+180+110)米双层预应力混凝土箱梁斜拉桥，采用"竖琴式"设计。分上下两层，上层为双向六车道，下层箱式结构，双向四车道行车，可以在8级台风时保证正常通行，同时桥内预留了铺设轻轨的空间。其独特的双层桥面无隔板预应力混凝土箱梁，是斜拉桥建设中的创新技术。

该桥2007年获国家科技进步二等奖。

中国现代斜拉桥 | 双塔斜拉桥

南京长江三桥

位于江苏省南京长江大桥上游约19公里处的大胜关附近,横跨长江两岸,南与南京绕城公路相接,北与宁合高速公路相连,全长约15.6公里,其中跨江大桥长4.744公里,为G42沪蓉高速公路和G25$_{01}$南京绕城高速公路跨越长江的共用特大桥,于2005年10月建成。

该桥主桥长1288米,桥跨布置为(63+257+648+257+63)米,主跨为双塔双索面半漂浮体系钢箱梁斜拉桥,桥塔也采用钢结构,为国内第一座钢塔斜拉桥,是世界上第一座"人"字弧线钢塔斜拉桥,桥宽32米,双向六车道。

南京长江第三大桥,有三个创新点:第一,斜拉桥主跨648米,这在当时已建成的同类桥梁中居国内第一,世界第三;第二,索塔基础采用钢套箱加钻孔灌注桩组合而成的高桩承台基础,有效缩短了工期,在桥梁深水基础方面取得大的突破;第三,索塔采用钢—混凝土结合结构,下横梁以下部分为混凝土塔身,以上部分为钢塔身,呈弧线形,高218米,属国内首创。南索塔基础水深近50米,采用高桩承台,为国内外早见,施工难度大,不可预见因素多;两索塔采用"人"字形,且采用钢结构,在国内尚属首次,设计和施工均无经验可借鉴。

该桥的获奖情况如下:国家科技进步二等奖(2005-11-20)、中国公路学会科技奖(特等奖)(2006-12)、第七届中国土木工程"詹天佑奖"(2007-11)、古斯塔夫·林德萨尔奖(2007年)、中国公路学会科学技术奖(一等奖)(2007-12)、国家科技进步二等奖(证书)(2007-12)。

The Modern Cable-Stayed Bridges

桃夭门大桥

位于浙江省舟山市定海区,为G9211甬舟高速公路舟山连岛工程的大桥之一,于2009年12月建成。

主桥长888米,主跨为580米双塔双索面半飘浮体系钢—混凝土混合箱形梁斜拉桥,桥面总宽27.6米,双向四车道。下部结构为U形桥台,钻孔灌注桩。

桃夭门大桥采用了黏性剪切型阻尼器和热熔双螺旋线PE护层相结合的抑振措施,抑制了大桥斜拉索的多种风雨振动;采用了当时国内领先的电弧喷涂防腐新技术,确保了钢箱梁的设计使用寿命;在我国第一次将斜拉索销铰连接锚固新技术成功应用于大跨径钢箱梁斜拉桥;桃夭门水道潮流湍急、涡漩遍布,而且没有覆盖层,工作船无法抛锚定位施工,指挥部和工程技术人员应用了工作船不抛锚的动力定位技术;指挥部借鉴国际上的学术成果,与东南大学开展技术合作,针对桃夭门大桥研究采用了环氧沥青材料和铺装工艺,并取得成功。

常州圩墩大桥

位于江苏省常州市武进区,为江苏232省道跨越京杭运河、戚墅堰至横林公路及S38铁路的大桥。于2002年开始建造,2005年建成。

本桥主桥采用(70.15+120+70.15)米的三跨双塔单索面预应力混凝土斜拉桥,桥上设0.273%的单向斜坡,无竖曲线。主塔结构高31.0米,采用钢筋混凝土独塔实心矩形受力截面,顺桥向长3.0米、横桥向宽2.0米,桥塔布置在中央分隔带上,并与箱梁固结。塔身斜拉索通过处设有鞍座,鞍座横桥向设两排,每个鞍座采用双重管结构形式。

斜拉索采用钢绞线索,每根拉索采用31根镀锌钢绞线组成。斜拉索为单索面,双排布置在中央分隔带上。每塔上设有8对32根斜拉索,全桥共64根。斜拉系梁上纵向标准间距为5米,双排横向布置间距为1.0米,塔上竖向间距2.33米。拉索采用双重防腐措施,每股镀锌钢绞线外包PE防护套,索外加套高密度热挤聚乙烯PE管。位于索鞍处的钢绞线为裸索,待施工完毕后,在内侧管灌注高强环氧砂浆。下部结构为桩柱式桥台,双柱式桥墩,钻孔灌注桩基础。

夔门长江大桥

又名奉节长江大桥,位于重庆市奉节县新县城下游1公里处,距夔门2公里,为G242线巫恩公路上跨长江的特大桥,于2006年6月建成。

大桥全长930米,跨径布置为(30.4+202.6+460+174.7+25.3)米,桥面全宽20.5米,为主跨460米双塔双索面预应力混凝土主梁斜拉桥,桥塔分为上塔柱、横梁、中塔柱、盖板、下塔柱五大部分。承台以上南、北主塔高分别为206米、211.61米。上中塔柱及横梁均采用单箱单室截面,下塔柱采用单箱三室截面。主塔处塔梁间采用纵向弹性约束半飘浮体系。

斜拉索采用空间双索面,每塔每索面共布置28对斜拉索,全桥共224根斜拉索。斜拉索采用直径7.0毫米镀锌平行钢丝,外挤双层PE,钢丝标准强度1670兆帕。正桥下部基础均采用钻孔桩基础。

上海洋山港东海大桥

始于上海市浦东新区（原南汇区）芦潮港，北与沪芦高速公路相连，南跨杭州湾北部海域，直达浙江嵊泗县小洋山岛。全长32.5公里的上海洋山港东海大桥是上海国际航运中心深水港工程的一个组成部分，被上海市政府列为"一号工程"。于2005年5月25日建成。

东海大桥陆上段约3.7公里，芦潮港新大堤至大乌龟岛之间的海上段约25.3公里，大乌龟岛至小洋山岛之间的港桥连接段约3.5公里。该桥按双向六车道加紧急停车带的高速公路标准设计，桥宽31.5米，设计速度80公里/小时，可抗12级台风、Ⅶ级烈度地震，设计基准期为100年。按汽车一超20级设计，挂车一120验算。

大桥主通航孔采用跨径（73+132+420+132+73）米的双塔单索面钢和混凝土结合梁斜拉桥，全长830米，半飘浮体系，梁、塔间纵向共设8个2500千牛顿黏滞阻尼器。扇形索面布置。主梁采用单箱三室大悬臂截面，桥面宽度33米，梁高4.0米。主塔采用倒Y形塔，塔高148米。斜拉索采用高强度镀锌平行钢丝束，冷铸锚，拉索外表面采用防风雨振措施。其余部分桥梁孔跨布置为：2×20米预应力空心板梁+11×30米预应力T梁+（50+2×90+50）米预应力混凝土连续刚构+11×29米预应力Tivws+8×50米预应力箱梁。

该桥针对超大型跨外海桥梁设计技术难点的研究，采用大量设计新理念、新方法、新技术，填补了国内空白。在国内首次提出并采用了大型构件陆上预制、海上整体吊装的创新理念与技术，促进了我国大型构件施工技术的发展，并首次在斜拉桥上提出并采用了钢—混凝土箱形结合梁这种断面形式，发展丰富了斜拉桥的类型。

中国现代斜拉桥 | 双塔斜拉桥

广东湛江海湾大桥

位于广东省湛江市,广东湛江海湾大桥及连接线工程东起吴川市黄坡镇接G325线,沿S373线经湛江市坡头区,于平乐渡口上游1.3公里处跨越麻斜海湾,终于湛江市乐山大道,建成于2006年12月30日。

工程全线包括全长3981米的湛江海湾大桥和约21公里的四车道一级公路。其中,广东湛江海湾大桥主桥为双塔双索面混合梁斜拉桥,斜拉桥主跨为480米,钢混混合箱梁,斜拉桥边跨跨度为(120+60)米,水中引桥为50米连续梁桥,岸上引桥为28米连续梁桥。能够抵抗5万吨及以上轮船的撞击,抵抗风力12级以上、300年一遇的台风,抵抗8级地震。

该桥主墩桩基础深达104米,为广东省最长的桥梁桩基础工程。主墩承台面积1400平方米,体积达8000立方米,是广东省最大的桥梁承台。主墩水深达到20米、155.3米高的曲线混凝土桥塔、海运距离400公里的钢箱梁吊装、环氧沥青钢桥面铺装等方面的施工难度都非常大。而且桥梁位于5万吨级国际航道上,施工干扰大。建设期间还经常面临台风和雷暴的袭击。这几个方面使得该项目成为广东省建设难度最大的工程。

大桥在广东创下多项第一:第一次实施环氧沥青铺装,第一次自行研制出50米连续梁移动模架造桥机进行施工,第一次使用了平行镀锌钢丝索,第一次在主塔和钢箱梁之间安装了国际先进的抗震支座。

湛江海湾大桥有限公司获颁2006年度广东省"五一"劳动奖状,并在2006年全国首届桥梁文化周中被评为全国桥梁建设"十大优秀团队"。施工单位广东省长大公路工程有限公司及中铁山桥集团有限公司分别获评全国桥梁建设"十大英雄团队"。

侯禹高速公路龙门黄河特大桥

位于山西省运城市河津市，连接G5京昆高速公路，于2004年10月22日开工，2006年12月建成。该桥因其建成时在山西省里程最长、科技含量最高、投资最大，被称为"三晋第一桥"，又因其为主桥主跨352米的双塔斜拉桥，是目前黄河上跨径最大的斜拉桥，故又被称为"黄河第一跨"。

大桥起于山西省河津市苍头村，横跨黄河后止于陕西省韩城市大前村，全长4566米，主桥长700米，T梁桥宽24米，矮塔斜拉桥宽28米，双塔斜拉桥宽30.6米。项目概算7.56亿元，总工期34个月。大桥按照汽车—超20级、挂车—120荷载设计，可抵御1/300的洪水。

大桥的结构复杂、施工难度大，技术含量高。采用了长大钻孔桩施工技术、设立1:120的桥梁模型进行风洞试验，采用大体积承台混凝土施工温控试验技术、矮塔斜拉桥鞍座采用分丝管技术，桥梁基础施工采用凌汛预防及结构物度汛技术、浅滩河段栈桥施工技术。

该桥荣获2009年度中国建筑工程"鲁班奖"（国家优质工程）。

涪陵李渡长江大桥

位于重庆市涪陵区，是横跨长江、连接G319及G348线的一座特大型桥梁，于2007年10月建成通车。

桥梁全长887.35米，主桥为跨径布置（170+398+170）米的双塔双索面半飘浮体系预应力混凝土斜拉桥。主梁近边墩外边跨因压重需要采用箱梁，其余均采用预应力混凝土边主梁。索塔处塔梁间采用纵向弹性半漂浮体系，索塔为组合式：下部为整体箱形塔墩，上部为花瓶式塔架，分为上塔柱、上横梁、中塔柱、下横梁、下塔柱五大部分，塔柱材料为C50混凝土。斜拉索采用双索面，每塔每索面共25对斜拉索，全桥共200根斜拉索。斜拉索采用直径7毫米镀锌平行钢丝，外挤双层PE，内层为黑色，外层为彩色，钢丝标准强度1670兆帕，斜拉索锚具采用冷铸墩头锚。桥面全宽25.10米，设计速度60公里/小时，荷载公路—Ⅱ级，设计洪水频率1/100，地震烈度Ⅵ度，按Ⅶ度设防。涪陵岸引桥为跨径布置2×42米连续箱梁桥，主梁为单箱双室箱梁，桥墩为双薄壁空心墩。

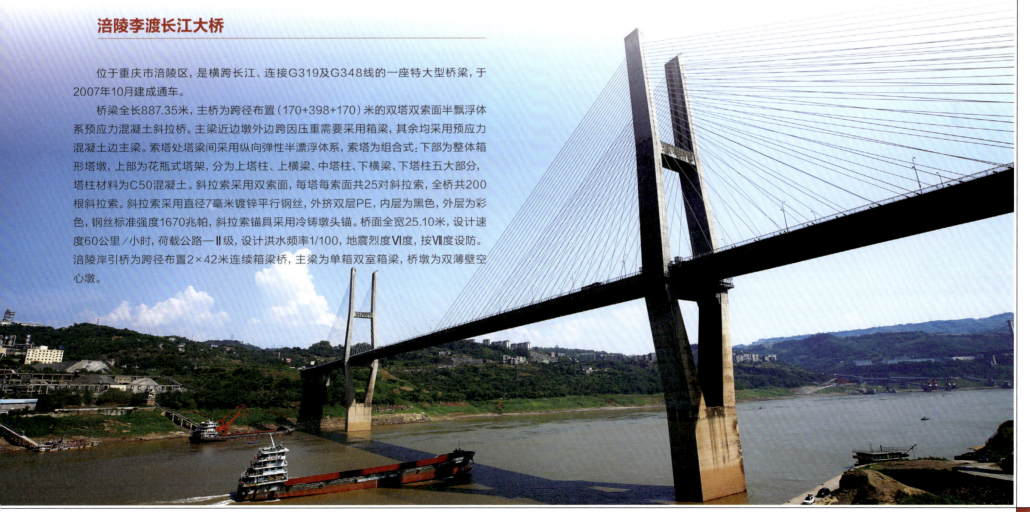

宜宾长江大桥

位于四川省宜宾市翠屏区，是四川S206线、S307线以及宜宾内环线上跨长江的特大型桥梁，于2008年4月7日通车。

桥区位于宜宾市金沙江与岷江汇合口下游的菜园沱长江干流上，大桥全长931.31米，主桥跨径分布为(184+460+184)米，南岸无引桥，北岸引桥为3×30米预应力混凝土T梁桥；主桥结构体系采用半飘浮体系；主梁采用预应力混凝土分离式双箱断面，边跨密索段和索塔处节段采用闭口单箱三室断面。索塔塔柱采用箱形断面，宝瓶形塔身造型。拉索采用平行双索面的布置形式，全桥共152对拉索，采用扇形布置。桥塔基础采用桩基础。桥宽25米，双向四车道。北岸设置交界墩，采用薄壁空心墩+钢筋混凝土盖梁的结构形式。在两岸各设两个辅助墩，均为双柱式圆墩。

桥梁所获成果有：2008年中国公路学会科学技术奖三等奖、2008年四川省建设工程天府金杯奖、2010年国家优质工程银质奖、2010年度四川省工程勘察设计"四优"二等奖。

彭溪河特大桥

位于重庆市云阳县，是G42沪蓉高速公路重庆云阳至万州段的重要桥梁，于2008年12月建成。

桥梁长1001米，主桥长632米，跨径组合为8×40米+(158+316+158)米+40米，为主跨316米的双塔双索面斜拉桥；桥宽24米，双向六车道。下部结构为重力式墩台。

该桥主墩墩身结构大，断面尺寸最大为28.6米×16.19米，最高为90.84米；混凝土浇筑强度大，每节段混凝土浇筑量平均超过600立方米，墩身顶部实心段混凝土用量达1573立方米；主墩墩身横隔板数量较多，施工烦琐。

苏通长江公路大桥

位于江苏省东部的南通市和苏州市之间,西距江阴大桥82公里,东距长江入海口108公里,是国家高速公路沈海高速的过江枢纽,也是江苏省公路骨架重要的过江节点。北岸连盐通高速公路、宁通高速公路、通启高速公路,南岸连苏嘉杭高速公路、沿江高速公路。于2003年6月27日开工,2008年6月30日建成通车。建成时是我国建桥史上工程规模最大、综合建设条件最复杂的特大型桥梁工程。

苏通长江公路大桥全长32.4公里,其中跨江部分长8146米。主桥采用跨径(100+100+300+1088+300+100+100)米的双塔双索面钢箱梁斜拉桥。斜拉桥主孔跨度1088米;主塔高度300.4米,位列世界第一;最长斜拉索的长度577米,位列世界第一;群桩基础平面尺寸113.75米×48.1米,位列世界第一。专用航道桥采用跨径(140+268+140)米的T形刚构梁桥,为同类桥梁工程国内第二;南北引桥采用30米、50米、75米预应力混凝土连续梁桥;苏通长江公路大桥全线采用双向六车道高速公路标准,南、北两岸接线计算行车速度为120公里/小时,跨江大桥为100公里/小时,全线桥涵设计荷载采用汽车一超20级、挂车一120。主桥通航净空高62米、宽891米,可满足5万吨级集装箱货轮和4.8万吨船队通航需要。

该桥获得2008年"乔治·理查德森奖"、2009年度中国公路学会科学技术奖特等奖、2010年度土木工程杰出成就奖、2010—2011年中国建设工程"鲁班奖"、2012全国建设项目档案管理示范工程。

中国现代斜拉桥 / 双塔斜拉桥

杭州湾跨海大桥南航道桥

杭州湾跨海大桥

杭州湾跨海大桥北岸起于浙江省嘉兴市海盐郑家埭，南岸止于浙江省宁波市慈溪水陆湾，是G15沈海高速公路跨越杭州湾的特大桥梁。大桥工程于2003年11月14日启动建设，2007年6月26日贯通，2008年5月1日通车运营。

杭州湾跨海大桥包括北引线、北引桥、北航道桥、中引桥、南航道桥、海中平台及匝道桥、南引桥和南引线，全长36公里，桥梁长度35.673公里。其中北引线长15.5米，南引线长311.5米，北引桥长2563.5米，北航道桥及高墩区引桥长2378米，中引桥长9380米，南航道桥及高墩区引桥长1978米，南引桥长19373.5米。南引桥分为南引桥水中区、南引桥滩涂区、南引桥陆地区三个部分。该桥设南、北两个航道，北航道桥为跨径（70+160+448+160+70）米的钻石形双塔钢箱梁斜拉桥，通航标准35000吨；南航道桥为跨径（100+160+318）米A形单塔钢箱梁斜拉桥，通航标准3000吨级。

杭州湾跨海大桥工程量巨大。桥宽33米，按照双向六车道高速公路标准建设，设计速度100公里／小时，设计使用寿命100年。

该桥获得2010—2011年中国建设工程"鲁班奖"，第十届中国土木工程"詹天佑奖"；强潮海域跨海大桥建设关键技术获得"国家科学技术进步奖"二等奖、2013年度中国公路学会科学技术奖二等奖；跨海大桥耐久性评估及长期维护技术获得"2011—2016浙江省交通运输厅优秀科技成果"荣誉称号；基于双向电渗技术的沿海混凝土结构耐久性提升技术与应用获得"2016年宁波市科学技术奖"一等奖；杭州湾跨海大桥桥墩局部冲刷观测与评估关键技术获得"中国测绘学会测绘科技进步奖"三等奖。

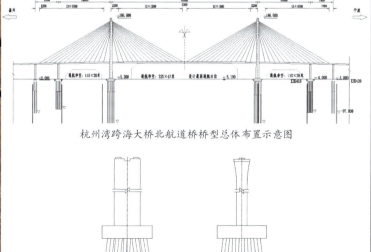

杭州湾跨海大桥北航道桥桥型总体布置示意图

杭州湾跨海大桥高墩区引桥墩身及基础构造示意图

G5金江金沙江大桥

位于四川省攀枝花市金阳区，是G5京昆高速公路西昌（黄联关）至攀枝花段上跨金沙江的特大桥，于2008年建成。

桥梁全长1390.5米，跨径组合为5×40米简支T梁+3×46米简支T梁+(156.5+324+156.5)米双塔斜拉桥+10×40米简支T梁，桥梁高度78米。主桥结构为双塔三跨斜拉桥，塔梁分离的半飘浮体系，金沙江两岸各设一辅助墩。主梁为预应力混凝土三角箱形断面主梁，索塔采用"H"形索塔、单箱三室空心薄壁箱型截面塔（墩）身，斜拉索采用镀锌钢绞线成品索。拉索索面布置为双塔、双索面，设计为密索体系，拉索采用对称扇形布置。桥宽25.4米，双向四车道。主墩基础为4排共16根直径2.5米的钻孔灌注桩，承台高6米。交界墩采用双柱式空心薄壁墩，基础采用2排共8根2.5米钻孔灌注桩，承台高4米。引桥上部结构为40米、46米跨径预应力混凝土简支桥面连续T梁，下部结构为分幅双柱钢筋混凝土桩柱式桥墩，桥台结构形式为U形桥台和桩柱式桥台。

该桥采用1860兆帕的高强低松弛镀锌钢绞线成品斜拉索，为四川省内首次应用此类斜拉索。该桥进行了双水准抗震设计，采用了塔梁弹性约束体系，即在主塔的两侧设置弹性索，一端固定在主塔下横梁上，另一端固定在主梁上。由于攀枝花湿度较低，混凝土收缩量较大，在设计中充分考虑了干燥的气候对混凝土的收缩影响。

该桥获2009年四川省优秀设计一等奖、2010年国家优质工程银质奖。

重庆长寿长江公路大桥

位于重庆市长寿川染码头上游约70米，是长寿跨越长江的特大型桥梁，北岸与G319线相接，南岸与江南大道相接，于2009年3月20日建成。

该桥全长1447米，是主桥跨径布置为(207+460+207)米的双塔双索面预应力混凝土斜拉桥。索塔采用花瓶形，塔高分别为164.6米、171.5米。塔墩固结，主梁悬浮，采用分离式双主肋截面，其间通过桥面板与横隔梁相连为整体。斜拉索锚固于纵肋上。桥面全宽20.5米，主梁全宽23.4米。承台为大体积混凝土，塔墩采用桩基础，采用水下灌注混凝土的方式完成桩基施工。引桥北岸为3×30米、南岸为6×30米的预应力混凝土简支T梁。

忠州长江大桥

位于重庆市忠县,是G50沪渝高速公路石忠段上跨长江的桥梁,于2009年建成通车。

桥梁分左右两幅,左幅全长2145.30米,右幅全长2175.30米;主桥长870米,主桥为跨径布置(205+460+205)米的双塔双索面预应力混凝土斜拉桥,主梁为整体开口梁板式断面,梁高2.97米,标准截面纵向每隔8米设一道横隔板。主梁为双向预应力,标准节段长8米,肋板宽为1.8米。主桥桥面全宽26.5米、引桥全宽24.5米,双向四车道。

主桥索塔采用钢筋混凝土H形空心结构,高度为242.5米。石柱岸主引桥为(112+200+112)米的预应力混凝土连续刚构桥,桥幅采用分离式,中间设中央分隔带。

香港昂船洲大桥

香港昂船洲大桥是香港8号干线重要的一环,是一条东西行的主要干道,将新界东部与机场连接起来。大桥横跨蓝巴勒海峡,东塔位于昂船洲8号集装箱码头的后勤用地,西塔位于青衣岛的9号集装箱码头的后勤用地。建成于2009年6月。

该桥位于香港市区,以维多利亚港作为背景。该桥总长1596米,主跨1018米。采用六车道高速公路标准,设计速度100公里/小时;桥梁宽度53.3米。

主桥采用主跨1018米、两对称边跨组合为(79.5+70+70+69.25)米斜拉桥。主跨主梁为流线型分离式双箱梁,主跨伸延至边跨49.75米长的部分为钢箱梁结构,其余部分为预应力混凝土箱梁。斜拉索双面呈扇形排列,系于桥面外缘,主跨部分间距18米,边跨部分间距10米。桥塔为圆锥形独柱式,高度达298米,塔顶部以下118米为钢与混凝土的组合结构,其余部分为混凝土结构。

涪陵石板沟长江大桥

位于重庆市涪陵区，在乌江、长江汇合口下游1.7公里处，是S428线江土路上跨长江、连接涪陵江北片区与江东片区的重要城市桥梁，于2009年9月建成。

桥梁全长1307.49米，桥面全宽22米。主桥为跨径布置(200+450+200)米的双索面全飘浮体系预应力混凝土斜拉桥，主梁为整体开口梁板式断面（∏形梁）；H形主塔为塔墩固结的钢筋混凝土和部分施加预应力配筋结构，斜拉索采用扇形布置，平行钢丝体系，全桥共110对拉索。

主桥东西两岸均设置了引桥，为跨径布置2×20米+18.39米、2×22米连续梁桥，主梁为单箱双室箱梁；引桥桥墩为桩柱式墩。

河姆渡大桥

河姆渡大桥位于浙江省宁波市余姚市，连接陆埠、河姆渡镇，为G228线跨越姚江的大桥，于2009年10月建成。

桥梁全长720.04米，跨径总长716米，共25孔，主桥为跨径140米的双塔双索面变截面箱梁斜拉桥。桥宽26.5米、净宽24.2米双向六车道，桥下净空高7米。引桥为空心板梁，柱式墩台，沥青混凝土路面，橡胶支座，设计荷载为标准公路—Ⅰ级。

闵浦大桥

闵浦大桥位于上海市松江区，所属线路为S32申嘉湖高速公路，跨越黄浦江，于2009年12月31日建成。

闵浦大桥是黄浦江上第一座双层斜拉桥，创造了双层斜拉桥主跨最长、桥梁承台混凝土一次浇筑体积最大、拉索直径最粗、合龙段整体钢结构桁梁节段全焊连接方式等多项国际造桥业的纪录和自主创新成果。

该桥全长3982.7米，主桥全长1212米，为主跨结构(63+708+4×63)米的双塔双索面双层钢桁架梁公路斜拉桥，一跨过江的主跨达708米。该桥上层为设计速度120公里／小时的高速公路，桥面宽43.8米，双向八车道，两侧设有临时停车带，下层为桥面宽28米，双向六车道的普通公路。主跨采用钢结构，连接上下两层桥面的为类似南京长江大桥上下层之间的钢桁梁结构形式，用钢量达3.5万吨。

铁罗坪特大桥

位于湖北省宜昌市长阳县榔坪镇，为G50沪渝高速公路鄂西段上的特大桥，于2009年11月建成通车。

左幅桥梁总长891.03米，其中主桥长621.03米，东岸引道长180米，西岸引道长90米；右幅桥梁总长877.18米，其中主桥长607.18米，东岸引道长180米，西岸引道长90米；双幅主桥桥跨布置为6×30米+（140+322+140）米+3×30米，主桥均为（140+322+140）米的预应力混凝土梁斜拉桥；桥面宽24.5米，双向四车道，设计速度80公里／小时，设计荷载为汽车超—20级、挂车—120。

针对主桥塔柱在桥面以下高达110.6米带来结构刚度低的情况，经结构体系方案反复比较，采用塔梁固结体系，其主塔、主梁、下横梁固结体系在同类桥梁中均居于世界前列，为同类桥梁建设提供了较好的借鉴。

中国现代斜拉桥 | 双塔斜拉桥

上海长江隧桥

上海长江隧桥位于上海市东北部长江口南港、北港水域，西起上海浦东新区5号沟郊区环线立交，穿越西南港水域，在长兴岛新开河处登陆，接长兴潘园公路立交。

其中穿越水域部分达7.5公里，是上海长江大桥、上海长江隧道的统称，又称为崇明越江通道、沪崇通道工程。长江大桥所属路线为沪陕高速公路，于2009年10月建成。

上海长江隧桥跨径组合为（5×105+90+92+258+730+258+92+90+5×105）米，主航道桥采用主跨730米、主塔高212米的双塔双索面分离式钢箱梁斜拉桥，两侧高墩区各700米，为采用主跨105米的大跨度组合箱梁桥。辅通航孔为（80+140+140+80）米预应力钢筋混凝土连续箱梁，其余桥跨分别为30米、50米、60米、70米预应力钢筋混凝土连续箱梁及105米钢—混凝土组合箱梁。主桥长9967.52米，桥宽34.3米，上部结构为连续箱梁，下部结构为钢筋混凝土双柱墩、组合式桥台。

The Modern Cable-Stayed Bridges

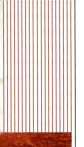

金塘大桥

位于浙江省舟山市定海区，为G9211甬舟高速公路跨越东海的大桥之一，于2009年11月建成。

大桥长21.02公里，为主桥跨径布置（77+218+620+218+77）米的五跨连续钢箱梁斜拉桥。桥面总宽28.6米，双向四车道。下部结构为钻孔灌注桩。

建设规模巨大，气象、水文、地形、地质条件复杂，风大浪急，桥位于海洋环境中，受海水侵蚀的问题突出，因而对桥梁建设要求高，施工难度大。具体表现为：大桥防撞等级要求很高，找出一个合理的防撞方案非常关键；施工过程中需要解决悬臂抗风稳定性的问题，需做大量科研和论证；大桥非通航孔桥共需470片、60米的预制箱梁，每片箱梁自重1575吨，制作要求高、难度大。为解决制梁过程中的人员、物资、机械组织配合和海工耐久性混凝土配合比等一系列技术难题，掌握第一手施工资料和技术数据，施工单位在正式预制前先制作了两片节段梁进行箱梁预制模拟工艺试验，然后根据试验得出的各项数据进一步完善施工工艺。

大体积混凝土容易产生裂缝，这是桥梁施工中的世界性难题。金塘制梁场创新地采用"大范围多点测量、分段控制"的方法，将整个箱梁分为4段进行温度测量和控制。同时，采用微机自动化技术控制蒸汽养护的全过程，较好地解决了海工耐久混凝土薄壁箱梁的混凝土早期开裂问题，使大型预制箱梁的施工技术水平和质量得到进一步提升。

该桥获交通运输部公路交通优质工程一等奖（李春奖）、钱江杯奖。

观音岩长江大桥

位于重庆市江津区，又名外环江津长江大桥，是G5001重庆绕城高速公路（外环）上跨长江的特大桥，于2009年12月31日通车。

桥梁全长1198.94米，主桥长808米，为主桥跨径436米的双塔双索面5跨连续钢混结合梁斜拉桥；桥宽36.2米，双向六车道。

大桥通车前，重庆首个桥梁博览园在大桥北桥头落成。该博览园是利用桥头弃土场，结合森林工程建设修建。博览园不仅与观音岩长江大桥观景平台融为一体，同时把桥梁建设过程中的重要结构物以及模型搬进园内，让人们不仅能够了解不同桥梁的造型及特点，还能感受桥梁建设的过程与结构。

武汉天兴洲公铁两用长江大桥

位于湖北省武汉市长江二桥下游9.5公里处的天兴洲分汊河段上，北起汉口汉施公路平安铺立交，跨越长江和天兴洲，南止于和平大道、友谊大道和青化路立交，于2004年9月开工建设，2009年12月26日建成。

该桥上层公路为六车道，宽27米，设计速度80公里／小时；下层铁路为四线，其中两线一级干线、两线客运专线。公路引线长8043米，正桥长4657米，是世界上第一座按四线铁路修建的双塔三索面三主桁公铁两用斜拉桥，跨径布置为（98+196+504+196+98）米。全桥共91个桥墩，其中公铁合建部分长2842米。正桥共有1535根钻孔桩基、91座承台、91座墩身、40座框架墩、162片40.7米铁路简支混凝土箱梁、一联（54.2+2×80+54.2）米铁路混凝土连续箱梁（双幅）、38孔40米公路混凝土连续箱梁（双幅）、4.6万吨钢桁梁、192根斜拉索（3600吨）。

天兴洲大桥通车后，京广高速铁路客运专线穿越大桥，与武汉长江大桥形成一个铁路环线，使铁路过江能力扩大2~3倍。加上沪汉蓉快速客运通道也经过武汉，以及武汉火车站的新建、武昌站和汉口站的改造，武汉将成为我国四大铁路枢纽之一。大桥通车后，高速列车最高运行速度可达250公里／小时以上，实现以武汉为圆心，实现北京、重庆等地千公里半径的当天往返，武汉"九省通衢"的地位进一步得以巩固。

该桥于2010年第27届国际桥梁会议上荣获乔治·理查德森大奖（IBC奖），2012年获中国建筑工程鲁班奖，2013年获国家科技进步一等奖。

其创造的4项世界纪录如下：

是我国第一座满足高速铁路运营的大跨度斜拉桥，4线铁路连接京广客运专线和沪汉蓉通道，可满足列车250公里／小时的运行速度，其为国内第一和世界第一。

该桥设4线铁路，桥宽居世界第一。目前世界上公铁两用桥均为2线轨道。

该桥满足4列火车和六车道汽车同时过桥的需要，其荷载达到了20万千牛顿，是当时世界上荷载最大的公铁两用桥。

中国现代斜拉桥 | 双塔斜拉桥

武陵山特大桥

位于重庆市彭水苗族土家族自治县，是G65包茂高速公路重庆至长沙段跨越干溪沟峡谷的控制性工程，于2009年12月19日建成。

该桥全长840米，为主桥跨径布置（155+360+155）米的双塔双索面预应力混凝土斜拉桥，桥宽24.5米，双向四车道，设计速度80公里／小时。长沙侧引桥为30米，重庆侧引桥120米。塔柱的形式为"宝石"形，2号主塔（长沙侧）高144.08米，3号主塔（重庆侧）高140.08米。

大桥横跨干溪沟大峡谷，桥面距谷底263米，成为渝东南桥面离地面最高的一座斜拉桥。该桥对完善渝东南高速路网，促进渝东南社会经济发展具有重要意义。

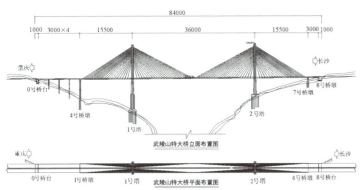

宁波机场路青林湾大桥

宁波机场路青林湾大桥位于浙江省宁波市，为宁波机场路横跨姚江连接海曙与江北的特大桥，于2009年建成。

该桥主桥长度为380米，为反对称双斜钢塔五跨连续钢箱梁斜拉桥。塔高130米，双钢塔分布于南、北岸，塔柱设计为梁外独柱横向外倾式、纺锤形渐变断面，斜度为1:8，其中南塔高126.47米，北塔高128.47米，单塔由1个锚固段及34个标准节段逐节拼装焊接而成，双塔共70个节段，是主桥施工重点、难点。全桥按双向八车道设计，桥梁道路等级为城市快速路，设计速度80公里／小时。

鄂东长江公路大桥

位于长江中下游湖北省黄石市与鄂州市交界,为G50沪渝高速公路和G45大广高速公路在湖北境内共用的跨越长江的通道,于2006年11月开工,2010年9月建成通车。

桥梁全长15.15公里,其中跨江桥梁总长约6.43公里。主桥跨径布置为(3×67.5+72.5+926+72.5+3×67.5)米,为主跨926米的九跨连续半飘浮体系双塔双索面混合梁斜拉桥,桥面宽33米,双向六车道,设计速度100公里/小时,设计荷载为公路—I级。

该桥主要创新点包括:

利用主梁弯曲应变能确定混合梁斜拉桥合理钢—混凝土结合位置及合理布跨的设计方法,解决了超大跨混合梁斜拉桥钢—混凝土结合部位置确定的技术难题;研发了能承受2万吨级轴向压力的混合梁钢—混凝土结合部新型构造,揭示了其承压、传剪的作用机理,解决了超大跨混合梁斜拉桥钢—混凝土结合部承受巨大轴力的技术难题;建立了双目标施工控制方法,研发了双目标施工控制软件,实现了主梁高程误差高精度控制;首次提出了斜拉索下锚头主动防腐方法,研发了除湿防腐系统;提出并验证了宽幅混合梁横向温度梯度计算模式,揭示了宽幅混合梁横向温度梯度效应影响规律。

该桥获2011年中国公路学会科技进步特等奖。

滨海公路辽河特大桥

位于辽宁省西南部大辽河入海口处,跨越大辽河,连接营口、盘锦两市,是辽宁百年建筑。大桥起点位于营口市新兴大街以北,与营口滨海公路对接,终点与营盘公路对接。于2008年8月开工,2010年9月建成通车,实际建设工期26个月。

滨海公路辽河特大桥路线全长4.44公里,桥梁全长3.32公里,采用六车道一级公路标准,兼顾城市道路,设计速度为80公里/小时,路基宽30.5米。主桥桥面宽32.6米,引桥桥面宽31米。

该桥创造了全国、东北地区多个第一。主桥为跨径(64.5+150.5+436+150.5+64.5)米的双塔双索面钢箱梁斜拉桥,引桥全长2460米,采用30米、40米逐孔现浇预应力混凝土连续箱梁,下部结构采用倒花瓶形双柱式桥墩,钻孔桩基础。其主跨436米,建成时是长江以北地区跨度最大的桥梁,被誉为"东北第一桥";主塔高150.2米,是当前东北地区桥梁第一高塔。同时,滨海公路辽河特大桥是东北地区第一个钢箱梁斜拉桥,也是我国第一座积雪冰冻地区的大跨径钢箱梁桥。

新技术应用方面,滨海公路辽河特大桥开展了高性能混凝土的研究、钢桥面铺装的研究、钻石形主塔塔柱与横梁异步施工研究、钢箱梁冬季焊接工艺和保温措施的研究和钢箱梁自洁型涂装的研究。

该桥获得了交通运输部颁发的"李春奖"(2017年度)、中国公路学会颁发的"优秀勘测设计二等奖"和辽宁省政府颁发的"优秀勘测设计一等奖"。

梅溪河特大桥

位于重庆市奉节县,是G42沪蓉高速公路重庆巫奉段跨越梅溪河的重要桥梁,于2010年12月建成。

主桥长766米,桥跨组合为(43+147+386+147+43)米+2×25米,主跨为双塔双索面预应力混凝土梁斜拉桥,引桥为连续箱梁桥;桥宽27.5米,双向四车道。下部结构为空心薄壁墩+柱式墩。

梅溪河大桥位于奉节三峡入口地区,由于受三峡库区蓄水水位的影响和道路纵面高程控制,采用高度193米的超高索塔。

该桥采用构造简单、施工方便的双边肋主梁,采用带圆角的矩形截面的索塔造型;采用造价相对较低、施工较简便的平行钢丝斜拉索,为双层PE防护、工场生产的成品索。

韩家沱长江双线铁路特大桥

渝利铁路韩家沱长江双线特大桥位于重庆市涪陵区，于2011年10月建成。

该桥全长1138.14米，为双线铁路桥。主桥跨径(94.5+121.5+432+121.5+94.5)米的钢桁梁斜拉桥，两主塔高度分别为179米和184米，共由14个墩台组成。主墩采用34根直径2.5米桩基，基础施工受三峡蓄水影响。主墩基础采用吊箱围堰施工，索塔采用爬模施工，钢梁架设首次采用步履式架梁吊机，从主墩0号节间向中跨和边跨对称拼装架设。

一般情况下桥梁施工使用一套施工设备，而韩家沱长江双线铁路特大桥需要两套、分别适用深水施工和浅水施工的设备来应对高达35米的高低水位落差。

清水浦大桥

位于浙江省宁波市镇海区、北仑区，为G1501宁波绕城高速公路跨越甬江的特大桥，于2011年12月建成。

清水浦大桥全长908米，主桥跨径布置为(54+166+468+166+54)米，主跨跨径为468米的四联塔分幅式四索面五跨连续半飘浮钢混结合梁斜拉桥。桥面净宽40米，双向八车道，设计速度120公里/小时。设计风速34.5米/秒。通航净高30.86米，净宽200米，兼通3000吨级海轮。结构设计等级为一级，结构设计基准期100年。

大桥右侧双联塔为清水浦大桥，右侧单塔为高铁桥。主桥索塔采用双菱形混凝土联塔，塔高141.5米，采用C50混凝土。塔柱设上下两道横梁，横梁均施加预应力。斜拉索采用平行钢丝斜拉索，全桥共288根斜拉索，最长斜拉索长度为249米。斜拉索减振采用阻尼器和气动措施并用的方案。下部结构为水下海工耐久混凝土钻孔灌注桩、海工耐久混凝土承台。其独特的联体索塔、全焊钢混凝土组合主梁设计在同类型斜拉桥结构中跨径居世界前列。

该桥获2012年度浙江省建设工程"钱江杯"。

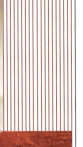

中国现代斜拉桥 | 双塔斜拉桥

荆岳长江公路大桥

位于湖北省荆州市监利县白螺镇和湖南岳阳云溪区之间，是随岳高速公路的过江通道，于2006年12月开工建设，2010年11月建成通车。

桥梁总长5420米，其中大桥长4302.5米，主桥跨径组合为（100+298+816+80+2×75）米，主跨为816米双塔不对称混合梁斜拉桥，南塔高224.5米，北塔高267米；北岸引道长1059.113米，主桥为跨径（100+5×154+100）米预应力混凝土连续梁；南岸引道长50米；桥面宽33.5米，双向六车道，设计速度100公里／小时，设计荷载为公路—Ⅰ级。

该桥首次提出超大跨度高低塔混合梁斜拉桥的合理体系，建成世界首座主跨800米以上高低塔不对称斜拉桥；研发钢箱梁无搁梁支架悬臂拼装新工艺和边跨混凝土箱梁预制拼装新工艺，实现混合梁斜拉桥主梁全节段预制拼装；提出新型多层防护的耐久型斜拉索体结构，研发新型LMD拉索减振装置，发明嵌入式光纤光栅智能索。

该桥是首座横跨鄂湘两省的长江大桥，被誉为"利弥两湖、惠及八方"的德政工程；大大缩短了江汉平原和洞庭湖平原直线距离，对优化高速公路网和长江通道布局，加快武汉城市圈与长株潭城市群的战略连接，加强江汉平原和洞庭湖平原产业优势互补，促进两湖平原社会经济发展和旅游产业联网，保障荆江地区防洪、抢险安保交通运输具有重要意义。

该桥获2012年度中国公路学会科技进步一等奖。

李家沙特大桥

位于广东省广州市南沙区和佛山顺德区交界，是G1501广州绕城高速公路上跨李家沙水道主航道的控制性工程，于2010年建成。

全桥长440米，全宽50米，为主桥桥跨布置（110+220+110）米的三跨双塔四索面预应力混凝土斜拉桥，采用平行的上下行两幅桥，两主梁横向完全分离，斜拉索布置在主梁两侧成空间四索面。主塔设计为两个并列的菱形塔，为广东省首次采用，塔型新颖，塔高91.55米，整个主塔由下塔柱、横梁、上塔柱及塔尖等部分组成。塔柱及横梁间连接转折处设大半径圆曲线，以适应结构内力的需要，同时使主塔线条过渡顺畅，造型显得更加挺拔美观。上塔柱采用箱型截面，纵向宽度为5.5米、壁厚1.2米，横向宽度为2.5米、壁厚0.7米。下塔柱采用实心断面，纵向宽度5.5米、横向宽度2.5米。两主塔横向连接处位于菱形下部V与上部倒V的转折点处。横梁采用箱形断面，高3米，宽度与主塔塔柱相同，为5.5米。

经多方案比选，施工摒弃了传统的双壁钢围堰和多道内撑矩形钢板桩围堰，创造性地提出了圆形混凝土拱圈钢板桩围堰施工方案。圆形混凝土拱圈钢板桩围堰采用无内撑结构，充分发挥了圆形结构的拱圈效应和混凝土受压性能好的特点，大大方便了承台施工，并节省了大量的内支撑材料及人工量。将钢板桩打插完毕后回填砂，筑岛施工桩基础，变水上施工为陆上施工，节省施工工期约40天。

该桥主梁采用预应力混凝土肋板式结构，7米长标准节段采用牵索挂篮悬浇施工。施工中开发出轻型牵索挂篮，采用贝雷梁用于次要横向联系及平台，优化了挂篮行走系统，加快了施工进度，取得了理想的经济效益和社会效益，具有很高的推广价值。

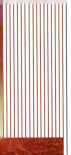

果子沟特大桥

位于新疆维吾尔自治区伊犁哈萨克自治州霍城县果子沟与将军沟交会处，为G30连霍高速公路新疆赛里木湖至果子沟口段公路改建工程越岭段跨越果子沟谷的一座特大型桥梁，桥面距谷底约180米，具有桥高、谷深、高墩、大跨的特点，于2011年9月30日建成通车。

主桥全长700米，主桥跨径布置为（170+360+170）米，主跨采用双塔双索面钢桁架梁斜拉桥，是新疆首座双塔双索面钢桁梁斜拉桥。桥面全宽26.93米，双向四车道，设计速度80公里／小时，主桥横截面呈箱形，斜拉索平面扇形布置，梁上索距12米，塔上索距2.1米。

全桥共有斜拉索104根，梁上索距12米，塔上索距2.1米，最长拉索近180米长、重9吨，平均每根重7.3吨。采用PES（FD）新型低应力防腐拉索，索体采用双层HDPE防护，双层HDPE之间设置一隔离层，当拉索受静荷载作用时，外层HDPE能有效释放应力，使得外层HDPE始终处于低应力工作状态下工作，同时，索体钢丝之间注防腐油脂，全封闭防腐，提高索体的耐久性。采用ϕ7镀锌高强钢丝，抗拉强度标准值为1670兆帕。

果子沟特大桥为中国第一座高寒山区大跨度钢桁梁斜拉桥，同时是新疆第一桥，其创新成果包括：果子沟特大桥为桥隧相连螺旋展线在本项目路线应用后的成果，为桥隧相连螺旋展线法在国内高寒山区高速公路上首次应用，较好地解决了山区地形件运输、梁体架设、高寒、高震、高海拔及复杂风环境问题。大桥边跨压重方式采用在主梁端部3个节间范围内设钢筋混凝土块的方式，每端压重1000吨，混凝土块横向简支在主桁杆件上。此压重方式为国内公路桥梁首创。大桥主梁弦杆通过竖板上长圆孔和圆孔实现精确合龙，斜杆通过现场投孔来实现半精确合龙，合龙工艺在国内公路行业具有独创性。

该桥对进一步贯彻国家实施西部大开发战略，改善现有交通状况，帮助边远地区和民族地区发展经济，巩固国防，维护社会稳定，促进当地旅游资源开发，构建和谐社会都具有十分重要的意义。同时，该桥桥身不仅与果子沟的美景浑然一体，而且为这个国家级风景区增加了一道美丽的风景线。

该桥获2013年度新疆科技进步一等奖。

The Modern Cable-Stayed Bridges

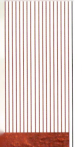

中国现代斜拉桥 | 双塔斜拉桥

马岭河特大桥

位于贵州黔西南布依族苗族自治州首府兴义市,为G78汕昆高速公路板坝至江底段上跨马岭河大峡谷的特大桥,于2011年12月31日建成。

马岭河特大桥是贵州省内建成的第一座,也是当时贵州省最大的一座三跨预应力混凝土双塔双索面斜拉桥。主桥跨径布置为(155+360+155)米,引桥采用(1×40+13×50)米预应力混凝土预制T梁先简支后刚构体系。该桥左幅全长1386米,右幅全长1367.5米。设计速度80公里/小时,双向四车道,路基标准横断面宽24.5米。

该桥主桥桥塔下塔柱高度相差较大,采用主梁与主塔一飘一固的结构形式,降低了塔底弯矩,使两塔塔底弯距相近,节省了造价。引桥桥墩高墩达100米以上,采用50米T梁,下构双幅桥采用双柱墩,加快了施工进度,节省了造价。

鄂尔多斯乌兰木伦河大桥

位于内蒙古自治区鄂尔多斯市康巴什新区乌兰木伦河下段,于2012年10月23日建成。

桥梁全长1005米,主桥长800米,为主跨450米的双塔双索面钢筋混凝土箱形梁斜拉桥,塔高129米,主跨和主塔采用钢结构,边跨和引桥采用混凝土箱梁结构,共有斜拉索68对。桥宽37米,双向六车道,设计速度60公里/小时。

在施工过程中,先后实施了单桩极限承载力、风洞等试验,安装了具有国际先进技术水平的桥梁健康检测系统,使用了环氧沥青等10多项先进技术,创造了国产环氧沥青在西北高寒地区使用的先例。

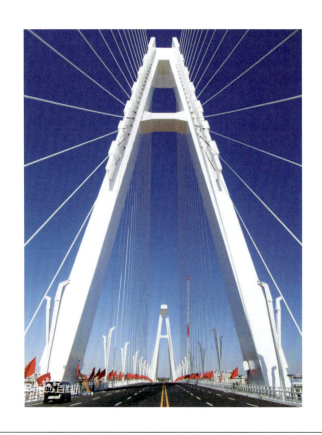

象山港公路大桥

位于浙江省宁波市鄞州区和象山县，为S19线跨越象山港的大桥，于2012年12月建成。

主桥全长1376米，跨径布置为（82+262+688+262+82）米，为主跨688米的双塔双索面五跨连续半飘浮斜拉桥。大桥桥面净宽34米，双向四车道，设计速度100公里/小时。通航净高53米，净宽448米，兼通50000吨级海轮。结构设计等级为一级，结构设计基准期100年。

大桥采用钻石形混凝土索塔。塔柱底面高程为+7.0米，塔顶高程为+237.5米，索塔总高度为226.5米。下、中塔柱为普通钢筋混凝土结构，上塔柱、上中塔柱结合段、横梁为预应力混凝土结构，锚固形式为钢锚箱。全桥共176根斜拉索，斜拉索采用高强度平行钢丝拉索，标准索距15米。下部结构为水下海工耐久混凝土钻孔灌注桩、海工耐久混凝土承台。

该桥自主创新研发了"桥梁防撞船柔性防护装置"，并在国内首次实施船舶撞击桥墩和防撞装置实体试验。大桥采用"融桥与山水之间"的美学理念，兼顾象山港湾水文和生态环境特点，从远处看，线形优美，与港湾两侧生态景观自然融合。

贵州六冲河大桥

位于贵州省毕节市织金县，是S55赤水至望谟高速公路上的一座大桥。该桥于2010年7月开工，2012年12月建成。

大桥为主跨438米的双塔双索面预应力混凝土飘浮体系斜拉桥，桥跨布置为3×30米先简支后结构连续T梁+（195+438+195）米斜拉桥+19×30米先简支后结构连续T梁，全长1508米。主塔采用钻石形空间结构，高157.6米，其中下横梁以下塔高46米，下横梁以上塔高111.6米。为减小风阻力，塔柱采用多棱形空心截面。主梁为预应力混凝土分离式双边肋梁，顶宽24.1米，高2.7米，顶板厚0.32米，设2%双向横坡。

斜拉索布置为双索面、扇形密索体系，每个主塔布有27对空间索，主跨斜拉索在梁上的索距为7.8米，边跨随着节段长度的变化，索距相应变化为6.5米、5.5米。主梁在过渡墩处竖向均设活动盆式橡胶支座，横向均设抗风防震挡块，辅助墩处竖向均设拉压支座，主塔处设置0号索。在主塔与主梁之间设有纵向黏滞阻尼器，每个主塔处2个，共计4个。

大桥设计荷载等级为公路—I级，设计速度为80公里/小时，设计基准风速25.8米/秒，抗震设防烈度为Ⅶ度。桥面设2.0%的双向横坡、±0.6%的纵坡，全宽24.1米，双向四车道。

贵州六冲河大桥采用预应力混凝土主梁，采用前支点挂篮从主塔两侧悬臂浇筑，边、中跨合龙段长度分别为2.0米、3.0米。

中国现代斜拉桥 | 双塔斜拉桥

福州淮安大桥

福州淮安大桥是福建省福州市三环路控制性工程,为双塔双索面钢—混凝土混合斜拉桥,是福州首座水中无墩的大型桥梁,跨越闽江,连接仓山区与鼓楼区、闽侯县,于2012年建成。

桥梁全长640米,主塔高115米,主跨长416米,桥面宽40米,设双向八车道和人行非机动车道。

主桥桥型为双塔双索面钢—混凝土混合梁斜拉桥,边跨采用混凝土箱形加劲梁,中跨采用扁平钢箱加劲梁,钢—混凝土结合面位于中垮侧距主塔中心线10米处。桥梁孔跨布置为(35+42+35)米+416米+(35+42+35)米,边跨设有两个辅助墩,主桥全长640米。斜拉索采用空间扇形索面布置,采用常用的双层热挤PE护套半平行钢丝拉索体系,外层为彩色,护套表面采用双螺旋线。

主塔为A形塔,总塔高为115米。桥面以下塔柱高度15.799米,桥面以上塔高99.201米。主塔基础承台采用分离式,采用钻孔灌注桩基础。

之江大桥

位于浙江省杭州市西湖区，为杭州规划建设的"九桥二隧"之一，其西端直接与杭新景高速公路对接，并通过之浦路互通与国道G320、之浦路连接，东端对接城市快速路彩虹大道，构成西湖风景区外围的快速交通走廊，同时为杭州市区西南方向提供了一条快速的出入通道。是杭州市城市主骨架道路网"一环三纵五横"中的一横组成部分。于2012年建成。

该桥上部结构为(60+60+60)米预应力混凝土等截面连续梁+(60+11×86+60)米变截面连续梁+(116+246+116)米钢箱梁双塔空间双索面斜拉桥。主桥长478米，主跨为246米钢箱梁半飘浮体系斜拉桥，索塔采用钢结构，主梁在索塔和交叉墩处设置纵向滑动支座，江中桥梁增设慢行系统。

在拱形钢索塔斜拉桥中，其246米的跨度使得结构体系和力学性能比较复杂。拱形钢索塔外轮廓为椭圆曲线，索塔采用全钢结构形式索塔，塔高90.5米。钢桥面采用ERS钢桥面铺装，即树脂沥青组合体系钢桥面铺装。

东侧非通航孔桥跨径布置为(60+11×86+60)米，一联长度达到1066米，其悬浇施工的节段多，悬臂的T构个数多，体系转换及合龙步骤多，相应大悬臂甚至不平衡施工的时间长，相应的影响因素多。

乌江特大桥

位于重庆市涪陵城区上游，是G50S沪渝南线涪丰石高速公路的控制性工程，于2013年1月26日建成。

全长918米，主桥长630米，跨径组合为5×36米+(52+105+320+105+48)米+3×36米，为主跨320米双塔双索面半飘浮体系预应力混凝土斜拉桥；双向四车道。主墩采用直径达4米的人工挖孔桩，为西南地区直径最大的桥梁基桩。

新建南京至安庆铁路安庆长江大桥

位于安徽省安庆市，于2013年6月建成通车。

该桥全长2996.8米，主桥为(101.5+188.5+580+217.5+159.5+116)米的钢桁梁斜拉桥；非通航孔正桥采用6×64米等高度预应力混凝土简支箱梁；跨大堤桥采用(49.15+86+48.5)米变高度预应力混凝土连续箱梁；其余为32.6米、24.6米铁路简支T梁或箱梁，宁安线采用箱梁，阜景线采用T梁。

厦漳跨海大桥

大桥起于厦蓉高速公路（G76）厦门青礁枢纽互通，途经青礁村，跨九龙江经海门岛，止于福建省漳州市龙海市沙坛村后宅处，与招银疏港高速公路和漳州招商局开发区疏港一级公路相连接，建成于2013年5月。

大桥路线长度为9335.390米，其中桥梁长度为8669.9米。厦漳跨海大桥工程主要包括北汊桥、海门岛立交及收费服务区、南汊桥、海平互通立交等，双向六车道，设计速度100公里／小时，大桥桥梁宽度33米（不含布索区），路基宽度33.5米。北汊主桥为连续半飘浮体系双塔双索面斜拉桥，主跨780米，可满足3万吨级船舶安全通航，建成时在同类型桥梁中居全国第六、世界第十。北汊主桥主塔基础位于花岗岩层状风化地区，基岩坚硬，岩面陡峭，在基础范围内相邻桩岩面高差达36米，桩长（111米）、直径大（3米），基础施工难度很大。在施工过程中采用了多项新技术、新工艺，完美地解决了大桥建设中的难题。

在施工过程中该桥首创用活动支架和常规架梁吊机吊装墩顶钢箱梁节段的新技术，取代采用大型浮吊吊装墩顶节段的传统工艺，为斜拉桥墩顶箱梁吊装提供了全新施工工法。首创带滑动装置铅芯隔震橡胶支座，既有效降低了强震区多跨连续梁高墩地震响应，又解决了温度、收缩徐变等附加弯矩过大的问题。首次在缓和曲线段采用短线匹配预制和安装连续混凝土箱梁。首创叠合梁斜拉桥定时合龙技术，增强了合龙工序组织的有序性和确定性，既不需要大型顶推设备，又可最大程度地保证合龙段的设计无应力长度。

科技创新方面，厦漳跨海大桥先后开展了厦漳跨海大桥抗震分析与模型试验研究、抗风稳定性分析与试验研究、混凝土结构耐久性试验研究、高烈度地震区连续体系隔震桥梁减震效果理论与试验研究、桥梁船撞设防标准及方案研究、锚拉板索梁锚固结构受力性能研究、钢锚梁－钢牛腿组合索塔锚固结构受力性能研究、海中球状风化花岗岩地层大直径超长钻孔桩施工技术研究、缓和曲线空间扭曲箱梁预制安装施工技术研究、斜拉桥钢箱梁架设新技术研究等一系列课题研究工作。

The Modern Cable-Stayed Bridges

中国现代斜拉桥 | 双塔斜拉桥

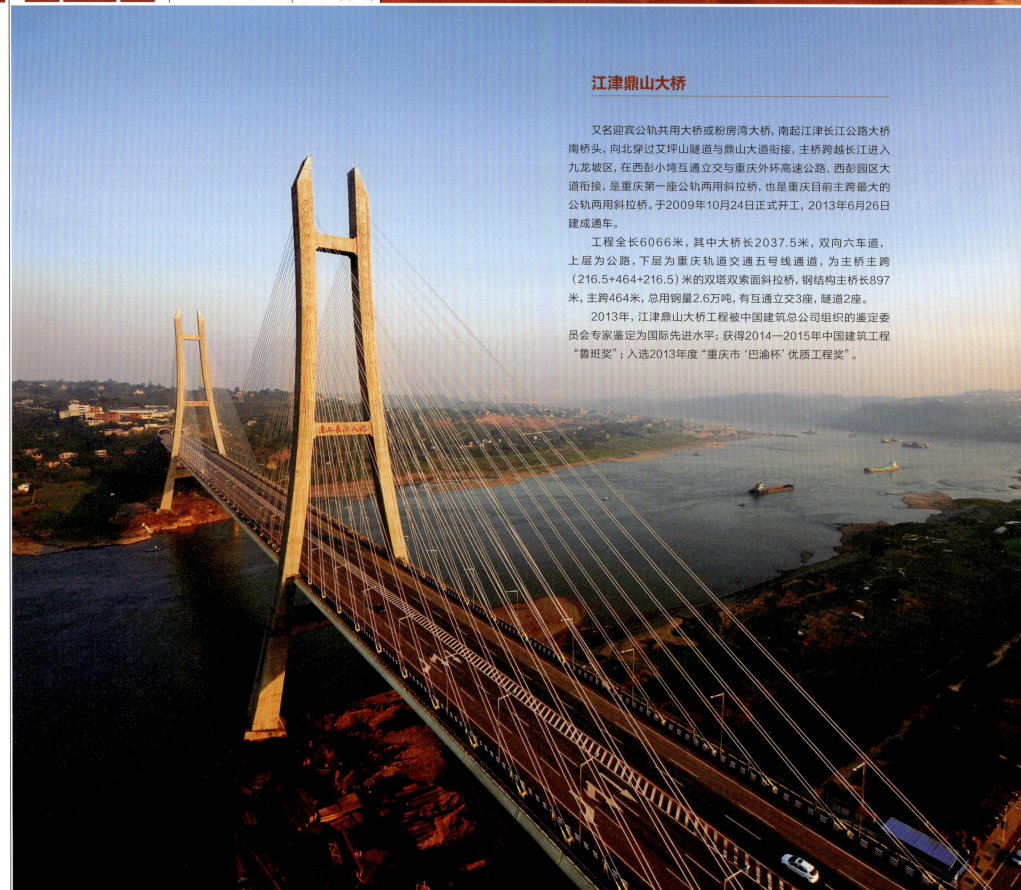

江津鼎山大桥

又名迎宾公轨共用大桥或粉房湾大桥，南起江津长江公路大桥南桥头，向北穿过艾坪山隧道与鼎山大道衔接，主桥跨越长江进入九龙坡区，在西彭小塆互通立交与重庆外环高速公路、西彭园区大道衔接，是重庆第一座公轨两用斜拉桥，也是重庆目前主跨最大的公轨两用斜拉桥。于2009年10月24日正式开工，2013年6月26日建成通车。

工程全长6066米，其中大桥长2037.5米，双向六车道，上层为公路，下层为重庆轨道交通五号线通道，为主桥主跨（216.5+464+216.5）米的双塔双索面斜拉桥，钢结构主桥长897米，主跨464米，总用钢量2.6万吨，有互通立交3座、隧道2座。

2013年，江津鼎山大桥工程被中国建筑总公司组织的鉴定委员会专家鉴定为国际先进水平；获得2014—2015年中国建筑工程"鲁班奖"；入选2013年度"重庆市'巴渝杯'优质工程奖"。

G93合江长江二桥

位于四川省泸州市合江县文桥乡，是G93成渝地区环线合江(渝川界)至纳溪段跨越长江的特大桥，于2013年6月3日建成。

大桥全长1695米，主桥跨径布置为(210+420+210)米的预应力混凝土双塔斜拉桥，宜宾岸无引桥，重庆岸引桥为(8×30+12×50)米预应力混凝土T梁桥。主桥结构体系采用塔梁固结体系，主梁采用预应力混凝土双纵肋断面。索塔主墩墩身为等截面空心薄壁墩，宝瓶形塔身，重庆岸墩身高61米，宜宾岸墩身高64米。桥宽30米，双向四车道。主墩基础为承台群桩基础，每个桥墩下共设24根桩，桩径为2.5米，按嵌岩桩设计。拉索采用平行双索面的布置形式，全桥共136对拉索，采用扇形布置。

本桥索塔高208米，是四川省第一高塔。主梁施工利用桁架式前支点挂篮抗弯能力强的特点，实现了斜拉桥主梁全挂篮无落地支架浇筑，并利用挂篮作为合龙段体外合龙劲性骨架，实现了边跨主梁混凝土的长节段合龙。

黄冈长江大桥

位于湖北省黄冈市黄州区与鄂州华容区之间，是武汉至黄冈城际铁路及黄冈至鄂州高速公路的关键性控制工程，既是武汉城际轨道交通通往黄冈的重要过江通道，又是G45大广高速公路和汉鄂高速公路连接的重要纽带。同时，预留接线条件，远期还可作为京九和武九两条铁路联络线上的过江通道，是集城际、铁路、公路三位一体的过江通道。于2010年2月开工，2013年底建成通车。

桥梁总长4008.2米，公铁合建段长度2566米，其中主桥长1215米，主桥跨径布置为(81+243+567+243+81)米，采用主跨567米双塔双索面钢桁梁斜拉桥，桁梁全宽29.5米，上层公路桥面宽25.5米，下层铁路桥面宽16米，为四车道高速公路+双线铁路的公铁两用双层桥梁。设计速度：上层公路桥80公里／小时、下层铁路桥250公里／小时，设计荷载为公路一Ⅰ级、铁路客运专线一Ⅰ级。

该桥集城轨、铁路、高速公路三位一体，主桥钢桁采用N形桁架、倒梯形截面，主要杆件截面形式为平行四边形，对接拼装，制造精度要求高、难度大；上弦公路桥面结构采用正交异形板纵横梁结构体系，下弦铁路桥面结构采用密横梁结构体系。

该桥获2016—2017年国家优质工程奖。

龙湾大桥

位于广东省佛山市，为乡道Y961南西线跨越顺德水道的大型桥梁，于2013年9月19日建成通车。

桥梁全长600米，跨径布置为(30+125+290+125+30)米，主跨采用双塔双索面预应力混凝土斜拉桥，塔墩固结、主梁半飘浮结构体系，边、中跨之比为0.431。主塔横梁、锚墩及边墩顶设纵向活动支座，其中主塔横梁和锚墩顶为可调支座，主塔横梁和边墩处设横向限位支座。桥宽32.5米，双向六车道。

龙湾大桥主梁采用双边箱结构，宽幅牵索挂篮施工，实现了挂篮中箱模板整体升降，加快了模板安装速度，降低了工人劳动强度，保障安全，实现了挂篮的全机械化施工。

中国现代斜拉桥 | 双塔斜拉桥

宜巴高速公路神农溪特大桥

位于湖北省恩施市巴东县,是G42沪蓉高速公路湖北宜昌至巴东段上跨国家5A级景区——神农溪的控制性工程,于2014年4月8日建成通车。

大桥全长1098米,跨径布置为(4×30+80+150+80+140+320+140+2×30)米,其中主桥为(140+320+140)米预应力混凝土双塔双索面分离式混凝土箱梁斜拉桥,副主桥为(80+150+80)米预应力混凝土箱形连续刚构,引桥为4×30米及2×30米预应力混凝土先简支后连续刚构。

桥面全宽27.1米,双向四车道,设计速度80公里/小时,荷载为公路一Ⅰ级。

宜昌、巴东两岸桥塔分别高191.8米、195.8米,均位于山上,保护了神农溪的水源。同时桥塔高耸漂亮,与神农溪美景相得益彰。

福州琅岐闽江大桥

位于福建省福州市。福州琅岐闽江大桥及接线工程分为琅岐闽江大桥、亭江互通立交、琅岐环岛路互通立交、亭江接线，起于国道104线2300.27公里处，向西至亭江互通，向东跨越闽江接琅岐岛环岛路与通和路。于2014年1月建成。

福州琅岐闽江大桥长2675米，主桥长1280米，主桥为跨径布置（60+90+150+680+150+90+60）米的钢箱梁斜拉桥，主塔高223米；琅岐侧水中引桥跨径布置为（9×60）米预应力混凝土连续梁桥。琅岐侧陆上引桥跨径布置为（6×45+5×45）米预应力混凝土连续梁桥。主桥桥面宽28.7米，按双向四车道加紧急停车带设计，预留双向六车道。主线为一级公路兼具城市一I级主干道，设计速度60公里/小时，桥下可通航3万吨级海轮。

该桥主塔采用钢筋混凝土结构，由塔座、塔柱及横梁组成，塔柱采用C50级混凝土。主梁采用封闭式流线型扁平整幅钢箱梁，其抗风性能好、整体性强、造型美观。

东水门长江大桥

位于重庆市主城区，连接渝中与南岸两地，于2014年3月31日建成通车。

东水门长江大桥的建成，缓解了重庆石板坡大桥（长江大桥）和菜园坝长江大桥的交通压力，成为连接渝中区与南岸区之间的又一条快速通道，尤其是上新街与东水门两地通行，不需要再经过石板坡和菜园坝大桥绕行，仅需4分钟，与以前相比至少可省时20分钟。

该桥为跨径布置（222.5+445+190.5）米的双塔单索面钢桁架梁双层斜拉桥，桥面全宽25米，上层为四车道公路，定位为城市次干道，设计速度40公里/小时；下层为双线轨道交通。双主塔为圆润的全曲面天梭造型，极具美感。

该桥创下了六项世界纪录：同类桥型跨径世界第一；索梁锚固形式为世界首创；索塔锚吨位世界第一；拉索为139根平行钢绞线，拉索吨位创世界之最；主塔采用空间曲面构造形式，外轮廓为天梭造型，具有独创景观效果；主桥塔下大吨位支座采用牛腿支撑方式，创世界之最。

该桥获2015年度全国市政金杯示范工程、2015年重庆市市政工程金杯奖；获2018年第十六届中国土木工程"詹天佑奖"。

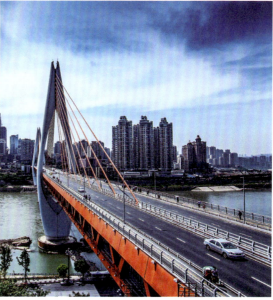

清澜大桥

　　位于海南省文昌市清澜港至东郊镇码头之间，起点为文清大道连接线，跨越清澜港连接东郊码头，是G360线文昌至临高高速公路跨文昌清澜港的特大桥，于2012年12月18日建成并正式通车。

　　该桥全长1828米，跨径布置为（16×40+124+300+124+16×40）米，其中主桥长548米，引桥长1280米，钻石形混凝土索塔高106米，主跨为300米双塔双索面斜拉桥，桥面宽34米，通航高度25米，双向六车道，桥两侧有人行道，驱车由清澜港行驶至对面东郊镇用时不到5分钟。

　　清澜大桥是文昌市区重要的标志性建筑之一，文昌"两桥一路"的重要组成部分，沿着文昌滨海旅游快速干道直达海南最长的跨海大桥文昌铺前跨海大桥，是海南第二座跨海大桥，桥塔高105.81米，可抗9级地震，也是目前为止建好的中国第一座抗震设防级别最高的跨海大桥。

　　清澜大桥创造了海南桥梁建设史上的多个第一：清澜大桥是海南现有在建桥梁中塔高最高的桥梁，从承台上计算高105.81米；清澜大桥的钢—混凝土结合梁，是海南跨度最大的结合梁，长548米。

长泰大桥

位于吉林省长春市,该桥为双塔双索面预应力混凝土斜拉桥,主桥长度368米,是长春市"两横三纵"快速路的关键节点工程。建于2014年6月成。

该桥采用跨径为(84+200+84)米对称结构。大桥主塔为H形塔,两个主塔高80余米,桥面宽29米,双向六车道。

技术创新方面,长泰大桥同时跨越亚泰大街主干道和多股铁路,其中包括京哈铁路上、下行正线和长吉城际高速铁路,距离铁路高压线最低处只有30厘米,综合施工环境的复杂程度在国内极其罕见。为了安全地跨越铁路,建设者们采用前支点牵索挂篮施工的方案。"三位一体"的绝缘防护装置,既可确保线路上方施工安全,又具备防水和防落物功能。挂篮中的可提升式挂篮张拉操作平台荣获国家专利。

吉林蓝旗松花江特大桥

位于吉林省吉林市绕城高速公路蓝旗至江密峰段内,横跨第二松花江,全长625米。于2005年4月开工建设,2007年7月11日主体顺利合龙。

该桥跨径总体布置为(4×30+102.5+240+102.5+2×30)米,其中主桥为主跨240米双塔单索面混凝土梁斜拉桥,边跨102.5米,两侧伸出牛腿支撑引桥,两侧引桥为跨径30米现浇预应力混凝土单箱双室箱型连续桥梁,有压重作用。主墩墩身采用箱形薄壁结构,引桥桥墩采用柱式桥墩。

为确保索塔的受力安全和施工质量,对锁塔进行了等比例节段模型试验。试验真实模拟索塔的普通钢筋和预应力筋的配置和施工工艺,特别是U形预应力筋的张拉工艺和灌浆工艺。

宁波铁路枢纽北环线甬江特大桥

位于浙江省宁波市,于2014年8月6日建成合龙。为国内首次首座大跨度铁路钢箱混合梁斜拉桥。

该桥全长全长14.95公里,主桥909.1米,为孔跨布置(54.5+50+50+66+468+66+50+50+54.5)米的双线铁路斜拉桥,半飘浮体系,主跨以468米钢-混凝土混合梁跨越甬江。为双线一级电气化铁路,主桥平面位于直线上,立面位于±1‰纵坡上,变坡点位于主桥中心里程。设计速度120公里/小时,满足开行双层集装箱列车运输要求。通航净高不小于30.86米,净宽不小于200米,设计最高通航水位3.241米。

宁波铁路枢纽北环线甬江特大桥结构设计新颖,具有独创性,采用的正交异性桥面钢箱梁技术是在大跨度铁路斜拉桥上的首次应用,刷新国内同类型桥梁建设史。主桥钢-混凝土结合段、大孔径140米超深钻孔成桩、索塔整体钢锚箱、斜拉桥线形控制等高科技成桥技术在国内处于前列。

乌石北江大桥

位于广东省韶关市,为广乐高速公路跨北江的大型桥梁,于2014年9月建成。

主桥采用(130+248+130)米双塔双索面斜拉桥,主梁采用混凝土箱形截面,主梁顶面宽36.9米,设有2%的横坡。梁高3米,顶板厚28厘米,底板厚40厘米,斜底板厚30厘米。桥梁标准宽度33.5米,采用双向六车道高速公路标准建设,设计速度120公里/小时。

重庆永川长江大桥

位于重庆市永川区、江津区之间,于永川区五间镇双凤场接永川至泸州一级公路(省道205线),经松溉镇,于大陆溪跨越长江,经石蟆,于江津区塘河接重庆江津至四川合江高速公路,是重庆三环高速公路的关键性工程,也是永川区第一座长江大桥,于2014年12月建成。

大桥全长1008米,跨径布置(64+2×68+608+2×68+64)米,主跨为608米双塔双索面混合梁斜拉桥,其中永川侧塔高196.7米,江津侧塔高207.4米。桥宽33.5米,采用双向六车道高速公路标准建设,设计速度80公里/小时,桥涵设计荷载为公路一Ⅰ级。

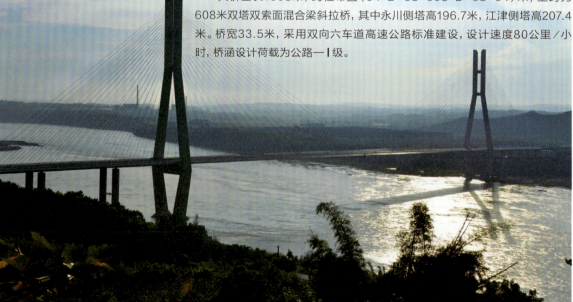

忠建河大桥

位于湖北省恩施土家族苗族自治州宣恩县，为G69₁₁湖北恩施至来凤高速公路上跨忠建河大峡谷的特大桥，于2014年10月建成。

全桥长1063米，主桥上部构造为(46+134+400+134+46)米双塔双索面钢桁加劲梁斜拉桥，桥面宽度24.5米，设计速度80公里/小时；主梁采用N形桁架，两片主桁中距26米，桁高6米；主塔采用直立式H形塔，塔总高度245米；桥面行车道结构采用钢—混凝土结合梁，主桥范围内连续，联长760米。汽车荷载公路—Ⅰ级。

该桥主塔采用直立式塔，外形挺拔、俊美，主要设计特点：采用综合经济效益较好的钢混结合结构桥面系，760米的联长居国内前列；新型下锚式节点钢锚箱的设计，依靠节点板局部承压，优化节点受力状态，有效解决了常规索梁锚固节点在低温情况下易发生脆性破坏的问题；大桥采用双悬臂对称施工法，相比常规的大节段吊装法、缆索吊装法、边跨向中跨单向悬臂法及顶推法，有效克服了山区建设环境条件恶劣、施工场地条件狭小及材料运输条件差等问题，与其他方案相比，双悬臂施工过程中大桥主桁应力最小，对结构更有利，同时综合各项经济指标，双悬臂施工成本最低，大大拓展了钢桁加劲梁斜拉桥在复杂山区的适应范围。

台州椒江二桥

位于浙江省台州市椒江县，为S225线跨越椒江的特大桥，建成于2014年。

该桥主桥长900米，为跨径布置（70+140+480+140+70）米的双塔双索面半封闭钢箱组合梁斜拉桥，桥宽39.5米，双向六车道。下部结构为支承桩加独立墩柱。

该桥的创新点包括：首创半封闭钢箱组合梁；组合梁节段工厂化预制，整体化安装；超长嵌岩端承桩基础设计；多形式、多功能防船撞系统等。

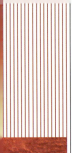

温州洞头大门大桥

为浙江省温州市大门大桥一期工程(乐清翁垟至洞头大门),西起乐清翁垟,向东跨越沙头水道,连接洞头区大小门岛,线路全长约10.14公里,乐清翁垟侧接线1.33公里,小门岛侧接线2.65公里,主线按一级公路技术标准建设,设计速度80公里／小时,其中大门大桥全长6.155公里,于2015年1月建成。

该桥作为海上特大桥,主桥为跨径(135+316+135)米的双塔双索面现浇预应力混凝土梁斜拉桥,桥面宽32.2米。主桥主塔采用花瓶形,形态优美,塔高134米,主塔下为大体积主墩承台,设计有双壁防撞钢套箱抗击船舶撞击,单个承台下共有42根超长钻孔灌注桩支撑。该桥为国内首座在设计时同步综合考虑高压输电线路、大口径输水管线、通信过桥方案的海上特大桥。

泉州湾跨海大桥

位于福建省泉州市，起于晋江新塘街道南塘村，接环城二期晋石高速公路，于石狮蚶江跨越泉州湾，经台商投资区秀涂村，止于惠安塔埔，接环城一期南惠高速公路。于2015年5月通车。

工程全长26.68公里，是福建省目前最长的桥梁，其中泉州湾跨海大桥桥长1245.89米。主桥长800米，为主跨400米双塔斜拉桥；主桥桥面双向八车道，宽41米；主塔高157.1米，通航净高44.6米；全线共设蚶江、秀涂、张坂、塔埔四个互通。设计速度100公里／小时。

为了克服海洋环境对钢筋混凝土及钢结构的强腐蚀性，该桥在省内首次大规模使用致密性好、耐久性好的海工混凝土。在主梁的结构形式上，国内首创了干拼组合梁，取消了高空现浇作业，每个节段至少节省3~4天，大大缩短了现场作业时间，降低了抗台风风险。

泉州湾跨海大桥主桥桥型方案敲定为"三柱式古典门"。三柱式门形塔也有诸多优点。从设计方案看，三柱式门形塔设置上梁，克服了三柱式索塔受力的不利因素，塔柱竖立，施工便利。同时，两幅桥净距为6.25米，间距大，海域使用面积小，对海洋环境和通航影响小。从外观来看，全桥采用288根斜拉索，索塔高度155.1米，是一座具有中国传统古风的门塔，代表了泉州兼容并蓄的人文性格。

中国现代斜拉桥 | 双塔斜拉桥

广东江顺大桥

位于广东省江门市蓬江区棠下镇、佛山市顺德区之间，是广佛江快速通道主要工程之一，跨越西江在顺德区杏坛镇与佛山市快速路网相接；佛山岸通过互通立交与顺德快速干线的高富路快速对接，并顺接顺德区主干线杏龙路；江门岸通过互通立交连接滨江大道，并顺接后续建设的广佛江快速路江门段（江门大道）工程。于2015年6月25日竣工。

项目路线全长约3.58公里，工程主要由主桥、东引桥、西引桥、杏坛立交、滨江路立交五部分组成。其中桥长2290米，主桥为跨径布置(60+176+700+176+60)米的双塔预应力混凝土梁斜拉桥，按双向六车道一级公路设计，桥宽36.9米。

主塔基础采用钻孔桩+圆哑铃形承台基础。主塔为H形塔，截面采用空心箱形断面，主塔设上、下横梁。斜拉索采用平行高强钢丝斜拉索。

该桥自主研发的核心技术5项，其中3项达国际先进水平。

深水倾斜岩面大直径超长钻孔桩施工技术，采用高速旋转撞击法斜岩钻进，获2012年交通运输部工法；强台风区域186米高索塔施工技术，采用芬兰WISA模板、清水混凝土工艺及首创钢斜腿预应力支架施工，获2015年交通运输部工法；大跨度钢—混凝土混合梁制作安装技术，钢—混凝土结合段增设PBL钢板、剪力钉，采用抗裂纤维混凝土施工。用墩顶三向固结安装、首创浅滩区钢箱梁节段滑移上岸及中跨顶推配切技术，实现精确合龙，荣获2015年国家级工法。

该桥建成通车后，日均行车达4万多辆，江门到顺德车程由1小时缩至20分钟，完成江门市超千亿蓬江产业园与广佛发达经济圈的无缝对接，成为江门市打造大湾区经济、连接泛珠三角洲的城市名片。

The Modern Cable-Stayed Bridges

铜陵长江公铁大桥

铜陵长江公铁大桥为安徽省2008年"861"行动计划重点建设项目,是京福高铁安徽段项目的一个控制性工程,同时还是合肥—庐江—铜陵铁路和铜陵至巢湖高速公路的过江通道。该桥于2010年4月18日动工兴建,2015年4月全面竣工。2015年6月28日下层高速铁路功能投入使用,2016年1月27日启用高速公路功能。

作为一座公铁两用桥,铜陵长江公铁大桥上方按双向六车道建设一条铜陵通往无为至巢湖的高速公路,路面宽33.5米,设计速度100公里/小时;下方按四条铁路复线建设,其中,京福高铁客运专线设计速度350公里/小时,作为南北货运通道的合庐铜铁路专线设计速度为160公里/小时(预留速度200公里/小时提速条件)。

铜陵长江公铁大桥跨江主桥全长1290米,为跨径布置(90+240+630+240+90)米的双塔五跨钢桁架梁斜拉桥,其主跨刷新了我国公铁两用大桥桥梁跨度的新纪录。

盐城灌江口大桥

位于江苏省盐城市响水县,为G228线临海高等级公路跨越灌河、连接盐城和连云港的特大桥,建成于2015年7月。

灌江口大桥工程全长7.644公里,其中大桥长4.366公里,主桥为跨径布置(59.2+118.8+400+118.8+59.2)米=756米的双塔双索面钢—混结合梁斜拉桥。桥宽33米,采用一级公路标准建设,双向四车道,设计速度100公里/小时。下部结构为桩柱式墩台。

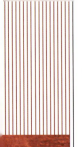

河口黄河大桥

位于甘肃省兰州市，是兰州至永靖沿黄河一级公路上跨黄河的特大桥，于2015年10月建成。河口黄河大桥填补了甘肃省公路斜拉桥建设的空白，也是甘肃省最大跨径的斜拉桥。

河口黄河大桥为兰州市黄河风情线的延伸段——被誉为"甘肃最美公路"的兰州至永靖沿黄一级公路的控制性工程。桥梁全长978.5米，主桥采用（77+100+360+100+77）米钢—混凝土结合梁斜拉桥。

大桥采用A形桥塔，与斜拉索均为最为稳定的三角形构图元素，形成了桥梁纵横向稳定的支撑体系。设计者开展技术攻关，解决了隔板受力复杂的问题，采用空透隔板连接塔柱，极大地美化了桥塔，使桥梁不仅满足交通需求，而且具有美感和可观赏性。

河口黄河大桥开展了高震区大跨斜拉桥抗震、桥梁抗风、剪力键的传力机理及动力特性、桥面板的应力三维分布、斜拉索锚固形式等多项研究，具有国内首次采用的组合焊接式钢锚梁锚固系统、500吨液压黏滞阻尼器减振体系等多项技术创新成果。

在桥塔承台施工中，首次采用了"钻孔灌注桩支护+高压旋喷桩止水"的支护施工技术；充分考虑结合梁斜拉桥的结构受力特点，首次提出了温度变位强制合龙法，解决了低温合龙的技术难题。

该桥"高震区大跨度结合梁斜拉桥设计优化"获2013年第六届甘肃省职工技术创新成果二等奖；"西北地区大温差条件下大跨结合梁斜拉桥建造关键技术研究"，获2015年度中国施工企业管理协会科学技术奖科技创新成果一等奖。

右侧梁桥为小沙湾黄河大桥

准格尔黄河特大桥

荣成至乌海高速公路十七沟至大饭铺段，起于内蒙古自治区与山西省交界的十七沟村，与G18荣成至乌海高速公路山西境山阴至平鲁段终点相接，终点与荣成至乌海高速公路内蒙古大饭铺至东胜段起点相接，总体呈东西走向。准格尔黄河特大桥位于荣成至乌海高速公路十七沟至大饭铺段内蒙古鄂尔多斯境内，于2015年建成。

桥梁全长1277米，主桥长760米，主桥为跨径（160+440+160）米预应力混凝土斜拉桥，两个边跨各设置两个辅助墩，小桩号引桥跨径布置为4×30米预制组合箱梁，大桩号引桥跨径布置为13×30米预制组合箱梁。主桥结构形式采用空间双索面、密索、扇形布置、双分离边箱形断面主梁、塔梁分离的半飘浮体系结构。索塔采用双柱式变截面A形索塔，7号塔塔高128.3米，位于黄河东岸，8号索塔塔高228.6米，位于黄河西岸山脚边。主塔基础采用群桩基础，东塔设24根2米直径桩基，西塔设30根2米直径桩基，桩基按嵌岩桩设计。主梁采用预应力混凝土双边箱断面，梁高2.87米。斜拉索按扇形布置，梁上标准间距8米，边跨加密段间距为3.5米。塔上间距为2~4米，斜拉索采用热挤聚乙烯高强钢丝拉索。过渡墩及辅助墩为实心矩形断面墩身，群桩基础。

引桥采用30米跨径的先简支后连续预制组合箱梁。桥墩根据不同高度采用双柱式墩和矩形实心墩，桥墩基础采用钻孔灌注桩，桩基按嵌岩桩设计。该桥建成时为黄河上最大跨径的桥梁。该桥主桥采用440米跨径双塔双索面半飘浮体系斜拉桥，下塔柱高差100米，在国内首次遇到，设计解决了两塔高度差悬殊、刚度差异巨大而产生的温度力及地震等作用分配不均的问题。

该桥设计为高速公路，设计速度为80公里/小时，设计荷载为公路—Ⅰ级，设计洪水频率为1/300，通航等级Ⅳ级。

该桥荣获2018年度公路交通优秀设计二等奖。

迫龙沟特大桥

位于西藏自治区林芝市林芝县,是G318线跨越雅鲁藏布二级支流迫龙沟的特大桥,是川藏公路(西藏境)通麦至105道班段整治改建工程的关键控制性工程,于2015年12月25日建成。

迫龙沟特大桥全长743米,主桥为(156+430+156)米两塔三跨双索面混合梁斜拉桥,主跨430米,是西藏境内最大跨度斜拉桥。桥梁基础采用群桩基础,主塔采用A形结构。桥梁边跨采用双肋式预应力混凝土梁,中跨采用钢主梁与混凝土板共同受力的组合梁,钢梁两侧设置有风嘴。主桥斜拉索采用无黏结钢绞线斜拉索。桥面宽度为13.0米,中跨组合梁宽跨比仅0.0302。

迫龙沟特大桥桥位处地质灾害频发,为避免施工和运营期间岸坡稳定造成的安全风险,大桥边跨不设辅助墩,创新性地采用了边跨混凝土梁挂篮悬臂浇筑+中跨组合梁悬臂拼装的不对称悬臂施工方法,该方法为国内外首创。针对泥石流堆积扇地层桩基成孔施工难度较大,上部结构混合梁施工首次采用了不对称双悬臂施工技术。

2018年荣获中国铁路工程总公司科学技术奖一等奖。

沌口长江公路大桥

沌口长江公路大桥连接湖北省武汉市四环线西、南段,是武汉市四环线工程的重要组成部分和跨越长江的关键控制性工程,桥址位于白沙洲长江大桥上游约7.9公里及军山大桥下游约8.3公里处。项目起于江北汉阳沌口徐家堡,在武汉市经济技术开发区与(武汉)汉洪(湖)高速公路相接,止于江北江夏区龚家铺,接武汉城市四环线南段和已经通车的青菱至郑店高速公路,设计速度100公里/小时。路线全长为8.583公里,其中长江大桥长5.296公里,两岸接线长3.287公里。大桥于2014年10月14日开工,2017年底建成通车。

主桥跨径布置为(100+275)米+760米+(275+100)米,桥长1510米,为五跨双塔双索面钢箱梁斜拉桥,边中跨比0.493,边跨设置1个辅助墩和1个过渡墩起于汉洪高速公路徐家堡互通,四环线南段相接。该桥主塔高234米,桥面宽46米,是一座宽幅大跨重载桥梁。

四环线汉江公路大桥

四环线汉江公路大桥位于湖北省武汉市蔡甸区和东西湖区之间,桥址北岸为东西湖区鱼门村,南岸为蔡甸区胡家台;项目起于东西湖区十一支沟临江处、止于蔡甸区汉阳监狱,是武汉市四环线跨越汉江的控制性工程;于2013年5月开工建设,2017年6月建成通车。

桥梁总长909米,其中主桥长714米;设计速度100公里/小时,荷载等级为公路—I级,桥面宽41.0米,双向八车道高速公路桥梁;主桥结构采用双塔双索面PC梁斜拉桥,跨径组合为(77+100+360+100+77)米。大桥具有高塔、宽梁、大吨位挂篮的技术特点;主梁结构形式为Π型预应力混凝土梁,宽度达44米,居目前同类桥型之最,其标准节段重量达610吨;主梁悬浇采用的牵索挂篮单个自重达300吨,横向宽度达49米,长17.5米,是目前国内最宽、最重的挂篮。

武佐河特大桥

位于贵州省毕节市纳雍县,是G76厦蓉高速公路织纳段上跨武佐河的特大桥,于2012年10月开工建设,于2015年10月建成。

武佐河特大桥全长1470.940米,桥跨布置为:(4×40+4×40+5×40)米先简支后结构连续T梁+(178+380+178)米预应力混凝土斜拉桥+5×40米先简支后结构连续T梁。设计速度80公里/小时,双向四车道,路基标准横断面宽24.5米。

本桥主梁采用C60预应力钢筋混凝土结构,在当时贵州省以及国内的混凝土斜拉桥混凝土主梁中均属于高级别强度。对于贵州山区来说,采用机制砂配置C60高强度混凝土是一个很大的挑战。省内也有其他类似桥梁采用同强度等级的混凝土主梁,但是其C60混凝土的砂均由外省运输河砂来配置,费用较高。本桥通过大量的配合比试验和碎石设备的改良和控制,最终全桥C60混凝土全部采用机制砂,填补了贵州省内该项技术的空白,为其他桥梁的设计和建设提供了良好的借鉴。

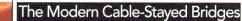

道安高速公路乌江大桥

位于贵州省遵义市湄潭县，为G69银百高速公路贵州北线道真至翁安段上跨乌江的特大桥，于2017年10月建成。

主桥为（125+360+125）米钢—混凝土混合式结合梁斜拉桥。边跨采用混凝土结构，中跨采用钢—混凝土结合梁结构，半飘浮体系，桥面全宽28米；桥塔采用H形，塔顶至塔座总高度172米；边跨主梁采用C55混凝土，Π形断面，断面高度2.88米，中跨叠合梁采用"上"字形断面，上铺设32厘米厚的C55混凝土预制板，中跨钢梁采用Q345D钢，主桥边跨采用支架分段现浇，中跨采用桥面吊机施工。桥宽24.5米，双向四车道，设计速度80公里／小时，荷载等级为公路—Ⅰ级。

本桥在设计上具有如下创新点：首创了钢—混凝土叠合梁钢梁腹板直接与锚拉板对接的"上"字形结构形式，提高了锚拉板与钢主梁的焊接和传力的可靠性；设计提出了混合式叠合梁斜拉桥合理边中跨比的两个临界状态，主梁采用边跨混凝土梁、中跨钢梁的混合方式，缩小了边中跨比，减小了主桥长度，大幅降低了工程造价；中跨主梁采用"上"字形断面，相比工字形截面，顶板材料减少了一半，在受力性能满足的条件下，有效减轻了钢梁自重；针对中跨叠合梁桥面板的施工方式，提出了桥面板的摆放顺序、联合时间与斜拉索张拉及工期的合理施工方案，大幅缩短了工期，降低了工程造价。

辰塔路横潦泾大桥（辰塔大桥）

辰塔大桥位于上海市松江区辰塔公路上，于2012年7月开工，2015年建成。

大桥主桥桥型为（75.45+296+75.45）米双塔双索面混凝土梁斜拉桥，基本结构体系采用半飘浮体系，主跨长度为296米，主桥长546米。全桥84对斜拉索纵向立面采用扇形布置，横向立面采用花瓶形索塔，总高94米，索塔共设两道横梁。大桥桥面宽度34.6米，为双向六车道设计，设计速度80公里/小时。

辰塔大桥是黄浦江上第12座大桥，全长1.5公里，是黄浦江上第一座全混凝土斜拉桥，也是上海地区第一次采用液压爬模系统进行主塔施工、第一次在主梁施工中采用了前支点复合型挂篮全断面一次性浇筑施工的桥梁工程，施工工艺复杂，技术含量高，施工工期紧，施工难度大，安全生产风险大。其中主梁施工控制难度特别大，为了更好地达到设计线形，施工单位在主梁施工时，采取索力和高程双控，过程控制以高程为主、索力为辅；全桥合龙后调索以索力为主、高程为辅，全面保证了施工安全质量。

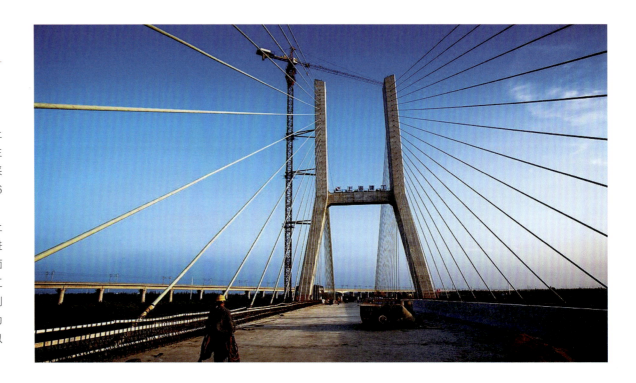

新白沙沱长江特大桥

新白沙沱长江特大桥（又名白沙沱长江大桥），是渝黔铁路扩能改造工程的关键控制性工程。在既有川黔铁路白沙沱长江大桥下游100米左右的位置跨越长江，上距地维长江大桥2.4公里，下距拟建的长江小南海枢纽2.4公里。大桥全长约5.3公里。主桥位于重庆市长江白沙沱河段，一端位于重庆市江津区珞璜镇，另一端则坐落于重庆市大渡口区跳磴镇。大桥于2013年1月开工，2016年8月竣工，2018年1月开通。

该桥全长920.4米，为（81+162+432+162+81）米钢桁梁斜拉桥，设计速度200公里/小时，下层是双线货车线，设计速度120公里/小时。钢梁为N形桁架、两主桁、直桁结构、双塔双索面、半飘浮体系，塔墩固结，塔梁分离。

该桥是六线铁路，承受的荷载巨大，按照传统的有砟轨道进行初步分析，确定桥梁结构的自重与二期恒载的合计达到1070千牛顿/米。总共承受的荷载达到约1400千牛顿/米。该桥具有多线、大跨、重载、双层等明显特征。在铁路桥梁首次采用双层桥面、六线铁路布置，是世界上首座六线铁路钢桁梁斜拉桥，也是世界上每延米荷载量最大的钢桁梁斜拉桥，同时也是世界上首座双层铁路钢桁梁斜拉桥。国内首座采用双索锚固整体双锚拉板—锚箱复合式锚固结构的铁路斜拉桥；国内首次采用磁流变阻尼器控制斜拉索振动的铁路斜拉桥；目前世界上单点锚固索力最大的斜拉桥；首次在长江上游采用超大直径钻孔灌注桩。

鸭池河特大桥

位于贵州省贵阳市和毕节市黔西县交界，是S82贵阳至黔西高速公路上跨鸭池河东风水电站风景区的特大桥，也是这条高速公路最重要的桥梁，于2016年6月建成。

主桥长1461米，跨径布置为（72+72+76+800+76+72+72）米七跨对称双塔双索面半漂浮体系斜拉桥+7×30米先简支后连续T梁。主桥边跨为预应力混凝土箱梁，中跨为钢桁架梁，边中跨比为0.275。双向四车道，设计速度80公里／小时。

采用H形桥塔，贵阳岸塔高243.2米，黔西岸塔高258.2米。受两岸地形陡峻、河谷深切等因素限制，大桥采用钢桁－混凝土混合梁斜拉桥的结构形式，很好地适应了桥位处地形崎岖、场地狭窄、运输条件较差等山区特有的建设环境，有效降低了造价，缩短了工期。

主梁在主塔下横梁、辅助墩处设置多向（双向）球型钢支座；过渡墩处设置一个单向活动支座和一个双向活动支座；索塔处设横向抗风支座。每个塔梁连接处顺桥向安装4套黏滞阻尼器，全桥共8套，在静力作用下不约束塔梁纵向相对变形，而在动力作用下对结构响应进行耗能。

该桥工程特点突出：采用小边中跨比钢桁混合梁斜拉桥的结构新体系，其是主跨钢桁梁、边跨混凝土梁的组合。大桥的成功建设提升了特大跨度钢桁梁斜拉桥的经济适用范围，为世界山区桥梁建设给出了一种更先进、更经济、更高效的解决方案。

受限于小边中跨比，并为了平衡主跨钢桁梁自重，边跨采用了相比常规更大截面的混凝土双边箱梁结构，巧妙地变传统压重荷载为结构的抵抗截面，对结构的耐久性更加有利。

由于结合段的结构形式和材料组成存在突变，沿主梁方向上的强度和刚度无法平缓过渡，易产生应力集中，导致结构的整体协同性能较弱，因此，开展了钢桁梁—混凝土结合段1:5的缩尺模型设计与试验，验证了钢桁梁—混凝土结合段构造的合理性。

在2018年6月召开的第35届国际桥梁大会上，该桥获得了"古斯塔夫·林德萨尔奖"。

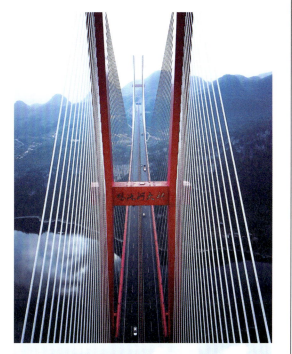

中国现代斜拉桥 | 双塔斜拉桥

The Modern Cable-Stayed Bridges

岩架特大桥

位于贵州省黔西南布依族苗族自治州册亨县与望谟县交界处，是S62余安高速公路跨越北盘江的特大桥，于2012年1月开工建设，2015年12月31日建成。

岩架特大桥全长817.5米，桥跨布置为3×30米预应力连续箱梁+(150+328+150)米预应力混凝土斜拉桥+3×30米预应力连续箱梁。设计速度80公里／小时，双向四车道，路基标准横断面宽22.5米。

主桥主梁采用预应力混凝土∏形梁。梁顶宽24.1米，底宽24.5米，梁高2.5米，桥面板厚32厘米，塔根附近两侧加厚为45厘米，设双向2%横坡，由顶板形成。边肋宽度有1.65米、3.75米、4.30米三种，标准梁段梁肋宽1.65米；主梁标准节段为7米，边跨端部为3.20米；在每对拉索的主梁锚固处设置横梁，横梁的厚度为30～35厘米。

主桥桥塔的形式为折H形，由塔墩、下塔柱、上塔柱、塔冠、上横梁和下横梁组成。两索塔下横梁以上塔高均为88.9米，下横梁以下望谟岸103米，安龙岸93米；全塔高为望谟岸190.4米，安龙岸187.9米。上、中塔柱横桥向宽4.3米，顺桥向宽6.5米，为减小风阻力，采用多棱形空心截面，内设置检修爬梯；下塔柱横桥向宽4.3～6.7米，顺桥向宽6.5～9.2米，采用多棱形空心截面；塔墩高分别为65米和61米，采用单箱三室截面。

中国现代斜拉桥 / 双塔斜拉桥

毕都高速公路北盘江大桥

又称北盘江第一桥,位于贵州省六盘水市水城都格镇与云南曲靖宣威市交界,是G56杭瑞高速公路毕都段及云南普宣段上跨北盘江支流泥猪河峡谷的特大桥,于2013年开工建设,2016年12月29日建成。

大桥全长1341.4米,主桥为跨径布置(80+88+88+720+88+88+80)米的七跨对称双塔双索面斜拉桥,主跨径720米,边中跨比0.36,主塔采用H形桥塔,贵州岸塔高269米,云南岸塔高246.5米。大桥桥面距离河谷底达565米高,是目前世界第一高桥。设计速度80公里/小时,双向四车道,路基标准横断面宽24.5米。

该项目通过对山区非平稳风作用的研究,确定了"中纵梁+大次横梁"支撑体系,提升、完善了梁板组合体系中正交异性钢桥面板与钢桁梁的连接构造和工艺。并基于有限元疲劳分析确定了缓解疲劳的构造措施。科学合理地解决了嵌入钢桁梁的正交异性钢桥面板的结构体系技术难题。

通过对高性能钢筋桥梁构件和整体高性能以及其他性能进行详细的试验研究,并与普通钢筋设计方案的对应性能进行详细的对比研究,明确了高性能钢筋用于桥梁高性能(抗震)设计的有效性和全寿命经济性,大大节约了桥梁用钢材用量及费用,并减少了桥梁后续的维修养护费用。

2018年5月,该桥荣获第35届国际桥梁大会"古斯塔夫·林德萨尔奖"。2018年9月,该桥获吉尼斯世界纪录认证,大桥桥面距江面垂直高度达565.4米,荣获"世界最高桥"之称。

The Modern Cable-Stayed Bridges

望东长江大桥

位于安徽省安庆市望江县、池州市东至县间,是国家高速公路网G35济南至广州高速公路中最为便捷的过江通道,也是北京、山东、河南通往江西、福建、广东等地的重要通道。于2016年12月底建成通车。

该桥为双塔双索面半飘浮体系组合梁斜拉桥,主桥跨径布置为(78+228+638+228+78)米,全长1250米,主跨638米,为目前世界最大跨度组合梁斜拉桥,也是一体化联长(1250米)最长的钢混凝土组合梁斜拉桥,实现了组合梁斜拉桥建造技术的突破;"宝剑"形混凝土索塔高217米,其超大悬臂空间构造丰富斜拉桥索塔结构选型;首次提出辅助墩处使用大吨位弹性支座,以及通过施工中支座处主梁发生强迫竖向位移来调整结构内力的设计理念,成功解决传统斜拉桥辅助墩处的负弯矩问题。桥宽33.5米,为全封闭、全立交双向六车道高速公路,设计速度100公里/小时。

重庆蔡家嘉陵江轨道桥

重庆蔡家嘉陵江轨道桥以轨道交通专用桥的形式跨越嘉陵江,是轨道交通6号线连接北碚区和渝北区的重要节点工程。于2017年3月完工。

桥梁为双线轨道桥梁,主跨250米双塔双索面斜拉桥。主桥轨道左右线间距4.6米,主桥宽度15米。引桥位于曲线上,北引桥端头左右线分离接入单洞单线隧道,根据线路设计,引桥桥宽在12~18.3米范围内变化。主桥采用悬臂浇注施工,南引桥采用支架现浇施工,北引桥采用移动模架施工。

海黄大桥

位于青海省黄南藏族自治州尖扎县，是青海省首座大跨径斜拉桥，为张掖至河南高速公路牙什尕至同仁段上跨黄河公伯峡库区的特大桥，于2017年8月30日建成。

桥长1743.5米，主桥长1000米，为跨径布置（104+116+560+116+104）米的双塔双索面钢—混凝土结合梁斜拉桥，主塔分别高186.2米和193.6米的箱形变截面形式；桥梁全宽28米，双向四车道，荷载为公路—Ⅰ级。下部结构为H形主塔+空心薄壁墩。斜拉索采用低松弛镀锌高强钢丝，扇形布置，梁上索距12米或8米，塔上索距2.5~3.5米。

海黄大桥主塔位于黄河两岸水库库区边坡上，坡度近30度，河心处水深近50米。常水位下，北塔处水深10米，南塔处水深近20米，地质条件复杂，处于不通航区域，南岸为山地陡壁，机械设备、材料、人员到达困难。为此，施工中搭设一座总长512米的浮桥，车行道宽6米，设计荷载600千牛顿，既安全合理，又经济美观。

海黄大桥设计针对我国西北地区高原高寒环境气候条件，首次开展了关键钢结构低温抗疲劳性能及冻融作用下剪力钉承载力试验，为同类地区桥梁建设创造了新的宝贵经验。

红水河特大桥

位于贵州省黔南布依族苗族自治州罗甸县与广西壮族自治区河池市天峨县交界，为G69银百高速公路惠水至罗甸段上跨红水河的特大桥，于2013年5月开工建设，2016年12月建成。

红水河特大桥全桥长956米，为2×20米现浇箱梁+（213+508+185）米双塔双索面不对称混合式叠合梁斜拉桥。设计速度80公里/小时，双向四车道，路基标准横断面宽24.5米。

该项目首次提出大跨径不对称混合式叠合梁斜拉桥方案，创新了山区桥梁设计、施工新理念，丰富了山区峡谷斜拉桥桥设计新思路，社会经济效益明显。不对称式设计，有效利用了不同材料的特性，避免传统对称式设计大开挖破坏环境、加大施工难度，或抬高路线整体高程和造价高等问题。与传统斜拉桥设计方案相比，节约4000万元。

首次提出缆索吊装系统应用于斜拉桥上构安装施工。首次提出了叠合梁斜拉桥中采用顶推施工格构式"井"字形钢主梁的方法。顶推完成边跨主梁施工后，为中跨主梁施工提供了施工通道，避免了钢梁运输、安装困难和大量开挖施工便道产生的破坏环境问题。

六广河特大桥

位于贵州省贵阳市修文县和毕节市黔西县交界,为S30江口至都格高速公路息烽至黔西段跨越六广河的特大桥,于2014年2月开工建设,2017年2月建成。

六广河特大桥全桥长1280米,主桥长1066米,桥跨布置为5×40米预应力混凝土先简支后结构连续T梁+(243+580+243)米叠合梁斜拉桥。设计速度80公里/小时,双向四车道,路基标准横断面宽24.5米。

该桥为主跨580米叠合梁斜拉桥,是贵州省最大跨径的叠合梁斜拉桥。钢—混叠合梁斜拉桥自重轻、刚度大、桥面铺装耐久性和可维护性好、经济性好。

该桥桥高375米,高度极高,峡谷风效应明显。本桥委托同济大学开展了抗风、抗震性能研究,根据研究成果选择了良好的结构体系和纵向阻尼器参数,确保了大桥施工和运营过程中抗风稳定性良好。在跨径和高度方面该桥均属于山区峡谷桥梁的典型代表,为其他山区峡谷叠合梁斜拉桥的抗风性能提供了良好的参考。

该桥两岸边跨主梁设计因地制宜,采用不同的施工工艺。依托本项目的"步履式顶推系统集成技术研究"成果鉴定达到国际先进水平。该施工方案丰富了山区大跨径斜拉桥建设的施工方法,具有很好的代表性。

丰都长江二桥

位于重庆市丰都县，为跨越长江的特大桥梁，于2017年10月1日竣工。

该桥主桥长1282米，跨径布置为（70.5+215.5+680+245.5+70.5）米双塔双索面5跨连续钢箱梁斜拉桥。主梁采用正交异性桥面板流线型扁平钢箱梁，桥梁中心线处梁高3米，全宽（包括风嘴）28.5米。斜拉索上端锚固于塔柱上，下端锚固于主梁锚拉板，每塔共21对斜拉索，均在塔上张拉，全桥共计168根索。斜拉索在钢箱梁上的锚固采用了锚拉板结构形式。斜拉索采用钢绞线拉索。

桥塔采用组合式桥塔，下部是整体箱形塔墩；上部为钻石形钢筋混凝土塔架，以横梁将塔柱联成整体。塔顶设有圆弧状塔冠装饰段。

桥面铺装采用高弹改性浇注式沥青桥面铺装，在国内还属于应用较少的新工艺，施工技术要求高。

荆州长江公铁大桥（公安长江大桥）

又称公安长江大桥，即蒙西至华中地区铁路煤运通道于湖北省荆州市公安县跨越长江的公铁两用桥，位于蒙西至华中铁路荆岳段（非正式名称也称荆州长江二桥）。位于湖北荆州市境内，北接江陵，南邻公安县杨家厂镇，是国内首次跨越长江的重载铁路桥梁，长江干流上的第七座长江公铁两用桥，于2018年12月建成。

该桥全长6317.67米，双层桥面，上层规划为沙市至公安高速公路，下层为双线电气化铁路。其中合建段长度2015.9米；铁路分建段长4301.922米，主桥跨径布置为（98+182+518+182+98）米，采用双塔双索面多跨连续非对称钢桁斜拉桥，铁路设计为一级双线、速度120公里/小时，牵引质量5000吨；按一级公路、双线多车道设计。

针对荆江大堤防护等级高、强透水无填充卵石土层钻孔桩施工和带倾斜副桁的钢桁梁施工的特点，该桥在施工中运用了"大型围堰气囊法下河过程分析"等施工关键技术；通过水下摄像技术监测围堰吊箱清理堵漏及封底质量、采取塔柱高强度等级混凝土布设防裂网、钢筋笼下放居中定位技术、预应力孔道真空压浆技术、钢筋工厂整体胎架绑扎一次吊装技术、大跨度大悬臂钢梁监测监控技术等一系列新技术、新工艺，保障了工程质量。

西江水道桥

又称广中江高速公路西江水道大桥，位于广东江门蓬江区，为广东S20广（州）中（山）江（门）高速公路上跨西江的特大桥，于2017年建成。

桥长860米，为桥梁跨径组合（57.5+172.5+400+172.5+57.5）米独柱双塔中央双索面半飘浮体系混凝土斜拉桥，桥宽41米。索塔高度为127米。

采用斜腹板单箱多室（单箱五室）主梁，全宽41.0米，宽跨比为1/9.76，主梁中心梁高4.0米，高跨比为1/100。斜拉索布置为中央双索面，锚固于主梁紧靠中隔室两边的隔室内。

由于桥址地质情况复杂，基岩为中风化泥岩，承载能力差，采用摩擦桩设计，桩长达110米。为保证桩基的承载力，在大面积桩基施工时采用自平衡法进行静载试验，并根据试验结果对桩长进行动态调整。主墩基桩为大直径超长桩，成桩垂直度的控制是施工重点、难点，控制好基桩钢护筒垂直度是保证成桩垂直度的基础。为此，施工中专门设计了钢护筒沉设导向架装置。通过导向架上下两道限位装置，钢护筒的沉设垂直度合格率达到100%。

北街水道桥

位于广东省江门市蓬江区，是广东S47广（州）佛（山）江（门）珠（海）高速公路跨越西江干流——北街水道的特大桥，建成于2016年。

该桥长800米，为跨径组合（60+150+380+150+50）米的独柱双塔中央双索面半飘浮体系混凝土斜拉桥，桥宽41米，索塔总高度为111.19米。

主梁采用单箱多室形（单箱五室）主梁，斜拉索布置为中央双索面锚固于中间隔室。主梁全宽41米，宽跨比为1/9.27，主梁中心梁高4.0米，高跨比为1/95。索塔截面由"圆"和"方"组合变幻而成，形成柔和且方正的正八边形断面，展示了"亦圆亦方、包容天地"的设计理念。下部结构为群桩基础、承台。

结合斜拉桥索塔截面多变、异型的特点，施工中将每节段异型截面索塔施工变为等截面索塔施工，设计了一套适合每种索塔截面的型钢支架爬模。

西固黄河大桥

位于甘肃省兰州市南滨河路黄河风情线柴家台水电站下游约1.8公里处，是兰州南绕城高速公路跨越黄河的控制性工程，于2017年12月31日建成。

该桥主桥长714米，主桥采用（77+100+360+100+77）米钢—混凝土结合梁斜拉桥，主塔高151米。桥塔由于上、下塔柱高接近，采用了整体比例最为协调的菱形塔，使下塔柱内收尺寸明显小于上塔柱，增加了桥塔结构的稳定和轻巧感。桥塔整体造型似"橄榄""种子""宝瓶"，形成了多重美好的景观寓意，很好协调了结构受力与景观需求。大桥位于Ⅶ度地震区，由于桥塔较高，抗震问题更为突出，该桥采用了650吨的黏滞阻尼器，刷新了河口黄河大桥所创的吨位纪录。

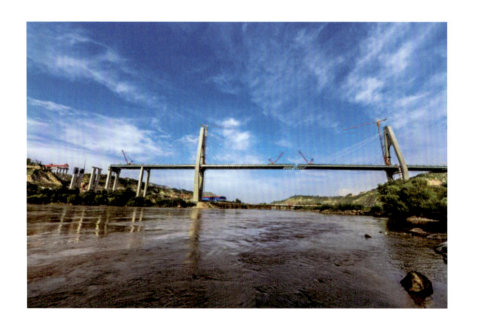

潮连西江桥

位于广东省江门市蓬江区,是广东S47广(州)佛(山)江(门)珠(海)高速公路跨越西江干流的特大桥,于2016年建成。

桥长660米,为跨径组合(50+120+320+120+50)米独柱双塔中央双索面半飘浮体系混凝土斜拉桥;桥宽41米,宽跨比为1/7.8,主梁中心梁高4.0米,高跨比为1/80。索塔总高度为107.93米,自塔顶向下39米为圆截面段,由此至塔底为圆截面变化到矩形截面段。斜拉索顺桥向为竖琴布置,横桥向为中央双索面。下部结构为群桩基础、承台。

主墩采用直径3米嵌岩桩,桩长为70~89米。桥址区内岩层结构复杂,花岗岩与变质砂岩互相侵入,因岩层夹含石英质,造成成孔过程中冲锤锤瓣断裂、锤牙或崩或损情况非常严重。对此采取以下针对性工艺措施:重新设计冲锤,加厚锤瓣底部,降低冲锤重心,增强冲锤抗破坏性;改善冲锤材质,提高了冲锤的耐磨性和抗冲击韧性;锤牙由垂直布置变为斜向布置,锤瓣之间增加横向联系,提高锤瓣的侧向抗扭力;定做20吨冲机并配17吨冲锤,提高大冲锤对坚硬岩层冲击力,加强锤的抗破坏力。大大降低了锤瓣破坏的概率,大大缩短了成桩的时间。

贵州贵遵高速公路复线乌江特大桥

贵遵高速公路复线乌江大桥位于贵州省遵义市,在县道002楠木渡大桥下游约450米,由北往南横跨乌江,属于G75兰州至海口高速公路上的一座大桥,也是遵义至贵阳段扩容线的控制性工程。该桥于2014年12月开工,2017年12月竣工。

贵遵高速公路复线乌江大桥为主跨320米的双塔双索面预应力半飘浮体系混凝土斜拉桥,跨径布置为(40+110+320+110+40)米,全长620米。该桥遵义岸主塔为钢筋混凝土H形塔柱结构,承台以上高143.1米;贵阳岸主塔为组合式结构,下部为双柱式塔墩,上部为H形结构,承台以上高197.1米。各塔柱均采用空心矩形截面,其中上塔柱截面采用环向预应力体系,以抵抗斜拉索的拉力。主梁采用预应力混凝土双边箱断面,主梁中心高3.2米,顶板宽37.6米(含封嘴)。该桥设计荷载等级为公路一Ⅰ级,设计速度100公里/小时,抗震设防烈度为Ⅶ度。桥面全宽37.6米(含风嘴),双向六车道。

该桥荣获中国公路建设行业协会2017年公路工程科技创新成果二等奖。在施工过程中积极开展发明创新,获得了"一种斜拉索塔端消防灭火系统"等11项国家专利。

中国现代斜拉桥 / 双塔斜拉桥

芜湖长江公路二桥

芜湖长江公路二桥是《安徽省长江过江通道布局规划方案》提出的首批建设的8座过江桥梁之一。是国家"京台高速公路"和安徽省"纵二"高速公路的重要一环、安徽省南北沿江高速公路关键节点和芜湖市跨江发展提供第二通道。于2017年底建成。

芜湖长江公路二桥工程路线全长55.508公里，跨江主引桥长13.928公里（跨江主桥1.622公里、引桥12.306公里），北岸接线长20.78公里，南岸接线长20.80公里。跨江主桥采用跨径布置（100+308+806+308+100）米的分肢柱式塔四索面分离式钢箱梁斜拉桥方案，创造性地提出一种新型的拉索体系——四索面双层同向回转拉索体系。该技术克服了国内现行规范在适用范围上的限制，构造出主跨806米、分肢柱式塔、分体钢箱梁、四索面双层同向回转拉索斜拉桥。设计成果突破了传统斜拉桥参数的限制，拓展了学界对斜拉桥结构体系的认识。另外，27.8公里长的引桥及接线桥首次在国内大规模采用一种全新的工厂化结构——全体外预应力、节段预制、轻型薄壁箱梁。该设计克服了国内现行梁式桥设计理论和方法的不足。

2014年11月，该项目获得全球BE创新奖，这是我国桥梁建设工程首次荣膺全球基础设施建设领域创新大奖；2015年7月，该桥工可报告荣获全国优秀工程咨询成果一等奖；2016年，该桥荣获交通运输部首批"品质工程"示范项目称号；2018年获得国际桥梁大会"乔治·理查德森奖"。

齐河黄河大桥

又名济齐黄河公路大桥,位于山东省德州市齐河县,是S101线跨越黄河的特大桥梁,于2017年建成,2018年5月16日正式通车。

主桥全长810米,为跨径布置(40+175+410+175+40)米双塔双索面钢—混凝土结合梁斜拉桥,采用塔墩固结、塔梁分离的半飘浮体系,主梁由边钢箱、横梁、小纵梁栓接成梁格,其上架设预制桥面板,现浇混凝土湿接缝使桥面板与钢梁结合,组成钢—混凝土结合梁体系。桥塔横向布置为H形,采用单箱单室空心箱形截面,设上下两道横梁;济南侧桥塔总高133.5米,齐河侧桥塔总高138.0米。桥塔采用整体式承台加钻孔灌注桩基础,承台厚5米;桩基直径为2.0米,桩长为99米。斜拉索为高强度平行钢丝外挤包高密度聚乙烯索,呈空间扇形分布,两侧双索面布置,塔端锚固于上塔柱内的钢锚梁上,梁端锚固于主梁外的钢锚箱上。斜拉索塔上索距为2.5米,梁上索距为12米。桥梁总宽38米,双向六车道,一级公路标准,设计速度80公里/小时,同时预留轻轨通道。

该桥建成时为黄河上最大跨径的斜拉桥,闭口箱式边主梁上采用的外置钢锚箱的结构形式为国内首次采用;设计中考虑了预留有轨电车荷载,两侧非机动车道后期可改造为有轨电车车道。

该桥桥址处底层结构复杂,有一段地质为夹钙质胶结层,钻孔桩施工难度大,项目通过优化施工方案,采用"钻孔接力"的方式进行钻孔桩施工。前半部分采用气举反循环钻机施工,钻进速度快,成孔质量好,到钙质胶结层处采用旋挖钻机钻孔,解决了钻孔速度慢,损坏钻头严重的问题。工程位于黄河浮桥处,施工场地狭小,车流量较大,主梁横跨黄河大堤,为解决主梁运输困难,在桥位处与预场之间设置"提升站",桥面的钢梁经过提升站运输,解决了地面无法直接运输材料到架梁处的难题。

益阳资江大桥

益阳资江大桥(319国道益阳大桥),是319国道在湖南省益阳市境内跨越资江的控制性工程,是益阳南部地区联系资阳区之间的重要纽带,位于现319国道资江一桥下游约1450米处。于2018年5月建成。

工程线路全长1600米,其中跨资江大桥长1080.6米。益阳资江大桥主要结构包括:主桥为跨径(125+280+125)米的预应力混凝土双塔双索面斜拉桥,南北岸引桥为预应力现浇箱梁。

桥面宽30米,为城市主干路,设计速度50公里/小时,荷载标准城市—A级,设计洪水频率300年一遇,Ⅲ级航道通航标准。

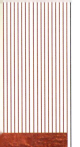

池州长江公路大桥

位于安徽省池州市和铜陵市枞阳县，于2009年2月通过国家发改委立项批复，建成后是安徽省八百里皖江上游的第四座长江公路大桥（另外三座分别是铜陵长江大桥、安庆长江公路大桥、望东长江大桥）。所属线路为S97济祁高速公路，跨越长江、秋浦河。该桥于2014年12月30日开工，2019年6月通车。

在桥型方面，该桥跨江主桥采用跨径布置为（3×48+96+828+280+100）米的不对称等高塔混合梁斜拉桥，外观与安庆长江大桥相似，不过跨径更大，项目包括两岸接线全长40.33公里，其中长江大桥全长达到6公里，北岸接线长约16.9公里，南岸接线长约18.1公里。

大桥段采用六车道高速公路标准建设，其余两岸接线采用四车道高速公路标准建设，设计速度100公里/小时，估算造价为47.4亿元。设计使用年限为100年。

该桥获得2017年"交通运输部科技示范工程"称号；依托池州长江公路大桥开展的"系列根式基础研究"获得2017年中国公路学会科学技术奖特等奖。

万州长江三桥

又称"万州长江公路三桥""牌楼长江大桥"，位于重庆市万州主城区，于牌楼街道跨越长江，桥位距上游的万县长江大桥约4.2公里，距下游的万州长江二桥约4.8公里，连接长江两岸的过境公路交通和城区过江交通，具有公路桥梁和城市桥梁双重功能，于2018年10月26日合龙，2019年5月通车。

桥梁主线总长2.2公里，主桥跨径布置为（4×57.5+730+4×57.5）米，主跨为730米双塔钢箱梁斜拉桥，桥面宽度35米，双向六车道，一级公路标准，设计速度60公里/小时，设计荷载等级为公路—Ⅰ级；地震烈度Ⅵ度，按Ⅶ度设防。

该桥首次采用了主跨双索面、锚跨中央（单）索面的非对称拉索布置形式，既满足了结构受力，又解决了两岸立交布置的问题，建成后是斜拉桥领域的又一创新成果。同时，该桥有四个施工难点：位于三峡库区，水位高度差变化大且频繁，对水上施工带来较大难度；桥墩在浅覆盖层且坡度大的河床上施工难；边跨现浇箱梁支架搭设高度高，且现浇支架基础置于水中，箱梁结构复杂预应力等施工难度大；南塔总高248.12米，在高塔施工过程中，主梁、索塔施工安全和稳定性要求高，施工测量、监控难度大。

The Modern Cable-Stayed Bridges

中朝鸭绿江界河公路大桥

位于辽宁省丹东市新城区国门湾,项目起于丹东至大连高速公路,止于朝鲜三桥川北侧的长西,跨越鸭绿江,全长12.71公里。于2014年12月建成。

该桥是我国北方地区跨径最大的斜拉桥,也是该地区地标性桥梁。大桥全长3030米,中方侧长约1408米,朝方侧长约1622米。该桥引桥为双幅分离式预应力混凝土连续箱梁,桥面全宽28.5米,中方侧跨径布置(7×40+6×40+6×60)米,与朝方侧引桥对称布置。

桥梁的结构体系为(86+229+636+229+86)米的五跨连续半飘浮双塔双索面流线型扁平钢箱梁斜拉桥。索塔呈H形,总高度196米。斜拉索采用了镀锌钢丝斜拉索,呈扇形布置。该桥的设计标准为一级公路,双向四车道,设计速度为80公里/小时,设计基准期100年,设计荷载等级为公路—Ⅰ级。

该桥采用独特的跨境项目管理模式,并进行了高寒滨海环境冬季施工探索。技术创新方面,桥梁的钢箱梁正交异性桥面板、钢桥面铺装、桥梁抗震等方面的设计,应用了交通运输部行业联合科技攻关项目"高地震烈度严寒地区钢箱梁斜拉桥关键技术研究"的研究成果;钢牛腿式钢锚梁结构、索塔锚固区二次张拉群锚体系、桥梁检测检修设备均为国内最新的结构、工艺。

该桥的人文主题是"界桥雄风,国门华光",H形双塔犹如国门般守护着两国的边境。

港珠澳大桥

该桥跨越伶仃洋，东接香港特别行政区，西接广东省珠海市和澳门特别行政区，是"一国两制"框架下粤港澳三地首次合作建设的超大型跨海交通工程，也是目前世界上总体跨度最长、钢结构桥体最长、海底沉管隧道最长的跨海大桥。该桥于2009年12月开工，2018年10月24日正式通车。全线采用双向六车道高速公路标准，设计速度100公里/小时，将港珠澳三地的通行时间压缩至45分钟。

工程包括海中桥隧主体工程、香港接线及香港口岸、珠海、澳门接线和珠海澳门口岸。路线起自香港国际机场东北水域的香港口岸人工岛，向西接珠海—澳门口岸人工岛、珠海连接线，止于珠海洪湾，总长约55公里，其中珠澳口岸到香港口岸约41.6公里。其中，主体工程长29.6公里，集桥、岛、隧于一体，面临诸多世界级技术挑战，包括海中快速成岛、隧道基础处理与沉降控制、隧道管节沉放对接、大规模工厂化制造、海上埋置式承台施工、水下结构止水、超长钢桥面铺装、交通工程系统集成等。同时，此桥轴线穿越中华白海豚保护区，环保要求高。

主体工程桥梁部分长达22.9公里，由青州航道桥、江海直达船航道桥、九洲航道桥三座通航斜拉桥，以及约20公里的非通航孔桥组成。

桥梁工程上部钢结构用钢量达42万吨，按照"车间化、机械化、自动化、信息化"的制造理念，研制了智能化板单元组装和焊接机器人专用机床，打造了全新的自动化生产线；同时，在中山基地建立了国内首个大型钢箱梁拼装车间，真正做到了"板单元人最少，总拼厂人最好"。通航孔桥钢塔制造则突破传统工艺模式，开发了适应不同焊接工况的自动化焊接设备，实现了"无码装配、无损吊装、无损翻身"，有力地提升了我国大型钢结构制造的工艺水平，彻底改变了传统做法，推动了行业技术进步。

青州航道桥

为双塔双索面钢箱梁斜拉桥，全桥采用纵向半飘浮体系，桥跨布置为（110+236+458+236+110）米，索塔采用双柱门形框架塔，塔高163米，共有14对斜拉索，斜拉索锚固于边腹板外侧。主梁采用扁平流线型钢箱梁；斜拉索采用双索面扇形布置；桥塔采用横向H形框架结构，塔柱为钢筋混凝土构件，上联结系采用"中国结"造型的钢结构剪刀撑；主墩下部结构采用现浇承台及塔身，辅助墩及过渡墩为预制墩身，均采用大直径钢管复合群桩基础。

建设难点包括：最长达138米的超长复合钢管桩群桩基础施工；哑铃形90.99米×43.74米主墩，单个重1700吨承台套箱整体制作、运输与安装施工；163米高的主塔液压爬模施工；现浇混凝土主塔上进行钢结构"中国结"高精度对接；主塔施工受香港机场航空限高影响。

创新技术包括：基础施工中采用了移动导向架沉桩工艺、分节式墩身预制干接缝连接工艺、钢圆筒围堰干法施工工艺等新工艺；钢箱梁吊装中采用了可拆装组合式吊具设计、长节段大吨位钢箱梁整体吊装、外海超长大节段钢箱梁双船抬吊等新技术；斜拉索采用抗拉强度1860兆帕，最大规格PES7-475平行钢丝斜拉索，设计使用寿命不少于25年。

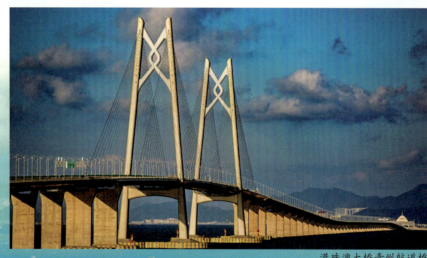

港珠澳大桥青州航道桥

江海直达船航道桥

大桥全长994米，跨径布置为（110+129+258+258+129+110）米，为中央单索面三塔钢箱梁斜拉桥，索塔为"海豚"形独立柱全钢索塔，塔高110米，由主塔柱、副塔柱、主副塔柱联系杆、三角撑及装饰块五部分组成，中央单索面作为斜拉索布置形式，其中每根斜拉索均采用511根平行钢丝。

建设难点包括：钢箱梁与钢索塔工程量巨大、技术标准高、制造周期紧；三座钢塔海豚造型，异型结构形式复杂、断面尺寸大、整体制造，精确度要求高；高百米、重3000吨的钢塔整体制造，采用双浮吊抬吊安装工艺，工况复杂，协调难度大；因受现场作业空间及浮吊制约，138号钢塔整体吊装前需完成厂内180度翻转。

创新技术包括：钢箱梁制造采用大板块工艺、无损制造工艺（小节段、大节段）、滚装装船工艺等工艺。钢箱梁节段拼装采用"三无"制造工艺——无损吊运、无损支撑，无损装焊。钢塔制造采用单元件制造新工艺，Z0节段的制造、节段翻身等新工艺；钢塔吊装由"长大海升"与"正力"两艘起重船舶设备配合施工，实现"海豚塔"空中翻转；"正力"完成解钩，起重船将"海豚"运送至钢塔Z0节段上方，进行精准对接。斜拉索采用抗拉强度1860兆帕、规格PES7-511平行钢丝斜拉索，设计使用寿命25年。

港珠澳大桥江海直达船航道桥

九洲航道桥

桥长693米，跨径布置为（85+127.5+268+127.5+85）米，采用双塔单索面钢—混凝土组合梁5跨连续斜拉桥，主塔为风帆造型，塔高120米，共设有64根斜拉索，主梁采用分离式开口钢箱+混凝土桥面板的组合截面，斜拉索采用平行钢丝索，塔身为钢—混凝土结构。

建设难点包括：主墩承台防撞钢套箱结构平面尺寸达90.39米×43.14米，吊装重量达1750吨，需使用两艘浮吊抬吊安装，对作业协调性要求极高；钢主梁大节段为敞口槽形结构，长宽比大，焊接变形及收缩量控制难度大；主梁采用混凝土面板，预制精度高，组合施工工艺复杂；梁塔结合段由钢塔节段和钢主梁焊接而成，重量大、结构复杂、熔透焊缝多等，整体组焊方案及几何精度控制十分关键；风帆型钢主塔上塔柱桥面竖转施工。

创新技术包括：箱梁制造中采用了门式多电极自动焊接技术、横隔板机器人焊接技术、长大节段钢主梁整体制作技术、钢主梁节段无损伤组焊技术等施工新技术；桥塔制造采用钢—混凝土结合段底座板焊接技术、钢塔节段无码组装焊接技术、钢塔节段端面加工技术、钢塔节段空中无损伤翻身技术、无损伤组焊技术等新技术。

港珠澳大桥九洲航道桥

中国现代斜拉桥 | 双塔斜拉桥

非通航孔桥

包括深水区非通航孔桥、浅水区非通航孔桥、珠澳口岸连接桥以及东、西人工岛连接桥。其中，5.4公里的浅水区非通航孔桥采用85米跨径钢—混凝土组合连续梁结构；13.68公里的深水区非通航孔桥采用110米跨径整幅整墩钢箱梁连续梁结构。

建设难点包括：深水区非通航孔桥上部结构采用110米钢箱梁，钢结构制造规模大、工期紧、质量要求高，对当时国内钢结构桥梁的制造能力带来巨大挑战；浅水区非通航孔桥采用85米组合梁结构，钢结构制造难度大，混凝土面板预制精度要求高，组合工艺复杂；为减小阻水率，非通航孔桥墩承台均埋入海床下，埋置式承台墩身采用整体预制、海上安装工艺，基础施工精度要求高，海上安装止水定位工艺复杂。

创新技术包括：非通航孔桥施工大量采用了新结构、新材料、新设备、新工艺等四新技术。诸如钢管复合桩结构、环氧钢筋、不锈钢筋、高精度打桩技术、超大体积墩台安装、分节式墩身干接缝匹配对接、大节段钢箱梁的吊装与精细调位等新技术等；墩台施工，CB03标段内非通航孔桥采用钢圆筒围堰干法安装工艺，CB04标段内采用分离式胶囊柔性止水工艺，CB05标段采用无底钢套箱围堰干法安装工艺；上部结构钢箱梁制造引进了全自动加工生产线，极大地提升了行业生产能力与质量控制水平。

此外，港珠澳大桥海底隧道由33节巨型沉管和1个合龙段接头组成，每节沉管长180米、宽37.95米、高11.4米、重约7.4万吨，最大排水量8万吨；最大沉放水深44米；通航吨级为30万吨。

港珠澳大桥收费大棚

港珠澳大桥非通航孔桥

港珠澳大桥海底隧道

长门特大桥

长门特大桥是福建省福州市绕城公路东南段项目的重要控制性工程，大桥在闽江的下游跨越闽江，桥址区濒临闽江的入海口，东临东海。于2018年6月合龙。

主桥起止桩号分别为K23+654和K24+502，全长848米，为（35+44+66+550+66+44+35）米的七跨双塔双索面对称混合梁斜拉桥，桥面宽度38.5米，采用双向六车道、高速公路建设标准，设计速度100公里／小时。

主桥为七跨对称混合梁斜拉桥，边跨及主跨索塔附近为混凝土主梁，中跨大部分为钢主梁。桥梁采用密索塔梁墩固结体系，为塔梁墩固结体系斜拉桥国内最大跨径桥，世界第二跨径桥。塔梁墩固结区受力复杂，设计为双层结构，整体结构庞杂。主桥墩采用花瓶形索塔，南塔高184.2米，北塔高186.2米，该类型索塔横梁多，塔柱结构变化多，模板体系转换多，塔吊附墙距离远，施工难度大。

该桥是国内首座跨度达550米塔梁固结体系的斜拉桥，针对大桥的建设条件、设计特点和难点，开展了大量的关键技术问题研究，其中包括：钢—混凝土结合段部位、结构体系比较研究、塔梁固结段局部应力分析、结构抗风性能研究、抗震性能研究等。长门特大桥是国内首座混合梁塔梁固结体系斜拉桥，很好地适应了本桥桥址的建设条件。该桥在塔梁固结构造、桥面风环境研究和风障设计、钢—混凝土结合段设计等方面积累了新的经验，可为以后设计同类桥梁提供参考。

鄱阳湖二桥

位于江西省九江市都昌县、庐山市之间，是S22都九高速公路二期（都昌至庐山段）的鄱阳湖特大桥，横跨鄱阳湖老爷庙水域，于2018年12月竣工，2019年4月通车运营。

鄱阳湖二桥的跨径组合为（68.6+116.4+420+116.4+68.6）米。大桥全长5589米，宽24.5~28米，主桥采用双塔五跨双索面组合梁斜拉桥方案。双向四车道，设计速度100公里／小时，汽车荷载等级为公路—Ⅰ级，洪水频率为1/300。

乐清湾港区铁路支线瓯江特大桥

位于浙江省温州市，于2019年5月完工。

主桥长584米，为跨径（52+90+300+90+52）米的双塔双索面单线混凝土斜拉桥。

沪通长江大桥

位于长江江苏南通和张家港段，连接南通市和张家港市，是沪通铁路全线的控制性工程，为世界上最大跨径的公铁两用斜拉桥。其天生港专用航道桥于2017年10月合龙，主桥于2019年10月合龙。

该桥全长11072米，主桥采用主跨1092米的钢桁梁斜拉桥结构，为世界上最大跨径的公铁两用斜拉桥，也是世界上首座超过千米跨度的公铁两用桥梁。这种大跨度设计，满足了长江航道远期12.5米深水航道向上延伸、10万吨货轮通航、桥梁通航孔净宽，以及水流、河势的诸多要求。该桥为双塔三索面钢桁梁斜拉桥。

作为主跨度超千米的公铁两用桥，钢桁梁斜拉桥主桁杆件轴力超大，钢材屈服强度必须达到500兆帕级，现有材料很难满足设计要求。之前，我国南京大胜关长江大桥使用的是Q420qE钢材，我国钢铁生产企业还不能生产比之更高强度级别的桥梁钢。为此，中铁大桥勘测设计院集团有限公司牵头，组织国内独特钢结构专家研讨攻关，开展"Q500qE级高强度桥梁结构钢"研究工作。2015年8月，试制出了第一批Q500qE级高强度桥梁结构钢。试验结果表明，满足国家标准和国际标准的要求，完全可以用于沪通长江大桥的建设。同时，已完成2000兆帕斜拉索相关研究工作，编制了技术条件。

同时，该桥还采用了一系列具有世界先进水平的新结构、新设备和新工艺。大桥主航道采用刚度大、行车性能优越的箱桁组合新型结构，体现了世界钢桥结构的发展方向；主航道桥采用伸缩量2000毫米级的桥梁轨道温度调节器和伸缩装置，为世界首次采用；还首次采用了巨型沉井整体制造、浮运、定位新工艺以及主梁两节间全焊接、桥位整体吊装施工新工艺。

天生港专用航道桥采用（140+336+140）米钢桁梁柔性拱桥，主跨采用336米的刚性梁柔性拱桥结构，合龙精度控制在毫米级。该桥主拱在桥面上搭设支架逐节拼装，拼装长度达320米。天生港专用航道桥跨北大堤和横港沙区分别采用2×112米和21×112米简支钢桁梁桥，北引桥采用主跨2×100米、67米混凝土连续（刚构）梁分别跨越北岸沿江公路、老捕鱼港河和滨江公路，其他采用多孔48米混凝土简支箱梁。

沪通大桥天生港航道桥

沪通大桥主航道桥，主跨1092米

平潭海峡公铁两用大桥

位于福建省福州市长乐区，跨越海坛海峡北口，连接长乐区松下镇和平潭县海坛岛上的苏澳镇，是福平铁路和京台高速长乐至平潭段的关键性控制工程，于2013年11月开工，2019年9月25日全桥合龙贯通。

该桥是中国第一座跨海峡公铁两用大桥，下层设计为时速200公里双线一级铁路，上层设计为时速100公里六车道高速公路。全长为16.45公里，其中公铁合建段长度14.53公里，单建铁路长度1.92公里。桥址所在的平潭海峡，为世界三大风口海域之一，具有风大、浪高、水深、流急等特点。每年6级以上大风超过300天，7级以上大风超过200天，最大浪高约9.69米，曾被称为"建桥禁区"。这使该桥成为中国目前施工难度最大的桥梁。

大桥主要包括元洪航道桥（主跨532米）、鼓屿门水道桥（主跨364米）、大小练岛水道桥（主跨336米）三座双塔斜拉主航道桥，北东口水道桥采用（92+168+168+92）米混凝土连续刚构结构。非通航孔桥梁采取32米、40米、50米、64米预应力混凝土简支或多孔一联连续梁桥，简支钢桁梁共计34跨，其中80米简支钢桁梁28跨，88米简支钢桁梁6跨，采取整孔焊接、整孔运输、整孔架设。

元洪航道桥为最大跨度一座斜拉桥，主塔高200米，全长1188米，孔跨布置（132+196+532+196+132）米。施工中首次采用钢桁梁全工厂化整体节段全焊制造技术、首次采用两节间整体大节段对称悬臂架设施工工艺、首次采用钢桁梁整节段全断面合龙技术，对于同类型桥梁建造技术发展将起到积极推动作用。

平潭海峡公铁两用大桥（元洪航道桥）

中國橋譜 之 第二卷
A Guide to Chinese Bridges
中国现代斜拉桥 高低塔斜拉桥

涪陵乌江二桥

位于重庆市涪陵区乌江与长江交汇口上游500米附近灌溪沟处，距乌江大桥1.6公里，是G348武大公路上跨乌江、连接江南片区与江东片区的重要城市桥梁，于2009年9月25日竣工通车。

该桥全长620米，为主桥跨径布置（150+340+100）米高低塔单索面单箱单室不对称预应力混凝土斜拉桥。塔梁固接体系，塔高分别为178.4米和126.4米。斜拉索采用单索面，江东侧桥塔共33对斜拉索，主城侧桥塔共20对斜拉索，全桥共106根斜拉索。斜拉索采用直径7毫米镀锌平行钢丝，外挤双层PE，内层为黑色，外层为彩色，钢丝标准强度1670兆帕，斜拉索锚具采用冷铸墩头锚。桥面全宽25.5米。

主桥下部结构为钢筋混凝土矩形墩，桥台为钢筋混凝土重力式桥台基础为桩基础。主桥设计荷载城市-A级，验算荷载为公路—Ⅰ级，设计地震基本烈度Ⅵ度，按Ⅶ度设防。

三家店桥

三家店桥位于北京市门头沟区三家店村,是G4501北京六环路良乡至寨口段的桥梁,为跨径布置(56+100+70+37)米的4跨连续双圆柱子母塔单索面W形截面主梁预应力混凝土梁曲线斜拉桥,跨越永定河。于2009年12月10日建成。

主塔高33米,采用塔、梁、墩固结体系;子塔高19米,采用塔梁固结体系。主跨径100米,主梁高3米,顶板宽30.26米,底板宽12米。主墩高21.5米,主桥采用在3号墩墩顶转体施工,转体结构总长182米,最大悬臂长度92米,平转角度为40度。道路设计等级为高速公路,桥梁全宽30.5米;地震基本烈度8度;桥下净空不小于9米。

索塔采用双圆柱造型,挺拔秀美。主塔与子塔采用高度不等的错落布置。主塔承受转体过程中主梁荷载及主跨桥长70%的荷载,并与主梁固结,成为对全桥的纵向水平约束和抗扭转的刚性节点。

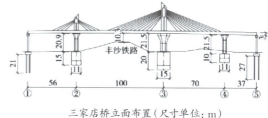

三家店桥立面布置(尺寸单位:m)

G5苏村坝大渡河大桥

位于四川省雅安市石棉县,为G5京昆高速公路雅安至泸沽段跨越大渡河的桥梁,于2011年建成。

主桥上部构造采用(132+220+67.65)米高低塔预应力混凝土主梁斜拉桥,半飘浮体系,主跨220米,桥梁高度61米。主梁为预应力混凝土双纵肋,肋间设两道小纵梁,桥面全宽27.5米至33.0米,双向四车道。主塔采用钢筋混凝土A形索塔,为空心薄壁箱型截面,索塔上横梁为实心截面,索塔下横梁为箱形截面,索塔基础为群桩基础,桩径为2.5米。索塔锚固段及非锚固段内设置"井"型预应力钢束。主塔处设竖向支座、横向限位装置,纵向设阻尼器约束限制主梁纵向变位。斜拉索采用环氧喷涂平行钢丝拉索,空间双索面,扇形布置。雅安岸引桥采用5×30米预应力混凝土T形梁。引桥墩采用分离式钢筋混凝土空心墩、群桩基础。

该桥梁止点处与隧道直接连接,取消了桥台。隧道侧的主梁边跨合龙段位于主梁配重段内,采用了"首先合龙主梁纵肋,再在纵梁上现浇桥面顶板"工艺技术,克服了合龙段重量大、支架数量多、变形大的技术难题。

该桥获2015年四川省优秀设计二等奖。

云阳长江大桥

位于重庆市云阳县,在盘龙街道跨越长江,北岸接云阳新县城,南岸通往湖北利川市,于2005年9月建成。

全桥长为1278.60米,主桥长637米,为跨径组合(132+318+187)米高低塔斜拉桥,H形索塔为塔梁支承结构体系。双江岸引桥为9×30米简支T梁,盘石岸引桥为7×50米简支T梁。

采用高低塔斜拉桥结构体系,缩小了主跨跨度和主桥长度,降低了工程造价,且桥型与山形协调一致、融为一体,增加了景观效果,提高了桥梁观赏性。主梁采用"工"字形双纵肋,既方便施工,又节约了工程造价。主梁斜拉索锚固采用外置式,有利于养护和维修。

设计为城市主干道二级公路标准,设计速度40公里/小时,设计荷载汽车—超20级、挂车—120,桥面宽18.5米,内河一级通航标准,按地震烈度Ⅶ度设防。

中国现代斜拉桥 高低塔斜拉桥

福银高速公路九江长江公路大桥

又名九江二桥,位于江西省九江市、湖北省黄石市黄梅县,为福州至银川高速公路跨越长江的特大桥梁,于2013年10月竣工。

大桥全长1405米、主桥桥面宽38.9米、副孔及引桥桥面宽33.5米,双向六车道高速公路标准。桥梁上部结构采用混合梁形式,南边跨和主跨南索塔附近为混凝土主梁,主桥大部分与北边跨为钢箱梁,主桥桥跨布置为(70+75+84+818+233.5+124.5)米双塔双索面斜拉桥。下部结构采用钻孔灌注桩基础、塔柱。

该桥具有技术含量高、质量标准高、环保要求高、协调难度大等特点:大桥跨江主桥为双塔混合梁斜拉桥,主跨818米,居目前"江西第一";在国内首次成功实现了在长江干堤上建设大型桥梁基础关键技术的突破;主塔首次采用井型混凝土结构,南主塔高230.8米,北主塔高242.3米,是世界最大的不对称斜拉桥高低塔;是国内首次采用全断面钢混过渡的特大跨径斜拉桥。

该桥在科技创新上取得了突出成绩,一是提出了提高大跨度混合梁斜拉桥耐久性的理论与方法,为大跨度混合梁斜拉桥耐久性的提高提供技术支撑。二是开发出新型拉索密封系统,全面解决了大跨径斜拉桥斜拉索制造关键技术问题。三是实现了国内最大规模的超大整体钢吊箱工厂化制作、气囊法整体下水、长距离浮运及高精度安装的施工工艺;首次在国内外特大型桥梁承台钢吊箱施工中采用三船抬吊同步吊装施工工艺。四是以复合型帷幕桩作为深挖承台基坑支护施工工艺创新,确保了基础施工顺利和长江大堤安全。

该桥项目先后荣获国家级工法3项,省级工法28项,省部级科技进步奖3项,实用新型专利19项,获中国建筑业协会、中国施工企业管理协会及中国交通企业管理协会QC成果奖14项,江西省QC成果18项;项目分别获评为江西省优质建设工程"杜鹃花"奖、2014年度公路交通优秀勘察设计一等奖、2014—2015年中国建设工程"鲁班奖"、第14届中国土木工程"詹天佑奖"。

The Modern Cable-Stayed Bridges

中国现代斜拉桥 高低塔斜拉桥

大冲邕江特大桥

位于广西壮族自治区南宁市横县,是S1501南宁外环高速公路跨越邕江和湘桂铁路的特大桥,于2014年12月建成。

桥梁全长888米,主桥为跨径布置(193+332+113)米的高低双塔双索面预应力混凝土斜拉桥,密索为对称扇形布置,双分离边箱形断面主梁,塔梁分离的半飘浮体系结构,索塔采用双柱式变截面H形索塔;引桥为2×(3×40)米预应力混凝土先简支后连续组合箱梁;桥宽31米,双向四车道。设计荷载等级一公路Ⅰ级,设计速度120公里/小时。

高低塔不对称斜拉桥结构形式新颖,适应特殊地形及通航要求,受力特点区别于传统对称体系斜拉桥。

该桥"基于机器人智能扫描与图像识别的斜拉桥索塔病害检测与评估关键技术创新与应用"获广西科学技术进步三等奖。

新建丹江口汉江公路大桥

位于湖北省十堰市丹江口市，在丹江口大坝下游约6.5公里，距离上游城区老丹江口大桥950米，路线总体走线从东向西，起点位于富康砖厂附近，与汉江东岸的樊丹路（S302）以平面交叉口型式相接，横跨汉江后，终于规划潘家岩工业区，与汉江西岸的丹沈路以平面交叉口型相连。本项目既是省道孟土线（S302）的跨江通道，同时也是规划建设的城区东外环线（一级公路）的重要组成路段，于2017年4月建成。

G42₁₅黄舣长江大桥

位于四川省泸州市黄舣镇，为G42₁₅成自泸赤高速公路跨越长江上游——宜宾至重庆蓝家沱河段的特大桥梁，于2014年6月29日通车。

该桥总长953米，跨径布置为(39+48+53+520+53+5×48)米，主跨为520米双塔双索面钢箱梁斜拉桥，边跨为混凝土梁；主梁宽度31米，采用双向四车道整幅桥面布置。

采用半飘浮体系，主梁索塔处设置两个双向滑动支座，横向设置两个抗风支座，辅助墩及过渡墩主梁一端设置一个双向支座，另一端设置单向支座。索塔为高低塔，高塔塔高216.5米，桥面以上高169.2米，低塔塔高129.0米，桥面以上高83.2米。考虑抗风、抗震和施工等方面的要求，为适应斜拉索锚固和塔身受力需要，并兼顾酒城文化和景观因素，索塔采用下塔柱分离，上塔柱内收的酒瓶形塔型，经过优化，索塔造型上用圆曲线取代折角，使高低塔都显得更加柔美生动，互相呼应，以达到协调的景观效果。

夷陵长江大桥

位于湖北省宜昌市西陵区,毗邻磨基山,横卧长江,于1998年11月28日动工,于2001年底建成通车。

该桥全长3246米,主桥长936米,跨径布置为(120+348+348+120)米,采用三塔、中间索面、预应力混凝土箱形梁斜拉桥;桥面宽23米。

该桥是长江上唯一的一座三塔倒Y形单索面混凝土加劲梁斜拉桥。主梁采用节段预制拼装法施工,其348米的拼装跨度为世界之最,最大双伸臂桥梁全长383米亦无先例。边跨采用多孔连续结构,以提高三塔体系斜拉桥的刚度,结构体系合理,方案可行、经济。

该桥获2002年度"鲁班奖"、2004年度"詹天佑奖"。2009年6月,经专家实地考察论证,宜昌夷陵长江大桥公司创全国大桥维护管理最好纪录,主桥桥面8年完好,在全国桥梁系统十分罕见。

G25长深高速公路滨州黄河公路大桥

位于山东省滨州市,是G25长深高速公路跨越黄河的特大桥,也是黄河上第一座三塔斜拉桥,是山东省"五纵四横一环八连"公路网的重要组成部分,北接京津冀,南连苏浙沪,对于加快黄河三角洲高效生态经济区建设和山东半岛蓝色经济区发展具有十分重要意义,建成于2004年7月。

该桥全长1698.4米,由主桥和南、北引桥组成。主桥全长768米,为跨径布置(84+300+300+84)米的三塔双索面预应力混凝土斜拉桥,桥面宽32.8米;主梁为双边箱预应力混凝土梁,梁高3米,主梁在中塔处与中塔固结,边塔处为半飘浮支承体系;索塔为双柱式索塔,桥面以上不设横梁;斜拉索为扇形密索布置,全桥共计100对斜拉索,中塔每侧26对,两个边塔每侧各12对;辅助墩、过渡墩为花瓶形实体墩,桥墩、索塔基础均为钻孔灌注桩基础。引桥为分幅式预应力混凝土箱梁,全宽27.5米;上部结构南引桥为两联,每联八孔跨径42米预应力钢筋混凝土连续箱梁,北引桥为一联六孔跨径42米的预应力钢筋混凝土连续箱梁;下部结构为花瓶形实体桥墩、钻孔灌注桩基础。大桥区域地震基本烈度为六度,按Ⅶ度设防。

该桥在建设过程中创造了我国建桥史上五个第一:最深的钻孔灌注桩达120米;中塔高125米,为黄河上之最;大桥桥塔梁固结的设计方案在全国斜拉桥中为首创;按照设计尺寸所做的主梁节段与塔柱节段工程试验为国内首次;采取了国内最先进的液压爬模技术,是国内所建成的桥梁中最宽的预应力混凝土箱形桥梁,梁宽达32.8米,名列第一。

2007年,该桥获得国家优质工程银质奖。

济南建邦黄河大桥

位于山东省济南市天桥区新徐庄附近，南北分别与济南市二环西路、G309线和G308线连接，于2010年12月建成。

大桥路线全长5.3公里，其中黄河大桥长2.3公里，两岸接线长3公里，主桥长820米，为跨径布置（53.5+56.5+2×300+56.5+53.5）米的三塔单索面预应力混凝土梁斜拉桥；中塔为塔梁墩固结，边塔塔柱通过箱梁时形成开口截面的半飘浮体系。桥宽30.5米，引桥宽27.5米，一级公路标准。

济南建邦黄河大桥主桥采用中央索面三塔斜拉桥方案，中塔高112.25米，两个边塔高85.50米，边塔约为中塔的2/3高，高度比接近黄金分割数，比例协调，形成"山"字造型组合，象征着桥梁位于经济快速发展的山东省，三塔布置还暗含了此处是黄河、济水、大清河三河汇流之地，承载着更多的历史印记。

中国现代斜拉桥 / 多塔斜拉桥

武汉二七长江大桥

位于武汉长江二桥下游3.2公里处，是湖北省武汉市的第七座长江大桥、武汉城市二环线上跨越长江的特大桥梁。大桥于2008年8月1日开工，2011年12月31日通车。

该桥全长6507米，其中主桥长2922米，为跨径布置（90+160+2×616+160+90）米的双索面三塔斜拉桥；桥塔承台以上高209米，全桥共264根拉索。斜拉桥主梁采用混合梁，其中汉口区及武昌区边跨为混凝土梁，其余梁段均为工字形截面钢−混凝土结合梁。桥塔为花瓶形，采用平行钢绞线拉索，斜拉索上端锚固于塔柱上，下端锚固于主梁锚拉板上。桥面宽29.5米，设计速度80公里／小时，双向八车道。

该桥2012年获中国铁路工程总公司科技进步特等奖，2013年获中国施工企业管理协科技创新成果特等奖，2013年度全国市政金杯示范工程。

蒙西铁路洞庭湖特大桥

位于湖南省岳阳市，于2019年6月完工。

主桥长1388米，为跨径布置（98+140+406+406+140+98）米的三塔钢箱钢桁结合梁斜拉桥。主塔采用钢筋混凝土结构，横梁以上为倒Y形构造，底部收敛为钻石形。

嘉绍大桥

嘉绍大桥是浙江省嘉兴市至绍兴市的跨江公路通道，跨越天然屏障钱塘江河口段的一座特大型桥梁，是G15W沈阳至海口高速公路常熟至台州并行线的组成部分和跨越钱塘江的关键性工程。于2013年7月建成。

该桥总长10.137公里，按照双向八车道高速公路标准建设。工程充分考虑恶劣水文条件对桥梁建设的影响，主航道桥设计采用跨径为5×428米的六塔独柱双幅四索面钢箱梁斜拉桥方案，主桥总长2680米。索塔采用独柱型，基础采用圆形承台和群桩基础，承台顶面高程位于河床泥面以下，主梁采用分幅钢箱梁结构，桥梁宽度55.6米，跨中设置刚性铰构造。南、北水中区引桥采用70米跨径等截面预应力混凝土连续刚构桥，下部结构不设承台，采用150根3.8米大直径钻孔灌注桩单桩独柱结构。

嘉绍大桥工程开展设计、施工和管养成套技术研究，成功解决了钱塘江强涌潮急流河段大跨度多塔斜拉桥建设的关键技术难题，取得了多项技术创新成果：通过多塔斜拉桥力学性能研究，在世界上首创了新型的多塔斜拉桥静动力结构体系——双排支座体系+刚性铰。索塔采用X形托架，顺桥向两侧间隔一定距离设置塔梁竖向支撑，实现塔梁之间的竖向约束和转动约束，提高结构体系刚度。主梁跨中设置刚性铰，解决多塔斜拉桥长主梁温度应力问题；首次研发了伸缩量可达1360米的钢箱梁刚性铰新型结构，形成了刚性铰设计、制造、安装、监测、维护成套技术成果；首次自主研发全方位多功能钢箱梁检查车，解决了索塔X托架根部钢箱梁检修的无盲区全覆盖难题和过塔行走难题，为该桥海上维修养护工作创造了良好条件。

中国现代斜拉桥 | 多塔斜拉桥

汝郴高速公路赤石特大桥

位于湖南省郴州市宜章县赤石乡,大桥跨越1500米山谷及赤石青头江,地形起伏大。该桥是G76厦蓉高速公路湖南汝城至郴州段上的一座特大型桥梁,于2010年3月开工,2016年10月建成。

桥梁全长2272.76米,主桥设计为四塔双索面预应力混凝土斜拉桥,一联全长1470米,跨径布置为(165+3×380+165)米。共四个索塔,塔高分别为254.63米、274.13米、286.63米、271.13米;采用中塔塔梁固结,边塔支承结构受力体系,索塔独创性地采用双面双曲线空心薄壁型设计,是目前同类型桥梁中排名世界第一的四塔混凝土斜拉桥。桥宽24.5米,行车速度80公里/小时,荷载等级为公路一Ⅰ级。

该桥具有桩径大、墩高、多塔、大跨径、高桥面系等特点,结构新颖,科技含量高,施工难度大。

该桥在桩基础施工工法、塔座施工、双面双曲线带收腰形薄壁结构索塔施工、挂篮设计及拼装技术、主梁施工期间抗风措施、主梁合龙技术等方面都有创新。同时也创下了多项世界纪录:主跨380米,在多塔预应力混凝土梁斜拉桥中为世界第一大跨径;最大墩高182米,在多塔预应力混凝土梁斜拉桥中为世界第一高桥墩;主塔采用双面双曲线收腰空心薄壁多边形自行加劲S形设计,为世界首创,其中"双曲线桥梁墩塔"获国家发明专利;同一承台下群桩最大桩长差58.5米,创同一承台最大桩长差的世界纪录;该桥高防撞等级景观钢护栏是国内外首个防护等级达到最高等级HA级(防护能量760千焦)的桥梁钢护栏,填补了无HA级护栏的空白,其中"护栏(人本性景观钢)"获外观设计专利,"一种人本型景观钢护栏"获实用新型专利;主梁大悬臂工况下首创"竖向下拉索+横向质量阻尼器(TMD)"的综合抗风措施,对提高高墩大跨斜拉桥主梁臂施工期抗风性能具有普遍意义和重要推广价值;主梁悬浇采用最大承载力达7600千牛顿的前支点挂篮施工,为世界上承载力最大的桥梁施工挂篮。

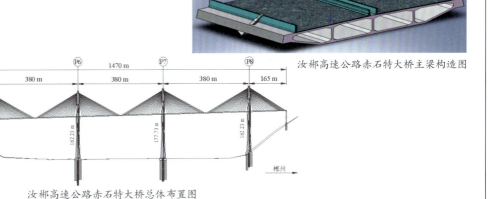

汝郴高速公路赤石特大桥主梁构造图

汝郴高速公路赤石特大桥总体布置图

大秦铁路大里营桥

位于秦皇岛站西疏解区大秦转京秦下行联络线上,跨越京秦铁路,于1997年建成。

该桥为跨径(50+41.5)米的独塔斜拉桥,主梁采用了双向预应力混凝土槽形梁,斜拉索采用了预应力混凝土刚性索。为减少对运营铁路的干扰,该桥采用了沿京秦铁路一侧预制施工,然后平转就位的施工方法。该桥荣获1999年国家质量奖银奖。

宁波招宝山大桥

位于浙江省宁波市甬江入海口,跨甬江沟通镇海、北仑两区,于1995年5月开工,2001年6月建成。

桥梁全长2482米,正桥为74.5米刚构+(258+102+83)米独塔斜拉桥+49.51米预应力箱梁;引桥为(4×35+2×30+2×33.3+30)米预应力混凝土T梁+3×25米板梁+77米引道+25米板梁+C匝道377.66米+D匝道328.34米+E匝道157.4米;主桥为四跨连续、独塔双索预应力混凝土梁斜拉桥。

福州三县洲闽江大桥

位于福建省福州市三县洲,是福州市区跨越闽江的第四座桥梁,距解放大桥约1公里,北起工业路,沿白马河向南经大庙路跨闽江及三县洲。于1996年12月开工,1999年6月建成。

桥梁全长1376米,自北向南桥跨布置为(238+179)米独塔单索面斜拉桥+4×40米简支箱梁,北汊主桥一跨过江,南汊利用地形多跨布置,与周围环境协调。

沙溪庙嘉陵江大桥

位于重庆市北碚区，为渝合高速公路跨越嘉陵江的特大桥，于2002年6月建成。

全桥长1276.4米，主桥长860米，为主跨2×180米的独塔双索面预应力混凝土梁斜拉桥。主桥桥宽30.6米。下部结构为重力式桥台。

仙桃汉江公路大桥

位于湖北省仙桃市、天门市交界，是湖北随（州）赤（壁）高等级公路跨越汉江的一座特大桥梁，于2001年1月开工，2003年12月通车。

桥梁总长1478米，其中主桥长312米，主桥跨径布置为（50+82+180）米，为独塔双索面预应力混凝土梁斜拉桥；桥面宽23米，双向四车道一级公路标准，设计速度80公里／小时，设计荷载为汽车—超20级、挂车—120。

大体积混凝土结构产生裂纹的原因相当复杂，在仙桃汉江公路大桥18号主墩承台施工中，引进了国内控制大体积混凝土产生裂纹的成功经验，优化配合比，采用低热水泥，适当掺入粉煤灰及外加剂来提高混凝土品质，在结构物内埋设冷却水管，分层浇筑混凝土，加强表面覆盖及养护等，收到良好效果。

宜宾中坝金沙江大桥

位于四川省宜宾市西郊，连接内宜高速公路宜宾南站，在宜宾市城区西郊横跨金沙江，于2003年12月10日通车。

该桥是我国首座大跨度独塔钢筋混凝土梁环氧喷涂钢绞线斜拉桥，主桥采用独塔双索面悬浮体系斜拉桥，为跨径布置（175+252）米的独塔双索面非对称斜拉桥，引桥采用简支板桥面连续结构。

本桥塔、墩固结，塔型选用H形索塔。在桥面以上，上横梁以下的中塔柱向内倾斜；在桥面以下两下塔柱向桥轴微收，以增加美感、减少基础工程量。为改善索塔附近的水流条件、抵抗漂木及船舶的撞击，并考虑对称美观，在下塔柱上下游侧均设置了分水尖。为达到美观效果，在上横梁顶面、底面设置装饰板。

斜拉桥结构为双索面、密索、扇形索面，塔、墩固结，主梁悬浮的体系，在塔梁交界处设置主梁水平位移限位装置，限制主梁在纵横方向的位移。主梁采用分离式双主肋截面。主梁采用双悬臂浇筑施工，合龙段混凝土浇筑采用预压重法。

该桥获2005年国家优质工程银质奖、2005年度四川科技进步二等奖、2005年度四川省优秀设计二等奖、2005年天府杯金奖。

红枫湖特大桥

位于贵州省清镇市，是G60沪昆高速公路清镇段跨越红枫湖的特大桥，也是贵州修建的第一座斜拉桥，于2004年10月建成通车。

红枫湖特大桥主桥为跨径（30+102+185）米的三跨一联独塔双索面斜拉桥，主梁的基本断面形式是边主梁，断面全宽30.6米，节段基本长度为8米，边肋基本宽度1.7米，横隔板的基本间距是8米；主梁顶板厚0.32米，设双向2%横坡，主梁的梁高是2.1米（对应于横向宽度30.6米的位置）。主塔布置22对空间索，除塔中心线与第一对索的间距为14米外，其余斜拉索间距为8米，锚跨空心段索距为2.6米。斜拉索在横断面上的布置在距边缘0.8米处，在上塔柱布索区顾及施工张拉空间的需要，将锚固点布在塔内壁中心处，斜拉索采用直径PES7热挤聚乙烯平行钢丝索，PESM7冷铸墩头锚锚固体系，梁端为固定端。

本桥在30米、185米跨径设有2个合龙段。合龙长度分别为2.5米、1.0米。根据结构受力特点，本桥设计的合龙顺序为先合龙30米跨，再合龙185米跨。

主塔墩基础采用分离式承台，横桥向设两个承台，以预应力系梁相连，其预应力钢束要求分批张拉。每个台下设6根直径2.5米钻孔灌注桩，桩尖均嵌入基岩一定深度。

该桥获2006年度贵州省科技进步三等奖。

攀枝花炳草岗金沙江大桥

位于四川省攀枝花市市区，横跨金沙江，是集城市桥梁与过境交通于一身的特大型交通枢纽工程，也是攀枝花市的景观工程，于2004年12月31日通车。

桥梁全长516.3米，跨径布置为(30+39)米连续梁+(34.55+149+200+51)米斜拉桥+T形刚构，桥高92米。主桥主梁采用预应力混凝土双纵肋断面。纵肋外侧各有2.75米的悬臂，顶宽23.9米。主桥塔为H形，高108米，设三道横梁，在桥面以下向桥轴微收。斜拉索由直径7毫米镀锌低松弛高强钢丝组成，标准强度1670兆帕，锚具采用表面喷锌冷铸镦头锚。双面扇形布置，索距6米，全桥共92根。主梁采用分离双箱截面，顶宽23.9米，底宽各5米，双向六车道。

该桥采用主跨200米预应力混凝土独塔斜拉桥与T形刚构的组合体系，为国内首次采用。主梁采用双纵肋断面，T构主梁采用分离式双箱，通过过渡段衔接，有利于两种桥型的变形协调。

The Modern Cable-Stayed Bridges

通化修正大桥

位于吉林省通化市,为该市绕城公路跨越浑江的桥梁,同时又是鹤大、集阿两条国道的交会枢纽,地理位置十分重要。跨越浑河,于2006年建成。

该桥主桥长300米,桥跨布置为(170+92.85+37.15)米的独塔单索面预应力混凝土非对称结构斜拉桥,塔、墩、梁固结体系,主梁为单箱五室断面,桥面以上塔高83.2米,主塔为空腹形截面,同一截面布置4根斜拉索,斜拉索采用双层低应力防腐热镀锌半平行钢丝索,钢索呈扇形分布,塔两侧分别25对共计100根。桥面铺装为沥青混凝土铺装。桥宽28.5米,双向四车道。下部结构为U形重力式墩、明挖扩大基础。

大桥的主桥设计采用"BSACS"计算程序进行纵向结构内力及强度计算分析,并通过施工阶段计算,验算各阶段及各阶段的内力、应力及变形。采用"桥梁博士V2.9系统"对结构计算进行复算。

主梁采用牵索挂篮施工。由于主塔空间小,施工单位在斜拉索施工中通过采用软硬牵引结合的方法,解决了中长索无法直接牵引到位的问题。

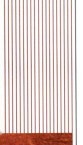

中国现代斜拉桥 | 单塔斜拉桥

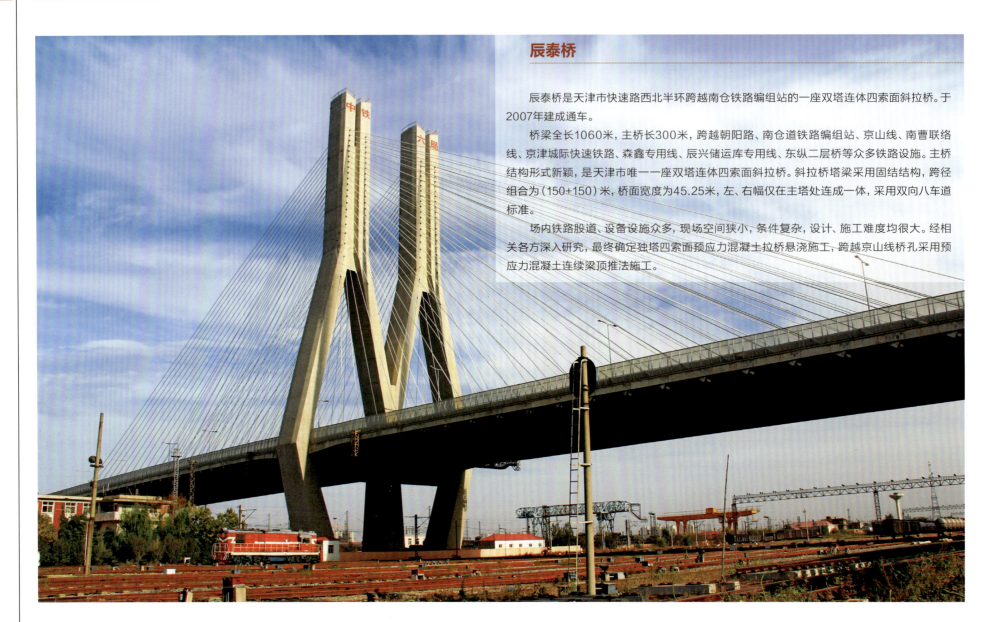

辰泰桥

辰泰桥是天津市快速路西北半环跨越南仓铁路编组站的一座双塔连体四索面斜拉桥。于2007年建成通车。

桥梁全长1060米,主桥长300米,跨越朝阳路、南仓道铁路编组站、京山线、南曹联络线、京津城际快速铁路、森鑫专用线、辰兴储运库专用线、东纵二层桥等众多铁路设施。主桥结构形式新颖,是天津市唯一一座双塔连体四索面斜拉桥。斜拉桥塔梁采用固结结构,跨径组合为(150+150)米,桥面宽度为45.25米,左、右幅仅在主塔处连成一体,采用双向八车道标准。

场内铁路股道、设备设施众多,现场空间狭小,条件复杂,设计、施工难度均很大。经相关各方深入研究,最终确定独塔四索面预应力混凝土拉桥悬浇施工,跨越京山线桥孔采用预应力混凝土连续梁顶推法施工。

南充上中坝嘉陵江大桥

位于四川省南充市,又名南充嘉陵江三桥,在南充白塔嘉陵江大桥上游1300米左右,西起南充胜利路和滨江大道交叉口,跨越嘉陵江,经上中坝,跨越江东大道,东接松林大道,于2007年5月31日建成。

该桥全长1658米,采用主桥(162+138)米的独塔预应力混凝土双纵肋主梁斜拉桥。采用单塔、双索面、密索、扇形布置、塔梁固结体系。斜拉索位于主梁上的人行道外侧,中、边跨各布置26对拉索,主梁标准索距为6米,在边跨现浇段部分索距为2米。为了提高主梁刚度、改善结构动力性能,边跨设一个辅助墩。

索塔采用"H"形索塔、空心薄壁箱形截面。本桥在设计施工中采用以下新技术:基础采用地下连续墙进行围堰开挖,在四川省为首次采用;采用了成桥安全监控系统,实现主梁、索塔变位及应力、斜拉索应力及应力锈蚀的长期监测,确保了大桥运营安全;桥面防水采用新型防水方法,能有效防渗。

The Modern Cable-Stayed Bridges

泸州泰安长江大桥

位于四川省泸州市江阳区泰安镇,是西南出海大通道泸州绕城公路跨越长江的一座特大型桥梁,于2008年9月28日建成通车。

该桥主桥长478米,为桥跨布置(208+270)米的独塔双索面非对称斜拉桥;主梁横断面为单箱三室流线型箱梁,梁宽29.50米,轴线处梁高3.00米,梁截面宽高比9.83:1,高跨比1/90,跨宽比9.15:1;主桥为墩塔梁固结体系。

索塔为"H"形,塔柱高145.20米,矩形空心截面。主墩基础采用桩基承台,设置4排、每排5根共20根直径2.50米的钻孔灌注桩,桩长22.00米,按嵌岩桩设计。

斜拉索呈扇形布置,主梁上标准索距6.00米,斜拉索采用环氧喷涂钢绞线体系,配套使用OVM250体系锚具,索塔端为张拉端,主梁端为固定端。采用锚头腔内灌高熔点油脂密封等保护措施,提高疲劳强度及防腐性能。在索体与预埋件之间设置可调式减振装置,起到阻尼作用。

该桥获2011年度四川省优秀设计二等奖。

广州东沙大桥

位于广东省广州市中心区南部,跨越珠江东平水道,北面通过东沙立交与环城高速公路南环段及东沙大道相连,南面连接广州南站,是广州市东沙至新联高速公路上的一座特大桥。于2008年7月建成。

广州东沙大桥主桥全长518米,跨径布置为(338+72+56+52)米,主跨采用独塔双索面钢箱梁斜拉桥方案,边跨设置两个辅助墩。主桥塔采用钢筋混凝土花瓶形塔,桥面以上塔高147米。主跨为全焊钢箱梁,采用预制拼装的施工方案;边跨混凝土箱梁采用支架现浇的施工方案,钢梁与混凝土梁合龙段设在主跨至主塔中心41米处。钢箱梁斜拉索距16米,混凝土箱梁斜拉索索距为8米。主塔采用钢筋混凝土花瓶形桥塔,塔全高182米。北引桥为30米跨预应力混凝土连续箱梁,下部结构为花瓶形墩;南引桥为30米跨先简支后结构连续预应力混凝土小箱梁,下部结构为大挑臂帽梁独柱墩基础。

桥梁全宽33.5米,为双向六车道高速公路,设计速度100公里/小时,通航净高33米,净宽230米。

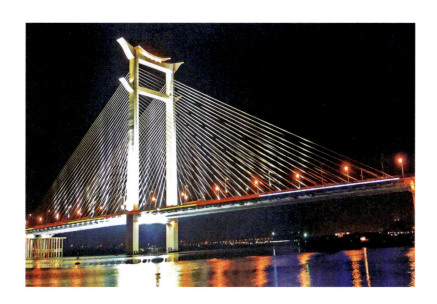

泉州晋江大桥

位于福建省泉州市晋江入海口上游约2公里处,跨越晋江,于2005年1月开工,2008年10月建成。

桥梁全长2740米,主桥为(200+165)米独塔双索面预应力混凝土箱梁斜拉桥,北引桥长1365米,南引桥长1010米。主桥梁为双波浪鱼腹式结构,具有线条流畅美观、抗台风能力强等特点。该桥主塔高134.13米,采用"开"字形门式结构,寓意为改革开放。

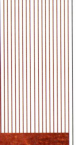

中国桥谱 之 | 中国现代斜拉桥 | 单塔斜拉桥

A Guide to Chinese Bridges

济南黄河三桥

位于山东省济南市北部,是G20$_{01}$青银高速公路济南绕城段上跨黄河的特大桥,也是京沪高速公路复线山东段的关键工程之一,在国家及山东公路网中均占有重要地位。于2005年4月开工建设,2008年12月建成通车。

桥梁全长4473.04米,分别包括南侧堤外引桥(9×30+8×30+8×30+6×45+6×45)米、南侧跨大堤桥(75+140+75)米、南侧河滩引桥(6×45+6×45)米、主桥(60+60+160+386)米、北侧河滩引桥(5×46+5×46)米、北侧跨大堤桥(75+140+75)米、北侧堤外引桥(6×45+6×45+7×30+6×30)米;主桥为跨径(60+60+160+386)米的独塔双索面钢箱梁斜拉桥,桥塔采用倒Y形,总高197米;全桥设96根斜拉索,最长的400米,重30余吨,斜拉索阻尼系统采用剪切式阻尼系统。桥总宽43.6米,双向八车道高速公路标准,设计速度120公里/小时,桥面为进口环氧沥青铺装。

该桥386米主跨与43.6米桥宽均居国内同类型桥梁第一,工程规模大,控制因素复杂,结构复杂,设计难度大,为此针对性开展了以下科研项目:宽浅河流钢箱梁斜拉桥施工方法研究;顶推施工法宽钢箱梁合理构造研究;主桥索梁锚固区及剪力钉模型试验研究;锚箱式索塔锚固区受力机理研究;特大跨桥梁施工中混凝土实时温度强度场数值模拟分析与裂缝控制对策研究;抗风性能与斜拉索减振方案研究;抗震性能与结构体系研究;百米超长桩施工控制;超声回弹测强曲线的建立与应用;混凝土宽箱梁受力机理研究等。

主梁施工首次采用具有自主知识产权的棘块式多点同步顶推法,顶推长度400米,钢箱梁宽度40.8米,如此长度及宽度的钢箱梁顶推施工在国内尚属首次。

通车13年来,运营管养单位遵循"预防为主、防治结合"的原则,按照经常性、预防性、即时性的要求精心实施养护作业,确保了该桥高质量运营。

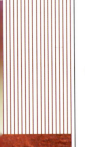

京新上地桥

京新上地桥位于北京市海淀区、G7京新高速公路上。桥梁跨越上地南路、京包铁路、城铁13号线及规划中的京张城际铁路。于2008年12月11日建成。

主桥为五跨连续独塔单索面预应力混凝土斜拉桥，采用塔、墩固结体系主梁支撑于塔墩上，塔柱为偏心受压受力构件，塔柱均为钢筋混凝土结构。主桥长2297.7米，桥宽34.5米，六车道，主跨跨径230米。

主塔造型酷似天上滴落的水珠，大桥宛如一把硕大的竖琴，凌空飞架于地铁13号线、京包铁路和规划京张城际铁路线之上，飘然欲举，雄伟壮美，这就是享有"京城最高斜拉桥"之称的上地斜拉桥，这座华北地区体量最大的混凝土斜拉桥为北京市又"撑起"了一座地标性建筑。

何家坪特大桥

位于重庆市巫山县，为G42沪蓉高速公路重庆巫奉段上的特大桥，于2008年12月建成。

该桥左右分幅，左幅桥跨布置为5×30+（58+84+180）米，右幅桥跨布置为4×30米+（58+84+180）米；主跨为180米独塔预应力混凝土斜拉桥，引桥为预应力混凝土T梁，桥宽24.5米，双向六车道。

主桥上部结构为塔梁固结体系，斜拉索采用独塔双索面布置形式，单边采用2×21根索布置。主梁采用预应力混凝土边主梁，截面顶全宽27.50米，截面端面高2.30米，中心高2.575米。下部结构为重力式墩台。

飞云江三桥（瑞安大桥）

位于浙江省温州市瑞安市郊，跨越飞云江，距入海口约5000米。桥梁起点桩号K13+992，终点桩号K16+948。该桥于2003年7月开工，2012年10月交工，2015年12月竣工验收。

大桥为独塔式斜拉桥，共架设斜拉钢索36对，总体桥跨布置由北到南为：(33×30+5×50)米(引桥)+(240+170+60)米(斜拉桥)+(20×50+8×30)米(引桥)。主桥为240米 + 170米 + 60米三跨一联独塔双索面预应力混凝土边箱梁斜拉桥，为塔梁固结体系。引桥上部构造采用预应力混凝土连续箱梁，分上、下行二幅，单幅桥均为单箱单室截面，采用大悬臂翼板。根据墩高情况采用刚构—连续体系，为使行车平顺，一联长度在180~250米之间。该桥总长2956米，为双向六车道，桥面全宽33米（不包括布索区宽度），无人行道。设计荷载为汽车—超20级、挂车—120。

大跨度斜拉桥挂篮悬臂施工是一个较为复杂、技术难度相当高的工艺过程。飞云江三桥由于每个节段梁体较宽、较重，在施工荷载变化、索力作用和大气温度变化等多种因素影响下，箱梁截面高程与线形时刻都在变化。因此，在飞云江三桥主梁悬浇施工过程中动态施工特性显著。

南昌英雄大桥

南昌英雄大桥是江西省南昌市城区规划道路框架"三环十一射"中城一环的重要组成部分。赣江在桥位处被扬子洲一分为二，分成南支和北支。原跨越赣江北支的斜拉桥命名为英雄大桥，跨越南支的悬索桥命名为洪都大桥，现已合并命名为英雄大桥。于2009年2月建成。

桥梁长705米。该桥北支独柱斜塔刚劲有力，空间扭背索优美柔和，是一座独柱斜塔扭背索斜拉桥。该桥由副主桥及主桥组成，副主桥采用 5×64米等截面悬浇箱梁，主桥采用（109+188+88）米独柱斜塔空间扭背索混合梁斜拉桥，墩、塔、梁固结，109米跨预应力混凝土箱梁通过钢－混凝土结合段与（188+88）米钢箱梁连接。

南支为（85+195+85）米单缆单索面双独柱自锚式悬索桥。

大桥采用双向八车道城市快速路标准建设，设计速度60公里/小时，设计荷载为公路—Ⅰ级及城—A级。

丰城剑邑大桥

位于江西省宜春市丰城市,所属线路为丰城市外环快速路,跨越赣江,于2009年10月竣工。

该桥全长2367米,宽24.5米,为双向四车道城市快速路。桥梁上部结构采用:30×20米预应力混凝土连续空心板+10×40米预应力混凝土连续T梁+(55+2×165+55)米斜拉—悬臂组合结构+23×40米预应力混凝土连续T梁。下部结构采用钻孔灌注桩基础、塔、矩形柱。

主跨采用斜拉—悬臂协作体系,是国内目前罕见的形式,结构整体上达到国内先进,局部达到国内领先水平。主梁采用Π形梁与箱梁的组合形式,在国内同类桥型中首次实现了两种梁型的平顺对接,衔接过渡自然,外形优美、结构传力明确。

该桥梁获奖情况:中国公路勘察设计协会2010年度公路交通优秀设计三等奖、江西省第十四次勘察设计"四优"评选优秀工程设计一等奖、江西公路科技进步奖二等奖。

松原大桥（二桥）

位于吉林省松原市，为该市跨越松花江的大桥，于2009年11月27日建成。

主桥长4176米，南北航道主桥采用主跨120米独塔双索面预应力混凝土斜拉桥；中航道采用（55+90+55）米变截面连续箱梁桥；跨越南岸城市防洪大堤采用（38+65+38）米变截面连续箱梁桥；其余引桥采用40米、35米及34.7米跨连续箱梁，桥宽27.5米，双向六车道城市道路。下部结构为实体矩形墩或花瓶墩。

清江特大桥

位于湖北省恩施土家族苗族自治州谭家坝，是沪蓉国道主干线湖北宜昌至恩施高速公路上的特大桥，于2009年11月30日通车。

该桥长380米，其中主桥长340米，东岸引道长40米，跨径布置为（1×40）米+（40+70+220）米，主桥为独塔双索面预应力混凝土梁斜拉桥，桥面宽24.5米，双向四车道，设计速度80公里／小时，设计荷载为汽车超—20级、挂车—120。

该桥采用独塔斜拉桥，塔（墩）梁固结体系、主梁与其他墩台之间设支座连接，全桥共设50对斜拉索；斜拉索采用镀锌低松弛高强度平行钢丝束、双层PE防护。

三明台江大桥

三明台江大桥位于福建省三明市,为空间索面钢拱塔预应力混凝土主梁斜拉桥。于2010年3月完工。

该桥正桥长538米,主跨(110+110)米,桥塔由三部分组成:上半部圆拱、两个斜撑和水平拉索。桥塔的造型、拉索布置和结构受力的处理方式,给景观斜拉桥的发展提供了新的思路。

闵浦二桥

闵浦二桥北起上海市沪闵路东川路以北,沿沪闵路向南跨越黄浦江后,沿奉贤区沪杭公路至西闸路以南落地,全长4.788公里,其中公路桥梁总长4210.615米,轨道交通与公路叠合段长度为3225.615米。于2012年建成。

闵浦二桥是一座公轨两用一体化双层特大桥,主桥为独塔双索面钢板桁组合梁双层斜拉桥,主跨251.4米,锚跨147米+38.25米,总长436.65米;上层为二级公路,双向四车道;下层为双线轻轨(上海轨道交通5号线闵奉段)。

该桥荣获2011年度全国优秀工程勘察设计一等奖。

哈尔滨松浦大桥

该桥南起黑龙江省哈尔滨市松花江南岸道外区南勋街，北至松花江北岸永胜路，毗邻黑龙江科技大学，是哈尔滨市自行组织建设的第一座跨江大型桥梁工程，于2008年5月25日开工建设，2010年10月13日建成通车。是哈尔滨市规划的城市中心区重要越江通道之一。

路线全长4.027公里，由南引桥工程、跨江大桥工程和北引桥工程三部分组成。其中主桥采用钻石形独塔双索面斜拉桥，结构为半飘浮结构体系，主塔高160米，主桥长476米，主跨268米，边跨208米，为独塔钢－钢筋混凝土结合梁斜拉桥；引桥长度3450米，采用钢筋混凝土连续梁结构。主桥桥宽39.5米，双向八车道，设计速度80公里／小时，最大可满足高峰小时9800辆通行能力，跨江大桥两侧各设2米宽的人行道。桥梁设计荷载采用城—A级，桥下净空不小于10米，可满足松花江三级航道通行需要。

2011年，哈尔滨松浦大桥工程获"鲁班奖"。

中国现代斜拉桥 | 单塔斜拉桥

甘竹溪特大桥

位于广东省佛山市顺德区龙江镇，为G15$_{01}$广州绕城高速公路上跨甘竹溪的特大桥梁，于2010年建成。

主桥跨径组合为（50+115+210）米，主跨采用独塔双索面墩塔梁固结体系预应力混凝土斜拉桥，边跨设置1个辅助墩。

主塔为竖直的双柱造型，圆端矩形单箱单室混凝土结构，每侧的单根斜拉索直接锚固于塔壁中心处，塔冠拉索锚固区采用环形预应力钢绞线加劲，整体高度116.54米，桥面以上高度为101.25米，高跨比1:2.07。下塔柱塔底为直径8米的圆形塔柱。塔梁固结处设一根横梁，横梁高6米、宽6.5米，横梁内配置横桥向的预应力钢束。

主梁为预应力混凝土扁平箱梁，采用C55混凝土，箱梁全宽38.7米，单箱三室。箱梁中心线梁高2.8米，高跨比为1:80，高宽比1:13.82，宽跨比1:5.43。由于主梁宽度大、浇筑量较大，为防止因变形过大而开裂，因此对控制混凝土性能方面有着很高的要求，为此采用"三掺"技术，即复掺磨细矿渣粉、优质粉煤灰、聚羧酸高效减水剂的方法。并通过试验确定矿粉、粉煤灰掺入比例，使高性能混凝土达到最优。

沈阳三好桥

沈阳三好桥为辽宁省沈阳市标志性建筑，市民称之为浑河上的百合花。于2010年5月完工。

沈阳三好桥正桥长970米，主跨为跨径（100+100）米的钢拱塔斜拉桥。主梁采用预应力混凝土箱梁。为世界首创钢拱塔空间索面斜拉桥。该桥是第一座正式采用"索辅梁桥"理念设计的桥梁，目前，该理念已用于越来越多的桥梁设计中。

该桥获得2009年国际桥梁大会"尤金·菲戈奖"。

济宁太白楼西路梁济运河大桥

位于山东省济宁市西部,跨越京杭大运河,于2010年建成。

路线全长2.13公里,其中跨运河特大桥全长1371米,主桥为跨径(96+220)米独柱斜塔空间扭背索斜拉桥,墩、塔、梁固结。主桥边跨主梁为预应力混凝土边箱梁,桥塔采用独柱斜塔,预应力混凝土箱梁伸过桥塔10.5米,通过1.5米钢—混凝土结合段与钢箱梁连接。斜拉索间距混凝土箱梁侧为4.21米,钢箱梁侧为12米,边跨混凝土箱梁侧为双索面,主跨钢箱梁侧为准单索面。其中钢箱梁长209.5米,混凝土箱梁长106.5米(含塔梁固结区)。引桥采用跨径30米预应力混凝土连续箱梁,共长1055米。另外本项目在大桥东岸与滨湖路交叉处设有半苜蓿叶形互通1处,互通内桥梁4座,匝道通道1处。

桥宽42.8米,双向六车道,两侧另加2×3米非机动车道和2×2米人行道,设计速度60公里/小时,设计荷载为公路—I级及城—A级。

该桥为大跨径的空间扭索面独塔斜拉桥。桥塔向边跨微倾,独柱、斜塔、宽梁、三索面、扭背索等元素构成了桥梁宽阔舒展、优美秀丽的空间造型,景观效果独特;首次采用完全组合结构锚固拉索;钢梁架设采用国内领先的中央滑道多点整体连续顶推技术施工,减少对航道的干扰,避免无水区钢梁悬拼的水运。

武汉金桥大道跨京广铁路斜拉桥

位于湖北省武汉市武汉大道跨京广铁路处。该桥上跨京广铁路等12股铁路运营线及现有城市快速道路——金桥大道,为武汉大道控制性工程,于2011年9月建成。

主桥为独塔双索面预应力混凝土箱梁斜拉桥,跨径布置为(138+81+41)米,双向六车道,因其处于武汉大道快速路之一的金桥大道上,故名"金桥"。

该桥型超宽变幅结构新颖,技术含量高,其"跨多条高速铁路超宽变幅城市桥梁建造技术"科研成果,获2012年度中国铁路工程总公司科技二等奖、2012年度"湖北省市政示范工程金奖"及"中国市政示范工程金奖"、2013年中国施工企业管理协会科技创新成果一等奖、中国建设工程"鲁班奖"。

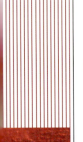

海河大桥（新桥）

海河大桥（新桥）是天津市滨海新区海滨高速跨越海河的一座独塔双索面钢—混凝土梁斜拉桥，位于2002年建成的原塘沽海河大桥东侧，与原桥反对称平行布置。该桥于2011年1月建成通车。

桥梁总长2030米，其中主桥长490米，跨径组合为（310+50+50+40+40）米。上部结构为钢—混凝土梁，下部结构为钻孔灌注桩。单侧桥面宽度22米，采用单侧四车道标准。

海河大桥（新桥）与原海河大桥呈反对称布置，两桥纵轴线间距为34.5米，两桥主跨净距仅为9.72米，既满足了疏港功能要求，又兼顾了整体景观需要。主塔采用钻石形钢筋混凝土结构，总高164.8米。主桥结构采用全飘浮体系，共有36对斜拉索，钢梁上索间距16米，混凝土梁上索间距8~10米，塔上索间距2.5~3.5米。针对集疏港公路交通量大、重载、超载车多的特点，设计过程中对钢箱梁、现浇箱梁、墩梁等结构进行了优化和改进，提高了结构的强度和耐久性。

海河大桥（新桥）位于海河入海口、新港船闸和防潮闸内侧，桥梁多次跨越市政道路、铁路和通航水域，施工场地狭窄，地下管线切改周期长，交通和施工组织困难。海河大桥（新桥）克服了多个工程技术难点：海河大桥在软土地质条件下的100根群桩基础施工及桩底压浆技术、超大体积钢筋混凝土承台施工的温控技术、钻石形高塔综合施工技术、斜拉桥线形监控技术与钢箱梁组拼技术等。特别是在钢箱梁运输、吊装施工中，为克服船舶到桥址定位吊装受三陆地、二水域、一栈桥的地域环境的阻碍，施工采用"滚装接力，滑移接力"的卸船新工艺及"由水域变陆地，把陆地当水域，平拉正吊"的吊装方法，解决了钢箱梁吊装施工的难题，既降低了施工难度，又缩短了工期、节省了投资，取得了良好的社会效益和经济效益，为该桥的施工提供了安全技术保障。

The Modern Cable-Stayed Bridges

五河淮河特大桥

五河淮河特大桥，位于安徽省蚌埠市五河县，是S07徐明高速公路跨越淮河的特大桥，于2014年12月建成。

五河淮河特大桥全长3296米，其中主桥长371米，为主跨跨径（246+125）米的柱式独塔混合梁斜拉桥，是目前淮河上最大跨径桥梁。塔高151米，桥宽26.5米，双向四车道，中间分隔带采用镂空设计。下部结构桥墩为实体花瓶墩及独柱式墩，摩擦桩基础及群桩基础；桥台为承台、摩擦桩基础及群桩基础。

传统拉索体系难以从根本上控制锚索塔壁拉应力，设计采用一种新型拉索体系——同向回转拉索体系。体系中，拉索连续，绕过索塔，锚固于主梁两侧。索力以环形径向压力的形式作用于索塔，直接成为塔柱的环向预应力。同向回转拉索要求塔上设置特殊鞍座。设计采用一种具有组合功能的新型结构——夹持型大转角锚索鞍座。以鞍座内V形夹持金属分丝管夹持索股，采用大转角型式满足拉索连续绕过索塔的要求。

该桥"同向回转拉索锚固体系研究"项目获得第三届安徽省交通科技进步奖特等奖。

乌苏大桥

位于黑龙江省佳木斯市抚远县，黑瞎子岛乌苏大桥及引道工程起于抚远水道南岸，与已建成的抚乌公路相接，向北跨过抚远水道，止于黑瞎子岛与规划的环岛公路相接，于2012年建成。路线全长6.4公里，其中乌苏大桥全长1.6公里，两岸引道全长4.8公里。该项目采用一级公路标准设计，双向四车道，设计速度80公里/小时。

乌苏大桥主桥造型新颖独特，标志性强，采用跨径140米+140米独塔单索面大挑臂钢混结合梁斜拉桥结构，主梁全宽26.5米，钢箱梁高3.3米，宽5米，挑臂长10.75米，纵向间距3米；主塔高115.5米，为钢筋混凝土独柱式塔。斜拉索呈竖琴形布置，采用高强度平行钢丝，全桥共52根斜拉索。下部结构为钻孔桩。

广东容桂大桥

位于广东省佛山市顺德区，于2014年底建成。

主桥为跨径（48.2+87.8+254）米的钢—混凝土混合梁独塔准单索面斜拉桥；墩、塔、梁固结。斜拉索间距：混凝土箱梁侧为6米，钢箱梁侧为12米。边、中跨侧均为准单索面。

桥宽38.5米，双向六车道，两侧另加2×1.5米人行道，设计速度80公里／小时，设计荷载公路—Ⅰ级及城—A级。

其主要设计特点如下：沉重的混凝土边跨提供的稳固支撑降低了活载引起的拉索力变化幅度，减小了斜拉索的疲劳影响。有效发挥了钢与混凝土材料的特性，节约经费，经济性好。

主梁采用抗扭性能优异的大悬臂斜腹板闭口箱形截面，有效提高结构抗风性能，同时减轻梁重。

桥塔造型取材自"顺德十景"之一的容桂文塔，意喻"文塔朝晖"。桥面以上顺桥向为倒Y形结构，桥面以下为V形结构，塔墩与塔柱相对应，形成菱形结构，既增强了景观效果，又增加了主塔刚度。

重庆千厮门嘉陵江大桥

位于重庆市渝中区半岛千厮门处，南穿渝中区洪崖洞旁沧白路，跨嘉陵江，北接江北区江北城大街南路，通过渝中隧道与东水门长江大桥贯通，形成连接江北城区、解放碑CBD和南岸弹子石片区的公轨两用快捷通道，于2015年4月建成通车。

主桥全长720米，跨径布置为（88+312+240+80）米，主跨为单塔单索面连续钢桁梁双层斜拉桥。

主梁为双层桥面，下层宽13米，为双线城市轨道交通；上层全宽24~37米，为双向四车道及两侧人行道。主桁采用变高度的三角形桁式结构，等节间布置。索塔采用空间曲面构造形式，外轮廓为天梭形造型，塔柱采用单箱单室结构形式，塔墩采用单箱多室结构形式。主桁主要桁件均采用焊接箱形截面，且均采用整体节点。桥的上层桥面采用正交异性钢桥面板、板肋加劲，沿纵桥向设置横隔梁；下层桥面也为正交异性钢桥面板，采用板肋加劲，纵桥向每4米左右设置一道横隔梁，横桥向共设置两组轻轨纵梁，每组轻轨纵梁由两片纵梁组成。斜拉索采用平行钢绞线，上端锚固于索塔上塔柱，下端锚固于桁梁上层桥面板拉索横梁上，均在梁端张拉；索塔锚固区采用外置开放式钢—混凝土组合结构。

重庆千厮门嘉陵江大桥在规划设计时，充分考虑城市所处的生态环境，利用现代技术，对可持续发展、智能建设、绿化水景、城市辅助功能、城市天际线等方面进行设计，合理建立桥梁与其他因素之间的关系，使环境与该桥形成一个有机整体，实现良性循环系统。

贵广南广铁路广州枢纽工程跨穗盐路斜拉桥

位于广东省佛山市南海区，于2009年12月开工，2014年12月26日建成通车。

该桥全桥长415.2米，是贵广、南广铁路线上小曲线半径、四线铁路桥，有砟轨道，孔跨径为（32.6+175+175+32.6）米，采用对称独塔双索面塔梁固结体系；主跨175米的主梁采用钢箱结构，采用2台梁面250吨悬拼吊机分节段架设，边辅跨32.6米为预应力混凝土结构，采用满堂支架法现浇施工；塔柱高142米，为横跨西环高速公路高架桥。采用爬模爬架法辅以2台塔吊进行施工，主梁与桥塔下横梁固结，桥主跨钢箱梁与边辅跨、与桥塔塔梁固结区均设钢—混凝土结合段。施工期间，桥面投影范围内均利用钢管立柱及防护支架等对西环高速公路进行有效防护。

环巢湖旅游大道白石天河大桥

位于安徽省合肥市庐江县，为合肥环巢湖旅游大道跨越白石天河的桥梁，于2014年建成。

桥梁全长826米，其中主桥长250米，桥宽27.5米，双向四车道。为跨径布置（75+135+40）米独塔三跨的单索面塔梁固结体系斜拉桥，主梁采用钢–混凝土组合梁，左侧边跨至钢混结合段采用预应力混凝土箱梁，主跨及右侧边跨采用钢箱梁。主塔采用双白鹭造型混凝土塔，下塔柱心形镂空设计。桥梁主跨为通航孔，左侧边跨跨越北岸大堤，右侧边跨预留航道拓宽后的大堤空间。

该桥的"不对称斜拉桥方案设计及其关键技术研究"获得2015年安徽省交通科技进步二等奖，该桥作为环巢湖旅游大道的一部分获得2016年度安徽交通优质工程奖。

环巢湖旅游大道杭埠河大桥

位于安徽省合肥市肥西县、庐江县，为合肥市环巢湖旅游大道跨越杭埠河的桥梁，于2015年建成。

桥梁全长826米，其中主桥长260米，为跨径布置（130+130）米独塔二跨的单索面塔梁固结体系组合塔斜拉桥，主梁采用预应力混凝土梁，主塔采用钢—混凝土组合结构，下塔柱为混凝土结构，中、上塔柱采用钢结构形式。桥面以上为Y形结构，塔高为77.4米，承台以上桥塔总高度为98.0米。本桥采用钢—混凝土组合塔结构形式，桥面以下桥塔采用混凝土结构，桥面以上采用钢结构形式。

该桥作为环巢湖旅游大道的一部分，获得2016年度安徽交通优质工程奖。

福鼎八尺门大桥

位于福建省宁德市福鼎市,为福鼎市环沙埕港发展战略重要组成部分,北接桐城街道八尺门村江滨路,横越沙埕港,南通白琳镇藤屿村977县道,于2016年建成。

该桥全长526.959米(修建长度455米),单跨跨径200米,宽33米;北连接线道路修建长度820米,宽36米;南连接线修建长度760米,宽36米。主桥采用独塔单索面混合梁斜拉桥,主跨部分主梁采用钢箱梁,桥跨布置为(33+67+200)米斜拉桥+3×30米变宽连续梁,主塔采用单柱式钢筋混凝土塔,主塔高度103.6米。

该桥为不对称斜拉桥,主桥采用钢箱梁结构,单跨最大跨径达到200米,在非台风季节合龙对安全风险控制具有重大意义。该桥采用钢箱梁,而桥面采用浇筑式沥青混凝土,两者结合施工的控制是关键。

郑云高速公路南水北调大桥

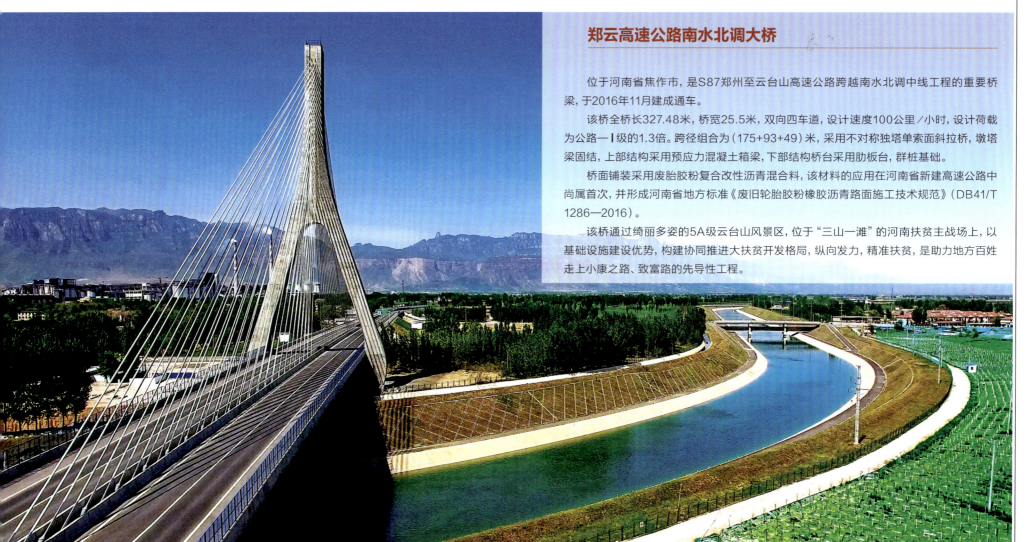

位于河南省焦作市,是S87郑州至云台山高速公路跨越南水北调中线工程的重要桥梁,于2016年11月建成通车。

该桥全桥长327.48米,桥宽25.5米,双向四车道,设计速度100公里/小时,设计荷载为公路—Ⅰ级的1.3倍。跨径组合为(175+93+49)米,采用不对称独塔单索面斜拉桥,墩塔梁固结,上部结构采用预应力混凝土箱梁,下部结构桥台采用肋板台,群桩基础。

桥面铺装采用废胎胶粉复合改性沥青混合料,该材料的应用在河南省新建高速公路中尚属首次,并形成河南省地方标准《废旧轮胎胶粉橡胶沥青路面施工技术规范》(DB41/T 1286—2016)。

该桥通过绮丽多姿的5A级云台山风景区,位于"三山一滩"的河南扶贫主战场上,以基础设施建设优势,构建协同推进大扶贫开发格局,纵向发力,精准扶贫,是助力地方百姓走上小康之路、致富路的先导性工程。

阆中嘉陵江四桥

位于四川省南充市阆中市,连接七里新区与古城区,一方面缓解了G212线与S302线的交通压力,另一方面缓解了上游嘉陵江一桥和二桥交通压力,于2017年9月建成通车。

主桥为(130+130)米独塔斜拉桥,采用独塔、双索面、密索、对称扇形布置、预应力混凝土箱形主梁、塔梁墩固结体系结构。主梁采用预应力混凝土分离式箱形梁,索塔采用混凝土箱形结构,为美观需要设计为水滴形,索塔总高103.6米,斜拉索塔端采用钢锚梁锚固方式。

江油涪江五桥

位于四川省绵阳市江油市,为该市南一环公路上跨涪江的桥梁,于2018年4月7日通车。

该桥总长776米,主桥为跨径(155+155)米的单塔双索面混凝土梁斜拉桥,引桥为30米跨径预应力混凝土连续梁。主桥呈曲线H形,采用独塔、双索面、密索、对称扇形布置、预应力混凝土双纵肋主梁、塔梁墩固结体系结构。桥宽30米,双向四车道。

该桥的技术创新点包括:斜拉索锚具护筒采用非硫化不干性防腐密封胶+聚硫防腐密封胶配套使用的柔性防腐体系,避免了以往采用聚氨酯发泡剂导致换索困难、容易渗水及灌注油脂容易漏油的缺点;拉索锚固区采用了新型的钢锚梁结构,钢锚梁与塔柱的结合综合采用剪力钉与PBL剪力键,相对于以往单纯采用剪力钉的方式大大提高了结构的安全性,同时牛腿构造采取了提高疲劳性能与改善主拉应力的构造措施。

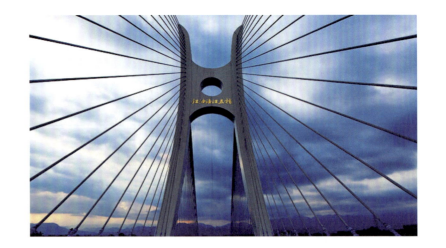

珲春大桥

位于吉林省延边朝鲜族自治州珲春市区东南侧、原珲春大桥下游300米处,上跨珲春河,为珲春市路网规划中的一条主要交通干道,也是马川子乡、五一村等进入珲春市区的唯一通道。项目北与规划的站前大街相接,南与规划的建工街相接,可通过口岸大路到达长岭子口岸。于2017年10月建成。

桥梁轴线与水流方向正交,桥梁全长617.06米,共分为四联,跨径组合为(4×30+39.9+89.1+151+4×30+3×30)米,其中,第二联主桥为独塔双索面斜拉桥,第一、三、四联引桥为预应力混凝土简支转连续小箱梁。珲春大桥主桥全宽68米,主桥单幅宽度27米,中央隔离带宽度14米;引桥全宽65米,引桥单幅宽度24米,中央隔离带17米,均按两幅桥修建。主梁为现浇混凝土Π形梁,引桥采用跨径30米装配式预应力混凝土简支变连续小箱梁。

本工程施工重点在于主桥及主塔施工,本桥主桥采用(39.9+89.1+151)米H形单塔双索面预应力混凝土斜拉桥。主塔由塔座、下塔柱、下横梁、中塔柱、上横梁、上塔柱组成,塔柱总高85.018米,两上塔柱横向净距20.9米,采用液压自爬模体系进行主塔混凝土施工。

泸州沱江四桥

　　四川省泸州市沱江四桥是一座公轨两用单塔斜拉桥，于2013年底开始建设，2017年底建成通车。

　　桥梁主跨200米，公轨平层布置，轨道位于中央，市政道路位于两侧。桥塔顺桥向呈觚（古代饮酒器具）形，与中国酒城泸州市的文化融合；桥塔横桥向呈"人"字形，与公轨功能布局的分配协调一致。桥塔、主梁均采用钢—混凝土组合结构，主梁采用顶推施工。

海南海文大桥

原名铺前大桥，位于海南省海口市演丰镇、文昌市铺前镇交界，是连接海口江东大道与文昌滨海旅游公路二期工程上跨铺前湾海域的特大桥，于2019年3月18日建成通车。

该桥全长5.60公里，跨海部分长3.96公里，主桥为独塔双索面钢箱梁斜拉桥，采用跨径（230+230）米独塔斜拉桥+过渡墩+10跨581米跨断裂带引桥。主塔塔高151.8米，全线采用双向六车道一级公路标准建设，设计速度80公里/小时，桥梁标准宽度32米，主桥宽度37.3米。

该桥工程建设条件极为复杂，是我国最具挑战性的跨海公路建设项目之一，桥位跨越三条断层，其中铺前—清澜为活动断裂带；抗震设防烈度国内最高；设计基本风速国内最大，为台风频发区域；桥梁结构处于铺前湾强潮涌海海域，潮差大、腐蚀严重。针对项目中的强震、强风、强腐蚀及技术难度大等结构特点，设计将传统与创新性设计方案、关键技术相结合，创造了"抗震设防烈度最高""设计基本风速最大""首个三维可调跨断层桥梁体系"等6项国内第一。

其主要技术创新点包括：主塔桩基础大规模采用超大直径4.3米的变截面钢管复合桩基础，在国内尚属首例；主桥结构采用半飘浮体系，主塔处设置大型纵向黏滞阻尼器，横梁及过渡墩设置大吨位米形钢阻尼钢支座，大幅减少结构的地震响应；主梁与主塔处设置抗震拉力绳设施，减小竖向地震作用下主梁的竖向振动引起结构的二次损伤；引桥采用"多道防护、分级耗能"的抗震措施新设计理念。跨越活动断层的桥梁，采用对断层错位适应能力强、容易修复的简支结构，为减少伸缩缝数量，保证行车的舒适性，采用一种适应用于高烈度地震区的钢箱梁简支桥面连续创新构造（钢-UHPC新构造），为国内首创。

主桥景观立意为"文耀海天"，桥塔造型以"文"为设计灵感，犹如一个立体扭腰的"文"字，主塔上部像一本翻开的书，下部又像另一本倒着翻开的书，以此凸显海口与文昌文化之乡的地位，也把海南岛历史上著名的铺前溪北书院和海口琼台书院形象地联系在一起。

长沙浏阳河洪山大桥

位于湖南省长沙市二环线与浏阳河交会处，南接四方坪立交桥。于1999年开工，2004年12月建成。

主桥为跨径（206+30.31）米的竖琴式斜塔单边索单索面斜拉桥，塔高136.8米，塔身倾角58度。斜拉索采用竖琴式平行钢丝，全桥共有13对斜拉索。

常州常金大桥

位于江苏省常州市钟楼区，在340省道西林东岱段的东岱桥西约700米处，与武进区邹区镇万家村相邻，东接凌家塘立交，西接武进区卜弋镇，是连接常州市区和金坛的主要道路上的重要桥梁。原名东岱大桥，建成于2005年，2006年改为现名。

桥长510米，主桥跨径布置为（60+120+30）米，主跨为120米独斜塔双索面无背索斜拉桥。桥宽37.5米，规划等级为双向六车道城市主干道。

赤峰桥

赤峰桥是天津市和平区和河东区之间的一座跨海河的桥梁，是海河中游的一座独斜塔空间索面弯曲钢箱梁桥面斜拉桥。于2008年8月建成通车，是当时国内唯一一座斜塔双索面弯斜拉桥。

全桥长488.45米，由主桥、引桥和引路组成。其中，主桥长225米，主跨跨径134米，桥面宽度39米，采用双向六车道标准。

赤峰桥因位于海河转弯处，本着"实用、经济、美观、先进"的原则，主桥除满足通航功能外，尚应考虑尽量减小对河流的影响，通过分析海河两岸地形及路网特点，结合赤峰桥预测交通量、功能特性等，研究确定主桥选择弯河弯桥斜塔的"海河之舟"方案。

该桥的设计采用国际现代设计理念，技术独特，工艺流程新颖，体现了天津历史文脉并富有鲜明个性，是天津海河桥梁史上的杰作。

深圳湾公路大桥

深圳湾公路大桥亦称"深港西部通道",由深港两地按"以粤港管理线为界,各自投资,共同建设,各自拥有,各自管理"的模式建设,于2007年7月1日建成通车。

深圳湾公路大桥从深圳蛇口跨海至香港特别行政区元朗,全长5545米,其中深圳侧桥长2040米,桥面总宽38.6米。深港两侧通航孔主桥均为(180+90+75)米倾斜独塔单索面钢箱梁斜拉桥,两座桥塔高近140米,互相后仰向对方共同拉起大桥,象征深港两地紧密团结。

该桥采用双向六车道高速公路标准,设计速度100公里／小时,设计使用年限120年。为减轻该桥对后海湾水流的影响,改善行车条件,增加大桥景观效果,大桥采用S形轴线设计。

深圳湾公路大桥地处深圳湾内海,在深港两侧各有红树林自然保护区和米埔自然保护区,在设计及施工时采取有效措施,确保整个工程对生态环境的影响被控制在合理范围内。桥面采用吸音、减震、吸尘、自动清污等设计;口岸西侧建设一条宽50～100米、近2公里长的人工河,进行水体减震;大桥斜拉索选择银灰色,以防止飞鸟误撞;考虑到桥面水流冲下浅滩可能给浅滩生物带来影响,该桥采用排水管将桥面雨水集中排入海面以下,是名副其实的"环保通道"。

丰溪大桥

位于江西省上饶市,所属线路为城市主干道,跨越三江大道、丰溪河、丰溪路,于2011年6月竣工。

该桥全长421米,宽28米,为城市Ⅱ级主干道标准。桥梁上部主跨为斜塔斜拉与上承式拱桥组合桥型,双斜柱造型主塔,倾斜度达67度,从塔基起算高86米,从桥面起算高74米,造型美观,施工难度大,具有较强的现代感与视觉冲击力,其独特性国内罕见。下部结构采用钻孔灌注桩基础、桥墩,主塔采用雄伟挺拔的双斜柱造型,主拱采用曲线优美的钢拱结构,主梁采用流线型设计,引桥采用连续梁结构,全桥形成气势恢宏、动静结合、刚柔相济、丰富多彩的"向上之拱",远看似"旭日东升"。该桥坐落在三江汇合处,寓意着上饶的各方面建设欣欣向荣,人民美好生活步步登高,象征着上饶的发展蒸蒸日上。

保定桥

保定桥工程西起天津市和平区解放北路，沿保定道至台儿庄路，以独塔斜塔斜拉桥桥型跨越海河、海河西路下沉路以及海河东路，沿河东区八经路终止于六纬路。于2006年建成通车。

桥梁总长度231米。其中，主桥长度171米，为跨径布置（51+120）米的独塔斜塔斜拉桥，桥面宽度30米，采用双向六车道标准。

该桥首次将梁式锚箱应用于独塔单索面钢箱梁斜拉桥中，填补了国内空白。在设计中首创钢—混凝土组合式桥塔，桥面以上塔高52.0米。上塔柱无索区采用薄臂柱，高度31米；锚索区采用钢箱梁结构，高度21米。下塔柱采用梯形实体墩结构。主桥主梁采用钢与混凝土组合的脊骨梁结构，边跨梁端设混凝土压重段。主桥采用疏索布置形式，主跨布置6根斜索，索距15米；边跨布置两对斜索，索距13米。

团泊新桥

团泊新桥是天津市静海区团泊大道跨越独流减河的一座空间扭转索面独塔斜拉桥。于2011年8月建成通车。

桥梁全长1300.3米，由主桥、引桥和引路组成。其中，主桥长243米，跨径组合为（45+138+2×30）米。主桥上部结构为钢箱梁和预应力混凝土箱梁，下部结构为灌注桩承台基础。桥面宽45.4米，采用双向八车道标准。

团泊新桥桥塔设计新颖复杂，两桥塔向河道中心方向倾斜，塔高120米并向主跨倾斜18度，桥塔与墩柱铰接、主梁与墩柱固结，主梁主跨采用钢箱梁结构，副跨采用预应力混凝土箱梁结构，基础为钻孔桩承台基础，墩柱采用倒梯形。斜拉索所采用的"彩针形"钢独斜塔反对称空间索面形式为世界首创，造成索力张拉过程两侧索力不对称的独特受力特性。倾斜的"彩针形"主塔神似欲冲天腾飞的仙鹤，现代气息十足的玻璃幕墙将建筑语言用于桥梁之上，象征着时代赋予的创新精神，具有门户标志性的建筑特征。

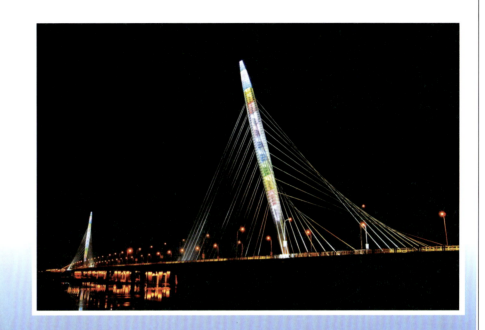

南平跨江大桥(斜拉悬索协作体系)

位于福建省南平市区闽江上游西溪九峰山段三江汇流口附近，于2011年建成。

主桥采用跨径(38+126+76)米的自锚式独塔悬索—斜拉协作体系桥，主、次跨分别采用悬索及斜拉索加劲，结构体系综合了自锚式悬索桥、斜拉桥、刚构桥、钢—混凝土结合结构等多种桥型的技术优势，科技含量高，设计、施工难度大。

该桥是福建首座自锚式悬索—斜拉组合桥梁，跨径居国内同类桥梁前列。主跨采用126米自锚式悬索结构，76米边跨采用斜拉结构，柔性的悬索与刚性的斜拉索通过倾斜的桥塔实现完美组合。由低到高的曲线主缆与倾斜的钢塔相匹配，加上斜拉索的牵引，烘托出连续流畅的美感和稳定的力感，并与右岸秀美的九峰山麓遥相呼应。

主塔采用竖向转体施工，转体施工全过程采用计算机控制液压同步整体提升技术，是国内最新颖、最先进的大型构件提升安装施工工艺在福建省桥施工中的首次应用。该桥钢斜塔桥面以上垂直高度50.96米，重达554吨，通过采用竖转施工，避免了搭设高达50米的支架，减少了大型吊装设备，避免了主塔的高空焊接，解决了钢箱空间吊装仰斜向就位的精度问题，更好地保证了主塔的质量。

该桥获得2013年度福建省市政工程设计二等奖。

新密溱水桥

位于河南省郑州市新密市，是新密市城区主干道溱水路跨越冲沟及规划汉风公园的重要桥梁，于2012年8月建成通车。

该桥全桥长228米，主桥长130米，桥宽50米，双向六车道，桥跨组合为3×30米+(30+70+30)米。主桥桥型是独塔双索面无背索波形钢腹板部分斜拉桥，上部结构采用双箱双室波形钢腹板预应力混凝土连续箱梁，索塔采用预应力混凝土，矩形截面，门形桥塔；下部结构为宝瓶型墩，群桩基础。引桥上部结构采用30米装配式连续箱梁，下部结构为柱式桥墩、肋板式桥台、桩基础。

主桥新颖现代的桥型，满足了桥位处规划汉风公园及城市出入口主干道上较高的景观需求，门形桥塔寓意该桥位于新密市门户位置，侧面形似阿拉伯数字1，寓意坚韧不拔、勇争第一的信念。

由于该桥宽跨比较大，为减轻桥梁自重，将波形钢腹板预应力混凝土箱梁应用到无背索斜拉桥上，由倾斜的塔柱通过斜拉索与来自主梁的荷载相平衡，采用以波形钢腹板预应力混凝土箱梁受力为主、斜拉索受力为辅的部分斜拉桥结构体系，有效减小了桥塔的高度和自重，降低了斜塔的施工难度。

该桥的"无背索波形钢腹板部分斜拉桥关键技术""波形钢腹板箱梁独塔双索面无背索斜拉桥关键技术研究"，分别获河南省科学技术进步奖二等奖、三等奖。

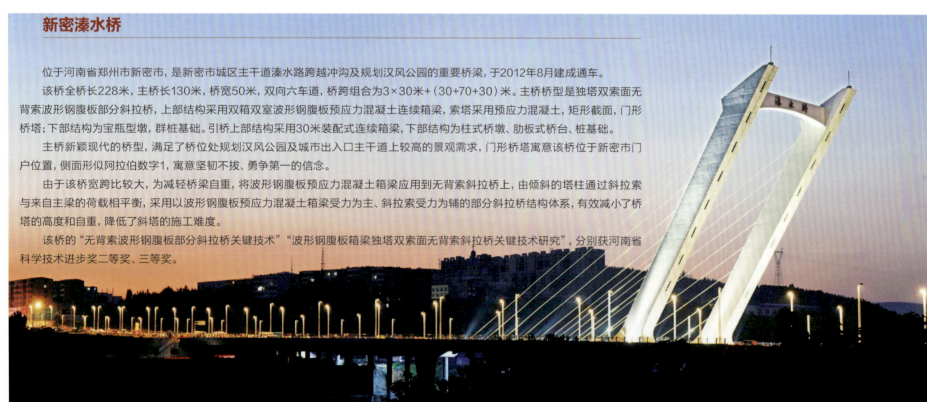

芙蓉江大桥

位于贵州省遵义市正安县，为G69银百高速公路贵州道真至瓮安段跨越芙蓉江的特大桥，于2015年12月建成。

该桥全长340米，桥跨布置为170米斜拉桥+3×20米简支T梁，主跨为170米独斜塔双索面地锚式预应力混凝土梁斜拉桥。桥宽24.5米。

主塔采用"人"形斜塔，倾斜角度为71.57度，竖向投影总高度（承台顶至塔顶）为100米，塔身由上塔柱、下塔柱、横梁等组成。上塔柱采用"工"形实心截面，下塔柱为箱型截面。桥塔横梁与主梁固结。主梁的基本断面形式是边主梁，顶面全宽29米，梁高2.5米；主梁顶板厚0.32米，设双向2%横坡。塔墩处主梁与主塔通过桥塔横梁永久固结。

地锚箱采用单箱三室箱形截面，顶面全宽24.5米，近塔侧锚室箱梁中心线处高7.0米，远塔端侧锚室中心线处高为10米；锚室顶板设双向2%横坡。中间锚室为斜拉索锚固区，锚索端构造采用凸齿式。考虑受力的需要，在锚室内填充C20素混凝土压重。

斜拉索在主梁侧采用双索面，对称布置，共有18对；地锚箱侧采用单索面，共有17根。全桥共53根，采用1670兆帕的低松弛镀锌高强钢丝斜拉索。

该桥与当地地形高度相结合，首创了无边跨、独斜塔、地锚式斜拉桥新结构，减少了对岸坡的挠动，最大限度地保护了环境，不仅是当地公路交通的标志性建筑，而且成为芙蓉江旅游区一处靓丽的风景。

社子大桥

位于台湾省台北市，跨越基隆河，连接台北市北投区及社子区，于2012年建成。

全桥总长630米，全宽41米，设公交专用道、机动车道、摩托车道及人行道，并且为轻轨交通预留9米宽度。主桥为单斜塔非对称双索面斜拉桥，跨径布置为(70+180)米。塔柱、底梁、系梁及主梁为钢箱梁，采用塔、墩分离结构。下部结构采用混凝土墩。

跨河桥梁施工采用悬臂法。钢箱梁主梁节段在北投端桥面上完成组装后浮运，再用400吨吊机吊装就位。

环巢湖旅游大道兆河大桥

位于安徽省合肥市庐江县，是合肥市环巢湖旅游大道跨越兆河的大桥，于2014年建成。

桥梁全长907米，其中主桥长210米，跨径布置为(80+130)米，为非对称独塔两跨的空间索面塔梁固结体系斜拉桥，主梁采用钢—混凝土组合梁，边跨至钢—混凝土结合段采用预应力混凝土梁，主跨采用钢箱梁。主塔采用顺桥向斜置的拱形钢—混凝土塔，拱塔分三段设置，上塔柱采用钢箱结构，中塔柱采用钢—混凝土组合箱形结构，下塔柱采用钢筋混凝土结构，整个拱塔高79.8米，拱塔轴线在顺桥向与铅垂面的夹角为15度。桥梁主跨为通航孔，边跨跨越西岸大堤，桥跨布置时预留了航道拓宽后的大堤空间。

该桥的"不对称斜拉桥方案设计及其关键技术研究"获得2015年安徽省交通科技进步二等奖；该桥作为环巢湖旅游大道的一部分，获得2016年度安徽交通优质工程奖。

中国桥谱 之 中国现代斜拉桥 单斜塔斜拉桥

厦漳同城大道西溪特大桥

位于福建省漳州市，于2019年2月建成通车。

主桥为独塔扭背索斜拉桥，墩、塔、梁固结，跨径组成为88米+200米。主梁边跨88米为预应力混凝土箱梁，预应力混凝土箱梁伸过桥塔15.0米，通过钢—混凝土结合段与主跨钢箱梁连接。斜拉索间距：混凝土箱梁侧为4米，钢箱梁侧为12米；边跨侧为双索面空间扭面索，主跨为准单索面。桥塔为独柱式斜塔，桥面以上塔柱轴线向边跨侧倾斜8度，桥面以上塔高117米。

嘉定惠平路蕴藻浜大桥

位于上海市嘉定区,是跨越蕴藻浜及北侧规划亚钢路的大桥,于2015年建成。

该桥由主桥和南北引桥组成,其中主桥为针形独塔空间异型索面斜拉桥,全长268米,主桥由锚固跨和主跨组成。锚固跨分为锚跨和辅跨,跨径组合为35米+35米;主跨分主孔和辅助孔,跨径组合为(158+40)米。主桥主梁与主墩固结,主塔向主跨方向倾斜18度,并与主墩铰接。

该桥主桥上部结构主梁采用混合梁,即主跨采用钢箱梁结构,锚固跨采用预应力混凝土箱梁结构。主塔采用针形结构,位于中央分隔带内,向主跨方向倾斜18度,塔高为111米,自下向上分三段。引桥为预应力混凝土等高度连续梁。桥面总宽35.5米,为城市一级次干道,双向四车道,远期六车道,设计速度40公里/小时,荷载等级为公路—Ⅰ级。通航标准为内河Ⅲ级航道,净高大于7米。

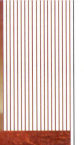

衡山湘江大桥

位于湖南省衡阳市衡山县，是该县境内唯一一座斜拉桥，建成于1995年12月26日。

桥梁全长1293.42米，跨径布置为（3×45+2×90+9×45）米，主跨采用90米三矮塔单索面预应力混凝土斜拉桥，采用顶推工艺架设斜拉桥，采用分索防护分索张拉技术。

作为衡山县城的重要出入口，该桥建成后将诸多交通要道连为一体，形成了四通八达的交通网络，衡山湘江大桥东起衡东县新塘镇，西至衡山县开云镇，桥宽15.5米，双向两车道，连接X007县道、S314省道、京港澳高速公路、京广铁路衡山站、南马公路、X030县道、S314省道、107国道、南岳高速公路、京港澳高速公路复线、京广高铁衡山西站等。

太原绕城高速公路汾河大桥

位于山西省太原市尖草坪区，$G20_{01}$太原绕城高速公路西北环段，上跨汾河及太原市区快速路滨河东路。于2004年11月建成。

桥梁中心桩号为K72+212，全长546.88米，主桥长330米，桥宽26米，四车道。最大跨径150米，跨径组合为（3×35+90+150+90+3×35）米。

主桥采用单索面三跨预应力混凝土矮塔斜拉桥，为塔梁固结、塔墩分离的体系。主桥主梁采用单箱三室大悬臂截面，外腹板斜置。斜拉索锚固点均设置横隔板。主梁采用三向预应力结构。主塔结构高28.971米，采用实心矩形截面，顺桥3米、横桥2米，布置在分隔带上，塔身设鞍座，每根斜拉索对应一个鞍座，斜拉索横桥面呈两排分布，鞍座也布置两排。

斜拉索为单面索时，分布在中央，塔上索距0.8米，梁上索距4米。斜拉索为双排索时，在塔顶通过鞍座，两侧对称锚固于梁体。拉索为钢绞线索，每根拉索由27根镀锌钢绞线组成。

引桥主梁采用单箱双室大悬臂截面，外腹板斜置。梁体采用三跨一联满堂支架一次现浇。桥墩墩身采用花瓶式空心桥墩，桥墩基础采用钻孔桩基础。桥台采用肋板式桥台。

开封黄河特大桥

位于河南省开封市、新乡市，是G45大广高速公路跨越黄河的重要桥梁，于2006年11月建成通车。

全桥长7837.68米，主桥长1010.24米，桥宽37.4米，双向六车道，设计荷载等级为公路—Ⅰ级。桥跨跨径组合为（16×35+33×50+85.12+6×140+85.12+41×50+73×35）米。主桥桥型为7塔8跨预应力混凝土双索面部分斜拉桥，主梁为单箱三室预应力混凝土连续箱梁，下部结构为分离式箱形墩、群桩基础；引桥上部结构为50米组合T梁和35米组合箱梁，下部结构为双柱式排架墩。

主桥采用多塔双索面预应力混凝土部分斜拉桥结构，满足了黄河行洪要求，降低了工程造价。塔高与桥跨比为1:3.8，斜拉索分担了更大的竖向荷载，有效克服了预应力混凝土收缩徐变对梁体变形的影响，增大了主梁刚度，减少了后期维修养护费用的支出。由于梁体设计较宽，斜拉索采用双索面结构更有利于结构抗扭。

该桥在国内首次采用万吨抗震球型支座，设防地震烈度为8度。该类支座单件平面尺寸达到3.11米×3.35米，重量达35吨。通过对万吨抗震球型支座在结构设计、校核、防腐、制造工艺等方面的研究，推动了国内大吨位抗震球型支座技术水平的提高，促进了大跨度桥梁的设计发展。

该桥HDPE分丝管索鞍荣获国家新型实用专利，拉索体系获河南省交通运输科技进步奖一等奖、河南省科技进步奖三等奖。

离军高速公路离石高架桥

位于山西省吕梁市、汾离高速公路K1007+905米处，跨越离石莲花小区、离石市开发区、龙凤大街及旧国道209和新国道209线，工程于2003年4月正式开工，2005年10月全部完工，历时29个月。

桥梁全长2946.5米，桥宽26米，四车道。上部结构为53×35米预应力混凝土先简支后连续箱梁+（85+135+85）米预应力混凝土矮塔斜拉桥+（5×35+30+30+4×35+30+30+3×35）米预应力混凝土先间支后连续箱梁+（37.5+65+37.5）米预应力混凝土现浇箱梁+2×35米预应力混凝土先间支后连续箱梁，下部结构采用钢筋混凝土Y形镦，板式墩，柱式桥台，钻孔灌注桩基础。其中，主桥为跨度为135米的单索面双矮塔斜拉桥，位居山西省第二。两桥塔置于中央分隔带处，为适应桥塔尺寸，路线在整个高架桥范围内将中央分隔带加宽至3.0米，在桥的两端再渐变为1.5米。设计荷载为汽车—超20级、挂车—120。抗震烈度Ⅵ度。

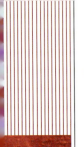

山东济阳黄河大桥

位于山东省济南市济阳县,由中铁十五局集团按BOT的方式投资建设,于2008年11月建成。

线路全长4.82公里,其中黄河大桥长1165.56米,两侧连接线全长3.55公里。主桥采用跨径布置(107.5+195+216+195+107.5)米的四矮塔单索面单箱三室斜腹板三向预应力混凝土梁斜拉桥;引桥分别为2×42米、6×42米预应力混凝土箱梁;桥面宽21米,双向四车道二级公路标准,设计速度80公里/小时。

主桥采用四矮塔单索面斜拉桥,塔梁固接、梁墩分离的结构体系;箱梁采用单箱三室变高度箱形截面,设三向预应力,箱梁顶宽21米,底宽10~12.28米,箱梁高4~8.2米,箱梁底下缘按二次抛物线变化,箱梁外侧腹板采用斜腹板,中间腹板采用直腹板;斜拉索采用1770兆帕的平行高强钢丝束,按单索面扇形布置;桥塔位于桥面中间,按不等高四塔设计,桥塔高分别为28米和32米;箱梁支承采用LQZ系列球形支座,每个支承处横向布置4个;桥墩采用矩形实体墩,主墩迎水面设置破冰体;基础均采用直径2米深长钻孔灌注桩基础。

本桥钻孔灌注桩最大桩长100米,直径2米,其中一部分位于河道中央,施工难度大、风险高,是全桥的重点和难点。

山东惠青黄河大桥

位于山东省滨州市惠民与淄博高青交界的黄河干流上,北岸是惠民县王集,南岸为高青县木李镇,于2006年12月建成。这是惠民首座黄河大桥。

工程总长10.44公里,其中大桥长1740米,为跨径布置(133+220+133)米的双矮塔单索面单箱三室变截面预应力混凝土箱梁斜拉桥,塔墩梁固结;其余部分由24×42米组合箱梁桥引桥和高路堤组成;桥梁全宽2米,双向四车道。

仙神河大桥

位于山西省晋城市泽州县，G55晋济高速公路K1077+681处，处于晋城市泽州县前洪水以东仙神河上。于2005年4月开工建设，2008年12月30日投入使用。

该桥为矮塔斜拉桥，主墩高度150.7米，桥梁总高度为214米，在同类桥型中居亚州第一、世界第二。主桥长336米，桥宽26米，四车道，跨径组合为（64+131+136）米。桥梁上部结构为矮塔斜拉，斜拉索设在中央分隔带内，主梁为单箱三室斜腹板变截面箱梁，下部结构主墩采用内外正八边形变截面空心薄壁柱式墩，钻孔灌注桩基础。设计荷载标为汽车—Ⅰ级；洪水频率为100年一遇，抗震基本烈度为Ⅶ度。

仙神河大桥主桥箱梁采用悬臂施工，桥塔两侧对称施工，采用国际先进的对称吊篮技术。

大蒸港桥

位于上海市青浦区，是上海A15高速公路浦西段上跨大蒸港的特大桥，于2009年12月建成。

该桥是上海A15高速公路浦西段上跨大蒸港的特大桥，设计速度120公里/小时，设计荷载为公路—Ⅰ级，河道为Ⅳ级航道，净宽105米，抗震设防标准为烈度Ⅶ度。为满足大蒸港的通航要求，该桥主桥长345米，桥宽33米，主跨布置为（90+165+90）米双矮塔单索面预应力混凝土梁斜拉桥，中跨矢跨比1/5，桥宽41米，塔高33米。主塔为钢—混凝土结构，是中国首座横向弯塔平曲线矮塔斜拉桥。上部结构为空心板梁，下部结构为双柱墩、埋置式桥台。

大桥主塔采用全钢结构，本桥主塔结构高度24米。全桥共两个主塔。主塔截面为八边形，横桥向尺寸2.0米，顺桥向尺寸自塔底6.0米，曲线变化至中间4.5米，再曲线变化至塔顶的5.76米。整个主塔立面形成了一个曲线优美的花瓶状。因该桥主梁位于平曲线上，主塔横桥向倾斜以平衡斜拉索的横向分力，这也是该桥的重要特点和难点。

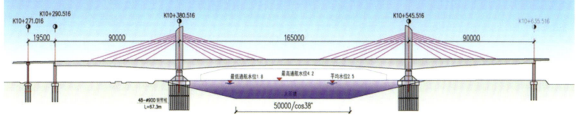

大蒸港桥桥梁布置图（尺寸单位：mm）

中国现代斜拉桥 / 矮塔斜拉桥

重庆嘉悦嘉陵江大桥

位于重庆市渝北区悦来镇，地处深谷地貌，设计桥面高程与两岸山顶齐平。大桥于2010年2月完工。

正桥长774米、为主跨250米矮塔斜拉桥－连续刚构组合体系桥。桥塔高126.3米，桥面以上塔高32.8米，主梁采用大悬臂翼缘板的单箱混凝土箱梁，悬臂长度达8米，采用节段现浇。人车分流，将人行道置于上层桥面悬臂翼缘下方，建成后的人行道已成为居民和游客的好去处。

台州灵江大桥

位于浙江省台州市，为S28台金高速公路东延段跨越灵江的特大桥，于2011年10月建成。

该桥全长1421米，跨径布置为(3×50+92+3×152+92+4×50+4×50+5×25+4×25)米。上部结构形式：主桥为(92+3×152+92)米五跨预应力混凝土矮塔斜拉桥，引桥为50米简支变连续预应力混凝土T梁和25米简支变连续预应力混凝土小箱梁。主跨箱梁采用C55高强度混凝土，T梁小箱梁采用C50混凝土。主桥为单幅桥，全宽27.0米；引桥分左右两幅，桥面全宽25.5米，单幅桥面净宽11.25米。

桥梁主桥支座为球型钢支座，引桥支座为盆式橡胶和板式橡胶支座。下部结构：主桥为花瓶形空心墩身，承台钻孔桩基础；50米跨径引桥为墙式墩身，承台钻孔桩基础；25米跨径引桥为柱式墩身，钻孔桩基础；桥台为桩基接盖梁结构。主跨桥墩采用C40混凝土，引桥桥墩采用C30混凝土。

合川南屏大桥

位于重庆市合川区。于2011年12月完工。

合川南屏大桥主梁采用单箱预应力混凝土箱梁，桥塔采用箱形截面，主塔设计为外倾造型，塔梁固结。正桥长729米，为跨径布置(112+190+92)米矮塔斜拉—连续刚构组合体系桥。

泸州国窖长江大桥

位于四川省泸州市，又名泸州茜草长江大桥，是连接泸州中心半岛及茜草组团中部上跨长江的桥梁，于2012年6月建成。

桥梁全长1190米，主桥长504米，为跨径(128+248+128)米双矮塔双索面预应力混凝土梁斜拉桥，主塔采用钢筋混凝土外倾式索塔，塔高85米；塔梁固结体系，主梁为预应力混凝土主梁，单箱四室截面。基础为承台+群桩基础，桩径为2.5米。主桥宽34米，双向六车道，设计速度60公里／小时。

该桥索塔采用钢筋混凝土外倾式，具有良好的景观效果。两个主墩处水深7~11米，均采用双壁钢围堰进行施工。重点解决了围堰下沉困难、水下基岩爆破、钢围堰底部基岩面倾斜且凹凸不平、着刃困难等技术难题。

郑新黄河大桥

也称为郑州黄河公铁两用桥，位于河南省郑州市、新乡市，是G107公路复线工程及京广铁路客运专线跨越黄河的共用特大桥梁。公路大桥于2010年9月建成通车，客运专线铁路于2012年12月建成通车。

该桥公铁合建全长9177米，主桥长1682米，公路桥宽32.5米，双向六车道，设计标准为公路Ⅰ级的1.3倍，设计速度100公里／小时；铁路为双线客运专线，基础设计速度350公里／小时。主桥桥型为边桁倾斜的三主桁六塔单索面连续钢桁梁斜拉桥，为桥跨组合（120+5×168+120+5×120）米边桁倾斜三主桁六塔单索面连续钢桁梁斜拉桥。下部结构采用群桩基础加承台形式，方柱形式立柱；公铁合建段引桥上部结构为40米预应力箱梁，下部结构为方形柱式立柱。

该桥是国内第一次采用边桁倾斜空间三片主钢桁结构、第一次在大跨径大吨位整联整跨施工中采用多点同步顶推拖拉工艺、采用24根单根桩桩长达95米的超长桩群桩基础的桥梁。

该桥公铁合建段获得2014—2015年中国建设工程"鲁班奖"；"郑州黄河公铁两用桥关键构造受力性能及安全性研究"获河南省科学技术进步二等奖；"采用JJC-ID灌注桩检测系统提高钻孔桩检测精度"获QC成果全国工程建设优秀质量管理小组二等奖；"公路箱梁利用架桥机高空架设QC成果"荣获全国工程建设二等奖。

G94西江特大桥

位于广东省肇庆市鼎湖区永安镇附近,为G94珠三角环线高速公路跨越西江的特大桥,于2012年12月建成。

该桥主桥长886米,为跨径布置(128+3×210+128)米四塔五跨单索面矮塔斜拉桥,主梁断面为变高度斜腹板单箱三室宽幅脊梁断面,箱梁挑臂长8.15米,挑臂下纵向每4米设30厘米厚横向加劲肋。桥宽38.3米,双向六车道。下部结构为单肢箱室墩及双肢实心墩。

建成时,该桥为国内联长最长、桥宽最宽的单索面矮塔斜拉桥。建设期间,根据主梁结构特点和施工需求,建立了一套以大箱式菱形挂篮、全断面浇筑翼板断缝后联、单吊挂梁消耗式悬臂模板为核心技术的宽幅大悬臂斜腹板箱梁施工工艺,解决了挂篮施工整体稳定性、扭曲变形、挂篮同步移机性、箱梁线形控制等一系列难题。

该桥获2016年度全国公路交通优秀设计二等奖;依托该桥开展的"混凝土开裂敏感性测试装置及抗裂能力评价方法"获得国家专利。

G5观音岩大渡河大桥

位于四川省雅安市石棉县,为G5京昆高速公路雅安至泸沽段跨越大渡河的桥梁,于2011年建成。

主桥上部构造采用(110+202+110)米双矮塔单索面预应力混凝土斜拉桥,采用塔、梁、墩固结的结构体系,主跨202米,桥梁高度60.6米。主梁采用C60全预应力混凝土结构,采用变高度斜腹板单箱三室截面。主塔布置在中央分隔带上,采用钢筋混凝土结构,截面采用矩形,塔高30米。斜拉索在塔顶的锚固采用分丝管索鞍结构。斜拉索为单索面双排索,布置在中央分隔带上,全桥共48对索。下部构造主桥墩采用钢筋混凝土箱形墩和群桩基础,每墩4×4根桩,桩径2米。桥宽25.5米,双向四车道。交界墩采用钢筋混凝土空心薄壁双柱墩身、钢筋混凝土盖梁、桩基承台结构,每个墩柱下设置一承台,由4根直径1.8米的桩基支撑,承台间由系梁连接。两岸引桥分别采用(23×30+4×40)米和(4×40+44×30)米预应力混凝土T形梁。引桥墩采用分离式钢筋混凝土空心墩、群桩基础(或方桩基础),重力式桥台。

该桥获2015年四川省优秀设计二等奖。

中国现代斜拉桥 | 矮塔斜拉桥

宁江松花江特大桥

位于吉林省松原市，是铁科高速公路跨第二松花江的特大桥，建成于2013年10月。

桥长2236米，主桥长640米，双向四车道。跨径布置为（9×40+95+3×150+95+28×40+30+48+30）米，主桥采用四塔单索面预应力混凝土矮塔斜拉桥，引桥采用装配式预应力混凝土简支转连续T梁和变截面连续箱梁。主桥主墩采用单薄壁式墩，主桥边墩采用柱式墩，引桥采用圆柱式墩，桥台为肋板式台，基础全部采用钻孔灌注桩基础。

锁蒙高速公路南盘江大桥

位于云南省红河哈尼族彝族自治州开远市，跨越南盘江，是G80$_{11}$开远至河口高速公路云南境内锁龙寺至蒙自段上的控制性工程之一，于2013年9月建成。是云南省第一座矮塔斜拉桥。

该桥总长857米，主桥为跨径（108+180+108）米的单索面混凝土矮塔斜拉桥，锁龙寺侧引桥为30米简支T梁，蒙自侧引桥为（5×30+5×30+4×30）米先简支后结构连续T梁，该桥主塔采用钢筋混凝土等截面矩形断面。桥面距水面高度104米，桥面以上塔高29米，布置在中央分隔带上，并与箱梁固结。两个塔墩均采用钢筋混凝土变截面薄臂空心墩，横向宽均为15.93米，纵桥向顶宽9米，沿高度方向按80:1的倾率扩大桥墩截面。主梁为预应力混凝土单箱三室斜腹板变截面箱梁。箱梁顶宽27.3米，底宽15.93～17.33米，悬臂板长4.5米。双向四车道，荷载为公路—Ⅰ级，设计速度100公里／小时，抗震设防烈度Ⅶ度。

淮安里运河—京杭运河特大桥

位于江苏省淮安市清江浦区,为G205线淮安绕城公路跨里运河和京杭运河的特大桥梁,于2013年建成。

主桥长1207米,为主跨跨径(100+175+100)米变截面连续箱梁矮塔斜拉桥,桥宽28.5米,双向四车道。

下部结构为桩柱式墩台。

池州秋浦河特大桥

位于安徽省池州市,是济祁高速公路安徽池州长江大桥连接线跨越秋浦河的控制性工程,于2010年11月10日正式开工,2014年10月建成通车。

该桥全长1068米,桥梁跨径总体布置为(9×30+80+140+80+55+90+55+10×30+22)米,桥宽34米。

跨航道主桥为(80+140+80)米矮塔斜拉桥,塔高23.5米,采用钢筋混凝土结构,桥塔采用双面索结构,一个塔共设9对斜拉索,主梁为变截面箱梁。跨堤桥为跨径(55+90+55)米变截面连续箱梁桥,为双幅桥,左右幅对齐布置。引桥为跨径30米先简支后连续组合箱梁,为双幅桥。

石湾特大桥

位于广东省佛山市禅西大道,为Y196乡道罗乐线上跨顺德水道的特大桥,于2014年5月建成。

主桥长331米,为桥跨组合(90.5+150+90.5)米的双矮塔斜拉桥。箱梁截面为大悬臂单箱三室形式,悬臂8.5米,撑板间隔大部分为4.5米。桥宽33.5米,双向六车道。

中国现代斜拉桥 / 矮塔斜拉桥

长山大桥

位于辽宁省大连市长海县,始于长海县大长山岛饮牛湾南峙莲线,止于小长山岛西沟屯南蛎养线与西沟港公路交会处,于2014年6月建成。

该工程路线全长3.45公里,采用双向四车道一级公路标准建设,设计速度60公里/小时,路基宽21米,桥面净宽19米,该桥全长1790米,引线1.66公里。该桥是省、市重点交通工程项目之一,目前是长山群岛中第一座连岛大桥,也是东北地区第一座真正意义的跨海大桥,主跨260米,为我国最大跨径的预应力混凝土矮塔斜拉桥。跨径布置(140+260+140)米,可满足1000吨级船舶双向通航。引桥跨径布置为25×50米,采用预应力混凝土连续箱梁。

技术创新方面,为确保达到桥梁结构防腐蚀和抗冻融标准,本项目使用了高性能混凝土;工程钻孔桩、承台、墩身、现浇箱梁及主桥塔柱、主梁均进行了冬季施工。冬季施工中应用了新材料;承台、墩身、下塔柱施工采用透水性模板布,改善了混凝土的外观质量,并提高了混凝土表面密实度及耐久性。

长山大桥的景观设计着眼于可持续发展的战略思想,提出超前、完善的设计理念,在边坡的防护绿化及夜景照明上狠下功夫,夜景照明以"舞动长海"为主题,通过灯光颜色的变换,渲染出一片与自然、人文融为一体的大桥美景。

中国现代斜拉桥 / 矮塔斜拉桥

怀洪新河特大桥

位于安徽省蚌埠市五河县,是S07徐明高速公路跨越怀洪新河的特大桥,于2014年建成。

该桥全长4145米,其主桥为(75+130+75)米钢管桁架梁矮塔斜拉桥,桥宽26.5米,双向四车道。下部结构中,桥墩为薄壁墩、双柱式墩,桩基础;桥台为肋板台,桩基、摩擦桩基础。

郧十高速公路汉江公路大桥

位于湖北省十堰市郧阳区,横跨杨溪铺镇和青山镇,为郧十高速公路上跨江汉的特大桥,于2015年2月建成。

该桥全长1023米,主跨238米,为桥跨布置(128+238+128)米的双矮塔单索面预应力混凝土斜拉—刚构组合体系,主塔塔墩高82.6米,桥面之上塔身高39.9米,水下深28米,桥宽26.5米,双向四车道,设计速度80公里/小时。

环巢湖旅游大道南淝河大桥

位于安徽省合肥市包河区、肥东县交界,即环巢湖道路跨南淝河的巢湖入口处,是环巢湖旅游大道首座跨河景观大桥,作为合肥母亲河——南淝河汇入巢湖前的最后一座桥梁,该桥距南淝河入湖口仅1280米,是连接合肥市滨湖新区与巢湖市的重要桥梁。是一座兼具公路和旅游功能的桥梁,也是合肥环巢湖旅游大道首座景观桥。于2015年7月建成。

桥梁全桥长856米,其中主桥桥跨布置为(60+100+60)米,主桥全长220米,是双塔单索面预应力混凝土部分斜拉桥,采用塔梁固结、墩梁分离的体系,墩顶设支座。主梁为单箱三室大悬臂变截面预应力混凝土连续箱梁,箱梁顶板宽度为22米,箱梁底板宽度为15.5米,双向预应力体系。

主塔高23米,采用实心矩形截面。布置在中央分隔带上,塔身上设鞍座,以便拉索通过。斜拉索横桥向呈单排布置,鞍座也呈单排设置。

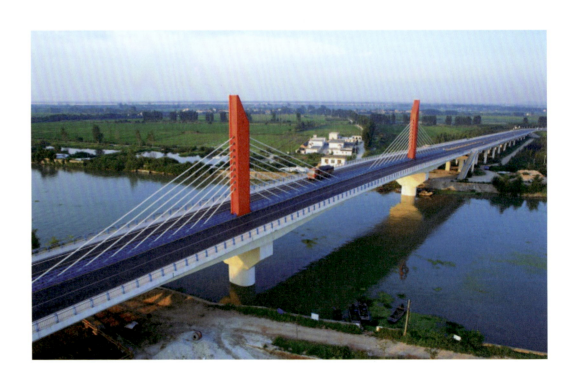

龙井河特大桥

位于贵州省毕节市纳雍县龙场镇，为G76厦蓉高速公路纳织段上的特大桥，于2012年1月开工建设，2015年10月建成。

龙井河特大桥全长672米，桥跨布置为6×30米预应力混凝土T梁+（86+160+86）米预应力混凝土矮塔斜拉桥+5×30米预应力混凝土T梁，主桥位于平面曲线半径为852.75米的圆曲线上，是我国第一座曲线矮塔斜拉桥，是交通运输部西部交通科技项目"山区曲线矮塔斜拉桥的设计与施工技术研究"的依托工程。设计速度80公里／小时，双向四车道，路基标准横断面宽24.5米。

以龙井河特大桥为依托工程进行了曲线部分斜拉桥课题研究，主要内容包括：山区曲线部分斜拉桥结构体系与结构性能；主要构件的构造形式；空间效应与分析方法；施工与监控方法的研究。并编写了《山区曲线部分斜拉桥设计与施工技术指南》。

该桥获得2017年贵州省科学技术进步三等奖、中国公路学会科学技术二等奖。

朝阳沟水库特大桥

位于河南省郑州市，是郑州至登封快速通道跨越朝阳沟水库的重要桥梁，于2015年10月建成通车。

该桥全桥长484.8米，主桥长472米，桥宽35米，双向四车道，设计荷载等级为公路—Ⅰ级。主桥桥跨组合为（58+118+188+108）米，为双塔变截面薄壁箱梁斜拉桥，上部结构为双塔变截面波形钢腹板组合薄壁箱梁；下部结构为双薄壁实心桥墩，U形台、肋板式桥台，盆式支座墩，扩大基础、钻孔灌注桩基础。

该桥梁为双塔双索面波形钢腹板预应力混凝土部分斜拉桥，大大减少桥梁结构自重，抗震性能好，总体造价低。

因桥址位于风景优美的朝阳沟水库北侧，与少林寺、嵩岳寺等建筑在区位上遥相呼应，因此桥塔采用"中原佛手"的创作理念，是对周边地区文化有机的协调和补充，结合具有视觉审美作用的独特桥塔造型，对塑造地区整体形象和地域特征具有极为重要的作用。

该桥采用拉压强度高的钢结构材料，既减轻结构自重又方便施工；特别是桁架类横隔板比实心式横隔板通透性好，使得箱梁内的空气流通加快，对箱室内施工人员健康更有利，结构受力合理，经济指标好，在同类桥型中首次采用，并取得国家发明专利技术。

杭瑞高速公路瑞丽江特大桥

位于云南省德宏傣族景颇族自治州瑞丽市，是G56杭瑞高速公路上跨瑞丽江的特大桥，于2015年12月31日建成。

桥跨布置为：左幅（2×30+30+30+20）米预应力T梁+（99+180+99）米矮塔斜拉桥+8×30米预应力T梁，左幅全桥总长764米；右幅（2×30+2×40）米预应力T梁+（99+180+99）米矮塔斜拉桥+7×30米预应力T梁，右幅全桥总长734米。塔高度29米。桥宽25.8米，设计速度80公里/小时。

主梁为单箱三室斜腹板变截面箱梁，悬臂节段长度3.5米或3米，采用预应力结构，引桥为先简支后连续预应力T梁。下部结构采用群桩、整体式变截面结构薄壁墩。采用OVM第六代单根可换式斜拉索体系，提高了耐久性，维护方便，且维护费用低。

南昌朝阳大桥

位于江西省南昌市，所属线路为南外环快速路，跨越赣江，于2015年8月竣工。

该桥为双层桥（桥顶通行机动车、底板外侧设钢挑臂通行行人及非机动车），全长3048米，宽44米，其中车行道宽37米，为双向八车道城市快速路标准。桥梁主桥通航孔桥布置为(79+5×150+79)米单箱五室波形钢腹板预应力混凝土组合箱梁。下部结构采用钻孔灌注桩基础、六边形承台、古汉字"合"字形异型钢筋混凝土桥塔。

南昌朝阳大桥箱梁节段钢结构种类较多、结构复杂，并且单个钢锚箱重量达20吨，吊装困难，钢结构加工和安装精度要求高，如何满足钢结构的现场安装精度和焊接质量是本桥技术难点。主桥腹板由10~22米的新型波形钢腹板代替传统的混凝土腹板，其自重轻，可减少下部工程量、降低工程总造价。采用拉索减隔震支座为主的抗震体系，经过鉴定其技术达到国际领先水平。斜拉索采用带鞍座穿塔式平行钢绞线体系，可单根更换。在中央两桥塔设观景台，并在其底部设横向连接天桥，便于行人及非机动车转向。

乌海湖大桥（乌海甘德尔黄河大桥）

位于内蒙古自治区乌海市，是连接乌海市黄河两岸的一座大型城市桥梁，跨越黄河，于2016年11月建成。

主桥为六塔七跨双排单索面预应力混凝土矮塔斜拉桥，全长760米，其跨径布置为（80+5×120+80）米，塔高32.0米，塔梁固结，墩梁分离。桥宽37米，双向六车道（两侧设非机动车道、人行道）。

主梁以单塔为中心共设15个对称悬浇段，两侧边墩位置设18.85米现浇段及2米的合龙段，0号块节段长14.0米，浇筑量959.4立方米；1号节段长3.0米，2~15号节段长3.5米，浇筑量93.1~119.2立方米。主梁采用C50混凝土，总浇筑量27680.3立方米。主梁采用纵、横、竖三向预应力体系。

主桥箱梁断面设计为整幅单箱双室大挑臂带肋箱梁，主梁高3.0~6.0米，顶板宽37.0米，底板宽18.0米，两侧悬臂长9.5米，顶面设2%双向横坡，每隔3.5米横桥向通长设有横梁，有索区横梁厚0.40米，无索区横梁厚0.22米；边墩横梁厚1.5米，主敦横梁厚2.5米。

主桥沿纵向共有6个主塔，均为钢筋混凝土实体结构，各主塔塔顶高程约为1127~1129米，每个主塔塔高32米，横桥向为单柱形，纵桥向为倒Y形。主塔截面为八边形，横桥向由2.371米变至2.5米，纵桥向由2.5米变至8.0米。斜拉索均采用37-Φ^{s}15.2钢绞线，拉索防护技术采用环氧树脂涂层钢绞线+防腐油脂+单根钢绞线外层PE+整束拉索外包HDPE外套管，在塔上的间距为1.5米，通过分丝管穿过主塔。

施工技术方面，大挑臂带肋箱梁悬浇施工采用挂篮设计，针对每个节段中间横隔梁，如何设计挂篮模板支撑系统和走行系统是本工程的难点。为满足箱梁"整幅设置、悬臂大、横断面通长设置横梁"的结构特点，研制了整幅单支重量181吨、具有特殊模板支撑形式的菱形整体式挂篮，并研发了适应黄河上游库区超宽、超重、大挑臂整体式箱梁的挂篮施工成套技术。

寿春淮河特大桥

位于德上高速公路G3W，桥梁桩号为K231+208，位于安徽省淮南市寿县、凤台，于2016年12月底建成通车。

工程全长约12公里，主桥长440米，采用跨径（120+200+120）米大悬臂展翅宽幅箱梁矮塔斜拉桥，主梁采用单箱三室大悬臂斜腹板预应力混凝土连续箱梁。这是淮河上的首座矮塔斜拉桥，也是安徽省内跨径最大的矮塔斜拉桥；主塔高35米，桥梁整幅标准宽度28米。引桥上部结构采用了新型钢板组合梁桥形式，采用三跨或四跨一联的方式。

引桥全长11.245公里，跨淮北大堤引桥采用80米简支钢桁梁桥；跨寿西湖堤引桥采用60米钢管桁架组合梁桥；寿西湖行洪区引桥及小桩号侧堤外引桥采用35米钢板组合梁桥；堤内漫滩引桥采用40米钢板组合梁桥。为全封闭、全立交双向四车道高速公路，设计行车速度120公里/小时，全线采用沥青混凝土路面。

赤壁桥

位于安徽省六安市赤壁路，为该路横跨淠河的桥梁，于2017年1月建成。

该桥主桥长312米，主桥桥跨布置为（31+65+120+65+31）米的现浇预应力钢筋混凝土箱梁矮塔斜拉桥，南引桥为7×30米、北引桥为8×30米的预制预应力混凝土箱梁桥，主桥宽46米，引桥标准段宽38米，双向六车道。

下部结构：主桥为V形下塔柱+元宝式隔板，引桥为桩柱式桥墩、埋置样桥台式、钻孔管桩桩基础。

商登高速公路南水北调特大桥

位于河南省郑州市，是S60商登高速公路跨越南水北调主干渠的重要桥梁，于2017年8月建成通车。

该桥全桥长551米，桥宽29.5米，双向四车道，主桥桥跨组合为（143+265+143）米，采用塔梁固结、墩梁分离、墩顶设支座结构形式。主桥桥型为双矮塔单索面预应力混凝土梁斜拉桥，上部结构为单箱三室预应力混凝土连续箱梁，下部结构矩形空心墩，基桩布置成超长桩群。

该桥结合工程特点和施工情况，积极创新，获得了7项国家专利技术授权。具体如下：

专利1，用于斜拉桥PE管及拉索安装可移动式传输装置；
专利2，一种可移动的智能张拉机防油污装置；
专利3，一种便捷的桥梁竖向预应力张拉端槽口现浇模板；
专利4，用于桥梁悬臂施工的随挂篮移动塔吊；
专利5，一种可移动式临边作业工作平台；
专利6，一种基于挂篮可收起桥梁养生装置；
专利7，一种用于挂篮施工的安全环保托盘。

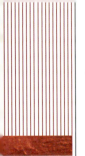

裕溪河特大桥

位于安徽省马鞍山市含山县与巢湖市之间,为S22天潜高速公路跨裕溪河支流、裕溪河和锥三河的特大桥,于2017年12月建成。

该桥全长4866米,主桥为跨裕溪河独柱式双索面预应力混凝土箱梁矮塔斜拉桥,跨径布置为(75+130+75)米;引桥及接线采用全宽预制桥面板钢板组合梁桥、连续钢构桥以及连续梁桥。双向六车道高速公路,设计速度120公里/小时,设计使用年限100年,安全等级一级,荷载等级为公路—I级,主桥横断面宽36米,引桥横断面双幅全宽34.5米,设计洪水频率为1/300。

桂平郁江二桥

位于广西壮族自治区贵港桂平市,为G358线福建石狮至广西水口公路上跨郁江的大桥,于2017年10月建成。

桥梁全长1358米,大桥主桥为(90+2×165+90)米双矮塔预应力混凝土斜拉桥,两侧引桥为30米先简支后连续预应力混凝土T梁,主塔为弧线形花瓶式塔,塔高22.0米,截面呈八边形。大桥道路等级为一级公路,宽30.5米,设计荷载为公路—I级;设计速度80公里/小时;设计洪水频率1/300;通航标准3000吨级航道,双孔单向通航,通航孔净宽134米,净高13米,侧高8米。

主塔为花瓶状,空间控制点面较多,要求测量精度高。主梁采用挂篮施工,其高程线形计算和控制要求高。施工时,混凝土采用较小的水灰比,使用质量好的集料,浇筑时设置多个下料筒同时下料,防止混凝土离析。养护采用"内散外蓄法"。

运宝黄河大桥

运城至灵宝高速公路运宝黄河大桥，是山西省高速公路网"三纵十二横十二环"西纵的重要组成部分，也是国家高速公路规划网呼和浩特至北海的重要组成部分（编号G59）。大桥北接运宝高速公路解陌段，由芮城县陌南镇柳湾村跨越黄河进入河南，与三门峡至淅川高速公路相连，接入连霍高速公路，形成四路互通。项目概算投资9.65亿元，于2014年11月29日开工奠基，2015年9月1日正式开工，2018年12月竣工。

项目采用高速公路标准建设，全长1933米，其中路基长243米，桥梁长1690米，主桥长620米，设计速度80公里／小时，桥宽32米，双向六车道，设计荷载采用公路一I级。北引桥采用4×40米预应力T梁，主桥采用（110+2×200+110）米单索面矮塔斜拉桥，副桥采用（48+9×90+48）米预应力混凝土刚构—连续组合梁桥。设置监控通信中心、养护工区（合建）1处。

运宝黄河大桥结构新颖、技术含量高，施工难度大，具有"新、长、深、险"等特点，主副桥长1526米，全部采用波形钢腹板预应力混凝土组合结构，降低了桥梁自重、减少了工程造价、增强了桥梁的抗震能力、避免了传统混凝土腹板开裂的病害，且造型新颖、低碳环保；副桥采用"顶底板错位同步施工"工艺，拓展了主梁施工作业面，安全高效。

淮南淮上淮河公路大桥

位于安徽省淮南市东北侧约4公里处，起于合徐高速公路淮南连接线，沿G206上曹公路至洛河镇，于潘集区高皇镇淮上村跨淮河，经汤渔湖行洪区，至终点陶圩接省道S225，总里程26.681公里，道路等级为一级公路。于2017年12月建成。

桥梁全长10145米。主桥起于大通区洛河镇窑河大堤，终于潘集区高皇镇汤渔湖泄洪区（K7+979~K11+101），全长3.122公里。桥梁工程包括：主桥（98+180+98）米矮塔斜拉桥；南岸引桥17×30米预制小箱梁、（45+70+45）米悬浇变截面连续箱梁、18×40米现浇大箱梁；北岸引桥（8×50+11×40）米孔现浇大箱梁、17×30米预制小箱梁。设计荷载为公路一I级，设计速度80公里／小时；桥面宽度32米，双向六车道。

主桥为矮塔斜拉桥，主塔为独柱式钢筋混凝土塔柱，塔高33.4米，斜拉索为单索面的斜拉索，索体由多根无黏结高强度镀锌钢绞线组成。主墩为花瓶式实体墩，分别坐落在两个主墩承台，每个承台下设20根钻孔灌注桩。主梁采用单箱五室大悬臂变截面预应力混凝土连续箱梁。

中國橋譜
第二卷
A Guide to Chinese Bridges

之

中国现代悬索桥
The Modern Suspension Bridges

双塔悬索桥　　独塔悬索桥　　三塔悬索桥

554　　　　594　　　　602

中国现代悬索桥

悬索桥是跨越能力最强的桥梁结构形式，整体属于柔性结构，其受力特征是将作用在桥面上的荷载由吊索传递到主缆，再传递至索塔和锚碇（或梁端），具有自重轻、受力明确且合理、跨越能力强等特点。因此，这种桥型几乎成为跨越千米以上桥梁的"专利"，目前仅极少数斜拉桥能达到千米跨径。

悬索桥与其他桥型相比，最大的不同在于桥的整体抗风能力较差，因此在悬索桥的设计中，除必须保证各组成部件的强度和刚度外，大型悬索桥还必须通过风洞试验，来验证其整体抗风稳定性能。

发展历程

中国现代悬索桥发展，大体以20世纪90年代为界，划分为两个时期。90年代以前，中国的悬索桥大都是山区低等级公路桥梁，桥面窄、荷载小，许多桥梁具有临时性质和战备性质，主缆材料以钢丝绳为主。

20世纪90年代以后，随着高等级公路的发展，跨大江大河、海湾海峡以及高山深谷的需要，中国大跨径的现代化公路悬索桥开始快速发展。1992年开工、1995年建成的广东汕头海湾大桥是第一次尝试。紧接着，先后建成了西陵长江大桥、虎门大桥、江阴长江大桥和厦门海沧大桥。其中，1999年建成的江阴长江大桥主跨1385米，达到世界先进水平。

2001年至2018年底，中国建成的跨径千米以上的悬索桥就达15座，600米以上的28座。目前在建的跨越长江、金沙江的千米以上悬索桥5座。中国的千米以上悬索桥，在地域上跨越了长江、珠江口等大江，翻越东海的舟山西堠门水道，延伸于湖南、重庆、贵州、云南等地的深山峡谷中；在形式上，以双塔为主，也有三塔悬索桥。同时，在悬索桥的结构体系、施工工法、锚碇与基础形式等方面，中国悬索桥都有诸多革新，推动了现代悬索桥技术的发展。比如，21世纪以来，中国采用分体桥面来提高抗风性能、应用于小宽跨比大跨径悬索桥取得的成功，是对现代悬索桥技术的重大革新。

中国现代悬索桥的发展历程，也是中国桥梁引进消化吸收世界桥梁建设技术并再度创新的过程。目前，中国大跨径悬索桥建造技术已经全面实现了国产化，并在部分领域实现了突破，为世界悬索桥技术发展作出了"中国贡献"。2011年通车的美国旧金山新海湾大桥的设计寿命达到150年，其主缆和主体钢结构均出自中国的振华重工。振华重工的这份合同是通过全球竞标得到的，足以证明我国悬索桥主缆、钢结构钢材的生产，已经跻身国际先进水平。

同时，悬索桥已经不再是铁路桥梁的"禁区"。2016年开工的五峰山长江大桥，主桥布置为(84+84+1092+84+84)米的双塔钢桁梁公铁两用悬索桥。该桥通车后，将成为中国第一座铁路悬索桥，也是世界荷载和设计速度第一的铁路悬索桥。

广东汕头海湾大桥

江阴长江大桥

五峰山长江大桥

悬索桥的生命线——主缆

现代悬索桥的主缆，作为主体承重和传力结构，其主要构成部分——平行钢丝索股，除承受动载和静载外，因长年处于风雨、暴晒、潮湿、污染等自然环境中，受到应力、疲劳、腐蚀等多种因素的不利影响，而且在大桥少则五六十年、多则百年的服役期间，主缆不可更换，因此只有综合性能优异的高强度钢丝，才能满足现代化桥梁缆索强度、使用寿命的需求。

到目前为止，国内的大跨径悬索桥的主缆，均采用平行索股法（PPWS）施工。中国悬索桥索股材料的生产、制造技术也在学习吸收、再创新之后达到了新的高度。

标准抗拉强度，是缆索钢丝的主要技术指标。随着大桥跨径的不断增长，为减小主缆索的自重，提高钢丝的抗拉强度成为必然趋势。当前，国内主缆材料的抗拉强度已经达到1960兆帕，居于世界领先水平，进而使缆索自重大大减轻，用量大大减少。

中国在20世纪90年代开始建设大跨径悬索桥和斜拉桥时，作为桥梁主体结构的主缆、吊索用的钢丝全部依赖进口，质量、价格和供货周期等问题一直困扰着桥梁建设者。20世纪90年代中期，中国企业开始投产热轧高碳盘条，并通过深加工制成镀锌钢丝。1997年建成的广东虎门大桥，其主缆用松弛镀锌钢丝产品由江阴华新钢缆有限公司与德国公司联合中标，填补了国内产品的空白，结束了中国主缆、主缆材料长期依赖进口的局面。目前，中国高强度桥梁缆索钢丝专用盘条已经实现大规模生产和应用，抗拉强度1960兆帕的钢丝已经在南沙大桥、杨泗港长江大桥实际应用，2000兆帕及以上的缆索钢丝专用盘条将是中国企业未来的发展目标。

龙江大桥

主缆架设施工和后续防腐技术上，中国悬索桥也取得了巨大进步。如先导索架设技术，2006年四渡河大桥首次用火箭抛绳牵引法、2007年坝陵河大桥首次用飞艇牵引法、2014年龙江大桥首次采用无人机牵引法，均成功完成先导索架设，为成功解决山区峡谷地形悬索桥先导索架设技术难题，做出重要创新。如放索技术，早期通常采用垂直放索技术，往往出现索股搅缠，从西堠门大桥开始采用水平放索工艺后，一直延用至今。再如主缆防腐技术，在悬索桥发展过程中经过了一系列演变，早期在汕头海湾大桥采用的防腐技术是缠丝后涂油漆，从润扬大桥开始引入S形钢丝和主缆除湿系统，后续桥基本都采用这种防腐体系。2009年建成的西堠门大桥，研发了专门针对锚固位置的采用镀锌钢绞线+防腐油脂的防腐体系。2015年建成的贵州贵瓮高速公路清水河大桥，采用了主缆缠包带防腐技术，实现主缆防腐的技术创新，其技术水平跻身国际领先行列。

贵州贵瓮高速公路清水河大桥

加劲梁及其架设

悬索桥，有柔性和刚性悬索桥之分。柔性悬索桥，是主缆仅把荷载传递给主缆，其主要由横梁和木板或混凝土板的桥面梁组成，现在已经很少建造；刚性悬索桥的主梁习惯被称作"加劲梁"，一般由钢材、混凝土材料建造，因为大跨径的需要，以钢材居多。

钢加劲梁

为减轻自重，悬索桥的加劲梁一般都采用钢材，而以钢桁架加劲梁和钢箱梁加劲梁为主。中国首次成功采用平行钢丝主缆钢桁架加劲梁悬索桥，是1983年建成的西藏自治区达孜吊桥，索跨500米、梁跨415米，单塔，主索一端锚固在山上，1988年建成的重庆奉节梅溪河大桥，将主缆直接锚固在山顶岩石上，免去了桥塔的施工，其索跨343米，加劲梁跨径200米，是中国唯一一座斜吊杆平行钢丝主缆悬索桥；跨径450米的重庆丰都长江大桥，采用高3米的钢桁架加劲梁；跨径560米的重庆忠县大桥，采用高3.3米的钢管空间桁架加劲梁。以上这些桥采用的均为轻型钢桁梁，与双层桥面、下层有车道的桁架梁不同。

此后，在建成于2008年的镇胜高速公路北盘江大桥、2009年的坝陵河大桥、2009年的四渡河大桥、2011年的矮寨大桥、2015年的清水河大桥、2015年西藏通麦大桥等悬索桥上，钢桁梁得到进一步应用，其中2009年建成的四渡河大桥为组合式加劲桁梁。

在快速发展的建设实践中，发现钢箱式加劲梁与桁架式相比，其抗风性能较好，其风阻系数仅为桁架式的1/4至1/2，且耗钢量较少。因此，中国兴建的悬索桥大部分采用了钢箱梁加劲梁的形式，如建成于1996年的西陵长江大桥、1997年的虎门大桥、1999年的江阴大桥和厦门海沧大桥、2000年的重庆鹅公岩大桥、2005年的润扬大桥、2008年的武汉阳逻大桥、2009年的西堠门大桥、2016年的龙江大桥等。

重庆丰都长江大桥

中国现代悬索桥

西藏通麦大桥

相比而言，钢桁架梁悬索桥在双层桥面的适应性方面，远比钢箱梁优越，因此公铁两用悬索桥和交通量较大的悬索桥更加适用钢桁架梁桥面。如1997年建成的香港青马大桥，加劲梁为桁架式，外包钢板而成箱形，由于梁内有两条轻轨铁路和两条备用行车道，梁高达7.45米，梁断面两端设有风嘴，顶底板中部开槽以提高抗风能力。2014年开工、2019年10月建成的武汉杨泗港长江大桥，为主跨1700米的双塔双层钢桁梁公路悬索桥，上下两层共12条车道，成为目前中国最大跨径的悬索桥。

混凝土加劲梁

混凝土材料建造的加劲梁悬索桥，简称混凝土悬索桥。1992年建成的新疆维吾尔自治区齐勒哈仁额尔齐斯河桥，主跨108米，为3跨混凝土悬索桥，为减轻自重，其加劲梁采用高1.41米钢丝网水泥薄壁箱梁。

1995年建成的广东汕头海湾大桥，为3跨混凝土悬索桥，跨径组合为（154+452+154）米，这是中国首次尝试采用薄壁预应力混凝土箱梁作为加劲梁，属于工程上的特例。

2001年，贵州省在风速较小的贵阳至毕节公路上，修建了几座混凝土悬索桥，加劲梁采用高40~60厘米混凝土板，最大跨径已经达到338米。此后，这种加劲梁形式得到一定的应用。如建成于2001年的贵

贵州坝陵河大桥

州关兴公路北盘江大桥、西溪河大桥、落脚河大桥以及2003年的阿志河大桥。

加劲梁架设技术

大跨悬索桥加劲梁的架设，应用最多的是缆载吊机。早期采用较多的是卷扬机驱动的缆载吊机，但是其起吊能力有限，同时稳定性和定位精度有限，后来发展到采用连续千斤顶作为动力。目前国内的缆载吊机最大起吊能力已经超过千吨。

缆载吊机只能实现梁段的垂直起吊，水平运输通常需要采取其他措施。在水运条件下，可通过驳船将梁段运输至安装位置进行起吊。对于不具备船运条件的峡谷悬索桥，实施加劲梁水平运输的方式主要有三种，应用最多的是缆索吊，利用悬索桥主塔为缆索吊支承塔，缆索吊可以对实现悬索桥全覆盖，可以将加劲梁水平运输至安装位置。目前缆索吊跨径超1000米，起吊能力最大达420吨。除了缆索吊以外，还可采用桥面吊机进行悬臂拼装，如贵州坝陵河大桥。除此以外，在矮寨大桥首次利用轨索滑移法。这种方法在主缆和吊杆安装完成后，架设一条轨索与吊杆下端相连，运梁小车通过滑轮在轨索上行走，将加劲梁节段运输至安装位置，再采用缆载吊机起吊安装。

锚碇及其施工

润扬大桥

武汉阳逻大桥

锚碇的主要作用是将力传给地基。锚碇将主缆固定，使之不发生任何位移；锚体内设散索鞍（套）和锚固系统。根据建造地形条件的不同，锚碇可以分为重力式锚碇、隧道式锚碇和岩锚。

重力式锚碇

重力式锚碇基础施工，最常采用的是明挖、沉井和支护开挖三种工艺，明挖法相对来说技术难度较低。对于锚碇位置处于深水中或持力层埋置较深，通常采用地下连续墙围护、沉井、排桩围护等施工方法进行基坑开挖。

2005年建成的润扬大桥北锚碇，地处长江滩地，地质水文条件极为复杂，因此采用地下连续墙围护结构进行基础施工。在进行地下连续墙围护结构设计时，采用矩形地下连续墙围护结构。润扬大桥北锚碇基坑，将我国大型深基坑深度纪录由29米改写为50米，实现深基坑领域的跨越式发展。随着国内液压铣槽机能力的提升，2008年建成的武汉阳逻大桥南锚碇基坑围护结构，采用了圆形深基坑地下连续墙方案，采用液压铣直接铣削成槽，槽段连接用"铣接法"接头，同时在国内首次采用低强度、低弹性模量、低渗透系数的自凝灰浆防渗墙。为进一步降低圆形地下连续墙工程规模，同时兼具圆形结构拱效

应对围护结构变形有较强抑制作用和开挖方便、矩形结构抵抗矩大的优点，以及改善基础前后趾受力。2012年建成的南京四桥南锚碇基础，采用井筒式地下连续墙结构形式，平面呈"∞"形。其施工过程中墙体最大位移值为1.2厘米，最大相对位移仅为开挖深度的0.03%。

隧道式锚碇

当锚碇处地形、地质等自然条件较好时，在山体开挖隧道，将混凝土锚板或锚块（即锚塞体）设置于隧道底部，锚块嵌固在隧洞中形成整体，以抵抗主缆拉力，即为隧道式锚碇。隧道锚可有效减少开挖量和混凝土用量，是理想的锚碇形式，隧道锚的使用对有效保护自然环境、避免大规模开挖、节约投资具有重要意义。如重庆鹅公岩长江公路大桥东锚碇和贵州坝陵河大桥西锚碇。

隧道式锚碇施工主要包括爆破、出渣系统、洞口超前支护、系统锚杆、挂网、钢支撑、岩体注浆及喷射混凝土等步骤。

岩锚

当地质条件很好，结合全桥整体布置，将主缆索股通过钢筋锚杆

或预应力锚索等锚固构造直接固定于山体的锚碇。与隧道锚相比，由于岩锚将锚固系统的预应力筋分散设置在单个岩孔中锚固，不需要浇筑混凝土塞体，高质量的岩体代替了锚塞体，可以大量节省材料。

我国最早采用岩锚的大型悬索桥是贵州乌江大桥，早期兴建的达孜大桥也采用这种锚固形式。矮寨大桥是在地锚吊杆下梁中设置了大量岩锚体系。

清水河大桥

自锚式悬索桥

自锚式悬索桥是一种不设锚碇，而以加劲梁梁端锚固主缆、承受主缆端部水平轴向分力与竖向分力的悬索桥体系。其与常规悬索桥最大的区别，就在于不设地锚固定主缆。这就给不方便建造锚碇的地方修建悬索桥提供了一种解决方法，但加劲梁要承受一定的轴向压力，也限制了这种悬索桥的跨度。

2006年9月建成的长沙三汊矶大桥，为主跨328米的双塔自锚式钢箱梁悬索桥。同年11月建成的佛山平胜大桥，为主跨350米单塔自锚式悬索桥，桥宽达到双向十车道。2013年9月建成通车的河南郑州至云台山高速公路桃花峪黄河大桥，为主跨406米双塔自锚式悬索桥；施工中，针对高桥墩、大吨位宽幅钢箱梁自锚式悬索桥体系转换特点，提出了钢箱梁顶推的"分级平衡，反力、位移、行程三控"和超大跨双塔三跨平面主缆自锚式悬索桥"边中共进、逐步推进"体系转换及其"分级同步"控制的新技术。2018年5月6日合龙的重庆鹅公岩专用轨道桥，采用主跨600米的自锚式悬索桥。2000年建成的鹅公岩长江公路大桥为主跨600米地锚式悬索桥，而新桥在旧桥上游仅45米，为避免出现索系混乱的视觉效果而无法采用斜拉桥方案，同样因为距离过近，为保证安全，新桥无法采用地锚方案，只能采用自锚形式。为此，新桥采用特殊的先斜拉、后悬索的体系转换施工方法。其独特的桥位环境、景观要求，促成了这座世界最大跨径自锚式悬索桥的建设。

鹅公岩长江公路大桥

桥面铺装

桥面铺装的作用，是保护主梁行车道面板不受车辆轮胎直接磨耗，并分散车辆轮重，使主梁受力均匀，防止主梁受雨水侵蚀。因钢桥面与铺装材料不易结合，铺装层受季节性温度、雨水天气影响严重，且受载重量限制，层面不可能太厚，为此，钢桥面铺装成为世界性的难题。

目前，钢桥面铺装材料主要包括：浇筑式沥青混凝土、SMA（沥青玛蹄脂碎石混合料）、环氧沥青混凝土等。中国悬索桥桥面铺装主要有：SMA铺装、环氧沥青混凝土铺装、浇筑式沥青混凝土铺装、浇筑式沥青混凝土+环氧沥青混凝土铺装、浇筑式沥青混凝土+SMA、STC（超高韧性混凝土）铺装。

桥面铺装除了铺装材料的不同，根据铺装结构的不同，可以分为单层桥面铺装和双层桥面铺装。因为双层桥面铺装可以对不同的铺装层材料分别进行设计，充分发挥材料潜力，最大限度地避免不同材料双向性能之间的矛盾（如高温和低温性能的不同），因此，我国的桥面铺装以双层桥面铺装为主。

悬索桥景观设计

我国早期兴建的悬索桥主要出于功能的考虑，索塔形式简单而单一，门式框架居多，锚碇多采用重力式，体积巨大，外观笨重。

随着经济的发展，生活水平不断提高，人们对环境景观和美的需求也不断提高。加之悬索桥作为大跨径桥梁，占据的桥位资源宝贵，技术复杂，投资巨大。对城市或其他地区来说，大型悬索桥不仅形态优美，而且一般均集交通、景观、地标等多种功能为一体，因此其外形设计理应展现出应有的力学美、艺术美，使各部分造型协调，富有地域文化特色，实现结构与形式的统一、工程与环境的和谐，达到力与美的完美结合。一个好的设计，不仅能体现工程、艺术的美，还能为当地增加一个人文景观，进而带来意想不到的宣传效果，这些都是无法用金钱来衡量的。因此，近年来悬索桥景观设计逐渐受到重视。

现代化大跨径悬索桥建设在中国起步较晚，但进步很快。如果从20世纪90年代算起，中国用了不到30年的时间，在建设数量、技术水平上取得了突出成就，已经跻身于悬索桥工程领域的世界先进行列。未来的一二十年里，中国的悬索桥将瞄准3000米跨径、高性能材料突破、关键装置应用等发展目标，继续攻关前进。

中国现代悬索桥 | 双塔悬索桥

落脚河大桥

位于贵州省毕节市大方县双山新区,为G321方成线跨越落脚河的特大桥梁,于2001年4月建成。

该桥主桥长278米,跨径布置为(112+275+117)米,主跨为275米的预应力钢筋混凝土梁悬索桥,下部结构为双柱式墩。桥宽13米,双向两车道。

落脚河大桥在施工工艺上吸取了国内悬索桥和缆索吊装施工工艺的成功经验,在以下方面有改进和创新:在国内首次使用软包装主索,便于山区条件下的运输和安装,节约成本;吊装过程中,板梁之间全部采用临时连接,待全桥吊装完成后再形成刚接,便于桥梁线形控制,受力良好;在穿索、张拉、压浆等工艺上有所改进和创新,成功确保了板梁纵向预应力275米通长索的工程质量。

该桥桥型方案和施工方法选择合理,吊装工期短,施工安全,质量优良,较悬索桥采用其他施工方法造价低。

该桥荣获2004年度贵州省优质施工工程奖、2009年度贵州省科学技术进步三等奖。

重庆忠县长江大桥

位于重庆市忠县,建成于2001年9月。

该桥全长1200米,主桥为主跨560米双塔单跨简支加劲钢桁架梁悬索桥。南塔高142.3米,北塔高153.3米。锚碇4个,锚洞长36米。

该桥施工中,主梁边跨压重采用逐步加宽肋板压重,没有采用常规的平衡箱压重。主梁的临时固结支座采用钢板,将其分开为主梁和主塔部分,这两部分通过体外预应力束和沙漏支座将它们联成一个整体,在主跨合龙时只要迅速卸掉体外预应力束和沙漏支座,就可以实现主梁纵向约束解除。

阿志河特大桥

位于贵州省六盘水市六枝特区，为S77威板高速公路水盘段跨越阿志河的特大桥，于2003年12月通车。

该桥全长428米，主桥为主跨283米的预应力钢筋混凝土加劲板梁悬索桥，矢跨比1/9，主塔上塔柱采用2米×2.5米钢筋混凝土实心矩形截面，塔柱高35.5米，下塔柱采用2.5米×3米钢筋混凝土实心矩形截面；水城岸引桥为4×30米简支T梁，镇宁岸无引桥；主梁采用预制吊装施工；桥宽13米，设计为山岭重丘区二级公路标准，设计速度40公里／小时，荷载为汽车－超20级、挂车－120。桥面距水面高度260米。

阿志河是一条很特别的河流，在阿志河大桥附近，有三条河交汇，集峡谷、河流、稻田风光及风景名胜于一体，大桥成为集交通、观景于一体的建筑。

S105线关兴公路北盘江特大桥

位于贵州省安顺市关岭县和贞丰县交界处，是S105线关岭至兴义高等级公路跨越北盘江的特大桥，于2003年12月28日建成，为当时中国第一高桥。

大桥为桥跨布置（103+388+103）米双向预应力混凝土加劲板梁悬索桥，其跨径是当时同类桥国内第一、亚洲第二。它连接关岭至兴义的高等级公路，是贵州"二横二纵四联线"高等级公路网中的一条重要联线。桥面距离水面486米。

该桥主缆采用散索套设计，主缆中线的上部分呈伞形向上，锚固采用自行设计的双散索支承架约束的方法，很好地解决了以往一直没有解决的因采用主缆散索套而引起的主缆中线以上部分索股上行的受力问题，有效控制了主缆线形。主梁采用缆索吊装技术，全桥78片主梁的吊装作业仅用时18天，在贵州悬索桥梁的施工中，创下了吊装重量最大、吊装时间最短的施工纪录。

西溪河特大桥

位于贵州省毕节市大方县,为G321广成公路上跨西溪河的特大桥梁,于2001年9月建成。

该桥总长558米,跨径布置为(4×30+20+338+2×40)米,为主跨338米预应力混凝土加劲板梁悬索桥。桥宽13米,双向两车道。下部结构为H形墩。

基于其特殊的地形和运输条件,选用主跨338米预应力板梁悬索桥,其主缆锚固系统、主缆散开方式、主梁、主鞍座、抗风设计、施工实施采用独具特色的建桥技术。主缆锚固所采用的预应力与结构钢连接器组合锚固体系具有用料节省、受力合理、便于检查等优点;预应力主梁实现了就地取材、无需运输、检查维护工作量少;散束套用钢量省、可使主缆束股受力均匀、适应地形能力强;全焊接鞍座重量轻、单价低、运输方便;抗风试验研究对山区深谷河流的风环境进行模拟,有效确定了悬索桥的颤振检验风速;采用无支架缆索吊装工艺安装混凝土加劲板。

该桥获2004年贵州省优质施工工程奖。

The Modern Suspension Bridges

长沙湘江三汊矶大桥

位于湖南省长沙市二环线，是北环线上关键工程。于2004年4月开工，2006年9月建成。

全桥长为1577米，跨径布置为5×65米预应力顶推连续箱梁+（70+132+328+132+70）米双塔双索面五跨自锚式钢箱连续梁悬索桥+8×65米预应力顶推连续箱梁；路面宽29米，双向六车道。

该桥2007年获"鲁班奖"。

泰昌大桥

位于重庆市巫山县，是G347线南京至德令哈公路重庆段跨大宁河的特大桥，于2005年10月1日建成。

该桥长258米，跨径布置为（2×16+210+16）米，为主跨210米的钢管桁架梁悬索桥。桥宽14.5米，双向二车道。下部结构为双柱式墩。

采用单跨悬索桥，省去了水中施工，并避开了邓家岭岸滑坡体，减小了施工风险和施工难度。在加劲梁两端设置拉压支座和横向风支座，有效保证了主梁在竖向、纵向荷载及横向荷载作用下的受力和变位。

索塔下塔柱采用翻模施工，上塔柱钢管混凝土结构，采用节段制作、整体吊装，钢管内采用泵送混凝土浇筑。主缆施工采用预制平行钢丝索股法进行安装。

泰昌大桥飞架波光粼粼的大宁河上，桥身粉红色，如一条粉红的彩带联系大昌古镇，与古城内房屋青砖黛瓦、封火墙垛、飞檐翘角、雕梁画栋、木质门面水乳交融，呈现出自然的华美，古朴的辉煌，为巫山旅游增添了一道亮丽的风景。

The Modern Suspension Bridges

角笼坝特大桥

位于海拔3050米的西藏自治区昌都地区芒康县盐井乡，与云南德钦县交界，地处横断山脉腹地、澜沧江南北向的红拉山山腰，为214国道的重要桥梁，是交通部援藏工程，于2005年8月3日建成。

角笼坝大桥主跨345米，为单跨双塔钢桁架加劲梁与钢筋混凝土桥面板结合式梁悬索桥，矢跨比1/10，设单向纵坡。按山岭重丘区三级公路标准，桥梁净宽9米，钢桁架梁高3米，安装长度12米。大桥设计荷载汽车—20级、挂车—100，抗地震烈度7度。

两岸锚碇均采用隧道式预应力岩锚，即隧道式锚碇和预应力岩锚相结合的组合结构，降低了工程造价。

214国道滇藏公路，是连接西藏和云南的主要干道，同时也是茶马古道的重要组成部分和"大香格里拉"生态旅游圈内的重要干线，在西藏"三纵三横六个通道"骨架公路网中占有重要地位。角笼坝特大桥地处滇藏交通要冲，地理位置险要，政治、经济意义重大。

中国现代悬索桥 | 双塔悬索桥

The Modern Suspension Bridges

润扬长江大桥

位于江苏省镇江市、扬州市之间，是江苏"四纵四横四联"高速公路网中主骨架和跨长江通道规划的重要组成部分。北起扬州南绕城公路，跨经长江世业洲，南迄于镇江312国道互通，于2000年10月20日开工建设，2005年4月正式通车。

大桥工程全长35.66公里，主桥由南汊的单孔双铰钢箱梁悬索桥悬索桥和北汊的三跨双塔双索面钢箱梁斜拉桥组成。桥面为双向六车道高速公路，设计速度100公里／小时。

润扬长江公路大桥是一座由两座大跨度索桥及其引桥组成的组合型桥梁。其中，南汊主桥为单孔双铰钢箱梁悬索桥，采用主跨1490米的单孔双铰钢箱梁悬索桥，主塔高215.58米，建成时其跨度位列中国第一、世界第三；北汊桥为三跨双塔双索面钢箱梁斜拉桥，采用（176+406+176）米的三跨双塔双索面钢箱梁斜拉桥，引桥均采用预应力混凝土连续箱梁桥。润扬长江公路大桥设计使用寿命为100年。

该桥于2004年获江苏省科技进步一等奖；2006年获"詹天佑奖"；2006年，"润扬长江公路大桥建设关键技术研究"获中国公路学会科技进步特等奖；2008年，获国家科技进步二等奖；2010年12月，获国家优质工程金质奖。

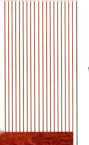

阳逻长江大桥

位于湖北省武汉市城区东北郊，上游距武汉关30公里，于2007年12月竣工。

桥梁总长为9420米，其中长江大桥长2.74公里、北岸引道长6.27公里、南岸引道长415米，主桥跨布置为（250+1280+440）米双塔单跨钢箱梁悬索桥；桥面有效宽度为33米，双向六车道，设计速度120公里/小时。

该桥南锚碇采用内径70米、外径73米、深60米、厚达1.5米的圆形地下连续墙、逆作内衬工法新型施工工艺，属国内首创。其混凝土总量达21万立方米，基坑开挖深度46米，开挖土方17万立方米，其中作为围护工程的挡水围幕利用国内最深（最深64米）的自凝灰浆防渗墙施工技术，被专家誉为"神州第一锚"。

阳逻长江大桥在主塔采用的箱形钢结构剪刀撑新技术属国内首创，通过钢剪刀撑与塔上预埋钢板相焊接的连接方式，替代了传统的混凝土中横梁结构现浇施工，克服了重达126吨超大"剪刀撑"制作、整体吊装高度达130米、实施精确定位焊接的施工难题。

该桥获2012年度"鲁班奖"。

京珠高速公路珠江黄埔大桥

又名广州珠江黄埔大桥,位于广东省广州东南部,是京珠高速公路跨珠江的控制工程,北起黄埔区萝岗街道火村立交、接京港澳高速公路,上跨珠江及其大吉沙岛,南至番禺区化龙镇化龙立交、接广澳高速公路。于2005年1月开工,2008年11月建成。

该桥由北汊主跨383米独塔斜拉桥和南汊主跨1108米悬索桥组成,全长7016.5米,桥宽34.5米,双向六车道,预留远期八车道条件。

南汊桥全长1748米,主跨跨径布置为(290+1108+350)米钢箱梁悬索桥,桥宽34.5米(不含布索区),两边跨均为跨径62.5米预应力混凝土连续箱梁。北汊桥全长2467.5米,主桥为独塔双索面四孔连续钢箱梁斜拉桥,桥宽34.5米,斜拉桥部分宽(含风嘴和锚索区)。采用半飘浮体系,跨径布置为(383+197+63+62)米,边跨设两个辅助墩。斜拉索索距按扇形面布置,扇面由22对斜拉索组成。为克服过渡墩和辅助墩负反力,在锚跨设置3092吨压重。为保证施工过程中的抗风安全,在边跨距塔121米处设置一个临时墩。桥面铺装采用6厘米环氧沥青混凝土。

江东大桥

位于浙江省杭州市,为杭甬复线跨越钱塘江的特大桥,于2008年12月26日建成。

大桥全长3552.66米(跨江桥梁2253米,两侧引桥1299.66米),桥梁结构为自锚式悬索桥和预应力混凝土连续梁组合体系,即两座(83+260+83)米钢箱梁悬索桥和一座(91.5+160+91.5)米连续刚构桥组合。

江东大桥桥型复杂,包括十跨连续梁设计、连续刚构梁设计、自锚式空间缆钢箱梁桥设计组合体系,结构别致,技术难度高。在施工管理过程中应用了大量国内外领先的先进技术和新工艺,如首次采用五段连续曲线顶推安装钢箱梁。江东大桥根据本桥结构特点,首次提出并采用在顶推施工过程中调整临时支座高程的方法来控制临时墩反力和钢箱梁内力,保证了顶推施工安全可靠。首次采用钢桥面铺装新技术。

江东大桥及接线工程设计获2010年全国优秀设计一等奖。"杭州江东大桥空间自锚式悬索桥设计与施工成套技术研究"获浙江省科学技术奖和中国公路学会科技技术奖。

中国现代悬索桥 | 双塔悬索桥

镇胜高速公路北盘江特大桥

位于贵州省安顺市晴隆县境内，是G60沪瑞国道主干线镇宁至胜境关公路上跨北盘江的重要工程。于2005年开工，2008年11月27日通车。大桥建设前，跨越北盘江峡谷的车辆必须经过连续数十公里蜿蜒曲折而又湿滑多雾的山路，大桥通车后，行车里程缩短了30多公里，节省时间近2个小时。

主桥为主跨跨径636米的单跨简支钢桁架梁悬索桥，主缆分跨跨径为(192+636+192)米，中跨主缆矢跨比采用1/10.5；西引桥（镇宁岸）上部结构采用4×45米预应力混凝土先简支后连续刚构T梁；东引桥（胜境关岸）上部结构采用3×45米预应力混凝土刚构箱梁。

主桥桥塔采用钢筋混凝土结构，外形为门形框架。两岸锚碇均采用U形嵌岩重力式锚碇。主桥钢桁梁由主桁、横梁和上、下平面纵向联结系等组成。各杆件均采用制造简单、拼装方便的H形截面。钢桁梁通过吊索与主缆相连，吊索标准间距为7米，吊索锚固于主桁上弦节点锚箱上。

The Modern Suspension Bridges

中国现代悬索桥 / 双塔悬索桥

西堠门大桥

位于浙江省市舟山市定海区，为G92₁₁甬舟高速公路舟山连岛工程的大桥之一，于2009年7月建成。

大桥全长2228米，为主跨1650米的加劲钢箱梁悬索桥。加劲梁的形式为扁平流线型分离式双箱断面。桥面总宽36米，双向四车道。下部结构为钻孔灌注桩。

西堠门大桥是舟山大陆连岛工程技术难度最大的特大跨海桥。设计通航等级3万吨级，通航净高49.5米。该桥创下多个"第一"：单跨跨径世界第二、国内第一特大桥梁；世界抗风稳定性要求最高的桥梁之一；世界最长钢箱梁悬索桥；世界第一座分体式钢箱梁悬索桥；中国最长主缆，首创主缆索股水平成圈放索工艺；中国长度最长、直径最大、强度最高的钢丝绳吊索；中国第一次采用直升机牵引先导索过海，同时首次实现了先导索过海不封航作业；大桥索塔塔身高211.286米，为国内悬索桥第一高塔……西堠门大桥创下的"第一"不胜枚举。

西堠门大桥新型分体式钢箱梁关键技术研究成果达到国际领先水平，获2008年度中国公路学会科学技术一等奖。西堠门大桥主缆长度和材料强度两项技术指标均为国内第一，并首次实现大跨径悬索桥主缆钢丝的国产化。

该桥获2010年国际桥梁大会"古斯塔夫·林德萨尔奖"，曾获中国建筑工程"鲁班奖"、"菲迪克杰出项目奖"、"詹天佑奖"、交通运输部公路交通优质工程一等奖（李春奖）、钱江杯奖。

The Modern Suspension Bridges

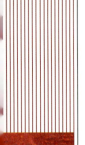 

四渡河特大桥

位于湖北省恩施土家族苗族自治州巴东县野三关镇,是G50沪渝高速公路过河通道,于2009年11月30日建成通车。

桥梁总长1365米,其中主桥长1165米,西岸引道长208米,东岸引道长114米;主桥跨径布置为(114+900+208)米,主跨为900米双绞钢桁架加劲梁悬索桥,主缆理论垂跨比1/10,中跨跨中设刚性中央扣,吊杆间距12.8米,东岸采用隧道锚,西岸采用重力式锚碇;桥面宽24.5米,双向四车道,设计速度80公里/小时,设计荷载为汽车超一20级、挂车一120。

该桥钢桁架加劲梁为华伦式,上下弦杆采用闭口箱形结构,节点整体连接;锚碇预应力体系采用喷涂环氧钢绞线单根可换式等两项关键技术,属国内首创;桥面2.41%单向坡居悬索桥世界第一。在施工中,选用火箭抛绳法完成先导索跨越深切峡谷,属国内独创;大型隧道锚位于分叉式公路隧道上方,与公路隧道的最小距离23米,相互影响复杂,国内外尚无先例;进行隧道锚拉拔模型试验,属国内试验内容最完整、现场试验规模最大;在加劲梁吊装采用900米跨径缆索吊,名列国内第一。

四渡河特大桥为当地脱贫致富创造了便捷的交通环境。

鱼嘴长江大桥

位于重庆市南岸区广阳到江北区鱼嘴,是G50$_{01}$重庆外环高速公路东段跨越长江的特大桥,于2009年12月建成。该桥建成后,南岸至江北的车程由1个多小时缩短至不足5分钟。

大桥全长1438米,主桥为(180+616+205)米单跨双立铰简支钢箱梁悬索桥,南引桥为两联(6×35)米、北引桥为两联(4×56)米+(3×56)米的等截面预应力混凝土连续箱梁桥。设计路基宽33米,双向六车道,设计速度100公里/小时,设计荷载公路Ⅰ级,设计基准期100年。

在重庆地区首次采用大桥桥面环氧沥青铺装技术,具有路面薄、密封性能好、防滑、防透水性能强,能延长桥面钢箱梁使用寿命的特点;在西南地区首次采用了梁端模块式多向变位梳齿伸缩装置,具有多向变位、模块化安装等特点,极大提高了大桥的行车舒适性;主缆架设中,在国内首次采用索股大循环牵引技术,首次采用高精度、自动化温度采集系统指导施工,提高施工架设精度,保障了主缆架设的顺利实施;大桥主梁采用锌铝伪合金防腐新材料,实现了主梁长效防腐。

坝陵河特大桥

位于贵州省安顺市关岭布依族苗族自治县，是G60沪瑞国道主干线镇宁至胜境关公路跨越坝陵河大峡谷的重要工程，于2005年4月开工，2009年12月23日通车。大桥通车后，从黄果树风景区到关岭县城的行车里程缩短20公里，时间从30分钟缩短到5分钟。

大桥全长2237米，主桥采用主跨1088米的单跨简支钢桁梁悬索桥。设计速度80公里/小时，双向四车道，路基标准横断面宽24.5米。作为主跨超千米的钢桁梁悬索桥，该桥在山区大跨度桥梁建设史上具有里程碑的意义。

该桥基于精细化有限元计算分析和薄壁杆件结构分析理论，将正交异性钢桥面板嵌入钢桁梁，所形成的板桁结合体系显著提高了加劲梁的竖向刚度和横向刚度，继而提高了千米级悬索桥结构稳定性和安全性。与同等跨径的板桁分离体系相比，该结构体系可节约上部结构10%以上的工程造价，同时降低了后期维护费用。

通过板桁结合加劲梁多种稳定板气动措施模型风洞试验，首次提出了采用单独上中央稳定板显著提高大桥颤振性能的气动措施，并基于颤振稳定性和风荷载特性进行了上稳定板高度优化研究，确定了上稳定板最佳设置高度，提出了易于施工、方便维护、造价经济的板桁结合加劲梁单片式上中央稳定板。

江西赣州大桥

位于江西省赣州中心城区北部,连接水东和水西两个城市片区,是形成赣州中心城区内外联通的外环快速通道,有"千里赣江第一桥"之称,于2010年8月建成。

全桥长1073米,由东西岸引桥和主桥组成,主桥为跨度408米的双塔重力式锚碇悬索桥,主梁采用全封闭钢箱梁,桥梁全宽32.4米,主梁高3米。东西两岸河堤处各设一座重力式锚碇基础。主塔采用门框式造型,其中桥面以上部分塔高约65米。全桥共计2个主塔,2个重力式锚碇基础,15个桥墩,2个桥台,15根系梁,2个承台,125根桩基,35米预应力混凝土小箱梁190片。

恩施红旗大桥

位于湖北省恩施市区北侧清江上红庙下官田,斜跨清江,东接恩施经济开发区,西接旗峰坝村旗峰大道,于2011年4月27日建成通车。

大桥工程全长906.49米,东岸红庙侧接线约123.7米,西岸旗峰坝侧接线444.193米。主桥结构体系为主跨152米双索面自锚式混凝土悬索桥,主缆矢跨比1/6,主缆中心距17.7米,吊索沿顺桥向间距6米边跨,主梁为五跨连续箱梁;桥面宽26米,双向四车道,荷载为城市—A级道路标准,设计速度40公里/小时。

该桥采用自锚式悬索桥,在不需要修建大体积的锚碇下,保留了传统悬索桥的外形;主缆直接锚固于梁端,形成自平衡体系,同时为混凝土加劲梁提供了强大的轴向力,节省了大量预应力构造及装置;混凝土主梁克服了钢主梁自锚式悬索桥用钢量大、建造和后期维护费用高的缺点;"凯旋门"式桥塔气势辉煌,既象征着恩施建设的胜利成果,又象征着恩施建设敞开的大门;主梁采用鱼腹形断面,造型优美,如八百里清江画廊上跃起的一条鲜活的清江鱼。

The Modern Suspension Bridges

富蕴赛吾跌格尔钢桁架悬索桥

位于新疆维吾尔自治区阿勒泰市富蕴县,为该县上跨额尔齐斯河的桥梁,于2011年建成。

该桥为单跨278米、桥面宽4.0米的钢桁架悬索桥,单车道。塔柱采用钢管混凝土,主缆采用平行钢丝束索,锚碇采用重力式锚。是新疆最大跨径的悬索桥。

桥梁宽度和跨度比达到1:61.8,宽跨比很大,与同类型的桥梁相比,设计在国内外处于领先水平。桥梁位于额尔齐斯河河谷强风区;对桥梁结构抗风稳定性进行的试验研究,在全国同类型的桥梁抗风稳定性研究中处于领先水平。

济宁八里庙运河大桥

起点位于山东省济宁市车站西路八里庙大桥西岸原有道路,通过路堤起坡,跨越西岸大堤、梁济运河,止于滨湖路,与滨湖路T形平交,于2012年1月建成通车。

该工程全长530米,大桥长396米,接线路堤长134米。主桥为(2×25+70+156+70+2×25)米七跨连续自锚式预应力混凝土悬索桥,主缆矢跨比1/6,吊索沿顺桥向间距6米。桥宽37.5米,双向六车道,另加2×3米非机动车道和2×2米人行道,设计速度60公里/小时,设计荷载公路—Ⅰ级。

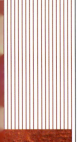

柳州鹧鸪江大桥（双拥大桥）

位于广西壮族自治区柳州市城中区河东新村下茅洲屯附近，又名双拥大桥，大桥呈西北、东南走向，北岸位于鹧鸪江旧码头，连接北外环路，南岸位于下茅洲屯以北，连接双拥大道。为国内首座，也是最大跨径单主缆斜吊杆地锚式悬索桥，于2011年12月建成。

桥长1498米，其中主桥长510米，主桥孔跨布置为(40+430+40)米，主跨为430米单主缆单索面悬索桥，一跨过江；主塔为A形三维变截面钢箱结构，高达104.81米，垂跨比为1/9。桥塔均为钢结构，由塔柱、横梁和塔冠三部分组成。塔柱高77.75米，截面为三角形变截面。塔冠高27.06米，整体形状为两个锥体。钢塔主体采用Q345C钢板，面板厚28~42毫米。塔柱沿高度方向划分为13个节段，一个索塔主体部分共分34个节段进行制造安装，上横梁节段重量为160吨，其他节段重量为80吨左右。该索塔具有变截面钢箱制造、高空吊装、安装精度控制、复杂地质条件下基础围堰施工等难点。主缆采用预制平行钢丝索股(PPWS)，采用公称直径为5.2毫米、公称抗拉强度为1670兆帕的高强度镀锌钢丝。

该桥方案设计与施工的难点是：溶蚀透水地质重力式锚碇施工、"人"字形变截面钢结构索塔施工、扁平流线型钢箱梁柔性支墩单支点连续顶推施工、主缆安装与成桥体系转换等。桥宽38米，双向六车道，设计速度60公里／小时，荷载等级为公路一Ⅰ级。

该桥获2012—2013年中国建设工程"鲁班奖""詹天佑奖"，其"单主缆斜吊杆地锚式悬索桥的施工方法"获得国家发明专利。

G93南溪长江大桥

位于四川省宜宾市南溪区，为G93成渝地区环线高速公路宜泸段上跨长江的特大桥，于2012年10月建成。

该桥是长江上游第一座现代化特大悬索桥，被誉为"蜀中第一跨"。主桥长1188米，主跨为820米的单跨钢箱梁悬索桥，中跨为悬吊结构，跨中设置中央扣。主缆在成桥状态下的垂跨比：北边跨1/237.5，中跨1/10，南边跨1/217.6。主缆横桥向中心间距为29.1米。吊索设于中跨，桥塔侧吊索距桥塔中心线水平距离为13.2米，其余吊索水平间距为12.8米。钢箱梁约束情况为：在北塔和南塔各设一对竖向支座，在北塔和南塔各设一对横向抗风支座，北塔和南塔各设一对纵向阻尼装置。桥宽24.5米，双向四车道，设计速度80公里/小时。

G93南溪长江大桥南锚碇为带岩锚的复合式隧道锚，整个隧道锚处于饱和抗压强度仅6兆帕的软质岩石中，采用预应力复合式隧道锚，解决了在岩石质量较差的桥位修建隧道锚的强度、流变等难题；国内首次在大跨度悬索桥隧道锚中采用了压力分散型岩锚及主动张拉控制软岩流变技术，解决了软岩中修建隧道锚的技术难题。北岸锚碇为重力式锚碇，最大开挖深度达到60多米，边坡防护高度70米，四面包围开挖，开挖量近30万立方米，浇筑混凝土近8万立方米。

该桥获2016年度四川省优秀设计一等奖。

重庆涪陵青草背特大桥

位于重庆市涪陵区，为重庆三环高速公路南川至涪陵段上跨长江的特大桥；大桥南岸为涪陵区龙桥袁家村，北岸为李渡镇玉屏村，于2013年9月建成。

大桥全长1719米，主桥跨径布置为（245+788+245）米，主跨为788米的双塔简支流线型扁平钢箱梁悬索桥，门形框架式索塔，南岸引桥为4×35米预应力混凝土T梁+2×90米预应力混凝土T形刚构；北岸引桥为17×35米预应力混凝土T梁。主桥全宽27.5米，引桥全宽25米。下部结构采用钻孔群桩基础。

中国现代悬索桥 | 双塔悬索桥

The Modern Suspension Bridges

矮寨大桥

位于湖南省湘西土家族苗族自治州吉首市矮寨镇境内，距吉首市区约20公里，是G65包茂高速公路上的大桥，也是国家重点规划的8条西部大通道高速公路之一——长沙至重庆通道湖南段吉（首）茶（峒）高速公路中的重点工程，于2012年9月建成。

大桥全长1073.65米，为双层公路、观光通道两用桥梁，悬索桥主跨（两塔间距）为1176米，为钢桁加劲梁单跨悬索桥。路基宽度24.5米，双向四车道，设计速度80公里／小时，荷载等级公路一I级，桥面设计风速34.9米/秒。

矮寨大桥项目创造了四项世界第一：大桥为主跨1176米跨峡谷悬索大桥，居世界第一；首次采用塔、梁完全分离的结构设计方案；首次采用"轨索滑移法"架设钢桁梁；首次采用岩锚吊索结构，并用碳纤维作为预应力筋材，创世界第一。

大桥地跨峡谷，桥面到峡谷底高差达355米，索塔处存在岩堆、岩溶、裂隙和危岩体等不良地质现象。吉首岸索塔基坑附近就发现大小溶洞18个，其中最大的溶洞体积近万立方米。施工困难；峡谷多雾，瞬间最大风速为每秒31.9米，严重影响施工测量和主缆架设；主缆及钢桁梁在300～400米高空架设，单件吊装最大重量达120吨；土建工程运量大，仅钢材、水泥、砂石等材料运输总量就达18万吨。

2010年3月28日9时10分，飞艇成功跨越德夯大峡谷，将矮寨特大悬索桥先导索从茶洞岸引牵到吉首段，进入主索缆施工阶段。矮寨特大悬索桥首次采用塔梁完全分离结构。一般悬索桥设计中，塔与梁相接，但矮寨特大悬索桥索塔位置距悬崖边缘仅70～100米，下面即是数百米深的谷底，地形特殊。使用塔梁完全分离结构可以最大限度减少山体开挖，缩短钢桁梁长度，节省投资，实现了桥梁结构与自然景观的完美融合。

首次在悬索桥上使用大型岩锚吊索。由于选用了塔梁分离式悬索桥结构，使钢桁梁长度小于主塔中心距，主缆存在无吊索区，会出现吊索卸载应力为零的情况，且钢桁梁转角位移大，钢桁梁的上、下弦应力超标，需对钢桁梁作特殊设计。因而设计采用的是增加竖向锚固拉索方案，设竖向锚固拉索，通过预应力岩锚将其锚固于岩石上。

作为吉茶高速公路关键控制性工程，大桥建成后，矮寨公路堵车现象成为历史。同时为当地增加了一处极佳的观景点。

中国现代悬索桥 | 双塔悬索桥

南京长江四桥

位于江苏省南京市栖霞区，为G2501南京绕城高速公路跨越长江的特大桥梁，于2012年11月建成。

主桥长2476米，桥跨布置为（576.2+1418+481.8）米双塔三跨连续钢箱梁悬索桥，桥宽33米，双向六车道。南北接线长21.86公里。荷载等级为公路—Ⅰ级。全线桥面宽度33.0米（不含吊索区及风嘴），按双向六车道高速公路标准设计，主桥设计速度为100公里／小时，两岸接线设计速度为120公里／小时。

施工建设特点方面，该桥主桥钢桥面铺装采用复合浇筑沥青混凝土铺装结构。北锚碇基础采用沉井结构形式，沉井长69米，宽58米。首次在超大规模沉井井壁外表面设计了具有导向和助沉作用的凸凹齿坎，研发了"半排水下沉"施工工艺和预加自重、预设空气幕和砂套的组合式助沉等技术，提高了施工功效，确保沉井下沉的效率和精度。

在南京长江四桥的建设中，首次提出并实践了"以钢筋混凝土榫传剪器群作为主要传力元件，将主缆拉力渐次分布到锚碇混凝土"的悬索桥主缆分布传力锚固系统。该桥还选择了柔性拉索竖向限位方案，限位拉索的结构功能是限制主缆过渡墩位置的竖向变形，使相应位置主梁与主缆竖向变形相互协调，不使主缆过渡墩支座承受拉力。

该桥获得2016—2017年"李春奖"、2018—2019年中国建设工程"鲁班奖"。

蚌埠大庆路淮河公路桥

位于安徽省蚌埠市大庆路,为S306线跨越淮河的特大桥,于2009年12月开工建设,2012年12月31日通车。

该工程全长2.38公里,其中桥梁长1950米,主桥采用钢箱梁结构,为长360米、桥跨布置为(80+200+80)米双塔双索面的自锚式悬索桥,塔高70米,桥面以上44米,70根吊索,82套索夹。

主桥宽41.5米,其中行车道宽23.5米,人行道宽5.5×2米,绿化带宽3×2米,中心护栏高1米。A匝道长730米,B匝道长995.6米,C匝道长680.6米,D匝道长310米。

桃花峪黄河大桥

位于河南省郑州市、焦作市,是S87郑州至云台山高速公路跨越黄河的重要桥梁,于2013年9月建成通车。

该桥全长7702.89米,主桥长726米,主桥桥宽39米,双向六车道,设计荷载等级为公路一I级的1.3倍。为主桥跨径布置(160+406+160)米的双塔三跨整体钢箱梁自锚式悬索桥,下部结构为薄壁墩、群桩基础。

针对超大跨径自锚式悬索桥——桃花峪黄河大桥主桥独特的桥位特点,综合考虑黄河水利委员会要求,结合设计施工难度、与周边景观的契合度、工程造价等方面的因素,确定采用主跨406米的双塔自锚式悬索桥。在此基础上,提出了(无锚跨)带"翼形"主缆锚固构造的超大跨高桥墩自锚式悬索桥适宜结构体系。针对高桥墩大吨位宽幅钢箱梁顶推和超大跨双塔三跨平面主缆自锚式悬索桥体系转换的特点,通过受力计算和方案比较,提出了钢箱梁顶推的"分级平衡,反力、位移、行程三控"和超大跨双塔三跨平面主缆自锚式悬索桥"边中共进、逐步推进"体系转换及其"分级同步"控制的新技术,确保了大桥顶推和体系转换的顺利进行。

刘家峡大桥

位于甘肃省临夏回族自治州东乡县，为折达二级公路上跨刘家峡水库的控制性工程，于2013年12月建成。刘家峡大桥的建设实现了甘肃建桥史上的一次飞跃。

大桥主桥长797米，为主跨径536米钢桁加劲梁悬索桥。桥面宽15米，双向两车道。

大桥每根主缆由5588根直径5.2毫米镀锌高强度钢丝组成，承担7000余吨的拉力。500多米长的金黄色钢桁梁，如彩虹飞渡，横跨深谷。首次采用钢管混凝土结构施工悬索桥桥塔，成为世界上最大直径的自应力钢管混凝土结构。矗立在悬崖边的钢管混凝土桥塔，更有一种壮美之感。

本桥所在地——甘肃省临夏回族自治州，民族风情和宗教建筑特色鲜明。大桥色彩与装饰考虑了临夏伊斯兰文化图案特点、喜好及其蕴含的文化内涵，选择了黄色和白色作为主色。桥塔以邦克楼作为景观造型寓意，将钢管混凝土抗压弯能力、邦克楼民族宗教特色及刚构式桥塔形态的简洁集于一身，将桥梁力学与桥梁美学有机融合在一起，使桥梁的地域文化标志作用得到了清晰体现。

刘家峡大桥已通过多项成果鉴定，其中"刘家峡大桥成套技术"获中国公路学会2014年科技进步二等奖，编著了专著《刘家峡大桥设计》。

施工中首次研发了自爬升门架，成功完成了索塔钢管的安装；根据建设条件和结构特点，研发了旋转走行轨道拼装装置、吊索、索力索长调整装置、可折叠式猫道面托架滚轮、小型紧缆机、钢丝绳缆调速收放一体机装置、大型缆索吊承重索群锚等专用设施，形成发明专利7项，实用新型专利10项。

该桥工程设计获评为甘肃省2015年度优秀工程勘察设计二等奖、甘肃省2015年建设工程"飞天奖"、2016—2017年中国建设工程"鲁班奖"。

浙江舟山官山跨海大桥

位于浙江省舟山市岱山县，是岱山至舟山疏港公路上的一座跨海大桥，于2014年建成。

大桥全长926米，为主跨580米的钢箱梁悬索桥，主缆采用预制平行钢丝索股。加劲梁采用正交异性板流线形扁平钢箱梁，梁高3.0米，全宽27.8米，标准梁段长12米，内设4道实体式横隔板。采用顶推牵引方式合龙。桥梁净宽21米，设计速度80公里／小时。

The Modern Suspension Bridges

张花高速公路澧水特大桥

位于湖南省张家界市永定区与湘西土家族苗族自治州永顺县交界处，为S10张花高速公路张家界段上跨茅岩河的特大桥，于2013年12月建成。

该桥主桥长1186米，桥跨布置为9×30米连续T梁+856米双塔钢桁架梁悬索桥+2×30米连续T梁。为主跨856米悬索桥，桥宽28米，行车道宽22米。下部结构为双柱式桥墩。

雾凇大桥

位于吉林省吉林市，跨越松花江。建成于2014年8月25日。正式通车后的雾凇大桥与雾凇高架桥连接，车辆及行人可从松花江东岸经大桥到解放北路，快速进入吉林市区，结束了吉林市没有横贯东西方向快速路的历史。

雾凇大桥为双塔自锚式混凝土悬索桥，全长991米，跨江主桥长356米，两侧引桥长534米。主跨长150米，两边跨各为68米，两锚跨各为35米，主塔高55.5米。雾凇大桥路面设置双向六条机动车道，两侧各设有高于机动车道的人行道。机动车道区分大小车道，小车道宽3.2米，大车道宽3.5米。从松江东路进出雾凇大桥两侧的匝道均宽6.5米，设4米宽机动车道，2.5米宽的紧急避让车道。

武汉江汉六桥

位于湖北省武汉市三环线江汉五桥（长丰桥）和江汉二桥之间，汉口岸与古田二路相接，汉阳岸经琴台大道延长线、玫瑰园路等市政道路至老汉沙公路，于2015年2月16日通车。

工程全长1834.79米，其中桥梁部分长约1472米，路基部分长362.79米，跨汉江的主桥长472米，主跨采用252米自锚式钢—混凝土结合梁悬索桥方案；标准段桥宽44米，城市主干路一级双向八车道标准，设计主线速度60公里／小时，立交匝道速度30公里／小时，跨汉江通航净空按10.0米控制，桥梁设计荷载等级为公路—Ⅰ级，按抗震基本烈度Ⅶ度设防，设计洪水频率1/300,设计使用年限100年。

武汉江汉六桥为武汉市第一座自锚式悬索桥，也是汉江上最宽的桥梁。

普立特大桥

位于云南省曲靖市宣威市，是G56杭瑞高速公路普宣段跨越清水河支流普立峡谷的特大桥，于2015年8月25日建成。

桥梁全长1040米，桥跨布置为4×40米混凝土T梁+628米双塔钢箱梁悬索桥+6×40米混凝土T梁，桥宽24.5米，双向四车道。桥面距离峡谷底部为480余米。

主跨628米简支钢箱加劲梁悬索桥，主跨矢跨比1/10，主缆边跨为166米，主梁采用单跨扁平流线型单箱单室扁平钢箱梁结构，钢箱梁总长628米，全宽28.5米，箱梁采用Q345D钢，桥轴处净高3.0米，顶面设2%双向横坡。钢箱梁设计为正交异性钢桥面板，桥面板厚16毫米，底板与上斜板厚10毫米，索塔区段底板加厚至16毫米；桥面U形加劲肋，U肋厚8毫米，中心间距为600毫米，底板也采用U形加劲肋，U肋厚6毫米，中间间距为800毫米。钢箱梁每3米设一道横隔板，无吊索处横隔板厚8毫米，有吊索处厚10毫米。全桥设置2对竖向支座、2对横向抗风支座及2对纵向阻尼器。竖向支座、抗风支座及阻尼器沿桥轴向分别设置于索塔中横梁上。钢箱梁节段吊装重量136吨。

索塔采用直塔柱门式框架结构，群桩基础，普立岸采用隧道锚，宣威岸采用重力锚，引桥上部结构为装配式预应力混凝土连续T梁，普立岸桥跨布置为（4×40）米，宣威岸桥跨布置为（6×40）米，下部结构采用等截面钢筋混凝土矩形墩、桩基础，普立岸采用重力式桥台，宣威岸采用肋板式桥台。

缆索系统总体布置：普立特大桥主缆跨度为（166+628+166）米，其中中跨理论矢跨比为1/10，全桥设2根主缆，其中心距为26米。吊索间距为12米，采用销接形式与主梁连接，吊索采用1670兆帕预制平行钢丝索股。主缆采用预制平行钢丝索股（PPWS）。每根主缆中共有索股91股，边跨不设背索。每根索股由91根直径为5.1毫米、公称抗拉强度为1670兆帕的高强镀锌钢丝组成。

本桥成功利用火箭抛掷先导索；施工中，加劲梁段采用200吨缆索吊机4点抬旋转安装。

大连星海湾跨海大桥

大连星海湾跨海大桥，即大连南部滨海大道跨海大桥，为中国首座海上地锚式悬索跨海大桥。该桥东起大连金沙滩东侧的金银山，向西跨越星海湾，在高新园区填海区域登陆，于2015年10月30日正式开通。

桥长6公里，主桥长820米，桥跨布置为（180+460+180）米双塔三跨地锚式钢桁架悬索桥。全桥采用了"单元式多向变位伸缩装置"。桥面为双层双向八车道。大桥主桥区域共有43段钢桁架，最重节段重量达580吨。车道为上下双层布置，是国内首次采用钢桁架结构双层双向地锚式海上悬索桥。根据设计，上下两层车道均为单行四车道，上层为自东向西方向，下层为自西向东方向。设计该桥可承受台风12级、抗震烈度Ⅶ度，寿命可达100年。

所谓海上地锚，就是在海里设置沉箱作为锚碇，起到张拉悬索的作用，而挖泥船为预制的沉箱挖出基槽。

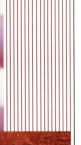

清水河大桥

位于贵州省黔南布依族苗族自治州瓮安县，是G69银百高速公路贵阳至瓮安段跨越清水河的特大桥，于2015年12月31日建成。

大桥全长2171.4米，主桥为主跨1130米的单跨简支钢桁梁悬索桥。桥跨布置为9×40米（开阳岸引桥）+1130米（钢桁架梁悬索桥）+ 16×42米（瓮安岸引桥），桥宽24.5米，双向四车道。

该桥基于精细化有限元计算分析和薄壁杆件结构分析理论，将正交异性钢桥面板嵌入钢桁梁，所形成的板桁结合体系显著提高了加劲梁的竖向刚度和横向刚度，继而提高了千米级悬索桥结构稳定性和安全性。与同等跨径的板桁分离体系相比，该结构体系可节约上部结构10%以上的工程造价，同时降低了后期维护费用。

通过板桁结合加劲梁多种稳定板气动措施模型风洞试验，首次提出了采用单独上中央稳定板显著提高大桥颤振性能的气动措施，并基于颤振稳定性和风荷载特性进行了上稳定板高度优化研究，确定了上稳定板最佳设置高度，提出了易于施工、方便维护、造价经济的板桁结合加劲梁单片式上中央稳定板。

以依托工程现场大跨度、大吨位、整体式板桁结合加劲梁节段吊装的实际需要为出发点，借鉴国内外缆索吊机的设计及应用经验，开展项目攻关，自主研发了千米级、大吨位缆索吊成套技术。实现了板桁结合加劲梁整体节段吊装作业的机械化、智能化、标准化，显著提高了工作效率，同时具有易于拼装和拆卸、周转性强、方便维修等特点。

该桥通过技术创新大大方便了施工，使清水河大桥仅用时29个月建成，比原计划工期提前一年通车，经济、社会效益显著。

该桥获得菲迪克FIDIC（2018年度）工程项目特别优秀奖。

The Modern Suspension Bridges

南宁良庆大桥

位于广西壮族自治区南宁市青秀山风景区东南,连接凤岭片区与五象新区的跨江通道,南起五象新区丰庆路,跨越邕江后接青环路,于2016年4月建成。

大桥全长3119米,分为主桥及南北岸立交3个部分。其中主桥为单跨420米地锚式钢—混凝土结合梁悬索桥,主塔采用混凝土门式塔,双塔双索面,塔柱高81米,南北锚碇均采用重力式锚碇,南岸采用三层"菱形全互通+西北环形匝道"立交,北岸采用"环形+迂回定向匝道"互通立交,主桥基础采用钻孔灌注桩。标准桥宽38米,近桥塔处桥面宽度加宽至46米,主线双向六车道,设计速度50公里/小时。

腾冲龙江大桥

位于云南省保山市,系S10保山至腾冲高速公路上的特大桥,于2016年5月建成。

该桥为主跨布置(320+1196+320)米的双塔单跨钢箱梁悬索桥,主塔采用钢筋混凝土双柱式门形框架结构,保山岸塔高169.7米,腾冲岸塔高129.7米,主缆垂比为1/10.5,两主缆横向中心跨25.5米,直径728毫米,由169根索股组成。加劲梁为单跨流线型扁平钢箱梁,在山区悬索桥中比较罕见。

该桥设计荷载公路—Ⅰ级,设计速度80公里/小时,桥梁全宽33.5米,双向四车道。

建设过程中采取了以下技术创新:

无人机牵引先导索过江;采用索股入鞍段预成型及架设技术;采用圆形缠丝+缠包带+除湿系统进行主缆防护;首次采用喷洒葡萄糖酸钠作为缓凝剂,配合水枪冲刷的施工方法进行锚碇混凝土凿毛施工;就地取材,用火山灰作为混凝土外掺剂配制锚碇大体积混凝土。

重庆江津几江长江大桥

位于重庆市江津,南起江津区几江街道东门口,跨越长江后北至德感浒溪口,经过滨江新城滨江休闲风貌带和CBD核心风貌区,与南北大道相接,于2016年7月建成。该桥建成后,几江城区和滨江新城的车程距离可由18公里缩短至2公里,是江津与重庆主城之间最快捷的通道。

该桥全长1897米,为主跨600米双索面悬索桥,主梁结构采用钢箱梁。南塔高112.67米,北塔高106.09米,桥面宽33米,双向六车道,设计速度50公里/小时。

宜昌至喜长江大桥

原名宜昌庙嘴长江大桥，因欧阳修《峡州至喜亭记》而更现名。

位于湖北省宜昌市中心城区，葛洲坝水利枢纽下游约2.7公里处。南起于东岳二路，过江南大道、G318线、跨越长江、穿西坝、过三江、跨沿江大道，北止于西陵二路，于2012年11月18日开工，2016年7月18日试通车。

该桥全长3234.7米，主桥采用单跨838米的钢板结合梁悬索桥方案，桥宽31.5米；三江主桥采用主跨210米的中央索面高低塔混凝土梁斜拉桥方案，桥长378米，桥宽33.5米；江南、西坝和江北引桥采用预应力混凝土连续箱梁或钢箱梁简支梁桥方案。全线设置江南、西坝、江北三座立交桥。

该桥采取复合式牵索挂篮施工技术，采用不对称的挂篮施工弧形变截面箱梁，同类型桥中，单个节段重660吨且左右不平衡在国内属于首次；高塔施工技术应用，液压爬架翻模施工斜拉桥上塔柱，既加快了施工进度，又保证了施工质量与安全；主桥预应力施工采用了先进的智能张拉和压浆技术，保障了预应力的施工质量，此项技术在长大现浇箱梁中使用尚属国内首次。

达国大桥、西莫河大桥

两桥均位于西藏自治区墨脱县，在G559线波密至墨脱公路整治改建工程沿线上，是《国家公路网规划（2013—2030年）》中81条联络线中序号第"59"——国道559波密至墨脱段公路的重要组成部分，于2016年建成。

达国大桥和西莫河大桥分别为跨径81米和126米的双塔钢桁架梁悬索桥。桥梁采用四级公路标准建设，两车道。桥梁处于高烈度地震区，交通运输、建设条件极其复杂。

葫芦口大桥

位于四川省凉山彝族自治州宁南县葫芦口与云南省昭通市巧家县交界的金沙江河段，为白鹤滩水电站的通道桥，于2017年建成。

桥址区金沙江流向由南向北，江面宽约150米，两岸河谷深切，断面呈"V"字形，桥面到河底高差超过200米。电站汛期限制水位795米，正常蓄水水位825米。

葫芦口大桥全长746米，主桥主跨为656米钢桁加劲梁悬索桥，葫芦口侧索塔高110.5米，巧家县侧索塔高84.8米；两岸锚碇均为重力式锚。引桥采用（20+20+25+25）米钢筋混凝土箱梁。桥面行车道宽10米，包括两侧人行道在内总宽13.5米。

中国现代悬索桥 | 双塔悬索桥

抵母河特大桥

位于贵州省六盘水市水城县董地乡东北约2公里处，是G56杭瑞高速公路贵州省毕节至都格（黔滇界）公路的三座特大桥之一，上跨抵母河峡谷，于2012年1月开工建设，2015年12月建成。

抵母河特大桥全桥长881.5米，桥跨布置为：4×40米T梁+538米单跨钢桁梁悬索桥+4×40米梁。设计速度80公里／小时，双向四车道，路基标准横断面宽24.5米。

该桥两岸主塔采用高低塔设计，毕节岸主塔总高147米，都格岸主塔总高63.35米，两岸主塔刚度差异大，矮塔受力非常不利，设计上大胆创新，通过调整两岸主塔的结构尺寸合理控制主塔刚度，确保主塔受力安全，为山区不对称地形下悬索桥主塔的设计提供了新的借鉴。且该桥为国内首次在悬索桥主缆材料中全部使用镀锌铝合金钢丝，提高了防腐蚀性能。

The Modern Suspension Bridges

中国现代悬索桥 | 双塔悬索桥

天河大桥（松原三桥）

位于吉林省松原市，是跨松花江的特大桥，于2016年11月8日建成。

主桥长2756米，南汊为（40+2×100+40）米独塔空间索面自锚式钢—混凝土结合梁悬索桥，北汊为（40+100+266+10+40）米双塔空间索面自锚式悬索桥，桥宽27.5米，城市道路，双向六车道。下部结构为双柱式墩，钻孔灌注桩基础。

The Modern Suspension Bridges

驸马长江大桥

位于重庆市万州区长江二桥下游6公里处，北岸起点驸马镇吊龙村，南岸终点太龙镇向坪村，是G69银百高速公路重庆万州至湖北利川段跨越长江的重要控制性工程，于2017年12月通车。

大桥全长2030米，桥跨布置为10米桥台+6×30米先简支后结构连续T梁+（77.5+145+77.5）米连续刚构+1050米单跨简支钢箱梁悬索桥+（77.5+145+77.5）米连续刚构+6×30米先简支后结构连续T梁+10米桥台。桥宽30.7米，双向四车道。

主桥采用单跨悬索桥结构，跨径1050米，为千米级悬索桥。桥面距水面约100米。北岸采用重力锚，南岸采用隧道锚，主塔高度分别为210.5米和166.57米。加劲梁采用扁平钢箱梁。工程结构复杂，工序多。

施工中，在猫道承重索架设施工中采用新技术——"双吊环法"架设猫道承重索技术，安全高效；对猫道变位钢架进行改进，研发了"一种悬挂式猫道面网施工可移动操作平台"，获得了国家发明专利，该装置实现猫道索变位装置、下拉装置、作业人员工作平台一体化；设计制造栓焊结合的塔顶门架系统；南岸岸坡区钢箱梁架设采用连续荡移技术，研发了多孔转向耳板作为荷载转移装置，梁段在吊机和荡移吊索之间的平稳传递；塔区无吊索梁段安装采用"前吊后支"法，即利用永久支座和刚架支撑梁段后端，利用可调节长度斜拉索悬吊前端。

云南东川金沙江大桥（金东大桥）

连接云南省昆明市东川区和四川省凉山彝族自治州会东县，是串联川滇两省的重要路网节点工程，因桥的两边既连接东川和会东，两地名字中同取一个"东"字，又是横跨在金沙江上的桥，金东大桥由此而生。于2017年1月合龙。

大桥采用地锚式悬索桥结构，桥长914米，主跨为730米钢桁架梁悬索桥。大桥桥面距江面148米。设计桥宽为双向四车道，行车速度60公里/小时。

杭瑞高速公路洞庭湖大桥

位于湖南省岳阳市，为G56杭瑞高速公路临湘至岳阳段跨越洞庭湖口的特大桥，也是该路段的关键控制性工程，于2013年10月开工，2018年2月建成。

该桥全长2390米，为主跨（1480+453.6）米的双塔双跨钢桁架梁悬索桥。主缆垂跨比1/10，中心距35.4米；桥面系宽33.5米；全桥钢桁梁节段118段，桁梁为华伦式结构，全宽35.4米，桁高9米，标准节段重324吨，最大节段重450吨。下部结构：索塔采用桩基础，锚碇采用开挖深埋扩大基础。大桥采用葫芦形地下连续墙锚碇结构，长98米，最宽处64米，锚碇基础最大深度约50米；大桥采用门式桥塔，岳阳岸塔高203米，君山岸塔高206米；桥塔采用群桩结构，最大桩长68米。大桥设计速度100公里／小时。

该桥克服了许多技术难题，在如下方面有重要突破：采用葫芦形地下连续墙锚碇，大大节省了混凝土工程数量，主要克服了两个不同直径的连续墙受力不对称技术难题；开展薄钢桥面板＋超高性能混凝土形成组合桥面板，在保证桥面承载能力同时，大大提高了桥面板刚度，从根本上解决钢桥面板疲劳开裂的问题；针对大桥的气候环境条件，开展大桥主缆防护研究，通过采用1860级锌铝镀层高强钢丝＋缠包带＋除湿系统综合防护措施，可以降低大桥运营养护成本，延长大桥主缆使用寿命。

钢桁梁设计采用板桁结合，采用轻型组合桥面、葫芦形地连墙基础。索塔采用"潇湘琴韵"造型，美观且与桥址景观相协调。

G42₁₈泸定大渡河大桥

位于四川省甘孜藏族自治州泸定县咱里村，为G42₁₈雅康高速公路上跨大渡河的特大桥梁，于2018年10月建成。

全桥长1411.0米，主桥为1100米单跨钢桁架梁悬索桥，引桥采用多孔34米跨连续现浇箱梁桥。主梁用钢量为9095吨，采用型钢桁架，为带竖腹杆的华伦式结构，桁宽27米、桁高8.2米，宽跨比1/40.7，高跨比1/134.1；主梁节间长（横梁间距）10米；上下平联采用K形体系。桥道系采用纵向工字梁与混凝土桥面板的钢—混凝土组合结构形式。

主缆共重1.03万吨，采用PPWS法制作，单个主缆由187根索股构成，每根索股由91丝直径5.3毫米的镀锌高强钢丝组成；主缆成桥矢跨比1/9，主缆横向中心距27米，纵向吊索间距10米。主缆与主梁间采用平行双吊索体系。跨中设置以防屈曲钢支撑为主要构件的耗能型中央扣，以提高全桥抗震性能。雅安岸采用深长隧道锚，长度159米，锚碇开挖量4.19万立方米，混凝土用量2.97万立方米。康定岸采用重力锚。基底尺寸86×60平方米，总高56米，最大埋深32.4米。

结构设计重点解决了地震烈度高、风环境复杂、边坡稳定等三大突出问题；隧道锚碇与公路隧道关联构造，保障悬索桥隧道锚碇的可靠性；索塔横梁采用波形钢腹板组合横梁，解决横向抗震的问题，中央扣采用防屈曲钢支撑，解决纵向抗震的问题；针对边坡岩土体稳定问题，创造性地采用了人字形支挡结构；结合区域地形CFD分析，在地形模型风洞实验的基础上，进行主梁节段模型风洞试验及气动优化研究，避免风致灾害的发生。

该桥首次将防屈曲钢支撑用作中央扣杆件，其两端以铰接形式与缆、梁连接，只承受轴向力，而不产生弯矩。

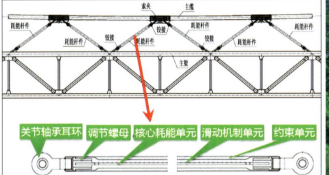
泸定大渡河大桥铰接式耗能性中央扣

泸定大渡河大桥完成施工的人字形抗滑桩

秀山跨海大桥

位于浙江省舟山市岱山县，是岱山至舟山疏港公路上连接官山和秀山两岛的一座跨海大桥，于2018年底完成主体结构，2019年建成。

该桥全长3063米，按双向四车道一级公路标准设计建设，桥宽24米，主桥桥跨布置为（264+926+357）米双塔悬索桥，主塔高175米，引桥及副通航孔桥采用预应力混凝土箱梁和连续刚构梁。

秀山大桥地处东海，气候对施工的影响较大，夏季台风，冬季季风，春秋两季多雾，再加上雨天影响，一年的有效施工时间只有200天左右，而且这里的海水流速急流向复杂，加上海底地形高差大，又是基岩裸露，给桩基施工带来了极大困难。经多次方案论证及相关试验，最终敲定无覆盖层桩基施工、水中小间隙钢吊箱吊装、水中大型钢围堰定位、大跨度节段梁悬臂拼装、三跨连续悬索桥钢箱梁吊装等多项施工技术方案。

南沙大桥

又名虎门二桥，是广东省人民政府批复的7条跨珠江口公路通道中第4条建成通车的通道。大桥起于广州市南沙区东涌镇，顺接广州绕城高速公路南环段，连接广珠北线高速公路，经广州市南沙区、番禺区，先后跨越珠江大沙水道、海鸥岛、坭洲水道后，穿越虎门港进入东莞市沙田镇，终点与广深沿江高速公路相接，并预留与规划中的河惠莞高速公路接口，于2018年11月20日合龙，2019年4月2日通车。

工程全长12.89公里，全线采用桥梁方式，在世界上首次同时建设2座超千米级特大跨度悬索桥。

其中，坭洲水道桥主跨1688米、西边跨658米、东边跨522米，位居悬索桥主跨世界第二；90米锚碇地下连续墙基础直径世界第一；49.7米钢箱梁宽度世界第一；260米主塔高度为国内悬索桥第一；散索鞍单件重达180吨，为国内最大铸钢件；钢箱梁桥面环氧沥青铺装，总面积达到13万平方米，为世界最大规模应用；引桥采用预制拼装节段箱梁，共3533榀，为广东省第一次大规模采用节段预制拼装法施工的桥梁。

其大沙水道桥为单跨1200米悬索桥，桥梁全宽49.7米，桥面宽40.5米，双向八车道，设计时速100公里，设计使用寿命100年。

通过近三年探索与攻关，研制成功了国产1960兆帕钢丝作为主缆。2018年，1960兆帕悬索桥主缆索股技术研究获中国公路学会科学技术奖"特等奖"。

施工期间，率先开发了完全具有自主知识产权的"中国特大桥梁第一代BIM建养一体化信息平台"，结合移动互联网、物联网、机器人等新技术，实现信息技术和工程建养技术的深度融合，让工程建设"智慧工地"和钢结构"智能制造"从构想变为现实。特大型桥梁工程BIM+应用技术研究获"2017年度中国公路学会科学技术奖一等奖"。

南沙大桥建设多次创造桥梁施工的世界纪录：2016年，用五天六夜100多个小时的连续作业，创造了单次浇灌混凝土1.8万立方米的桥梁史上新纪录；2017年，82天架设504根1533672米索股，创造了悬索桥索股架设速度新纪录；2018年，101天完成两座超千米级主桥钢桥面环氧沥青铺装工程，并多次创下单日摊铺面积超2万平方米的世界纪录。同时，以"零缺陷"为目标开展精细化施工，工程质量指标持续保持在行业最高水准。

此外，南沙大桥还有如下技术创新：首次研制使用"可更换式成品索主缆锚固系统"，为桥梁全寿命运行与维护创造了有利条件；在桥梁工程中率先应用"锥套锁紧接头"，开创了塔柱钢筋拼装化施工新模式；首次在桥梁上使用电控排水系统，为跨江桥梁的水环保提供了有效保障。

The Modern Suspension Bridges

鹅公岩轻轨大桥

又称重庆鹅公岩轨道交通专用桥，位于重庆鹅公岩长江大桥（公路桥）上游约45米处，于2018年5月6日正式合龙，2019年建成通车。

鹅公岩轻轨大桥位于老桥上游70米，两桥间距为45米。全长为1650.5米，主桥长1120米，引桥长530.5米。主桥跨径布置为（50+210+600+210+50）米的五跨连续钢箱梁自锚式悬索桥，其跨度在世界轨道交通专用悬索大桥中位居前列，同时也是世界上主跨跨度最大的自锚式悬索桥。由于该桥需要进行"先斜拉、后悬索"的体系转换施工才能最终成桥。于2014年开工，2019年完成铺轨。

新建的鹅公岩轨道交通专用桥与鹅公岩长江大桥，同桥型、同高度，远远望去就像一对孪生兄弟。不同之处主要有两点：一是新桥的桥面比老桥窄一些；二是新桥载轨道列车，老桥跑汽车。

该桥施工难点如下：一是悬索桥需要"先斜拉，后悬索"的各施工体质转换，在国内尚属首例；二是钢箱梁梁体刚度大，单节段重量大，标准节段重量最大410吨；三是老桥的防护难度大，新桥施工安全风险较大；四是施工条件复杂，需跨越南滨路、九滨路、成渝铁路、鹅公岩立交桥。

杨泗港长江大桥

位于湖北省武汉市白沙洲大桥和鹦鹉洲大桥之间，起点设在汉阳国博立交，从汉阳汉新大道跨鹦鹉大道、滨江大道跨越长江，武昌岸跨过八铺街堤、武金堤后，止于八坦立交，连接武汉三镇中的汉阳区和武昌区，于2019年10月8日建成通车。

大桥总长约4.32公里，上下两层共12条汽车道，两侧设置观光步行道。采取一跨过江方案，跨径1700米，是世界上工程规模最大的双层悬索桥，也是武汉第一座双层公路桥。

大桥具有"四大四新"的工程特点。"四大"，即主跨1700米，是国内跨径最大的悬索桥；双层双向12条车道，是世界上通行能力最大的桥梁；基础规模大，锚碇地下连续墙及主塔沉井基础规模均位于世界前列；设计荷载大，大桥主缆张力65万千牛顿，吊索拉力5000千牛顿，均为世界同类最大。"四新"，即结构设计新，国内首次采用全焊接钢桁加劲梁结构，并采用双层桥面的新型结构设计；建筑材料新，国内首次采用直径6.2毫米、抗拉强度1960兆帕的主缆钢丝；使用功能新，大桥设置机动车道、非机动车道、人行观光道，集过江交通与观光于一体；建造技术新，主塔沉井下沉首次采用超厚黏土层条件下超大沉井下沉新技术，加劲梁首次采用千吨级整体吊装新技术。

佛山平胜大桥

位于广东省佛山市南海区桂城街道平洲平胜村，于2006年11月投入使用。

大桥全长3.2公里，主桥680米，主跨为350米单塔单跨自锚式悬索桥，其顶推最大跨径达78米，主塔高142米。桥梁的通过能力设计为双向十车道，两侧各3.5米宽的人行道，大桥结构设计使用年限为100年。为了减少对周边自然环境影响，采用一跨过江的设计方案，成就其世界上跨度最大的单跨单塔双幅四索面自锚式悬索桥。

常州龙城大桥

位于江苏省常州市，是京杭运河江苏常州市区段改线工程中的大桥，主桥为悬索桥，于2008年建成。

该桥为主桥跨径（72+114+30）米的悬索桥，该桥主桥主梁（总长216米）采用主跨部分87米的钢混凝土叠合梁与两端（两边跨加部分主跨）总长129米的预应力混凝土梁纵向组合而成。主塔采用混凝土板与内填混凝土型钢箱组合的倾斜式拱门独塔。主桥主缆索体系采用空间形式的悬索加八字吊杆与斜拉结构的组合。

技术特点和创新方面：三跨连续自锚式悬索与斜拉组合体系为国内外首例，为我国中小型景观桥梁及大型异形桥梁提供了经验；开发了空间几何非线性计算方法和计算程序，成功解决了空间主缆的定位问题；397根直径7毫米平行钢丝线索股的成功应用，为索股大型化提供了经验；开发了自锚式结构的体系转换专用计算程序，拟定了合理的体系转换过程，使体系转换工作（吊杆张拉）在一个循环内完成；针对大型索股的锚固开展了锚箱研究与试验，成功应用高强度结构钢，在小空间内实现了较大集中力的锚固；成功实现了主缆空中分散锚固；开展了空间交叉吊索的研究分析，并成功应用；采用国内少见的矩形截面拱门钢－混凝土组合桥塔，完善了异形桥塔的设计，加工制作及安装工艺；采用了扁平宽钢箱—混凝土面板的结构形式，主梁的抗扭刚度大，改善了桥梁结构的动力性能。

该桥获2009年江苏省科学技术进步奖三等奖、2009年度交通运输部水运工程质量奖、2011年中国土木工程学会成立100周年百年百项杰出土木工程、2010年国家优质工程银质奖、2010年第九届中国土木工程"詹天佑奖"。

富民桥

富民桥是一座跨越海河的单塔空间索面自锚式悬索桥，连接天津市河东区富民路和河西区洞庭路。于2008年5月建成通车。

桥梁全长340.3米，主跨120米，桥宽40米，采用双向六车道标准。

富民桥的设计采用了"船形"的结构造型，提出了一个新颖的独塔自锚式悬索桥方案——"沽水船影"，似一艘海河上起锚的帆船，承载着天津的历史文化，奔向一个欣欣向荣的天津。桥梁主塔为独柱，桥面以上塔高58米，采用了矩形变截面形式，形似船的桅杆，造型优美简练，侵入河道10米，主桥与河道斜交，引桥采用了舒适的平曲线和纵曲线与海河两岸道路连接。主跨主缆锚于主梁的两侧，采用三维空间线形，在立面及平面皆为抛物线，边跨主缆锚于重力式锚碇，采用一组(两根并排)缆索不加竖向吊索形式，形成一个稳定的结构体系。主桥主跨钢箱梁下挂5米人行通道，采用人性化无障碍设计思路，直接连接海河两岸的亲水平台，既是观景驻足空间，也是跨河人行通道，不仅显示了对人的充分尊重，还显示了对景观环境的日益关注。

猎德大桥

猎德大桥是中国广东省广州市境内一座连接天河区与海珠区的过江通道，位于珠江北河道之上，建成后的猎德大桥如同一只巨大的贝壳屹立于珠江之中。猎德大桥于2005年6月动工建设，2009年7月30日竣工通车。

桥梁全长750米，包括大桥主体工程（5~9号墩承台面以上部分）、南岸引桥和北岸引桥。主桥为独塔自锚式钢箱梁悬索桥，跨径组合为（47+167+219+47）米，长480米，双向六车道；索塔塔高128米，塔身外观为两个贝壳状弧形壳体相扣，外形新颖独特；主桥梁体采用钢加劲梁同混凝土加劲梁相结合的组合体系。主跨和副跨大部分采用扁平加劲钢箱梁。大桥桥面超宽且不等跨，施工难度大，主桥34榀箱梁合龙轴线误差在2毫米之内。

该桥荣获2012年度四川省科技进步奖一等奖。

The Modern Suspension Bridges

胶州湾大桥

原名青岛海湾大桥，位于山东省青岛市，东起青岛主城区G308线，跨越胶州湾，西至黄岛红石崖，是国家高速公路青岛至兰州高速公路的起点段，也是青岛市规划的东西跨海通道"一路一桥一隧"中的一桥。于2011年6月通车。

该桥是我国北方寒冷冰冻地区的首座特大型海上桥梁集群工程，全长28.88公里。项目包括：沧口、红岛和大沽河三座通航孔桥、海上非通航孔桥和路上引桥、青岛、黄岛及红岛接线工程和红岛连线、李村河互通、红岛互通等，桥宽35米，设计为城市道路兼具公路功能，双向六车道，荷载为城市-A级、城市-B级、公路－Ⅰ级，基本地震烈度Ⅵ度，设计洪水频率1/300。设计基准期100年。

其大沽河航道桥采用主跨260米四跨连续独塔自锚式钢箱梁悬索桥。

胶州湾大桥所处的胶州湾海域地质条件复杂、气候条件多变、水深差异较大、风雾影响明显，同时遭受冻融和氯盐的双重侵蚀，恶劣的条件，也促成了多项科研成果的取得。

为解决胶州湾大桥承台水下封水和结构防腐蚀等难题，发明了以充气胶囊封水技术、剪力键体系转换技术、弹性应力吸收层防套箱开裂技术为核心的水下无封底混凝土套箱建造技术，有效解决了混凝土套箱封水和承台、套箱混凝土开裂两大难题，填补了该项技术的国内外空白。

针对胶州湾大桥遭受冻融和氯盐的共同侵蚀的情况，创新了海水冻融—氯盐侵蚀作用下桥梁耐久性设计，创建了抗冻耐蚀混凝土—透水模板布—防腐涂层的长效联合防护体系。

为解决大沽河航道桥设计及施工过程中的关键技术难题，提出了独柱塔、分体式钢箱加劲梁、中央索面空间缆索组合体系的自锚式悬索桥结构。

对大型桥梁沥青铺装层服务质量与耐久性极高的要求进行持续攻关，明确提出了"层位功能定位""防排结合""逐层密水"的结构组合设计理念，首次提出"多功能层"设置的理念，提出了适应大型水泥混凝土桥梁桥面铺装特殊设计与施工状况的全新工艺与技术标准。

该桥于2013年获国际桥梁大会"乔治·理查德森奖"；2015年荣获"全国质量奖卓越项目奖"，成为全国首座获得"全国质量奖卓越项目奖"荣誉的桥梁工程；2017年荣获公路交通优质工程奖（李春奖）。

沧口航道桥为双幅分离主跨260米双塔双索面钢箱梁斜拉桥

红岛航道桥采用主跨120米独塔平行稀索钢箱梁斜拉两跨连续半飘浮结构体系，斜拉索采用平行索布置

The Modern Suspension Bridges

福州鼓山大桥

位于福建省福州市东区，是连接闽江北岸鳌峰片区和南岸林浦片区的重要过江通道，距上游鳌峰大桥2.5公里，于2007年7月开工，2010年5月建成。

主桥为(50+150+235+35)米独塔自锚式悬索桥，南引桥为(6×60+6×60)米连续箱梁，北引桥为(6×60+3×50)米连续箱梁。

嘉定澄浏南路跨蕰藻浜大桥

位于上海市嘉定区澄浏南路跨蕰藻浜大桥，南起芳林北路，北至蕰北路老蕰藻浜，于2017年建成。

该桥全长561米，主桥宽度为36.5米，为主跨158米的独塔单跨自锚式悬索桥，主塔高68米。大桥为双向四车道，各两条非机动车道及人行道。

通麦特大桥

位于西藏自治区林芝市波密县境内易贡藏布与帕隆藏布交汇处上游约300米的"通麦天险"段,是G318线川藏公路西藏境内通麦至105道班段整治改建工程上的一座大桥,于2015年建成。

通麦特大桥为主跨跨径256米的单塔单跨地锚式钢桁架梁悬索桥。索塔采用钢筋混凝土门式框架结构,高59.5米。主缆跨径布置为(82+262)米,两根主缆横向间距为15.0米,主缆为空间索面,竖向矢跨比为1/17,横向矢跨比为1/456.4。加劲梁采用钢桁架形式,桁高4.0米,两榀桁架间距为13.0米,节间长度5米。两岸锚碇均采用重力式锚碇。是国内首座已建成的空间缆地锚式悬索桥。

该桥因地制宜,创新性地采用了单塔单跨地锚式悬索桥结构,主跨跨径256米为目前国内外最大跨径的该类型悬索桥。为解决主缆布置与拉萨岸62米小半径引线之间相冲突的矛盾,拉萨岸部分主缆和散索鞍设置在桥面以下,拉萨岸8对吊耳设置于主桁下弦杆,吊索两端叉形耳板开口面互相垂直,吊索两端销轴内均设置自润滑向心关节轴承,以适应施工与运营阶段的桥梁结构变形,减小锚头处弯折疲劳效应。锚碇深基坑边坡主要为崩坡积碎块石,最大高度达65米,高边坡防护设计参数采用川藏公路碎石土边坡锚固技术试验研究所取得的科研成果,保证了两岸锚碇区高边坡的安全。

此外,该桥还攻克"陡坡地带的深基坑开挖与通麦老桥近距离安全爆破施工""西藏林芝地区悬索桥锚碇无降温管大体积混凝土温控质量""空间主缆及其防护与钢桁梁施工的空间受限"等技术难题。

该桥获得2015年QC全国二等奖、2016年四川省"天府杯"金奖、陕西省第十八次优秀工程设计二等奖。

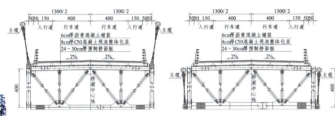

西藏—通麦特大桥钢桁加劲梁标准横断面图(尺寸单位:cm)

泰州长江公路大桥

位于江苏省的泰州市高港区和扬中市之间，东距江阴长江公路大桥57公里，西距润扬长江公路大桥66公里，是江苏省"五纵九横五联"高速公路网和国家《长江三角洲地区现代化公路水路交通规划纲要》（2005年）中的重要组成部分，也是江苏省规划建设的11座公路过江通道之一。泰州长江大桥位于长江江苏江段的中部，直接连接北京至上海、上海至西安和上海至成都等三条国家高速公路，在长江三角洲地区和江苏省的高速公路网络中起着重要的联络和辅助作用。建成于2012年11月。

工程全长62.09公里，全线采用双向六车道高速公路标准，项目总投资93.7亿元。其中泰州长江公路大桥长约7公里，将长江北岸的泰州市与江心的扬中市、江南的镇江市连成一体，并通过接线连接沪宁高速公路和常州西绕城高速公路。跨江主桥及夹江桥全长9.73公里，桥面宽33米。北汊跨江主桥采用2×1080米的三塔双跨钢箱梁悬索桥，是目前世界上该种桥型的最大跨径桥。主桥南北引桥长4661米，北汊跨江主桥（含引桥）总长6821米。

该桥采用的多塔悬索桥是创新的体系，得到了国家科技支撑体系的支持。在国际上，泰州长江公路大桥曾先后获得英国结构工程师学会卓越结构奖（2013年）、国际桥梁与结构工程协会杰出结构工程奖（2014年）、国际咨询工程师联合会杰出项目奖（2014年）；在国内，该桥先后获得中国建筑工程"鲁班奖"（2017年）和"詹天佑奖"（2019年）。

马鞍山长江公路大桥

位于安徽省东部，起于马鞍山市和县姥桥镇省道206，与北沿江高速公路相接，在马鞍山江心洲位置处跨越长江，线路终于皖苏两省交界处牛路口，与溧水—马鞍山高速公路（江苏段）相接，大桥于2013年12月31日建成通车，2016年7月通过竣工验收，质量等级为优良。

路线全长36.274公里。为全封闭、全立交双向六车道高速公路。主线设计速度100公里／小时，设计荷载为公路—Ⅰ级。跨江主体部分桥梁整幅标准宽度为33.0米，全线采用沥青混凝土路面。大桥由北至南分为北引桥、左汊主桥、江心洲引桥及互通、右汊主桥、南引桥及南互通等。该桥左汊悬索桥H形桥塔，采用了徽派建筑中的多个元素，为2×1080米三塔悬索桥，跨度位居同类型桥梁世界第一。三塔悬索桥中塔创造性地采用钢—混凝土叠合塔及桥梁固结体系，较好地解决了三塔悬索桥主缆与鞍座间的抗滑移问题及主梁的刚度问题；采用了世界规模最大的钢—混凝土叠合塔。右汊斜拉桥采用A形桥塔，左汊主桥和右汊主桥分别由"A"和"H"组合而成的桥塔造型与"安徽"的汉语拼音首字母"A、H"一致。

大桥建设过程中的关键技术项目研究成果获得2016年第33届国际桥梁大会"乔治·理查德森奖"、2015年度安徽省科学技术进步一等奖、2015年中国公路学会科技进步特等奖、2016年中国建设工程"鲁班奖"等多个国际国内奖项。自主创新和研发的"钢—混凝土叠合塔塔柱施工工法""超高钢筋混凝土索塔环缝切割与梯度养护施工工法""悬索桥索股双缠包带与新型拽拉器防扭转法架设施工工法""拱形钢筋混凝土塔柱变曲率模板施工工法"等多项技术和工法，获得20项国家专利、8项工法。

武汉鹦鹉洲长江大桥

位于湖北省武汉市汉阳区墨水湖北路与武昌雄楚大街之间，武汉长江大桥上游2.3公里处，距上游规划杨泗港过江通道约3.2公里，距白沙洲大桥6.3公里，北接汉阳的鹦鹉大道，南连武昌的复兴路，是武汉市内环线、二环线的跨江通道，也是武汉市第八座长江大桥，于2010年8月开工建设，2014年12月28日通车。

中國橋譜
第二卷
A Guide to Chinese Bridges

之

立交桥

The Overpasses

中國橋譜 之 立交桥

　　立交桥，是现代交通线路（铁路、道路）互成立体交叉，使通往各方向车辆各行其道、互不干扰的一种桥梁形式。

　　20世纪80年代以后，道路立交作为快速交通网络节点上最有效的交通组织方式，在城市道路和高速公路建设中得到很大发展，立交形式从简单的分离式立交，发展到苜蓿叶形、菱形、环形、喇叭形、定向形、组合形等互通式立交，有效地疏导了交通，提高了通行能力，使城市总体建设、绿化、通信、地下管线建设等方面发生巨大改观。

城市立交桥

　　城市立交桥是立交桥中的重要组成部分，一般由正线桥、匝道桥及配套工程设施等组成。其中的正线桥和匝道桥，因无须追求跨径，一般都采用预应力梁式结构。同时，由于城市的建设用地越来越紧张，城市立交与公路上的立交有很大不同，其设计、施工、改建及管养往往更加复杂、困难，形式更加多样。

　　在一些城市立交的建造中，除混凝土梁桥外，为了减少对交通的干扰，开始采用架设较快的钢箱梁。2015年，北京三环路与首都机场高速公路、京密路的互通立交桥——三元桥，用43小时完成主梁换装。在日车流量20.6万辆的城市主干道上，如此迅速地一次性完成长55.4米、宽44.8米、由9片钢箱梁组成、总重1350吨的主梁换装，将钢箱梁快速施工、对城市干线交通影响小的特点发挥到了极致，成为城市立交养护工程施工的典范。对匝道桥中为数较多的小半径弯桥、异型桥，钢筋混凝土梁桥显得更加得心应手。同时，大型高速公路立交枢纽也采用连续刚构。

　　中国第一座城市道路立交，是广东省广州市为配合白云机场建设，于1964年建成的位于环市路和解放路交会处的大北立交，为下穿式环形两层布局；1965年，北京西八里庄建成了中国第一座公路立交桥——阜成路立交桥，主桥跨越北京西护城河及蓝靛厂南路，由2条匝道连接阜成路与蓝靛厂南路，匝道为非桥梁的坡形弯道，是一种简易立交桥，同时建成的还有白浮桥、车道沟桥。1974年，北京建成了中

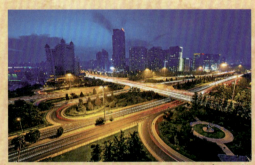

北京三元桥

北京复兴门桥

广州大北立交桥

上海莘庄桥

国第一座苜蓿叶形城市立交桥——复兴门桥。

20世纪八九十年代，随着城市交通量的增长和高速公路的发展，在一些大城市，往往由于数条城市快速干线、国道、高速公路和铁路交会，而形成巨大的立交枢纽。位于北京首都机场高速公路、京顺路与四环路交会处的四元桥，建成于1993年，为四层苜蓿叶加定向互通式立交，由2座主桥、10座匝道桥、6座辅路桥、8座跨河桥组成，占地面积达50万平方米，主桥平面为变宽异型，匝道桥由多联预应力连续梁组成，最长618米，最大跨径47.2米，一联长281米。上海市城市外环线的最大立交，有"亚洲第一立交"之称的莘庄桥，就是一例。该桥建成于2001年，位于莘庄镇以东约1公里处，处于沪杭高速公路、南北快速干道、210国道等4条道路交会处，由20条定向车道和苜蓿叶状的4层匝道组成，桥梁总长达1.11万延米，占地45.8万平方米，上部结构除跨铁路线采用跨径40米的钢—混凝土叠合梁外，其余为预制板梁和钢筋混凝土箱梁。

21世纪以来，随着城市化进程的加快，立交桥在中国的大中城市中大行其道。据统计，北京是目前立交桥最多的城市，仅城区主要环路：二环、三环、四环和五环路上，就有立交桥292座，其中的西直门、天宁寺、国贸、三元、四元等立交桥，均名闻遐迩。同时，很多中心城市也各有自著名的立交枢纽，如重庆黄桷湾立交、上海延安路与南北高架立交、广州新光快速路南洲立交、深圳盐田港立交，等等。其中，重庆黄桷湾立交，就是最为复杂的一座。该桥从地面到最高点高差37米，共5层，有20条匝道，占地616亩，总长度18公里，被喻为重庆主城最大、最复杂，功能最强大的"枢纽型"立交。

很多情况下，受地域、建筑、街道、河流等多种因素的制约，城市立交设计、建设往往较为复杂，分层较多，造成某些方向的行车更趋复杂，七八年前导航技术还不甚发达，这样的立交往往让司机们不知所措，这也成了一些城市立交"名声在外"的重要原因。

北京四元桥

重庆黄桷湾立交桥

深圳盐田港立交桥

北京西直门桥

公路互通立交桥

据统计，截至2018年底，中国公路互通立交数量已经达到10473座。

高速公路互通立交桥一般采用喇叭式，以便于收费管理，流量大的地方也采用单向匝道。随着环保以及快速便捷出行要求的不断提升，公路的立交桥、跨线桥、高架桥越来越多、越来越长，其选型也更加多样化。

新世纪以来，公路上的立交桥形式虽然仍以梁为主，但形式也逐步丰富，选型已经不止梁桥。如2003年建成的北京石景山区五环路石丰桥，就是一座主跨95米的单塔斜拉桥，跨铁路石景山南站编组站咽喉区及京原线、丰沙上下行线、首钢专用线、锅炉厂线、101线及其引出线等7条既有线和4条规划线，特别是石景山编组站，其客、货运及调车、编组作业非常繁忙，中间不允许设桥墩或临时墩，因此只能选择90~100米主跨的桥式，并采取转体施工的方案。G70福银高速公路湖北孝感南互通A、B匝道，分别采用了主跨140米的单斜塔斜拉桥方案。

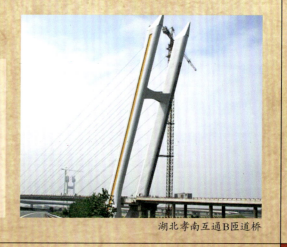
湖北孝感南互通B匝道桥

北京三元桥

位于北京市三环路东北角转弯处,是东三环与北三环的交界点。三环主路在桥上通过,桥北侧是京顺路,南侧是机场高速路。于1984年建成。

三元桥由3个主桥、5个匝道引桥和7条匝道组成,主桥是V形墩钢架结构,上部主梁为T形截面,匝道的架空引桥采用预制钢筋混凝土宽腹T形简支梁,引桥墩为双柱式薄壁墩。三环主桥总占地面积26万平方米,桥全长4.8公里,三跨布设,桥面宽度为44.8米,设计为三上三下车道断面布置,两边是非机动车道。

2015年11月启动的三元桥改造工程,是国内首次在大城市重要交通节点采用换桥工法,三元桥换梁施工从工程启动到结束,整体置换工作仅仅用时43小时。在国内属首次、在国际上技术领先。

广州新光快速路南洲立交桥

位于广东省广州市海珠区，地处新光大桥以北、三滘立交以东、土华立交以西、新滘立交以南，属于新光快速路附属立交，于2000年10月通车，2010年10月完成改造。

该立交包括A、B、C、D、E、F、G、H、I、J、K共11条匝道，共149孔，长3936米，孔跨采用预应力混凝土连续梁、钢箱梁、预制空心板梁、路基、预制预应力混凝土小箱梁等结构。

全线下部结构采用钻孔灌注柱，桥墩桩径主要有1.2米、1.5米、1.8米；伸缩缝采用总体单位定制的80型伸缩缝。

重庆鹅公岩立交桥

位于重庆市九龙坡区，是快速路四纵线与四横线的交叉点，同时又处于城市的几何中心，往东通往鹅公岩大桥可达到南岸区，向西通过腾龙大道与成渝高速公路相接，南连直港大道和长江二桥，向北通过嘉华大桥联系江北区和渝北区，交通地位非常重要。于2000年12月建成通车。夜幕下的鹅公岩立交似跳动的音符，桥上的灯光与桥下的公园相互映衬，被誉为"重庆主城最美立交桥"。

大桥采用双喇叭形组合立交的紧凑型式，嘉华大桥南延伸段与鹅公岩大桥的西引道4个左转和4个右转方向分别通过8条定向匝道相连。为了尽可能减少立交占地，保障行车舒适性，整个立交呈类圆形。

鹅公岩立交匝道围合区域形成了一个斜坡状空间，设计中充分考虑了立交桥下以西侧壁的洞室及崖壁下的围合空间为中心，以现有自然山体及崖壁为背景，充分利用历史文化遗存，打造重庆独特的山城休闲空间，并达到以下目的：建立完善的山地步行系统，使各公共区域具有完整的可达性；接驳不同高程的城市用地与滨江路沿线的各功能区域；优美展现重庆独特的山城特征；立交桥空间与步行交通及公共活动空间的融合；为未来城市空间综合利用预留条件。

在复杂地形条件下修建大型互通式立交，鹅公岩立交可以说是成功的探索。

京港澳高速公路武汉南互通立交桥

位于湖北省武汉市江夏区郑店镇附近，被交叉道路除沪渝国道主干线郑店至豹獬段外，还有G107线，为两条高速公路的立交枢纽与107国道互通式立体交叉的复合型立交枢纽，于2001年建成。

该互通立交主线上设有600米辅助车道，在辅助车道末端设70米渐变段，使车道由六车道渐变为四车道，设计标准分为两种：高速公路分离式部分设计速度为80公里／小时，国道互通式立体交叉段设计速度为40公里／小时。

京港澳高速公路武汉西互通立交桥

为京港澳高速公路蔡甸区境段与G318线、沪渝高速公路武汉市绕城西段三路交叉互通式立交，于2001年建成。

该立交采用定向复合型，主线设计速度120公里／小时，匝道设计速度60（40）公里／小时，辅助车道长度600米，渐变段长度为70米。

G42$_{01}$白家场立交及高架桥

位于四川省成都市南门，是成雅高速公路和国道主干线成都绕城高速公路东段的交会处，于2001年建成。

本立交工程东起于成都高新区石羊场，西止于双流县向阳乡，全长3.56公里。其中简支梁桥1265米；连续梁桥2186米，立交匝道路线总长8.783公里。

宁东枢纽立交跨线桥

位于宁夏回族自治区银川灵武市宁东开发区，于2003年建成。桥梁全长641.04米，全桥共8联。上部结构采用25米及20米预应力混凝土简支转连续箱梁，下部结构桥台采用肋板台，桥墩采用柱式墩，墩台采用桩基础。设计速度60公里/小时，设计车道为双单向四车道，桥面横坡为双向2%，桥梁设计基准期为100年，设计荷载等级为公路—Ⅰ级，按地震烈度Ⅶ度设防，桥面宽26米。

立交桥

广州三元里立交桥

位于广东省广州市北部,连接新国际机场道路左右线及内环路广园、广花放射线,是机场高速路通过北环疏解和吸引市区及过境车辆的重要出入口。同时,三元里立交将北环与内环有效地连接起来,形成比较完善的交通衔接关系,对广州北部地区交通疏解起着重要作用。于2004年6月建成。

立交南起内环路放射线广花高架、广园西路北上北环高公路与旧广花路交叉口处的北侧以及白云国际机场航标灯的西侧,北环的北侧;东起机场路立交的西侧;西上北环高速公路沙贝桥的东侧。整个立交共有A、B、C、E、F、G、H、I、K、ZL-2、M共11条高架桥,通过"五进五出"主线,匝道与北环高速公路形成一个全互通立交。

设计纵坡坡度:桥梁主线最大纵坡4.74%,匝道最大纵坡5.7%。平曲线主线最小半径150米,匝道最小半径50米,平曲线半径小于或等于400米时设置了缓和曲线。抗震设防标准为地震烈度Ⅶ度,道路等级为城市一级主干道,设计速度60公里/小时,荷载汽车-超20级、挂车-120。

上部结构共分5种结构形式,即普通钢筋混凝土现浇箱梁、预应力混凝土现浇箱梁、预制预应力混凝土箱梁、钢箱混凝土叠合箱梁、现浇混凝土肋梁。下部结构为墩柱和帽梁,所有桩基均采用钻(冲)孔桩,桩径有1.2米、1.5米、1.8米、2.0米四种。

沪蓉高速公路机场互通一号桥

位于湖北省武汉市绕城高速公路盘龙城互通段,是G42沪蓉高速公路武汉绕城跨越机场高速公路的主线桥,于2000年2月开工建设,2004年12月建成通车。

桥梁总长89.148米,主跨为62.99米装配式混凝土肋腋板刚架梁结构;桥面宽28米,双向四车道,设计速度120公里/小时,设计荷载为公路-Ⅰ级。

兰海高速公路树屏互通立交桥

位于甘肃省兰州市永登县树屏乡尹家庄岔路口处，是G6兰海高速公路的重点工程之一，是甘肃省规模最大的枢纽型立交，是兰州通往中川以及连通青海、新疆的交通枢纽，于2004年11月建成。

树屏互通式立交三个方向分别通向兰州、青海、中川机场，均为高速公路连接，是典型的半定向双Y形互通式交叉。其中，特大桥2座长1194米，中桥3座长274米。立交设计速度80公里/小时，主线路基宽24.5米，匝道宽度12.5米，设计荷载为汽车—超20级、挂车—120。

树屏互通式立交具有建设标准高、桥梁工程规模大、线形柔和、造型优美的特点。

桥台桩基础采用"反钻法"工艺，解决了桥头跳车、台后压实度难以保证的问题，同时降低了工程造价。填土路基涵洞施工采用"反开挖法"施工工艺，充分利用密实黄土的直立性；采用反开挖施工，解决了涵台回填不密实的问题。这两项工艺在本项目上都是首创，并在此后的很多项目中被推广使用。

该工程设计获甘肃省2009年度优秀设计三等奖。

孝襄高速公路孝南互通A匝道桥

位于湖北省孝感市，为湖北汉十高速公路孝襄段上跨京港澳高速公路孝南互通立交A匝道上的桥梁，于2005年10月建成通车。

桥梁总长505米，桥跨布置为5×20米连续箱梁+（15+140）米独斜塔无背索预应力混凝土斜拉桥+（8×20+8×20）米连续箱梁；桥面宽13米，双向四车道，设计速度120公里/小时，设计荷载为汽车—超20级、挂车—120。

孝南互通B匝道桥

位于湖北省孝感市，为汉十高速公路孝襄段上跨京港澳高速公路孝南互通立交B匝道上的桥梁，于2005年10月建成通车。

桥梁总长455米，主桥跨布置为8×20米连续箱梁+（15+140）米独斜塔无背索预应力混凝土斜拉桥+7×20米连续箱梁；桥面宽13米，双向四车道，设计速度120公里/小时，设计荷载为汽车—超20级、挂车—120。

孝南互通主线特大桥

位于湖北省孝感市,于2005年10月建成通车。

桥梁总长1139.08米,主桥结构预应力混凝土箱形截面连续梁,桥梁左右分幅,主桥跨径布置为(30+43+70+43+30)米;桥面宽24米,双向四车道,设计速度120公里/小时,设计荷载为汽车超一20级、挂车—120。

广渠门南向东去通惠河北路出京匝道桥

位于北京市东城区和朝阳区,于2007年建成。主桥长1041米,桥宽12.2米,两车道,主跨径70米。该桥是二环外环主路去往通惠河北路出京方向的定向匝道,匝道全长1041米,全部采用现浇混凝土连续箱梁,先后跨越东二环辅路、机务段、通惠河。

通惠河北路出京去四环外环主路匝道桥

通惠河北路是北京市城市快速道路系统中15条放射线之一，西起东二环，东止东四环四惠立交，全长4.6公里。线位于通惠河北岸，规划中央商务区南侧。通惠河共与19条规划道路相交，其中3条为快速路、2条城市主干路、3条城市次干路，其余为城市支路。

通惠河北路出京去四环外环主路匝道桥位于北京市朝阳区，建成于2007年；是通惠河北路南侧主路去往四环外环方向的定向匝道，桥梁全长1213.7米，先后跨越通惠河北路北侧辅路、四环西辅路、四环立交西向南匝道、四惠立交东向南匝道、四环主路、四惠立交西向北匝道、京通快速路、四惠立交南向西匝道、四惠立交东向北匝道、四环东辅路、地铁1号线；主跨径56米，桥宽9.2~21.99米，一至三车道。

慈献寺和榆树馆桥

展西路规划为城市主干路，南起北京车公庄大街，由展览路向北经西外南路、西外大街、动物园北路至高梁桥路，道路全长2.2公里，其中大部分为桥梁路段。

慈献寺和榆树馆桥位于北京市西城区，于2007年11月建成。桥长1595米，桥宽20米，四车道，主跨跨径56米。桥梁为展西路上的重要工程，跨越西城、海淀两个区，主要跨越北京动物园园区，分别为西外南路，动物园猴山、熊山、动物园北路，长河与索家坟路。为避免通车后行车噪声对园区内动物的影响，桥面两侧采用双层全封闭隔音屏。

阳逻互通3号桥

位于湖北省武汉市，即武汉绕城高速公路阳逻互通E匝道，于2006年12月建成通车。

桥梁总长110.4米，主桥采用（32.2+39+32.2）米V形连续刚构；桥面宽15.6米，二车道，设计速度80公里／小时，设计荷载为公路—Ⅰ级。

石门互通主线桥

位于陕西省汉中市勉县，为G85银昆高速公路汉川段上跨G7011十天高速公路的互通立交，于2015年8月18日建成。

大桥全长1311.9米，上部结构为装配式预应力混凝土连续箱梁和现浇预应力混凝土连续箱梁，桥面总宽为16.65~27.433米，主要跨径布置20米、25米、22米，下部结构为柱式墩及肋板台、灌注桩基础。

The Overpasses

板坡互通立交桥

位于云南省曲靖市会泽县，是S16沾会高速公路上的大型互通立交，于2007年6月23日建成。

桥梁由11条匝道桥组成，总长3500米，上部结构均为T梁桥，为单向单车道或二车道。下部结构为桩柱式桥台、双柱或矩形墩。

阜石路高架桥（一期）

阜石路是北京城市快速道路系统中16条放射线之一，也是西部地区门头沟城镇与市区联系的重要通道，其西起门头沟双峪，东至西三环航天桥立交，全长17.4公里。

阜石路高架桥位于北京市石景山区，为全程高架，于2008年7月建成。

桥梁结构长3714.34米，桥宽24.8米，双向六车道，主跨径42米，设计速度80公里/小时；为城市快速路，供过境交通使用。其中，最外侧车道为快速公交专用道。桥下车行道设计速度60公里/小时，为城市主干路，供地方交通使用。

李天桥

位于北京市顺义区，为S32京平高速公路跨越机场路的桥梁，于2008年12月10日建成。

主桥长2785米，桥宽33.5米，六车道。桥梁结构类型为预应力混凝土T梁和预应力混凝土箱梁，跨径类型较多，最大跨径为44米，最小跨径为24米。

浦东上海绕城高速公路立交桥

S32申嘉湖高速公路西起上海浙江省界与浙江省申嘉湖高速公路相接，东与浦东国际机场南进场道路相接，经金山、青浦、松江、闵行和浦东新区五区。于2009年12月建成。

该桥全长2414米，共105跨，包括NW匝道、NE匝道等8条匝道。上部桥梁结构形式主要为小箱梁、板梁。设计荷载为公路—I级，设计速度120公里/小时，按地震基本烈度Ⅶ度设防。

深圳盐田港立交桥

也称为梧桐山立交，是广东省深圳市新建快速干道网的主要工程之一，作为深圳市迄今为止高度最高、规模最大的立交桥，其不仅是盐田港疏港交通的主要通道，也是深盐二通道、盐排高速公路、深盐路、输港专用通道等接驳的关键节点，于2009年5月通车。

该立交桥由东部沿海高速公路主线桥、疏港专用道桥以及C、D、E、F、Z匝道桥构成。其中，主线左线桥全长764.64米，主线右线桥全长782.09米，单幅桥宽13.25~20.75米，设计速度80公里／小时；疏港专用道桥全长354.5米，单幅桥宽9.5米，设计速度60公里／小时；C匝道桥全长628.66米，D匝道桥全长523.02米，E全匝道桥全长795.98米，F匝道桥全长370.04米，Z匝道桥全长374.28米，单幅桥宽8~9.5米，设计速度40公里／小时。为减小桥梁建筑高度，保证桥梁外形轮廓清晰、流畅及行车舒适，主线桥上部结构采用预应力混凝土连续刚构和现浇连续箱梁，疏港通道和匝道桥上部结构为现浇连续箱梁；为跨越地形、地物限制同时兼顾美观要求，立交桥下部结构采用门架式墩和轻形式及重力式桥台。立交桥最大高度为40米，在墩柱较高处多采用墩梁固结形式，以保证桥梁结构安全。

深圳盐田港立交是深圳规模最大、最复杂的立交，桥梁与路隧相连，地位重要，景观效果突出。

牙克石西互通主线桥

位于内蒙古自治区呼伦贝尔市G10绥满高速公路K1167+931处，于2011年7月建成。

该桥梁采用单喇叭形式，跨越滨州铁路的现状和规划以及大雁铁路，主线及D匝道均为桥梁上跨铁路通过。主线桥桥梁全长1010米，汽车荷载等级为公路—I级。其中左右幅均为9联，由30米、27.5米、46.5米、32米和30米等跨径组成，采用预应力混凝土现浇连续箱梁。匝道桥全桥长597.25米，共7联，为26.5米、48米、20米跨径的预应力混凝土现浇连续箱梁。桥梁现浇结构下部采用柱式墩，桥梁宽度变化时调整墩柱个数和间距；为不影响铁路运行，主线桥第4联和匝道桥第2联考虑：主线下部在受限制外采用薄壁墩接异型承台，匝道桥下部采用独柱墩接承台。此外承台施工因空间受限无法开挖大基坑，采用支护桩支护施工。主线桥桥台为肋板式桥台，匝道桥桥台为柱式台。墩台均采用钻孔灌注桩基础。该桥的设计基准期为100年。

The Overpasses

珠玑枢纽互通主线桥

位于湖北省仙桃市毛嘴镇，于2010年3月建成通车。

桥梁总长1274米，桥跨布置包括25.5米、30米、27米；桥面宽26米，双向四车道，设计速度100公里/小时，设计荷载为公路—I级。

青冈立交桥

"两横两纵"快速路是吉林省长春市快速路体系的重要组成部分，青冈立交桥是东、西两条快速路交通互通的重要节点，是整个长春市的一个现代标志性景观。它包含北部快速路主线、西部快速路主线、立交区各连接转向匝道和地面辅道系统，主线快速车道及地面辅道系统与前后临近标段平顺衔接。于2013年10月建成。

青冈立交桥采用半苜蓿叶半定向全互通立交形式，北横长1550米，西纵长1268米。上部结构采用预应力混凝土箱，下部结构采用柱式桥墩。桥梁分4层，由两条主线和8条匝道组成。互通立交桥建成后最高桥梁高度达到21米，最宽的主线桥宽度达到50米。由于总体交通组织需要，在路线上设置有较多的上、下坡道及节点互通立交，主线高架桥梁需要设置较多的桥梁加宽及变宽段落，桥梁加宽、变宽段落占全线桥梁的60%左右。

针对本项目高架桥梁长、受控点多等实际特点，主梁采用梁端锚固、箱内张拉的施工工艺。

深圳北环新洲立交桥

位于广东省深圳市福田区新洲路，跨越北环大道，属于城市立交桥，于2011年完成改造。

该桥是一座采用立体交叉，多方向互不干扰的现代化桥梁。作为北环大道上众多立交桥之一，它使各方向的车辆不受路口上的红绿灯管制而快速通过，即舒缓了北环大道日益繁重的交通压力，又满足了北环大道两侧的交通往来需求。

深圳北环新洲立交南北互通，全长105米，桥梁跨径组合为（24+2×30+21）米，上部结构为预应力混凝土现浇连续箱梁，桥台顶部采用板式橡胶支座，墩柱顶部球型支座，下部结构桥墩采用柱式墩，桥台采用钢筋混凝土重力式桥台；桥面总宽28.0米。该桥采用双幅双向六车道，设计速度60公里/小时，设计使用年限120年。

成都二环路高架桥

成都二环路作为成都中心城区的一条主干道，它以占全市不到2%的道路面积承载8%的车流量。对成都二环路全线高架改造，将快速路和快速公交系统合二为一。这种"双快"在全国首开先河。通过改造最终形成上层双向四车道+快速公交系统的快速路系统，底层主辅道+人行道结合双向八车道的城市主干路系统的双层交通体系。达到了充分利用既有道路空间资源，增加交通容量的目标。工程于2013年建成。

成都二环路改造工程中的主线28.3公里内全部高架，常规路段桥梁选用30米跨径的预制安装简支小箱梁结构，跨路口段桥梁及小半径曲线匝道桥梁采用预制安装钢箱梁结构。二环路改造前全线已建6座互通式立交，8座分离式立交。对分离式跨线桥，采用桥梁顶升技术实现了与二环路高架桥的对接。对互通式立交，采取远近期立交综合规划设计、分期实施方案解决既有互通立交与双层二环路系统的连接问题。

改造工程为提高桥梁结构的耐久性，主要开展了循环智能压浆工艺、高性能混凝土技术措施、小箱梁及大悬臂桥墩模型试验。

The Overpasses

沈阳金阳大街高架桥

位于辽宁省沈阳市浑南新区金阳大街,于2012年9月30日建成。主桥长3011.8米,主跨为2×57米钢管混凝土单塔单索面斜拉桥,跨沈营公路;其余桥面由20米、28米、34米不等跨装配式预应力混凝土箱梁和现浇预应力混凝土连续箱梁组成;桥宽25米,双向六车道。下部结构为大悬臂盖梁、柱式墩、桩基础。

长春前进大街二环路立交桥

该桥是吉林省长春市两横三纵快速路系统中的一部分，位于长春市西部快速路与南部快速路交会处，于2014年1月建成。

桥长：X主线桥454米，N主线桥1389米；上部结构为预应力混凝土箱梁，下部结构为双柱式花瓶桥墩。桥宽25～42米。

前进大街立交钢箱梁采用一次性返胎预制成型工艺，在"两横三纵"工程中首次采用并获得了成功，并通过了国家建设部钢结构协会的"金钢奖"初评。

该桥获得全国优秀工程勘察设计行业奖市政公用工程项目二等奖，吉林省优秀工程勘察设计市政公用工程项目一等奖。

衡德高速公路故城支线跨石德铁路分离式立交桥

位于河北省衡水市景县东青兰村西，于2015年10月建成。

桥梁全宽28米，全长539米。桥梁自南向北上跨衡德公路（S391）和石德铁路，交角均为99.85度。跨石德铁路转体桥是衡德高速公路故城支线项目的关键性控制工程之一，主桥采用（2×55米）米变截面"T构"箱梁，其中两侧为10米现浇段，箱梁为变高单箱三室斜腹板截面。

该桥采用桥梁转体技术。转体系统由上、下转盘、滑道以及牵引系统组成。转盘直径3.3米，本桥的转体重量约为10.37万千牛顿，转体长度为2×45米，转体角度80.15度。

六安周瑜立交桥（G206、S351互通立交桥）

位于安徽省六安市金安区、舒城县，路线呈北东向，是六安市重要的东南向出口公路，项目北向可接S203六安至寿县段公路或经G312六安至叶集公路接G105六安至阜阳段公路，是六安市、舒城县等沿线城市、乡镇交通出行的重要载体。于2016年8月建成。

互通立交桥由主线桥、A、B、C、D四条匝道三层半立体交叉共同组成。A匝道桥上跨S351主线桥桥下净空不小于5.5米，上跨S317辅道，桥下净空不小于5米；B匝道桥上跨S351主线桥、S351辅道、六舒三公路，桥下净空不小于5.5米，B匝道桥上跨C匝道桥下净空不小于5米，C匝道桥上跨六舒三路净空不小于5.5米，下穿B匝道处，净空高不小于5米。

桥梁设计基准期为100年，荷载等级为公路—Ⅰ级，地震烈度为Ⅶ度，设计洪水频率1/100。

平地泉互通跨线公铁立交桥

位于内蒙古自治区乌兰察布市平地泉镇，为京新高速公路上的互通跨线桥，于2013年11月底完成建设，2016年11月16日通车试运行。

大桥全长1785米。该桥左幅13联，右幅12联，桥面由35米预制小箱梁、50米预制T梁、36.25米现浇箱梁、(48+54+50+48)米现浇箱梁等组成；下部结构采用柱式墩，肋式台；基础为桩基础。墩台及上部构造均按正交设计，桥宽为变化值，全幅幅宽33.5~41.56米。公路等级为高速公路，设计速度100公里/小时。设计荷载为公路—Ⅰ级，地震基本烈度为Ⅶ度。

昌九快速路南昌黄家湖互通立交桥

昌九快速路改造一期工程中的黄家湖互通立交，位于江西省南昌市，所属线路为南昌西一环线，跨越乌沙河、丰和电排站调蓄湖，建成于2017年7月。

本项目是将原有四车道改造为六车道城市快速路，工程全长4.89公里，其中黄家湖互通立交主桥长885.65米。主线桥梁断面全宽27.5~43米，匝道桥断面全宽为8.0~9.5米。桥梁上部结构采用23米、24米、25米、30米、35米预应力混凝土箱梁及普通钢筋混凝土连续箱梁。下部结构采用钻孔灌注桩基础、双柱及三柱桥墩。

本项目采用一种含有大量封闭气孔的新型轻质材料泡沫轻质土替代常规回填土进行桥背回填，大幅降低地基的附加应力及对桥台桩基的侧向挤压力，达到缓解甚至消除桥头跳车的效果。

重庆黄桷湾立交桥

位于重庆市南岸区盘龙，连接广阳岛、江北机场、南岸、大佛寺大桥、朝天门大桥、弹子石、四公里、茶园8个方向，被喻为重庆主城最大、最复杂、功能最强大的"枢纽型"立交。于2009年9月开工，2016年3月全部通车。

重庆黄桷湾立交十分复杂，从地面到最高点为37米，共5层、20条匝道，占地616亩，总长约18公里。主线设计为双向四车道，主线速度60公里/小时，匝道速度40公里/小时。立交从上到下，第一层是连接朝天门大桥与慈母山隧道的"三横线"快速干道，第二层是机场专用高速公路匝道，第三、第四层分布着各条匝道，最底层是弹子石至广阳岛道路。

The Overpasses

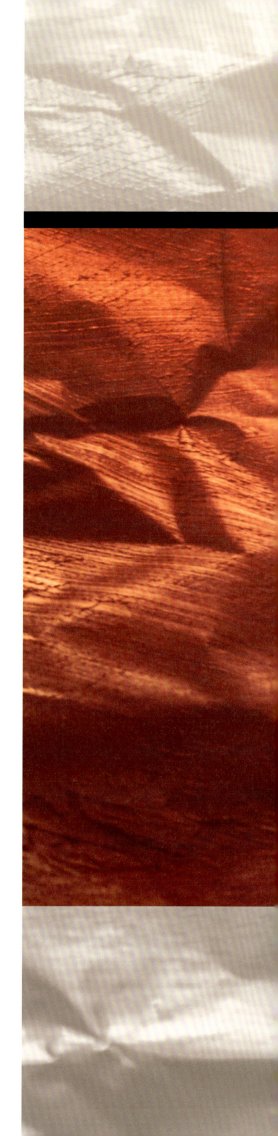

中國橋譜
第二卷

A Guide to Chinese Bridges

之

人行桥
The Footbridges

实用、美观，从古到今都是桥梁最基本的要素。供人通行，是桥梁既古老又现代的基本功能。人行桥在设计理念、选址、功能上，与公路、铁路桥梁有很大不同。

本书收录的19座现代的城市人行桥、景区观景桥，包括获得世界桥梁大会奖项的张家界峡谷大桥、南京眼人行桥。

21世纪以来，随着中国经济平稳快速发展，城市化进程不断加快，城市的发展为人行桥的发展提供了广阔的空间，各类高新技术园区、学校园区建设的人行桥，穿街过巷的过街人行桥等得到快速发展。同时，旅游业连续多年实现快速增长，也大大促进了各地旅游观景人行桥数量的快速增长。据统计，截至2018年底，全国各地建成的旅游观景人行桥已近200座。这些桥虽然聚焦了人气、满足了人们的好奇心，但在是否破坏景区环境等方面尚有颇多争议。

本书所选入的人行桥，只是为了给人行桥作个展示。相信随着经济的发展、文明水平的不断提升，将来城市人行桥、景区观景桥必将得到更好的发展。届时会有众多美轮美奂、精彩绝伦的人行桥入选，从另一侧面展示桥梁的无限魅力。

南京眼人行桥

张家界大峡谷玻璃桥

忻州云中河景观桥

位于山西省忻州市,该工程不仅是连通云中河两岸路网的重要通道,还是云中河重要的景观节点。于2012年12月完工。

该桥以"鲲鹏展翅"为设计主题,寓意"鲲鹏展翅、忻州腾飞"。采用五跨复式钢箱系杆拱,下承式拱-梁组合桥方案,桥跨布置为(30+30+90+30+30)米。桥面采用双向六车道加两侧各设一条公交专用车道,在车行道外侧设非机动车道、人行道的技术标准。结合主拱外倾的造型,桥面采用变宽设计,由桥头两侧的标准宽43.5米按圆弧线渐变为跨中最宽59.0米。

大桥主拱与副拱相互交错的圆弧造型,简洁、优雅、大气;空间变化的拱肋动感十足,表现出极强的现代气息。

太原跻汾人行桥

位于山西省太原市长风商务区,跨越约300米宽的汾河,西侧连接长风文化岛的大剧院、科技馆、博物馆、图书馆和美术馆五大公共建筑,东侧连接学府街,同时还与汾河东西两岸公园相衔接,对桥梁景观有较高的要求,于2012年建成。

设计创造性的采用了X形的建筑形态,在满足功能需求的前提下,将原规划并行的两座人行桥连接到了一起。桥梁分为两幅,每幅桥梁全宽7.6米,净宽6.0米,两幅桥梁全长1053.2米(包含两侧引桥)。两幅主桥均采用大跨单V形刚构—连续梁体系,跨径布置呈反对称形式,均为(44+44+41+166+56+41)米=392米,其中166米主跨部分上幅桥通过14根铰接连杆支撑于下幅桥的V形刚构墩上。

本桥的建成不仅为当地居民提供了交通的便利,同时桥址区域已成为太原人民喜闻乐见的休憩场所,承载了当地市民满满的感情,深深融入城市生活中,体现了建筑的人文与艺术价值。

南京青奥体育公园跨河桥

位于江苏省南京市浦口新城核心区西北角，横跨城南河，连接青奥公园A、B两个地块主场馆，景观要求高，于2013年8月建成。

桥平面位于S形变宽曲面上，桥宽14.4~20.5米，设计桥型采用"波浪形"空间曲面钢桁架桥，跨径组成为(30+90+30)米=150米三跨连续结构。构思来源于A地块综合馆"长江之舟"的轮船造型，与船的整体意境一致，用起伏的桁架和曲线体现波浪的意境，与主体建筑相得益彰。

本桥结构空间关系复杂，设计中引入了BIM设计理念，采用全三维空间设计方法，建立精确的三维模型，并应用于结构分析、设计定位以及施工组织中。

本桥涂装色彩突破常规的单色模式，采用双色搭配，采用外表白色与周边建筑和环境协调，内侧橙红展现年轻活力的主题特征，使桥梁造型和景观效果能够进一步凸显。

厦门曾厝垵渔桥

位于福建省厦门市曾厝垵，连接文青路和戏台，靠海一侧直通环岛步道和沙滩。于2015年1月建成。

站在渔桥上，有多个极美的拍照角度：高处远望中国最文艺渔村——曾厝垵文创村，车来车往的中国最美马拉松赛道——环岛南路，加上美丽的大海，长年游人如织。2017年国庆节期间，83米的厦门曾厝垵渔桥竟出现排队走10分钟的奇观。

"渔桥"的设计灵感，来自传统渔船的龙骨结构及鱼的自身特性。主梁采用异型钢结构，平面线形为三圆曲线，全长82.73米，跨径布置为(25.1+38.6)米。天桥宽度沿桥梁轴线方向是变宽的，桥梁面净宽3.4~6.2米，平面的弧度和宽阔的"鱼肚"设计，平面俯视类似"鱼"的造型。梯道全宽3.7米，净宽3.4米。

岳阳九孔桥

位于湖南省岳阳楼洞庭湖风景名胜区的中心部位——南湖景区，于2013年建成。

桥梁全长158米，桥面宽6.5米，是湖南休闲八景——环南湖旅游走廊的重要景点之一。桥梁的主体结构设计为九孔不等跨径的"九孔拱桥"，桥跨布置为从中孔向变空逐渐递减的不等跨对称形式，最大孔跨12.8米，最小孔跨8.8米，矢跨比均设置为1/2，竖曲线半径为300米，这使得中间墩的拱脚处不产生过大的水平推力，增强了结构的安全稳固性能，而且半圆拱与水中的倒影虚实对应，形成完整的圆环。

"百里南湖柳岸边，山明水秀镜中天"，形容的就是九孔拱桥周边风景与南湖中倒影虚实相映的优美景象。

克拉玛依河东段改造工程3号人行天桥

位于新疆维吾尔自治区克拉玛依市，属克拉玛依河东段改造工程准噶尔路至阿山路段项目，于2014年建成。

3号人行桥主要是为满足行人横过克拉玛依河的功能要求，为五跨钢结构桥，采用跨径组合（17+3×24+17）米连续箱梁桥。钢结构箱梁高0.9米。整桥宽度5.7米。桥梁两端分别通过旋转楼梯连接桥梁与两岸道路。下部结构：P1、P2、P3、P4号桥墩采用钢箱式Y形墩；箱内设置有纵横肋。其中，P1、P4墩钢箱灌满混凝土，P2、P3号桥墩承台以上1.5米范围灌混凝土，其余为空箱。

武汉高新四路联想人行天桥

位于湖北省武汉市，天桥横跨高新四路，主梁呈南北走向，梯道呈东西走向。天桥北侧为联想（武汉）产业基地，东北向为公交车站，南侧为中芯花园住宅小区。于2015年6月建成。

天桥平面布置呈"工"字型，主梁净宽5.0米，长度47.6米，天桥主梁纵向坡度均为1%，由中间往两侧，以利桥面排水。主桥箱梁为等截面连续钢结构直线梁，全长47.6米，宽5.0米，梁高1.3米。

天桥景观设计采用的是索膜结构，整体给人一种钢拱塔悬索桥的效果，主缆采用钢丝绳，全桥共设6根主缆。主梁通过6根椭圆形刚性吊环与主缆相连，吊环采用直径200毫米钢管，倾斜角度5~10度之间，缆索通过混凝土锚锭锚固。雨篷整体采用PVC膜结构。

南京眼步行桥

位于江苏省南京市青奥轴线上,中轴跨越长江夹江,起点在河西青年文化体育公园内,终点在江心洲青年森林公园内,于2014年7月建成。

"南京眼"主桥采用跨径布置为(45+42+58+240+58+42+46.5)米双塔双索面钢箱梁斜拉桥方案,在设计上充分展现了桥梁的结构美,桥型设计轻盈灵动,色彩及尺度设定与周边建筑景观协调统一。以桥塔作为青奥轴线的城市景观节点,代替标志物建设也充分体现了节俭办奥运的理念。

南京眼步行桥集景观、交通功能于一体,将结构和艺术完美结合,与周边的长江滨江风光带和谐交融,已成为滨江带的点睛之笔和南京的新地标。"南京眼"开放后,立即成为青奥村最具人气的景点,每天有万人观光休闲。

2015年6月7日至6月11日,在美国匹兹堡召开的第32届国际桥梁大会(IBC)上,"南京眼"步行桥荣获"亚瑟·海顿 (Arthur G. Hayden Medal)奖",这是中国桥梁项目首次获得该奖项。

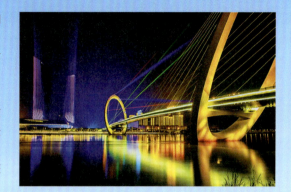

朔黄铁路公司跨神华路景观人行天桥

位于河北省沧州市肃宁县朔黄铁路公司总部，为连接公司办公区与生活区、上跨神华路的景观人行天桥，于2015年1月建成。

天桥总长73.4米，塔高38.3米，主跨56.4米，桥梁总面积292.06平方米。根据建设环境及业主的使用要求，创新设计了折线形独塔钢桁斜拉桥方案，结构多处采用铰轴连接构造，营造了轻盈简洁的建筑风格；背索锚碇采用了形状如倒置钉帽的结构并嵌入土中，利用填土作为压重，与常规重力式锚碇相比，设计巧妙、节省了大量建筑材料；桥梁与公司总部食堂、地面相互衔接，设有玻璃幕墙及景观照明，充分体现了以人为本的设计理念，使用功能及景观效果良好。

The Footbridges

上海松江螺旋景观桥

桥梁地处生态商务区规划的"一核、两轴、三区"中的"生态绿核"范围,为高端商务办公区域。基于此,根据商务区整体氛围格调,创造性通过弦杆规律的旋转变化形成螺旋外观;在国内首次采用"螺旋状"人行桥方案。

上海松江螺旋景观桥采用螺旋钢桁架结构,跨径为50.86米,宽度为4.1米。主体钢框架剖面为正方形,为满足内穿人行道的净空,钢框架尺寸为6.5米×6.5米保持不变,剖面呈螺旋状沿着以桥梁横断面中心为纵轴旋转,从桥一侧到另一侧旋转角度为80度。起始断桥门架角度为5度,到另一端桥门架角度为85度。旋转后的截面向上平移,使得下弦杆纵桥向在同一高度,最后在桥跨中心线位置设置20厘米二次抛物线预拱度。

螺旋景观桥明显区别于现存桥梁形状,身居其中感知的螺旋空间给人超现代的体验,完美契合了商务区的整体风格。本桥采用整孔200吨吊装,施工过程实现了绿色施工、快速施工。

临沂沂蒙山天蒙景区人行索桥

位于山东省临沂市沂蒙山天蒙景区，于2016年7月建成。

采用主跨420米双塔单跨悬索桥，缆跨布置（38+420+48）米，采用矢跨比1/12，以提高结构刚度。主梁钢结构由下部的横梁、上部纵梁和横梁间的"X"撑构成。纵梁上铺设钢筋混凝土预制桥面板。为提高观景效果，在跨中附近采用特种玻璃面板。

本桥位于山区峡谷中，桥面较窄，抗风难度大。采用在主梁下方设置抗风拉索和抗风缆的方案。抗风缆为空间缆，可对主梁提供空间约束同时显著提高主缆横向刚度，对主梁的抗扭刚度也有较大提升；同时抗风缆直径较小且位于大桥下方，对景观效果影响较小。

深圳湾内海人行桥

位于广东省深圳市南山区，为大型人才主题公园——深圳人才公园的标志性建筑，于2016年8月建成。

桥梁跨度为（40+3×50+40）米，梁高2.55米，宽12.5米，创新采用了独柱独桩+空间放射性钢管混凝土组合桥墩，波形钢腹板梁—钢管桁大悬臂—压型钢板PC组合桥面。在交通运输部、国家自然科学基金等大力支持下，通过产学研一体化联合技术攻关，突破了新型组合结构桥梁多项关键技术瓶颈。项目研发应用了具有自主知识产权的新结构、新技术、新工艺。

主要技术创新点：发明了大悬臂波—桁预应力混凝土组合桥梁新结构；发展了波形钢腹板预应力混凝土梁悬臂设计施工新技术；发明了波形钢腹板预应力混凝土梁磁悬浮顶推施工新工艺。造型美观、造价经济、原创性强。

深圳大学彩虹桥

位于广东省深圳市南山区大学城，为北京大学深圳研究生院跨大沙河的人行桥，取名为深圳大学彩虹桥，于2017年7月建成。

本桥采用下承式钢箱混凝土组合系杆拱桥，吊杆间距5.0米，主拱计算跨径100米，矢高为21.43米，矢跨比为1/4.5。主梁采用钢箱梁结构，端部宽15米，跨中宽10米，梁高1.2米。

主要技术创新点：首创零推力组合结构蝴蝶拱桥，实现了沿海平原软基地区修建大跨拱桥；创新采用曲线组合梁弧面拉索空间结构，提升了大垮结构横向稳定性和动力性能；发明了压型钢板PC组合结构桥面系，实现了大跨度城市桥梁无模板、无支架施工。

张家界大峡谷玻璃桥

位于湖南省张家界市三官寺张家界大峡谷景区，是一座景观悬索桥桥梁，兼具景区行人通行、游览、蹦极的功能，于2015年9月试营业。

该桥坐落于峡谷之上，主跨430米，为悬索桥，宽度为6~15米，桥面距谷底300多米，桥面由钢化玻璃组成，整座桥构思新颖，景观优美。

该桥取得的专利共6项：一种空间索面结构缆索系统横向对拉方法、一种空间索面结构缆索系统横向对拉装置、一种悬索桥索夹位移实时监控报警装置、一种悬索桥主缆线形监控测量装置、一种简易吊装运输设备、一种钢箱梁成桥焊接简易平台。

该桥获2018年第35届国际桥梁大会（IBC）"亚瑟·海顿奖"。

The Footbridges

上海奇缘桥、奇幻桥

分别位于上海星愿湖公园的西南和东南侧,是公园人行、游览和检修车辆通过的重要通道,也是公园内的重要景观设施,于2016年建成。

两座桥均采用单边悬挂、主副桥双桥面拼合空间曲梁悬索桥,顺桥长度分别为120米和90米。外侧主桥钢桥面宽6米,内侧副桥玻璃桥面宽3米。主副桥在立面上采用不同纵坡、不同起坡点形成高差变化,而在平面上也是半径不同、圆心不同的弧形曲面,两层桥面间形成渐变的月牙形间隙,最大距离2.5米,在中间部位通过踏步进行拼合连接。倾斜索塔高度20米,规格为直径900毫米、厚度40毫米圆钢管。

该桥通过BIM技术应用,实现设计、建造、管理全过程的高效率管理。采用基于IPD(项目整合交付)方法,组织各参建单位以课题研究为先导,以合理的权益安排为纽带,实现质量、进度、成本、景观等多目标。

广州科学城空中连廊工程——4号连廊

位于广东省广州市黄埔区,人行连廊是广州科学城空中连廊项目的重要组成部分,于2015年建成。

本项目所涉及的多座空中连廊工程,作为连接绿道不可或缺的重要一环,在整个片区景观提升及区域景观串联的方面将起到重要作用。其中4号连廊桥采用现代简约风格,根据路口情况,运用弯曲的桥面搭配两端分别斜跨在桥面左舷或右舷之外的两个钢拱,为行人通行时营造有趣的视觉节奏。选取(66.5+65.5+13.5)=145.5米三跨中承式拱桥结构,主拱拱高20.4米,矢跨比约为1/3.1,桥面全宽5.2米,净宽3.5米。两个坡道和一个梯道均为钢筋混凝土结构,桥面全宽4米,净宽2.5米。两个主拱肋水平面呈123.15度夹角,拱肋拱轴线为圆曲线,半径为35.30米,采用空间索面形式,全桥共18根吊杆,在拱肋处顺桥向吊杆间距为2.5米,在主梁处吊杆采用整束挤压钢绞线成品索。

平江汨罗江人行桥

位于湖南省岳阳市平江县城关镇，横跨汨罗江，西起沿江路与启明交叉路口附近，东至天岳广场临渊路，于2018年2月建成。

人行景观桥主桥为（136+69）米的中承式钢结构拱桥，跨中桥宽为6米，两端桥宽为8米。

充分考虑空间异形拱肋及非对称结构的影响，利用承压钢板及分散锚固钢板共同将拱脚荷载分散传递，拱脚与混凝土结合段采用预应力钢束对穿张拉的处理方法，较好地解决了拱脚处混凝土应力过大问题；采用MIDAS进行全桥静、动力以及抗震分析，结果表明，桥梁的安全储备足够，人行舒适性能良好。

重庆一心桥

位于重庆市渝北区兴隆镇杜家村，项目依托于"一专一村"农村可持续发展支援计划，由香港中文大学、清华大学、重庆交通大学合作并组成的"现代竹木结构研究团队"共同修建。于2018年4月建成。

"一心桥"项目因地制宜，将中国传统廊桥与周边巴蜀民居结合，以象征资源集合、环境融合及村民聚合的"合"字作为结构断面理念，选取直径8厘米至12厘米的毛竹为桥梁主体材料，采取绑扎、插接、编织、连接件等工艺处理方法修建。同时，通过在杜家村及周边村庄搜集茅草秸秆及废旧瓦片等材料，用于桥梁屋面及引桥铺装，实现材料的回收再利用。

桥梁跨度21米，桥宽3米，使用716根毛竹修建而成，设计寿命50年，是目前中国跨度最大的人行竹桥。项目团队秉持环保及可持续发展理念，将竹材研究与农村可持续发展结合，一方面，通过近5年时间的试验及研究，从技术上解决了竹材易裂、耐久性差、结构跨越能力不足等核心问题，推动竹材在建筑领域的应用；另一方面，项目团队从环境(绿色建材应用、全周期零碳排放设计导向)、经济(低成本、经济增长助力)及社会可持续(学术、农村公益、影响他人、理念及技术传承等)三方面充分践行可持续发展理念。

北京中关村海龙科贸过街景观桥

位于北京市海滨区中关村白颐路与四环相交节点南侧，是连接海龙大厦与科贸大厦的过街天桥，路段机动车交通量大，路口饱和度高。工程为中关村大街视觉提升景观提升改造工程之一，建成于2018年5月。

天桥采用钢结构形式，主桥全长122.39米，总宽9米，辅桥全长92米，宽6米。两处坡道一处长77.2米、宽3.6米，另一处长70米、宽3米，还有6处梯道。天桥总面积2260平方米。

改造后的天桥，在外形、人文环境、造型设计以及人文关怀都得以提升。通过改造，在外形上以DNA为高科技元素符号为出发点，通过双螺旋的造型体现中关村的区域特征。在结构上，从安全的角度完成了旧桥的加固、增加了桥面的防腐防水处理，提升整桥的安全性能。

附 录
Appendix

长江上的桥

长江先后流经：青海、四川、西藏、云南、重庆、湖北、湖南、江西、安徽、江苏、上海等11个省、自治区、直辖市，全长6300公里。合计长江共有桥梁221座（6座未全跨江面），其中在建17座、已建成铁路或轨道桥16座、公铁或公轨共用桥11座、公路桥177座。

在建桥梁

铁路桥

序号	省份	桥名	桥型及跨径布置	建成年份	备注
001	青海	青藏铁路沱沱河大桥	42×32米钢混梁桥	2002年	铁路桥
002		沱沱河大桥	10米梁桥	1958年	G109线老桥
003		沱沱河新桥	16×20米梁桥	1987年	G109线新桥
004		马场桥	15米梁桥	1964年	
005		直门达桥	50米肋拱	1963年	G214老桥
006		新直门达桥	（53.8+90+53.8）米连续箱梁	2005年	G214线新桥
007		曲麻莱通天河大桥	梁桥	1989年	S308线老桥
008		玉树州通天河大桥	（52.5+6×100+53.5）米连续刚构	2016年	S308线新桥
009		玉树藏得通天河大桥	11×20米空心板梁	2013年	安冲乡
010		共玉高速公路通天河特大桥	梁桥	2017年	与新直门达桥同框
011	四川（川藏界）	德格岗托吊桥	92米悬索桥	1956年	老桥
012		德格岗托桥	2×70米双曲拱桥	1974年	G317线新桥
013		G318线金沙江大桥	梁桥	1964年	G318国道金沙江老桥
014		巴塘竹巴笼桥	10×25米梁桥	2003年	G318线巴塘金沙江新桥
015		洛须金沙江大桥	150米铁索桥	1988年	邓玛奴桑巴桥
016	四川（川滇界）	得荣因都坝金沙江大桥	90米钢混箱形拱	2006年	迪庆德钦－甘孜得荣
017		莫丁桥	160米连续刚构	2017年	迪庆德钦－甘孜得荣
018		曲宗大桥（羊拉大桥）	上承式混凝土箱拱桥	2006年	迪庆德钦－甘孜得荣
019		金沙湾大桥	悬索桥		迪庆德钦－甘孜得荣
020		伏龙桥（旧贺龙桥）	108米悬索桥	1959年（已弃用）	迪庆德钦－甘孜得荣
021		贺龙桥	混凝土拱	1991年	迪庆德钦－甘孜得荣
022		G214金沙江大桥	130米钢混箱形拱	2012年	迪庆德钦－甘孜得荣
023	云南	迪庆江东桥	悬索桥	2019年（重建）	云南迪庆（2018年被冲毁）
024		迪庆拖顶金沙江索道桥	163.8米索道桥	2019年	迪庆德钦拖顶乡（原索道桥、拖顶桥于2018年11月被冲毁）
025		其宗桥（其春桥）	95米斜拉桥	1991年	迪庆中甸
026		尼塔公路其春金沙江大桥	全长361米连续刚构	2018年	迪庆尼塔二级公路改建
027		丽江金山大桥	200米悬索桥	2006年	丽江

序号	省份	桥名	桥型及跨径布置	建成年份	备注
028	云南	中甸松园桥（松园金沙江大桥）	170米钢混箱形拱	1996年	迪庆中甸
029		继红桥（鲁南桥，G214老桥）	2×75米双曲拱	1971年	迪庆中甸、丽江，滇藏公路
030		丽江奉科金沙江大桥（革囊渡大桥）	（83+150+83）米连续刚构	2014年	云南丽江玉龙、宁蒗
031		丽江阿海金沙江大桥	120米混凝土箱形拱	2009年	云南丽江
032		丽江树底桥	108米悬索桥	1960年	云南丽江
033		丽江树底大桥	主跨120米连续刚构	2003年	云南丽江古城区、永胜
034		丽江金安桥	110米拱桥	1982年	云南丽江
035		永胜金龙桥（人行桥）	92.3米铁索木板桥	1876年	云南丽江
036		永胜金江吊桥	200米悬索桥	1962年	云南丽江（将被鲁地拉电站淹没）
037		丽江永胜金江桥	106米斜拉桥	1998年	云南丽江（将被鲁地拉电站淹没）
038		永胜金江大桥（新桥）	全长325米连续刚构	2012年	云南丽江
039		鹤庆中江大桥	悬索桥	2005年	云南大理
040		鹤庆麻拐旦大桥	悬索桥	2012年	云南大理
041	四川	丽攀高速公路攀枝花庄上金沙江特大桥	（95+180+95）米连续刚构	2014年	攀枝花
042		攀枝花宝鼎大桥（陶家渡大桥、07号桥）	170米混凝土箱拱桥	1976年	攀枝花
043		攀枝花法拉大桥（又名陶家渡桥）	190米钢管拱	2005年	攀枝花
044		攀枝花陶家渡吊桥（老法拉桥，沿江吊桥、河门口桥、04号桥）	180米悬索桥	1968年	攀枝花（2004年拆除）
045		丽攀高速公路攀枝花大水井金沙江特大桥	230米连续刚构	2013年	攀枝花
046		攀枝花新庄大桥（06号桥）	146米箱拱	1982年	攀枝花
047		攀枝花市荷花池铁路桥	168米连续刚构	1995年	攀枝花
048		攀枝花荷花池大桥（05号桥）	110米箱形拱桥	1976年	攀枝花
049		攀枝花市渡口大桥（02号桥）	170米箱拱	2005年	攀枝花
050		攀枝花市渡口吊桥	185米悬索桥	1965年	攀枝花
051		攀枝花市炳草岗大桥（炳枣大桥）	（149+200+51）米独塔斜拉桥	2004年	攀枝花
052		攀枝花密地大桥（03号桥）	180米钢桁架拱	1969年	攀枝花（已禁行）
053		攀枝花新密地大桥	182米箱拱	2013年	攀枝花
054		丽攀高速公路青龙山金沙江特大桥（倮果金沙江大桥）	230米连续刚构	2013年	攀枝花
055		攀枝花倮果大桥	160米箱肋拱桥	1995年	攀枝花
056		成昆铁路复线攀枝花市金沙江大桥	（120+208+120）米双矮塔斜拉桥	2018年	攀枝花
057		成昆铁路三堆子金沙江大桥	192米钢桁梁	1996年	攀枝花

序号	省份	桥 名	桥型及跨径布置	建成年份	备 注
058	四川	攀枝花金沙江三堆子大桥	连续刚构	2019年	连接攀枝花北岸及金江高速公路
059		西攀高速攀枝花金沙江大桥（金江金沙江大桥）	324米斜拉桥	2007年	攀枝花
060		红果金沙江大桥（老108国道）	全长152米	1982年	凉山会理、攀枝花仁河区
061		鱼鲊金沙江大桥（108国道）	全长1026米连续刚构	2015年	凉山会理、攀枝花仁河区
062	云南（川滇界）	禄劝皎平渡桥	144米斜拉桥	1991年	昆明禄劝、凉山会理
063		金沙江河门口大桥（乌东德水电站桥）	（135+240+135）米连续刚构	2017年	昆明禄劝、凉山会东
064		金东大桥	730米悬索桥	2018年	昆明东川、凉山会东
065		葫芦口金沙江大桥	160米上承式箱形拱	1998年	昭通巧家、凉山宁南（云南西巧公路S212线）
066		巧家葫芦口大桥（又名白鹤滩金沙江大桥）	656米钢桁梁悬索桥	2016年	昭通巧家、凉山宁南 为白鹤滩水电站对外交通项目
067		冯家坪金沙江大桥	260米劲性骨架拱	2018年	昭通巧家、凉山布拖
068		茂租金沙江索桥	180米索道桥	2005年	昭通巧家、凉山金阳
069		对坪金沙江大桥	280米劲性骨架拱	2018年	昭通巧家、凉山金阳
070		通阳金沙江大桥	188米箱形拱	2009年	昭通昭阳、凉山金阳
071		月亮湾大桥	465米双塔悬索桥	2019年4月完工	昭通永善、凉山金阳
072		溪洛渡索道桥	全长358米索道桥	2004年	昭通永善、凉山雷波（原1987年160米索道桥已拆）
073		溪洛渡金沙江大桥	（72+128+72）米连续刚构	2005年	昭通永善、凉山雷波
074		桧溪金沙江大桥	（87+158+87）米连续刚构	2005年	昭通绥江、宜宾屏山
075		G213线南岸金沙江大桥（旧桥）	150米箱形拱	2001年	昭通绥江、宜宾屏山
076		G213线南岸金沙江大桥（新桥）	连续刚构	2012年	昭通绥江、宜宾屏山
077		云川金沙江大桥	228米连续刚构	2015年	昭通绥江、宜宾屏山
078		向家坝水电站金沙江大桥	（70+170+90）米连续梁	2017年	昭通水富、宜宾宜宾
079		内宜铁路安边金沙江大桥（水富大桥）	128米下承式钢桁梁	1960年	昭通水富
080		大永高速公路涛源金沙江大桥	656米双塔钢箱梁悬索桥	在建	大理、丽江
081		丽香高速公路虎跳峡金沙江特大桥	766米单塔悬索桥	在建 2020年1月合龙	香丽高速公路
082		金安金沙江大桥	1386米双塔钢桁梁悬索桥	2020年	G4216蓉丽高速公路华坪丽江段
083		丽塔高速公路金沙江大桥	1190米双塔悬索桥	在建	丽塔高速公路
084		丽香铁路虎跳峡金沙江特大桥	660米双塔钢桁梁悬索桥	在建	香丽铁路
085		宜水高速公路宜宾柏溪金沙江大桥	（140+249+140）米连续刚构	2006年	宜宾G85渝昆高速公路宜水高速公路
086		宜宾普和金沙江特大桥	（60+180+128)米连续刚构	2019年	宜宾

序号	省份	桥 名	桥型及跨径布置	建成年份	备 注
087	云南（川滇界）	宜宾马鸣溪金沙江大桥	150米箱形拱	1979年 2004年加固	宜宾
088		宜宾天池金沙江特大桥	220米连续刚构	2011年	宜宾
089		成贵高铁宜宾金沙江公铁特大桥	336米钢箱拱	2018年	宜宾
090		宜宾中坝金沙江大桥	252米独塔斜拉桥	2004年	宜宾
091		成昆铁路宜珙支线宜宾金沙江铁路大桥	（112+176+112）米钢桁架梁	1968年	宜宾
092		宜宾南门大桥（小南门桥）	240米劲性骨架拱	1990年建 2016年加固	宜宾
093		宜宾戎州大桥（南门二桥）	260米钢管拱	2004年	宜宾

以上为沱沱河、通天河、金沙江段桥梁：共计93座，其中在建4座（含铁路1座）；建成的铁路7座，公路82座

以下为长江段桥梁，共128座，其中在建13座；建成的铁路或轨道桥9座，公铁或公轨桥11座，公路桥95座

序号	省份	桥 名	桥型及跨径布置	建成年份	备 注
094	四川（长江段）	宜宾长江大桥（菜园沱长江大桥）	460米斜拉桥	2008年	
095		宜宾南溪长江大桥	820米悬索桥	2012年	成渝环线宜泸渝高速公路桥
096		宜宾南溪仙源长江大桥	572米高低塔混合梁斜拉桥	2019年	2019年1月30日通车
097		宜宾江安长江大桥	252米连续刚构	2007年	
098		宜宾临港长江公铁大桥	522米公铁平层钢箱梁斜拉桥	在建 2019年初开工	宜宾
099		泸州长江二桥	（145+252+49.5）米连续刚构	2001年	G312线隆纳高速公路
100		隆叙铁路泸州长江大桥（泸州长江三桥）	144米连续刚构	2004年	总长602米
101		泸州长江六桥	主桥长1080米三塔公轨两用斜拉桥	在建	
102		泸州长江大桥（泸州长江四桥，原泸州长江一桥）	170米T构	1982年	
103		泸州国窖大桥（茜草长江大桥，泸州长江五桥）	（128+248+128）米双矮塔斜拉桥	2012年	
104		泸州泰安长江大桥（1573长江大桥）	270米独塔斜拉桥	2008年	绕城公路桥
105		泸州黄舣长江大桥	520米高低塔斜拉桥	2012年	成自泸赤高速公路
106		泸州合江康博大桥（合江长江二大桥）	420米预应力混凝土梁斜拉桥	2013年	泸渝高速公路桥
107		泸州合江长江公路大桥	507米中承式钢管系杆拱	在建	
108		泸州波司登大桥（合江长江一桥）	530米钢管拱	2012年	泸渝高速公路桥
109	重庆	永川长江大桥	608米双塔双索面混合梁斜拉桥	2014年	重庆三环、永江高速公路
110		江津白沙长江大桥	770米悬索桥	在建	
111		江津长江大桥	240米连续刚构	1997年	

序号	省份	桥名	桥型及跨径布置	建成年份	备注
112		江津几江长江大桥（中渡长江大桥）	600米钢箱梁悬索桥	2016年	
113		江津鼎山长江大桥（公轨两用）（迎宾公轨共用大桥、粉房湾长江大桥）	464米双塔斜拉桥	2013年	公轨两用
114		江津外环长江大桥（观音岩长江大桥）	436米双塔钢—混凝土结合梁斜拉桥	2009年	重庆绕城高速公路
115		重庆地维长江大桥（珞璜长江二桥）	345米斜拉桥	2004年	
116		川黔铁路重庆白沙沱长江大桥（小南海大桥）	80米钢桁架梁	1959年	
117		渝黔铁路白沙沱长江特大桥	432米钢桁梁斜拉桥	2018年	
118		重庆鱼洞长江大桥	2×260米连续刚构	2008年	
119		白居寺长江大桥（公轨两用）	660米双塔双索面斜拉桥	在建 2022年建成	
120	重庆	重庆马桑溪长江大桥	360米斜拉桥	2001年	
121		重庆李家沱长江大桥（重庆长江二桥）	444米斜拉桥	1997年	
122		重庆鹅公岩长江大桥	600米钢箱梁悬索桥	2000年	
123		重庆鹅公岩轨道专用桥	600米悬索桥	2019年完成铺轨	
124		重庆菜园坝长江大桥（公轨两用）	420米钢管拱	2007年	
125		重庆长江大桥复线桥（重庆石板坡长江大桥复线桥）	330米钢—混凝土混合梁	2006年	
126		重庆长江大桥（重庆石板坡长江大桥）	174米T构	1980年	
127		郭家沱长江大桥（公轨两用）	720米钢桁梁悬索桥	在建	
128		重庆东水门大桥（公轨两用）	445米双塔斜拉桥	2014年	
129		重庆朝天门长江大桥	552米钢桁拱	2008年	
130		重庆大佛寺长江大桥	450米双塔斜拉桥	2001年	
131		重庆寸滩长江大桥	880米悬索桥	2017年	
132		新广阳岛大桥	395米双塔斜拉桥	2018年	未全跨长江
133		重庆广阳岛大桥（半江桥）	全长1129米连续梁桥	2006年	未全跨长江
134		重庆鱼嘴长江大桥	616米双塔钢箱梁悬索桥	2009年	
135		重庆太洪长江大桥（太洪岗长江大桥）	808米钢箱梁悬索桥	2020年	南川两江高速公路
136		渝怀铁路长寿长江特大桥	2×192米连续钢桁梁	2005年	
137		重庆长寿长江二桥	739米钢箱梁悬索桥	在建	

序号	省份	桥 名	桥型及跨径布置	建成年份	备 注
138	重庆	重庆长寿长江大桥	460米斜拉桥	2009年	
139		涪陵青草背长江大桥	788米悬索桥	2013年	
140		涪陵李渡长江大桥	398米双塔双索面斜拉桥	2007年	
141		涪陵长江大桥	330米双塔双索面斜拉桥	1997年	
142		涪陵石板沟长江大桥（涪陵长江三桥）	450米双塔双索面斜拉桥	2009年	
143		渝利铁路韩家沱长江大桥	432米钢桁梁斜拉桥	2012年	
144		丰都长江大桥	450米双塔钢—混凝土结合梁悬索桥	1997年	
145		丰都长江二桥	680米双塔双索面钢箱梁斜拉桥	2017年	
146		忠州长江大桥	460米双塔双索面斜拉桥	2009年	
147		石忠高速忠县长江大桥	560米双塔悬索桥	2001年	
148		万州长江大桥（万县长江大桥）	420米混凝土箱拱	1997年	
149		宜万铁路万州长江大桥	360米钢桁拱	2005年	
150		万州长江三桥（牌楼长江大桥）	730米双塔钢—混凝土混合梁斜拉桥	2019年	5月9日完成荷载试验
151		万州长江二桥	580米高低塔钢桁梁悬索桥	2004年	
152		万州附马长江大桥（万州长江四桥）	1050米悬索桥	2017年	
153		重庆云阳长江大桥	318米高低塔斜拉桥	2005年	
154		重庆奉节长江大桥（夔门长江大桥）	460米双塔双索面斜拉桥	2006年	
155		重庆巫山长江大桥（巫峡长江大桥）	460米钢管拱	2005年	
156	湖北	巴东长江公路大桥	388米斜拉桥	2004年	
157		宜昌西陵长江大桥	900米双塔钢箱梁悬索桥	1996年	
158		姊归长江大桥（香溪长江大桥）	519米中承式钢桁拱	2019年8月	
159		葛洲坝三江大桥	（94+158+94）米T构	1981年	
160		宜昌至喜长江大桥	838米悬索桥	2016年	
161		宜昌夷陵长江大桥	2×348米三塔斜拉桥	2001年	
162		宜万铁路宜昌长江大桥	2×275米拱梁结合	2010年	
163		宜昌长江公路大桥	960米悬索桥	2001年	
164		宜昌白洋长江公路大桥	1000米双塔钢箱梁悬索桥	在建	
165		焦柳铁路宜昌枝城长江大桥	4×160米钢桁梁	1971年	
166		荆州长江大桥（荆沙长江大桥）	500米双塔双索面斜拉桥	2002年	
167		荆州长江公铁大桥（公安长江大桥）	518米双塔钢桁梁斜拉桥	2017年	

序号	省份	桥 名	桥型及跨径布置	建成年份	备 注
168	湖北	石首长江大桥	820米混合梁斜拉桥	2019年9月	
169	湖北（鄂湘界）	荆岳长江公路大桥（监利长江大桥）	816米双塔钢箱梁斜拉桥	2010年	
170	湖北	湖北嘉鱼长江大桥	920米高低塔混合梁斜拉桥	2019年	
171		武汉军山长江大桥（武汉长江四桥）	460米双塔双索面钢箱梁斜拉桥	2000年	京珠、沪蓉高速公路共用
172		武汉沌口长江大桥（武汉长江九桥）	760米双塔双索面钢箱梁斜拉桥	2017年	
173		武汉白沙洲长江大桥（武汉长江三桥）	618米双塔双索面钢—混凝土梁斜拉桥	2000年	
174		武汉杨泗港长江大桥（武汉长江十桥）	1700米钢桁梁悬索桥	2019年9月	双层公路桥
175		武汉鹦鹉洲长江大桥（武汉长江八桥）	850米三塔悬索桥	2014年	
176		武汉长江大桥（公铁两用）	128米钢桁梁	1957年	
177		武汉长江二桥	400米双塔双索面斜拉桥	1995年	
178		武汉二七长江大桥（武汉长江七桥）	616米三塔钢—混凝土结合梁斜拉桥	2011年	
179		武汉天兴洲长江大桥（公铁两用，六桥）	504米钢桁梁斜拉桥	2009年	
180		武汉青山长江大桥（武汉长江十一桥）	938米双塔钢箱梁斜拉桥	2020年	
181		武汉阳逻长江大桥（武汉长江五桥）	1280米悬索桥	2007年	
182		黄冈长江大桥（公路城铁两用）	567米双塔钢桁梁斜拉桥	2014年	
183		湖北鄂黄长江大桥	480米双塔双索面斜拉桥	2002年	
184		湖北鄂东长江大桥（黄石长江二桥）	926米双塔混合梁斜拉桥	2010年	
185		黄石长江大桥	3×245米梁桥	1995年	
186		湖北棋盘洲长江大桥（黄石长江三桥）	1038米双塔钢箱梁悬索桥	2021年	
187		湖北武穴长江大桥	1403米双塔斜拉桥	在建	
188	江西（赣鄂界）	九江长江二桥	818米双塔斜拉桥	2013年	
189		九江长江大桥	（180+216+180）米柔性拱+钢桁梁桥	1996年	
190	安徽	望东长江大桥	638米斜拉桥	2016年	
191		安庆长江大桥	510米斜拉桥	2014年	
192		宁安铁路安庆长江大桥	580米钢桁梁斜拉桥	2015年	

序号	省份	桥名	桥型及跨径布置	建成年份	备注
193	安徽	池州长江大桥	828米斜拉桥	2018年	
194		铜陵长江大桥	432米斜拉桥	1995年	
195		铜陵长江公铁大桥	630米双塔斜拉桥	2015年	
196		芜湖长江二桥	806米斜拉桥	2017年	
197		商合杭铁路芜湖长江公铁大桥（芜湖长江三桥）	588米高低塔钢桁梁斜拉桥	2020年	
198		芜湖长江大桥（公铁两用）	312米矮塔钢桁梁斜拉桥	2000年	
199		马鞍山长江大桥	2×1080米三塔悬索桥	2016年	
200	江苏	京沪高铁南京大胜关长江大桥	336米钢连拱桥	2009年	
201		南京长江三桥	648米钢箱梁斜拉桥	2005年	
202		南京长江五桥	1796米三塔斜拉桥	2020年	
203		南京长江大桥（公铁两用）	160米钢桁梁	1968年	
204		南京长江二桥	628米斜拉桥	2001年	
205		南京仙新路过江通道	1760米悬索桥	在建 2022年建成	
206		南京长江四桥	1418米悬索桥	2012年	
207		润扬长江大桥	1490米钢箱梁悬索桥	2004年	
208		连淮扬铁路镇江五峰山公铁大桥（镇江长江大桥）	1092米悬索桥	在建 2019年合龙	
209		泰州长江大桥	2×1080米三塔悬索桥	2012年	
210		常泰过江通道（公铁两用）	1176米钢桁梁斜拉桥	2019年1月开工 2023年建成	高速公路+城际铁路+普通公路
211		扬中长江大桥	100米连续梁	1994年	未全跨长江
212		扬中长江二桥	120米梁桥	2004年	未全跨长江
213		江阴长江大桥	1385米悬索桥	1999年	
214		如皋长青沙大桥（新老桥并列）	（70+2×80+70）米连续梁桥	1997年 2007年	
215		如皋长江大桥	总长1046米双塔单索面斜拉桥	2013年	
216		南通华沙大桥	单车道梁桥	2003年	已成危桥，未全跨长江
217		南通东沙大桥	270米双塔斜拉桥	2014年	未全跨长江
218		沪通长江公铁大桥	1092米钢桁梁斜拉桥	2020年	
219		苏通长江公路大桥	1088米斜拉桥	2008年	
220	上海（沪苏界）	崇启大桥	185米钢箱连续梁桥	2011年	
221	上海	上海长江大桥（隧桥工程）	730米斜拉桥	2009年	

黄河上的桥

　　黄河先后流经：青海、四川、甘肃、宁夏、内蒙古、山西、陕西、河南、山东9个省、自治区，全长5500公里。全线不含浮桥共262座桥，其中在建7座，铁路桥51座，公铁桥5座，公路桥199座。

序号	省份	桥 名	桥型及跨径布置	建成年份	备 注
001	青海	玛多桥	12.5米梁桥	1966年	
002		雅娘桥	13米梁桥	1986年	
003		达日吉迈桥	20米梁桥	1959年	
004		西久公路达日黄河2号大桥	20米空心板梁桥	2002年	
005		果洛沙木多黄河大桥	长80米六跨板梁桥	2013年	
006		果洛国钦黄河大桥	20米梁桥	2010年	
007		果洛折安黄河大桥	20米梁桥	2014年	
008		果洛塘什加黄河大桥	20米梁桥	2015年	
009		果洛多利多卡黄河大桥	20米空心板梁桥	2014年	
010		果洛特合土黄河大桥	20米空心板梁桥	2015年	
011		门堂桥	20米梁桥	1996年	
012		玛曲齐哈马黄河人行桥	195米双链悬索桥	1986年	
013	甘肃	玛曲桥	70米拱桥	1979年	
014	青海	拉加寺黄河大桥	20米梁桥	1986年	
015		茨哈峡水电站黄河大桥	（50+90+50）米连续刚构	2014年	
016		班多水电站进厂交通桥	32米钢桁梁	2008年	
017		卡力岗黄河大桥	80米箱形拱桥	1985年	原85米跨径，同名悬索桥已拆
018		鹿圈黄河吊桥	220米悬索桥	2007年	
019		唐乃亥水文站黄河吊桥	220米悬索桥	2007年	
020		唐乃亥黄河大桥	（80+150+80）米连续刚构	2017年	南巴滩至河卡山南公路
021		尕玛羊曲黄河大桥	70米拱桥	1982年	
022		三贵公路尕玛羊曲黄河大桥	80米箱形拱桥	2007年	
023		尕玛羊曲黄河大桥	5×120米连续刚构	2017年	
024		阳康桥	30米梁桥	1987年	
025		龙羊峡水电站黄河吊桥	50米悬索桥	1963年	
026		拉西瓦水电站黄河大桥	132米上承式钢管拱桥	2014年	
027		尼那水电站吊桥	165米悬索桥	1998年	
028		贵德黄河大桥	16米梁桥	1978年	

 在建桥梁

 铁 路 桥

序号	省份	桥名	桥型及跨径布置	建成年份	备注
029	青海	贵德黄河吊桥	250米悬索桥	2009年	重建
030		虎头崖黄河人行桥	70米悬索桥	1996年	
031		阿什贡黄河公路大桥	30米梁桥	2011年	
032		湟贵公路太平大桥（虎头崖黄河大桥）	30米T梁桥 提篮式装饰拱跨径210米	1960年	
033		李家峡水电站黄河大桥	90米拱桥	1989年	
034		阿岱至李家峡高速公路红旗村黄河大桥	（75+2×120+75）米连续梁	2012年	
035		康隆河公路大桥	30米梁桥	1987年	
036		尖扎黄河公路大桥	（50+90+50）米连续刚构	2004年	原100米跨径马克塘拱桥已拆
037		隆务黄河公路大桥	105米刚构梁	2004年	原50米跨径隆务河口拱桥已拆
038		泽曲河口桥	50米悬索桥	1983年	
039		海黄大桥（洼加滩黄河大桥）	560米斜拉桥	2016年	
040		公伯峡黄河公路大桥	128米中承式钢管拱	2004年	
041		苏龙珠黄河大桥	220米钢管拱桥	2017年	
042		街子黄河大桥	2×124米斜靠式下承拱桥	2002年	
043		伊玛目桥	15米梁桥	1970年	
044		循化积石黄河公路大桥	30米连续箱梁桥（带装饰性拱）	2005年	
045		循化积石镇人行桥	124米悬索桥	1979年	
046		清水至关门公路1号黄河大桥	（60+105+60）米连续刚构	2012年	
047		清水至关门公路2号黄河大桥	（94+170+94）米连续刚构	2012年	
048		循化清水黄河人行桥	75米悬索桥	1974年	
049	甘肃	甘肃石咀湾黄河铁路2号大桥	钢桁梁	1958年	
050		上诠黄河铁路1号大桥	64米钢板梁	1975年	
051		甘肃积石山黄河人行桥	75米悬索桥	20世纪70年代	
052		大河家黄河大桥	（45+70+45）米连续梁	1988年	
053		刘家峡黄河大桥	（150+536+115）米钢桁梁悬索桥	2013年	
054		刘家峡祁家黄河大桥	180米钢管拱	2009年	
055		永靖金河湾黄河大桥	（70+128+70）米连续梁 加装上承式钢桁装饰拱	2016年	
056		永靖小川黄河公路旧桥	75米拱桥	1959年	
057		永靖小川黄河大桥	70米桁架拱	1999年	
058		永靖太极黄河吊桥	190米悬索桥	2002年	
059		永靖黄河大桥	（52+90+52）米梁桥	2011年	
060		焦家川黄河大桥	33米梁桥	1975年	
061		八盘峡黄河吊桥	174米悬索桥	1983年	
062		八盘峡铁路黄河桥	64米连续梁	1975年	

附 录

序号	省份	桥 名	桥型及跨径布置	建成年份	备 注
063		兰青铁路黄河大桥	2×16米钢桁梁	1975年	
064		兰青二线铁路黄河大桥	4×56米混凝土梁桥	2004年	
065		兰武二线铁路河口黄河大桥	1044米梁桥	2005年	
066		兰新铁路第二线八盘峡黄河大桥（兰新铁路新桥）	4孔连续刚构梁桥	2012年	
067		兰新铁路黄河大桥（老桥，河口南黄河大桥）	7×32米连续T型梁	1955年	
068		西固新城黄河公路新桥	（75+110+75）米连续梁	2003年	G109线
069		西固新城河口黄河大桥	62米拼装混凝土拱	1959年	
070		甘肃504厂黄河大桥	（75+110+75）米梁桥	2010年招标	
071		兰州蛤蟆滩人行桥	110米悬索桥	1954年	
072		兰化输水人行道桥	610米钢桁+悬索桥	1977年	
073		西固柴家台黄河悬索吊桥	180米悬索桥	1977年	
074		兰州河口黄河大桥	360米钢混结合梁斜拉桥	2015年	
075		西固柴家峡黄河大桥	364米钢箱梁斜拉桥	2019年	
076		兰州绕城高速公路西固黄河特大桥	360米双塔斜拉桥	2017年	
077		兰州坡底下铁路专用桥	67米钢桁梁	1958年	
078	甘肃	中川铁路西固黄河特大桥	2×120米连续梁	2015年	
079		兰渝铁路南坡坪黄河特大桥	2×64米连续梁桥	2010年	
080		兰州西沙黄河大桥	3×32.6米鱼腹钢桁梁	1974年	
081		兰州深安黄河大桥	156米下承式蝶形拱	2014年	
082		兰州银滩黄河大桥	2×133独塔斜拉桥	2001年	
083		兰州七里河黄河大桥	40米悬臂梁桥	1958年	
084		兰州小西湖黄河大桥	（81+136+81）米矮塔斜拉桥	2003年	
085		兰州中山桥（兰州黄河铁桥）	5×46米钢拱梁组合体系	1909年	1954年以拱加固改人行桥
086		兰州元通大桥	150米钢管拱	2013年	
087		兰州黄河大桥（城关黄河大桥）	3×70米连续梁	1979年	
088		兰州金雁大桥	138米钢拱	2012年	
089		兰州雁滩黄河大桥	（85+127+85）米三跨连续下承式钢管系杆拱	2003年	
090		兰州天水路黄河大桥	5×40米梁桥	2002年	
091		兰州城关区东岗黄河大桥	5×80米梁桥	2003年	
092		包兰铁路城关区东岗黄河桥	3×53米混凝土肋拱	1956年	
093		兰州雁白黄河大桥	（90+165+90）米连续梁桥	2016年	
094		兰渝铁路兰州城关区杨家湾特大桥	2×64米连续梁	2012年	
095		兰州城关区城东黄河吊桥	186米悬索桥	1989年	

序号	省份	桥 名	桥型及跨径布置	建成年份	备 注
096	甘肃	兰州青白石黄江吊桥	186米悬索桥	1989年	
097		桑园子铁路新桥	连续梁桥	2003年	
098		榆中桑园子人行桥	140米悬索桥	1980年	
099		宝兰铁路桑园子桥	上承式拱	1952年	
100		榆中安平黄河吊桥	136米悬索桥	2002年	
101		皋兰小峡水电站石门黄河大桥	109米索道桥	2001年	
102		皋兰小峡水电站黄河公路大桥	2×40米空腹式混凝土箱拱	2001年	
103		皋兰什川黄河吊桥	124米悬索桥	1971年	
104		甘肃白榆公路黄河大桥	120米拱	1990年	
105		甘肃青城黄河大桥	50米梁桥	2011年	
106		甘肃平堡吊桥	133米悬索桥	1970年	
107		靖远黄河公铁两用桥	32米钢桁梁桥	1975年	现公路桥已封闭
108		靖远黄河大桥	90米刚构连续组合梁	2010年	
109		靖远糜滩黄河大桥	180米悬索桥	2001年	
110		靖远金滩黄河大桥	主桥368米矮塔斜拉桥	在建	
111		靖远三滩黄河大桥	（78+140+78）米连续刚构	2000年	
112		靖远新田黄河公路大桥	3×90米连续梁	2006年	
113	宁夏	中卫沙坡头黄河大桥	2×120米连续刚构	2012年	定武、上武、G70
114		中卫沙坡头黄河人行桥	208米悬索桥	2004年	
115		中卫高铁南站黄河大桥	梁拱结合体系	在建	
116		中卫黄河大桥	90米梁桥	1997年	
117		中卫黄河大桥新桥	90米连续箱梁	2014年	与1997年桥并列
118		宝中铁路中卫黄河特大桥	7×48米梁桥	1993年	
119		太中银铁路中宁黄河大桥	6×90米钢桁梁	2007年	
120		中宁黄河公路大桥（G109线）	40米梁桥	1986年	
121		青铜峡黄河铁桥	49米钢桁梁	1959年	
122		青铜峡黄河大桥	3×90米T构	1991年	
123		青铜峡黄河特大桥（古青高速公路）	110米连续箱梁	2012年	
124		吴忠黄河公路大桥	92米梁桥	2010年	
125		吴忠黄河大桥	4×90米连续梁	2002年	石中、G70福银高速公路
126		大古铁路吴忠黄河大桥	10×48米梁桥	1994年	
127		叶盛黄河大桥	10×40米空腹双曲拱桥	1970年	
128		新叶盛黄河大桥	120米连续梁桥	2017年	宁夏首座波形钢腹板梁桥
129		太中银铁路永宁黄河大桥	13×96米钢桁梁	2008年	

附 录

序号	省份	桥 名	桥型及跨径布置	建成年份	备 注
130	宁夏	永宁黄河公路特大桥	260米斜拉桥	2016年	
131		银西高铁银川机场黄河特大桥	（60+2×100+60）米连续钢桁梁柔性拱	2018年	
132		银川黄河大桥	5×90米T构	1994年 2004年加宽	G20青银高速公路
133		青银高速公路银川黄河二桥（辅道大桥）	90米梁桥	2004年	
134		银川滨河黄河大桥	218米钢混结合梁悬索桥	2016年	
135	宁蒙界	银川兴庆区兵沟黄河大桥	6×80米连续箱梁	2016年	
136	宁夏	平罗黄河大桥（陶乐黄河大桥）	5×90米连续刚构	2005年	
137		红崖子黄河大桥	（55+14×90+55）米连续箱梁	2019年	
138	内蒙古（蒙宁界）	石嘴山黄河新桥	90米连续梁+斜拉组合体系	2016年	
139		石嘴山黄河大桥	90米T构	1994年	
140		乌海黄河大桥	（75+130+75）连续梁	2005年	丹拉、G6京藏
141		包兰铁路三道坎黄河新桥	104米连续梁	2000年	
142		包兰铁路三道坎黄河旧桥	55米钢桁梁	1958年	
143		乌海黄河特大桥	（120+220+120）米双矮塔斜拉桥	2018年	G110
144		乌海黄河公路大桥	6×65米梁桥	1988年	
145		乌海湖大桥（甘德尔黄河大桥）	5×120米五矮塔斜拉桥	2016年	
146		包兰铁路三盛公黄河1号大桥	12×55米钢桁梁	1958年	
147		包兰复线铁路三盛公黄河2号大桥	12×54米钢桁梁	1999年	
148		三盛公拦河闸黄河公路坝桥	18×16米梁桥	1958年	
149		G6京藏高速公路磴口黄河大桥	3×100米连续梁桥	2004年	
150		临河黄河公路大桥	11×100米连续梁桥	2012年	
151		亿利黄河大桥（奎素黄河大桥）	100米连续箱梁	2010年	
152		乌锡铁路黄河特大桥	连续梁桥	2012年	
153		包西铁路黄河特大桥	108米钢桁梁	2007年	
154		包神铁路包头黄河大桥	13×64米钢桁梁	1987年	
155		包头黄河公路一桥	12×64米梁桥	1983年	
156		包头黄河公路二桥	9×80米连续梁	2002年	
157		德胜泰黄河大桥	100米连续梁	2009年	
158		包茂高速公路黄河大桥	150米连续箱梁	2011年	
159		大城西黄河公路大桥	100米连续箱梁	2011年	
160		巨合滩黄河大桥	5×100米梁桥	2010年	
161		海生卜浪黄河特大桥（蒲滩拐大桥）	（80+145+80）米连续箱梁	2006年	呼准高速公路托克托桥
162		呼准鄂城际铁路小滩子黄河特大桥	5×168米连续刚构连续梁	2016年	
163		呼准运煤专线小滩子黄河大桥	10×80米连续梁	2005年	

序号	省份	桥名	桥型及跨径布置	建成年份	备注
164	内蒙古（蒙宁界）	准兴高速公路柳林滩黄河大桥	5×140米连续刚构	2013年	
165		呼和浩特喇嘛湾黄河大桥	65米梁桥	1985年	
166		丰准铁路岔河口黄河大桥	（96+132+96）米钢桁拱梁结合	1991年	
167		荣乌高速公路小沙湾黄河特大桥	440米斜拉桥	2015年	
168		109国道小沙湾黄河大桥	（80+2×160+80）米连续刚构	2009年	
169	山西（晋蒙界）	万家寨水库吊桥	500米悬索桥	1994年	
170		万家寨黄河公路大桥	12×20米梁桥	1994年	
171		准朔铁路黄河特大桥	380米双线钢管拱	2016年	
172		晋蒙黄河大桥	（2×83+3×152+83）米连续刚构	2018年	灵河、大龙、荣乌
173	晋陕界	华莲黄河大桥（府谷莲花黄河大桥）	（50+4×80+50）米连续刚构	2008年	
174		华莲黄河大桥复线桥	（50+4×80+50）米连续刚构	2013年	
175		府保黄河大桥	5×60米T构	1972年	
176		府保黄河二桥	4×80米连续梁	2000年	
177		神朔铁路保府黄河大桥	8×75米连续梁	1995年	
178		神府高速公路碛塄黄河大桥	4×110米连续刚构	2012年	G1812沧榆高速公路
179		兴神黄河大桥	5×50米T梁	2000年	
180		太佳高速公路临县黄河大桥	150米连续刚构	2014年	
181		佳临黄河大桥	10×50米T构	1996年	
182		孟门黄河大桥（柳林黄河大桥）	3×117米连续梁	2017年	
183		太中银铁路吴堡黄河大桥	4×120米连续梁	2011年	
184		吴堡黄河大桥（军渡黄河大桥）	3×55米钢桁梁	1969年	
185		青银高速公路吴堡黄河特大桥	7×80米T构	2006年	
186		G307线吴堡黄河大桥	11×50米连续刚构	2018年	
187		清（涧）石（楼）黄河大桥	（50+6×80+50）米连续刚构	2011年	
188		延水关黄河公路大桥	6×50米梁桥	2005年	
189		延延高速公路黄河特大桥	（88+4×160+88）米连续刚构	2015年	
190		马头关黄河大桥	16×50米T梁	2007年	
191		G309线七郎窝黄河大桥（壶口黄河公路大桥）	（50+70+50）米钢桁梁	1969年	2015年加固改建
192		青兰高速公路壶口黄河特大桥	3×175米连续刚构	2012年	
193		乡韩黄河公路大桥	4×90米连续刚构	1999年	
194		蒙华铁路龙门黄河大桥	202米钢管拱	2018年	
195		G108线禹门口黄河大桥	144米悬索桥	1972年	
196		侯西铁路禹门口黄河大桥	144米钢桁梁	1973年	
197		黄韩侯铁路禹门口新黄河特大桥	156米钢桁梁	2015年	

序号	省 份	桥 名	桥型及跨径布置	建成年份	备 注
198	晋陕界	G108线禹门口黄河新桥	565米钢混结合梁斜拉桥	2019年	
199		侯禹高速公路龙门黄河公路大桥	352米双塔斜拉桥+125米矮塔斜拉桥	2006年	G5京昆高速公路
200		大西高铁晋陕黄河特大桥	108米钢桁+连续刚构梁	2013年	
201		同浦铁路风陵渡黄河大桥	24×48米钢桁梁	1970年	
202		风陵渡黄河大桥	114米梁桥	1994年	
203	晋豫界	运宝黄河大桥	200米矮塔斜拉桥	2018年	G59
204		三门峡黄河公铁大桥	9×108米钢桁梁	2018年	运三铁路、三浙高速公路
205		三门峡坝下公路桥	5×40米钢桁梁	1958年	
206		三门峡黄河公路大桥	4×160米连续刚构	1993年	G209线
207		三门峡南村黄河公路大桥	50米T梁	2002年	
208		绿地南村黄河大桥	13×100米连续箱梁	在建	垣渑高速公路
209		白浪黄河索道桥（南沟吊桥）	439米索道桥	1986年	河南渑池山西平陆
210	河南	小浪底黄河吊桥	人行索桥	2014年	
211		小浪底防汛桥	152米下承式钢箱拱	2015年	
212		小浪底黄河公路大桥（专用公路桥）	50米梁桥	1994年	荷载汽车－80吨级
213		济洛高速公路黄河大桥	12×50米连续梁	2005年	太澳高速公路
214		焦柳铁路连地黄河大桥	11×80米钢桁梁	1970年	
215		焦柳铁路黄河复线桥	51×50米简支T梁	1994年	
216		新安黄河吊桥	320米悬索桥	1982年	
217		洛吉快速通道洛阳黄河大桥	12×100米连续梁	2018年	
218		洛阳黄河公路大桥（207国道）	67×50米T梁	1977年	G207线
219		二广高速公路洛阳黄河大桥	50米梁桥	2002年	G55
220		孟州黄河特大桥	19×80米钢混结合连续梁	在建 2020年	G207线
221		南河渡黄河大桥（焦作黄河公路大桥）	50×50米T梁	2002年	
222		焦作黄河大桥	3×50米简支梁	2001年	
223		郑云高速公路桃花峪黄河大桥	406米悬索桥	2013年	
224		郑州黄河铁路大桥（嘉应观黄河铁路大桥）	71×40米钢板梁	1960年	
225		郑焦城际铁路黄河大桥	100米钢桁梁	2013年	
226		郑州黄河大桥（花园口黄河大桥）	62×50米简支梁桥	1986年	G107线
227		郑新黄河公铁大桥（郑州黄河公铁两用大桥）	5×168米六矮塔斜拉桥	2010年	
228		刘江黄河大桥（京珠高速公路郑州黄河二桥）	8×100米钢管拱	2004年	京港澳高速公路
229		郑济高铁黄河公铁两用特大桥	6×168米连续钢桁梁	在建 2021年	

序号	省份	桥 名	桥型及跨径布置	建成年份	备 注
230	河南	官渡黄河大桥	125米连续梁	在建 2019年底	
231		大广高速公路开封黄河大桥	6×140米矮塔斜拉桥	2007年	
232		106国道开封黄河大桥	77×50米简支T梁	1989年	
233	鲁豫界	新菏铁路长东黄河大桥复线桥	7×108米钢桁梁	1999年	
234		新菏铁路长东黄河大桥	7×108米钢桁梁	1985年	
235		长济高速公路东明黄河大桥	108米梁桥	2018年	
236		东明黄河公路大桥	7×120米连续刚构	1993年	2017年以矮塔斜拉体系改造完工
237		德商高速公路鄄城黄河公路大桥	11×120米连续梁	2010年	
238		范台梁高速公路黄河大桥	梁桥	在建 2021年	
239		京九铁路孙口黄河大桥	16×108米钢桁梁	1995年	
240		中南部铁路将军渡黄河特大桥	10×128米下承式钢桁梁	2012年	
241	山东	青兰高速公路黄河大桥	430米双塔斜拉桥	2019年	
242		济南平阴黄河大桥	112米钢桁梁桥	1970年	
243		济南长清黄河大桥	4×168米下承式连续钢桁梁	2017年	
244		济南齐河黄河大桥（济齐黄河大桥）	410米双塔钢混结合梁斜拉桥	2018年	
245		津浦铁路曹家圈特大桥	2×120米钢桁梁	1981年	
246		济南黄河二桥	210米连续刚构	1999年	京福、京台、绕城高速公路
247		京沪高铁济南黄河桥	3×168米钢桁拱	2009年	
248		济南建邦黄河大桥（黄河五桥）	2×300米三塔斜拉桥	2010年	
249		泺口黄河铁路桥	165米梁桥	1912年	
250		济南黄河大桥（黄河一桥）	220米斜拉桥	1982年	
251		济南黄河公铁两用大桥	180米刚性悬索加劲连续钢桁梁	2018年	石济客专、济乐高速公路
252		济南黄河三桥	386米独塔斜拉桥	2018年	青银高速公路、绕城高速公路
253		济南济阳黄河大桥（黄河四桥）	216米四矮塔斜拉桥	2008年	
254		惠青黄河公路大桥	（133+220+133）米双矮塔斜拉桥	2006年	
255		滨州黄河大桥（205国道）	4×112米钢桁梁桥	1972年	
256		滨博高速公路滨州黄河桥（二桥）	300米三塔斜拉桥	2004年	
257		滨州黄河公铁大桥（三桥）	180米梁桥	2007年	
258		利津黄河大桥	310米斜拉桥	2001年	
259		东营胜利黄河大桥	288米斜拉桥	1987年	
260		东营黄河大桥	（116+3×220+116）米连续刚构	2005年	
261		东营龙居黄河大桥	180米钢桁梁	2014年	
262		东营黄河铁路大桥	180米钢桁梁	2012年	

世界各桥型主跨前十位排名

梁桥主跨世界排名

桥型	序号	桥 名	国家	主跨（米）	建成年份
梁桥	1	重庆石板坡长江大桥复线桥	中国	330	2006
	2	斯托尔桑德特大桥	挪威	301	1998
	3	尼特罗伊大桥	巴西	300	1974
	4	拉大森德大桥	挪威	298	1998
	5	水盘高速公路贵州北盘江大桥	中国	290	2013
	6	广东虎门大桥辅航道桥	中国	270	1997
	7	巴拉圭河桥	巴拉圭	270	1979
	8	苏通大桥专用航道桥	中国	268	2008
	9	云南元江大桥	中国	265	2003
	10	重庆鱼洞长江大桥	中国	260	2008
		宁德下白石大桥	中国	260	2003
		门道桥	澳大利亚	260	1985
		瓦洛德二号桥	挪威	260	1994

梁桥主跨世界前十位共13座桥，中国占7席

拱桥主跨世界排名

桥型	序号	桥 名	国家	主跨（米）	建成年份
拱桥	1	重庆朝天门大桥	中国	552	2008
	2	上海卢浦大桥	中国	550	2003
	3	合江长江一桥（波司登大桥）	中国	530	2013
	4	西弗吉尼亚新河峡谷大桥	美国	518	1977
	5	合江长江公路大桥	中国	507	2018
	6	贝尔桥	美国	504	1931
	7	悉尼港大桥	澳大利亚	503	1932
	8	巫山长江大桥	中国	460	2005
	9	广西柳州官塘大桥	中国	457	2018
	10	宁波东外环明洲大桥	中国	450	2009
		广东肇庆南广铁路西江大桥	中国	450	2012

拱桥主跨前十位共11座桥，中国占8席

斜拉桥主跨世界排名

桥型	序号	桥　名	国家	主跨（米）	建成年份
斜拉桥	1	俄罗斯岛大桥	俄罗斯	1104	2012
	2	沪通长江大桥	中国	1092	2019
	3	苏通长江公路大桥	中国	1088	2008
	4	香港昂船洲大桥	中国	1018	2009
	5	湖北鄂东长江大桥	中国	926	2010
	6	多多罗大桥	日本	890	1999
	7	诺曼底大桥	法国	856	1995
	8	安徽池州长江大桥	中国	828	2018
	9	九江长江公路大桥	中国	818	2013
	10	湖北荆岳长江大桥	中国	816	2010

斜拉桥前十位，中国占7席

悬索桥主跨世界排名

桥型	序号	桥　名	国家	主跨（米）	建成年份
悬索桥	1	明石海峡大桥	日本	1991	1998
	2	杨泗港长江大桥	中国	1700	2019
	3	南沙大桥坭洲水道桥	中国	1688	2019
	4	舟山西堠门大桥	中国	1650	2009
	5	大带桥	丹麦	1624	1998
	6	伊兹密特桥	土耳其	1550	2016
	7	李舜臣大桥	韩国	1545	2013
	8	润扬长江大桥南汊大桥	中国	1490	2005
	9	杭瑞高速公路岳阳洞庭湖二桥	中国	1480	2017
	10	南京长江四桥	中国	1418	2012

悬索桥世界前十位，中国占6席

附 录

跨海大桥长度世界排名

桥型	序号	桥　名	国家	总长(公里)	建成年份
跨海桥	1	港珠澳大桥	中国	55	2018
	2	杭州湾跨海大桥	中国	36	2008
	3	胶州湾大桥	中国	35.4	2011
	4	上海东海大桥（洋山港大桥）	中国	32.5	2005
	5	切萨皮诺海湾桥	美国	27.2	1964
	6	福建泉州湾跨海大桥	中国	26.7	2015
	7	法赫德国王大桥	巴林	25	1986
	8	舟山连岛工程金塘大桥	中国	21.02	2009
	9	大贝尔桥	丹麦	17.5	1998
	10	厄尔松海峡大桥	丹麦	16	2000
	11	尼特罗伊跨海大桥	巴西	13.7	1974
	12	联邦桥	加拿大	12.9	1997
	13	福建厦漳海大桥	中国	11.7	2013
	14	浙江嘉绍大桥	中国	10.14	2013

长10公里以上跨海桥工程共14座，中国占8席；长30公里以上的4座全属中国

A GUIDE TO CHINESE BRIDGES

中國橋譜
第二卷
A Guide to Chinese Bridges

增 补
Supplement

A GUIDE TO CHINESE BR

中国桥谱 第二卷
A Guide to Chinese Bridges

之

增补 – 廊桥
Supplementary – Lounge Bridges

  2003年出版的《中国桥谱》，收录了300座古代桥梁，其中包括廊桥。

  2019年出版的《中国廊桥》，共收录了中国古代廊桥近500座，大多数都不曾收入《中国桥谱》。为此，本书从这些廊桥中精选了26座，新设"廊桥"一章，并列入了"增补"部分。

  本书选取的26座廊桥，以桥梁结构为主，以地域为辅。入选的桥梁，充分体现了设计精美、建造精良的特点。这些桥，在材料上以木石为主，在结构上以梁、拱为主；在地域上，基本分布在农村地区，以我国东南、中南及西南地区为主，同时涵盖了西北、华北等地；在功能上，廊桥主要为人畜行走而设。有些桥，一直是当地村民农忙时小憩、饭后休闲甚至节假日聚会的重要公共场所，在当地人们的生活、生产中扮演着重要的角色。

澄波桥

位于江西省上饶市铅山县湖坊镇陈坊河,为石墩木平梁桥,始建于唐贞观四年(630年)。

唐代澄波和尚募捐,百姓协助兴建。桥长60余米、宽4米。桥头建砖石门庭。两门额分别镌刻"河清海晏""风静浪恬",相传为澄波和尚墨迹。桥墩为尖锐船舶型,墩尾平直,工匠称为"分水金刚墙"。石墩上纵横堆叠7层方形木枕俗称"喜鹊窝"。两墩之间架设长大贯木主梁,全木结构。被列为省级文物保护单位。

登仙桥

位于江西省抚州市乐安县谷岗乡登仙村,为单孔石拱桥,始建于北宋开宝年间(968—976年)。

登仙桥地势险要,自古兵家必争。桥身弹痕累累。中华民国元年(1912年)山洪暴发,将桥冲毁,中华民国十一年(1922年)重建。

登仙桥用麻石砌筑,墩台嵌入岩石。长19米、宽6米、高6米、跨径17米。因桥所在的细长峡谷常有大雾,埋伏千军万马也不易察觉。1933年,红一方面军在登仙桥进行第四次反围剿,经数小时激战,活捉敌军师长、参谋长、旅长各一名,缴获武器无数、大洋数万元,史称"黄陂大捷"。硝烟散去,小桥流水人家的景致再现峡谷。

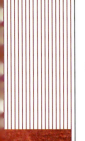

增 补 — 廊 桥

万安桥

又名长桥、龙江公桥。位于福建省宁德市屏南县长桥镇,为五墩六孔不等跨伸臂木梁桥,始建于宋元佑五年(1090年)。

桥长98.2米、宽4.7米、高8.5米、37开间,九檩穿斗式构架,双坡单檐悬山顶。明万历二年(1574年),山贼为阻断追剿将万安桥烧毁,清乾隆七年(1743年)重建。清道光二十五年(1845年),当地乡绅筹资重建。中华民国初年,因取暖失火焚毁,1932年重建。被列为全国重点文物保护单位。

Supplementary - Lounge Bridges

增补－廊桥

腾云桥

曾名敷锡桥。位于福建省建瓯市玉山镇下寨村，始建于明洪武年间（1368—1399年）。

该桥为石砌叠木桥墩，长54米、宽5米、高7.6米、跨径16米。《腾云桥记》载称："据《八闽通志》、清《建宁府志》记载，敷锡厝桥，明洪武二年由里人黄任波筹建。清嘉庆十七年敷锡詹氏子孙42人为首，筹资重建为单拱木架伸臂廊桥，改名腾云桥。因桥屋瓦片、桥面、雨披等多处破损，2008年整修"。桥头遗留雍正三年（1725年）《严禁砍伐树木碑》一方。

映月桥

位于四川省阿坝藏族羌族自治州松潘古镇,为木平梁桥,始建于明永乐年间(1403—1424年)。

松潘古称松州,初建于汉代。映月桥曾名蚂蝗桥,有岷江上游第一桥之誉。明永乐年间,由官府倡导、大商户出资、百姓出力,在城西南修建一座木平梁殿阁式廊桥,跨越岷江,将古城各村落与松潘草地连接起来。据说桥旁岩顶大悲寺佛头上一颗夜明珠,映照桥下水面犹如一轮明月,故称为映月桥。

永和桥

位于浙江省丽水市龙泉市安仁镇，为石墩木梁桥，始建于明成化元年（1465年）。

丽水古称处州，所辖一市八县木拱廊桥群，号称"处州九龙"，永和桥最长称"龙首"，原名永宁桥。《龙泉县志》所载："长125.7米、宽7.5米、桥下用条石筑桥墩，桥墩上用巨松纵横相叠，层层挑出形成桥跨上覆硬木板。桥屋四十二间，中有桥阁。"为三墩四孔石墩全木结构廊桥，高13米，两端建飞檐斗拱门楼。清顺治年间焚毁，清康熙五十七年（1718年）重建，改名永安桥。清咸丰五年（1855年）洪水冲塌两墩，复修改名永和桥。被列为全国重点文物保护单位。

Supplementary - Lounge Bridges

高桥

位于云南省大理白族自治州云龙县界头镇高桥村龙川江崖口，为石墩木梁桥，始建于明成化二年（1466年）。

两墩三孔木梁廊桥，长35米、宽2米、高25米，是桥墩最高的中国廊桥。龙川江发源于高黎贡山，在高桥峡谷骤然收拢，水流较大。界头镇副镇长杜福广（1963年出生、界头镇张家营村人）讲述："雨季龙川江急流撞击高桥峡谷石壁，河谷沟崖石壁表面伤痕累累。老辈人家讲是龙爪刨腾的痕迹，但是奈何高桥不得。"

太平桥

位于江西省赣州市龙南县杨村镇车田村峡谷太平江,为双孔石拱桥,始建于明正德年间(1506—1522年)。

桥长50米、宽4米、高17米,两孔跨径分别为11.9米、12.9米,拱高6.2米。花岗石一墩两堍,桐油、石灰、红糖、糯米浆为灰浆砌筑。桥上建有砖石结构大跨度拱形四通桥亭,长30米、高10米,跨径8.4米。亭顶有三对翘角飞檐,顶覆小青瓦。被列为全国重点文物保护单位。

新丰桥

位于江西省抚州市黎川县城南津街,为石墩木叠梁桥,明弘治九年(1496年)改建。

明弘治九年(1496年)由士绅、商贾出资,改建为石墩叠木平梁木结构廊桥,长92米、宽4.3米、高8米、24开间、五墩六孔,桥面铺砌花岗岩条石。明清时期连通黎川县城,通往福建省邵武、建宁、泰宁等县商道,商旅马帮摩肩接踵。新丰桥与横港桥近在咫尺,有"黎川双虹"之誉。新丰桥历经水火灾害、兵匪战乱六次塌毁,均得到修复。

老人桥

位于福建省宁德市福鼎市管阳镇西阳村桥头冈,为伸臂木梁桥,始建于明正德年间(1506—1522年)。

清光绪《乡土志》记载:"邱阜,瓦洋人,有齿德,为遐迩排难纠纷者数十年。有某妇悍甚,小忿涉讼。(邱)阜劝谕弗听,自耻德薄,赴水死。闾里感其诚,建桥设主以祀。至今呼为老人桥云。"老人桥为伸臂式木拱廊桥,长30.8米、宽4.8米、高8米。由135根贯木设置上下三层、分为五组,形成互为依托,衔接紧密稳固支撑的梁架结构。

中国桥谱 第二卷 A Guide to Chinese Bridges

增补 – 廊桥

断涧仙桥

位于甘肃省定西市漳县贵清山，始建于明隆庆元年（1567年），2014年重建。

断涧仙桥跨越海拔+2340米的中、西峰之间，是中国地势最险要廊桥之一。顶峰遗存明隆庆年间（1567—1573年）修建的中峰寺。断涧仙桥、小山门桥是香客上香的唯一通道。有记载的大修、重建18次，前17次维修均保持木平梁硬山顶廊桥形制，长13.6米、宽1.8米、自高2.6米，据悬崖谷底600余米。2013年断涧仙桥因木质腐朽垮落深谷，2014年重建。

峦桥

位于山西省长治市沁源县五龙乡灵空山柏子河源头,为八层木梁桥,始建于明正统至隆庆年间(1436—1572年)。

峦桥纵横叠木八层为梁,在中国长江以北独此一座。长17米、宽4米、高7米,丹柱画廊,门首、立柱上端及两柱之间,安置彩绘圆雕"龙门雀替"(宋代《营造法式》称"绰幕"),悬山顶厚重朴素,顶脊两端有飞翘"鱼化龙"雕塑,造型优雅别致,装饰华丽美观。

龙津桥

位于湖南省怀化市芷江侗族自治县城㵲水河，称芷江㵲水河三楚第一桥，为石墩石梁桥，始建于明万历十九年（1591年）。

明万历十九年（1591年），宽云和尚募集白银1.5万两，粮食1万余石，建成十三墩十四孔、五层楼、七座塔，长246.7米、宽12.2米的巨型廊桥。抗日战争时期为通过载重卡车，撤除了桥廊、塔楼。1945年8月21日16时，中国战区受降仪式在芷江七里村举行。龙津桥与亿万中国人民一起，见证了日本侵略者战败投降的历史时刻，以"天下第一功勋桥"名扬天下。1999年龙津桥得到修复。

Supplementary - Lounge Bridges

大宝桥

位于福建省宁德市寿宁县坑底乡小东村，为伸臂木梁桥，建于明代（1368—1644年）。

曾名小东桥，为东南与西北走向独孔独墩、全木结构廊桥，长44.5米、宽4.6米、跨径33米、19开间，挑檐悬山顶覆小青瓦。因洪水期水面高流速快，大宝桥拱跨弧度很大，两端桥堍用大块坚石砌筑，并在河水主峰头一侧桥堍建造一座船舷型石墩。廊内设木凳、木板床。清光绪四年（1878年）重建。被列为省级文物保护单位。

金勾桥

位于贵州省黔东南苗族侗族自治州从江县往洞镇增盈村金勾寨，为穿斗式石墩木梁桥，始建于清顺治十二年（1655年）。

清光绪九年（1884年）水毁后重建，为石墩平梁全木结构廊桥，长33.60米、宽4.75米。据碑记"金勾风雨桥，位于金勾寨脚。原桥址建于村寨旁，多次毁于洪水。1992年村民集资重建迁至现址。穿斗式石墩廊桥建筑，一墩两孔结构。桥梁采用密布式简支梁，17开间，中部为密檐四角攒尖顶结构。加装漏窗和斗拱，与两侧选山顶桥楼遥相呼应，起到了突出冠冕的作用。其营造技艺精湛，是研究侗族建筑工艺、科学文化的重要实物"。被列为全国重点文物保护单位。

玉带桥

位于江西省赣州市信丰县虎山乡中心村虎山河谷,为三孔弧形石拱桥,始建于清乾隆五年(1740年)。

玉带桥,以"一弯澄水镜,半壁佩玉带"的弧状桥形得名,连通赣南客家聚集区通往粤北、闽西、湘南商贸的古驿道。为两墩三孔石拱楼阁式廊桥,桥墩青石砌筑,状如船舶,跨径14.3米。桥体弧长88.15米、弦长74.44米、弧弦最大距离10.84米,宽3.8米,32开间,两端各建4.2米高砖瓦桥头堡。被列为省级文物保护单位。

中国桥谱 第二卷 之 增补 - 廊桥
A Guide to Chinese Bridges

洗车河凉亭桥

位于湖南省湘西土家族苗族自治州龙山县洗车河镇，为石墩木平梁桥，始建于清乾隆四十五年（1780年）。

湘西名镇洗车河，地处红岩河与猛西河交汇口，原有大小两座廊桥，现仅存大桥，改名凉亭桥。逢圩设市，廊桥里货摊鳞次栉比，镇民爱桥如子。《龙山县志》记载："大河桥系本埠乡绅肖家霖捐修，桥中廊柱、枋檩、坐凳、栏杆、檐板、面板以榫卯合成，无铁钉铁铆。"四墩三孔，平梁全木结构，长75米、宽4米、高10.5米。2012年大修，新建两座双飞檐四角阁塔、两座单飞檐六角阁亭。

Supplementary - Lounge Bridges

太平桥

位于四川省德阳市罗江县城纹江,为石连拱桥,始建于清乾隆二十年(1755年)。初名启运桥,为十一墩十二孔、三阁两坊四廊石拱廊桥,长180米、宽7.5米、高8.2米。清乾隆十八年(1753年),县令叶鉴集资千两白银在东门建桥,桥墩初成便被洪水冲毁。清乾隆十九年(1754年)百姓捐白银5884两,数百能工巧匠历时一年半建造完成。清乾隆二十八年(1763年)、乾隆四十五年(1780年)再遭水毁,清嘉庆年间,这座号称"南北川陕必经之要桥"的廊桥复建,为求安享太平,故名太平桥。太平廊桥一经落成,即被誉为"川西第一桥"。2007年经保护性修缮,被列为县级文物保护单位。

Supplementary - Lounge Bridges

永顺桥

位于湖北省恩施土家族苗族自治州利川市毛坝乡花板村三弯河峡谷，为伸臂木梁桥，始建于清嘉庆十二年（1808年）。

永顺桥，建在三弯河峡谷最窄处。乡绅周正已、张启荣发起修建。为独孔木拱伸臂平梁式全木结构廊桥，不用一钉一铆，以杉木凿榫衔接。长32.5米、宽3米、高40米。桥基依托坚固石壁，以三排（组）圆木双方向斜伸支撑，双排圆木横梁作为主体桥架，上部廊柱与桥架贯通形成坚固整体，再以两侧木栏加固。清光绪六年（1880年）、1952年、1967年、1991年曾多次修缮。被列为市级文物保护单位。

增补 - 廊桥

普济桥

位于浙江省绍兴市新昌县巧英乡三坑村，为八字撑木梁桥，始建于清嘉庆十九年（1814年）。

又名棚桥，桥廊梁檩留有"时嘉庆拾玖年拾月吉总理国学生俞熠、刘正辉督造"墨书。普济桥连接通往宁海的驿道，长16.8米、宽4.8米、高8米，木柱36根，单脊双坡顶，两侧设木板桥栏，桥面铺木板。桥架由20余根圆木按双八字形组合支撑，其中14根圆木嵌入岸壁石槽。

Supplementary - Lounge Bridges

五星桥

又名火烧滩桥。位于重庆市合川区双槐镇双门村与四川省华蓥市庆华镇宝马坎村流溪河交界,为四墩五孔石拱桥,始建于清道光二年(1822年)。

一座廊桥跨越一省一直辖市,在中国绝无仅有。五星桥中线为界,桥南为重庆市,桥北为四川省。桥两岸几十户村民为清华寺捐的香火钱,积攒下来农历初一、十五会餐,主食是稻米饭,主菜是豆花,配辣椒酱。桥上原有六户人家,四川、重庆各三家,2012年为恢复廊道,由文物部门劝离。桥长60米、宽6米、高5米、四墩五孔,每孔跨径8.8米。桥廊穿斗式结构硬山顶。被列为四川省、重庆市文物保护单位。

增补 – 廊桥

华练培风桥

位于广西壮族自治区柳州市三江侗族自治县独峒镇平流村，为石墩木梁桥，始建于清咸丰七年（1857年）。

《培风桥修复志》碑记所载："修桥铺路，是侗民族的传统美德。依山傍水的侗寨，寨尾溪河下游都架设一座廊桥。一是方便过往行人，二是供人们纳凉歇息和避雨，三是作为寨尾一道屏障，其寓意锁住千年长流，村民纳财不流失。本桥始建于1857年，桥为两墩两台四亭，17间桥廊，长65米、宽4米。"

Supplementary - Lounge Bridges

地坪风雨桥

位于贵州省黔东南苗族侗族自治州黎平县地坪乡南江河,为石墩木叠梁桥,始建于清光绪八年(1882年)。

地坪风雨桥,自古扼控贵东南通往湘西、桂北孔道。三座桥楼与桥廊不用一钉一铆,没有设计图纸,凭借侗族民间工匠的高超技艺建造。桥共一墩两孔,长55.88米、宽3.85米、高11米,两孔净跨分别为13.77米和21.42米。1964年重建,1981年修复。2004年7月20日其遭水毁,地坪乡民将28根大梁和73%大构件找回,2009年按照古貌复建。

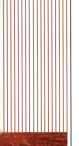

中国桥谱 第二卷 之 增补 – 廊桥
A Guide to Chinese Bridges

岜团桥

位于广西壮族自治区柳州市三江侗族自治县独峒乡岜团寨苗江，为石墩木平梁人畜分离立交桥，始建于清光绪二十四年（1898年）。

岜团桥连通湘西、桂北、黔南交通要道，三地往来官民甚多。为避免牲畜惊吓、误伤老少妇孺与过往行人，营造安全整洁的环境，乡民公议多捐银两，聘请侗族梓匠（建筑大师）石含章、吴金添，设计建造了中国独一无二的"立交式"风雨桥。该桥为东西走向一墩两孔平梁、楼殿式全木结构，上层人行道高2.4米、宽4米，下层畜行道高1.9米，宽1.4米，全长50米。人畜通道分为两层，故称为立交桥。三座楼阁，为五层重檐歇山顶，高8米。被列为全国重点文物保护单位。

Supplementary - Lounge Bridges

波日桥

位于四川省甘孜藏族自治州新龙县乐安乡雅砻江，为木墩木叠梁桥，建于清代（1644—1911年）。

波日桥，连接云南丽江，四川稻城、理塘、甘孜，直至青海甘德南北大通道。藏族建筑大师唐通吉布设计并指挥构筑。为叠木伸臂式拱梁桥，长125米、宽3米、跨径60米。有"康巴第一桥"盛誉，为全国重点文物保护单位。民国十九年（1930年），西藏噶厦政府军进驻新龙，烧毁六座藏式桥，唯有波日桥幸存。民国二十二年（1933年），民间建筑师莫特亚马率领藏族工匠将其维修一新。

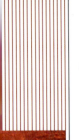

增补 - 廊桥

濯江桥

位于重庆市黔江区濯水镇阿蓬江，为石墩木叠梁桥，建于清代（1644—1911年）。

濯水镇商业联合会会长汪绍琪介绍："清初期，阿蓬江上修建一座两米宽的石墩木梁桥，叫作唐岩桥，连通渝东、贵北、鄂西之间交流贸易。中华民国二十五年（1936年），中国军队为阻止侵华日军南下，派飞机将唐岩桥炸毁，1976年遭遇百年不遇洪水，桥墩被洪水冲走。2010年10月政府出资，复建了这座廊桥"。该桥长303米、宽6米、高12米，石质桥墩、全木结构廊道、廊塔。各结构榫头、卯臼穿插衔接。2013年11月28日4时，因意外发生火灾而焚毁。

索 引
Index

索引

北京市

桥名	页码
怀北滑雪场大桥	187
军庄桥	187
京密高架桥	209
怀雁路高架桥	211
西长铁路衙门口特大桥	261
石洞子北1桥（进京）2号桥	292
三家店桥	483
京新上地桥	502
北京三元桥	608
广渠门南向东去通惠河北路出京匝道桥	614
通惠河北路出京去四环外环主路匝道桥	615
慈献寺和榆树馆桥	615
阜石路高架桥（一期）	618
李天桥	618
北京中关村海龙科贸过街景观桥	644

天津市

桥名	页码
天津外环北路北延线跨永定新河大桥	202
永定新河特大桥	206
京山线永定新河大桥	256
通南桥	260
永乐桥	264
海河开启桥	268
吉兆桥	270
大沽桥	304
奉化桥	307
国泰桥	315
北安桥	370
天津滨海大桥	404
辰泰桥	498
海河大桥(新桥)	510
赤峰桥	520
保定桥	522
团泊新桥	523
富民桥	595

河北省

桥名	页码
保阜高速公路黑崖沟2号特大桥	062
贺坪峡大桥	120
G6官厅湖特大桥	164
邢临高速公路南灉河大桥	220
京包铁路妫水河大桥	258
周家沟II号桥	327
大秦铁路大里营桥	494
衡德高速公路故城支线跨石德铁路分离式立交桥	624
朔黄铁路公司跨神华路景观人行天桥	636

山西省

桥名	页码
南河特大桥	056
七甲坡3号特大桥	058
滹沱河特大桥	111
高沁高速公路里必沁水河特大桥	126
晋蒙黄河大桥	155
长临高速公路旧县2号特大桥	156
侯月铁路海子沟大桥	158
西矿街特大桥	169
杏园特大桥	195
太临高速公路汾河特大桥	204
壶口黄河特大桥	206
荫营特大桥	223
神岢高速公路阎家坪特大桥	228
侯西铁路禹门口黄河桥	256
祁临高速公路仁义沟特大桥	276
石门河特大桥	287
东白驹特大桥	287
桐峪特大桥	291
北深沟特大桥	347
侯禹高速公路龙门黄河大桥	415
太原绕城高速公路汾河大桥	528
离军高速公路离石高架桥	529
仙神河大桥	531
运宝黄河大桥	547
忻州云中河景观桥	631
太原跻汾人行桥	632
恋桥	681

内蒙古自治区

桥名	页码
小沙湾黄河大桥	070
南沟大桥	107
包兰铁路三道坎黄河特大桥	161
磴口黄河特大桥	167
内蒙古乌海黄河大桥	172
内蒙古海勃湾大桥	172
海生卜浪黄河特大桥	173
丹洲营特大桥	176
德胜泰黄河特大桥	188
独贵塔拉奎素黄河特大桥	194
G65包茂高速公路黄河特大桥	197
内蒙古大城西黄河大桥	199
旱台川特大桥	199
塔哈拉川特大桥	205
临河黄河公路大桥	213
鄂尔多斯乌兰木伦河大桥	436
准格尔黄河特大桥	454
乌海湖大桥（乌海甘德尔黄河大桥）	544
牙克石西互通主线桥	619
平地泉互通跨线公铁立交桥	625

辽宁省

桥名	页码
沈阳富民桥	404
滨海公路辽河特大桥	430
中朝鸭绿江界河公路大桥	475
沈阳三好桥	508
长山大桥	539
大连星海湾跨海大桥	581
沈阳金阳大街高架桥	623

吉林省

桥名	页码
板石沟高架桥	078
江城大桥	106
鹤大高速公路二道松花江特大桥	130
京哈高速公路松花江特大桥	163
龙华松花江特大桥	181
吉珲高铁桥	223
秀水大桥	225
抚长高速公路松花江大桥	232
中朝圈河至元汀界河公路大桥	244
吉林（江南）大桥	271
江湾大桥	334
长春四环路跨伊通河大桥	346
长泰大桥	447
吉林蓝旗松花江特大桥	447
通化修正大桥	497
松原大桥（二桥）	505

Index

珲春大桥 — 517
宁江松花江特大桥 — 536
雾凇大桥 — 580
天河大桥（松原三桥）— 588
青冈立交桥 — 621
长春前进大街二环路立交桥 — 624

黑龙江省

松花江特大桥 — 207
泰来嫩江特大桥 — 213
富锦松花江公路大桥 — 229
新建同江中俄铁路同江特大桥 — 274
哈尔滨松浦大桥 — 507
乌苏大桥 — 512

上海市

拦路港桥 — 173
松浦二桥 — 176
松浦三桥 — 190
上海至杭州铁路客运专线横潦泾特大桥 — 194
大治河桥 — 217
崇启大桥 — 269
上海卢浦大桥 — 302
上海洋山港东海大桥 — 413
闵浦大桥 — 422
上海长江隧桥 — 424
辰塔路横潦泾大桥（辰塔大桥）— 458
闵浦二桥 — 506
嘉定惠平路蕴藻浜大桥 — 527
大蒸港桥 — 531
嘉定澄浏南路跨蕴藻浜大桥 — 600
浦东上海绕城高速公路立交桥 — 618
上海松江螺旋景观桥 — 637
上海奇缘桥、奇幻桥 — 641

江苏省

扬中长江二桥 — 033
连云港海滨大道跨海大桥 — 143
扬中长江一桥 — 159
江苏345省道灌河大桥 — 216
228国道（原临海高等级公路）埒子口特大桥 — 219
宁启铁路京杭大运河特大桥 — 263
京沪高速铁路南京大胜关长江大桥 — 309
连云港汇海路大桥 — 318
G206线徐州大吴桥 — 320
邳州京杭运河大桥 — 329
无锡华清大桥 — 335
南京长江三桥 — 408
常州圩墩大桥 — 410
苏通长江公路大桥 — 417
盐城灌江口大桥 — 453
沪通长江大桥 — 480
常州常金大桥 — 520
淮安里运河—京杭运河特大桥 — 537
润扬长江大桥 — 561
南京长江四桥 — 576
常州龙城大桥 — 594
泰州长江公路大桥 — 602
南京青奥体育公园跨河桥 — 633
南京眼步行桥 — 635

浙江省

杭州下沙大桥（钱江六桥）— 028
淳安千岛湖大桥 — 042
曹娥江四环特大桥 — 073
兰溪衢江大桥 — 079
金华夹溪特大桥 — 098
台州大竹山跨海特大桥 — 115
新昌新林特大桥 — 146
台州椒江大桥 — 162
新建杭州至长沙铁路客运专线金华江特大桥 — 211
浦坝港特大桥 — 223
金清港大桥 — 243
瓯越大桥 — 272
瑞安飞云江大桥姐妹桥 — 288
台州头门岛跨海特大桥 — 291
舟山新城大桥 — 304
宁波东外环明州大桥 — 312
杭州九堡大桥 — 316
台州健跳大桥 — 327
东阳中山大桥 — 329
浙江淳安千岛湖南浦大桥 — 330
钱江四桥（复兴大桥）— 336
宣杭铁路增建第二线东苕溪特大桥 — 336
杭新景高速公路千岛湖支线金竹牌大桥 — 339
新建温福铁路浙江段昆阳特大桥 — 341
宁波长丰桥 — 344
遂昌乌溪江大桥 — 357
桃天门大桥 — 410
杭州湾跨海大桥 — 419
河姆渡大桥 — 422
金塘大桥 — 426
宁波机场路青林湾大桥 — 428
清水浦大桥 — 431
象山港公路大桥 — 437
之江大桥 — 439
宁波铁路枢纽北环线甬江特大桥 — 448
台州椒江二桥 — 449
温州洞头大门大桥 — 450
乐清湾港区铁路支线瓯江特大桥 — 479
嘉绍大桥 — 491
宁波招宝山大桥 — 494
飞云江三桥（瑞安大桥）— 502
台州灵江大桥 — 533
江东大桥 — 563
西堠门大桥 — 566
浙江舟山官山跨海大桥 — 578
秀山跨海大桥 — 591
永和桥 — 674
普济桥 — 690

安徽省

蚌埠朝阳路淮河公路桥 — 030
磨子潭2号大桥 — 061
济广高速公路河东特大桥 — 066
凤台淮河公路二桥 — 131
涂山淮河特大桥 — 167
沪渝高速公路漳河特大桥 — 177
寿阳淮河特大桥 — 180
滁新高速公路颍河特大桥 — 186
济广高速公路淮河特大桥 — 189
济广高速公路颍河特大桥 — 191
合肥绕城高速公路南淝河特大桥 — 230
铜陵顺安河特大桥 — 231
天潜高速公路滁河特大桥 — 232
德上高速公路涡河特大桥 — 232
天潜高速公路得胜河特大桥 — 233

索引

桥名	页码
天潜高速公路驷马河特大桥	233
天潜高速公路清流河特大桥	234
宣铜高速公路水阳江特大桥	234
合铜公路杭埠河大桥	235
巢庐路裕溪河特大桥	238
茨淮新河特大桥	240
阜合铁路淮南淮河大桥	257
环巢湖旅游大道派河大桥	320
孔李大桥	320
晓天河大桥	324
太平湖特大桥	348
安庆长江大桥	406
新建南京至安庆铁路安庆长江大桥	439
铜陵长江公铁大桥	453
望东长江大桥	464
芜湖长江公路二桥	472
池州长江公路大桥	474
五河淮河特大桥	512
环巢湖旅游大道白石天河大桥	514
环巢湖旅游大道杭埠河大桥	514
环巢湖旅游大道兆河大桥	525
池州秋浦河特大桥	537
怀洪新河特大桥	540
环巢湖旅游大道南淝河大桥	540
寿春淮河特大桥	544
赤壁桥	545
裕溪河特大桥	546
淮南淮上淮河公路大桥	547
蚌埠大庆路淮河公路桥	577
马鞍山长江公路大桥	603
六安周瑜立交桥（G206、S351互通立交桥）	625

福建省

桥名	页码
福建宁德下白石大桥	031
泉州后渚大桥	031
福建八尺门跨海大桥	033
三福高速公路猫坑溪大桥	034
新建温福铁路福建田螺大桥	059
新建温福铁路白河特大桥	059
平潭海峡大桥	076
洋里特大桥	080
闽江特大桥	086
翠溪2号特大桥	087
九龙江大桥	088
武曲特大桥	117
交溪特大桥	122
东岱特大桥（浦口枢纽互通主线桥）	129
旧镇特大桥	165
集美大桥	181
福州湾边大桥	183
新建福州至厦门铁路站前工程乌龙江特大桥	185
新建温福铁路宁德特大桥	185
罗源湾特大桥	237
南澳特大桥	281
厦门五缘大桥	303
新建福州至厦门铁路站前工程闽江特大桥	309
泉州田安大桥	314
岭兜特大桥	372
天池特大桥	377
新建向莆铁路尤溪大桥	379
福州青洲闽江大桥	403
福州淮安大桥	438
厦漳跨海大桥	440
福州琅岐闽江大桥	445
泉州湾跨海大桥	451
长门特大桥	479
平潭海峡公铁两用大桥	481
福州三县洲闽江大桥	494
泉州晋江大桥	499
三明台江大桥	506
福鼎八尺门大桥	515
南平跨江大桥(斜拉悬索协作体系)	524
厦漳同城大道西溪特大桥	526
福州鼓山大桥	600
厦门曾厝垵渔桥	633
万安桥	670
腾云桥	672
老人桥	679
大宝桥	683

江西省

桥名	页码
泰和赣江特大桥	158
桃木岭高架桥	168
江西丰城电厂二期工程铁路专用线赣江桥	170
铜九铁路湖口鄱阳湖大桥	180
金溪湖特大桥	200
共安大桥	208
西河大桥	227
共青特大桥	231
修河大桥	241
晓起二大桥	246
新建向塘至莆田铁路东新赣江特大桥	271
新世纪大桥	313
南昌生米大桥	338
吉安阳明大桥	339
信丰桃江大桥	354
新干赣江大桥	372
鄱阳湖二桥	479
福银高速公路九江长江公路大桥	484
南昌英雄大桥	503
丰城剑邑大桥	504
丰溪大桥	521
南昌朝阳大桥	543
江西赣州大桥	570
昌九快速路南昌黄家湖互通立交桥	626
澄波桥	668
登仙桥	669
太平桥	677
新丰桥	678
玉带桥	685

山东省

桥名	页码
青银高速公路禹城南互通立交主线特大桥	041
东营黄河大桥	043
青银高速公路卫运河特大桥	046
鄄城黄河大桥	233
京沪铁路济南黄河大桥	256
新石铁路长东黄河特大桥	257
津浦铁路济南泺口黄河铁路大桥	259
新菏铁路增建二线长东黄河大桥	259
滨州黄河公铁大桥（三桥）	261
胶州湾三河入海口岸线保护工程跃进河桥	272
济南长清黄河公路大桥	273
德上高速公路跨京九铁路特大桥	290
G3京台高速公路大汶河特大桥	293
兖州泗河兴隆大桥	359
齐河黄河大桥	473
G25长深高速公路滨州黄河公路大桥	488
济南建邦黄河大桥	489

济南黄河三桥	501
济宁太白楼西路梁济运河大桥	509
山东济阳黄河大桥	530
山东惠青黄河大桥	530
济宁八里庙运河大桥	571
胶州湾大桥	598
临沂沂蒙山天蒙景区人行索桥	638

河南省

逢石河特大桥	059
栗子坪伊河特大桥	090
露水河特大桥	091
大铁沟特大桥	092
小铁沟特大桥	092
白水峪大桥	093
濮阳卫河特大桥	196
京九铁路孙口黄河大桥	258
洛阳黄河特大桥	286
新建郑州至焦作城际铁路郑州黄河特大桥	315
郑州黄河二桥	334
蒲山特大桥	345
许沟特大桥	365
郑云高速公路南水北调大桥	515
新密溱水桥	524
开封黄河特大桥	529
郑新黄河大桥	534
朝阳沟水库特大桥	542
商登高速公路南水北调特大桥	545
桃花峪黄河大桥	577

湖北省

京港澳高速公路汉江大桥	026
汉江路大桥	051
福银高速公路汉江特大桥	051
沪渝高速公路龙潭河特大桥	055
沪渝高速公路马水河特大桥	057
沪渝高速公路魏家洲大桥	062
沪渝高速公路野三河特大桥	064
沪渝高速公路双河口特大桥	065
沪渝高速公路关口垭3号大桥	069
沪渝高速公路后river特大桥	071
沪渝高速公路渔泉溪特大桥	072
沪渝高速公路水南大桥	072
沪渝高速公路把рос寺特大桥	072
沪渝高速公路清江源大桥	073
沪蓉高速公路观石河大桥	078
新建武汉至宜昌铁路蔡家湾汉江特大桥	089
蕲河二桥	117
沪渝高速公路蕲河大桥	160
京港澳高速公路陆水河大桥	161
福银高速公路仙人渡特大桥	165
沪蓉高速公路府河大桥	167
沪蓉高速公路东西湖D匝道桥	169
福银高速公路东河大桥	171
二广高速公路虎渡河大桥	178
随岳高速公路汉江特大桥	179
荷沙连接线汉北河大桥	180
武康铁路二线老河口汉江特大桥	182
沪蓉高速公路汉北河1号特大桥	189
武荆高速公路汉江特大桥	191
皂市河特大桥	192
兰溪大桥	192
大广高速公路巴河大桥	192
武汉新港铁路瀑水河大桥	193
二广高速公路襄樊汉江四桥	216
焦枝铁路襄樊汉水桥	255
葛洲坝三江公路大桥	276
京港澳高速公路府河大桥	284
福银高速公路华阳河大桥	285
沪蓉高速公路民乐渠特大桥	286
沪渝高速公路贺家坪7号桥	287
沪蓉高速公路七里峡1号桥	289
龙桥特大桥	315
襄阳六两河大桥	325
武汉晴川桥	326
恩施南里渡特大桥	329
景阳大桥	339
宜万铁路宜昌长江大桥	341
支井河特大桥	347
小河特大桥	347
武汉长丰桥	348
郧县汉江公路二桥	349
汉阳河大桥	350
新建武汉至十堰铁路安陆府河特大桥	361
新建武汉至十堰铁路崔家营汉江特大桥	361
长阳三洞水大桥	366
无源洞大桥	366
宣恩平地坝大桥	367
恩施云南庄大桥	368
黄陵洞大桥	369
花天河大桥	375
通山黄金大桥	377
通山牛鼻孔大桥	377
武汉军山长江大桥	400
荆州长江公路大桥	402
鄂黄长江公路大桥	402
巴东长江公路大桥	405
铁罗坪特大桥	423
武汉天兴洲公铁两用长江大桥	427
鄂东长江公路大桥	429
荆岳长江公路大桥	432
黄冈长江大桥	443
宜巴高速公路神农溪特大桥	444
忠建河大桥	449
沌口长江公路大桥	455
四环线长江公路大桥	455
荆州长江公路大桥（公安长江大桥）	469
新建丹江口汉江公路大桥	487
夷陵长江大桥	488
武汉二七长江大桥	490
仙桃汉江公路大桥	495
清江特大桥	505
武汉金桥大道跨京广铁路斜拉桥	509
郧十高速公路汉江公路大桥	540
阳逻长江大桥	562
四渡河特大桥	568
恩施红旗大桥	570
武汉江汉六桥	580
宜昌至喜长江大桥	585
杨泗港长江大桥	593
武汉鹦鹉洲长江大桥	603
京港澳高速公路武汉南互通立交桥	610
京港澳高速公路武汉西互通立交桥	610
沪蓉高速公路机场互通一号桥	612
孝襄高速公路孝南互通A匝道桥	613
孝襄高速公路孝南互通B匝道桥	613
孝南互通主线特大桥	614
阳逻互通3号桥	616
珠玑枢纽互通主线桥	620
武汉高新四路联想人行天桥	634

索引

桥名	页码
永顺桥	689

湖南省

桥名	页码
永蓝高速公路舜帝大桥	096
G76厦蓉高速公路黄家垄特大桥	096
洣水河特大桥	108
凤凰堤溪沱江大桥	110
娄怀高速公路新溆段两江特大桥	114
红岩溪特大桥	137
长沙浏阳天马大桥	161
竹埠港湘江大桥	164
岳阳湘阴湘江大桥	165
益阳白沙大桥	166
益阳赤山大桥	185
汉寿仓儿总沅水大桥	186
新建武汉至广州铁路客运专线株洲西湘江特大桥	197
梅花渡涟水特大桥	202
杭瑞高速公路把总湾特大桥	220
常德澧州大桥	228
高鹰大桥	238
树木沟2号特大桥	239
杆子坪大桥	245
南茅运河特大桥	249
桃源沅水大桥	326
双牌天子山大桥	328
益阳资江三桥	328
古丈芙蓉镇大桥	331
黑石铺湘江特大桥	331
益阳茅草街大桥	340
湖南湘潭湘江四桥（莲城大桥）	341
猛洞河特大桥	357
仙仁大桥	364
益阳资江大桥	473
蒙西铁路洞庭湖特大桥	490
汝郴高速公路赤石特大桥	493
长沙浏阳河洪山大桥	520
衡山湘江大桥	528
长沙湘江三汊矶大桥	558
矮寨大桥	575
张花高速公路澧水特大桥	579
杭瑞高速公路洞庭湖大桥	590
岳阳九孔桥	634
张家界大峡谷玻璃桥	640
平江汨罗江人行桥	642
龙津桥	684
洗车河凉亭桥	686

广东省

桥名	页码
镇海湾大桥	027
琶洲珠江大桥	033
广州海心沙大桥	036
睦洲大桥	036
肇庆西江大桥（公路桥）	038
西江特大桥	040
东江特大桥	099
韩江特大桥	109
肇花高速公路北江特大桥	111
丹灶特大桥	115
新兴江特大桥	126
清远伦洲大桥	146
锦江大桥	155
英德北江特大桥	156
大埠河大桥	157
京九铁路黄沙尾特大桥	159
高明二桥、高明三桥	170
肇庆大桥	184
新建南宁至广州铁路逢远河特大桥	210
练江特大桥	245
前山河特大桥	248
英红大桥	252
衡广铁路复线江村南桥、江村北桥	257
东江大桥	266
茂湛铁路跨线桥	282
广深铁路深圳市高架桥	283
佛山东平大桥	304
广州新光大桥	305
广州白沙河大桥	312
新建南宁至广州铁路肇庆西江特大桥	312
武汉至广州客运专线铁路东平水道特大桥	318
贵广南广铁路广州枢纽工程跨东平水道钢桁拱桥	319
珠海横琴二桥	321
崖门大桥	401
广东湛江海湾大桥	414
李家沙特大桥	433
龙湾大桥	443
乌石北江大桥	448
广东江顺大桥	452
西江水道桥	469
北街水道桥	470
潮连西江桥	471
港珠澳大桥	476
广州东沙大桥	499
甘竹溪特大桥	508
广东容桂大桥	513
贵广南广铁路广州枢纽工程跨穗盐路斜拉桥	514
深圳湾公路大桥	521
G94西江特大桥	535
石湾特大桥	537
京珠高速公路珠江黄埔大桥	563
南沙大桥	592
佛山平胜大桥	594
猎德大桥	596
广州新光快速路南洲立交桥	609
广州三元里立交桥	612
深圳盐田港立交桥	619
深圳北环新洲立交桥	622
深圳湾内海人行桥	639
深圳大学彩虹桥	639
广州科学城空中连廊工程——4号连廊桥	641

广西壮族自治区

桥名	页码
拉会高架大桥	086
塘屋岭特大桥	128
古龙山大桥	133
塘库融江特大桥	150
南防铁路茅岭江大桥	158
南昆铁路八渡南盘江特大桥	160
柳州双冲大桥	169
桂林雉山漓江大桥	276
柳州官塘大桥	322
那莫右江特大桥	331
钦江特大桥	351
贵港东环路郁江特大桥	353
南宁六景郁江大桥	359
南宁大桥	375
那厘右江特大桥	386
大冲邕江特大桥	486
桂平郁江二桥	546
柳州鹧鸪江大桥（双拥大桥）	572

南宁良庆大桥	584
华练培风桥	692
岜团桥	694

海南省

定海大桥	152
S82南渡江大桥	183
G98₁₁海南中线高速公路南渡江大桥	209
昌化江6号特大桥	250
琼州大桥	330
清澜大桥	446
海南海文大桥	519

重庆市

马鞍石嘉陵江大桥	027
重庆渝澳大桥	028
北碚嘉陵江大桥	028
涪江三桥	030
白果渡嘉陵江大桥	031
新建渝怀铁路重庆井口嘉陵江特大桥	036
郁山特大桥	037
重庆鱼洞长江大桥	053
汤溪河特大桥	053
月亮包特大桥	054
杨家岭特大桥	055
巴阳2号特大桥	058
红石梁1号特大桥	060
黄草乌江特大桥	063
水土嘉陵江大桥	063
芙蓉江特大桥	065
狗耳峡特大桥	065
G65包茂高速公路阿蓬江特大桥	068
干溪沟特大桥	069
沿溪沟大桥	069
郁江1号特大桥	071
石马河特大桥	074
小河渠江大桥	075
共和乌江特大桥	083
巫山龙洞河大桥	087
龙河特大桥	089
渝利铁路蔡家沟双线特大桥	093
渝利铁路新桥双线特大桥	097

梨香溪特大桥	103
渝怀铁路黄草乌江大桥	108
重庆丰都龙河新桥	129
铜西河特大桥	134
磨石溪特大桥	134
小河特大桥	135
土槽湾綦江大桥	136
金银峡綦江大桥	144
土坎乌江特大桥	151
龙驹特大桥	153
银盘大桥	177
合川涪一桥	198
观音店綦江特大桥	238
襄渝铁路北碚嘉陵江桥	255
重庆石板坡长江大桥复线桥	262
渝怀铁路长寿长江大桥	263
宜居河大桥	282
宜万铁路万州长江大桥	303
菜园坝长江大桥	308
重庆朝天门大桥	310
北碚朝阳桥	314
梅溪河大桥	329
巫山长江大桥	333
新龙门大桥	344
细沙河特大桥	350
大宁河特大桥	353
涪江二桥	365
巫溪汾水河大桥	373
羊角乌江特大桥	374
武隆油盆大桥	374
彭水乌江四桥	375
罗岩桥	376
重庆大佛寺长江大桥	400
马桑溪长江大桥	401
江津地维长江大桥	406
夔门长江大桥	411
涪陵李渡长江大桥	415
彭溪河特大桥	416
重庆长寿长江公路大桥	420
忠州长江大桥	421
涪陵石板沟长江大桥	422
观音岩长江大桥	426
武陵山特大桥	428
梅溪河大桥	430

韩家沱长江双线铁路特大桥	431
乌江特大桥	439
江津鼎山大桥	442
东水门长江大桥	445
重庆永川长江大桥	448
新白沙沱长江特大桥	458
重庆蔡家嘉陵江轨道桥	464
丰都长江二桥	468
万州长江三桥	474
涪陵乌江二桥	482
云阳长江大桥	483
沙溪庙嘉陵江大桥	495
何家坪特大桥	502
重庆千厮门嘉陵江大桥	513
重庆悦嘉陵江大桥	532
合川南屏大桥	533
重庆忠县长江大桥	554
泰昌大桥	558
鱼嘴长江大桥	568
重庆涪陵青草背特大桥	573
重庆江津几江长江大桥	584
驸马长江大桥	589
鹅公岩轻轨大桥	593
重庆鹅公岩立交桥	609
重庆黄桷湾立交桥	626
重庆一心桥	643
五星桥	691
濯江桥	696

四川省

攀枝花金沙江大桥（荷花池铁路桥）	024
溪洛渡金沙江特大桥（桧溪）	046
柏溪金沙江大桥	047
江安长江大桥	051
G42₁₇都汶高速公路庙子坪岷江大桥	061
G5京昆高速公路回箐沟大桥	061
汉源大树大渡河特大桥	063
泸州沱江一桥复线桥	073
G93成渝地区环线高速公路犍为岷江大桥	075
宜宾天池金沙江大桥	082
G76厦蓉高速公路冷水江大桥	082
G75兰海高速公路苍溪嘉陵江大桥	083
G76厦蓉高速公路赤水河特大桥	097

索 引

桥名	页码
G5京昆高速公路黑石沟特大桥	097
G5京昆高速公路腊八斤大桥	098
G4216丽攀高速公路倮果金沙江大桥	106
G4216丽攀高速公路大水井金沙江大桥	106
G4216丽攀高速公路庄上金沙江大桥	114
鱼鲊金沙江大桥	116
合江赤水河特大桥	142
G85银昆高速公路渠江特大桥	143
仪陇新政嘉陵江大桥	177
双流国际机场飞机滑行道桥	193
向家坝水电站金沙江大桥	203
G5京昆高速公路干海子大桥	212
乐山岷江特大桥	219
内宜铁路安边金沙江大桥	254
成昆铁路宜珙支线宜宾金沙江桥	254
成昆铁路三堆子金沙江桥	254
成昆铁路渡口支线渡口雅砻江桥	255
新建成都至贵阳铁路菜坝岷江特大桥	274
汶马高速公路克枯大桥	275
雅西高速公路唐家湾大桥	279
成都市红星路南延线府河大桥	319
新建成都至贵阳铁路金沙江特大桥	324
宜宾戎州金沙江大桥	335
攀枝花法拉大桥	337
广安奎阁大桥	349
G93合江长一桥	352
213国道金沙江大桥	367
金阳通阳金沙江大桥	368
石棉新大渡河大桥	368
攀枝花新雅江桥	369
攀枝花新渡口大桥	372
G5白沙沟1号大桥	374
海螺沟青杠坪大桥	376
泸定索子沟大桥	379
昭化嘉陵江大桥	380
攀枝花新密地大桥	380
S26叙古高速公路磨刀溪大桥	384
四川盐边鳡鱼大桥	384
宜宾金沙江南门大桥	385
广安官盛渠江特大桥	387
金阳对坪金沙江大桥	387
布拖冯家坪金沙江大桥	390
宜宾长江大桥	416
G5金江金沙江大桥	420
G93合江长江二桥	443
G5苏村坝大渡河大桥	483
G42₁₅黄舣长江大桥	487
宜宾中坝金沙江大桥	495
攀枝花炳草岗金沙江大桥	496
南充上中坝嘉陵江大桥	498
泸州泰安长江大桥	499
阆中嘉陵江四桥	516
江油涪江五桥	516
泸州沱江四桥	518
泸州国窖长江大桥	533
G5观音岩大渡河大桥	535
G93南溪长江大桥	573
葫芦口大桥	585
G42₁₈泸定大渡河大桥	591
G4201白家场立交及高架桥	610
成都二环路高架桥	622
映月桥	673
太平桥	688
波日桥	695

贵州省

桥名	页码
南昆铁路板其二号大桥	024
贵毕公路六广河特大桥	025
韩家店1号特大桥	040
镇胜高速公路孟寨特大桥	047
三凯高速公路凯里特大桥	049
虎跳河特大桥	050
镇胜高速公路朱昌特大桥	050
贵遵高速公路乌江大桥	052
汕昆高速公路者告河特大桥	085
金沙特大桥	094
小江河大桥	099
毕威高速公路赫章特大桥	100
竹林坳大桥	101
思剑高速公路乌江特大桥	102
大思高速公路乌江特大桥	102
水盘高速公路北盘江大桥	104
G76厦蓉高速公路清织段三岔河特大桥	118
凯峡河大桥	120
法朗沟特大桥	127
下平川特大桥	137
盘兴高速公路夹马石特大桥	141
赤望高速公路耳海河特大桥	142
江都高速公路温泉特大桥	147
下保田特大桥	148
赤望高速公路黑土特大桥	152
内昆铁路李子沟特大桥	162
内昆铁路花土坡特大桥	163
松铜高速公路龙生特大桥	215
松铜高速公路龙井特大桥	225
盘兴高速公路泥溪特大桥	240
三冒山特大桥	242
棉花渡大桥	281
林织铁路纳界河特大桥	319
新建成都至贵阳铁路鸭池河特大桥	324
水柏铁路北盘江大桥	327
贵阳花溪一号特大桥	345
总溪河大桥	356
香火岩特大桥	358
贵州大小井特大桥	362
云泉特大桥	367
珍珠大桥	373
花江大桥	378
木蓬特大桥	381
海马桥	381
马蹄河大桥	382
龙塘河大桥	385
贵州六圭河大桥（洪家渡电站库区复建工程）	388
贵州夜郎湖大桥	390
沙坨大桥	391
马岭河特大桥	436
贵州六冲河大桥	437
武佐河特大桥	456
道安高速公路乌江大桥	457
鸭池河特大桥	459
岩架特大桥	461
毕都高速公路北盘江大桥	462
红水河特大桥	466
六广河特大桥	467
贵州贵遵高速公路复线乌江特大桥	471
红枫湖特大桥	496
芙蓉江大桥	525
龙井特大桥	541
落脚河大桥	554
阿志河特大桥	555
S105线关兴公路北盘江特大桥	555

西溪河特大桥	556
镇胜高速公路北盘江特大桥	564
坝陵河特大桥	569
清水河大桥	582
抵母河特大桥	586
金勾桥	684
地坪风雨桥	693

云南省

南昆铁路喜旧溪大桥	024
金厂岭澜沧江大桥	026
昆磨高速公路元江大桥	032
G85银昆高速公路牛家沟大桥	117
龙瑞高速公路老团坡特大桥	121
昭会高速公路牛栏江大桥	127
锁蒙高速公路南盘江大桥	536
杭瑞高速公路瑞丽江特大桥	542
普立特大桥	581
腾冲龙江大桥	584
云南东川金沙江大桥（金东大桥）	589
板坡互通立交桥	617
高桥	676

西藏自治区

青藏铁路拉萨河特大桥	336
迫龙沟特大桥	455
角笼坝大桥	559
达国大桥、西莫河大桥	585
通麦特大桥	601

陕西省

西禹高速公路金水沟大桥	042
西延高速公路洛河特大桥	044
旬河特大桥	079
窟野河特大桥	081
五里坡大桥	082
三水河大桥	112
沮河特大桥	116
S28机场专用高速公路渭河特大桥	186
泾洋河2号特大桥	197
芝川特大桥	217

S221线渭河特大桥	245
渭富公路渭河特大桥	277
渭蒲公路渭河大桥	280
渭南阳村渭河大桥	293
石门水库特大桥	360
石门互通主线桥	616

甘肃省

西长凤高速公路泾河特大桥	125
兰新线兰武铁路二线河口黄河特大桥	171
武罐高速公路洛塘河双层高架特大桥	218
祁家黄河大桥	344
河口黄河大桥	454
西固黄河大桥	470
刘家峡大桥	578
兰海高速公路树屏互通立交桥	613
断涧仙桥	680

青海省

尕玛羊曲黄河特大桥	139
青藏铁路清水河特大桥	284
苏龙珠黄河大桥	357
享堂大桥	364
海黄大桥	465

宁夏回族自治区

定武高速公路沙坡头黄河特大桥	056
石中高速公路吴忠黄河大桥	163
S103线辅道银川黄河特大桥	166
S301线平罗黄河特大桥	174
X323线吴忠黄河公路特大桥	195
古青高速公路青铜峡黄河公路大桥	210
S202线中卫黄河大桥	222
京拉公路中宁黄河特大桥	224
京拉公路新石嘴山黄河公路大桥	235
叶盛黄河公路大桥	253
京拉公路石嘴山黄河大桥	278
灵武铁路支线黄河特大桥	283
福银高速公路（G70）马西坡特大桥	290
银川绕城高速公路（G06$_{01}$）阅海大桥	342
宁东枢纽立交跨线桥	611

新疆维吾尔自治区

省道101线呼图壁石门水电站库区大桥	101
果子沟展线桥	203
克拉苏河特大桥	221
石人子沟特大桥	240
兰新铁路第二线乌鲁木齐河特大桥	349
果子沟特大桥	434
富蕴赛吾跌格尔钢桁架悬索桥	571
克拉玛依河东段改造工程3号人行天桥	634

香港特别行政区

香港昂船洲大桥	421
港珠澳大桥	476

澳门特别行政区

澳门西湾大桥	407
港珠澳大桥	476

台湾省

社子大桥	525

后记
Postscript

Postscript

《中国桥谱·第二卷》编纂工作，由交通运输部主持，中国公路学会承担，人民交通出版社股份有限公司出版发行。

编纂过程中，各省、自治区、直辖市交通运输主管部门，铁路、市政相关单位积极参与，凝聚了全国数十位公路、铁路及城市桥梁专家的智慧，汇集了上百名文字及摄影工作者的辛劳。

在资料征集过程中，各地各部门全力配合，报送了很多有价值的资料。为满足桥梁资料的质量要求、为核实具体数据、为落实参建单位名称，许多工作人员反复查找、求证，他们为《中国桥谱·第二卷》的成功出版做了大量基础性工作。很多图片的摄影者，不辞辛劳补拍、整理照片，保证了绝大部分桥梁照片的艺术性、技术性。

经过顾问、专家工作委员会、编纂工作委员会、编辑人员和出版单位共同努力，《中国桥谱·第二卷》得以在中国共产党成立100周年之际面世。2001年到2018年的短短18年间，中国桥梁增加了近70万座。受篇幅所限，《中国桥谱·第二卷》从中撷取展示出来的900余座各型桥梁，只是桥梁百花园中的几朵。

《中国桥谱·第二卷》，仍按梁、拱、斜拉、悬索四大谱系分别收录，涵盖公路、铁路、城市桥梁。资料征集范围上，公路桥主要为2001年至2018年之间建成的桥梁；铁路桥因首次收录，为20世纪50年代至2018年间建成的桥梁；考虑到桥梁建设的延续性，为全面展示此期间桥梁建设的面貌，本书也收录了21世纪开工、2019年至2020年建成的几座特大型公路和公铁桥梁，如沪通长江大桥、杨泗港长江大桥、平潭海峡公铁大桥等。经专家研究，与《中国桥谱》相比，因立交桥型不再限于梁桥，加之人行景观桥发展迅速，为此将"立交桥"单列一章，新增了"人行桥"章节。同时，从2019年出版的《中国廊桥》近500座廊桥中精选了26座，增补为"廊桥"章节。

21世纪拉开序幕，中国桥梁数量已是今非昔比，技术发展更是日新月异。希望这本书能够准确记录下中国桥梁取得的辉煌成就，反映中国桥梁事业的壮阔历史。在此，谨向为本书付出过心血的领导、专家、文字图片的作者及整理提供者、编辑设计人员等致以诚挚的谢意！向千千万万奋战在一线的桥梁科技工作者、建设者、运营维护工作者们表示崇高的敬意！

《中国桥谱·第二卷》编委会
2021年4月

参编单位

北京市交通委员会	广西壮族自治区交通运输厅
天津市交通运输委员会	海南省交通运输厅
河北省交通运输厅	重庆市交通局
山西省交通运输厅	四川省交通运输厅
内蒙古自治区交通运输厅	贵州省交通运输厅
辽宁省交通运输厅	云南省交通运输厅
吉林省交通运输厅	西藏自治区交通运输厅
黑龙江省交通运输厅	陕西省交通运输厅
上海市交通委员会	甘肃省交通运输厅
江苏省交通运输厅	宁夏回族自治区交通运输厅
浙江省交通运输厅	青海省交通运输厅
安徽省交通运输厅	新疆维吾尔自治区交通运输厅
福建省交通运输厅	人民交通出版社股份有限公司
江西省交通运输厅	中国交通建设股份有限公司
山东省交通运输厅	中国中铁大桥局集团有限公司
河南省交通运输厅	中交公路规划设计院有限公司
湖北省交通运输厅	中交第二公路勘察设计研究院有限公司
湖南省交通运输厅	中交第二航务工程局有限公司
广东省交通运输厅	林同棪国际工程咨询(中国)有限公司

参编人员（依姓氏笔画排序）

丁少凌　马　飞　马　森　王　振　王　常　王　敏(湖北省交通运输厅)　王　敏(中交第二航务工程局有限公司)　王　蔚　王文慧
王丽欣　王其明　邓文中　古成浩　卢小锋　田　波　田夏鸣　代　浩　朱边灵　朱明坤　全昌永　刘　芳　刘文韬　刘玉明
刘玉萍　刘林石水　刘洪波　刘建军　刘康照　江宣城　许　琳　牟廷敏　孙成忠　纪轩熙　严伟铭　苏翔龙　杨远志　杨章韬
李　海　李　雄　李亚木　李兆祥　李晓辉　连俊峰　吴卫平　吴学敏　余正利　谷小伟　邹东升　汪　海　汪东升　张亚妮
张征宇　张学荣　张恩朝　陆　艳　陈　鹏　陈　锦　陈文辉　陈兴文　林江华　罗　超　罗进标　罗雯琦　罗智胜　周　旭
周礼平　周春梅　孟　莎　孟凡奇　赵景彭　南军强　钟进云　段巨海　洪　海　徐　毅　徐付迪　徐永赛　高兴杰　郭永剑
郭国华　郭泳江　黄官平　章竣强　梁　健　蒋建军　程田娜　焦方辉　焦金伟　韩　敏　廖为民　潘永辉　潘德雄　薛　顺

摄影人员

马鹏飞　刘　浪　刘　洋　汤铭明　吴卫平　张祥兵　张　浩　陈　勇
杨佳盈　杨瑶琼　周昌栋　徐政方　葛克平　燕　春　魏　星